Karl Heinrich WAGGERL

Impressum

Die Deutsche Bibliothek – CIP-Einheitsaufnahme

Karl Heinrich Waggerl :
eine Biographie mit Bildern, Texten und Dokumenten /
Karl Müller.- Salzburg ; Wien : Müller, 1997
ISBN 3-7013-0960-4

Gedruckt mit Unterstützung von:
Bundeskanzleramt der Republik Österreich
Amt der Salzburger Landesregierung
Magistrat der Stadt Salzburg

Kultur Land Salzburg

STADT : SALZBURG Magistrat
Kulturamt

Lektorat: Monika Obrist

ISBN 3-7013-0960-4

Gestaltung: Kanzlei mit Vision, Salzburg
Druck: Druckerei Samson, St. Margarethen
Bindung: Almesberger, Salzburg

Karl Heinrich WAGGERL

Karl Müller

Eine Biographie
mit Bildern, Texten und Dokumenten

Salzburg 1997

Otto Müller Verlag

Inhaltsverzeichnis

Präludium **9**

1. „Nur zur Miete in der Welt“ (1897–1904) **15**
Herkommen, Verwandtschaft 15
Soziale Verhältnisse 20
Wanderschaft – Vater und Mutter 24
Rettungen 30
Sozialer Aufstieg 31

2. Schulzeit in Bad Gastein (1904–1911) **33**
Schulische Verhältnisse 33
Erfahrungen 38
Erste Lektüren, erste Schreibversuche 49

3. Schulzeit in der Stadt Salzburg (1911–1916) **53**

4. Militär- und Kriegszeit – Gefangenschaft (1915/16–1919) **63**
Künstlerische Interessen 72
Kriegsgefangenschaft 75
Matthias Claudius 77
Gegen den Krieg 80

5. Die 20er Jahre **85**
Edith Pitter 86
Lehrerdasein 88
Die glücklichen Jahre 89
Erste Publikationen 93
Aphorismen 94
Kulturpolitische Interessen 97
Schwellenjahre 99
Kunsthandwerkliche Aktivitäten 101
Fotoarbeiten 103

Freundeskreis, Malerei .107
Konflikte in Wagrain – „Die Entfesselten“ .111
Theater, Musik, Tourismus .115
Literarisches Leben im „Kainhaus“ .120
„Georg“ .121
Vortragsübungen .123
„Peter“ .128
„Martha“ .128
„Ein Mann namens Adam“ .132
„Landstreicher“ .135

6. Die 30er Jahre: Die Kippenberg-Zeit .139
Waggerl und die „Insel“ .139
Das Jahr 1930 .143
Das Gesellenstück und Hamsun .144
Antijüdisches Selbstverständnis .146
„Brot“ .148
Einladungen, Publikationsmöglichkeiten .157
Die Entwicklung der Beziehung zur „Insel“ .158
Projekte .159
Waggerl als Berater und Kritiker .161
Stefan Zweig .163
Guido Zernatto und die Literaturpolitik .165
Neue Identität .167
Krisen, Konflikte .175
Honorare, Finanzen .176
Zwickmühlen .177
Irritationen .179
Das Filmprojekt „Brot“ .180
„Die rechte Hand“ .184
Dr. Kai Mühlmann .185
Preise, Ehrungen .188
Maria Lorenz .192
Im NS-Literaturbetrieb .193
Die Romane und Erzählungen .195

7. „Heimkehr der Ostmark“, Zweiter Weltkrieg (1938–1945) .213
Die Annexion .213
„Modernisierung“ .217

NS-Funktionen .221
Betriebsamkeit .224
Präsenz im NS-Literaturbetrieb .229
Schuldienst, Wagrainer Bürgermeister .234
Militärdienst, Kulturdienst .236
„Pfingstidyll an der Reichsautobahn" .239
„Goldene Hochzeit im Salzburger Land" .243
Heimatfront .244
Der Gaukulturpreisträger .246
Lob des Kitsches und die „liebe Einfalt" .248
Der Festredner .249
Aufmuckereien .250
„Feierabend" .251
Bilanzen .254

8. Die zweite Nachkriegszeit (1945–1973) .257
Blick zurück? – Entnazifizierung .257
Der Konflikt mit Georg Rendl .266
Der Konflikt mit Karl Springenschmid .268
Die Umbruchsjahre 1947/48 .273
Krisen .281
Von Anton Kippenberg zu Otto Müller .282
„Die Pfingstreise" .286
Die Integration in die österreichische Kultur .295
Literarische Terrains .296
Einladungen, Projekte .301
Der neuerliche Aufstieg .306
Die Erfolgsgeschichte .311
Texte .318
Preise, Ehrungen .321
Konservative Kulturkritik .321
Vierter November 1973 .323

Anmerkungen .325
Literaturverzeichnis .359
Bildnachweis .371
Personenregister .373
Dank .375

Präludium

„Man muß nicht nur die alten Wahrheiten, sondern auch die alten Irrtümer in Zweifel ziehen.“
(Aphorismen 1924)

10. Dezember 1897: *„Ich wurde in einer Schmiede geboren, hoch über den rauschenden Wasserfällen von Gastein. [...] Als ich [...] zum ersten Male Atem schöpfen sollte, gelang es mir nicht gleich [...]. Sooft ich versuchte, heimlich wieder ins Jenseits zurückzuflüchten, wurde ich [aus dem Korb] herausgeholt und wie eine billige Jahrmarktuhr so lang geschüttelt, bis das schlechtgefügte Räderwerk in meinem Innern wieder für eine Weile zu ticken begann. Erst am anderen Morgen, als mir das Taufwasser gar zu reichlich in den Mund rann, entschloß ich mich endgültig, am Leben zu bleiben, aus Entrüstung vielleicht, denn ich wollte mich doch nicht hinterrücks ersäufen lassen.“(AdK, 275; FA, 284)*

Wann immer Karl Heinrich Waggerl in seinen zahlreichen, seit den 30er Jahren wiederholt unternommenen Erinnerungen aus seiner Kindheit und Jugend erzählt, kann er nur schwer die Balance zwischen sachlichem Bericht, wehmütiger Vergegenwärtigung des Vergangenen, Selbstironie und Sarkasmus halten. Zu sehr scheinen – trotz seiner Bemühungen, ein freundliches, erträgliches Bild seiner Herkunft und seiner frühen sozialen Erfahrungen zu zeichnen –, die bedrängenden Erinnerungen an materielle Not und Krankheit, an die mütterliche Unfähigkeit, Liebe zu vermitteln, an fehlende Zärtlichkeit und körperliche Züchtigung in ihm virulent zu sein. Verdrängung und Verklärung – so könnte man die Pole jenes Spannungsfeldes nennen, mit denen der Biograph konfrontiert ist, wenn er sich mit Waggerls Lebenserfahrungen, dessen Erinnerungen und Erzählungen auseinandersetzt.

Es gilt, die biographischen Fakten im historischen Prozeß und in ihrer Bedeutung für das innere Leben Waggerls lesen zu lernen und zugleich Waggerls Erinnerungen und der autobiographisch gefärbten Prosa historische Beglaubigung abzugewinnen.

Schmerzlich-bitter ist insbesondere die Erinnerung an seinen so sehr geliebten und ihm *„viel zu früh“* weggestorbenen Vater Johann Waggerl (* 1862 † 1925), diesen *„unverdrossene[n] Mann, immer tätig, immer heiter“.(WT, 149)* Ähnlich taucht das Bild des Vaters auch in Briefen Waggerls aus den 30er Jahren auf, so z. B. in der Korrespondenz mit Maria Lorenz (LORENZ) oder in einer Dankesrede Waggerls anläßlich der Verleihung der Ehrenbürgerschaft der Gemeinde Bad Gastein an ihn im Jahre 1957: *„Hier hat mein Vater gelebt, der stille und bescheidene Mann, dem ich alles verdanke, was ich mir etwa an Charakter, an innerer Haltung zuschreiben dürfte, wenn ich*

Das Geburtshaus

Der Vater

nicht mit diesen höchsten Gütern zeitlebens viel zu sorglos umgegangen wäre.“ (FREYLER, 12) Der Vater und die soziale Lage der Familie werden Waggerl zum Gleichnis des Daseins, so daß er später folgenden Satz schreiben kann: *„[...] und doch reichte es nie für etwas Eigenes, wir waren gleichsam nur zur Miete in der Welt.“(WT, 149f)*

Diese grundlegende Auffassung des Lebens resultiert aus jenen *„recht kärglichen Verhältnisse[n]“*, in die Waggerl am 10. Dezember 1897 als Sohn des Zimmermanns Johann Waggerl und der ungelernten Näherin Margareth Zehentner (1865 – 1952) *„hineingeboren“ (KuJ, 11)* wurde. Der Alltag der Familie Waggerl war geprägt von dürftigsten Lebensverhältnissen: *„uns wuchs das Brot nicht auf dem eigenen Felde zu“*, heißt es später in einer autobiographisch getönten Passage des „Wagrainer Tagebuchs“ (1936). Hunger – *„Ich weiß mich keines Ereignisses aus der Kindheit zu entsinnen, daß mir nicht sogleich und vor allem einfiele, wie hungrig ich war“ (FA,302)* – und Erfahrungen des Unnützseins und „Ausgestiftetwerdens“[1], aber auch Erkenntnisse sozialer Ungleichheit graben sich unauslöschlich in das Gedächtnis des Buben ein: *„Ich war in eine ruhige Welt hineingeboren worden, weitum bedrohte nichts den gerechten Frieden. Allein, früh genug erfuhr ich auch, daß der Reichtum den Bürger in seinem Leben gleich sicher und unwandelbar begleitete wie die Armut, und sie war unser Teil.“ (EM, 673)*

Mit bemerkenswerter Sensibilität versteht es Waggerl aber nachträglich, auch glückhafte Facetten seiner damaligen kindlichen Wahrnehmung der *„ganze[n] Heimsuchung“* über die Jahre hinweg zu vergegenwärtigen, etwa in der Figur des David im Roman „Das Jahr des Herrn“ (1934).[2] In der autobiographischen Skizze „Aus der Heimat“ (1940) definiert Waggerl sein Verhältnis zu seiner Kindheit und Jugend folgendermaßen: *„Bilder, die mir selber schon fremd sind und doch auch wieder beglückend vertraut. Denn ich lebe gewissermaßen ein zweites Mal, ich war ein Kind, dann starb ich im Kriege, und fing als ein völlig anderer Mensch ein neues Leben an. Es mag denn vieles weit hergeholt scheinen und absonderlich klingen oder gar nicht zur Sache gehörend, aber das ist vielleicht kein Schaden. Denn jedes Bild rundet sich vom Rande her.“ (AdH,520)*

Wenn er darüber berichtet, wie die Mutter auf ihren Wegen zu Näharbeiten auf Bauernhöfen den Buben brauchte, um auf den *„steilen Wegen“* ihren Karren mit den Nähutensilien *„im Gleichgewicht“ (ME, 26)*[3] halten zu können, oder wenn der Vater *„landauf und -ab, und wir hinterher mit unserer ganzen Habe“ (WT, 149)* der Arbeit nachzogen, bewahren die Szenen oft ihre kindlich erfaßte Sinnlichkeit und erhalten so die idyllischen Züge eines locus amoenus: *„Ach, mir wird noch heute warm ums Herz, wenn ich an diese Zeit* [Waggerl spricht hier schon von der Zeit um und nach 1904, als er die Bad Gasteiner Volksschule besuchte] *denke, und es ist doch nur ein blasser Widerschein der paradiesischen Glückseligkeit, die ich damals genoß. In den drangvollen Tagen der Heuernte, wenn*

Bad Gastein um 1900

Karl Waggerl mit seiner Mutter

wir schon beim ersten Licht des Morgens unterwegs waren, standen überall die Mäher breitbeinig in den Wiesen, es roch nach Tau und Gras, und die Vögel waren auch betrunken von der herben Süße dieses Duftes, sie stiegen hoch auf und sangen, Gelernte und Ungelernte durcheinander." (ME, 26f)

Dennoch scheinen in Waggerls oft abgedämpften Erinnerungen die herrschenden physischen, geistig-seelischen und sozialen Bedingungen seiner Kindheit und Jugend durch, nämlich Hunger, religiöse Hoffnung und Überwindung von Armut: *„Ich wäre Koch geworden, und damit aller Futtersorgen ledig, oder Mesner im Hinblick auf das Jenseitige, oder noch weit höher hinaus, Wegmacher wie mein anderer Onkel. [...] Einmal nun fand dieser umsichtige Mensch einen seidenen Beutel im Kehricht, mit drei fremdländischen Goldstücken darin, ein unerhörter Glücksfall. [...] Sankt Antonius, obwohl er ja eigentlich Patron der Verlierer ist, entschied dieses eine Mal anders, er bewachte das Gold für den Finder [das der Onkel beim Fundamt als rechtschaffener und frommer Mann abgegeben hatte], bis es der Wegmacher als sein unbestreitbares Eigentum wieder abholen konnte. War es also nicht ein ausnehmend kluger Plan, bei meinem Onkel in die Lehre zu gehen und später selber sein Goldsuchergewerbe auszuüben?" (EM, 673f)*

Die Spannung zwischen dem damals gerade auf dem Sprung zum Weltkurort befindlichen Bad Gastein – im Jahre 1901 wurde als eine der Voraussetzungen dafür mit dem Bau der Tauernbahn begonnen (ZIMBURG, 316ff; HIEBL; HOFFMANN II) – und der sich zur selben Zeit zuspitzenden wirtschaftlichen Lage der Familie Waggerl war erheblich. Im Jahre 1897 wurden in Bad Gastein ca. 6000 Kurgäste gezählt, 1912 waren es schon mehr als das Doppelte (ZIMBURG, 369). Nicht zuletzt durch die ökonomischen Probleme des Goldbergbaues im Gasteiner Tal (ZIMBURG, 314f, 336)[4], wo Waggerls Vater als Zimmermann und Bergknappe nur kurzfristig Arbeit gefunden hatte, aber bald arbeitslos wurde, war die Familie Waggerl in einer außerordentlich prekären Lage. Diese Situation war aber zugleich Bedingung für jene sozialen Träume, die der Bub insbesondere von seinem Vater hörte, die ihn sein Leben lang begleiteten, sein Welt- und Menschenbild beeinflußten und seine Dichtungen entscheidend prägten. Im „Wagrainer Tagebuch" (1936) steht dafür die Formel:

„Aber bei aller Unrast hatte er [der Vater] *zeitlebens nur ein Ziel: ein Gütchen zu erstehen, ein kleines Anwesen irgendwo im Gebirge. Und oft in einer guten Stunde konnte er uns wunderbar beschreiben, wie alles sein würde [...]. Wir wußten alle sehr genau Bescheid auf unserem Gütchen und gingen munter aus und ein, wir Kinder [...]. Später verstreute uns ja das Schicksal in der Welt, mich und die Geschwister alle, aber mir blieb das Bild unserer Wunschheimat tief und unverlöschbar eingegraben." (WT, 150)*

Die idyllische *„Wunschheimat"* von Waggerls Vater, die sich der Ich-Erzähler des autobiographisch durchwobenen „Wagrainer

Tagebuches" (1936) durch ein eigenes Lehen erwerben möchte, ist mit allen Attributen des väterlichen Sozialtraums ausgestattet. Es ist die Vorstellung vom „ganzen Haus", in dem erfüllte, nützliche Arbeit und ein glückseliges Leben in wirtschaftlicher Unabhängigkeit, Selbstgenügsam- und Beschaulichkeit möglich sein soll.

„Aus der ganzen großen Welt wäre dieser Fleck Land herausgenommen und mir zu eigen gegeben, und ich wollte ein guter Herrscher sein und väterlich in meinem kleinen Reich regieren. Es stünde mir wohl an, auch meinem Herkommen nach. [...] Meine liebe Mutter, würde ich schreiben, ich habe eine Freude für dich auf deine alten Tage, ich habe ein Lehen gekauft. [...] Und ich schicke dir ein paar Ähren von meinem Grund, die sollst du für unseren Vater auf das Kreuz stecken." (WT, 146f)

Welch übergroßen Stellenwert der Erwerb eigenen Landes oder eines Hauses für den Besitzlosen hatte, belegt auch eine mit biblisch-religiöser Bedeutung aufgeladene Stelle im „Wagrainer Tagebuch", wo der Ich-Erzähler dem alten Bauern Michael ein „Lehen" abkaufen will, aber vorerst nicht den Mut aufbringt, seinen Wunsch auch nur zu äußern: *„Sobald ich auf das Lehen zu reden käme, würde er* [Michael] *ein Gelächter anschlagen und das Ganze für einen Spaß nehmen; es wäre so, als hätte ich beim lieben Gott selber angeklopft und gefragt, was das Paradies koste." (WT, 148)*

Damit mag auch eine der zentralen Aussagen von Waggerls erstem großen Romanerfolg „Brot" (1930) zu tun haben, nämlich die Darstellung des *„tiefste[n] Trieb[es] im Menschen auf das Eigentum". (AN, 663)*[5] Auch seine lebenslange Begeisterung für den eigenen Garten gehört in diesen Zusammenhang, nämlich *„fremdes Leben in Besitz zu nehmen, zu hegen und zu betreuen"*, was ein *„förmliches Bedürfnis, ein mütterlicher Trieb in jedem von uns" (WT, 177)* sei. Die *„Hobelbank"*, die *„Töpferscheibe"* und der *„Webstuhl"* im Hause sollen die für die sinnerfüllte Arbeit nötigen Arbeitswerkzeuge sein. Vom glückseligen Ausrasten nach der guten Arbeit in der *„Abendruhe"* der herrlichen Natur ist außerdem die Rede, vom paradiesischen Leben, entsprechend den ganzheitlichen Sozialutopien seit dem 18. Jahrhundert.

Das mondäne Bad Gastein

1. „Nur zur Miete in der Welt“ (1897–1904)

1. 1. Herkommen, Verwandtschaft

Die Eltern, Johann Waggerl (* 3. August 1862 in Wildbad Gastein/Schneeberg † 20. Februar 1925 in Badgastein/Kurkasino)[6] und Margareth Zehentner (* 29. Mai 1865 in Mittersill † 15. Juni 1952 in Badgastein/Altenheim), hatten am 19. Jänner 1897 in St. Ulrich am Pillersee im angrenzenden Tirol geheiratet, wohin es verwandtschaftliche Beziehungen seitens des Bräutigams gegeben haben soll. (BENEDETTO) Beide waren uneheliche Kinder gewesen.[7] Die Eheleute Johann und Margareth Waggerl sind gemeinsam mit ihrer Tochter Elisabeth (verh. Schwabl), der Schwester Karl Heinrich Waggerls (* 9. April 1905 † 2. Dezember 1978), in einem gemeinsamen Grab in Badgastein/Badbruck bestattet.

Waggerl selbst hat sich in seinen autobiographischen Schriften seit den 30er Jahren wiederholt und intensiv mit seiner Herkunft – auch in selbstironischem Ton – und mit der seiner Vorfahren auseinandergesetzt, denn *„wie nun sollte ich von Wanderung und Heimkehr reden [...], ohne zu sagen, woher ich kam, ehe ich ausging?“* Es wäre ihm seiner *„argwöhnischen Verwandten wegen schon immer ein Trost gewesen, wenn sich unter den Vorfahren jemand hätte finden lassen, der mit ähnlichen abwegigen Neigungen* [des Schreibens und Dichtens] *behaftet war wie ich selbst, mit einer erblichen Familienkrankheit also, einer Schickung.“ (WuH, 74) „Seinerzeit, als dergleichen Mängel* [gemeint sind „illegitime“ Abstammungen] *noch lebensgefährlich waren, habe ich mich selber ein wenig bemüht, mit dem Ergebnis, daß ich, wie man so sagt, eine Straßenkreuzung bin.“(BRIEFE, 117)* In „Wanderung und Heimkehr“ (1957) konnte er nicht nur auf diverse eigene Recherchen seit 1936, sondern auch schon auf jene von Dr. Heinz Schöny (Wien) zurückgreifen, der anläßlich des 60. Geburtstages Waggerls im Auftrag der „Heraldisch-Genealogischen Gesellschaft ‚Adler‘“ begonnen hatte, die Stammbäume der Familie Waggerl zu erforschen. Heinz Schönys Nachforschungen reichen insbesondere in der Erforschung der mütterlichen Stammbäume zurück bis in die 10. Ahnengeneration, im konkreten Fall bis zum Beginn des 17. Jahrhunderts. (BRIEFE, 117; SCHÖNY; SCHÖNY I)

Die ersten Recherchen Waggerls betrafen im Jahre 1936 den Stammbaum der Familie väterlicherseits. Sie wurden infolge der von den Nationalsozialisten installierten Nürnberger Rassengesetze ab 1938 ergänzt. Dabei ergab sich, daß Waggerls Vater Johann als außerehelicher Sohn der Rosina

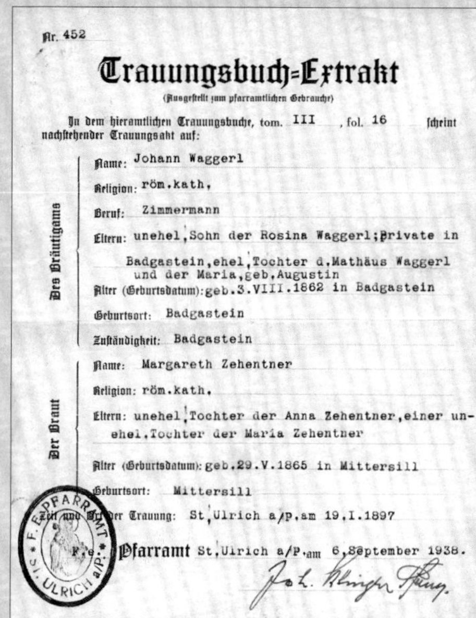
Nr. 452

Trauungsbuch=Extrakt

(Ausgestellt zum pfarramtlichen Gebrauche)

In dem hieramtlichen Trauungsbuche, tom. III, fol. 16 scheint nachstehender Trauungsakt auf:

Des Bräutigams

Name: Johann Waggerl

Religion: röm.kath.

Beruf: Zimmermann

Eltern: unehel. Sohn der Rosina Waggerl; Private in Badgastein, ehel. Tochter d. Mathäus Waggerl und der Maria, geb. Augustin

Alter (Geburtsdatum): geb. 3.VIII.1862 in Badgastein

Geburtsort: Badgastein

Zuständigkeit: Badgastein

Der Braut

Name: Margareth Zehentner

Religion: röm.kath.

Eltern: unehel. Tochter der Anna Zehentner, einer unehel. Tochter der Maria Zehentner

Alter (Geburtsdatum): geb. 29.V.1865 in Mittersill

Geburtsort: Mittersill

Zeit und Ort der Trauung: St. Ulrich a/P. am 19.I.1897

F.e. Pfarramt St. Ulrich a/P. am 6. September 1938.

Trauungsurkunde der Eltern

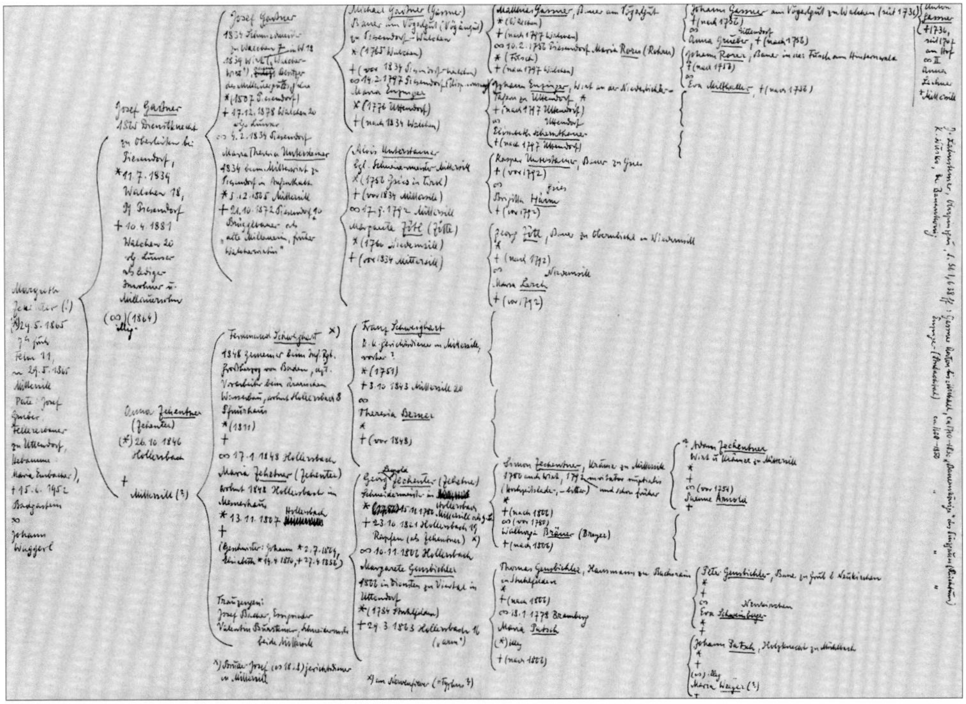

Waggerls Überblick über seine Abstammungsverhältnisse

Waggerl (* 11. März 1834 in Bad Gastein),[8] einer ehelichen Tochter des Matthäus Waggerl (* 25. März 1798, Kleinhäusler und wohnhaft am Spitallehen in Bad Gastein)[9] und der Maria Waggerl, geb. Augustin (*11. Jänner 1800 in Witschdorf/Kärnten)[10], in Bad Gastein/Schneeberg 16 geboren wurde. Über Johanns Vater und dessen Vorfahren konnte freilich nichts eruiert werden, außer daß Karls Großvater väterlicherseits ein *„Schwerfuhrwerker"* gewesen sein soll, wie Waggerl wiederholt schreibt. Außer dem wahrscheinlich fiktiven Beruf eines „Schwerfuhrwerkers" waren Waggerls männliche Vorfahren väterlicherseits seit dem 18. Jahrhundert Bauern, Kleinhäusler, Bergknappen und „Holzhacker". Sie kamen aus dem Gasteiner Tal, aus Rauris und dem Kärntner Mölltal. Dies war einer der Gründe, warum er in seinem Essay „Wanderung und Heimkehr" (1957) – den Tatsachen nicht genau entsprechend – behaupten konnte, er sei *„schon mit den Großvätern beiderseits ins Gedränge* [gekommen], *einer war Schwerfuhrwerker gewesen, ein anderer beim Wasserbau, und wie sie hießen, wußten wahrscheinlich auch die Großmütter nicht." (WuH, 75)*

Die mütterliche Linie war aufgrund der Forschungen von Dr. Schöny und Volker Liedke (ARCHIV) weit besser recherchierbar, so daß es möglich ist, die mütterlichen Vorfahren entgegen Waggerls Behauptungen ziemlich lückenlos zurückzuverfolgen. Waggerl faßte die Ergebnisse dieser Nachforschungen auf seine Weise zusammen: *„Ich hörte nicht ohne Befriedigung, daß eine lange Reihe ansehnlicher Leute, wenngleich ungewollt, für mein endliches Dasein verantwortlich ist, Schneidermeister darunter, auch ein Steuereinnehmer, der [...] zusammen mit Abdeckern, Scharfrichtern und Barbieren zu einer streng geordneten und potentiell musischen Zunft gehört haben muß. Männer wie Lortzing und Strauß [...] seien solchen Konstellationen entsprungen. Weit entlegen, im Nebel ferner Zeiten, erscheinen die Namen meiner Urväter, Gessner und Enzinger, einst als Bauernkönige im Pinzgau weithin bekannt." (WuH, S. 75f)*

Was Waggerl an solchen Informationen wirklich interessierte, war nichts Museales oder Biologistisches, sondern hatte mit seinem sozial- und mentalitätsgeschichtlichen Interesse an der Tätigkeit und Identität als Schriftsteller und deren Traditionen zu tun. Dabei kommen aber auch seit dem späten 19. Jahrhundert beliebte deterministische Vorstellungen über die Entwicklung von Generationen ins Spiel, die in der künstlerischen Verfeinerung der Söhne und Enkel nicht eine Höherentwicklung, sondern eine Degenerationserscheinung und Lebensuntüchtigkeit erblickten. Waggerl wird während seiner Salzburger Ausbildungszeit zum Volksschullehrer mit solchen Vorstellungen, wie er sie z. B. in Thomas Manns „Buddenbrooks" (1901) nachlesen konnte, konfrontiert gewesen sein. Waggerl kokettiert mit seinem Anderssein, indem er schreibt: *„Die meisten* [Vorfahren] *jedoch Bauern und so zurück bis auf Abel im Paradies, der der erste war, aber erschlagen wurde, weil er das Maul zu voll nahm. Und zuoberst in der Reihe ich, der Letzte, der Sohn eines Zimmergesellen. Ein wenig zu weich geraten, nicht mehr so schwerhändig wie die früheren alle. Der ist uns ein bißchen aus der Art geschlagen, würden die Vorväter sagen, ein Sinnierer, ein Sprüchemacher." (WT, 146)* Seine schriftstellerische, auch bildnerische Arbeit, die er mehr als eine handwerkliche denn als künstlerische verstand, wäre ihm, wie er meinte, *„seinem Herkommen nach eigentlich nicht" (EM, 671)* zugestanden. Auch *„der Gedanke, daß ich vielleicht schon der Letzte meines Namens sein könnte, bewegt mich doch ein wenig." (EM, 671)* Mit seinem Namen „Waggerl" haderte er freilich ziemlich lange: *„Irgendein Querkopf mag ihr* [der Sippe] *den Namen eingebracht haben." (EM, 671)* Waggerl verstand sich als ein in diesem Sinne *„Entwichener" (EM, 671),* stellte sich aber zugleich hinsichtlich seines *„absinnige*[n] *Wesen*[s]*" (EM, 671f)* in eine lange Reihe seiner Vorfahren, einer *„Gesellschaft von absonderlichen Käuzen" (EM, 672)*, die sich angeblich *„vom Wind des Zufalls treiben ließen, weit umher in der unwirtlichen Welt" (EM, 67)*, und um kein *„manierliches Leben besorgt und auch sonst nicht übermäßig wählerisch bei ihren Versuchen* [gewesen sein sollen], *sich durchzuschlagen." (EM, 672)*[11]

Ironische Distanz und zugleich Identifikation charakterisieren Waggerls Verhältnis zu seinen Vorfahren. In dem Essay „Der Berg" (1957) erzählt Waggerl in humoristischem Ton von einigen seiner Verwandten und Vorfahren, einem angeblichen Wetterwart auf dem Sonnblick, einem Krämer, einem Musiker, Senner und Bergführer, und wie sich einige von ihnen durch das Leben schlugen: *„Die meisten arbeiteten im Holz oder als Fuhrleute und Knechte auf den Höfen. Zehn Gulden Lohn im Jahr waren damals schon viel. Aber es gab ja allerlei geheime und nicht immer ganz saubere Rinnsale nebenher, aus denen man bei Gelegenheit schöpfen konnte." (DB, 578)* Immer wieder erwähnt er die *„abseitige" (FA, 291)* Verwandtschaft, so z. B. auch seine Großmutter Anna Zehentner mütterlicherseits, die im einfachen Volk wegen ihrer angeblich übernatürlichen Kräfte als eine *„Hexe"* gegolten und *„kein Grab unter den* *gewöhnlichen Menschen" (FA, 291f)* gehabt habe. Seine Erzählungen münden aber immer in die Vorstellung von nach bürgerlichen Maßstäben *„lauter gescheckten"* Individuen, denen ihr meist nur kurzes Glück der Seßhaftigkeit und des materiellen Besitzes schnell wieder *„zwischen den Fingern"* zerronnen sei, *„weil das Glück bei dieser Art von Leuten eben nie seßhaft wird." FA, 293)*

Nicht zuletzt kommt seine Betrachtungsweise auch in den ironischen Aussagen über die offensichtlich besonders von Deklassierungs-Ängsten geplagte und sich nach sozialem Aufstieg sehnende Mutter zum Ausdruck, wenn er auf deren Verhältnis zu Fragen der Herkunft zu sprechen kommt: *„Sie glaubte ja unbeirrbar daran, daß etwas Gräfliches oder noch Erlauchteres im Blut ihrer Kinder kreisen müsse. Wir neckten sie deswegen oft auf unziemliche Weise, weil sie doch in der Jugend Sennin gewesen war, auf einer Alm, wo sogar Erzherzöge Böcke schossen. Aber sie lächelte dann nur vieldeutig und ließ sich kein Geheimnis entlocken." (WuH, 76)*

Die Großmutter mütterlicherseits

Waggerls Mutter Margareth war die uneheliche Tochter des Josef Gaßner (*11. September 1839 in Walchen bei Piesendorf † 10. April 1881), Dienstknecht zu Oberleiten in Piesendorf, und der Anna Zehentner (* 26. Oktober 1846 in Hollersbach), ihrerseits eine uneheliche Tochter der Maria Zehentner (* 13. November 1807 in Hollersbach) und des Ferdinand Schweighart (* 1811 in Ebersberg, Oberbayern). Ferdinand Schweighart ist jener „Großvater", in Wahrheit einer der Urgroßväter Waggerls, der bis 1848 als Soldat in einem Badener Regiment gedient hatte, bevor er Arbeiter beim Wasserbau in Hollersbach wurde.

Aus den Nachforschungen von Dr. Schöny ergibt sich, daß in der Gaßner-Linie in der 5. Generation (seit Mitte des 18. Jahrhunderts) auch der Name Enzinger auftaucht. Die Enzingers und die Gaßners gehörten zu den reichsten Pinzgauer Bauerngeschlechtern seit dem 18. Jahrhundert, genannt die „Bauernkönige".[12] Hierher gehören auch die weitschichtigen Verwandtschafts-Beziehungen zum Maler Anton Faistauer (* 1887 in St. Martin bei Lofer † 1930 in Wien). Faistauer war u. a. Malerkollege von Egon Schiele, Anton Kolig und Franz Wiegele. Nach 1918 war Faistauer kunstpolitisch aktiv für die Salzburger Künstlergruppe „Der Wassermann" und den „Sonderbund österreichischer Künstler in Salzburg". Waggerl gehörte seit 1925 dem „Sonderbund" an. Anläßlich der Enthüllung einer Erinnerungstafel an Anton Faistauer im Salzburger Festspielhaus im Jahre 1937 schrieb Waggerl, schon seit 1934 österreichischer Staatspreisträger für Literatur, die Inschrift: *„Anton Faistauer/Salzburg 1887–1930/Das Erbe der Alten bewahrend/Die Jugend ins Künftige weisend/Hinweggenommen von der Höhe seines Lebens/Unsterblich durch das Zeugnis seiner Kunst." (KERSCH V, 146)*[13]

Beziehungen gehen auch nach Tirol, wo in Gries am Brenner einer der von Waggerl genannten Schneidermeister namens Alois Untersteiner im Jahre 1750 geboren wurde.

Auch in der direkten Zehentner-Verwandtschaft, die ebenfalls aus dem Pinzgau kam, gab es in der 4. Ahnengeneration einen Schneidermeister namens Georg Leopold Zechetner (* 15. November 1780 in Hollersbach † 23. Oktober 1821 in Mittersill).

Während die Gaßner- und Zehentner-Linie hauptsächlich aus dem Pinzgau stammte, kommen die Vorfahren der Schweighart-Linie aus dem Ober- und Niederbayrischen, dem Schwäbischen. Deswegen konnte Waggerl seine ersten „Autobiographischen Notizen" (1930) – entgegen der behaupteten Sicherheit ziemlich ungenau und wohl hauptsächlich auf das gerade neu gewonnene deutsche Lesepublikum des Insel-Verlages gemünzt – mit folgenden Informationen beginnen: *„Meine Vorfahren stammen [...] aus Schwaben, sie sind zur Zeit der* [protestantischen] *Emigration in der Mitte des 18. Jahrhunderts in das Salzburgische eingewandert." (AN, 661)*

Nach Heinz Schöny ist zusammenfassend festzustellen, daß die Pinzgauer und Tiroler Verwandtschaft[14] mütterlicherseits hauptsächlich aus dem Bauern- und Handwerkerstand kam, während die bayrischen Vorfahren[15] außer Handwerkern hauptsächlich „Gerichtsdiener und Eisenamtmänner" waren, die wiederum in Familien von „Amtmännern" einheirateten. Schöny kommentiert dies folgendermaßen: „Es wird Ihnen [Waggerl] sicher zu denken geben, wieviele solcher ‚Eisenmänner' ihr Leben damit verbracht haben in ob lieben oder unlieben doch meist recht engen Kontakten mit Leuten, die irgendwie an die Grenzen der Gesetze gestoßen sind, mit Außenseitern der Gesellschaft, die gerade deswegen nicht immer schlechter gewesen sein müssen, aber oft interessanter gewesen sein werden als die große Masse der ‚braven' Mitbürger." (SCHÖNY, 4.12.1967)

Die Familie Waggerl um 1906: Vater Johann und Johann Zehentner (hinten), vorne von links: Karl, Mutter Margarethe, Elisabeth, Maria Zehentner und Ludwig

Die Eltern Waggerls hatten, als sie heirateten, schon zwei gemeinsame Kinder, den damals zweieinhalbjährigen Ludwig (19. 4. 1894 in Mittersill † 5. 5. 1916 in Beraun/Böhmen als Soldat) und den erst sechs Wochen alten Sebastian (1906 an Diphtherie). Ludwig Waggerl erlernte in Bad Gastein das Tischlerhandwerk und arbeitete später im tirolischen Waidring. Dort betätigte er sich als begabter Laienschauspieler bei einem

Vermutlich Bruder Sebastian mit Pflegeeltern

Ludwig Waggerl (1894–1916)

Maria Zehentner (1886–1981)

Bauerntheater. Er starb in einem Lazarett in Böhmen an Lungentuberkulose. „Den Eltern wurde seine blutige Unterwäsche gesandt" (BENEDETTO, 16.3.1997). Waggerls Erinnerungen an einen Friedhofsbesuch gemeinsam mit seiner Mutter *„in einem ganz fremden Dorf" (FA 298)* könnten sich auf das Grab des Bruders Sebastian beziehen. Sebastian Zehentner-Waggerl (* 1.11.1896 † 29.7.1906) wurde in Waidring zu einem kinderlosen Bauernehepaar in Pflege gegeben. Die Eltern hatten kein Geld, um zum Begräbnis ihres Sohnes zu reisen.

Die Braut brachte außerdem noch zwei weitere Kinder in die Ehe mit, die damals zehnjährige Maria und den siebenjährigen Johann Zehentner. Die um zehn Jahre ältere Halbschwester Waggerls, Maria Zehentner, wurde am 23. Mai 1886 geboren und verstarb am 11. September 1981. Ihre Söhne Karl und Heinrich wuchsen zeitweise bei den Waggerl-Großeltern auf. Maria Zehentner hatte außerdem noch eine Tochter, die im Kleinkindalter verstarb. Sie und ihr Sohn Heinrich Zehentner (1913 – 1992) sind gemeinsam in Bad Gastein begraben. Einer ihrer Söhne, Karl Zehentner (wahrscheinlich 1912 – 1940), fiel im Zweiten Weltkrieg während des Frankreich-Feldzuges. Die Magd Barbara aus „Mütter" (1935) erinnert an Maria Zehentner, die beiden Neffen Karl und Heinrich sollen im Brüderpaar Peter und Paul nachgebildet sein. Über Vermittlung von Karl Waggerls Schwiegermutter arbeitete Maria Zehentner schließlich als Stubenmädchen in einer Meraner Lungenheilstätte. (BENEDETTO, 16.3.1997; KRISCH I, 15)[16]

Johann Zehentner wurde Finanzbeamter (* 26.12.1889 † 21.2.1967 in Salzburg). Waggerls Darstellung der „Wanderungen" der Familie Waggerl um 1900 empfand er immer als familiäre Beschämung (vgl. Benedetto – K. M. 16.3.1997).[17]

Die Mutter Margarethe, die aus Mittersill gebürtig war, suchte als junge Frau während der touristischen Saison Arbeit in Bad Gastein, wohin sie zu Fuß – oft in Heustadeln übernachtend – unterwegs war. In Bad Gastein dürfte sie auch Johann Waggerl kennengelernt haben.[18]

1. 2. Soziale Verhältnisse

Die Eheleute bezogen eine Untermietswohnung im Dachgeschoß eines erst in den späten 80er Jahren errichteten Hauses,[19] direkt an der Gasteiner Ache, wo Johann Waggerl nach seiner Militärdienstzeit schon seit fünf Jahren wohnte. Waggerls autobiographischer Ich-Erzähler erinnert sich im „Wagrainer Tagebuch" (1936) an die *„Gerüche und Geheimnisse"* der kindlichen Spielorte rund um das Bad Gasteiner Geburtshaus als Orte ersehnter Ruhe und Geborgenheit für den Erwachsenen: *„Denn es wird uns zuweilen Trost geschenkt aus einer fernen Zeit, in der die Welt noch einfach für uns war, von keiner Schuld des Wissens und des Irrens verdunkelt." (WT, 173)*

Karl kam am 10. Dezember 1897 zur Welt. Im Roman „Das Jahr des Herrn" (1934) steht die literarische Erzählung darüber (JdH, 549f). Im Geburtsbuch wird als

Vorname „Karl“ genannt, den zweiten Namen „Heinrich“ legte sich erst der Schüler der k. k. deutschen Lehrerbildungsanstalt in Salzburg (zwischen 1913 und 1916/17), „in der schwärmerischen Jugend“ (KRAUT, 14), zu, wohl als Anspielung auf Goethes „Faust“ und Gottfried Kellers Bildungsroman „Der grüne Heinrich“.[20] Karls Eltern waren bei seiner Geburt schon über dreißig Jahre alt. Im Jahre 1870 hatte Salzburg unter allen Kronländern der österreichischen Reichshälfte den geringsten Anteil von Eheschließungen, bei denen Bräutigam oder Braut unter 30 Jahre alt waren. 1900 hingegen waren schon 30 Prozent der Bräute jünger als 30 Jahre. Die Waggerls lagen in dieser Hinsicht also nicht im Trend, sondern gehörten zu jener Gruppe, die sich traditionell verhielt. (KLEIN, 1315f) Karl, so schrieb er selber später, bedeutete *„eine neue Sorgenlast“* für seine Eltern, zudem hatte er *„von der Wiege an [...] alle erdenklichen Krankheiten zu überstehen“. (AN, 661; AdH, 522)* In der stark autobiographisch gefärbten Erzählung „Peter“ (März 1925) werden besonders intensiv solche Kindheitserfahrungen verarbeitet.

Die Mutter hatte sich angeblich eine Tochter gewünscht, wie Waggerl wiederholt behauptete. Aus der „Heimat“ (1940) berichtet sogar davon, *„daß ich ihr* [der Mutter] *gewissermaßen von Anfang an mißraten war, weil sie seinerzeit eigentlich vorhatte, ein Mädchen zur Welt zu bringen [...].“ (AdH, 522)* Später, in der „Fröhlichen Armut“ (1948), wird der Erinnerung die Spitze genommen. Waggerl versteht es, hinter harmlos klingenden und zum Schmunzeln verführenden Sätzen bedrängende Kindheitserfahrungen zu verbergen und das Bild einer nur schwer zu versteckenden entfremdeten Beziehung zwischen Mutter und Kind zu zeichnen. Das Kind scheint zwischen mütterlicher Ablehnung und Unverständnis und kindlichem Mutterbedürfnis hin und her gerissen worden zu sein: *„Die Mutter klagte oft über mein wildes Wesen, und daß sie seinerzeit eigentlich vorhatte, ein Mädchen zur Welt zu bringen, etwas Sanfteres, was ihr nicht so schnell entwüchse. Aus gutem Willen setze ich mich dann einmal wieder zu ihr auf meinen alten Schemel [...]. Aber das geschah nur zum Schein, zum Trost für die Mutter, damit sie nicht immer so allein und verlassen am Fenster sitzen mußte.“(FA, 302)* In der Erinnerungsskizze „Aus der Kindheit“ (1934) steht der einfache, aber zugleich bedenkenswerte Satz: *„[..] ich war, was das verdiente Geld betraf* [das er als Bub durch allerlei Aktivitäten im ganzen Ort auftrieb] *der Stolz meiner Mutter.“ (AdK, 279)* Daß sich der 14jährige Waggerl, als ihn seine Mutter in die ferne und fremde Stadt Salzburg begleitet, wo er in den nächsten Jahren zur Schule gehen soll (ab 1911), fragen muß: *„Liebt sie mich denn?“ (FA, 362),* verweist auf fehlende Geborgenheit und Gewißheit.

Die Wohnverhältnisse im *„düstere[n] Gemäuer“* des Hauses am Abgrund waren alles andere als zumutbar, naßkalt, voller Mäuse und Lärm sowohl durch die im Hause geführte Schmiede – *„das ganze düstere Gemäuer zitterte immerfort vom Dröhnen des Hammers“(FA, 284)*[21] – als auch den nahen Wasserfall. In dem Essay „Der Berg“

Schwester Elisabeth

Bad Gasteiner Wasserfall

(1957) heißt es: *„Auch dort, wo ich geboren wurde, war eigentlich gar kein Platz für eine Menschenbehausung. Die weißhäuptigen Riesen standen sich Fuß bei Fuß gegenüber, sie verschränkten sozusagen auch noch ihre Zehen, und Bach und Straße mußten sich mühsam darüber oder darunter durchwinden. So lernte ich früher klettern als laufen, es gab ja kaum einen ebenen Fleck um das Haus. Ständig war da Schatten und drohendes Gedröhn, und aus der dämmrigen Schlucht wehte der kühle Atem des Baches herauf." (DB, 576)*

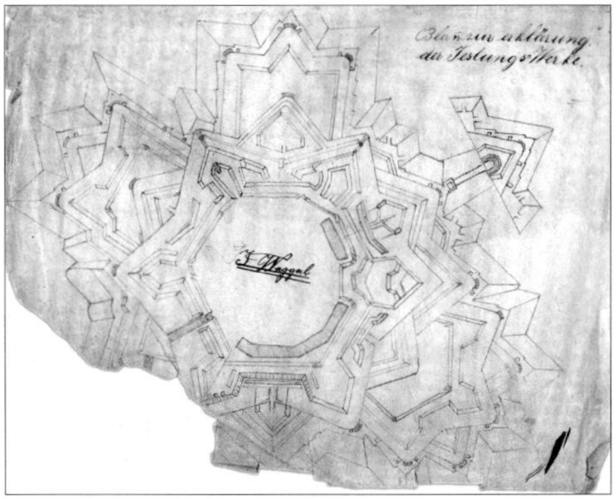

Aus dem Notizbuch von Waggerls Vater

Die Mutter litt unter diesen Verhältnissen besonders, was nicht zuletzt Ausdruck ihrer generellen Deklassierungs-Ängste und ihrer Verbitterung angesichts dieser alttestamentarischen *„Prüfung" (FA, 284)* war, für die die Mutter anscheinend auch den Vater verantwortlich machte: *„Oft weinte die Mutter und sprach zornig auf den Vater ein, aber er schrie niemals zurück, nahm nur seinen Hut und ging fort." (FA, 276)* Die in Armut lebende Familie Waggerl mußte sich ihren Unterhalt durch diverse Arbeiten auf Abruf erwerben: *„[...] die Not blieb darauf* [auf dem kümmerlichen Hauswesen] *liegen wie ein tödlicher Reif"* oder *„wir waren so arm, daß sich jede Stubenfliege hätte scheuen müssen, bei uns ihr Brot zu suchen." (FA, 285)* Ähnliches steht auch in den späten Adventsgeschichten „Das ist die stillste Zeit im Jahr" (1956): *„[...] die Mutter hatte Mühe, ihren Kindern diese frommen Opfer* [Fasten am Weihnachtsabend] *deutlich zu machen, Fasttage waren ja nichts Ungewöhnliches bei uns." (STILL, 382)*

Zu diesen Arbeiten gehörte, daß die Mutter, wie Waggerl überliefert, tagsüber als ungelernte Schneiderin daheim und nachts für die fremden Gäste des Wildbades Gastein als Wäscherin arbeitete. Welcher Arbeit der Vater um 1897/98 konkret nachging, kann nicht mehr eruiert werden. Wahrscheinlich war er Tagelöhner und Gelegenheitsarbeiter als Bauarbeiter und gelernter Zimmermann, als Bergführer oder auch noch im Bergwerk tätig. Er soll nach Waggerls Erinnerungen – wohl vor seiner Militärdienstzeit in den 80er Jahren – auch als Bauernknecht gearbeitet haben. (WK 1929) Nach seinem Militärdienst zwischen 1883 und 1886 beim Festungs-Artillerie-Bataillon Nr. 9 fand Johann Waggerl zwischen Februar 1887 und Ende 1889 als Zimmermanns-Lehrling beim Bad Gasteiner Zimmerermeister Josef Röck eine Anstellung.[22]

Die im Waggerl-Archiv (Wagrain) noch vorhandenen Notiz-, Geschichten- und Poesiebüchlein Johann Waggerls enthalten Mitschriften und penibel ausgearbeitete Zeichnungen aus seiner Artillerie-Ausbildung, Notizen zu Alltäglichem sowie Sprüche, Gereimtes und eine Reihe von Erzählungen, geschrieben meist in einer klaren und ausgefeilten Handschrift. In vielem erinnern sie an die Liebe des Sohnes zu Sentenzen und Lebensweisheiten sowie an seine Art des exakten Umgangs mit Feder und Bleistift.[23] In einer den beliebten Poesiebüchlein ähnlichen Eintragung vom 24.3.1886 kann man aus der Feder des Vormeisters Johann Waggal (!) z. B. folgendes lesen: „Nicht an die Güter hänge dein Herz, die das Leben vergänglich zieren; wer besitzt der lerne verliren, wer im Glüke ist, der lerne den Schmerz. [...] In jedes gute Herz ist das edle Gefühl von der Natur gelegt daß es für sich allein nicht glüklich sein kann daß es sein Glük in dem Wohle anderer suchen muß. [...] Von immer Glücklichen läst sich nicht viel erwarten der Jugent schönste Tracht reift in der Trübsal Garten; ja, sie muß unsern Werth bewähren und erhöhen, sonst sind wir Kriegern gleich die keinen Feind gesehen."[24]

Die Notlage der Familie Waggerl muß sich in den Jahren 1899/1900 drastisch verschärft haben. *„Ich weiß nicht mehr, aus welchem Grunde eigentlich unsere Familie damals immer tiefer in Not geriet. Der Armut kann ja jedes kleine Mißgeschick zum unabwendbaren Verhängnis werden." (FA, 294)* Waggerl meint sich erinnern zu können, damals im *„vierten oder fünften Jahr etwa"* gewesen zu sein, was aber nicht zutreffen dürfte. Die Waggerls waren gezwungen, nicht mehr nur der täglichen Störschneiderei oder Reparatur-Tagelöhnerei nachzugehen, sondern *„die Heimat* [wohl auf längere Zeit] *ganz* [zu] *verlassen". (FA 294)* Die Darstellungen, die Waggerl insbesondere in seiner „Fröhlichen Armut" (1948) über die Zeit vor und während der „Wanderung" gibt, scheinen eine unentwirrbare Einheit von Wiedergaben nachträglicher Berichte seiner Eltern und frühe Kindheitseindrücke zu sein. Die Erzählungen über die Knabenwünsche, stark und braungebrannt wie der *„Großknecht" (FA, 289)* sein zu wollen, oder auch die Erfahrung, vom Bauern und *„Hausvater" (FA, 290)* gegen Wind und Wetter beschützt zu sein, mögen eine frühe Erinnerungsschicht zum Ausdruck bringen. Die in die jeweilige Erinnerung eingebundenen Spitzen gegen die Schwächen weiblicher Intelligenz (vgl. FA, 288f) oder auch die sentenzenartig vorgetragenen Anti-Intellektualismen und die damit verbundene Fetischisierung tatkräftigen Lebens gehören sicher einer späteren Sozialisierungsschicht an und sind nicht zuletzt als versteckte bissige Kommentare auf zeitweilige Phasen seiner eigenen Haltung zu verstehen. *„Was uns ansteht, will getan sein, nicht nur gedacht. Wohin führt uns am Ende alles Geschwätz über Gott und die Welt, kann es uns trösten, zufriedener machen, weiser?" (FA, 291)*

Daß die wirtschaftlichen Probleme des Salzburger Berg- und Hüttenwesens seit ca. 1870, auch im Gasteiner Tal, „als erste Ursache für die zunehmende Verarmung und Entvölkerung der Gebirgsgaue [galt]",[25] wird auch von der zeitgeschichtlichen Forschung hervorgehoben. Sie hatten, wie schon erwähnt, auch Folgen für Johann Waggerl, der nicht mehr im Bergbau unterkam. Die zweijährige Ausbildung von Waggerls Vater in den 80er Jahren als Zimmerer fiel in eine Zeit, in der auch dieses Handwerk trotz der zunehmenden industriellen Produktion seine Dienstleistungen steigern konnte. (HAAS I, 936)

Indessen ist ungewiß, ob zu dem aus bäuerlichem Milieu kommenden Zimmerergesellen Johann Waggerl seit den 90er Jahren die unterschiedlichen sozialdemokratischen Ideen z. B. von Anton Losert, Franz Egger, Jakob Prähauser oder des Lender

Bad Gastein gegen Süden.
Im Hintergrund der Radhausberg, durch Jahrhunderte ein Zentrum des Goldbergbaues.

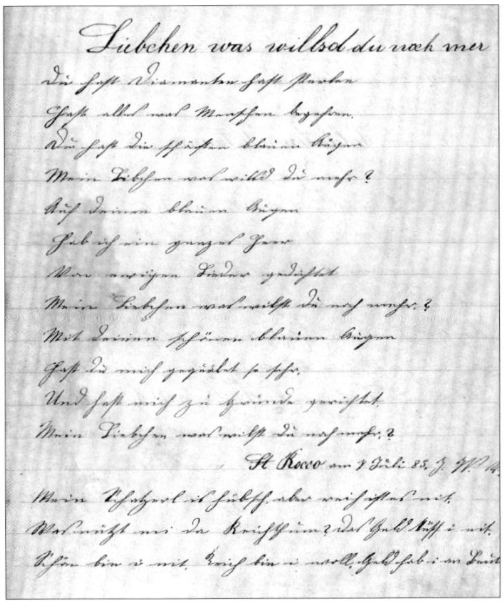
Liebchen was willst du noch mer

Eine Seite aus Johann Waggerls Geschichtenheft

Störschusters Franz Brutar drangen, oder ob er mit dem um 1900 auf dem Land ausbrechenden „‚Kulturkampf' zwischen ‚gottlosen Sozialdemokraten' und ‚klerikalen Finsterlingen'" (HAAS I, 973ff) konfrontiert war. „Losert ging später zur agrarromantischen ‚Freilandbewegung', während Egger mit wenigen Gesinnungsgenossen bei den theoretischen Anarchisten landete. [...] Losert eroberte der sozialdemokratischen Bewegung neue Felder und Räume, Bergarbeiter und Eisenbahner, das gebirgige Land. [...] Lend mit seiner Aluminiumfabrik wurde zum lokalen Zentrum der Arbeiterbewegung. Die Erbauung der Tauernbahn brachte 1901–1909 zeitweise 4000 Arbeiter ins Gasteiner Tal. Der Lender Störschuster Franz Brutar verbreitete die sozialdemokratischen Ideen in der ganzen Region." (HAAS, 973ff) Daß sich Waggerls Vater in aktuelle politische Auseinandersetzungen wahrscheinlich nicht involvieren ließ und stattdessen aus einem religiös motivierten Weltverständnis ein „unpolitisches" Rechttun pflegte, legen Waggerls Erinnerungen nahe und dürfte später seine eigene politische Orientierung stark beeinflußt haben. Die politische Haltung des verehrten Vaters wird bei Waggerl insofern angedeutet, als diesem folgende Auffassungen zugeordnet werden: *„ [...] mein Vater war kein Mann des Fortschritts. Niemand kann einen goldenen Braten essen, sagte er. Er sah das Heil nicht darin, Recht zu fordern, sondern recht zu tun." (FA, 323)* Die Fortschrittsgläubigkeit des Vaters, *„der kein gelehrter Kopf"* war, – *„sein Handwerkerverstand hielt sich immer an das Allernächste im Gefüge der Dinge" (FA, 337)* – sah Waggerl in dessen *„unbeirrbarer Zuversicht" (FA, 336)* und in seinem Glauben an die durch verantwortliche Arbeit zu erzielende Höherentwicklung der Menschen. Auch an der technisch-wissenschaftlichen Weiterentwicklung zum Wohle aller war der Vater nicht uninteressiert. Nicht-revolutionäre, „unpolitische" Fortschrittsgläubigkeit, die der Sohn freilich im nachhinein auch ironisiert, ist das erinnerte Kennzeichen des väterlichen Vorbildes: *„Ein neuartiger Mauerhaken entzückte ihn, der Zentnerlasten hätte tragen können, wäre er nicht vorzeitig aus der morschen Mauer gebrochen, oder ein Hosenknopf, der den Besitzer des Fluchens enthob, weil man ihn nicht mehr anzunähen brauchte." (FA, 337)* Daß Waggerl als schon bekannter Schriftsteller es in seiner „Fröhlichen Armut" (1948) nicht lassen kann, den Beobachtungen über *„diese einfältige Art des Betrachtens"* seines Vaters auch einige kritische Spitzen gegen die *„klugen Leute"* (FA, 337) abzugewinnen, gehört zwar auch zu seinen frühen Unterschicht-Prägungen, hat aber zusätzlich noch eine anti-intellektuelle Dimension, die sich spätestens ab 1930 intensivierte.

1. 3. Wanderschaft – Vater und Mutter

Bevor sich die soziale Lage der Familie aber stabilisierte und das Standesbewußtsein veränderte, hatten die Waggerls schwierige Zeiten hinter sich zu bringen. Erst im Jahr 1905 stellte sich wieder Nachwuchs ein. Waggerls Schwester Elisabeth wurde geboren (vgl. FA, 303ff).

Die Jahre 1899 und 1900 aber waren besonders harte Zeiten der *„Wanderschaft"* auf der Suche nach Arbeit – von Waggerl später als eine Form biblischer Wanderschaft vorgestellt: *„Der Vater schritt uns voran, er trug sein Handwerkszeug in einer Strohtasche über der Schulter wie der biblische Zimmermann. Nur der Korbwagen statt des Esels fügte sich schlecht in das fromme Bild, und noch weniger ich mit meiner wieselhaften Neugier." (FA, 294)* Während die ältere Schwester Maria – schon um die 13 Jahre alt – bei Verwandten als kindliche Arbeitskraft zurückbleiben konnte, wurde Karl, jetzt *„weiter nichts als eine ständig wachsende Plage, unstillbar gefräßig und gänzlich unnütz" (FA, 294)*, mit auf den Weg in die Fremde genommen, wahrscheinlich in den benachbarten Pinzgau, wo die Mutter in ihrer Jugend bei ihrer Großtante, einer ehemaligen Wirtin in Maria Kirchenthal bei St. Martin bei Lofer,[26] gearbeitet hatte, aber hauptsächlich in das Tirolische, wahrscheinlich in die Nähe von Waidring. Die genauen Wege und Ziele dieser „Wanderschaft" sind nicht mehr exakt nachzuverfolgen. *„Solang der Sommer währte, besuchten wir die Verwandtschaft der Reihe nach." (FA, 295)*[27] Daß die Waggerls auch im Gasteinertal Arbeit fanden, so z. B. beim Röckbauern in Remsach, über den Waggerl in seiner „Fröhlichen Armut" (1948) berichtet, wurde in der Familie überliefert. (BENEDETTO)

Eines aber steht fest: Die Waggerls waren auch winters unterwegs, zu Fuß und *„gut Freund mit den Schwerfuhrleuten". (WT, 149)*[28] Es soll überall *„Arbeit auf der Tenne* [auch im Wagenschuppen] *und in der Nähstube" (FA, 295)* gegeben haben, auch für ein oder zwei Wochen Kost und Logis auf den Bauernhöfen. Aber die Behandlung der Arbeit suchenden Familie durch die Bauersleute dürfte nicht immer die beste gewesen sein: *„Ein anderes Mal bekamen wir die Milch nur vor das Haus gestellt." (AdK, 275)* Auch an kalte Nächte in Scheunen und Schuppen kann sich Waggerl erinnern. Dennoch soll es für die Umherziehenden eine *„Herberge" (FA, 298)* gewesen sein, wie er suggeriert. Solche Erfahrungen mögen in Waggerls literarische Gestaltungen biblischer Motive eingegangen sein.

Was den Erinnerungen besondere Relevanz für die Beschäftigung mit dem späteren schriftstellerischen Werk Waggerls verleiht, sind die – in fast allen autobiographischen Notizen vorkommenden – Charakterisierungen seiner Eltern, die mit ihrer damaligen sozialen Lage anscheinend auf sehr unterschiedliche, aber für das Bewußtsein und für die spätere Haltung des Sohnes prägende Weise umgingen. Der Vater, damals schon ein angeblich schwerhöriger Mann, erscheint immer als ein seiner handwerklichen Arbeit hingegebener, die sozialen Entbehrungen in Geduld und *„heiterer Gelassenheit" (EM, 673)* ertragender, kein Wort der Verbitterung oder des Aufbegehrens verlierender und dem Sohn zugeneigter Mann, *„ruhig-ernst"*, zudem einer, in dem *„ein heimlicher Drang zu kindischen Späßen" (AdH, 520)* und anscheinend ein theatralisches Talent steckte.

Die kompakteste und differenzierteste Charakterisierung seines Vaters lieferte Waggerl in seinem Essay „Meines Vaters Leben" (MVL). Bewundernd hält der Sohn die

Die Mutter als Kellnerin

väterlichen Eigenschaften, Haltungen, Reaktionsweisen und Lebenseinstellungen fest, die für das dichterische Werk Waggerls von bestimmender Bedeutung werden sollten, nämlich als Inbegriff der „rettende[n] Stabilität" (AMANN, 305) in der bedrohlichen Ausgesetztheit der Welt, als „Vater-Gott" und „mythische Übergröße", als einziger Halt, als Schutz- und Fluchtgröße, als „Rettungsanker im Überlebenskampf", als „trostspendender Über-Vater" und Weiser. Zweifellos wurde für Waggerl der ästhetische Raum seiner Literatur jener Ort, in dem sich zumindest zeitweise die rettende „väterliche" Wunschwelt etablieren konnte, „die sich in der bedrohlichen Offenheit des historischen Raumes nicht verwirklichen läßt" (AMANN, 312). Waggerl ist sich des traumatischen Charakters der familialen „Wunschheimat" (WT, 149f) bewußt und weiß bei aller lustvoll erlebten und deswegen zeitweilig tröstlichen Kraft um ihre Unerreichbarkeit. Ein Bild dafür findet sich im „Wagrainer Tagebuch" (1936). In einer Traumszene stürzen die am Hause vorbeirauschenden Wassermassen in den abgeschlossenen Handwerksraum des glückselig Schaffenden – *„alles stürzt über mich herein". (WT, 198)*

Dieser Angstraum zeigt zugleich, wie die Glückseligkeit des Arbeitens ihre Folgen hat, nämlich auf Kosten der Frau und der Liebesbeziehung geht: *„Immer lauter und angstvoller schreit die Frau, vielleicht ist ihr etwas zugestoßen, sie ertrinkt im Wehr, aber ich kann mich ja nicht umsehen, was kümmert mich die Frau. Ich muß doch bei meiner Arbeit bleiben, nie wieder wird sie mir so gelingen, wenn ich sie jetzt aus der Hand lege. Ich schwinge den Hammer mit qualvoller Hast, die Frau dämmt mir das Wasser ab mit ihrem Leibe, draußen steigt es an der Mauer hoch. Es steht grün vor dem Fenster, da treibt die Frau vorbei und klopft gegen die Scheibe. Ich sehe ihr angstbleiches Gesicht und schüttle verzweifelt den Kopf, ich kann nicht, warte! Da ruft sie ein letztes Mal anklagend meinen Namen, und die Mauern bersten [...]." (WT, 198)*

In „Meines Vaters Leben" (1926) ist trotz der dem Vater widerfahrenden *„fortlaufenden Kette von Bedrängnis, Niedrigkeit und Sorge"* von dessen *„seelische[r] Größe" (MVL, 27)* und der *„unbegreiflichen Ruhe seines Wesens" (MVL, 28)* die Rede. Ein in diesem Sinne heroisches Bild entsteht. Im herkömmlichen Sinne ungebildet, wird der Vater als künstlerisch begabter Mann beschrieben – *„er zeichnete hübsch, mit ungewöhnlicher Sorgfalt und Geduld"* – und als ein in sich Ruhender, zunehmend taub werdend und von der konfliktträchtigen Welt abgeschottet, nicht zuletzt auch dadurch, daß er *„von Geburt an nichts roch" (MVL, 27). „Er liebte alle Dinge der freien Natur, Tiere und besonders Blumen, deren er nie genug um sich haben konnte.*[29] *Religiös war er nicht, erst im Alter zeigte sich eine gewisse, keineswegs äußerliche Frömmigkeit. Ich erinnere mich, daß er oft meine allzu stürmischen Anläufe wider Gott mit einer klaren, klug-freundlichen Bemerkung ins Menschliche ablenkte." (MVL, 27)* Ebenso aussagekräftig sind Waggerls differenzierte Hinweise auf die unspektakuläre Ablehnung alles Scheinhaften und Aufdringlichen durch den Vater – *„peinlich sauber im Äußeren, aber, wie ich glaube, schüchtern und zurückhaltend. [...] Er war gutmütig, aber nicht schwach, klug, aber nicht mißtrauend." (MVL, 28)* Waggerls Vater vermittelte dem Sohn die Wichtigkeit des genauen Blicks auf die Tiefenschichten der Menschen.

Ganz anders erscheint hingegen Waggerls Mutter. Sie haderte mit ihrer deklassierten Situation, ertrug die Erniedrigungen, die sie während der „Wanderung" auf diversen Bauernhöfen erfuhr, nur schwer und wurde zwischen Verzagtheit, Bedrückung, Auflehnung und Beschämung hin und hergerissen. *„Die Mutter schwieg und klagte nicht, aber bisweilen gewahrte ich, daß sie weinte."* Eingespannt in ihre traditionellen Mutter- und Frauenpflichten und bestimmt von einer tief verinnerlichten strengen Arbeitsmoral – *„unermüdlicher Fleiß" (MM, 29)* –, kam sie mit sich und ihrer Lage offenbar nur schwer zurecht. Im Gegensatz zum Vater wird sie als eine Frau beschrieben, die zwar gute Ideen, aber oft nicht den Atem hatte, das Geplante umzusetzen. Solche Zuschreibungen des Sohnes mögen zwar auch vom später verfestigten Frauenbild Waggerls mitbestimmt sein, dennoch verweist die Beharrlichkeit, mit der er in vielen Szenen ähnliche mütterliche Charakteristika andeutet, auf eine erfahrene Realität. Sprunghaft in ihren Verhaltensweisen sei sie gewesen, nur bedingt fähig, Wärme, Zärtlichkeit, Zuneigung und Angenommensein zu vermitteln sowie Verständnis für die kindliche Welt und kindliche Eigenständigkeit zu entwickeln.

„Die Mutter lächelte nicht oft in jener Zeit. [...] Es gab überall Arbeit auf der Tenne und in der Nähstube, immer für eine Woche oder zwei, bis der Gevatter anfing, unsere Milchsuppe mit hintergründigen Redensarten zu würzen. Der Vater hätte das leicht überhört, aber die Mutter ertrug es nie. Kein Unwetter und nicht die schwärzeste Nacht konnten ihren Zorn dämpfen, wir mußten augenblicklich weiterziehen. Lieber wollte sie unter der nächsten Brücke schlafen, sagte sie, wenn Gott nicht abließ, ihren Stolz zu prüfen. Den andern Tag saß sie dann doch wieder in irgendeiner Leutestube und flickte das Lumpenzeug des Gesindes, ein wenig bedrückt und beschämt, aber zufrieden. [...] im Grunde haßte sie die Arbeit am Nähtisch. Manchmal geschah es, daß sie plötzlich alles hinwarf und einfach fortlief, irgendwo hinauf in die Berge oder auf eine Alm, die Bauerntochter. [...] Am andern Tag kam die Mutter zurück, schweigsam und ein bißchen beschämt nahm sie ihr Tagwerk wieder auf." (FA, 294 und AdH, 520f)

Otto Amann spricht von der „unsicher und zeitweilig bedrohlich erlebte[n] Mutterbindung" und als Folge davon von dem lebenslangen Fehlen eines Gefühl[s] der Sicherheit und der Schwierigkeit, „eine stabile Ich-Struktur" (AMANN, 300f) auszubilden (vgl. FA, 322). Das für den Sohn seelisch Prägende waren sicher folgende Erfahrungen mit seiner Mutter, von denen er wiederholt in ähnlichen Formulierungen berichtet: *„Uns Kinder hat sie streng erzogen, Zärtlichkeiten wies sie zurück und gab auch keine. Ihre Art zu strafen war furchtbar, sie zeigte, wenn sie böse war, eine erbarmungs-*

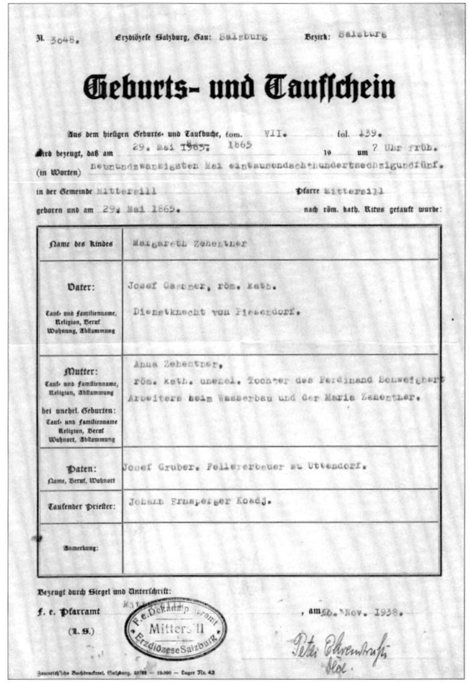

N. 3048. Erzdiözese Salzburg, Gau: Salzburg Bezirk: Salzburg

Geburts- und Taufschein

Aus dem hiesigen Geburts- und Taufbuche, tom. VII. fol. 139.
Wird bezeugt, daß am 29. Mai 1865 19 um 7 Uhr früh.
(in Worten) neunundzwanzigsten Mai eintausendachthundertsechzigundfünf.
in der Gemeinde Mittersill Pfarre Mittersill
geboren und am 29. Mai 1865. nach röm. kath. Ritus getauft wurde:

Name des Kindes	Margareth Zehentner
Vater: Tauf- und Familienname, Religion, Beruf Wohnung, Abstammung	Josef Gassner, röm. kath. Dienstknecht von Piesendorf.
Mutter: Tauf- und Familienname, Religion, Abstammung; bei unehel. Geburten: Tauf- und Familienname Religion, Beruf Wohnort, Abstammung	Anna Zehentner, röm. kath. unehel. Tochter des Ferdinand Schweighart Arbeiters beim Wasserbau und der Maria Zehentner.
Paten: Name, Beruf, Wohnort	Josef Gruber, Pellererbauer zu Uttendorf.
Taufender Priester:	Johann Fruhsperger Koadj.
Anmerkung:	

Bezeugt durch Siegel und Unterschrift:
f. e. Pfarramt Mittersill, am 26. Nov. 1938.
(L. S.)
F.e. Dekanatspfarramt Mittersill Erzdiözese Salzburg
Peter Ehrenstrasser Dek.

Zaunrith'sche Buchdruckerei, Salzburg. — 10.000 — Lager Nr. 42

Geburts- und Taufschein der Mutter

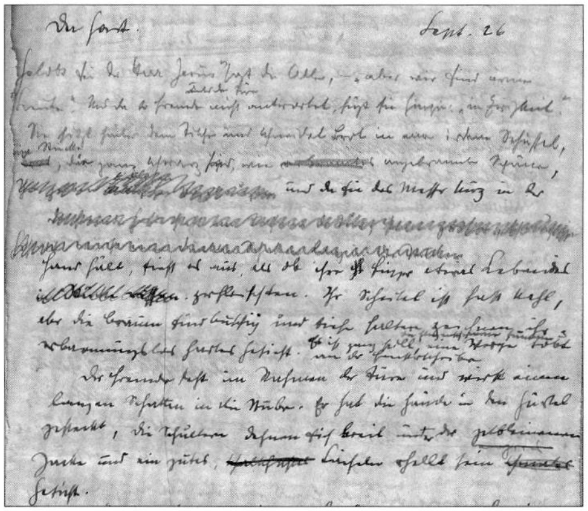

Ein Manuskriptblatt der Erzählung „Der Gast" (1926)

lose, undurchdringliche Kälte, und als ich schon 26 Jahre alt war, brachte sie mich einmal dazu, wie ein Kind zu weinen. Aber sie liebte uns doch sehr [...]." (MM, 29)

Es paßt – auch zeitlich – genau ins Bild, wenn Waggerl in einer seiner bedrängendsten und erschreckendsten Erzählungen mit dem Titel „Der Gast" (September 1926) eine fiktive Mutter vorstellt, die ihren aus der Fremde (Argentinien) zurückkehrenden Sohn ermordet. Traumatisches ist bei Waggerl im Spiel. Die Mutter ist *„die Alte"*, das *„Weib"*, die – in dialektaler Färbung – einen Fremden, ihren (un)erkannten Sohn, mit einem *„es ist eins da!"* begrüßt. Sie schneidet das Brot, *„als ob ihre Finger etwas Lebendes zerfleischen"*, sie hat ein *„erbarmungslos hartes Gesicht"* und *„gelbe Vogelaugen"*: *„In den Nächten schickt sie Flüche und Gebete zu Gott, aber Gott ist taub. [...] Sie steht mit gespreizten Beinen über einer Grube, das blanke Eisen der Schaufel blitzt im Mondlicht.* [Vater] *Christian* [der den Mord an seinem Sohn Andreas entdeckt], *fällt vornüber, und der Tote nimmt ihn in die Arme. Während der Nacht brennt die Schenke* [das Wohnhaus der Familie] *bis auf einige Mauerreste zusammen. Man entdeckt unter Gebälk und Asche die Leichen der beiden Männer. Aber von dem Weibe findet sich nichts mehr." (Der Gast, WBB, 15ff)* Die Erzählung ist für Waggerl gemäß seiner aphoristisch formulierten Überzeugung *„Anlaß, Symbol"*, daß *„das Wesen der Dinge zeitlos ist" (WBB, 55)* und die Dichtung das Geschehnis hinter dem Ereignis erfassen müsse.

Über die leibliche Mutter heißt es später: *„Ein Herzen und Kosen gab es bei ihr nicht. Ich erinnere mich nicht, von ihr jemals einen Kuß bekommen zu haben. Näherte ich mich ihr in dieser Absicht, wies sie mich zurück. [...] Sie war die beste aller Mütter!" (DAVID)*

Was Waggerl seinem Vater zuschreibt, sind Gegensätze zur Mutter: *„Für ihn lag das Glück in der Arbeit selbst"* oder *„Er sah das Heil nicht darin, Recht zu fordern, sondern recht zu tun." (FA, 323)* Andere Lebensmaximen des Vaters, die der Sohn überliefert, sind z.B. folgende: *„[...] für mich und meinesgleichen liege der Segen des Geldes eigentlich darin, daß es die anderen Leute hätten. [...] Der Mensch lebt, solang es ihn freut. [...] ein Mensch* [konnte] *auf zweierlei Art ums Leben kommen, einmal, wenn er starb, außerdem aber auch, indem er unehrlich wurde [...]." (FA, 323)* In dem Roman „Schweres Blut" (1932) steht ein Satz, der aus Waggerls früher Vater-Erfahrung kommt. Blas, der Sägewerksbesitzer, sagt zur Bauerntochter Elis: *„,Du bist wie dein Vater* [Jakob]*', sagt er, ,du willst arbeiten, damit du lebst und wieder arbeiten kannst, das ist deine ganze Weisheit." (SB, 342)*

Der Sohn berichtet wiederholt in Verehrung über die unablässigen Versuche seines Vaters, der trotz des Fehlens formaler Bildung in die Nähe eines bäuerlichen Handwerker-Philosophen gerückt wird, die Wirklichkeiten auf seinen eigenen lebensnahen und zugleich tröstlichen Begriff zu bringen: *„[...] alles Übel in der Welt [sei] eigentlich gar nichts Wirkliches, sondern nur etwas* *weniger Gutes, so wie der Frost nur ein geringeres Maß von Wärme. [...] Wir seien nur nachlässige Arbeiter im Garten des Herrn". (FA, 337)* Kurz vor Waggerls Tod im Jahre 1973 präsentierte er diese väterliche Überzeugung in seiner Stellungname „Daran glaube ich" als seine eigene, nicht ohne zugleich eine sarkastische Anmerkung gegen die *„unnatürlichen"* Naturwissenschafter anzubringen: *„Für mich ist das Böse nur etwas weniger Gutes, so wie Finsternis und Kälte nur geringere Grade von Licht und Wärme sind." (WBB, 88)*

Waggerl faszinierten lebenslang Sentenzen, Aphorismen und Weisheitssprüche – z. B. „Aphorismen" (Selbstverlag 1924), „Kleine Münze" (1957). Seine Neigung, Erzählsequenzen unentwegt sentenzenhaft zuzuspitzen, mögen ihr frühes Vorbild beim Vater haben. Er war ihm *„ein wirklich reiner Mensch"*, aber viel zu scheu und zu still, um etwas von seiner Herzensgüte zeigen zu können, wie es in Briefen aus den 30er Jahren heißt. (LORENZ, 27.5.1933)

Mit den Meinungen der Mutter geht der Sohn hingegen kritisch um: *„Die Mutter freilich wollte die Schuld an dem jämmerlichen Zustand der irdischen Dinge lieber dem Teufel als sich selbst aufhalsen." (FA, 337)* In Waggerls Erinnerungen tauchen wiederholt Hinweise auf eine religiöse Praxis der Mutter auf, die sich in einer rigiden Orientierung an kirchlichen Konventionen, in einem Gott-Teufel-Denken und in der volkstümlichen Opferung verschiedener Dankesgaben äußerte, worin Elemente eines magischen Weltverständnisses greifbar werden: *„Hinterher schickte mich die Mutter zum heiligen Nepomuk mit einer Kerze für die wunderbare Rettung." (FA, 313)* Wiederholt kommt Waggerl auf den Aberglauben seiner Mutter zu sprechen, so z.B. auch in seiner Miniatur „Mein Talisman": *„Abergläubisch war ich schon immer, auch das ist ein Erbteil von der Mutter her, und kein schlechtes. Sie kannte eine Menge verläßlicher Vorkehrungen gegen allerlei kleines Ungemach. Hatte sie etwa wieder einmal ihre Brille verlegt, so klemmte sie einen Strumpf unter das Tischbein. Dieser Strumpf war in Wirklichkeit der Schwanz des Teufels, sein empfindlichster Teil, und er war auch jedesmal gleich bereit, sich loszukaufen, indem er das Gesuchte zustande brachte. Manchmal fand die Mutter ihre Brille sogar auf der eigenen Nase wieder." (LD, 504)*

Waggerls früheste Erfahrungen mit Religion sind geprägt von katholischer Volksfrömmigkeit (vgl. EiM, 370; STILL, 375) und vom magischen Weltbild der Mutter sowie ihrer Strenge bei der Einhaltung religiöser Verhaltensvorschriften. *„Anders als die Kirche, meine geistliche Mutter, wollte die leibliche durchaus kein Beichtgeheimnis gelten lassen, nicht einmal die Regel, daß jedem Reumütigen vergeben wurde, ehe er zu sühnen hatte. Sie prüfte meine Rechnung und beglich sie auch sofort, nicht mit Vaterunsern, sondern mit Kopfstücken." (FA 325)* Zweifellos gehen viele Details aus dem Bereich des Volksaberglaubens, die Waggerl in seine Romane der 30er Jahre einflicht, auf Erzählungen seiner Kindheit zurück.

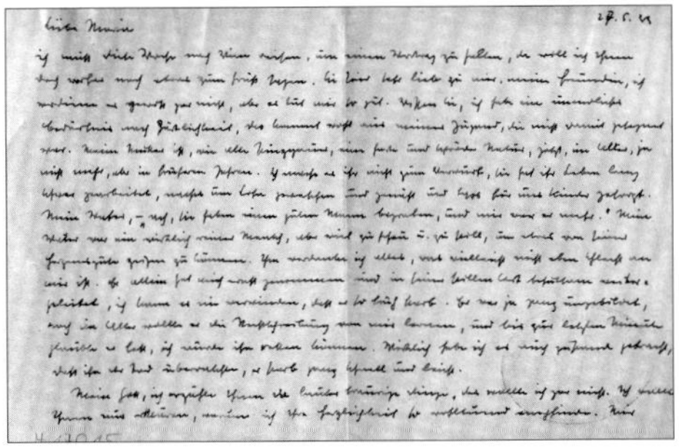

Brief Waggerls an Maria Lorenz (27.5.1933): „... ich habe ein unendliches Bedürfnis nach Zärtlichkeit, das kommt wohl aus meiner Jugend, die nicht damit gesegnet war."

Die religiöse Orientierung und Praxis der Mutter sind im Kontext der als Auswirkungen des sog. Kulturkampfes seit den 70er Jahren des 19. Jahrhunderts von der katholischen Kirche verstärkten „offensiven Glaubenspflege und streng kontrollierte[n] Frömmigkeitsformen" (HAAS II, 904) zu sehen. „Die restaurative Gläubigkeit stärkte das bäuerliche Selbstbewußtsein gegen die Zudringlichkeiten der städtischen Kultur. [...] Die mittleren Bauern sowie die unterbäuerlichen Schichten wurden überhaupt von jeder Politik ferngehalten." (HAAS II, 912f)

In satirischer Wendung gegen abgehobene Sprechweisen, hier der Martin-Heidegger-Jünger, und gegen intellektuellen Hochmut beruft sich Waggerl später in Fragen des Wahrheitsanspruchs von Religion und Wissenschaft auf die „teuflische" Redeweise seiner Mutter: *„Wenn ich die Frage vernehme, was die Seiendheit sei und ob sie im Wesenden existent bleibe, so kann ich als meiner Mutter Sohn zu diesem Problem nur die landläufige Beobachtung beisteuern, daß dem Teufel offenbar schon lange davor graut, einen Menschen zu holen." (WuK, 43)*

1. 4. Rettungen

Das Bedürfnis des erwachsenen Waggerl nach Liebe und Zärtlichkeit, die die harte und spröde Mutter dem Buben vorenthielt, kommt also aus Kindheit und Jugend. (LORENZ, 27.5.1933)[30] Die Erzählungen über Ausgesetztheit, „Ausgestiftetsein" und Errettung, die sich hauptsächlich auf die Phase der langen „Wanderung" um 1900, aber auch auf die Volksschulzeit und mehrere schwere Erkrankungen Waggerls während dieser Zeit (ab Mai 1904) beziehen, bekommen eine zusätzliche Bedeutung: Viermal wird von väterlichen Rettungen aus psychischer Not und sogar aus Lebensgefahr erzählt. Von der Mutter an einen Baum gebunden, sei der Bub während der großen Wanderung nach einem Unwetter dem Ertrinken ausgesetzt gewesen, hätte der Vater *„nicht doch zuletzt einen Weg durch Wald und Unterholz gefunden" . (AdK, 276)*

Möglicherweise handelt es sich bei dem in dem Essay „Der Berg" (1957) Erzählten um dasselbe Vorkommnis: Von der anschwellenden Gasteiner Ache ist nämlich die Rede, die *„aus der Tiefe bis zu uns heraufgestiegen war" (DB, 577)* und die Wohnung zu überfluten drohte. *„‚Wo ist der Vater?' fragte ich. Aber die Mutter winkte nur mit der Hand, daß ich schweigen sollte. Es währte nicht lange. [...] Dann war da plötzlich ein Schritt auf der Treppe, die Mutter schrie auf, und er stand in der Tür, der alles Unglück abwenden konnte, der Vater. ‚Ja', sagte er, ‚da bin ich'." (DB, 577f)*

Sogar noch die Entscheidung, den 14jährigen Karl ab Mitte September 1911 in die Knaben-Bürgerschule in die Stadt Salzburg zu schicken, löste nach eigenen Angaben die traumatische Erinnerung an frühe Kindheitstage aus, als „[mich] *die Eltern [...] nach dem Brauch armer Leute* [wegen Arbeitslosigkeit des Vaters] *zu Verwandten geschickt"* hatten und es der Vater war, der ein paar Wochen später *„der ganzen Heimsuchung entschlossen ein Ende"* machte, nachdem sich der Sohn an seinem Hosenbein festgebissen hatte. Er habe *„nicht mehr los*[gelassen], *ehe er mich wieder in die Arme nahm und nach Hause brachte." (EM, 674)*

Es ist erneut der Vater, der den schwerkranken Volksschüler aus dem Gasteiner Spital *„auf den Armen die Treppe hinunter und ins Leben zurück" (FA, 345)* getragen hat. Bedenkenswert ist auch jene Stelle aus der „Fröhlichen Armut" (1948), in der Waggerl über seine ihn verstörenden Erfahrungen als jugendlicher Hoteldiener aus der Zeit um 1910/11 berichtet: *„ [...] und ich wollte überhaupt nur noch sterben. Nicht augenblicklich vielleicht. Eine Weile konnte ich ja noch von den Rüben* [im Gemüsekeller, wohin sich der Bub angeblich flüchtete] *zehren, bis mich die Mutter fand und auf den Armen nach Hause trug, wie sie es früher manchmal getan hatte, wenn mir ein Leid geschehen war. Nun, die Mutter kam freilich nicht, eine Küchenmagd entdeckte mich hinter Körben und Fässern." (FA, 317f)* „Die Vorstellung von der Mutter, die ihren Sohn in die kalte Fremde hinausstößt, ist ein Grundmuster, das immer wiederkehrt." (AMANN, 301)

1. 5. Sozialer Aufstieg

Zur Jahreswende 1900/1901 kehrte die Wander-Familie wieder nach Bad Gastein heim, *„ohne Hoffnung freilich, nur damit es wenigstens nicht in der kalten Fremde mit uns zu Ende ginge". (FA, 299)* Mitte 1901 trat eine gewisse Entspannung ein, als der Vater zwischen Juni und September 1901 endlich eine befristete Stelle als Telegrammausträger beim k. k. Post- und Telegrafenamt in Bad Gastein bekam. Vater Johann, inzwischen immerhin schon 40 Jahre alt, erhielt anschließend zwischen Oktober 1901 und Mai 1902 kurz Arbeit als Zimmermann im heimischen Betrieb Bacher, bis 1904 arbeitete er wieder als Postbote. Schließlich konnte er im März 1904 endlich die sichere Stelle eines Gemeindedieners antreten. (Krisch I, 9)

Sozialer Aufstieg aus einem jahrelangen Tagelöhner-Dasein und ein *„gewisse[s] Ansehen" (FA, 311)* schienen dadurch erreicht, was insbesondere Waggerls Mutter auch zeigen wollte – Aufsteigerstolz: *„Die Mutter konnte es schon sehr übel bemerken, wenn sie im Kramladen nicht höflich genug begrüßt und bedankt wurde, als ob wir noch zu den ganz armen Leuten gehörten." (FA, 311)* Auch das „Wagrainer Tagebuch" (1936) kann sich einer diesbezüglichen Anspielung nicht enthalten: Der Ich-Erzähler würde nämlich, so merkt er an, nach dem Erwerb des *„Heuwurflehens" (WT, 147)* einen aus dem heimischen Weihbrunnkessel gespendeten wortlosen Segen der Mutter erhalten, *„wenn auch nur einen trockenen" (WT, 147)*, und wahrscheinlich eine Grußkarte an den frischgebackenen *„Grundbesitzer". (WT, 147)*

2. Schulzeit in Bad Gastein (1904 –1911)

2. 1. Schulische Verhältnisse

Seitdem die Familie ab 1901 nicht mehr auf Arbeitssuche herumziehen mußte, konnte es sich die Familie Waggerl leisten, auch ihre Wohnverhältnisse sukzessive zu verbessern. Man übersiedelte *„in eine Stube, in der wir unseren Kram ausbreiteten, bis der Vater einige Möbel zusammengebaut hatte, Tisch und Bank und richtige Betten an der Wand." (AdK, 276)* Es handelte sich dabei wohl um eine Wohnung im sog. Annenheim, dem späteren Hotel Wildbad. Als der Vater schließlich 1904 Gemeindeangestellter wurde, übersiedelte die Familie erneut, und zwar in das Gemeindeamt, auch Kurkasino genannt (KRISCH I, 9). Seit März 1904 war Vater Johann also Gemeindediener, und Sohn Karl wurde am 1. Mai 1904 mit sechseinhalb Jahren in die dreiklassige Volksschule Bad Gastein eingeschult, die er bis Mitte September 1911, also fast bis zu seinem 14. Lebensjahr, dem Ende seiner Schulpflicht, besuchte. Das Schuljahr begann jeweils am 1. Mai. Das Sommersemester dauerte bis Ende Juni oder Mitte Juli. Das Wintersemester begann im September und dauerte bis Ende April des Folgejahres. Die Zeugnisse wurden jedoch vierteljährlich ausgestellt. Erst im letzten Halbjahr seiner Pflichtschulzeit, seit Mitte September 1911, wurde Waggerl schließlich in die Knaben-Bürgerschule in der Stadt Salzburg am Franz-Josefs-Kai geschickt, als Vorbereitung auf den Besuch der Lehrerbildungsanstalt, in die er schließlich im Schuljahr 1913/14 eintrat, also fast 16jährig.

Karl kam, wie die Bad Gasteiner Schulchronik berichtet, in eine Klasse, in der von der Lehrerin Maria Beidich insgesamt 66 Kinder der ersten beiden Schulstufen unterrichtet werden mußten. Die Schülerzahlen in den Klassen sollten sich während der Schulzeit Waggerls noch erhöhen. Er hatte es bis zum Ende seiner Bad Gasteiner Schulzeit immer mit zwischen 62 und 95 Mitschülern zu tun. Die Schule war, bedingt durch die mit dem sozialen Aufstieg der Eltern verstärkten Appelle anständigen Verhaltens, die den Buben zunehmend in ein *„engmaschiges Netz von lästigen Pflichten"* einband, dennoch eine *„letzte Zuflucht"*, weil *„mein abseitiger Platz zwischen den wiederkäuenden Riesen" (FA, 313)* und *„ungeschlachten Riesen" (FA, 308)* in der jeweils überfüllten Schulklasse gesichert war. Lesen, Rechnen und Schreiben seien ihm beim Eintritt in die erste Klasse schon in Ansätzen bekannt gewesen, berichtet Waggerl später (vgl. FA, 307), so daß der Frühreife – autoritäre Umgangsformen gewohnt – im nachhinein die anscheinend behutsame, fortschrittliche Didaktik

Das Kurkasinogebäude in Bad Gastein

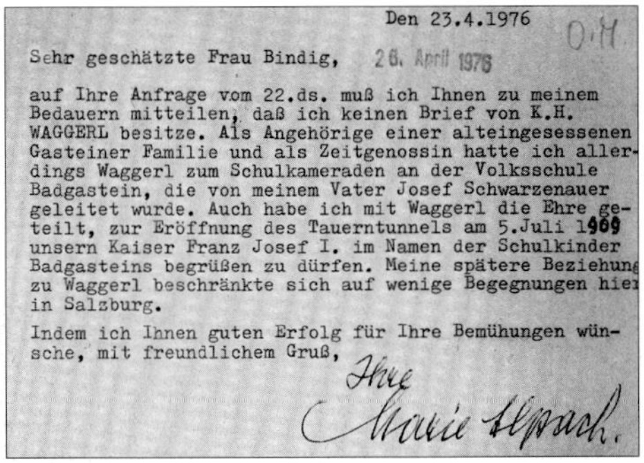

Den 23.4.1976 O.H.

Sehr geschätzte Frau Bindig, 26. April 1976

auf Ihre Anfrage vom 22.ds. muß ich Ihnen zu meinem Bedauern mitteilen, daß ich keinen Brief von K.H. WAGGERL besitze. Als Angehörige einer alteingesessenen Gasteiner Familie und als Zeitgenossin hatte ich allerdings Waggerl zum Schulkameraden an der Volksschule Badgastein, die von meinem Vater Josef Schwarzenauer geleitet wurde. Auch habe ich mit Waggerl die Ehre geteilt, zur Eröffnung des Tauerntunnels am 5.Juli 1909 unsern Kaiser Franz Josef I. im Namen der Schulkinder Badgasteins begrüßen zu dürfen. Meine spätere Beziehung zu Waggerl beschränkte sich auf wenige Begegnungen hier in Salzburg.

Indem ich Ihnen guten Erfolg für Ihre Bemühungen wünsche, mit freundlichem Gruß,

Ihre
Marie Alpbach.

Marie Alpbach berichtet über das gemeinsame Gedichte-Aufsagen anläßlich eines Besuches des Kaisers Franz Joseph in Bad Gastein (1909)

und Pädagogik der Lehrerin als *„Getue" (FA, 308)* qualifizieren kann. *„Aber immer setzte sie nur ihre milde Geduld gegen meine erfinderische, statt mich, wie ich es von der Mutter her gewohnt war, mit einem Kopfstück wieder auf den rechten Weg zu bringen." (FA, 308)* Spätestens seitdem Waggerl die 4. Schulstufe besuchte (1907/08), war der als Aushilfslehrer eingestellte Ludwig Blum Waggerls Lehrer,[31] bevor im Schuljahr 1910/11 Oberlehrer und Schulleiter Josef Schwarzenauer die Volksschul-Oberstufenschüler übernahm. Die wohl untragbaren Lehr- und Lernverhältnisse in den überfüllten Klassen und das geistige Niveau werden greifbar, wenn Waggerl später in Ironisierung vieler Schulkameraden und zugleich mit anti-intellektualistischem Querschlag meinte:

„Vielleicht war ihre Einfalt [...] dem Schöpfer sogar besonders lieb, wie alle Armut im Geiste, seit sich herausgestellt hatte, daß die Menschen um so schlimmer mißrieten, je mehr sie Gott ähnlich sein wollten. Wie die Schnecke in ihr Haus, so steckte er sie in den undurchdringlichen Panzer der Unwissenheit, damit ihr weiches Gemüt innerhalb keinen Schaden litte, und so verdämmerten sie selig ihre Zeit, stundenlang schlafend oder kauend oder in die Betrachtung ihrer eigenen Finger versunken, wie sie auf dem Pult lagen und sich langsam bewegten." (FA, 308f)

Eines der größten Probleme war das häufige Auftreten von schweren, z. T. epidemischen Krankheiten, die den Schulbetrieb zum Erliegen brachten. Zischen 1904 und 1911 traten wiederholt Blattern, Keuchhusten, Diphtherie, Scharlach, Masern und Mumps auf. 1909 war sogar ein Diphtherie-Todesopfer zu beklagen. Auch Waggerl war wiederholt von schwerer und langwieriger Krankheit – *„schon bewußtlos, mußte ich in das Spital gebracht werden" (FA, 344)* – betroffen. Wahrscheinlich handelte es sich dabei um Diphtherie, die im Herbst 1908 insbesondere Kinder aus dem Kötschachtal betraf. Aber auch der Winter 1910/11 brachte weitere schwere Krankheitsfälle.[32] Waggerl wurde demnach im Winter 1908/09 oder 1910/11 im Spital lange Zeit gepflegt, konnte sich aber nur kurz erholen, wurde den folgenden Sommer zur Alm-Erholung geschickt, bevor er im Frühherbst erneut erkrankte und für einige Zeit sogar in das Haus des damaligen Badearztes von Bad Gastein, Dr. Anton Wassing, aufgenommen wurde. (Vgl. FA, 343ff, 353f)

Waggerls zeitweilige Befreiung von der Schulpflicht, wie es ein Volksschul-Zeugnis festhält, mag mit dieser Erkrankung zu tun haben.[33] Waggerl war dennoch ein sehr guter Volksschüler: Nur in „Betragen", „Religion", „Geographie und Geschichte", „Zeichnen" (!), „Gesang" und „Turnen" handelte er sich ab und zu einen „Zweier" ein, ansonsten stehen z. B. im Zeugnis für 1910/11, das von Josef Schwarzenauer ausgestellt wurde, nur „Einser".

Wenn Waggerl über seine Krankheiten aus dem Volksschulalter erzählt, deutet er an, daß das *„Siechtum" (FA, 346)* zugleich Anlaß sein konnte, sich die ansonsten spärliche mütterliche Zuneigung und Aufmerksamkeit zu erwerben: *„Am liebsten wollte* *ich lebenslang sterbenskrank sein, nur immer so liegenbleiben, so warm und wohlig unter meiner Decke." (FA, 345)* Das Verhältnis zur Mutter wird implizit auch greifbar, wenn Waggerl über die Mütterlichkeit der Sennerin Martha, eines *„ungefügen Frauenzimmers"*, erzählt, zu der der kleine Bub einen Sommer lang auf eine Alm gegeben wurde, um seine Krankheit auszukurieren: *„[...] aber bald kam ich dahinter, wie behaglich und warm man sich in den weitläufigen Buchten und Mulden ihres Leibes einrichten konnte. Ihr Atem wiegte mich sanft in den Schlaf, und weil sie so gut nach Milch und Heu roch, träumte mir auch von lauter friedvollen Dingen [...]." (FA, 347)* Erinnerungen daran sind z. B. in den Roman „Mütter" (1935) eingegangen.

Waggerl in der 2. Klasse Volksschule in Bad Gastein

Zwei Ereignisse der Schuljahre zwischen 1904 und 1911 seien herausgehoben. Zum einen ist die im Mai 1905 sogar in der Volksschule Bad Gastein groß aufgezogene Schiller-Gedenkfeier zu nennen, ein Hinweis auf die kulturell deutsch-nationale Orientierung der Schulleitung.[34] Über keine andere Feier, in die die höheren Klassen intensiv eingebunden waren, wobei Waggerls Halbschwester Marie auch rezitieren mußte, wird dermaßen ausführlich berichtet: „Der Verlauf der Feier war würdig, befriedigte allseits." (Schulchronik Badgastein)

Andererseits muß die am 5. Juli 1909 erfolgte feierliche Eröffnung der zweiten Talstrecke der Tauernbahn zwischen Bad Gastein und Spittal an der Drau durch Kaiser Franz Joseph erwähnt werden, in die der Schüler Karl Waggerl gemeinsam mit der Tochter des Schulleiters als Verschen-Sprecher für den Kaiser eingebunden gewesen sein soll, wie er selbst und andere Zeitzeugen berichten. (FA, 331)[35] Waggerls in ironisierendem Ton vorgetragene Erinnerungen an Erscheinungsweisen habsburgischen Patriotentums, männerbündischer Wichtigtuerei – *„Mannesmut gerät leicht von selbst in Brand, wenn er sich in Haufen sammelt" (FA, 332)* – und entleerter Lobrednerei wird zugleich mit Erinnerungen an die damalige Lage der Familie Waggerl verbunden, an materielle Not und geringes Sozialprestige:

Der Empfang von Kaiser Franz Joseph in Bad Gastein (1909)

„Wenn ich meine Sorgen überschlug, so schien es mir, als sei zuallernächst an etwas Nahrhaftes zu denken, an eine Leibrente von Würsten oder Lebkuchen auf Lebenszeit. Aber war es nicht etwa klüger, den Kaiser zu bitten, er möge seine Gnade gar nicht mir, sondern dem Vater zuwenden und ihm ein ansehnliches Amt verleihen, vielleicht die Oberaufsicht über alle Briefträger und Postboten in den Erblanden?“ (FA, 332)

„Der Bezugspunkt des österreichischen patriotischen Gedankens war stets der ferne kaiserliche Landesherr. [...] Der Patriotismus fand vor allem in großen Vereinen für Gemeinzwecke seine Pflegestätte. [...] Veteranen, Schützen und Feuerwehren [vermittelten] den Kontakt zwischen Bürgern und Bauern, Stadt und Land, Fortschritt und Konservativismus. [...] Vor dem Thron verstummte jeder Meinungsstreit. Veteranen, Schützen und Feuerwehren waren Pflegstätten eines tiefverwurzelten obrigkeitstreuen schwarzgelben Patriotismus.“ (HAAS IV, 1000f) Waggerl schrieb über männliche Wichtigtuerei vor der Ankunft des kaiserlichen Souverains: *„Im letzten Augenblick erst, als sich die Hauptleute [der Feuerwehr und Veteranen] schon zum Zweikampf gegenüberstanden, schlichtete der Kapellmeister den Streit, indem er das Kaiserlied anstimmte, so daß sie stillstehen und das letzte vernichtende Wort hinunterwürgen mußten.“ (FA, 332)* Ein Hauch von Satire hat sich in späteren Texten erhalten, wenn es, in bewußter Distanz zu seinem eigenen idyllisierenden Bild, über den Kaiser und die Zeit, die *„auf einem anderen, milderen Stern“* abgelaufen sei, heißt: *„Es lag nicht an dem, daß der Kaiser etwa jedermann an Geisteskraft überragte, er war nicht gescheit, er war erhaben.“ (GmJ, 366)*[36]

Sowohl Waggerls autobiographische Notizen als auch autobiographisch getönte Erzählungen sind faktengetreue Wiedergaben der historischen Wirklichkeit, stellen zugleich aber auch literarische Bilder dar, die einen poetischen Überschuß an Information mitteilen, der nicht minder aufschlußreich für seine frühen Prägungen und Erfahrungen ist. Letzteres dürfte z. B. auf jene Passagen in der „Fröhlichen Armut“ (1948) zutreffen, die sich auf den Tod eines anscheinend alkoholkranken Lehrers im Klassenzimmer beziehen und auf jene Lehrer-Ersatzkraft, über die als *„leibhaftiger Engel“(FA, 339)* Johanna erzählt wird. Die Bad Gasteiner Schulchronik berichtet aus der Zeit von Waggerls Pflichtschulzeit weder über einen solchen spektakulären Tod vor den Kindern noch über eine weibliche Ersatzkraft.[37]

Waggerl thematisiert in seinem Bericht einen autoritären schulischen Erziehungsstil, wie er ihn auch von seiner Mutter her kannte: *„und* [Johanna] *gab mir eine so irdische Ohrfeige, daß ich gleich wieder zu sitzen kam. Was aber dann geschah, vergeß ich zeitlebens nicht mehr. Der Engel schritt mit vorgestreckter Hand zum Waschbecken, goß Wasser hinein und wusch sich. Dieser unheimliche Vorgang erschütterte mich so sehr, daß ich hemmungslos zu weinen begann.“ (FA, 340)*

Er vergißt aber auch nicht, die privaten Beziehungsprobleme einer jungen Frau, nämlich die seiner eigenen Lehrerin, zu erwähnen, das heißt zeitgenössische Geschlechterbeziehungen und den unverständigen, harten Umgang mit sogenannten *„gefallenen Mädchen“*.[38] Seiner Lehrerin Johanna sei dies zugestoßen: *„Am gleichen Abend erzählte der Vater bei Tisch, die junge Lehrerin sei vom Wehr herunter in den Teich gesprungen, man habe sie aber zur Not noch herausziehen und retten können. Dieses schreckliche Ereignis ging mir arg zu Herzen. Zum erstenmal in meinem Leben hatte ich ein ahnendes Gesicht von der gnadenlosen Gewalt des Schicksals, die geheimnisvoll zwischen den Menschen wirkt. [...] Die Mutter, aufrecht, wie sie sich immer hielt, meine Mutter nahm den weinenden Engel an sich* [der den schwerkranken Schüler an seinem Krankenbett besucht] *und führte ihn wieder hinaus. Nein, erklärte sie später auf mein ängstliches Fragen, sie kommt nicht wieder. Gott straft den Leichtsinn, sagte sie ernst.“ (FA 345)*

Über die Phase der Bad Gasteiner Schulzeit (1904–1911) hat Waggerl später ausführlich erzählt. Dabei geraten klarerweise das familiäre Leben und jenes des aufstrebenden Kurortes in den Mittelpunkt. Dem auf den ersten Blick Anekdotischen sind eine Reihe von Erkenntnissen über Waggerls frühe Sozialisation abzugewinnen. Sie beziehen sich auf seine Auffassung von Ordnung, Arbeit, Geld und gesellschaftlichem Fortschritt, sie thematisieren ständische Schranken und unterschiedliche Lebens- und Glaubensformen, bieten Einblick in das kirchliche Milieu, erinnern an die vermittelten Ansichten über Krieg und Frieden, Stadt, Land und Natur, berichten von den Auffassungen über die Geschlechter und immer wieder von frühen Lektüreerlebnissen und ersten Erzählversuchen und deren Wirkungen.

Daß solche Erfahrungen widersprüchliche waren, darüber besteht kein Zweifel. Sie mögen dazu beigetragen haben, daß Waggerl, wie er meint, *„in keinem Lebensalter zu einem deutlichen Begriff* [seiner] *selbst“* gekommen sei. Seine insistierenden Auseinandersetzungen mit seiner Kindheit[39] sind deswegen keine Anekdotensammlungen, sondern Selbsterkundungen und eine Suche nach den Bedingungen seines Werdens. Mit der Welt sei er *„wohl allmählich“* bekannt geworden, *„jedoch immer nur zufällig und nach Gelegenheit“*, was aber sein *„inneres Wesen“ (FA, 322)* nicht verändert habe. Augenzwinkernd, selbstanklägerisch und zugleich nicht nur mit rhetorisch vorgetragenem Bescheidenheitsgestus schreibt Waggerl über seine offenbar als unfest empfundene Identität: *„Ich helfe mir noch heute mit Einsichten, die ich schon auf Kindesbeinen erwarb, und ebenso oft entdecke ich alte Irrtümer, die mich längst um mein ganzes Ansehen hätten bringen müssen, wenn ich es nicht mit Hilfe meiner eingeborenen Verschlagenheit immer wieder so einzurichten wüßte, daß mich die Leute für schwierig halten, wo ich unsicher bin, oder für hintergründig und verschlossen, während ich in Wahrheit schweige, weil ich durchaus nichts zu sagen weiß.“ (FA, 322)* Es wäre nicht Waggerl, wenn er seine diesbezüglichen Gedanken nicht mit einer seiner kritischen und zu-

Lesesalon im Kurhaus von Bad Gastein

gleich tröstlichen Sentenzen beschließen würde: *„[...] es wäre übel um mein Alter bestellt, käme nicht auch mir ein Umstand zustatten, der eigentlich wohl unser ganzes unseliges Geschlecht vor dem verdienstvollen Untergang rettet: daß der Mensch, der furchtbare Verwüster, selber so unverwüstlich ist." (FA, 322)*

2. 2. Erfahrungen

Als Vater Johann Waggerl endlich 1904 eine fixe Anstellung erwerben und die Familie in eine größere Wohnung übersiedeln konnte, wurde es möglich, am Aufschwung des Kurortes Bad Gastein bescheiden zu profitieren.[40] Kleinere Zusatzeinkünfte durch Vermietung an Kurgäste (vgl. FA, 309) und Zimmerherrn, wie z. B. an den schon erwähnten und von der Familie mit kleinbürgerlichem Argwohn beobachteten *„hochfahrenden" (FA, 341)* Musiker, aber auch die Möglichkeit, in den aufstrebenden Hotels während der schulfreien Sommerwochen Zusatzverdienste z. B. als Liftbursch und Diener für alles (AdK, 278; FA, 317) einzuheimsen, so in den Jahren 1910 und 1911,[41] lassen Waggerl Einblicke in die unterschiedlichen sozialen Schichten und deren Milieus gewinnen. Er verabsäumt nie, die Distanz zwischen seinem Unterschicht-Herkommen und der vornehmen bürgerlich-adeligen Welt ironisch festzuhalten.

Die Kunst des Geldverdienens war für die Familie harte Dringlichkeit.[42] Letzteres wird in Waggerls Erinnerungen faßbar, wenn er über die *„feierliche Achtung"*, die dem Gelde entgegengebracht wurde, berichtet: *„[...] die Silberstücke alle blank geputzt, die Geldscheine sauber gebügelt und mit einem seidenen Zopfband umschnürt." (FA, 322)* Waggerl vergißt auch nicht, seine Erinnerungen an feste Hierarchien und autoritäre Umgangsformen im Arbeitsleben zu notieren: Von Ohrfeigen ist wieder einmal die Rede, von unwürdiger Behandlung und selbstverständlicher Inbesitznahme durch den Unternehmer: *„Wir, sagte er* [der Pate], *als sei ich gar kein Ich, sondern nur ein Anhängsel, ein nebensächlicher Bestandteil seiner selbst – wir säubern uns jetzt die Fingernägel und dann melden wir uns auf Nummer 33* [des Hotels] *zum Vorlesen." (FA, 320)*

Schneidend sind Waggerls Notizen über das *„Fremdartige"* der Welt der Hotels und der Lebensweisen der Kur-*„Geschöpfe" (AdK, 277).* Barfüßigkeit, Schmutz (AdK, 277; FA, 301), armselige Kleidung, bäuerische Sprache und lautes Sprechen, was für den Unterschicht-Jugendlichen typisch war, stehen im Kontrast zum *„spiegelnde[n] Marmor"* der *„prächtigen Empfangshallen"*, der *„gefährlichen* [atemberaubenden] *Stille und Kühle"*, zur Mode – *„Seide und Lack". (AdK, 277)* Auch Erinnerungen an den lockeren Lebenswandel einiger Kurgäste werden notiert. (AdK, 278f) Die anders und gut riechenden Kurgäste, insbesondere die Frauen, werden als *„unirdische Wesen" (FA, 300)* erfahren: *„Dick waren sie oder dünn, krumm oder lahm und im ganzen häßlicher als gewöhnliche Menschen, aber sie hatten die seltsame Eigenschaft, immerfort Geld aus der Tasche zu ziehen." (FA, 277)* Das überständische und „zeitlose" Denken des Vaters wird faßbar, wenn Waggerl formuliert: *„Allein, wenn sich der Dienerschwarm verlaufen hatte, dann zeigte sich auch, wie schnell Prunk und Würden verblassen konnten, und daß es wenig ausmachte, ob sich die Hinfälligkeit des Menschen auf silberne Krücken stützte oder nur auf einen Haselstecken wie bei den Leuten aus dem Armenspital." (FA, 299)* Daraus sollte sich bei Waggerl freilich keine soziale Veränderungsphilosophie entwickeln, sondern eine Haltung gemäß der weltlichen Heilungs-Überzeugung seines Vaters, „[nicht]*Recht zu fordern, sondern recht zu tun". (FA, 323)* Auch Waggerls „Gleichgewichts"-Ideologie ist hier verankert, für die er in seinem Essay „Ein Mensch wie ich" (1963) die späte Formel lieferte: *„Ich fühlte mich von Anfang an gedrängt, den Kräften nachzuspüren, die das Ganze im Gleichgewicht halten, offenbar von Ewigkeit her und in die Ewigkeit hinein." (EM, 681)* „Gleichgewicht" wird später ein Leitwort und Identifikationsbegriff für Waggerls Selbstverständnis als Schriftsteller und Mensch, es wird auch das zentrale Attribut für „den Österreicher". (AN 1930, ÖST 1952)

Nicht nur die Grenzen zu den auswärtigen (groß)bürgerlichen und adeligen Kurgästen werden auf diese Weise gezogen, auch die einheimischen *„protzigen Bürger" (FA, 293)* selbst werden in das von unten bestimmte kritische Visier genommen. Vielleicht sind aber auch nur tiefsitzende Ressentiments am Werke. Ein wahrscheinlich fiktiver Vetter Veit (FA, 293) wird zum Lieben Augustin Bad Gasteins stilisiert, der es mit unbürgerlicher Narrheit und Possenhaftigkeit verstanden haben soll, den Leuten angesichts des Todes vor Augen zu führen, daß Reiche und Arme vor Gott einerlei Kraut seien: *„[...] damit die Schrift erfüllt und der Niedrige erhöht werde." (FA, 293)*

Waggerl hält fest, wie auch die Familie des neuen Gemeindedieners in ihrem Geschmack und ihrer Lebensweise begann, sich nach oben zu orientieren: *„Wir aßen jetzt nicht mehr in der Runde aus einer Schüssel, sondern jedes für sich aus einem bunten Teller." (FA, 311)* Man promenierte jetzt sonntags – *„wenn das Mittagessen ohne ein tieferes Zerwürfnis überstanden war" (FA, 312)* –, die Mutter staffierte ihren Sohn mit dem in bürgerlichen Kreisen üblichen *„Matrosengewand" (FA, 312)* aus – eine weitere *„Heimsuchung" (FA, 311)* für den Buben, weil es jetzt hieß, bürgerliche Ordnungsvorschriften zu beachten. Dennoch kann die Familie den tradierten Geschmack und die Verhaltensweisen, die im ländlichen Bauern- und Handwerkerstand vorherrschten, nicht so schnell aufgeben.

Waggerl ironisiert die Schnellebigkeit, die unnütz-schöne *„Kostbarkeit"* und die im ursprünglichen Sinne des Wortes leichte Zerbrechlichkeit der modernen Welt, indem er sie in Spannung setzt zur „alten" Welt und ihren Standards: *„Alle diese vornehmen Dinge hatten zudem die Eigenheit, daß man sie nicht nach Belieben gebrauchen durfte, sie entzogen sich ihren Pflichten, indem sie ihre Kostbarkeit hervorkehrten. Selbst der Vater hockte jetzt auf der harten Bank und schob das samtene Kissen von sich, weil er*

Das Haus Weismayr, wo Waggerl 1910/11 als Liftbursche arbeitete

es nicht wagte, auf einer Mondlandschaft zu sitzen. Dieser ganze Kram war mit einer verhängnisvollen Hinfälligkeit behaftet, aber er zerbrach nicht etwa nur, er wurde zerbrochen, und das seltsamerweise nur von mir. Denn sooft der Mutter ein Henkel in der Hand blieb, hatte ich es zu büßen, weil ich ihr im Wege stand, oder auch nur, weil offenbar schon mein bloßes Dasein unheilvoll auf den Lauf der Dinge wirkte. (FA 311f)[43] Auch die Mutter *„hätte es für unschicklich gehalten, am hellen Tag auf Kissen zu ruhen"*, wie Waggerl angesichts der Betrachtung des bekannten Mutter-Bildes von Hans Thoma, „Die Mutter des Künstlers im Stübchen", anmerkte.[44] „Hinfällig" erscheinen also nicht nur die fremden Gäste, sondern auch die „neumodischen" Produkte der bürgerlichen Kultur.

Auch das Verbot, das der Ich-Erzähler in „Wägen und Wagen" (1968) erwähnt, nämlich als Kind einer der Proletarisierung nur knapp entgangenen Familie mit der sauberen Tochter eines Bahnhofsvorstandes spielen zu dürfen, gehört in den engen Zusammenhang von Waggerls kulturhistorisch wertvollen Mitteilungen über die Äußerungs- und Verhaltensformen, mit denen er vor dem Ersten Weltkrieg konfrontiert wurde. (WuW, 395)

Eine weitere Episode aus „Wägen und Wagen" soll erwähnt werden: Der autobiographisch gefärbte Ich-Erzähler geht in übertrieben vornehmer Weise mit den dörflichen Unterschicht-Kundinnen seines Krämer-Vetters Veit um, so daß sie sich verhöhnt vorkommen: *„Ich hielt dafür, man sollte nicht so grob und rundheraus mit den Leuten verfahren wie er, sondern gelegentlich ein höfliches Wort in die Rede flechten, ein ‚Sie' oder ein ‚gnädiges Fräulein'. Aber damit kam ich übel an. Gleich die erste Kundin zersprang beinahe vor Entrüstung. Sie lasse sich von so einer Rotznase nicht beleidigen, erklärte die Pfarrmagd und warf mir die Strümpfe an den Kopf, die sie hatte kaufen wollen." (WuW, 398)* In demselben Zusammenhang muß auch die Erzählung von der handfesten und rabiaten Art und Weise gesehen werden, mit der sich die vom Lande kommende *„Bräumeisterin"* in der fernen Reichs- und Residenzstadt Wien gegen soziale Verhöhnung wehrt – *„mit der Krücke ihres Regenschirms [...] schlug* [die Patin] *den Spiegel in Scherben* [den sie kaufen wollte, der ihr aber vorenthalten wurde, weil sie sich ihn ohnehin nicht leisten könne, wie eine Verkäuferin meinte]*." (WuW, 403)*

Waggerls Beobachtungen zur „Modernisierung durch Fremdenverkehr" (HAAS III, 896) und zu technischem Fortschritt halten exakt die widersprüchliche Haltung fest, die in seiner sozialen Schicht dazu vorherrschte. Über die erste Zugfahrt der ganzen Familie schreibt er in der „Fröhlichen Armut" (1948) auf eine Weise, in der trotz aller Ironisierung die Angst, Faszination und Skepsis der Landbevölkerung um 1900 spürbar bleibt: *„Wie jedesmal, wenn etwas Ungewöhnliches herankam, wurden wir alle den Abend zuvor gebadet und bis ins Innerste gesäubert, denn wir sollten wenigstens, was die Hälse und Füße betraf, nicht zuschanden kommen, falls uns der Zug über das Ziel hinaus ins Jenseits beförderte. [...] War* *es nicht doch nur Blendwerk gewesen, Betrug und Hexerei, wie die Mutter meinte? Keine zehn Vaterunser hatte die Fahrt gedauert und schon fanden wir uns an das Ende der Welt verschleppt und mußten stundenweise nach Hause gehen. Der Vater sagte freilich, das sei uns nur von Nutzen. Auf diese Weise begriffen wir das Wunder wenigstens mit den Füßen, wenn schon nicht mit dem Kopf. Der Vater glaubte mit unbeirrbarer Zuversicht, daß die Menschen insgesamt doch stetig zum Besseren fortschritten." (FA, 336f)* Die Entwicklung der Technik wurde insbesondere von der Mutter mit Argwohn betrachtet und gemäß ihrem religiösen Weltbild und ihrem Aberglauben in den Kontext des Teuflischen und Zauberischen gerückt, was zu bannen sei. *„Es kam der Tag, an dem wahrhaftig ein Flugzeug im Tal landete, ein gewaltiger Vogel, der aber nicht sang, sondern stank. Alle sahen ihn ehrfürchtig, auch die Mutter, nur glaubte sie dennoch nichts. Lauter Schwindel, sagte sie. Einmal habe sie einen Mann gesehen, der seine Tochter öffentlich zersägte, und nachher sei sie doch wieder mit ihm im Postwagen abgereist." (WuH, 36f)*

Andererseits konnte man aus dem Fremdenverkehr „wirtschaftlichen Nutzen" (HAAS III, 894) ziehen, auch wenn sich z. B. die Mutter vorerst gegen den damit verbundenen Geschmackswandel erzürnte, *„als die Bäuerinnen allmählich anfingen, städtische Jacken zur Seidenschürze und zum Trachtenhut zu tragen"*, sich dann aber *„endlich des Verdienstes wegen damit abfand, den Leuten ihren Willen zu tun". (AdH, 522)* Der Fremdenverkehr war jedenfalls ein „bedeutender Modernisierungsfaktor, vielleicht gleich wichtig wie die staatlichen Erziehungsmaßnahmen durch Schule und Amt. [...] Er verbreitete städtische kulturelle Standards in Hygiene, Umgangsformen, Ordnungssinn, Investitionsfreudigkeit und Geselligkeit." (HAAS III, 896, 898)

Für Waggerl werden die technischen Errungenschaften wie die Elektrifizierung (AdK, 276)[45] und *„allerlei höllische Erfindungen" (WuW, 399)*, wie z. B. das später so geliebte Grammophon (LORENZ), die automatischen Rechenmaschinen oder die Flugzeuge (KdM, 559),[46] zum kindlichen Inbegriff des Fortschritts. *„Weniger argwöhnisch"* als seine Umgebung sei er damals gewesen: *„Atemlos rannte ich hinter der galoppierenden Zeit her und las fleißig auf, was sie in der Eile fallen ließ." (WuH, 37)*

Waggerls Erinnerungen an die Erscheinungsweisen des rasanten Wandels des gesellschaftlichen Lebens und an die skeptischen Reaktionen aus seinem sozialen Umfeld beziehen sich hauptsächlich auf die Phase seiner Bad Gasteiner Schulzeit. „Das Land wurde von der Modernisierung überrascht und überfordert. Es war eine ruhigere Gangart gewöhnt." (HAAS V, 779) In dem Essay „Wanderung und Heimkehr" (1957) heißt es rückblickend: *„Gut, die Zeit. [...] ich wurde in eine ruhige Welt geboren. [...] Nichts bedrohte den gerechten Frieden* [u. a. die scheinbare Unwandelbarkeit von Reichtum und Armut]*, nur Vögel flogen in der Himmelshöhe, und die vornehmen Leute reisten noch immer nicht schneller als Alexander der Große seinerzeit, mit vier*

Waggerl beobachtet die Abfahrt der letzten Postkutsche aus Bad Gastein (1905)

Gäulen vor dem Wagen. Das änderte sich freilich rascher, als ich wachsen konnte." (WuH, 36f)[47]

Waggerl kann und will später die Leistungen des technischen und gesellschaftlichen Fortschritts und dessen Grundlagen in der Wissenschaft, insbesondere in Medizin und Technik, nicht leugnen, gerade in Erinnerung an die Verhältnisse während seiner Kindheit und Jugend: *„Ich weiß noch recht gut, wie hilflos meine Familie der Willkür ihrer Brotherren ausgeliefert war, wie ich als Kind in der düsteren Stube beim Schein des Kienspans meine Wassersuppe löffelte und wie mich der Arzt mit einem Achselzucken seinem übermächtigen Gegner überließ." (WuH, 38)*

Dennoch sollte sich die ihm in seiner Jugend vorgelebte Skepsis gegenüber dem technischen Fortschritt und dem gesellschaftlichen Wandel später vertiefen und unter seiner mythisch gefärbten Betrachtungsweise – die Goethe-Ballade „Der Zauberlehrling" oder „Die Büchse der Pandora" stehen im Hintergrund – zu einer insgesamt negativen Beurteilung der Modernisierung führen: *„Unleugbar, daß der Mensch sich anschickt, ein Schrecken für das gesamte Weltall zu werden, obwohl er ursprünglich ja gar nicht darin vorgesehen war. Gottvater wäre selber wahrscheinlich längst vor Elektronenmikroskopen und Riesenfernrohren geflüchtet, wenn er nur wüßte, wohin." (WuH, 38)* Kritik an der rationalistischen Aufklärung, wie sie durch die Frankfurter Schule formuliert wurde (ADORNO), überlappt sich an diesem Punkt mit jener Waggerls. Aus solchen Einsichten und Überzeugungen sollte sich später auch Waggerls Auffassung von den Aufgaben der Dichtung entwickeln, nämlich den Menschen Trost und Sicherheit durch die Imagination des *„Bleibenden und Zeitlosen" (WuH, 39)* zu vermitteln, anstatt *„nackte"* und *„schonungslose Wahrheit"* (WuH, 39) anzubieten.

Waggerl erinnert sich immer wieder an den im Zuge des Fremdenverkehrs und der Modernisierung stattfindenden Geschmackswandel im Dorf, wie er an Veränderungen der bäuerlichen Bekleidung abzulesen ist. *„Ich denke oft darüber nach, was die Leute wohl bewog, ein Besitztum* [die alte Tracht] *preiszugeben, das so viele Geschlechter vorher einander treu überliefert hatten." (AdH, 521)* Der alte Vater Röck z. B., auf dessen Hof die Eltern bis 1904 Arbeit fanden – das heutige Röck- bzw. Biberlehen in Remsach (vgl. KRISCH II) –, wird in seiner schon außer Mode geratenen Erscheinungsweise folgendermaßen beschrieben: *„Der Vater Röck trug noch die älteste Tracht, an Werktagen zur gewalkten Joppe eine lange Lederhose, die angenähten Stieflröhren unten offen und die Naht herauf mit einem Silberstreifen verziert, als sei ihm eine Schnecke über den Hintern gekrochen. An Feiertagen kam noch der grüne langschößige Haftelrock dazu und beim Kirchgang ein hoher Hut, wie er früher auch zur Frauentracht gehörte." (FA, 296)* Waggerls Fotoarbeiten aus den 20er Jahren sollten sich wiederholt für solche Charaktere interessieren.

Einblick gewährt Waggerl auch in zeitgenössische volkstümliche Erklärungen für den Wandel des Geschmacks auf dem Lande, insbesondere im Bereich der Mode. Vater Röcks – frauenfeindlich eingefärbte – Legende von den eitlen Frauen, die nur ihre Hüte etwas niedriger trügen, aber ansonsten weiterhin dieselbe *„Hinterlist“* und der *„lockende […] Köder“ (FA, 298)* geblieben seien, seitdem der Teufel einmal eine besonders schöne und hoffärtige Magd geholt, weil sie sich bei ihm einen ausnehmend hohen Hut für ihre Hochzeit bestellt habe, ist ein guter Beleg dafür.

Tatsächlich hatte dieser Wandel damit zu tun, daß, nachdem seit dem 19. Jahrhundert das Kaiserhaus und die höheren sozialen Schichten begonnen hatten, ihre angebliche Volksverbundenheit dadurch vorzuführen, daß sie Tracht trugen, die ländliche Kleidung ziemlich willkürlich variiert wurde. Die Brauchtumsbewegung tat ihr übriges, indem sie „untrennbar mit den Interessen des Fremdenverkehrs [verschmolz].“ (HAAS III, 888f) Nicht zuletzt war das „Verschwinden der Tracht […] durch den Zerfall der überlieferten Sozialordnung bedingt“, die den einzelnen Ständen noch feste Bekleidungsvorschriften gemacht hatte. (HAAS III, 890)[48]

So sehr Waggerl diesen Wandel bedauerte – *„Damals trug das Bauernvolk noch gern die alte Tracht, ein anderes Festgewand kannte man gar nicht. Heute ist es auch in den entlegensten Tälern nicht mehr so“ (AdH, 521)* –, so ironisch kommentierte er die zu Fundamentalismen neigende Brauchtums- und Trachtenbewegung: *„Früher dachte ich etwa, es müsse doch ein Antrieb für die Bäuerinnen sein, sich wieder in der hergebrachten Art zu kleiden, wenn sie sähen, daß auch die Frau des Doktors oder des Lehrers es nicht verschmähte, die gleiche Tracht zu tragen. Aber das war ein Irrtum. Der Landmensch empfindet doch manchmal feiner, als wir es ihm zutrauen. Man sage was immer, die Frau des Doktors hat gar kein inneres Recht, sich wie eine Bäuerin anzuziehen. Noch in meiner Jugend wäre das ganz unschicklich gewesen. Heute freilich macht ihr niemand mehr dieses Vergnügen streitig. Man muß ja auch zugeben, daß die gnädige Frau im Miederrock weitaus hübscher aussieht als die Bauerndirn, die nun auch etwas Besonderes tun will und ihrerseits nach der Mode geht. Am Ende aber läuft das ganze Weibervolk im Dorf in einer wunderlichen Verkleidung herum, man weiß gar nicht mehr immer, muß man einer nun die Hand küssen oder braucht man bloß den Hut zu rücken.“ (AdH, 524)*

Waggerls Anmerkungen zu den Versuchen der Kulturgeschichtsschreibung, solche Entwicklungen plausibel zu erklären, enden – (selbst)ironisch – beim Vater Röck aus Remsach: *„Jemand meinte sogar, dieses Phänomen sei vielleicht den Mutationen vergleichbar, sprunghaften Veränderungen, mit deren Hilfe die Natur auch sonst gern die Gelehrten ärgert. Aber mir ist das zu schwierig. Da will ich doch lieber glauben, daß die Sache mit dem Teufel zusammenhängt.“ (AdH, 523)* Daß sich – im Jahre 1940 – an die ironischen Betrachtungen des Modewandels Waggerls Bergbauern-Theorie, der Ausdruck seiner Suche nach

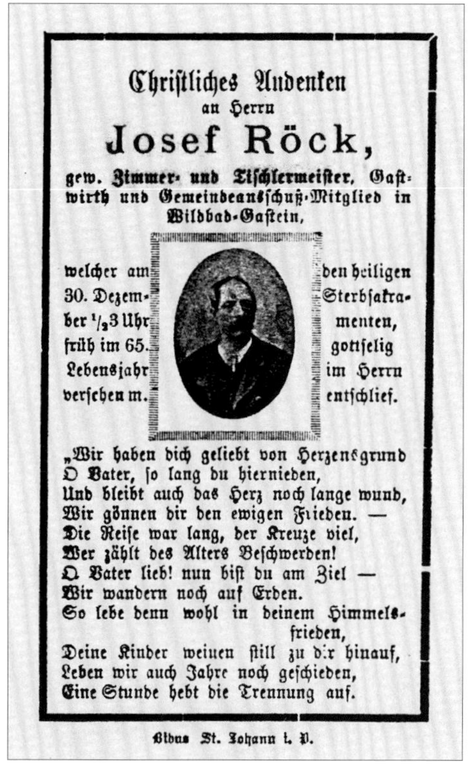

Christliches Andenken
an Herrn
Josef Röck,
gew. Zimmer- und Tischlermeister, Gastwirth und Gemeindeausschuß-Mitglied in Wildbad-Gastein,

welcher am 30. Dezember 1/2 3 Uhr früh im 65. Lebensjahr versehen m. den heiligen Sterbsakramenten, gottselig im Herrn entschlief.

„Wir haben dich geliebt von Herzensgrund
O Vater, so lang du hiernieden,
Und bleibt auch das Herz noch lange wund,
Wir gönnen dir den ewigen Frieden. —
Die Reise war lang, der Kreuze viel,
Wer zählt des Alters Beschwerden!
O Vater lieb! nun bist du am Ziel —
Wir wandern noch auf Erden.
So lebe denn wohl in deinem Himmelsfrieden,
Deine Kinder weinen still zu dir hinauf,
Leben wir auch Jahre noch geschieden,
Eine Stunde hebt die Trennung auf.

Albus St. Johann i. P.

Partezettel von Josef Röck, Zimmerer- und Tischlermeister

Stabilem und Überzeitlichem, anschloß, was freilich mit keinem ironischen Akzent mehr versehen ist, gehört seiner völkisch-romantizistischen Ideologie an, wie sie sich seit Ende der 20er Jahre, beispielhaft im Roman „Brot" (1930), entfaltete, nicht seinen frühen Bad Gasteiner Erfahrungen und deren psychischer Bewältigung.

Waggerls Familie war römisch-katholisch. *„Ich bin ja katholisch erzogen worden [...]." (WBB, 59)* Vorfahren mütterlicherseits sollen sogar als Ersatz für die Salzburger protestantischen Exilanten des frühen 18. Jahrhunderts (1731/32) aus dem bayrisch-schwäbischen Raum ins Erzbistum Salzburg eingewandert sein. *„Meine Vorfahren stammen, wie ich ziemlich sicher weiß, aus Schwaben, sie sind zur Zeit der Emigration in der Mitte des 18. Jahrhunderts in das Salzburgische eingewandert. Die meisten waren Bergleute und Bauern." (AN, 661)*[49] In der „Fröhlichen Armut" (1948) skizziert Waggerl zwei Vertreter der katholischen Kirche, mit denen der Volksschüler, der auch *„Meßbub" (FA, 329)* war, Kontakt hatte. Es sind dies der damalige Pfarrer von Bad Gastein, wahrscheinlich Dr. Peter Lindner, und der Kaplan Max Hechenblaikner, der seit dem Jahre 1907 an der Volksschule Bad Gastein den Religionsunterricht erteilte, bis ihn der Kooperator Hans Rauter und der Pfarrer Josef Prosser als Katecheten (1909/10) ablösten.

Waggerl beschreibt zwei katholische Sozialtypen, wie sie für den Pfarrer und Pater Johannes im Roman „Das Jahr des Herrn" (1934) Pate gestanden haben mögen. Tiefen Eindruck hat der Pfarrer hinterlassen. Er wird als ein gütiger und friedliebender Mann mit menschlichen Schwächen geschildert, als *„geistliche Friedenstaube" (FA, 328)*, die den *„Hirtenstab nicht wie einen groben Stecken, um den Wölfen damit zu wehren"*, handhabte. Dies brachte ihm freilich nur *„Zutrauen"* bei *„Kindern und ganz alten Leuten" (FA, 327)* ein. Die Kritik an der Gesellschaft und am idealistischen „Friedensengel" lautet: *„So war denn der Pfarrer durchaus kein Vorbild, sondern eher ein Ärgernis, weil im gemeinen Leben das Gute gleich übel ausschlagen kann wie das Böse, wenn man nicht maßzuhalten weiß. Die Gemeinde wäre bald zu einer Bande von Tagedieben und Verschwendern herabgesunken, hätten sie sich genau an das Beispiel ihres Hirten halten wollen." (FA, 328)* Dennoch werden dem Pfarrer *„Geduld und Liebe"*, zwei Leitwörter des erwachsenen Waggerl, zugeordnet, so wie dem eigenen Vater auch. Dazu kommt, daß der geistliche Herr als ein Tierliebhaber und Pflanzenkenner, als ein naturverbundener Mensch vorgestellt wird. Insbesondere Pflanzen sollten nicht nur Attraktionen für den Buben bleiben, sie werden geradezu zu Identifikationsobjekten Waggerls: *„Ihm* [dem Pfarrer, der nach Versehgängen mit dem Buben durch Halden und Wälder streifte] *verdanke ich es, wenn ich noch heute jeden Pilz und jedes Kraut beim Namen nennen kann, obgleich mir vieles, was ich damals sah, später nie wieder vor Augen kam." (FA, 330)*

Der Kaplan wird hingegen als Glaubenseiferer dargestellt. In scheinbar humoristischer Manier wird vorgebliche Gewissenserforschung als beschämende Entblößung und in Sünden suhlendes Schuld-Einpauken der Kritik unterworfen. *„Als der Kaplan nun meiner Seele gleichsam das Hemd über den Kopf zog, um es vor mir auszubreiten, da zeigte sich, daß kaum noch ein guter Fleck daran zu finden war. [...] Aber selbst wenn es gelang, den verborgensten Unrat im Herzen aufzustöbern, am Ende war doch alle Mühe vergebens angesichts der himmelschreienden Sünden." (FA 324f)* Als Folge dieser Art von geistlicher „Sündenreinigung" steht ein bemerkenswerter Satz, der auch in vielen Sentenzen und Aphorismen Waggerls den Hintergrund abgeben sollte. *„Nur ödes Land, wohin ich mich wende, voll von dem bitteren Kraut des Zweifels." (FA 326)* Waggerls religions- und kirchenkritische Haltung könnten hier ihren Ursprung haben.

Die Bad Gasteiner Jugendzeit konfrontierte Waggerl mit ersten Begriffen des „Fremden" und mit einem klischeehaften Begriff von „Stadt" und „Land".

Fremd und faszinierend zugleich war die Bekanntschaft mit Arbeitern der Tauernbahn, die seit den 10er Jahren gerade in Bau war. „4000 kroatische, italienische und slowenische Arbeiter waren an dem Bau beschäftigt." (HAAS I, 973) Die schlechte soziale Lage führte 1907 sogar zu einem tumultartigen Streik der Tauernbahn-Arbeiter, der gerade noch geschlichtet werden konnte. Sie waren in Gemeinschafts-Baracken untergebracht, die Arbeitszeit betrug zwar acht Stunden, aber „im Tunnel war ein Weg von 12 km zu Fuß zurückzulegen, so daß vom Abgang bis zur Rückkehr elf Stunden vergingen", tödliche Arbeitsunfälle, die örtlichen Lebensmittelpreise liefen den Löhnen davon usw. Das in Böckstein schon auf seinen Einsatz wartende Kaiserjäger-Bataillon konnte abziehen. (HAAS I, 973) Darüber berichtet Waggerl freilich nichts, auch nicht von Raufhändeln und Suff, was an der Tagesordnung gewesen sein soll. (ZIMBURG, 320) Waggerls Mutter – wohl in Angst um ihren Buben – vermittelte ihm das

Beim Bau der Tauernbahn

Die erste Lokomotive im Gasteinertal (1903)

Segnung des Fortschritts: Einweihung der Tauernbahn

Die Überquerung des Leidalphsbachs bei Hofgastein

Klischeebild der Messer werfenden und Katzen essenden Zigeuner, die hier am Werke wären. Waggerl hingegen erfuhr eine andere Arbeitskultur – *„die Leute schwatzten und sangen sorglos bei der Arbeit" (FA, 314)* – und lernte Erzählungen kennen, die von paradiesischen Welten handelten: ewige Sonne und Wärme, blaues Meer und blauer Himmel, Feigen und Weintrauben. *„Ja, wunderbar, das alles lockte mich sehr. Aber die Mutter? Konnte ich sie einfach so verlassen, mußte ihr nicht das Herz brechen vor Kummer um den verlorenen Sohn? Sie ahnte ja nichts von solchen Anfechtungen." (FA, 315)* „Zigeunerisches" als Inbegriff des Instabilen sollte in Waggerls Romanen der 30er Jahre ein wichtiges ideologisches Element seines Erzählkosmos werden, z. B. in „Brot" (1930) und „Mütter" (1935).

Wie spannungsreich die Bad Gasteiner Welt für den Buben gewesen sein muß, mag die Tatsache vermitteln, daß er einerseits mit der modernen Arbeitswelt und ihren neuen Technologien bekannt wurde – ein Sprengmeister der Tauernbahn erlaubte dem Buben angeblich die zeitweilige Mitarbeit (FA, 314f) –, und daß er andererseits die Erzählungen der alten Bauern und Knechte hörte, die z. B. vom Militärdienst und Kriegseinsatz, von Desertion und heimatfernen Gegenden, auch von der fremden, unnützen Stadt handelten. *„Aber die Stadt, erklärte Andreas, du verstehst das vielleicht noch zu wenig. Diese himmelhohen Häuser, und nicht so viel Land dazwischen, daß nur einer aus dem ganzen Leutehaufen seinen Laib Brot davon haben könnte. Alles unnütz. [...] Ein wenig verachtete ich ihn darum, denn damals flog mein Herz noch hoch hinaus. Oh, ich wollte ja selber das Glück versuchen und den Rock der Ehren nicht vorzeitig für einen Brotlaib eintauschen wie er!" (FA, 350)* Waggerls antimilitaristische Grundhaltung mag hier ihren ersten Bezugspunkt gehabt haben, denn Waggerl konnte sich an Sätze des alten Andreas erinnern, der über seine Desertion berichtete: *„Und dann lief er [Andreas] einfach davon und rannte Tag und Nacht, bis er wieder in seiner Keusche auf dem Stroh liegen konnte. Es half nichts, sie holten ihn noch einmal zurück. Und das nicht etwa, weil sie ihn brauchten, sondern sie sperrten ihn nur ein, damit er zur Vernunft käme, wie sie meinten. [...] Aber der Krieg? Hatte ihn der Kaiser gewonnen? Das wußte Andreas nicht, – wahrscheinlich. Er selber war nur froh gewesen, als er den blauen Rock wieder ausziehen durfte." (FA, 349f)* Dennoch: Die jungenhafte Begeisterung für das Soldatsein gab es auch bei Waggerl, als es später an das Einrücken ging: *„Mir geht es sonst gut, bin ganz gesund und mit Leib und Seel Soldat." (FAMILIE, Juli 1916)*

Ein ähnliches Spannungsverhältnis dürfte sich für Waggerl ergeben haben, als er zeitweilig als jugendlicher Rekonvaleszent im Hause der jüdischen Bad Gasteiner Bade- und zugleich Armenarzt-Familie Dr. Anton Wassing[50] Aufnahme fand. Die kulturelle Distanz zwischen bäuerlich-handwerklicher und bildungsbürgerlicher Welt wird in vielen Details faßbar, auch wenn Waggerl – im Jahre 1948 – über das Judentum des wahrscheinlich assimilierten Dr. Wassing nur in äußerster Zurückhaltung schreibt:

„Der Doktor fühlte sich dort [in der katholischen Kirche, wo seine Frau bei der Messe sang] *sehr unbehaglich. Weil er keine Nachbarn hatte, an die er sich halten konnte, wenn es galt, ein Kreuz zu schlagen oder an die Brust zu klopfen, stellte er mich vor sich hin, und indem er mein Beispiel auf das getreueste nachahmte, benahm auch er sich wie ein vorbildlicher Christenmensch." (FA, 357)* Die Erinnerungen thematisieren insbesondere den hygienischen und sprachlichen Abstand zur Welt Waggerls, aber auch die Unterschiede in den Eßsitten,[51] bei den Kulturaktivitäten der Kinder (Klavierspielen) und in den ihm bis dahin unbekannten persönlichen Umgangsformen – *„Gottlob, daß sie* [Frau Wassing] *mich wenigstens nicht auf die Stirn küßte wie ihren Sohn" (FA, 354).* Dr. Wassing, dieser *„sonderbare Mann" (FA, 357)*, wie ihn Waggerl 1948 nennt, wird als ein von seinem ärztlichen Ethos durchdrungener und sozial engagierter Mann geschildert – alte Bad Gasteiner Bürger erinnern sich an Dr. Wassings „Hilfsbereitschaft, welche bei den armen Leuten immer unentgeltlich erfolgte." (KRISCH II) Waggerl schildert ihn zugleich aber auch als heimlichen und verzärtelten Hypochonder.

Außerordentlich bedenkenswert bleibt, daß in die späten Erinnerungen auch Elemente eingeflossen sind, die, gerade weil sie das wahre spätere Schicksal der jüdischen Familie Dr. Wassing entstellen, nicht nur die fiktiven Anteile der Erzählung – gerade an einer Stelle, in der es um Juden geht – aufdecken, sondern auch im Hinblick auf den historischen Kontext der Judenverfolgung einen wohl unbeabsichtigten Zynismus bekommen. Über den Tod Dr. Wassings, der 1941 in Wien an Lungenentzündung und Herzschwäche gestorben sein soll, heißt es: *„Aber so umständlich verfuhr der Tod gar nicht. Etliche Jahre später stach er ihn auf der Kegelbahn nur ein wenig mit einem Nagel in der Hand und daran starb der Doktor, weil er Angst vor dem Schneiden hatte und sich lieber mit Salben heilen wollte." (FA, 359)* Über das Schicksal der beiden Söhne nach 1933 konnte nur eruiert werden, daß sie ins Exil flüchten konnten. Dr. Wassings Villa in Bad Gastein wurde 1939 „arisiert". Paula Wassing wurde 1942 in das KZ Theresienstadt deportiert. Über ihr weiteres Schicksal konnte nichts eruiert werden. (KRISCH II) Über den Holocaust hat sich Waggerl meines Wissens schriftlich nur ein einziges Mal geäußert, und zwar in einem Brief aus dem Jahre 1976 an Dipl. Ing. Bela Nagy: *„Und darum halte ich unter allen Opfern jenes Systems nur die Juden für eigentlich beklagenswert, denn sie waren wirkliche, wehrlose Opfer des Wahns. [...] Nebenbei, mich erschüttert es nicht so sehr, daß dergleichen [daß nämlich ein Kind für den „Feuertod" bestimmt war] geschehen ist, als daß es immer noch geschieht." (BRIEFE, 75f)*

In die Darstellung Waggerls sind auch Elemente eingegangen, die in der Tradition des Diskurses insbesondere über assimilierende Juden jedenfalls einen festen Platz haben – unabhängig vom historischen Wirklichkeitsgehalt. Waggerl erzählt nämlich über den lärmenden, laut singenden und polternden Arzt, der mit seinem *„bärenhafte[n] Ungeschick" (FA, 356)*[52] sogar bei der an-

Dr. Anton Wassing (1860–1941), Badearzt in Bad Gastein (1885–1938)

Villa Dr. Wassing, erbaut zwischen 1896 und 1898, heute Kurhotel Goldeck

scheinend schon besser „zivilisierten" eigenen Frau Peinlichkeit erregte und mit unentwegten Schmuckgeschenken anstößig wirkte.

Waggerls Resümee aus den im Hause Dr. Wassing angestellten Versuchen, dem Unterschicht-Buben notwendige zivilisierte Tischmanieren beizubringen, sozusagen dem armen Bad Gasteiner Jugendlichen Verhaltensstandards anzuerziehen, wie sie für die assimilierte jüdische Familie notwendig waren, lautet schließlich: *„Heule nicht, sagte er* [der Arzt] *wohl, du mußt das lernen, so sicher wie das Einmaleins. Die Leute nehmen es genau damit, solang du sonst nichts kannst. Später einmal darfst du dir den Hühnerknochen auch hinters Ohr stecken, wenn es dir bequemer ist. So weit konnte mein Selbstbewußtsein allerdings nie gedeihen, weil das Herkommen dem Menschen so untilgbar anhaftet wie die Hautfarbe. Was einer auch anwenden mag an Schminke und Verkleidung, in jedem lässigen Augenblick schlägt es doch wieder durch." (FA, 356)* Hier werden frühe Prägungen für Waggerls späteren Antijudaismus faßbar, der während der Zeit in der Lehrerbildungsanstalt in Salzburg u. a. durch die Lektüre von Otto Weiningers „Geschlecht und Charakter" (1903) eine erste und ungemein wirkungsmächtige „philosophische" Kontur bekam. In Waggerls erstem unpubliziertem Roman „Georg" (auch unter dem Titel „Das Haus in der Sackgasse" oder „Der Drachentöter" 1924/25)[53] wird er literarisch faßbar. Ab 1929 verfestigte sich Waggerls Antisemitismus, formuliert in diversen Briefen insbesondere an den Leiter des Insel-Verlages in Leipzig, Anton Kippenberg, und in Stellungnahmen seit den 30er Jahren, so z. B. in dem Essay „Ein Wort für den Buchhändler" (1934).[54] Die Folgen der Lektüre von Otto Weiningers „Geschlecht und Charakter" in den jugendlichen Jahren um 1914/15 sind für die geistige Entwicklung Waggerls nicht zu überschätzen, wurden aber bisher unzureichend erforscht. Weiningers „prinzipielle Untersuchung" soll für Waggerl das „Evangelium" seiner Jugend geworden sein (SPRINGENSCHMID, 12), denn Weiningers Dissertation, ein Bestseller um 1900, bot Orientierung, wenn auch zweifelhafte, in Fragen der Genialität, des Unsterblichkeitsbedürfnisses, aber insbesondere in Fragen des Geschlechtergegensatzes und des Judentums. (WEININGER, IX)

Dr. Otto Weininger (1880–1903)

Es wird noch zu zeigen sein, wie viele Spekulationen und Behauptungen Otto Weiningers in Bereiche des Denkens und Beurteilens Waggerls Eingang gefunden haben, wo man sie einfach nicht vermuten würde, oder zumindest andere entscheidende philosophische Einflüsse, wie z. B. die Arthur Schopenhauers (1788–1860), ergänzten, zuspitzten oder relativierten. Die Weltanschauung Weiningers, die auf einen wütenden Antifeminismus und aggressiven Antisemitismus hinauslief, stieß auf Waggerls Kindheits-Erfahrungen, gab dem jugendlich Suchenden ein erstes Weltauffassungs-Modell und damit geistige Orientierung an die Hand und sollte Waggerls späteres Denken z. B. über Dichtung und Journalismus, Technik, Medizin und Wissenschaft, „deutsch" und „jüdisch" oder Willensstärke und Willensschwäche beeinflussen, wenn nicht gar bestimmen.[55]

2. 3. Erste Lektüren, erste Schreibversuche

Waggerls Angaben über seine frühe literarische Sozialisation und sein früh erworbenes Verhältnis zu Büchern sind von besonderem Wert. Er war mit seinen Auskünften auf diesem Gebiet nicht sparsam und widmete diesem Thema sogar einen kleinen Essay, nämlich „Freundschaft mit Büchern“ (1937). Auch Anmerkungen über das frühe Erlebnis, welche großen Wirkungen die gereimte Sprache und gut Gesagtes hervorrufen können, sind dokumentiert. Bibel- und Kalendertexte stehen natürlich am Anfang.

„Aus meinem Kindesalter sind mir zwei Bücher in dauernder Erinnerung geblieben, ein geistliches und ein weltliches. Das eine war das Gebetbuch meiner Mutter. [...] Ich buchstabierte seltsame Anrufungen und Litaneien, darin die Muttergottes ein elfenbeinerner Turm genannt wird, ein goldenes Haus, eine Arche, und sie nahm es nicht übel. [...] Das andere, das weltliche Buch aber war der Kalender. [...] und wenn der dicke Band endlich erstanden war und sicher in meinen Armen lag, dann hatten alle Buden mit Knallbüchsen und Rollschlangen, mit Lebkuchen und türkischem Honig keinen Reiz mehr für mich.“ (FmB, 280f)

Die Bildlichkeit der Bibel, der Kalender-Blick in die Welt der technischen Erfindungen, auf die bestaunenswerten Neuigkeiten der weiten Welt, die Abenteuer der katholischen Missionare oder die literarischen Bilder vom *„Kampf der Tugend gegen die Mächte der Finsternis“ (FmB, 282)* stachelten die *„Lesegier“ (FmB, 282)* des Jugendlichen an. Diese ließ ihn auch auf anderes verfügbares Lesematerial süchtig werden, auf *„billige Romane aus den Nachttischläden oder die Groschenhefte der Mädchen“ (AdK, 278)* oder auf liegengelassene Heftchen und Bücher aus dem Adelsmilieu (vgl. FA, 313), aber auch auf Märchen (FA, 300) und Bände der *„römischen Altertümer“ (FmB, 282).* Aufgeschlossene Kurgäste förderten die Leselust des Buben und kauften Bücher für ihn, was aber der Mutter anscheinend ein Dorn im Auge war. So soll er auch zu Daniel Defoes „Robinson Crusoe“ (1719/20) gekommen sein: *„Ach, wie habe ich dieses Buch geliebt! Ich besaß es noch, als ich längst den Kinderstrümpfen entwachsen war und meine Jugend in den Schützengräben und Kavernen der Gebirgsfront begraben mußte. Irgendwo verlor ich es, auf dem Marsch oder in der traurigen Dämmerung der Gefangenschaft, ich weiß es nicht mehr, damals verlor ich viel.“ (FmB, 283)*

Eine Rolle spielten auch die historischen, wohl mit allerlei erfundenen Zutaten ausgestatteten Geschichten der Mutter: *„Die Mutter war wohlbeschlagen mit Kenntnissen aus der Geschichte zwischen Pilatus und Napoleon. Etliches mußte ich mir ja später anders erzählen lassen, aber ich kann nicht sagen, daß ich viel dabei gewonnen hätte.“ (FA, 286)*[56] Auch legendenartige Erzählungen kamen aus ihrem Munde oder aus dem des alten Röckbauern. „Kalendergeschichten“ (1937) und Legenden, z. B. jene „von den Worten“, „von den Rie-

Die lesende Mutter

Peter Altenberg (1859–1919), Poet und Lebenskünstler

sen", „von den drei Pfändern der Liebe", „vom Tod", „vom vergrabenen Herzen" oder „vom hohen Hut",[57] die Waggerl später gerne in seine Romane einbaute, aber auch als selbständige Einheiten publizierte,[58] haben hier ihre erste Quelle.

„Die Mutter hätte es für sündhaft gehalten, ein Buch zu kaufen, das nicht zum Lernen oder sonst für einen nützlichen Zweck taugte". (FA, 282) Anderen Lesestoff betrachtete sie potentiell als Schmutz und Schund und als moralisch bedenklich. Karl war Viel- und Schnelleser. Sein Bedürfnis nach anderen Welten war nicht zu zügeln: *„[...] und dadurch verlor ich mich gänzlich in einer zwiespältigen Welt von Träumen." (AdK, 278)* Fiktion und Wirklichkeit wurden durchlässig. (FA, 300, 309) Die Mutter ging daran, *„die Höllensaat mit Strenge wieder auszurotten". (FA, 309)* Für die Kurgäste soll der Bub sogar als Vorlesender eingesetzt worden sein – der Lesestoff: Immanuel Kant (vgl. FA, 320).[59] Aus der Korrespondenz mit seinen Eltern aus der Militärzeit Waggerls geht hervor, daß in der Familie das damals weit verbreitete gemäßigt deutschnationale „Salzburger Volksblatt" (FAMILIE, Oktober 1917)[60] gelesen wurde. Diese Lektüre pflegte Waggerl auch nach 1918 (WBB, 54). Über das Blatt schrieb er später: *„Dir habe ich viel zu verdanken. Ehe ich auf einer Schulbank zu sitzen kam, brachtest Du mir schon das Lesen bei. [...] warst Du es, die mein erstes Machwerk mutig aufnahm."*

Bei dem „Machwerk" handelte es sich offenbar um den Essay „Tee und Kaffee. Ein Brevier für Genießer" (TuK), das auch in einer illustrierten Broschüre, herausgegeben vom Tee- und Kaffee-Spezialhaus Friedrich Smonig, erscheinen sollte. Es ist übrigens ein ausgezeichnet geschriebener Beitrag über die verlorengegangene Kultur des Genießens, die offenbar wiedergewonnen werden sollte. Waggerl dürfte sich an Skizzen und Haltungen von Peter Altenberg (1859–1919), insbesondere an seinem „physiologischen Roman" mit dem Titel „Prodromos" (1906), u. a. an dem Text „Ich trinke Tee", orientiert haben. In Waggerls Bibliothek in Wagrain hat sich sogar ein von ihm selbst gebundenes Exemplar von Peter Altenbergs „Prodromos" erhalten (3. Aufl., Berlin: S. Fischer 1912). Er verzierte seinen Einband mit den Worten: *„Er liebte und sah." (SCHAEFER)* Waggerls Text ist aber mehr als nur eine locker hingeworfene Skizze über das Herstellen und Trinken von Tee und Kaffee, sondern zugleich angereichert durch typische Überlegungen über das Geborgensein, über Willenlosigkeit und Künstlertum.

Erste Erfahrungen mit dem Versemachen und der Wirkungskraft des Wortes gehen ebenfalls auf Waggerls Kindheit und Jugend zurück: An den Beginn eines nicht erhaltenen Indianer-Epos in Hexametern erinnert sich Waggerl in seiner „Kunst des Müßiggangs“ (1955).[61] *„Was mir […] zuflog, schrieb ich hastig und mit pochendem Herzen auf meinen Zettel, aber wenn ich später die Zeilen überflog, dann fand ich in meinen Worten nichts mehr von dem berückenden Glanz, der mich vorher so überwältigt hatte.“ (FA, 352)* Die ersten Zuhörer sind die Mutter und eine Sennerin, der Waggerl den Namen Martha gibt: Sie fangen aus Rührung zu weinen und zu schluchzen an: *„[…] und da erlebte ich ein anderes Wunder: daß schon ein schwacher Funke genügt, um eine Flamme zu entzünden. Martha fing sofort zu schluchzen an, – ach, es war ihr alles aus der Seele gesprochen, genau wie sie es empfand! Und selbst Andreas konnte seine Rührung nicht ganz verbergen, es sei eine seltene Gabe, sagte er, wenn einer die Worte so zu setzen vermöchte.“ (FA, 352)* Nur *„Fromme Verse“ (WuW, 388)* soll die moralisch zensurierende Mutter gefordert haben.

Viel später hat Waggerl in seinem Essay „Über das Sagbare“ (1968) von der *„Kunst des Sagens“* und dem hauptsächlich *„akustische[n] Phänomen“* (ÜdS, 107f) Dichtung gesprochen, in seiner „Kunst des Müßiggangs“ (1955) von den *„magischen Kräfte[n]“* und der *„bannende[n] Gewalt“* der Rede: *„Das ist natürlich nicht so gemeint, daß man gewärtig sein müßte, wegen eines schlechten Verses vom Blitz erschlagen zu werden, sondern umgekehrt, daß ein guter Vers von unabsehbarer Wirkung ist.“ (KdM, 566)* Mutter und Martha ließen sich von der *„hörbaren Sprachmelodie“* und der *„Ausdruckskraft des Sagbaren“* (ÜdS, 109)[62] naiv fesseln. In dem Essay „Über das Sagbare“ (1968) deutet Waggerl schließlich eine mediale Theorie des Redens und Überlieferns an: *„Wahrscheinlich ist die Möglichkeit, akustische Phänomene durch das visuelle Medium der Schrift zu konservieren, eher von Kaufleuten als von den Dichtern entdeckt worden […]. Das etwas makabre Ergebnis dieses Vorgangs ist, daß das Werk des Dichters nicht mehr nur vergessen, sondern obendrein eingestampft wurde.“ (ÜdS, 108)*

Erst nach dem Ersten Weltkrieg hat Waggerl begonnen, sich auch für die *„dingliche Gestalt“* des Buches zu interessieren, indem er anfing, Bücher zu binden und *„den alten Meistern hinter ihre Schliche zu kommen.“ (FmB, 283)*[63]

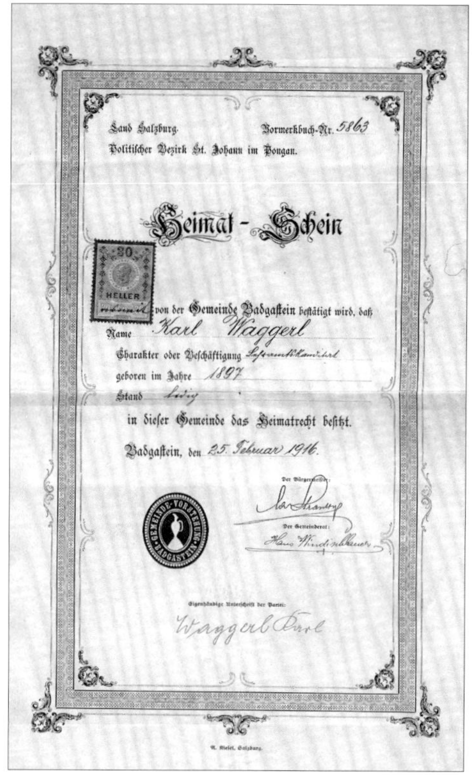
Land Salzburg. Vormerkbuch-Nr. 5863
Politischer Bezirk St. Johann im Pongau.

Heimat-Schein

30 HELLER

von der Gemeinde Badgastein bestätigt wird, daß
Name Karl Waggerl
Charakter oder Beschäftigung
geboren im Jahre 1897
Stand
in dieser Gemeinde das Heimatrecht besitzt.
Badgastein, den 25. Februar 1916.

Der Bürgermeister:
Der Gemeinderat:
GEMEINDE-VORSTEHUNG BADGASTEIN

Heimat-Schein der Gemeinde Bad Gastein für Karl Waggerl (1916)

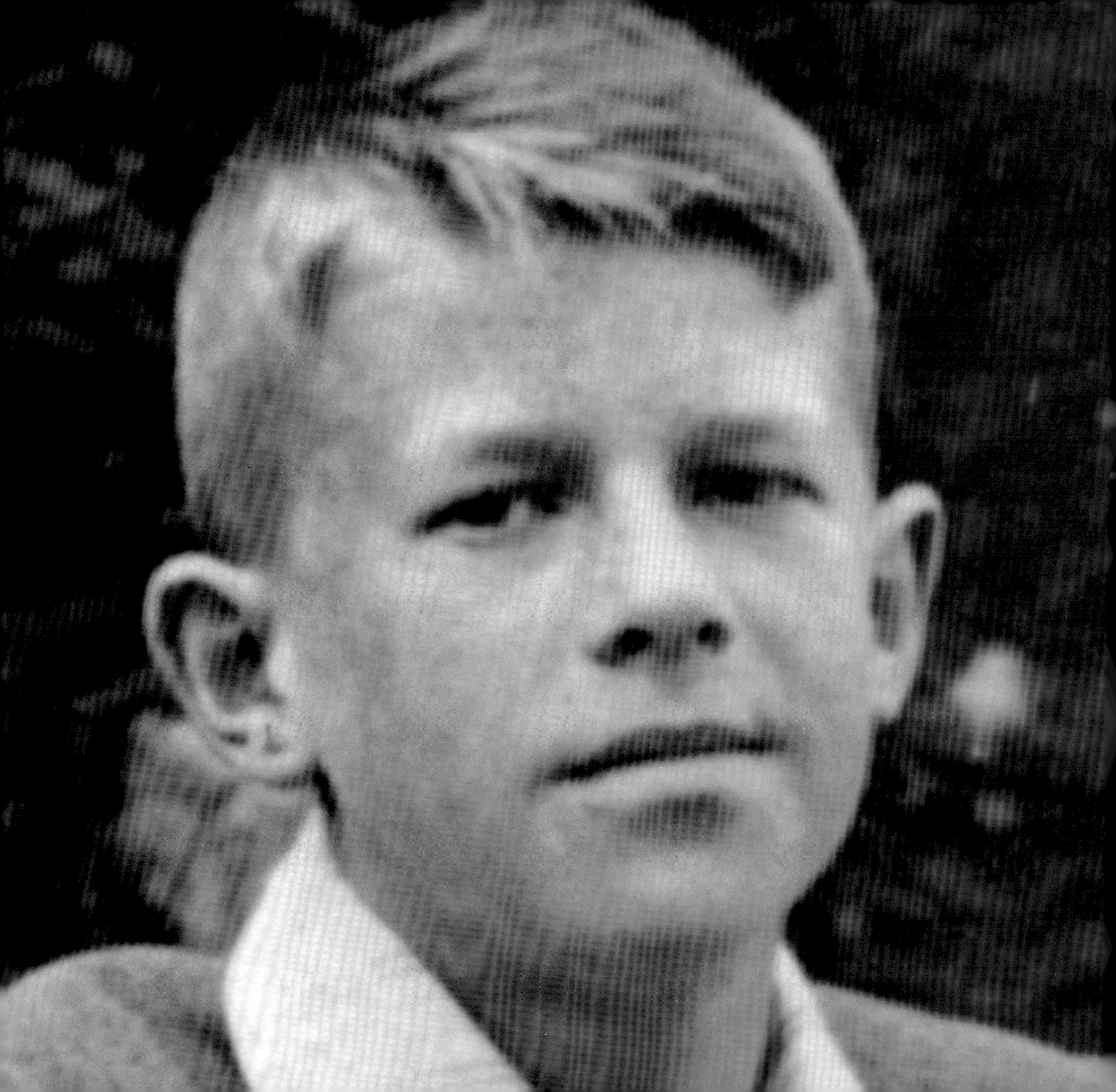

3. Schulzeit in der Stadt Salzburg (1911 – 1916)

Als in der Familie Waggerl um 1911 die Entscheidung über den zukünftigen Beruf des Sohnes Karl anstand, war es vorerst ausgemacht, daß der Sohn, so wie der Vater, ein Handwerk erlernen sollte. *„Ich war völlig zufrieden, als der Pate entschieden hatte, ich müßte die Uhrmacherei erlernen, eine leichte Arbeit für meine geringen Kräfte und zugleich etwas Dämpfendes für meinen unruhigen Kopf." (FA, 357)*[64] Worin der Wahrheitskern dieser Aussagen steckt, sei dahingestellt, wechseln doch die Angaben darüber: Sowohl von Karls Zustimmung ist die Rede, aber auch von *„zornige[r] Auflehnung"* oder *„bitterste[n] Tränen der Verzweiflung" (WuW, 388)* angesichts dieses Vorhabens. Auch die Angaben darüber, wer denn meinte, den Buben ein Handwerk erlernen lassen zu müssen, wechseln: der Taufpate (FA, 357) oder die Mutter (LD,493f). Vom Paten, Hotelier in Badgastein, wird berichtet, daß er die Absicht, Karl eine weiterführende Schule besuchen zu lassen, als *„Vermessenheit"* betrachtete, weil die ständischen Schranken übertreten würden. (FA, 360) Auch wer den Rat erteilte, den Buben auf eine weiterführende Schule zu schicken, ist unklar: Einmal wird der Arzt genannt (FA, 357), dann der Lehrer (AN, 661; WBB, 31), ein anderes Mal wieder der Pfarrer (EM, 674). In den „Autobiographischen Notizen" (1930) spricht Waggerl davon, daß das Uhrmachergewerbe damals seinem vom Vater *„ererbten Hang zum Handwerk besser entsprochen"* (AN, 661) habe. Es sei sein lebenslanger *„heimlicher Kummer"* (LD, 494) geblieben, kein Handwerker geworden zu sein, *„eigentlich überhaupt nichts, wenn ich es streng nehme" (LD, 494)*, wie es in typischer Waggerlscher Zuspitzung sogar heißt. An anderer Stelle spricht Waggerl davon, daß es für ihn lange Zeit selbstverständlich gewesen sei, den Beruf seines Vaters, nämlich Zimmermann, zu erlernen. Ein *„rechtschaffener Beruf" (TYPOSKRIPT)* sollte es jedenfalls sein.[65]

Die Entscheidung der Eltern lautete schließlich, den Vierzehnjährigen zur Vorbereitung auf das Lehramtsstudium an der k. k. deutschen Lehrer-Bildungsanstalt in die sog. Bürgerschule der Stadt Salzburg (Franz-Josefs-Kai) zu schicken. Seit dem Reichsvolksschulgesetz (1869) konnte man nach fünf Jahren Volksschule die dreiklassige Bürgerschule besuchen. Seit 1849 bestand auch die achtklassige Mittelschule (Gymnasium: Griechisch, Latein, Deutsch als zentrale Fächer), seit 1870 auch die siebenklassige, „lateinlose" Realschule (Schwerpunkt: mathematisch-naturwissenschaftliche Fächer und moderne Fremdsprachen) sowie seit 1874 die Militär-Unterreal- und Oberrealschule. (BEHACKER, 79f; HANISCH/FLEISCHER, 91f; RUBLACK, 193)

Karl Waggerl mit Schwester Elisabeth (links) und Neffen Karli Zehentner

Zwischen September 1911 und Juli 1913 – also fast bis zu seinem 16. Geburtstag – war Waggerl Schüler der zweiten und dritten Klasse der Bürgerschule. Er sollte ein sehr guter Schüler sein, bis der Übertritt in die Lehrerbildungsanstalt im Schuljahr 1913/14 erfolgte.[66] Auf dem Lehrplan der Bürgerschule standen neben üblichen obligatorischen Fächern auch fakultative, von denen Waggerl Französisch und Stenographie mit sehr gutem Erfolg belegte. Das Abschlußzeugnis vom Juli 1913 bestätigte Waggerl „vorzügliche" Leistungen in mehreren Fächern, u. a. in Deutsch und Französisch. Ansonsten überwog das „Lobenswert".

Welche Außergewöhnlichkeit damals der Gang des Bad Gasteiner Gemeindediener-Buben in die *„Fremde" (FA, 359),* in die Kleinstadt Salzburg mit ca. 40.000 Einwohnern (HOFFMANN I, 2282), darstellte, als es „für die ärmere Bevölkerungsschicht auf dem Lande [...] praktisch unmöglich [war], ihre Kinder in höhere Bildungsanstalten zu schicken" (HANISCH/FLEISCHER, 91), veranschaulicht die Tatsache, daß Waggerl den ersten Schritten in der Stadt einen eigenen Essay widmet, „Garten meiner Jugend" (1955), und die Skizze „Als ich dreizehn Jahre alt war" (WBB, 30f). Seine „Fröhliche Armut" (1948) beendet er mit dem Bericht über den Abschied von Bad Gastein.

Es ist das erste Mal, daß Waggerl in die Stadt Salzburg kommt. Die Mutter begleitet ihn. Sie ist es, die ihn in die städtische Fremde führt. Waggerl schildert den Abschied von Bad Gastein als besonderes Vorkommnis für Verwandte, Bekannte und Eltern. Es ist der Vater – *„Mich hat er am meisten geliebt" (MVL, 28)* –, der Tränen in den Augen hat, während das Bild der Mutter dem schon bekannten entspricht: Der Bub muß ihr in die Hand versprechen, ihr *„keine Schande [zu] machen" (FA, 362),* und er hat sich angeblich die tabubrechende Frage gestellt: *„Liebte sie mich denn?" (FA, 362)* Lebenslang sollte Waggerl denn auch von der *„gerechten Liebe" (FA, 363)* der Mutter sprechen.

„Ich fühlte mich [...] unbeschreiblich elend. [...] Die Mutter reiste beruhigt ab, und ich blieb allein." (WBB, 31) Die erinnerten Erfahrungen Waggerls über diesen Weg aus der Provinz in die Provinzstadt und das dortige Leben sind: Verlust des Vertrauten (FA, 362), *„trostloseste Verlassenheit" (LD, 503), „würgende Not" (EM, 675), „Hunger" (EM, 676), „Bettelgast an den Tischen einiger Salzburger Kaufleute" (AN, 661), „Hohn und Verachtung" (EM, 675)* in der Schule, insbesondere später in der Lehrerbildungsanstalt, wiederholt auch Selbstmordwünsche (EM, 675f), *„Heimweh" (WT, 178),* Ausbeutung und *„Angst" (EM, 674).*

„Die lange Nacht lag ich in einem fensterlosen Verschlag auf stinkenden Säcken, frierend vor Angst, denn so oft ich mich bewegte, streifte etwas Klebriges mein Gesicht, das von irgendwoher durch die Finsternis wehte. Der Bruder [der Hauswirtin] *handelte mit Därmen." (EM, 674)*[67] Waggerls Schilderung seiner miesen Wohnverhältnisse in der ersten Salzburger Zeit verweist auf die damalige schlechte Mietsitua-

tion insbesondere in der Salzburger Innenstadt und den „chronische[n] Mangel an erschwinglichen Kleinwohnungen für die unteren Volksschichten". (HOFFMANN I, 2298) Die Waggerls hatten von den verdienten 120 Kronen des Vaters 40 Kronen an Miete zu bezahlen. (WBB, 31) Die Behandlung des hungrigen Jugendlichen, für dessen Kost und Logis die Familie Waggerl schon im voraus bezahlen mußte, durch die Familie des Vermieters soll entwürdigend gewesen sein: *„Fußtritte." (EM, 674)*

Waggerl meint, sich an eine Aufnahmsprüfung erinnern zu können. Er habe ein *„Löwenzahnblatt [...] ziemlich geschickt" (WBB, 31)* gezeichnet und einen Deutschaufsatz, nämlich die Auslegung eines Verses, *„wonach das Schicksal des Menschen dem Wasser glich" (WuH, 78)*, verfassen müssen. Dies soll ihn berechtigt haben, einen Jahrgang zu überspringen. Möglicherweise mußte Waggerl Goethes „Gesang der Geister über den Wassern" (1779) auslegen – „Seele des Menschen, wie gleichst du dem Wasser! Schicksal des Menschen, wie gleichst du dem Wind!" –, einen Text, der damals auch als Lesebuch-Text Verwendung fand. (KUMMER) Tatsächlich besuchte Waggerl nur die zweite und dritte Klasse der Bürgerschule.

Die Schulzeugnisse aus den Jahren 1911 bis 1916 und das „Zeugnis der Reife für Volksschulen" vom Februar 1917, als Waggerl schon als Einjährig-Freiwilliger seit Mai 1916 beim Militär diente, belegen, daß er nach drei Jahren Ausbildung vorzeitig das Maturazeugnis ausgehändigt bekam.[68]

Klassenvorstand Waggerls in der ersten Klasse war der „Schönerianer", Historiker und Rasseforscher Dr. Heinrich Ploy, in der zweiten Klasse war es der Musiklehrer Julius Welser, in der dritten Klasse der Turnlehrer August Pichler.[69] Es war eine Reifeprüfung, die unter besonderen Umständen, nämlich denen während des Ersten Weltkrieges, zustande kam. Durch einen Erlaß des k.k. Unterrichtsministeriums war es möglich geworden, die Reifeprüfung vorzeitig abzulegen. Waggerl trat im Schuljahr 1916/17 gemeinsam mit zwei weiteren Schulkollegen (Theodor Keidel und Anton Kriechhammer) zur dritten derartigen Prüfung erfolgreich an. Andere Studienkollegen, z. B. Karl Springenschmid oder Kajetan Mühlmann, wurden von ihren militärischen Einheiten schon früher zur Prüfung geschickt. (FESTSCHRIFT, 91)[70] Ab dem Schuljahr 1917/18 hätte er als „Unterlehrer" oder „Lehrer an öffentlichen Volksschulen" unterrichten dürfen, wäre er nicht schon längst mit dem 23. Marschbataillon des Infanterie-Regimentes 107 an die italienische Front abgerückt gewesen.

Er mußte deswegen nach seiner Entlassung aus der italienischen Kriegsgefangenschaft (26. August 1919)[71] zwischen Februar und Juni 1920 einen Fortbildungskurs für Lehrer an der jetzt republikanischen „Staats-Lehrerbildungsanstalt" in Salzburg, den sogenannten „Sonderjahrgang" absolvieren, „um den in Kriegsdienstleistung gestandenen Zöglingen die Möglichkeit zu bieten, die Bildungslücken auszufüllen." (FESTSCHRIFT, 108) Waggerls Teilnahme war freilich unregelmäßig, nicht zuletzt we-

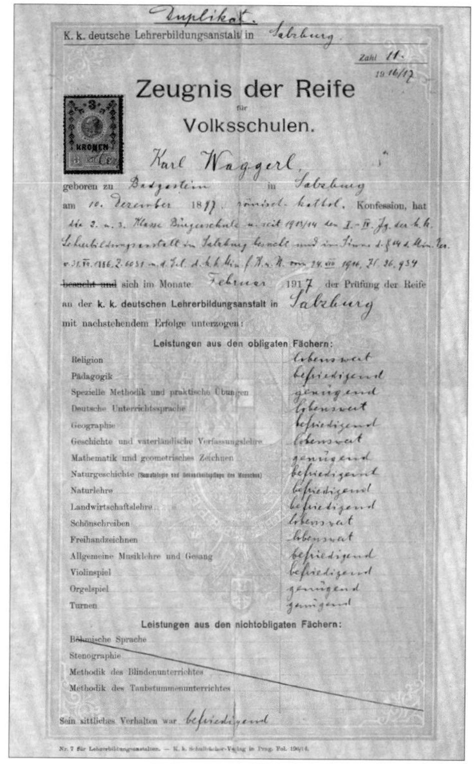

Duplikat.

K. k. deutsche Lehrerbildungsanstalt in Salzburg.

Zahl 11.
1916/17

Zeugnis der Reife
für
Volksschulen.

3 KRONEN

Karl Waggerl,

geboren zu Badgastein in Salzburg

am 10. Dezember 1897, römisch-kathol. Konfession, hat die 2. u. 3. Klasse Bürgerschule u. seit 1913/14 den I.–IV. Jg. der k.k. Lehrerbildungsanstalt in Salzburg besucht und im Sinne d. § 14 d. Min. Ver. v. 31. VII. 1886, Z. 6031 u. d. Erl. d. k.k. Min. f. K. u. U. vom 24. VIII 1916, Z. 26.934 ~~besucht und~~ sich im Monate Februar 1917 der Prüfung der Reife an der **k. k. deutschen Lehrerbildungsanstalt** in Salzburg mit nachstehendem Erfolge unterzogen:

Leistungen aus den obligaten Fächern:

Religion	lobenswert
Pädagogik	befriedigend
Spezielle Methodik und praktische Übungen	genügend
Deutsche Unterrichtssprache	lobenswert
Geographie	befriedigend
Geschichte und vaterländische Verfassungslehre	lobenswert
Mathematik und geometrisches Zeichnen	genügend
Naturgeschichte (Somatologie und Gesundheitspflege des Menschen)	befriedigend
Naturlehre	befriedigend
Landwirtschaftslehre	befriedigend
Schönschreiben	lobenswert
Freihandzeichnen	lobenswert
Allgemeine Musiklehre und Gesang	befriedigend
Violinspiel	befriedigend
Orgelspiel	genügend
Turnen	genügend

Leistungen aus den nichtobligaten Fächern:

Böhmische Sprache
Stenographie
Methodik des Blindenunterrichtes
Methodik des Taubstummenunterrichtes

Sein sittliches Verhalten war befriedigend

Nr. 7 für Lehrerbildungsanstalten. — K. k. Schulbücher-Verlag in Prag. Fol. 196/14.

Lehramtszeugnis für Volksschulen

gen seiner latenten Lungenkrankheit, die Beurteilung der Leistungen entsprechend mäßig. Ein „Genügend“ ausgerechnet in Deutsch und im Violinspiel stechen ebenso hervor wie ein „Vorzüglich“ im Arbeitsunterricht.[72] In der Tat dürfte der Ausbildungskurs für den „Heimkehrerjahrgang“, wie ihn Waggerls ehemaliger Klassenkollege Karl Springenschmid nannte, nicht gerade die Wissensbedürfnisse der Kriegsheimkehrer getroffen haben. Die Klassifikation für Waggerls „Deutsch“-Leistungen hatte wohl nicht viel Wert angesichts der Tatsache, daß der Lehrer einen jungen Mann vor sich hatte, der während seines Einsatzes an der italienischen Front begonnen hatte, ein anspruchsvolles Kriegstagebuch zu führen, Gedichte zu schreiben (z. B. Eintragung vom 17.11.1916: „Auf einen Toten“) und schon 1916 „eine kleine Arbeit“ von einer Wiener Zeitung honoriert bekam. (FAMILIE, 12.9.1916)

Die einzigen positiven Blitzlicher, die Waggerl auf die städtische Fremde Salzburgs wirft, betreffen einen einigermaßen verständigen Deutschlehrer (EM, 674f), der die sprachliche und künstlerische Begabung des Jugendlichen erkannte, weiters einen pragmatisch denkenden Obdachlosen, der dem Schüler praktische Tips für das Überleben in der „Großstadt“ liefert (vgl. EM, 676), und die öffentlichen und kirchlichen Armenausspeisungs-Stätten in der Stadt Salzburg unmittelbar vor dem Ersten Weltkrieg.[73] Aus der Lektüre von Ludwig Ganghofer (1855-1920), dem Verfasser von Volksstücken, naiv-gemütvollen Heimatromanen und -erzählungen voller Jagd- und Alpenromantik,[74] hatte sich Waggerl *„einen unerschöpflichen Vorrat an Metaphern und poetischen Wendungen“ (EM, 675)* angeeignet, mit denen er bei einigen lehrenden Provinz-Intellektuellen Eindruck machte. Vor dem Ersten Weltkrieg gehörten Ganghofers Werke gemeinsam mit denen von Peter Rosegger, Friedrich Gerstäcker, Felix Dahn und auch Emile Zola zu den am häufigsten ausgeliehenen Büchern z. B. in der „Salzburger Volksbibliothek“ (HANISCH/FLEISCHER, 100). Der ironische Ton der Erinnerungen ist nicht zu überhören. *„Ich lief dem Brot nach, nicht der Weisheit, und fand gar keine Zeit mehr, mich um das zu kümmern, weswegen ich eigentlich in dic Stadt geschickt worden war“ (EM, 677)*, so lautet Waggerl nachträgliche zugespitzte Formulierung für seine damalige Lage, die ihn nicht nur den Freitod überlegen ließ (vgl. EM, 675f), sondern ihm – ein frühes Modell seiner späteren Reaktionsweisen – zum ersten Mal ein bitterer Lehrmeister dafür gewesen sein soll, *„Geduld“* zu lernen oder *„wie ein braver Ochs im Joch [zu] gehen, voll des Glaubens, daß auch der mühsamste Weg am Ende wieder zu Stall und Futtertrog führt“. (EM, 676)* Geld erwarb sich Waggerl z. B. durch bezahlte Schreibarbeiten für *„wohlhabendere Mitschüler“. (BRIEFE I)* Zu seinen Klassenkameraden gehörte u. a. Kajetan Mühlmann (1898–1958), der spätere Kunsthistoriker, der während der NS-Herrschaft Karriere machte, ein anderer Studienkollege in der Lehrerbildungsanstalt war der spätere Berufskollege und Vorgesetzte während der NS-Zeit Karl Springenschmid (1897–1981).

Waggerls Zimmer während der Studienzeit, gezeichnet 1916

Aquarell „Taubnessel“ aus „Heiteres Herbarium“ (1950)

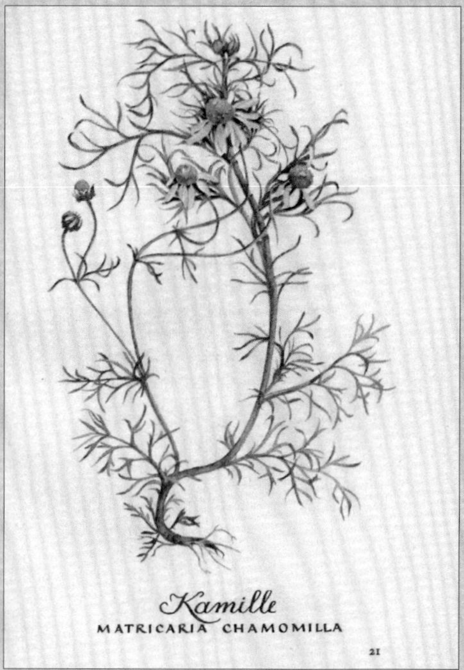

Aquarell „Kamille“ aus „Heiteres Herbarium“ (1950)

Karl Waggerl als Lehramtskandidat

„Stolz kann sich auch im Ertragen bewähren, nicht nur in der Auflehnung" (EM, 677), heißt es bei Waggerl. Daß seine Selbstdarstellung, bezogen auf seine Studienzeit in der Stadt Salzburg aber auch eine selbststilisierende sein kann, das deuten Karl Springenschmids Erinnerungen „Servus Heiner!" (1979) an. Waggerl habe zwar „etwas Aufbegehrendes, Rebellisches" an sich gehabt, wie Kai (Kajetan) Mühlmann sei auch er ein „Sturmgeist" gewesen, aber einer, der „an dem, was um uns geschah, völlig vorbei[lebte]" und sich in einem geistigen Bezirk abkapselte. In diesem spielten u. a. die 1909 erstmals erschienenen Aphorismen „Sprüche und Widersprüche" von Karl Kraus (1874–1936), von „ein[em] richtige[n] Karl", und, wie bereits erwähnt, Otto Weiningers „Geschlecht und Charakter" (1903), Waggerls „Evangelium" seit der zweiten Klasse (1914/15), eine wichtige Rolle. Nach seinen „Sprüchen und Widersprüchen" ließ Karl Kraus 1912 die Aphorismensammlung „Pro domo et mundo" folgen. Karl Kraus hatte seit März 1909 in seiner Zeitschrift „Die Fackel" eine Aphorismen-Reihe begonnen, die er mit kurzen Unterbrechungen immer wieder aufnahm. Wahrscheinlich waren sie Waggerl bekannt.[75]

Auch an ausgezeichnete Karikaturen Waggerls als bildnerische Antworten auf einen angeblich engstirnigen Pädagogik-Unterricht (nach Ernst Meumann) kann sich Springenschmid erinnern: „Ein Kind [...] hilflos in ein ungeheuerliches Räderwerk eingespannt, während der Herr Dozent mit leichtem Finger die ganze Apparatur in Bewegung setzte." (SPRINGENSCHMID, 27) Aus einem Gesprächsprotokoll eines Interviews, das Otto Amann 1980 mit Karl Springenschmid führte, geht hervor, daß der jugendliche Dreibund Waggerl-Mühlmann-Springenschmid, in dem Mühlmann der spiritus rector gewesen sein soll, als ein „Sturmlauf" gegen die sich in den Professoren verkörpernde Dekadenz einer morbiden, blutleeren Gesellschaft verstanden wurde und zugleich die Bedürfnisse nach elitärem Anderssein befriedigte.

Was Waggerl an den Schriften von Weininger und Kraus „mit Inbrunst und Leidenschaft" (SPRINGENSCHMID, 11) bewegte, war nicht nur der antibürgerlich klingende Protest der beiden jüdischen und zugleich judenkritischen in Wien tätigen Autoren, sondern auch die Unbedingtheit, mit der Karl Kraus und Otto Weininger für das Geschriebene einstanden.[76] Aus dem genannten Protokoll eines Gesprächs mit Karl Springenschmid geht hervor, daß Waggerls Weininger-Faszination weniger inhaltlich bedingt gewesen sei als vielmehr durch den frühen Selbstmord Weiningers, was dessen Buch den Charakter eines „Vermächtnisses" verliehen habe.

Was Waggerl z. B. im Kapitel XIII von Otto Weiningers „Geschlecht und Charakter" u. a. lesen konnte, mag andeuten, mit welchen Inhalten sich die heranwachsenden Zöglinge beschäftigten: „Unsere Zeit, die nicht nur die jüdischeste, sondern auch die weibischeste aller Zeiten ist, die Zeit, für welche die Kunst nur ein Schweißtuch ihrer Stimmungen abgibt, die den künstlerischen Drang aus den Spielen der Tiere abgeleitet hat; die Zeit des leichtgläubigsten Anarchismus, die Zeit ohne Sinn für Staat und Recht, die Zeit der Gattungs-Ethik, die Zeit der seichtesten unter allen denkbaren Geschichtsauffassungen (des historischen Materialismus), die Zeit des Kapitalismus und des Marxismus, die Zeit, der Geschichte, Leben, Wissenschaft, alles nur mehr Ökonomie und Technik ist; die Zeit, die das Genie für eine Form des Irrsinns erklärt hat, die aber auch keinen einzigen großen Künstler, keinen einzigen großen Philosophen mehr besitzt, die Zeit der geringsten Originalität und der größten Originalitätshascherei; die Zeit, die an die Stelle des Ideals der Jungfräulichkeit den Kultus der Demi-Vierge gesetzt hat: diese Zeit hat auch den Ruhm, die erste zu sein, welche den Koitus bejaht und angebetet hat. Aber dem neuen Judentum entgegen drängt ein neues Christentum zum Lichte; [...] Zwischen Judentum und Christentum, zwischen Geschäft und Kultur, zwischen Weib und Mann, zwischen Gattung und Persönlichkeit, zwischen Unwert und Wert, zwischen irdischem und höherem Leben, zwischen dem Nichts und der Gottheit hat abermals die Menschheit die Wahl.“ (WEININGER, 441)

Waggerl wollte ein geistiger Mensch werden und hatte anscheinend mit dem politisierenden Deutschnationalismus vorerst nichts zu tun. Aus der Salzburger Lehrerbildungsanstalt kamen Lehrer heraus, „die politisch in der Mehrheit deutschnational eingestellt waren“, obwohl „die Lehrerbildungsanstalt [...] von der Direktion im katholischen Geiste geführt“ wurde.

Waggerls Buchbindearbeit von Otto Weiningers „Geschlecht und Charakter“

Das Salzburger Studiengebäude – Lehrerbildungsanstalt

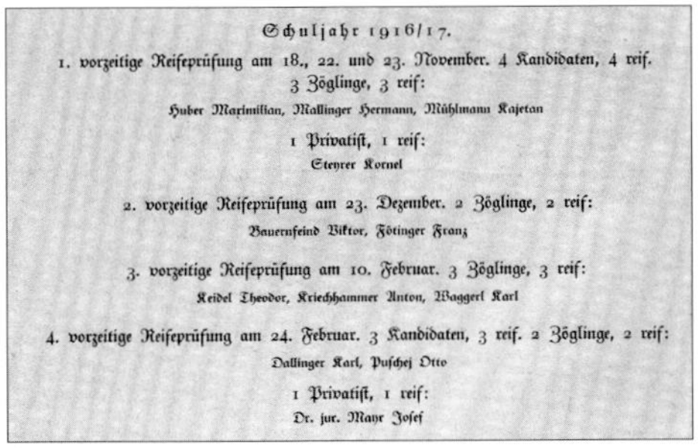
Schuljahr 1916/17.

1. vorzeitige Reifeprüfung am 18., 22. und 23. November. 4 Kandidaten, 4 reif.
3 Zöglinge, 3 reif:
Huber Maximilian, Mallinger Hermann, Mühlmann Kajetan
1 Privatist, 1 reif:
Steyrer Kornel

2. vorzeitige Reifeprüfung am 23. Dezember. 2 Zöglinge, 2 reif:
Bauernfeind Viktor, Fötinger Franz

3. vorzeitige Reifeprüfung am 10. Februar. 3 Zöglinge, 3 reif:
Reidel Theodor, Kriechhammer Anton, Waggerl Karl

4. vorzeitige Reifeprüfung am 24. Februar. 3 Kandidaten, 3 reif. 2 Zöglinge, 2 reif:
Dallinger Karl, Puschej Otto
1 Privatist, 1 reif:
Dr. jur. Mayr Josef

Ausschnitt aus dem Verzeichnis der Reifeprüflinge (1915/16)

(HANISCH/FLEISCHER, 92) Karl Springenschmids Erinnerungen „Servus Heiner!" heben die Ausstattung des Studiengebäudes im katholisch-erzbischöflichen Salzburg hervor: „An den Wänden hing, nicht minder fremd und feindselig [wie das sonderbare Schulgebäude, ein ‚ungeheuerliches Winkelwerk mit dunklen Gängen'] die deutsche Geschichte: Schlacht im Teutoburger Wald, Krönung Karls des Großen, Luther vor dem Reichstag in Worms. Jene, die aus dem Gebirge kamen, fiel schon das Heimweh an." (SPRINGENSCHMID, 5)

Daß Waggerls damalige moderne Lektüren[77] in einer Spannung zu dem ansonsten vorherrschenden provinziellen Anti-Wien-Klima standen, steht fest: „Von der Provinz her gesehen erschien die dominante Wiener Kultur als nervös, formal zerfahren, entartet, dekadent – eben jüdisch; die eigene Provinzkultur hingegen als bodenständig, gesund, echt – eben deutsch: als Heimatkunst, die sich einer internationalen Moderne erwehren mußte. Den literarischen Provinzgeschmack bestimmten Victor Scheffel und Felix Dahn, Peter Rosegger und Ludwig Ganghofer." (HANISCH/FLEISCHER, 68)

Als Unterschicht-Kind vom Land, das noch dazu als schon etwas älteres (1913/14) in die Lehrerbildungsanstalt eintrat, mußte Waggerl die wegen seiner Herkunft, seines Namens, seiner Kleidung und *„bäurische[n] Sprache" (EM, 675)* hochnäsige Abkanzelung durch einige Lehrpersonen und den *„ganzen Bubenhaufen" (EM, 675)* hinnehmen: Waggerl spricht von *„abschätzig[er]" (EM, 674)* Musterung durch den Deutschlehrer, Springenschmid vom „bestürzte[n] Gesicht dieses jungen Mannes", „im Innersten getroffen". (SPRINGENSCHMID, 8) Der Klassenvorstand der ersten Klasse, angeblich Prof. Michael Haupolter, soll sich über den Namen „Waggerl" vor der ganzen Klasse lustig gemacht haben. Aber Waggerls Protest-Reaktion war vorerst die Orientierung an Nicht-Provinziellem, an „Wesentlichem", wie es die Lektüre von Karl Kraus und Otto Weininger jedenfalls verhießen: „Hier gab es einen Menschen [...], der sich [...] abseits stellte und sich eine eigene Welt zurechtbauen wollte." (SPRINGENSCHMID, 11)[78]

Der Ich-Erzähler in Waggerls „Wagrainer Tagebuch" (1936) wird im Zusammenhang mit dem Hegen und Pflegen des eigenen Gartens plötzlich von der Erinnerung an jene Zeit überwältigt, in der er *„in der Stadt zur Schule ging und zum ersten Mal mein Dasein aus Eigenem bestritt". (WT, 177)* Es ist die Erinnerung an das Bild eines geheimen Gärtchens ausgerechnet auf dem Dach eines Abortes knapp unter seinem Studierzimmer:[79] *„Taubnessel", „Hirtentäschchen", „Kamille", „Löwenzahn"*, eine *„Weide"* mit ihren Kätzchen, in der *„Abendkühle"* in seinem Garten übernachtende *„Bienen"* (WT, 178). Dies verweist jedenfalls auf die innere Befindlichkeit des in der städtischen Fremde ungeborgenen Jugendlichen, und zwar in einer Form, wie sie Waggerl seit dem Beginn der 30er Jahre entwickelte, vielleicht auch auf die Existenz eines tatsächlichen Dachgärtleins während seiner Studierzeit.[80]

Dem aus dem städtischen Leben herausgenommenen Idyll wird in Waggerls autobiographischen Erinnerungen an die Studienzeit „die Stadt" entgegengestellt: ein Ort des Scheins und zugleich des Theaters,[81] der *„Unzucht"*, der *„zügellosen Reden"* der *„Freigeister"* (GmJ, 365ff), kurz ein Ort der Gottverlassenheit und jüdischer Umtriebe, so wie sie schon die „Heimatkunstbewegung" (ROSSBACHER) seit dem Ende des 19. Jahrhunderts in ihrem antistädtischen Natürlichkeits-Ressentiment immer wieder schilderte. Verdorbene „Stadt" und heiles „Land" sollten zu fixen Formeln von Waggerls Dichtungen werden. In den fiktiven Texten, wie z. B. in der Miniatur „Mein Talisman" (1956) wird sogar bis in die 50er Jahre ein Element daraus weitergeführt, das auch schon zum Kernbestand des bis heute nur teilpublizierten Romans „Georg" (1924/25) gehört, nämlich das Jüdische. So ist im „Talisman" von den *„dämmerigen Winkel[n] der Altstadt" (LD, 503)* die Rede, wo der jüdische Trödler Lewi handelt.

Otto Amanns Analyse der Raumgestaltungen in der frühen Erzählprosa Waggerls aus den 20er Jahren – „die Stadt, das Krankenhaus, das Dorf, der Bauernhof, die freie Natur und die Straße" (AMANN, 29ff) – zeigt das hohe Ausmaß an Übereinstimmung von fiktionalem Text und Autobiographischem. Die „Stadt" ist dabei nicht nur erlebter und erinnerter lebensgeschichtlicher Raum, sondern Reproduktion vorhandener literarischer Formeln: „Die Stadt wird als kalte, anonyme und bedrohliche Lebenssphäre geschildert, mit der sich die Helden aus einer Position der Ohnmacht und sozialen Deklassiertheit auseinanderzusetzen haben. [...] Die Stadt ist kein überschaubarer Lebensraum, sondern ein ‚endloses Meer'. Das sexuelle Reizklima der Stadt wirkt sich als zusätzlich destabilisierender Faktor aus." (AMANN, 36)[82] In Waggerls „Georg"-Roman ist es – nicht zufällig – die jüdische Siegfried-Welt, die ein widersprüchliches Bündel von Wesenszuschreibungen aufweist, wie es das antijüdische und antisemitische Schrifttum seit dem 19. Jahrhundert ausgebildet hatte: „schamlos, respektlos, verstandesorientiert, oberflächlich, gewissenlos, geschäftstüchtig, realitätsbewußt, lügenhaft, unproduktiv, egoistisch, eitel, kränklich, schwach, feige, etikettebewußt, geschwätzig, skeptisch, großzügig." (AMANN, 85f)[83]

Die Neustadt Salzburgs um 1910

4. Militär- und Kriegszeit – Gefangenschaft (1915/16 – 1919)

Keine Phase seines Lebens hat Waggerl vergleichsweise so ausführlich und exakt zu dokumentieren versucht wie seine Militär- und Kriegszeit seit Ende Mai 1916, als er fast neunzehnjährig zum Kriegseinsatz gemustert wurde, am 22. Mai 1916 einrückte, um vorerst in verschiedenen Kasernen ausgebildet zu werden.

„Sie fragen, ob ich im Krieg war. Ja, meine ganze Jugend ist darüber vergangen, in vier Jahren. Mehr als zwei Jahre stand ich an der Front, fast ohne Unterbrechung, und dann geriet ich auch noch in Gefangenschaft, als ich Leutnant wurde und Urlaub bekommen sollte. Als ich einrückte, war ich noch ein Kind, ich schicke Ihnen ein Bild aus der Zeit, vier Monate später stand ich schon im Graben. Ich war der Kleinste in meiner Kompanie, was sollte man sonst mit mir anfangen. Offizier zu werden, war undenkbar. Immerhin, auf dem zweiten Bild bin ich schon Gefreiter, das war ein Jahr später, und klein war ich auch nicht mehr. Immer hatte ich ungeheuerliches Glück […]. Einmal schlug ein Schrapnell in den marschierenden Zug, von drei Doppelreihen blieb ich als einziger Mann stehen. Tapfer war ich gewiß nicht, aber weil mir nie etwas zustieß, kam ich zuletzt doch in den Ruf, ein mutiger Soldat zu sein, man nahm mich zu den Sturmtruppen, schließlich kriegte ich sogar Auszeichnungen und Fähnrich wurde ich auch. Ach ja, ich war doch kein Soldat, ich bin das Grauen vor diesem furchtbaren Handwerk nie losgeworden. Zuletzt verlor ich alle meine Leute in einer einzigen Nacht, mit vier Mann wurde ich gefangen. Wie das zuging, will ich Ihnen lieber nicht beschreiben. Ich war auch schon krank, wir lagen ja 12 Tage lang in wassergefüllten Granattrichtern und zudem war es kalt, Anfang Juni in den Bergen. Anfangs ging es mir auch in der Gefangenschaft nicht gut, erst später erholte ich mich, und in den letzten Monaten war ich überhaupt im Paradies, in Amalfi, denken Sie nur, und fast ganz frei […]. Allmählich besann ich mich wieder auf mich selbst, alles ‚vorher' war meilenweit entrückt, die Wüste des Krieges lag ja zwischen mir und meiner Kindheit." (LORENZ, 1933/34)

Schon im Juni 1915 war Waggerl bei den Freiwilligen Schützen eingezogen und hielt Wache „an der Grenze bei Wals". (FAMILIE, 4.6.1915) Ende Juli 1915 wurde Waggerl von den k. k. freiwilligen Schützen Salzburgs (Entlassungs-Zertifikat des Bataillonskommandos III der k.k. freiwilligen Schützen Pongau vom 2.8.1915) in Wolfsberg gemustert. Schon seit 1910 hatten die Behörden auf Einführung des Schießunterrichts auch an den Lehrerbildungsanstalten

Der Rekrut

Das Einsatzgebiet Waggerls an der Italien-Front

gedrängt. Der Lehrkörper hatte dies zwar kritisch betrachtet, aber die „Militarisierung der Schuljugend" (FESTSCHRIFT, 103) konnte nicht aufgehalten werden: „Die Leitung der Schießübungen und später die der Geländespiele hatten nicht die Lehrer, sondern die Militärstellen." (FESTSCHRIFT, 103)[84] Prof. Dr. Ploy, Waggerls erster Klassenvorstand, hatte dagegen sicher nichts einzuwenden. Anreize, sich zu den „Freiwilligen Schützen" zu melden, gab es natürlich: „Mai 1915 werden 36 Zöglinge, die der freiwilligen Schützenorganisation angehören, zum Aufsteigen für reif erklärt." (FESTSCHRIFT, 105) In einem solchen Zusammenhang ist auch ein brieflicher Kommentar Waggerls zu lesen: *„Bei der Ergänzungsprüfung sollen nämlich alle Lehramtszöglinge durch. Das ist an und für sich gemein, für meinen Zweck aber gut." (FAMILIE, 19.7.1915)*

Über die Vorkommnisse zwischen Mai 1916 und Mitte März 1917 liegen nicht nur die seit Ende August 1916 in zwei Heften angefertigten Kriegstagebuch-Notizen[85] vor, sondern darüber hinaus nachträgliche handschriftliche Rekonstruktionen der Vorgänge seit der Ausbildungszeit bei den Freiwilligen Schützen und anschließend an der österreichisch-italienischen Front – zwischen August 1916 und der Gefangennahme am 30. Juni 1918. Waggerls handschriftliche Notizen, die versuchen, z. T. tageweise die Vorkommnisse festzuhalten, können mit Hilfe von Max Ritter von Hoens „Geschichte des salzburgisch-oberösterreichischen k.u.k. Infanterie-Regiments Erzherzog Rainer Nr. 59" (1931) ziemlich exakt im Kontext des Kriegsgeschehens an der Südtirol-Front betrachtet werden.

Dabei sind folgende Kriegsgeschehnisse, in die Waggerl eingebunden war, von Bedeutung: der Winter 1916/17 auf dem Monte Cimone, vom 1. Oktober 1916 bis Ende April 1917 (HOEN, 533ff), der „Operationsstillstand an der Tiroler Front" zwischen 1. Juli und 4. Oktober 1917 (HOEN, 568–585) und die „Erstürmung des Monte Val Bella und des Col del Rosso" zwischen 23. Dezember 1917 und 17. Jänner 1918, bei der sich Waggerl – schon Einjährig-Freiwilliger Korporal in der 3. Kompanie des X. Bataillons – seine erste und einzige Kriegsauszeichnung verdiente, die „Bronzene Tapferkeitsmedaille". (HOEN, 660; EM 679) In seinen Briefen an die Eltern kommentiert Waggerl seine Lage während dieser Kämpfe u. a. folgendermaßen: *„14.12.1917: Diesen Dezember 1917 werde ich im Leben nie vergessen. Und um eines bitte ich Euch: Lest keine Zeitungen mehr. Der Teufel soll alle Zeitungen holen. 26.12.1917: [...] wenn ich nicht so lange Haare hätte, wäre mein kleines Restchen Verstand auch schon längst eingefroren. 3.1.1918: Übrigens, daß ich diese letzten zwei Monate aushalten könnte, hätte ich im Leben nicht geglaubt."* Waggerls Notizen beziehen sich weiters auf die „Erstürmung des Col del Rosso" sowie auf die „Gegenangriffe der Italiener auf den Col del Rosso" zwischen Mitte und Ende Juni 1918. (HOEN, 679ff, 702ff)[86]

Dazu kommen Waggerls Aufzeichnungen über die Stationen seiner italienischen Gefangenschaft, die ihn aus den Stellungen östlich von Folgaria über Verona, Mantua, Bologna, Ancona nach Monte Cassino und schließlich nach Amalfi, in die Bucht von Sorrent, führte. *„Anfangs ging es mir auch in der Gefangenschaft nicht gut, erst später erholte ich mich, und in den letzten Monaten war ich ja überhaupt im Paradies, in Amalfi, denken Sie nur, und fast ganz frei, – wenn man sein Wort gab, nicht zu fliehen, konnte man nach Belieben herumlaufen. Das tat ich ja auch, nur Heimweh hatte ich, das konnte ich keinen Tag überwinden." (LORENZ, Jänner/Februar 1934).*

Wichtige Quellen sind auch eine Reihe von (Feldpost)-Briefen an seine Eltern und seine Schwester Elisabeth zwischen Anfang 1916[87] und Mitte August 1919. Auch Feldpostbriefe aus seiner Frontstellung am Col del Rosso und aus der Gefangenschaft an seine spätere Frau Edith Pitter sind erhalten geblieben, geschrieben zwischen Juni 1918 und August 1919, sowie Briefe an seinen Freund Kai Mühlmann, verfaßt kurz vor Waggerls Gefangennahme. Auch in der Korrespondenz mit Maria Lorenz um 1933/34 stehen aufschlußreiche Notizen Waggerls über seine Kriegszeit und Kriegsgefangenschaft. Immerhin sind es über 70 Kriegstagebuch-Eintragungen und an die 160 Briefe, die einen verläßlichen Einblick in die Lage Waggerls und seine damaligen Interessen und Orientierungen zulassen. Waggerl hatte sich *„noch drüben in der sicheren Heimat fest vorgenommen, alle Eindrücke, Erlebnisse, Erfahrungen und Meinungen, die während meiner Kriegsfahrt an mich herangetragen würden, genau und weitläufig aufzuzeichnen." (KTB, 17)*

Waggerl hatte sich, als er davon sprach, daß er *„mit siebzehn Jahren zu den Truppen* [gekommen sei], *von Ansehen noch ein Kind, aber begeistert für das neue Leben" (AN, 661)*, wahrscheinlich auf eine erste Musterung bei den Freiwilligen Schützen Ende Juli 1915 bezogen, die ihn jedoch nicht von der Verpflichtung entband, bei der Landsturmmusterung seines Jahrganges erneut zu erscheinen. Begeistert für *„das neue Leben"* sei er gewesen, berichtet Waggerl in seinen „Autobiographischen Notizen" (1930), das ihn *„plötzlich zum Manne"* gemacht und *„von der verhaßten Schule" (AN, 661)* befreit habe. Von der Flucht aus der Schule und den *„Heimsuchungen von seiten der Mathematik" (EM, 677)* und von einer *„Rettung"* durch den Krieg ist die Rede: *„ihm lief ich Hals über Kopf in die Arme." (EM 677).* Ähnlich handelten damals viele, u.a. Carl Zuckmayer, Ernst Jünger oder Heimito von Doderer.

Wie es um Waggerls Kriegsbegeisterung stand, muß differenziert beantwortet werden. Seine jugendliche Selbsteinschätzung noch als Freiwilliger Schütze lautete: *„Ich bin kein ‚großer Soldat', aber ich möchte auf keinen Fall in mein Zivilleben zurück, lieber eine Kugel in den Kopf." (Brief an seine Eltern 12.4.1916)* Gerade als Freiwilliger Schütze im Jahre 1915 – noch nicht 18 Jahre alt – dürfte er angesichts der „unvorstellbaren Hochstimmung, [die] das ganze Land ergriffen" hatte (HANISCH/FLEISCHER, 207), von einer gewissen Kriegsbegeisterung nicht verschont geblieben sein. Nicht unterschätzen sollte man dabei den Einfluß des Vaters, dem *„die*

Im Schützengraben

Jahre, in denen er Soldat des Kaisers gewesen war, als die besten seines Lebens" galten. *„Oft bewunderte ich ehrfürchtig ein Bild aus seiner großen Zeit. [...] Ein schöner und kühner Mann, mein Vater, unser Stolz, wenn er zu Fronleichnam mit Federhut und Schärpe als Flügelmann der Veteranen ausrückte." (EM 678; MVL, 27)*

Das zerstörte Asiago (1919)

„Alle hofften von diesem Krieg zu gewinnen: Die Kirchen, weil Kriegszeit immer Betzeit sei; die Nationalisten, weil sich das Traumbild eines einheitlichen Mitteleuropa abzeichne; die Konservativen, weil der neue Patriotismus – ‚Österreich über alles' – den Streit der Nationalitäten stillege; die Jugend, weil die fade bürgerliche Konvention zusammengebrochen sei und das große Abenteuer lockte, die Wirtschaft, weil sie neue Absatzmärkte auftauchen sah; die Sozialdemokraten, weil es gegen den Hort der Reaktion, gegen Rußland, ging." (HANISCH/FLEISCHER, 208)[88] Dem konnte sich Waggerl nicht entzogen haben, obwohl sich auch im Lande Salzburg „der Todesreigen [...] ab 1914 immer rascher zu drehen" begann. „Bis Ende 1917 hatte das Land Salzburg 5535 Kriegstote zu beklagen. [...] Das waren 3 % der einheimischen Bevölkerung." (HANISCH/FLEISCHER, 206)

Nicht unerwähnt aber soll bleiben, daß Waggerl – 17jährig – mit großer Wahrscheinlichkeit das Dezember-Heft 1914 der „Fackel" von Karl Kraus gelesen hatte, das nur einen einzigen Text enthielt: „In dieser großen Zeit". Karl Kraus hatte diese wütende Abrechnung mit der verlogenen Kriegsrhetorik am 19. November 1914 mitten im grassierenden allgemeinen Kriegsrausch gemeinsam mit Passagen aus dem Buche Jesaia, der Offenbarung Johannis, Gedichten von Detlev von Liliencron (1844–1909) und seinem eigenen Text „Der sterbende Mensch" im Wiener Konzerthaussaal vorgetragen. Das Fackel-Heft Nr. 404 hat sich im Nachlaß Waggerls erhalten. Diese Rede sollte eine der geistigen Grundlagen für Karl Kraus' Menschheits-Tragödie „Die letzten Tage der Menschheit" (seit 1915) werden: „In dieser großen Zeit, die ich noch gekannt habe, wie sie so klein war; die wieder klein werden wird, wenn ihr dazu noch Zeit bleibt; [...] Wer etwas zu sagen hat, trete vor und schweige!" (KRAUS II)

Wenn Waggerl in einigen Feldpostbriefen an seine Eltern die Lüge der Presse andeutet und seine Eltern warnt, den Phrasen der Kriegsjournaille nicht zu glauben, oder sich im Kriegstagebuch über die Unverfrorenheit eines Offiziers äußert, dem Schrecklichen mit Hilfe des Fotoapparates auch noch etwas Ästhetisches abzugewinnen, so ist es, als ob er Material für die Szenen von Karl Kraus lieferte. Auch Andeutungen über Konflikte innerhalb der Truppe, insbesondere gegen Einjährig-Freiwillige, werden notiert. (KTB 18.12.1916)

Als im November 1916 die Soldaten auf den neuen Kaiser Karl schwören, äußert sich Waggerl über Heimatliebe, an der man aber nicht verbluten wolle. Am 11. März 1917 heißt es schließlich wie bei Karl Kraus: *„Ihr Werkeltagsromantiker, ihr Afterhelden – schweigen sollt ihr, wenn wir bluten!" (KTB 11.3.1917)* Im Kriegstagebuch (22.8.1916) vergißt er nicht, den rauschenden Abschied aus Salzburg – ein Spalier von 10.000 Menschen – zu beschreiben und die Abwesenheit von *„Lene"* zu notieren. Wer „Lene" ist, konnte nicht eruiert werden. Waggerl schrieb ein Gedicht für sie und fertigte auch eine Zeichnung an (KRISCH I, 21).

Waggerl wollte als Einjährig-Freiwilliger eine Offiziersausbildung haben, was ihm aber aus Gesundheitsgründen versagt wurde. (AN, 661, FAMILIE, 30.8.1916). Anfang Juli 1916 wurde er in die Unteroffiziersschule geschickt, Mitte Juli freiwillig „assentiert", d. h. in einen ordentlichen Standeskörper aufgenommen, und zwar beim Salzburger Hausregiment, dem Rainer-Regiment (Nr. 59), aber zugleich dem Infanterie-Regiment Nr. 107 zugeteilt. Einen Monat später ging es mit dem 23. Marschbataillon aus der Franz-Josefs-Kaserne über Schwarzach, wo sich Waggerl vergeblich einen Abschied von seinen Eltern erwartete,[89] über Innsbruck nach Bozen und schließlich nach Trient (Madruzzokaserne). Ausgerechnet am 23. August 1916, als Waggerls Marschbataillon in Trient nach einer 24stündigen Bahnfahrt ankam – *„Es waren zuwenig Wagen vorhanden – 48 Mann in eine Rindviehkaserne" (KTB 22.8.1916)* oder *„44 Mann in einem Wagen" (FAMILIE, 30.8.1916)* –, erklärte Italien auch dem Deutschen Reich den Krieg, nachdem die Kriegserklärung gegen Österreich-Ungarn schon eineinhalb Jahre früher, am 23. Mai 1915, erfolgt war: Die ersten sechs von zwölf Isonzoschlachten waren schon geschlagen, die schweren Kämpfe im Adamello-Gebiet, die spektakuläre Sprengung des Col di Lana im April 1916 durch die Italiener sowie die „Strafexpedition" der Österreicher, die sogenannte Südtiroloffensive zwischen Mitte Mai und Mitte Juni 1916, waren vorbei. Die österreichischen Truppen hatten bei letztgenannter Operation[90] u. a. eine „beträchtliche Zahl von Gipfeln und Höhenzügen, die schon Symbolcharakter erlangt hatten [...] genommen [...] oder kamen schließlich nach tagelangem und wochenlangem Ringen in ihren Besitz: der Monte Meletta, Monte Cimone, Monte Priafora". (RAUCHENSTEINER, 342) Der von Waggerl als überhastet beschriebene Abmarsch des 23. Marschbataillons aus Salzburg hatte wahrscheinlich mit der in Militärkreisen schon bekannten bevorstehenden Kriegserklärung Italiens an das Deutsche Reich zu tun. Waggerls Einsatz in den Bergen östlich Folgarias diente nicht nur dem Halten der im Zuge der „Südtiroloffensive" gewonnenen Stellungen, sondern wurde immer wieder von heftigen Kämpfen um bestimmte Gipfel (z. B. Erstürmung des Monte Val Bella, Kämpfe um den Col del Rosso) bestimmt.

In Terlago bei Trient wurde das Bataillon nochmals zwei Wochen lang trainiert – Märsche, Schießübungen –, bevor es über Folgaria zum Stellungsbau auf die Dürerhöhe und den Monte Campomolon ging.[91] *„Ich, sein* [meines Vaters] *Sohn, war für das Kriegerische weniger begabt." (EM 678)*

„Alle Romantik der Jugend versank mir dann im Abgrund des Krieges," (GmJ, 367) „ich war ein Kind, dann starb ich im Kriege und fing als ein völlig anderer Mensch ein neues Leben an," (AdH, 520) „man hatte mir die Arbeit eines Mannes abverlangt"

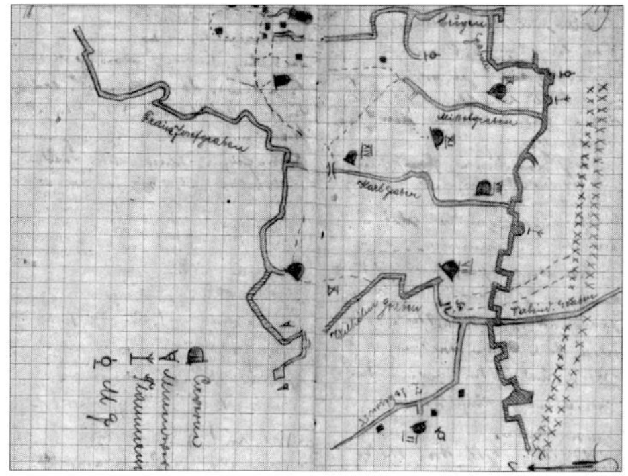

Eine Seite aus Waggerls Kriegstagebuch

Eine Frontstellung

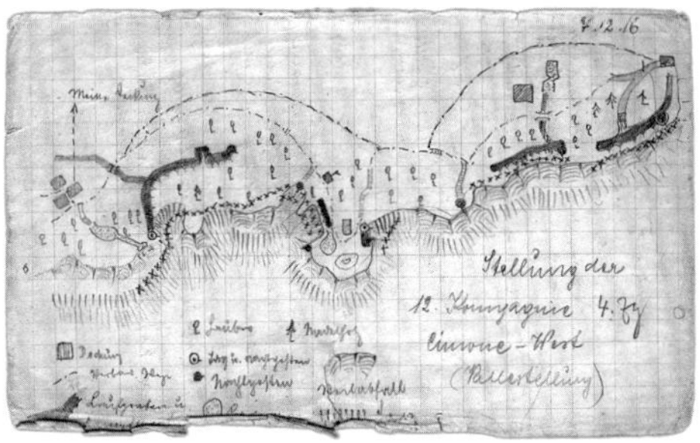

Aus Waggerls Kriegstagebuch

(WuH, 91), „[ich] *mußte [...] etwa [...] dorthin zurückkehren, woher ich kam, ganz nach unten, damit ich das rechte Maß gewänne für das, was mir zu tun auferlegt war?" (WuH, 94)*, *„die Wüste des Krieges* [liegt] *zwischen mir und meiner Kindheit"* oder *„den Menschen, der ursprünglich aus mir werden sollte, den gibt es nun gar nicht. Und der andere?" (LORENZ)*, so lauteten schließlich die immer ähnlichen Formeln Waggerls für seine Erfahrungen an der österreichisch-italienischen Front und für die schwerwiegenden Folgen seines Kriegserlebnisses.

Wenn Waggerl im Kriegstagebuch und in den Briefen über seinen Fronteinsatz erzählt, dann steuern seine vielfältigen Beobachtungen wiederholt und unaufhaltsam auf Grundsätzliches zwischen Entsetzen, jugendlicher Selbstauslieferung und anerzogenem Soldatentum zu, oft freilich formuliert mit Galgenhumor und Sarkasmus. Ansatzweise wird in mythischen und biblischen Dimensionen gesprochen: *„Danaidenarbeit"* oder *„ägyptische Finsternis" (KTB, 4.10.1916, 16.10.1916)*. Die Italiener freilich sind entsprechend der österreichischen Feindpropaganda die *„Katzelmacher"* oder *„Itaker" (KTB, 10.10.1916; 17.3.1917)*.

Schon in den ersten Tagebuch-Aufzeichnungen stehen folgende erschütternde Sätze: *„7.10.1916: Auch der Graben ist stellenweise zugeschüttet und birgt die Leiber Gefallener ohne jedes Gedenken. [...] ich bin noch nicht gewohnt, den Tod zu sehen. [...] – 15.10.1916: Unser Naturgeschichtsprofessor war immer so stolz auf sein schönes Pferdeskelett. [...] – 26.10.1916: Denn einmal will ich die Hand Freund Heins an der Gurgel gefühlt haben. – 24.12.1916: Warum hat es mich nicht erwischt? Als ob ich jemand unrecht getan hätte ist mir zumut."*

Waggerl hält sensibel den skandalösen Tabubruch im Umgang mit dem Tod fest. Die Spannung zwischen patriotischer Rhetorik und Frontrealität ist unüberbrückbar. Waggerls Beobachtung steht im Kontext eines seit Kriegsbeginn veränderten Umgangs mit dem Tod, und zwar mit dem Tod als sakralisierte und heroisierte Leistung. Der Tod wurde sozusagen wieder „öffentlich" gemacht, nachdem insbesondere im städtischen Milieu seit dem Ende des 19. Jahrhunderts „der Tod [begonnen hatte], sich langsam aus der Öffentlichkeit zurückzuziehen". Im Dorf freilich hatte „der Tod sein vertrautes Gesicht [behalten], man starb in aller Öffentlichkeit und die ganze Nachbarschaft nahm daran Anteil. [...] Die Kirche versuchte am öffentlichen Charakter des Todes festzuhalten". (HANISCH/FLEISCHER, 202).

Die vorhandenen Aufzeichnungen reden häufig von Hunger, Durst, von körperlicher Erschöpfung, von der miesen Versorgungslage, der verdorbenen und ekelerregenden Menage, von Regen, Kälte, Schnee, dem Ungeziefer und den Ratten in den Unterkünften, auch über die Sehnsucht nach Urlaub von der Front, von den Bitten um Eßpakete und von der schleppenden und zensurierten Post – „übliche" Themen in Dokumenten aus dem Krieg. Bisweilen kommentiert Waggerl das Beobachtete in poetischer Rede: Es sind Reime über die Spannung zwischen soldatischer Befindlichkeit, Todesahnung und friedvollem Kosmos (KTB 2.10.1916), ein Gedicht auf einen Toten mit dem – auch bei Karl Kraus – eingesetzten Raben-Motiv[92] und es ist anläßlich des ersten Heimaturlaubes im Jänner 1917 der in wenig gelungener, weil harmonistischer Anspielung an Matthias Claudius' „Kriegslied"[93] stehende Satz: *„Ich bin also daheim. Mögen andere Kriege führen ..." (KTB 17.1.1917).* Im Anschluß daran fügt Waggerl in sein Kriegstagebuch als Kommentar einen legendenhaften Spruch gegen die Versündigung der Menschen, gegen den Mißbrauch der Gesetze. Waggerl zitiert dabei P. R., wahrscheinlich Peter Rosegger. Eine Notiz findet sich zu den Vorgängen in Rußland. *„Die Sache mit dem Zaren und der russischen Revolution interessiert uns ja natürlich auch riesig." (Brief an die Eltern 18.3.1917)*

Andeutungen über psychische Ausgeliefertheit, fehlende medizinische Versorgung, die schlechte körperliche Befindlichkeit nach nur drei Monaten in den Stellungen und erste Hinweise auf die Belastung der Lunge tauchen früh auf: *„Der Verstand steht mir buchstäblich still (KTB 4.10.1916) [...] bis zum 10.* [September 1916] *bin ich längst ein Skelett ohne Moneten (FAMILIE, 30.8.1916), „meine 45 kg sind mir ohnehin genug" (FAMILIE, 5.11.1916), „Ich bin fast ganz gesund. Nur die Lunge scheint nicht recht in Ordnung" (FAMILIE, 2.8.1917), „Gesund bin ich auch so ziemlich" (FAMILIE, 14.9.1917), „Wenn ihr mich sehen könntet, der ‚Weghäusl Jakl' ist der reinste Adonis gegen mich" (FAMILIE, 24.10.1917), „Ich bin ja körperlich vollkommen auf dem Hund." (FAMILIE, 10.12.1917)* In anderen Briefen heißt es u.a.: *„Und schließlich ist mir auch schon alles Wurst. [...] Ihr müßt Euch nicht wundern, daß ich mir einen so ärgerlichen Ton angewöhnt habe. (FAMILIE, 20.11.1917); „Dank nur dem lieben Gott, daß du ein zwölfjähriges dummes Dirndl bist, das vom Krieg nichts kennt, als Brotkarten und schulfreie Nachmittage." (FAMILIE, 26.12.1917)*

Seine Situation hoffte Waggerl offensichtlich durch Beförderungen zumindest zeitweise verbessern zu können, indem er auf Urlaub spekulierte. Erst zur Ablegung der Kriegsmatura an der Salzburger Lehrerbildungsanstalt gelang ihm dies. Im Verlaufe seines ersten Heimaturlaubes konnte er das Reifezeugnis am 10. Februar 1917 erwerben. Die Beurteilung „Lobenswert" erhielt er in den Fächern „Religion", „Deutsch", „Geschichte und vaterländische Verfassungslehre", „Schönschreiben" und „Freihandzeichnen". In „Turnen" gab es – man kann angesichts der Aufzeichnungen im Kriegstagebuch nicht umhin zu sagen zynischerweise – ein „Genügend". Für die Schwester Elisabeth entlieh er Bücher aus der Studienbibliothek. (FAMILIE, 2.3.1917)

Am 22. Februar 1917 ist er wieder in der Stellung am Monte Cimone – *„wie köstlich wurden wir entlaust" (KTB 22.2.1917, 26).* Erst im November 1917 konnte er für kurze Zeit nach Hause. Ein Brief von einem offenbar überraschenden Besuch bei Halb-

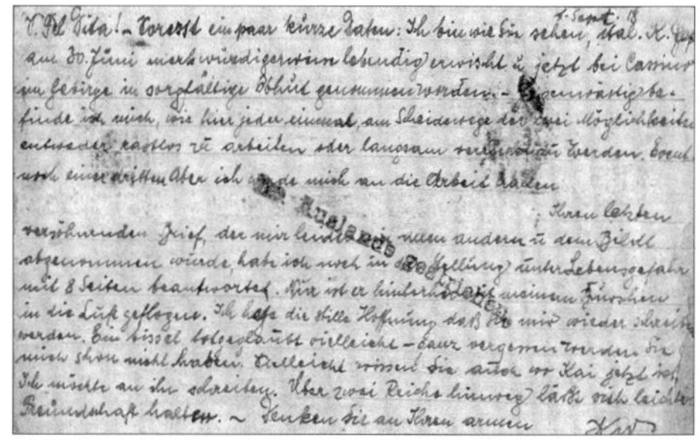

Eine Feldpostkarte an Edith Pitter

Rückseite der Feldpostkarte an Edith Pitter

schwester Maria in Innsbruck ist erhalten: *„Sitze gerade bei der Marie und einer Rein voll ‚Fingernudl' und laß mirs schmecken. [...] Wollen mich, mir scheint zu Tode füttern."* (FAMILIE, 9.11.1917) Maria Zehentner hatte private Kontakte nach Innsbruck. Ihren Sohn, dessen Vater ein russischer Student war, hatte sie in Innsbruck zur Adoption gegeben. Er ist im zweiten Weltkrieg als Fallschirmspringer gefallen. (BENEDETTO, 16.3.1997)

In den Briefen und Notizen hält Waggerl die Beförderungen fest: Posten-Aufführer (10.12.1916), Gefreiter (2.2.1917), Korporal (24.11.1917) und schließlich Fähnrich (5.2.1918).[94] Die Beförderung zum Fähnrich fällt zusammen mit militärischen „Organisationsänderungen" im Bereich der Rainer-Bataillone und mit der zeitweiligen „Verlegung in das Hinterland", die angesichts der gelichteten Reihen vom Armeeoberkommando angeordnet und zwischen Jänner und Juni 1918 durchgeführt wurden.[95] Auch Waggerls Einheit war davon betroffen. Deswegen wurde auch er für vier Monate – bis Anfang Juni 1918 – von der Frontstellung abgezogen und mußte im Hinterland Dienst machen: „Retablierung" hieß das. Er wurde dem Infanterie-Regiment 107 zugeteilt und kam zuerst nach Niederndorf bei Kufstein, nur ca. 70 Kilometer vom bekannten tirolischen Waidring entfernt, von wo es Mitte Februar 1918 ins böhmische Pilsen ging. (FAMILIE, 14.2.1918)[96] „Die 107er begannen am 15. [Jänner 1918] den Abtransport, der sie über Salzburg nach Pilsen führte, wo sie am 18. [Jänner 1918] eintrafen. Hier waren die Verhältnisse weit schlechter [als z. B. in Felixdorf, Theresienfeld, Berndorf, Laxenburg, Wöllersdorf, Blumau, wohin andere Rainer-Einheiten verlegt wurden]. Es bestand eine Spannung zwischen Zivil und Militär, es kriselte unter den Arbeitern der Skoda-Werke, schließlich brach ein Streik aus. Bewachung wichtiger Objekte und häufige Bereitschaften vergällten das Leben."[97] (HOEN, 669) Es kann aber auch sein, daß sich Waggerl während dieser „Retablierungs"-Phase zeitweise in einem Garnisonsspital (Nr. 4) oder sogar in der Lungenheilstätte Grafenhof/St. Veit im Pongau aufgehalten hat, wie es Notizen im Kriegstagebuch bzw. in einem Brief andeuten. Auch muß es Vermutung bleiben, daß Waggerl gerade während dieses Aufenthaltes im Hinterland seine spätere Frau Edith Pitter – im Konflikt jedenfalls mit seinem und ihrem bisherigen Freund Kai Mühlmann – kennenlernte.[98] Jedenfalls ist der erste Brief an Edith Pitter mit 22. März 1918 aus Pilsen datiert. In der Pilsener Etappe hatte Waggerl auch Zeit, seiner geliebten Lektüre nachzugehen. In seiner Bibliothek in Wagrain ist, datiert mit Mai 1918 (Pilsen), ein Exemplar der ersten Knut-Hamsun-Lektüre, nämlich der Roman „Redakteur Lynge" (1893),[99] erhalten.

Waggerls Begeisterung über die *„Innenarchitektur Ihrer* [Edith Pitters] *Seele"* und zugleich die Beobachtung über die erfahrene Gleichzeitigkeit von seelischer Nähe und Distanz – ein Motiv, das in der weiteren Korrespondenz mit Edith Pitter und später in den „Aphorismen" Waggerls wieder auftaucht –, halten sich die Waage. Es sollten bis Herbst 1919, dem Zeitpunkt von Waggerls Entlassung aus der Kriegsgefangenschaft, noch ca. 30 Feldpostbriefe an Edith Pitter adressiert werden.

Seit 8. Juni 1918 befand sich Waggerl wieder an der Front, am Col del Rosso, nachdem er *„von Pilsen weg ins Spital gehen* [wollte]*"*, sich aber dann, wie er voller Galgenhumor schreibt, durch *„die Aussicht, mit ‚Feuer und Schwert' durch Norditalien zu ziehen"*, doch wieder habe mitreißen lassen. (Brief an Edith Pitter 27.6.1918) Am 30. Juni 1918 kommt er in italienische Gefangenschaft. Seine Erinnerungs-Notizen lauten: *„Verstärktes Trommelfeuer 2 Volltreffer, 5 Überlebende dieser Kompanie. 9 h italienischer Angriff von rückwärts 11.30 Gefangennahme, Marsch zum ital. Divisionskommando. Mit Lastwagen nach Mirabella."* [100] Die militärischen Ereignisse rund um die Gefangennahme Waggerls am Col del Rosso am 30. Juni 1918 durch die Italiener sind bei Hoen folgendermaßen beschrieben und stimmen mit seinen Berichten überein: „Um 5 Uhr früh des 30. [Juni 1918] begann schweres Artillerie- und Minenwerferfeuer auf die Stellungen und den Col del Rosso. Es herrschte Nebel und Regen. Die eigene Artillerie schwieg. [...] Während Infanteriefeuerkampf und Handgranaten die Kampflinie zusehends lichteten, erfolgte beim links benachbarten Bataillon III./114 [...] ein Einbruch des Feindes. Er kam nun in Flanke und Rücken der noch standhaltenden Häuflein der 107er. Die ihnen gegenüberstehenden Feinde säumten nicht, die für sie günstige Wendung auszunützen." (HOEN, 708)

Schon ein paar Tage, bevor die Italiener die österreichischen Stellungen einnahmen, schilderte Waggerl die verzweifelte Lage und verwendete dabei Begriffe, die in den Erzählungen der 20er Jahre und in den „Aphorismen" (1924) über die Befindlichkeit der Menschen wieder auftauchen sollten: *„Meine besten Kameraden liegen tot vor den Linien, die Leute sind gestürzt wie die Tiere [...]. Also werde ich nach dem Gesetz der Wahrscheinlichkeit nächstens an die Reihe kommen. [...] Diese ständige trostlose Erwartung des Schrecklichen wirkt derart auflösend, daß man allmählich jeden seelischen Halt verliert. Unsere Bauern sind harte erprobte Leute, aber ich habe nicht wenige davon schon weinen gesehen. [...] Ich bin eigentlich schon recht überflüssig hier, denn mein Zug existiert nicht mehr." (Brief an Edith Pitter 27.6.1918)* [101] Hierher gehören u. a. Waggerls handschriftliche Notizen, in denen die Menschheit als eine *„Riesenherde irrsinnig gewordener Tiere"* bezeichnet wird, die glaube, aus der *„Natur"* austreten zu können, aber keine freie Wahl habe, sondern nur *„Werkzeug"* sei. Sie wird als eine die Erde überwuchernde Anmaßung gesehen, die aber von der *„Natur"* ohnehin vertilgt werde, sozusagen als Kosten des „Fortschritts". In seinen „Aphorismen", die 1924 im Eigenverlag erschienen und *„den Freunden gewidmet" (A)* waren, gibt es eine Passage, in der – in schopenhauerscher Diktion – der *„unzerstörbare Todeskeim"* für das *„kulturelle Wachstum"* mit einer *„Granate"* verglichen wird, die, *„noch aufsteigend, schon den Keim des Falles"* in sich trage. (A: Kapitel „Mensch und Schicksal") Hier ist der durch das Kriegserlebnis bedingte Kulturpessimismus Waggerls am klarsten formuliert.

4. 1. Künstlerische Interessen

„Man raucht, schläft, ißt, trinkt und steckt den Kopf hinein, wenn es kracht.“ (Brief an Edith Pitter 23.6.1918, NLB, 28) Das sind die nüchternen Fakten, die Waggerl vom Leben an der Front berichtet. Die Feldpostbriefe, insbesondere jene aus der italienischen Kriegsgefangenschaft, enthalten aber auch einige bemerkenswerte Angaben über Waggerls literarische und künstlerische Interessen. Immer wieder wendet er sich mit detaillierten Bitten an die Eltern, ihm doch Zeichen- und Malzeug – *„Tusche, Zeichenfeder und Zeichenpapier“ (FAMILIE, 5.9.1916)* – zukommen zu lassen. Insistierend bittet Waggerl auch um Lesbares: Zeitungen, Westermann-Zeitschriftenhefte und *„meinetwegen die Sonntagspredigten vom Herrn Pfarrer“ (Brief an die Eltern 20.11.1917)* und *„sonst darf es schon Schopenhauer sein“. (FAMILIE, 8.10.1916).*

Als nämlich Waggerl in Amalfi war und offenbar die sehr gute Möglichkeit hatte, eine gut ausgestattete Bibliothek zu nützen, und zu studieren begann, bekamen die Eltern genaueste Anweisungen zum Einkauf von Arthur Schopenhauers Werken aus der Reclam-Bibliothek: *„Werke Band 3,4,5 und 6, dann Schopenhauers handschriftlichen Nachlaß Band 1,2,3,4 und Sch. Briefe Nr. 3376–80. Jeden Band gebunden. – Ich brauche das zum Studium.“ (FAMILIE, 26.7.1919)* Man kann erahnen, was Waggerl an Schopenhauer so faszinierte: Dieser hatte einen „blinde[n], unaufhaltsame[n] Drang“ eines hinter allem wirkenden „Willen“ behauptet, der für die ewige Wiederkehr des Scheiterns menschlichen Wollens und Planens verantwortlich sei – eine Philosophie des Pessimismus und der Fortschrittsskepsis. Waggerl, hungrig und fiebrig, weil lungenkrank (FAMILIE, 3.12.1918), wird die Sätze Schopenhauers von der lebensverneinenden Askese, vom Erlebnis wahrer Kunst und der Erfahrung philosophischen Denkens, die eine zeitweilige Überwindung der Kraft des „Willens“ bewirken sollen, als Überlebenshoffnung und Rettungsanker verstanden und genützt haben. Daß ihn Schopenhauers abschätzige Bemerkungen über die „Natur“ der „Frau“ (PP II, 719ff) und die Geschlechtlichkeit zugleich an seine Weininger-Lektüre erinnern konnten, ist anzunehmen. Darüber hinaus wird Waggerl Schopenhauers Philosophie, die Mitleid gegenüber den vom „Willen“ bestimmten Lebewesen propagierte, eingängig erschienen sein, ebenso wie die Auseinandersetzung mit dem Selbstmord.

Arthur Schopenhauer hat im Rahmen seines Denkgebäudes dem Selbstmord folgenden Stellenwert eingeräumt. Im § 69 von „Die Welt als Wille und Vorstellung“ heißt es, gerichtet gegen die „monotheistischen, d.i. jüdischen Religionen und den ihnen sich anbequemenden Philosophen“ (PP II, §157 „Über den Selbstmord“): „Der Selbstmörder will das Leben und ist bloß mit den Bedingungen unzufrieden, unter denen es ihm geworden. Daher gibt er keineswegs den Willen zum Leben auf, sondern bloß das Leben, indem er die einzelne Erscheinung zerstört. [...] Wie das einzelne Ding zur Idee, so verhält sich der Selbstmord zur Verneinung des Willens: der Selbstmörder verneint bloß das Individuum, nicht die Spezies." (SCHOPENHAUER I, 541f) Waggerls Selbstmord-Absichten und -phantasien dürften für ihn auf diese Weise ihre philosophische Einbettung erfahren haben.

Noch aus der Zeit an der Front sind drei Eintragungen im Kriegstagebuch bemerkenswert, die Waggerls Sensibilität für Fragen der Kunst und des Umgangs mit ihr dokumentieren. Am Beispiel des Getöses und *„Geheules"* der Schrapnells stellt Waggerl Überlegungen über Möglichkeiten und Grenzen der Komponierbarkeit solcher *„Naturtöne" (KTB 23. 2. 1917)* an, Überlegungen, wie sie eine mimetisch ausgerichtete moderne Musiktheorie nach 1918 debattierte oder Teile der traditionellen Musikkritik gegen avantgardistische Kompositionen vorbrachte. (MUSIK, 1000f)

Und schließlich: Einerseits wird der Versuch eines alten Regimentskommandanten, angesichts der schrecklichen Frontsituation bürgerliches Bildungsgut – Schiller und Goethe – *„mit unangebrachtem Pathos"* in Form von *„Leseabenden"* an den Mann zu bringen, als lächerliche *„Schrulle"* abgetan (KTB 28. 2. 1917), andererseits mit Respekt von einem namenlosen *„armen Bauernknecht, dermals Kleinhäusler" (KTG 10.3.1917)* berichtet, dessen Rucksack voll von Büchern gesteckt habe. Waggerl erwähnt interessanterweise Werke von Ernst Haeckel (1834–1919) und Wilhelm Bölsche (1861–1939), die der Knecht mit sich herumgeschleppt habe, der dafür als *„haltloser Narr"* verspottet worden sei. Im (Un-) Wissen des Narren und in dessen Problemen mag sich Waggerl selbst gespiegelt gesehen haben. *„Er* [der Bauernknecht] *glaubt mit derselben rührenden Einfalt an die biblische Schöpfungssage wie an die modernen Hypothesen von Weltgeburt und Urzeugung. [...] Ich rede gern mit ihm [...]." (KTB, 10.3.1917)*

Ernst Haeckel war ein populärer Fortführer der Darwinschen Abstammungslehre. Er entwickelte als Kritik am christlichen Schöpfungsglauben und der göttlichen Offenbarungslehre eine „neue feste Weltanschauung" auf der Basis der „festgestellten Grundsätze unserer vorgeschrittenen Naturerkenntnis". (HAECKEL, 94)[102] In Salzburg hatte Ernst Haeckel in der Freidenkerbewegung, die sich insbesondere gegen die Dogmen der Kirche wandte und „rationale Antworten auf alle brennenden Anliegen des Diesseits und Jenseits" (Haas III, 865) auf der Basis eines grenzenlosen Vertrauens in die naturwissenschaftlichen Erkenntnisse wußte, einen so hohen Stellenwert, daß sich der 1903 genehmigte Freidenkerverein sogar „Salzburger Ernst-Haeckel-Gemeinde" nannte. „In Salzburg erfreuten sich Ernst Haeckels ‚Welträtsel' [1899] besonderer Beliebtheit. [...] Die neue Weltgläubigkeit war das säkularisierte Pendant zur Weltferne der zeitgenössischen ‚ultramontanen' Kirche, die mit Enzykliken und Hirtenbriefen gegen die moderne Wissenschaft und den Liberalismus kämpfte [...]." (HAAS III, 865)

Wilhelm Bölsche (1861–1939) gilt als bedeutender Programmatiker der naturalistischen Bewegung, der als Freidenker die

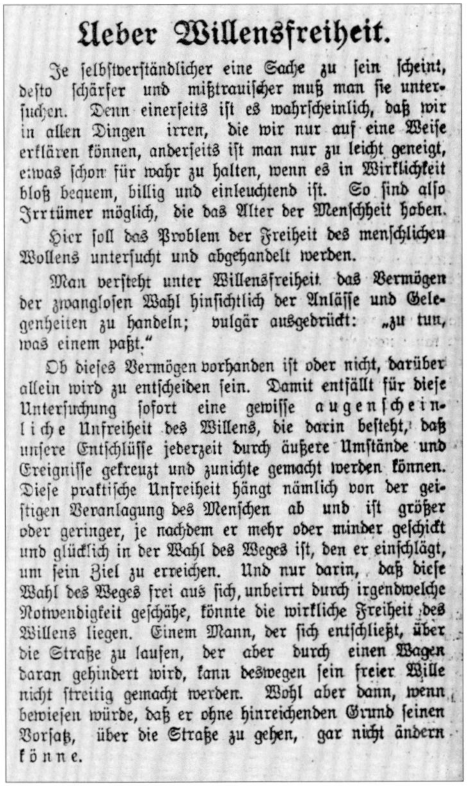

Ueber Willensfreiheit.

Je selbstverständlicher eine Sache zu sein scheint, desto schärfer und mißtrauischer muß man sie untersuchen. Denn einerseits ist es wahrscheinlich, daß wir in allen Dingen irren, die wir nur auf eine Weise erklären können, anderseits ist man nur zu leicht geneigt, etwas schon für wahr zu halten, wenn es in Wirklichkeit bloß bequem, billig und einleuchtend ist. So sind also Irrtümer möglich, die das Alter der Menschheit haben.

Hier soll das Problem der Freiheit des menschlichen Wollens untersucht und abgehandelt werden.

Man versteht unter Willensfreiheit das Vermögen der zwanglosen Wahl hinsichtlich der Anlässe und Gelegenheiten zu handeln; vulgär ausgedrückt: „zu tun, was einem paßt."

Ob dieses Vermögen vorhanden ist oder nicht, darüber allein wird zu entscheiden sein. Damit entfällt für diese Untersuchung sofort eine gewisse augenscheinliche Unfreiheit des Willens, die darin besteht, daß unsere Entschlüsse jederzeit durch äußere Umstände und Ereignisse gekreuzt und zunichte gemacht werden können. Diese praktische Unfreiheit hängt nämlich von der geistigen Veranlagung des Menschen ab und ist größer oder geringer, je nachdem er mehr oder minder geschickt und glücklich in der Wahl des Weges ist, den er einschlägt, um sein Ziel zu erreichen. Und nur darin, daß diese Wahl des Weges frei aus sich, unbeirrt durch irgendwelche Notwendigkeit geschähe, könnte die wirkliche Freiheit des Willens liegen. Einem Mann, der sich entschließt, über die Straße zu laufen, der aber durch einen Wagen daran gehindert wird, kann deswegen sein freier Wille nicht streitig gemacht werden. Wohl aber dann, wenn bewiesen würde, daß er ohne hinreichenden Grund seinen Vorsatz, über die Straße zu gehen, gar nicht ändern könne.

„Ueber Willensfreiheit", Essay in der Zeitschrift „Freundschaft" (1922)

Darwinsche Evolutionstheorie und die sogenannten monistischen Ideen Haeckels verbreitete.[103] In Bölsches Buch „Die naturwissenschaftlichen Grundlagen der Poesie. Prolegomena einer realistischen Ästhetik" (1887) stehen Sätze, die nicht nur erstaunliche inhaltliche Analogien zu Waggerls Aufsatz „Ueber Willensfreiheit", den er 1922 in dem Freidenkerblatt „Freundschaft" publizierte, aufweisen, sondern darüber hinaus eine ähnliche Welt-Harmonielehre formulieren, wie sie Waggerl später, gespeist aus persönlichen Antrieben, propagierte. Nach Bölsches Auffassung sei es Aufgabe des modernen Dichters, die Welt und die Menschen nicht mehr „nach metaphysischen Gesichtspunkten zu betrachten", sondern gemäß den Erkenntnissen der exakten Naturwissenschaften zu gestalten. Die modernen Dichter sollten „eine menschliche Handlung [als] das restlose Ergebnis [...] einer äußeren Veranlassung und einer innern Disposition [begreifen]." Bölsche feiert deswegen die „Willensunfreiheit" als „höchsten Gewinn": „Ich wage es auszusprechen: Wenn sie nicht bestände, wäre eine wahre realistische Dichtung überhaupt nicht möglich. Erst indem wir uns dazu aufschwingen, im menschlichen Denken Gesetze zu ergründen [...], erst so können wir hoffen, jemals zu einer wahren mathematischen Durchdringung der ganzen Handlungsweise eines Menschen zu gelangen und Gestalten vor unserm Auge aufwachsen zu lassen, die logisch sind wie die Natur. [...] Wir haben gebrochen mit der Metaphysik. [...]Wir haben gebrochen mit den heitern Kinderträumen von Willensfreiheit [...]." (BÖLSCHE, 128ff)

Ausgerechnet in Waggerls erster Publikation mit dem irreführenden Titel „Ueber Willensfreiheit" (ÜW) wird über die bisherigen Irrtümer und Täuschungen der Menschheit räsoniert, über die bisher unerkannten Gesetzmäßigkeiten menschlichen Denkens und Handelns gesprochen: *„Der erste Mensch, der imstande wäre, etwas ohne Notwendigkeit, vollständig f r e i zu tun, der hätte ein Wunder gewirkt, der brächte den Lauf der Dinge in Verwirrung und die Welt ins Wanken. [...] Der Wille ist also keineswegs frei. Aber die Wahrheit ist zuweilen gefährlich und der Irrtum nützlich. Gerade der Glaube an die Willensfreiheit ist einer der größten und glücklichsten Irrtümer der Menschheit." (ÜW, 4)* Der zudem mit Schopenhauerschen Ideen und Begriffen angereicherte Essay[104] formuliert das erste Grundgesetz nach Waggerl: *„Wir sind eben Bestien, die sich gegenseitig in Schach halten. Darüber helfen die geschmeidigsten Phrasen nicht hinweg." (ÜW, 4)* Noch im Essay „Ein Mensch wie ich" (1963) sind Anklänge an diese ungeschminkte, „nihilistische" Auffassung zu finden, wenn Waggerl von *„kaltherzigem Realismus"* und von sich als *„nüchterne[m] Rationalist[en] (EM, 698)* spricht. Seine spätere Skepsis gegen eine ungeschminkte künstlerische Darstellung der Wirklichkeit – nach Schopenhauer – hält die Erinnerung an die frühe Zeit wach: *„Wie nun, wenn es einem genialen Realisten gelänge, die menschliche Gesellschaft in völliger seelischer Nacktheit zu schildern? Wäre sie denn wirklich nur eine Ansammlung von Gaunern, Päderasten und irrsinnigen Schwachköpfen?" (EM, 699)* Seine lebenslange Vorliebe für Aphorismen ist demnach auch unter dem Gesichtspunkt seines Strebens nach Erkenntnis der Naturgesetze zu sehen.

Waggerl lotet in seinem Essay die *„furchtbaren"* und weitreichenden Konsequenzen dieser *„Erkenntnis"* aus, daß es demnach *„kein Verdienst gibt"* und *„keine Schuld und keine Verantwortung"*, was aber nur in *„unreifen Gehirnen"* zum Schädlichen hin ausschlage. Denn die *„vollendeten Menschen"* würden nur die eine beglückende Folgerung aus der Erkenntnis der Willensunfreiheit ziehen, nämlich: *„an Stelle der Ausgeburten religiösen Aberglaubens* [könne man jetzt] *einen gewaltigen Gott [setzen], den keines Menschen Hirn erfassen kann, denn er ist die Natur, er ist das Weltall selbst." (ÜW, 4)*

Bemerkenswert ist, daß Waggerl schon bei Wilhelm Bölsche lesen konnte, daß trotz aller gesetzmäßig bedingten Vielfalt in der „Natur" dennoch ein „einziges [gottähnliches] großes Prinzip" herrsche, „nach dem alles strebt, alles ringt", nämlich „das gesicherte Gleichmaß, die fest in beiden Schalen schwebende Waage", der „Zustand des Normalen, die Gesundheit". Vollkommen erfüllt sei dieses Prinzip allerdings nirgendwo: „Der Mensch, indem er sich seiner bewußt wird im Triebe nach Glück, Frieden, Wohlsein, harmonischem Ausleben des Zuerkannten, teilt nur den innern Wunsch, der allem Spiel molekularer Kräfte zugrunde liegt." Da der Dichter die „Natur" darzustellen habe, so habe der realistische Dichter das „Recht, sich seiner [dieses Naturprinzips] zu bemächtigen, es als ‚Tendenz' in seinen Dichtungen erscheinen zu lassen. Tendenz zum Harmonischen, Gesunden, Glücklichen, – was will man mehr von der Kunst?" (BÖLSCHE, 133) Es ist, als ob hier Waggerls später unablässig wiederholte Überzeugung vorformuliert wäre, wonach er nach allem, was er erfahren habe, *„keinen Grund* [finde], *diese Welt als die denkbar beste darzustellen, auch nicht als die denkbar schlechteste"*, denn *„beides schien mir gleich trivial zu sein. Ich fühlte mich von Anfang an gedrängt, den Kräften nachzuspüren, die das Ganze im Gleichgewicht halten, offenbar von Ewigkeit her und in die Ewigkeit hinein". (EM, 681)*

4. 2. Kriegsgefangenschaft

Die Zeit, die Waggerl als Offizier in italienischer Gefangenschaft hauptsächlich in Amalfi verbringen durfte, nachdem er wochenlang in Barackenlagern in Oberitalien untergebracht war, empfindet er als eine *„sichere Gefangenschaft" (EM, 679)*, einen Neubeginn in mehrfacher Hinsicht, trotz oder gerade wegen der Tatsache, daß er schwer krank war. In „Ein Mensch wie ich" (1963) erinnerte er sich: *„Vielleicht war ich damals dem Tode näher als je zuvor, aber ich wußte es nicht, ich lebte wieder gern." (EM, 680)*

An der Front hatte man ihm *„die Arbeit eines Mannes abverlangt, und plötzlich war ich wieder in die Kindschaft zurückgeglitten" (EM, 679)*, nicht zuletzt, weil sich Waggerl offenbar an seine schwere Krankheit während seiner Kindheit erinnerte, die

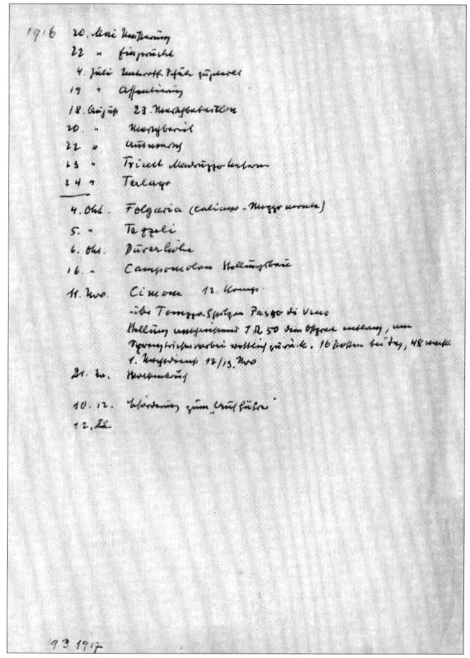

Handschriftliche Aufzeichnungen zur Militärdienstzeit im Ersten Weltkrieg

ihm damals schon ermöglichte, jene Liebe und Zuneigung zu erhalten, die ihm ansonsten vorenthalten wurde. Martha hieß in der Kindheit die Sennerin, in deren *„weitläufigen Buchten und Mulden ihres Leibes"* sich der Bub damals *„einrichten konnte" (FA, 347).* Jetzt ist es Anita, die erwachsen wirkende Tochter eines italienischen Schusters, die ihn mit *„süße[n] ölige[n] Fladen"* füttert und in deren *„Mulde ihres Schoßes"* er eingeschlafen sei, *„fieberheiß und sterbensmüde und glücklich". (EM, 680).* Auch dies war ein Grund dafür, daß er *„wieder ins Gleichgewicht" (AN, 662)* kam, wie er schon 1930 in seinen „Autobiographischen Notizen" festhält. Gleichgewicht und Stabilität werden zu Erfahrungen und Zielen, die Waggerl von da an sein Leben lang beschwören sollte.

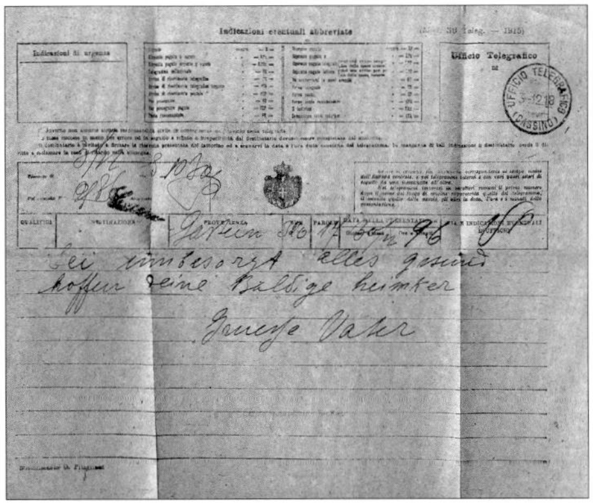

Ein Telegramm des Vaters an Karl Waggerl (1918)

Ein nicht zu überschätzender Aspekt dieses Neubeginns ist jene geistige Erfahrung, die Waggerl später folgendermaßen umschreibt: *„Nebenher begann ich, zögernd zuerst und dann mit Eifer, einigen Kameraden zuzuhören, gelehrten Leuten, die sich selber retteten, indem sie anderen halfen. Fast alles, was ich wirklich gelernt habe, was ich sicher zu wissen glaube, verdanke ich diesen Männern, sie öffneten mir die weiten und so stillen Räume des geistigen Lebens. Die Geliebte* [Anita] *verlor ich freilich darüber. Sie verschwand einfach, ich weiß nicht warum und wohin. Aber ich tröstete mich bald. Das Salz des Schweißes hat mehr heilende Kraft als das Salz der Tränen." (EM, 680)*[105] In einigen Briefen aus der Gefangenschaft an Edith Pitter zwischen September 1918 und August 1919 konkretisiert Waggerl diese Erfahrungen, indem er auf die Lektüre von Büchern verweist, die er aus einer mit 2000 Stück nicht schlecht bestückten italienischen Bibliothek bezieht. Da ist von René Descartes und Friedrich Nietzsche ebenso die Rede wie von Karl May, von Fritz Reuters „Aus meiner Festungszeit" (1862)[106] oder von Joseph Ernest Renans „Gefängnissen".[107] Waggerl beschäftigt sich, wie er schreibt, mit Sozialpolitik und der Frauenfrage. Gerade letzteres war für ihn seit der Weininger-Lektüre nichts Unbekanntes.

In einigen Briefen an seine Eltern und die Schwester Elisabeth, die gerade dabei ist, sich beruflich zu orientieren, und letztlich ein Medizin- oder Apothekerstudium anstrebt, rät er – zeitgemäß patriarchal – dringend und wiederholt vom Hochschulstudium ab. Zu hohe Studierkosten fielen an und: *„Außerdem: ungeheuer viel männliche Anwärter, schwieriges Studium, moralische Gefahr usw. Ich rate zum Lehr- oder Erzieherinnenberuf. [...] Gesunde und gescheite Hausfrauen und Mütter"* brauchte die Gesellschaft jetzt. Waggerl ist besorgt. *„Wegen Elsas Studium müssen wir noch Familienrat halten. Gymnasium geht nicht, was soll die denn um Gotteswillen werden? Doktor der Philosophie? – Heiraten soll sie! [...] Vermutlich hat sie auch ein wenig schriftstellerisches Talent und könnte sich durch Übersetzen viel verdienen." (FAMILIE, 28.6.1918, 4.2.1919, 12.6.1919)*

Waggerl deutet seine Verbundenheit mit Edith Pitter an, indem er auf Goethes „Werther" zu sprechen kommt, er sehne sich überdies nach einem Gespräch über E.T.A. Hoffmann. Edith Pitter hatte ihm gerade eine eigene allegorische Erzählung geschickt. Waggerl lobt und spricht von der *„innigen* [weiblichen] *Naivität"*, in der die Fabel wurzle: *„Beim Manne ist es das Zeichen der Genialität." (Brief an Edith Pitter 28.6.1919, NLB, 33)* Die beiden treffen sich in ihren künstlerischen Interessen. Edith Pitter ist nicht nur an Literatur interessiert, sie hat auch ein ausgeprägtes Interesse für Malerei und bildende Kunst.[108] Auch von Rilke-, Platen- und Heine-Lektüre ist die Rede. Über Heinrich Heines „Buch der Lieder" (1827) heißt es nur lapidar: *„wieder gelesen, aber nicht viel dabei gewonnen". (Brief an Edith Pitter 12.7.1919/NLB, 34)*

Während seiner italienischen Kriegsgefangenschaft hatte er aber auch Gelegenheit, u. a. Selma Lagerlöf, Bjornstjerne Björnson, Jens Peter Jakobsen und insbesondere Arthur Schopenhauer zu lesen. Außerdem arbeitete er seit Beginn 1919 ernsthaft an einem „Werk",[109] das er hoffte, aus der Gefangenschaft in Amalfi mit nach Hause nehmen zu dürfen. Aus der Perspektive von Karl Springenschmid war deswegen die Belehrung der Heimkehrer, die diese in einem Sonderkurs für Lehrer erfuhren, ein „widerliche[r] Versuch, uns [...] nachholen zu lassen, was wir angeblich durch den Krieg [...] versäumt hatten! [...] [Waggerl] lehnte sich nicht auf, sondern ließ alles willig über sich ergehen. Eine abgrundtiefe Verzweiflung hatte ihn erfaßt." (SPRINGENSCHMID, 15)

4. 3. Matthias Claudius

Sehr bedeutsam für das weitere Selbstverständnis als Mensch und Schriftsteller wird ihm in der Zeit der Kriegsgefangenschaft Matthias Claudius (1740–1815),[110] der ihm – neben Knut Hamsun (1859–1952) – zu einem der wichtigsten Begleiter und Vorbilder werden sollte, und zwar als ein *„unauslöschliche[r] Begriff von der Macht des Einfach-Wahren [...]. Ich begann zu verstehen, worauf es ankam, und ich sah auch zugleich die Grenzen meines eigenen künstlerischen Vermögens". (AN, 662)* Sehr viel später – 1963 – nimmt Waggerl neuerlich Bezug auf diese Bescheidenheit, die mit dem Claudius-Vorbild verbunden ist, und konkretisiert sie: *„Denn seit mir vor vielen Jahren Matthias Claudius zum erstenmal begegnete, habe ich es nicht wieder ernstlich gewagt, mich auf Versfüßen zu bewegen." (EM, 698)*

Sein Leben lang bleibt ihm Claudius eine Orientierung: *„Ich weiß freilich nicht"*, so schreibt Waggerl in einem Brief an Maria Lorenz ca. fünfzehn Jahre später, *„ob Sie Goethe besonders lieben, ich selbst bin auch erst spät in seine Nähe gelangt. Mir scheint, es ist die Ruhe, was ihn so groß macht [...]. Freilich, Goethe leuchtet mir, aber Claudius wärmt." (LORENZ, 1933/34)* Hier hat sicher die von Waggerl später unablässig beschworene Trostfunktion der Dichtung ihre Wurzeln, die man glaubte, jederzeit und ungeprüfterweise zum Markenzeichen Waggerls machen zu können und insbesondere seit 1933/34 für politisch-ideologische Zwecke instrumentalisierte,

Eine Waggerl-Komposition

dem freilich Waggerl wenig entgegenzusetzen wußte.

Er habe Claudius *„zufällig entdeckt". (AN, 662) „Ein älterer Kamerad,ein Tierarzt, hat mich in der Gefangenschaft mit Claudius bekannt gemacht" (KRAUT, 99ff)*, sagte Waggerl in einem Interview. Hier erzählt er auch, daß die Verse von Claudius nicht sofort Eindruck gemacht hätten. Als Lyriker hätten ihn damals – als 21jährigen – stärker Rainer Maria Rilke, Richard Dehmel und Frank Wedekind beeindruckt, *„aber nur ein paar Claudiusverse sind mir immer gegenwärtig geblieben". (KRAUT, 100)* Waggerl sprach später von einem *„immer nahe[n]Trost" und* von *„Ermunterung"*, die er durch Claudius' Verse erfahren habe, aber auch von der *„Mahnung, die bequemen Wege zu meiden und auf meinem eigenen, wenngleich holperigen zu bleiben". (KRAUT, 101)*

Daß Waggerl die für seine schriftstellerische Identität ausschlaggebend werdenden Dichtungen von Matthias Claudius erst während der italienischen Gefangenschaft ab Mitte 1918 kennenlernte, wie er in den autobiographischen Schriften behauptet, braucht man nicht zu bezweifeln. Es ist freilich bemerkenswert, daß Karl Kraus ausgerechnet zu jenem Zeitpunkt, als sich Waggerl zwischen Ende Jänner und Ende Februar 1917 anläßlich seines ersten Heimaturlaubes von der Front zur Ablegung seiner Reifeprüfung wieder in Salzburg aufhielt, im Fackel-Heft Nr. 445–453 vom 18. Januar 1917 zum ersten Mal seit Bestehen der „Fackel" (1899) Gedichte von Matthias Claudius publizierte. Karl Kraus war einer der größten Verehrer von Claudius. Er druckte nicht nur dessen Texte in seiner „Fackel" ab (z. B. „Abendlied", „Der Tod", „Die Liebe", „Der Tod und das Mädchen", „Bei dem Grabe meines Vaters", „Mein Neujahrslied", „Kriegslied"), sondern rezitierte in seinen eigenen Vorlesungen immer wieder Claudius-Gedichte. Karl Kraus schrieb in dem genannten Fackel-Heft über den Dichter: „Von einem der allergrößten deutschen Dichter [...] hier einiges zur Mahnung, in welcher Zeit wir leben." (KRAUS III)

Viele Gedichte von Matthias Claudius aus dem „Wandsbecker Boten" (1774f) mußten Waggerl als direkte und unmittelbare Botschaften eines Wissenden erscheinen, der seine Gedichte sozusagen für ihn selbst verfaßt hat. Die Gedichte von Matthias Claudius stießen zu den psychischen Tiefenschichten Waggerls vor. Das besonders geliebte „Abendlied"[111] sollte Waggerl in den 20er Jahren sogar selbst vertonen, so wie eine Reihe von Hermann Löns-Texten oder solche der Friederike Kempner, von Christian Morgenstern oder von seiner Frau Dita.[112]

Das „Abendlied" weiß um „des Tages Jammer", um die Vanitas des Irdischen und den schrecklichen Tod, um Sünde und Verfehlen und nicht zuletzt um die Beschränktheit von Erkenntnis. Die Antworten des Gedichtes aber sind tröstliche, es sind Gebete: „Laß uns einfältig werden/Und vor dir hier auf Erden/Wie Kinder fromm und fröhlich sein!/Wollst endlich sonder Grämen/Aus dieser Welt uns nehmen/Durch einen sanften

Tod.“ Die Abschlußstrophe lautet: „So legt euch denn, ihr Brüder,/In Gottes Namen nieder;/ Kalt ist der Abendhauch./Verschon uns, Gott, mit Strafen/Und laß uns ruhig schlafen,/Und unsern kranken Nachbarn auch.“ In scheinbarer Naivität und Einfachheit spricht Claudius von grundlegenden Fragen des Lebens und der menschlichen Befindlichkeit im Kosmos. Es ist, als ob der Ton bzw. der Klang von Waggerls „Das Jahr des Herrn“ (1934) hier angelegt sei. Nicht zufällig zitiert Waggerl in seinem Arbeitsbericht „Über das Entstehen des Jahr des Herrn“ (1949) (ENTST)[113] jenen biblischen Satz, den auch schon Claudius verarbeitet hatte – *„Wenn ihr nicht seid wie die Kinder, dann werdet ihr das Himmelreich nicht erlangen!“* –, um anstatt des vorerst für den Roman geplanten *„düstere[n] Grund[es]“* den *„freudigeren Klang“ (BW, 665f)* des Textes zu erklären.

Aber Waggerl mußte sich in seiner Lage auch von anderen Stellen bei Claudius direkt berührt fühlen, konnte er doch in „Der Tod und das Mädchen“ (1775) folgende Zwiesprache des „Knochenmanns“ mit dem Mädchen lesen: „Ich bin noch jung, geh Lieber!/Und rühre mich nicht an. [...] Ich bin nicht wild,/Sollst sanft in meinen Armen schlafen.“[114] Und Claudius' Verse in „Nach der Krankheit“ (März 1777), die einen ähnlich sanften „Freund Hein“ auftreten lassen, lauten: „Und ich genas. Wie sollt ich Gott nicht loben!/Die Erde ist doch schön,/Ist herrlich doch wie seine Himmel oben,/Und lustig drauf zu gehen!“ Das Gedicht schließt mit einer Erfahrung, die Waggerl angesichts seiner körperlichen Erschöpfung und seiner Kriegserfahrungen sicher nicht unbekannt war: „Und wenn du [Freund Hein] wiederkömmst, spät oder frühe,/So lächle wieder, Hein!“ (CLAUDIUS, 7) In eine ähnliche lebensgeschichtliche Kerbe schlug wahrscheinlich Claudius' „Täglich zu singen“ (1777), sozusagen als gebetsartiges Überlebensmotto in Zeiten der Verzweiflung: „Ich danke Gott, und freue mich/Wie´s Kind zur Weihnachtsgabe,/Daß ich bin, bin! Und daß ich dich,/Schön menschlich Antlitz! habe.“ (CLAUDIUS, 71)

Wie Waggerl bei der „wärmenden“ Lektüre gerade von Claudius-Gedichten reagiert haben mag, ist nachvollziehbar, wenn man sich vergegenwärtigt, welch inniges und tiefes Verhältnis Waggerl zur Dichtung generell mit der Zeit entwickelte. Als Leser ist er oft in Tränen ausgebrochen, auch bei der Re-Lektüre seiner eigenen Texte (BLICK, 667), ein Hinweis auf die tiefe lebensgeschichtliche Fundierung von Waggerls Dichtung.[115]

Matthias Claudius' geistiges und gefühlsmäßiges Antlitz, wie es in seinen Gedichten immer wieder zum Ausdruck kommt, kam Waggerls seelischen Bedürfnissen und Voraussetzungen ungemein entgegen, durch die kirchenferne, aber berührende Frömmigkeit, durch das Vanitas-Wissen und die Erlösungssehnsucht ebenso wie durch das Verständnis des „Menschen“ als eines Betrügers und Betrogenen, als eines Bedrohten und Bedrohers, eines Zweiflers und Verzweifelnden und eines Irrenden und Wissenden. „Der Mensch“ (1782) faßt dieses Verständnis – in der barocken Tradition der Vanitas-Dichtung – in folgende Verse:

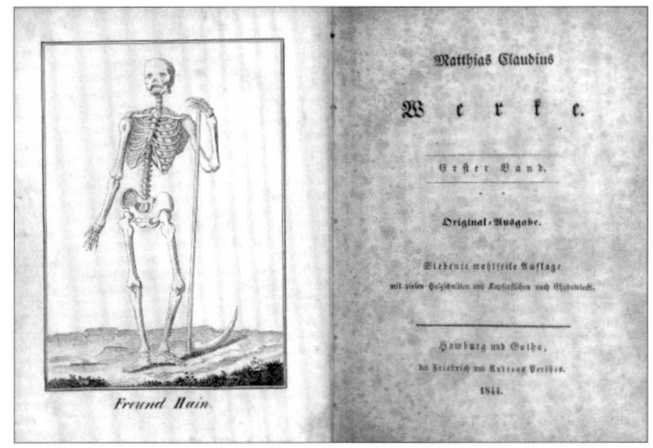

Titelblatt aus einer Ausgabe der Werke von Matthias Claudius (aus der Bibliothek Waggerls)

„Und nimmt des Trugs nicht wahr,/[...] Glaubt, zweifelt, wähnt und lehret,/Hält nichts und alles wahr,/Erbauet und zerstöret/Und quält sich immerdar,/[...] Denn legt er sich zu seinen Vätern nieder,/Und er kömmt nimmer wieder." (CLAUDIUS, 98)

Sentenzenartiges und Aphoristisches konnte Waggerl bei Claudius ebenfalls lesen. Erst ein paar Jahre später, angesichts des Todes des Vaters im Jahre 1925, wird für Waggerl auch Claudius' „Bei dem Grabe meines Vaters" (1773) ein Text der Identifikation (vgl. Brief an Maria Lorenz 1933/34), wenn es im Refrain *„in diesen fünf Tränentropfen, die man gleichsam fallen hört" (KRAUT, 102),* heißt: „Ach, sie haben/Einen guten Mann begraben,/Und mir war er mehr." (CLAUDIUS, 121)

Schließlich: Wie unmittelbar mußte das „Kriegslied" (1779) wirken, verstören und auch entlasten, wenn Waggerl lesen konnte: „s´ ist leider Krieg, – und ich begehre/Nicht schuld daran zu sein." (CLAUDIUS, 81) Peter von Matt hat 1994 über diesen Text von Claudius geschrieben: „Wie umständlich, wie unvergeßlich umständlich und unbeholfen ist die eine Zeile: ‚– und ich begehre nicht schuld daran zu sein!'. Das tönt wie eine schlechte Übersetzung aus dem Latein. [...] In diesem Satz regt sich die Ahnung, man sei mitschuldig an der Geschichte der eigenen Zeit, in jedem Fall und unbedingt. Diesem würgenden Verdacht muß der Eintritt in die Sprache verweigert werden. [...] Der Dichter wagt es nicht, vor Gott und der Welt feierlich zu erklären, er sei unschuldig; er kann nur merkwürdig stockend sagen, er möchte es nicht sein. [...] Damit zieht er die dunkle Konsequenz aus einer triumphalen Erkenntnis seines Jahrhunderts: daß die Menschheit ein Ganzes sei, verschwistert alle zusammen und miteinander auf dem Weg ins beßre Land. Wenn das stimmt, dann kann man sich auch aus der Schuld der andern nicht einfach wegstehlen. ‚Alle Menschen werden Brüder', jubelt es in diesen Jahren. Ja, sagt Claudius dazu, auf Tod und Leben. Wer könnte ihm heute widersprechen?" (MATT) Genauer ist nicht zu formulieren, worin die lebenslange Verbundenheit Waggerls mit der Claudius-Haltung bestand. Es ist, als ob insbesondere in Waggerls späteren Stellungnahmen gegen antinazistische Vorhaltungen seit 1945, die seine bedenkliche Rolle während der NS-Herrschaft thematisierten, die Erinnerung und Bezogenheit auf Claudius präsent sei: *„Ich bitte Sie um Frieden für meine Arbeit, um ein wenig Sicherheit und Ruhe, damit ich auch den Rest meines Lebens noch vor der Nachwelt verantworten kann." (ÖT 1948, 13f)*

4. 4. Gegen den Krieg

In allen Erinnerungen Waggerls wird die Kriegserfahrung in feste Topoi gegossen, Zeichen des Wesentlichen und zugleich der Bannung des Schreckens. Sie lauten: *„Nur wenige, aber ungemein deutliche Bilder sind mir in Erinnerung geblieben, ein verschlammtes Grabenstück etwa, in dem ich mühsam eine Wespe vor dem Ersaufen rettete, dann wieder schläfriges Hindämmern in tropfenden Löchern, oder ein plötzliches, betäubendes Getümmel unter dem ruhigen*

Glanz des südlichen Himmels, sirrende Geschosse, Rauch und Geschrei. Der Tod im Feld ist ein blickloser Tod [...].“ (EM, 678 Und: *„[...] diese Zeit, diese lückenlose Kette grausamer Leiden, Entbehrungen und Gefahren brach meinen Hochmut, rottete den übel angelegten Menschen, der ich war, spurlos aus und brachte mich an die unterste Grenze des Daseins.“ (AN, 661)* Freilich, den Toposcharakter von Waggerls Diktion belegen folgende Stellen: Eine *„lückenlose Kette grausamer Leiden, Entbehrungen und Gefahren“* habe seinen *„Hochmut“ (AN, 661)* gebrochen. Oder: Das *„leider allzu reichliche [...] Selbstbewußtsein [sei] erst spät durch die bitteren Prüfungen des Krieges und der Gefangenschaft auf das rechte Maß beschnitten“ (AN, 661)* worden.

Hier ist auch der Grund dafür zu suchen, daß sich Waggerl Ende der 20er Jahren auf ungewöhnlich scharfe Art und Weise gegen jene heroisierend kriegsverherrlichende *„Bauchaufschwung-Geistigkeit“* deutschtümelnder *„Salzburger Turnkreise“ – „vorsichtig ‚vertarnt‘ unter den Buchstaben R. M.“*[116] – wandte, die es fertig gebracht hätten, *„das Wort ‚Pazifist‘ in Deutschland zu einem Schimpfwort zu machen, während es doch nur ein Synonym für ‚Mensch‘ sein sollte.“ (NLB, 143)*

Bei dem Turnbruder „R. M.“, dessen Namen zwar nicht gelüftet wird, der aber ein ehemaliger Angehöriger eines *„galizischen Regiments“* (NLB, 144) gewesen sei, handelt es sich wahrscheinlich um den deutsch-völkisch ausgerichteten Turnbruder und Schriftsteller Robert Mimra (* 1896 in Brünn).[117] Dieser „entstammte einer deutschösterreichischen Turnerfamilie“, war im Ersten Weltkrieg Offizier bei einem „galizischen Feldkanonenregiment“ (GINZKEY, 8) gewesen und lebte seit dem Ende des Krieges als Maschinensetzer der Buchdruckerei Kiesel in Salzburg. Mimra schrieb die Weltkriegsromane „Batterie 4“ (1930) und „Im Schatten des 3. November“ (1933), die den Heldenkampf feiern und zugleich ein „Bekenntnis zum größeren Deutschland der Zukunft“ (POCK 1941, 298) sind. Er war auch der Verfasser eines deutsch-völkischen Festspiels mit dem Titel „Das ganze Deutschland soll es sein!“, das 1931 vom Deutschen Turnerbund im 1925 neu eröffneten Salzburger Festspielhaus uraufgeführt wurde. Dort hieß es u. a. „Herr, mach uns frei!/Geleit uns heim, zu unseren Brüdern,/Stille die Sehnsucht des deutschen Österreich,/Laß uns marschieren [...]/Heim! Ins große Dritte Deutsche Reich!“ (MIMRA, 6).

Bemerkenswert in diesem Zusammenhang ist, daß es ausgerechnet der von Waggerl anfangs der 20er Jahre ins Auge gefaßte geistig-literarische Mentor und ehemalige Offizier des Inf.-Reg. Nr. 59 („Rainer“) Franz Karl Ginzkey (1871–1963) war, der zu Robert Mimras Roman „Batterie 4“ ein Vorwort verfaßte, das zwar den Krieg als „Greuel“, „Wahnsinn“ und „seelische Unkultur“ verdammte, ihn zugleich aber als unvermeidlich auffaßte, solange es keine „seelische Vollendung des Einzelnen“ gäbe. Denn der ehemalige Offizier Ginzkey ließ nichts über die Heldentaten des pflichter-

Robert Mimra

füllenden Soldaten kommen, der als der seelisch vollendete Mensch erscheint: „Es gehört zum betrüblichsten Kapitel unserer zeitgemäßen Schande, daß in den Tagen unseres staatlichen Zusammenbruchs Hyänen des Hinterlandes es wagten, heimkehrende Frontkämpfer um ihrer Pflichterfüllung wegen zu schmähen [...]. " (GINZKEY, 6) An Mimra lobte Ginzkey außerdem insbesondere die Darstellung des „Herz[ens] des Deutsch-Österreichers" in seinem Verhältnis zum „Gesamtdeutschtum", daß es „immer nach dem Atemzug des Ganzen geht". Man erlebe so das „Geschehen weit über den Rahmen persönlicher Empfindsamkeit hinaus ins Leid des kämpfenden Volkes hinüber. Solche Fähigkeit, stets auch das Gemeinsame zu sehen, ist Überwindung und ist Größe". (GINZKEY, 10)

Waggerls harte Kritik an Mimra gehörte einer anderen geistigen Welt an. Er reagierte auf Boykott-Aktivitäten, die von deutsch-nationalistischen Kreisen auch in Salzburg anläßlich der Vorführung des vom amerikanischen Regisseur Lewis Milestone nach Erich Maria Remarques Anti-Kriegsroman „Im Westen nichts Neues" (1929) gedrehten Films (1930) angezettelt wurden. In Deutschland hatten zuvor schon nazistische Störtrupps von Goebbels Gnaden, die einige Vorführungen durch Stinkbomben und weiße Mäuse sprengten, erreicht, daß die Film-Oberprüfstelle der Weimarer Republik den Film wegen angeblicher Schädigung des deutschen Ansehens im Ausland verboten. (HERMAND, 292)[118] Ob Waggerls scharfer Artikel allerdings publiziert wurde, konnte nicht eruiert werden, er war möglicherweise nur der private Aufschrei eines Empörten, der sich, freilich das Kind mit dem Bade ausschüttend, sowohl gegen die nationalistische *„Bauchaufschwung-Geistigkeit"* als auch gegen jegliche Geschäftemacherei, wenn auch nur im Rezensionswesen,[119] mit den *„großen Toten"* richtete. Jedenfalls greift der Artikel „In Salzburg nichts Neues" die Argumentationslinie der deutschen Anti-Remarque-Polemiken auf und wendet diese gegen sie selbst: Kein *„Gewaltfriede"* könne Deutschland mehr schaden als diese kriegsverherrlichenden Lügen aus Deutschland selbst. Nie mehr später schrieb Waggerl eine derartig wütende Satire gegen irgendetwas bzw. gegen jenen Turnbruder, den er ein *„lebendes Nichts" (NLB, 144)* nennt. Erinnerungen an die geistige Manipulation durch Prof. Ploy und die verpflichtenden Schießübungen während der LBA-Zeit mögen mitgespielt haben. Es ist in diesem Zusammenhang erwähnenswert, daß Waggerl nicht nur Karl Kraus' „Die letzten Tage der Menschheit"[120] kannte und schätzte, sondern auch das mit Erich Maria Remarques Roman vergleichbare Buch „Das Feuer. Tagebuch einer Korporalschaft" (1916/dt. 1918) von Henri Barbusse (1873 – 1935). In nur wenigen Büchern markierte Waggerl für ihn wichtige Stellen: Barbusses Anti-Kriegsbericht ist eines davon.[121] In Barbusses Buch sind u. a. die folgenden Sätze hervorgehoben: „Die Chauvinisten, das ist das Ungeziefer ... [...] es sind nicht die Völker, die den Krieg entscheiden. Das besorgen die Herren, die ihn führen. [...] der Soldatenruhm [ist] eine Lüge wie alles, was im Kriege nach Schönheit riecht." (BARBUSSE, 394, 397) Daß sich Waggerl, der sein

Überleben und die Überwindung seiner schweren Lungenerkrankung immer als Wunder feierte, auch den letzten Satz von Barbusses Text anmerkte, erinnert an die Hoffnung, die ihm aus den Texten von Matthias Claudius erwuchs: „Zwischen zwei finstren Wolkenmassen dringt ein ruhiges Licht; dieser Lichtstreifen [...] verkündet uns, dass es dennoch eine Sonne gibt." (BARBUSSE, 408)

Waggerl meinte, man könne zwar die ästhetischen Schwächen des Romans Remarques kritisieren, aber nicht den geistigen Gehalt. Die Satire und eindeutige Position Waggerls ist im Kontext der gerade Ende der 20er Jahre virulent werdenden und in zahlreichen Kriegs- und Anti-Kriegsromanen faßbaren heftigen Auseinandersetzungen um die Darstellung des Weltkriegserlebnisses zu sehen. Die zeitgenössische deutsch-völkisch orientierte Literarhistorie konstatierte schon damals einen Wandel von der angeblich „schrille[n] Stimme der Tendenz [Remarques]" zu „einem heroischen Aspekt des Krieges, einer Dichtung, die um den Adel eines tragischen Schicksals" (SCHMIDT, 115) wisse.

In Anspielung an Karl Kraus' Kampf gegen die *„Phrasen"* und die mythisisierende Überhöhung des Weltkriegsgeschehens, des „tragischen Karnevals" und der „unheiligen Handlung" (KRAUS, 9), heißt es bei Waggerl unmißverständlich: *„Er* [der Turnbruder] *spotte nicht über den Soldaten, der ohne Kopf über den Sturzacker taumelt, oder ich könnte bissig werden und ihm beweisen, daß es heute noch Leute gibt, die auch ohne Kopf herumlaufen, nur, daß nicht Blutbäche, sondern Phrasen aus ihrem Halse strömen! [...] ich kämpfe noch heute gegen den Heldentod, ich lege feierlich Zeugnis dafür ab, daß man dem Buche Remarques höchstens Unzulänglichkeit, aber nicht Unwahrheit zur Last legen könnte. Er lasse mir auch die Mütter unbelehrt, dieser R. M. und unternehme es nicht, sie dumm zu machen und ihnen etwas vom Grausen der Kriege zu verbergen! [...] Ich nehme Partei, zum erstenmal in meinem Leben! Ich nehme Partei für den unbekannten Soldaten. Man öffne sein Grab! Man lasse ihn reden, – ich will für immer stumm sein und zu ihm in die Grube steigen, wenn sein erstes Wort nicht lautet: Krieg dem Kriege!" (NLB, 144f)*

Dr. Heinrich Ploy (1881–1916)

5. Die 20er Jahre

„Es ist wohl so, daß ein Mensch, der einmal die unterste Grenze des Daseins erreicht, zugleich ein sicheres Maß für alle folgenden Zustände gewinnt. Er kann nicht mehr völlig verzweifeln, denn kein Kummer ist größer als das unermeßliche Glück zu atmen, und niemand lebt schwerer als er stirbt.“ (EM, 681)

Im August 1919 gehen die letzten Feldpostbriefe aus Amalfi nach Hause, jeweils im fast schon sicheren Wissen um die baldige Heimkehr – *„Hoffentlich läßt man uns bei Euch gleich heimfahren, und sperrt uns nicht da auch noch einmal ein“. (FAMILIE, 2.8.1919)* Zugleich thematisieren sie die ungewisse berufliche Zukunft: *„Ich bin neugierig wo ich eine Stelle bekomme.“ (FAMILIE, 12.8.1919)* Schon im Mai 1919 bittet Waggerl seinen Vater, sich für ihn in Salzburg nach einer Lehrerstelle zu erkundigen. Kai Mühlmann könne ihn dabei unterstützen: *„Vorläufig bleibt mir ja doch nichst übrig, als Dorfschulmeister zu werden.“ (FAMILIE, 28.5.1919)* An das „Fräulein Dita“ schreibt er schon im Mai 1919: *„Bleiben Sie mir um Gotteswillen nur in Salzburg* ! *Ich packe schon den Koffer – für Weihnachten!“ (Brief an Edith Pitter, 4.5.1919)* Und später: *„Führen will ich Sie wohl, wenn Sie mir vertrauen können.“ (Brief an Edith Pitter 28.7.1919).*

Waggerls Heimkehrer-Entlassungsschein ist mit 26. August 1919 datiert. Waggerl erinnert sich: *„Irgendwann im Spätherbst kehrte ich heim und fand alles verändert, Vater und Mutter alt, das Land verarmt, das Leben verwildert.“ (EM, 680)* Die kommenden fast vier Jahre bis April 1923, als Waggerl als Volksschullehrer in Wagrain aus Krankheitsgründen frühzeitig pensioniert werden sollte, sind geprägt von seinem Versuch, beruflich als Lehrer Fuß zu fassen, von seiner Beziehung zu Edith Pitter (1897–1990), die er, nicht ganz 23jährig, am 31. August 1920 in Salzburg heiraten sollte, und klarerweise von seiner schweren Lungenkrankheit, die ihn wiederholt in die Lungenheilstätte Grafenhof/St. Veit i. Pongau zwang und kontinuierliche Arbeit sehr erschwerte und schließlich unmöglich machte. Er sei zu krank gewesen und habe viele Jahre lang *„alle Kräfte und allen Mut daran wenden* [müssen], *mich überhaupt am Leben zu erhalten“ (AN, 662): „Ich war elend schwach, ein erstickender Husten quälte mich, und einmal, über einen Zaun gebeugt, hatte ich die Hand voll von schaumigem Blut.“ (EM, 681)*[122]

Die äußeren Daten seiner Heimkehr sind schnell berichtet: Schon ab dem 22. September 1919 soll Waggerl, wie sein „Lehrbefähigungszeugnis für allgemeine Volks-

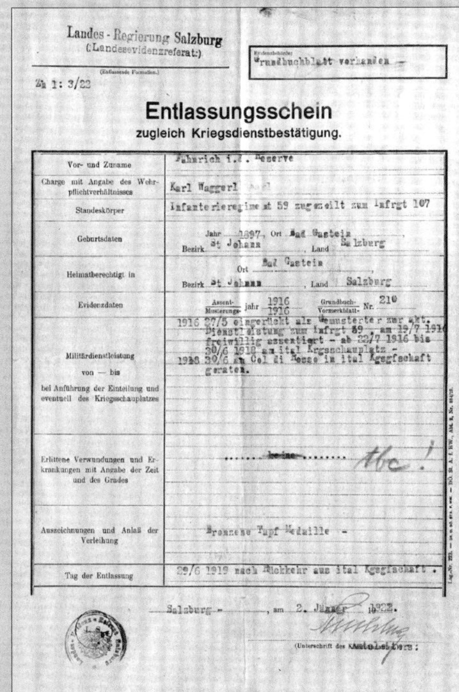

Landes-Regierung Salzburg
(Landesevidenzreferat:)
(Entlassende Formation.)

Evidenzbehörde: Grundbuchblatt verhanden –

Zl 1: 3/22

Entlassungsschein
zugleich Kriegsdienstbestätigung.

Vor- und Zuname	Fähnrich i.d. Reserve
Charge mit Angabe des Wehrpflichtverhältnisses	Karl Waggerl
Standeskörper	Infanterieregiment 59 zugeteilt zum Infrgt 107
Geburtsdaten	Jahr 1897, Ort Bad Gastein, Bezirk St Johann, Land Salzburg
Heimatberechtigt in	Ort Bad Gastein, Bezirk St Johann, Land Salzburg
Evidenzdaten	Assent-/Musterungs-jahr 1916 / 1916, Grundbuch-/Vormerkblatt-Nr. 210
Militärdienstleistung von — bis bei Anführung der Einteilung und eventuell des Kriegsschauplatzes	1916 27/5 eingerückt als Gemusterter zur akt. Dienstleistung zum Infrgt 59, am 19/7 1916 freiwillig assentiert – ab 22/7 1916 bis 30/6 1918 am ital Krgsschauplatz – 1918 30/6 am Col di Rosso in ital Krgsgfschaft geraten.
Erlittene Verwundungen und Erkrankungen mit Angabe der Zeit und des Grades	keine Abc!
Auszeichnungen und Anlaß der Verleihung	Bronzene Tapf Medaille –
Tag der Entlassung	29/6 1919 nach Rückkehr aus ital Krgsgfschaft.

Salzburg –, am 2. Jänner 1922.
(Unterschrift des Amtsleiters:)

Der Heimkehrer-Entlassungsschein (1919)

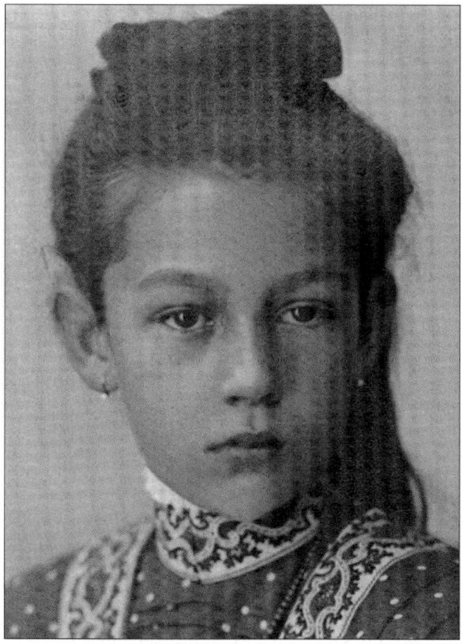

Edith als Kind

Das Ehepaar Waggerl (1920)

schulen" (Mai 1921) im nachhinein festhält, als Aushilfslehrer in Schwarzach und als provisorischer Lehrer in Wagrain tätig gewesen sein. Aber weder die Schulchronik von Schwarzach noch jene von Wagrain nennen seinen Namen in dieser Zeit. Waggerl dürfte wegen seiner Krankheit diese Dienste nie angetreten haben. Vielmehr sind, datiert mit Jänner 1920, Briefe an Edith Pitter aus der Lungenheilanstalt Grafenhof/St. Veit i. Pongau erhalten, in denen sich Waggerl über seine Beziehung zu seiner künftigen Frau klar zu werden versucht. *„Die Möglichkeit, daß ich mich in dir geirrt haben könnte, besteht für mich nicht. [...] Du mußt nicht am Gewöhnlichen verzweifeln. Schau es geht mir ebenso wie Dir, und uns mit vielen andren so wie schreckhaften Vögeln, die sich verflogen haben und verzweifelt an die blanken Scheiben stürmen. [...] Aber laß uns nur den Weg ins Freie finden! Laß uns fliegen!" (Brief an Edith Pitter, Jänner 1920)* Waggerls erster Sanatoriumsaufenthalt in Grafenhof datiert zwischen dem 9. November 1919 und dem 16. Februar 1920. Waggerls Freund Kajetan Mühlmann war schon seit dem 5. Juli 1919 in Grafenhof und konnte das Sanatorium gemeinsam mit Waggerl im Jahr 1920 verlassen. [123] Unmittelbar danach, zwischen 20. Februar und 19. Juni 1920, besucht Waggerl – unregelmäßig – den schon erwähnten Fortbildungskurs für jene Lehrer, die während des Krieges vorzeitig ihr Reifezeugnis erworben haben. Zwischen Juni und August 1920 ist Waggerl wieder in Salzburg gemeldet, und zwar in der Neutorstraße 25.[124] Am 31. August 1920 heiraten Waggerl und Edith Pitter in der Pfarre St. Blasius in Salzburg.

5. 1. Edith Pitter

Edith Pitter war etwas älter als Waggerl. Karl Springenschmid charakterisiert sie als „ein ungewöhnliches Wesen, aufbegehrend, rebellisch, wo es galt, überlebte Gesellschaftsformen, überalterte Vorurteile zu überwinden. Waggerl fand sich in diesem jungen Wesen bestätigt. [...] das schmale, ganz nach innen gekehrte Antlitz." (SPRINGENSCHMID, 15, 50) Edith Pitter wurde am 5. März 1897 als Tochter des Hotel-Geschäftsführers Franz Pitter (* 1866 in Wien) und seiner Ehefrau Antonia Pitter, geb. Brix (*1879 in Prag), in Salzburg geboren. Ihre Eltern hatten 1896 in der Pfarre St. Andrä in Salzburg geheiratet. Der Vater Franz Pitter war der Sohn eines Militärmusikers aus Wien (beim 4. IR), die Mutter die Tochter des kaiserlichen Hausdieners in der Prager Hofburg, Anton Brix. Edith Pitter wuchs bis zum Tode ihrer Eltern abwechselnd in Wien und Salzburg auf, nach deren Tod bei Verwandten in Salzburg-Maxglan.[125] Der Vater starb schon 1909, als Edith noch ein Kind war, die Mutter arbeitete in einem Sanatorium in Meran und verstarb dort 1911.[126] Edith besuchte zwischen 1903 und 1908 die allgemeine Volksschule und zwischen 1908 und 1911 die Mädchen-Bürgerschule in Salzburg-Maxglan. Anschließend absolvierte sie zwischen 1911 und 1914 die k. k. Staatsgewerbeschule in Salzburg, eine Frauengewerbeschule für Weißnähen und Kleidermachen. Sie arbeitete zuerst als Kanzleikraft, dann als Assistentin im Sanatorium von Dr. Kraft (Spezialarzt für Chirurgie und Frauenkunde) in Salzburg (Zeugnis vom 7. September 1919), wobei sie sich

Qualifikationen als „Pflegerin“ und „Wirtschaftsleiterin“ erwarb. Als sie Karl Waggerl Ende August 1920 ehelichte, arbeitete sie als Bibliothekarin in einer Salzburger Volksbibliothek. Sie übersiedelte nach ihrer Hochzeit noch 1920 mit ihrem Mann nach Wagrain (LEBENSLAUF, 14.1.1940), in eine Mansarde des sogenannten *„Kainhaus[es] – ich hoffe zu Gott, daß es nicht die Heimstatt des Brudermörders war“*, jenes Haus *„voller Gebrechen, von einer unverwüstlichen Hinfälligkeit“ (KdM, 568f)*, in dem Waggerl bis zu seinem Tode leben und arbeiten sollte.[127] Erst 1955 kam das Haus in den Besitz der Eheleute, *„das liebe Gemäuer [...] auf einem Hügel“* und an einem steil abfallenden Hang, insofern ähnlich gelegen wie Waggerls Geburtshaus in Badgastein. Waggerl stilisiert die Gegend folgendermaßen: *„Um das Haus herum liegt das bebaute Land, nicht viel eigenes, nur ein kleiner Blumengarten, aber unabsehbar die Wiesen und Äcker, sauber mit gesteckten Zäunen aneinander genäht und mit den hellen Bandschleifen der Wege geschmückt.“ (KdM 569)*

Schon seit dem Ersten Weltkrieg schrieb Edith Pitter Gedichte. Ihr Mann hat die handschriftlichen Versionen gebunden und einige ihrer Texte sogar vertont. „Gedichte von Dita Waggerl“ erschienen 1939 als Handpressendruck der Leipziger Drugulin-Presse im Inselverlag. 1931 lud Martin Raschke (* 1905 in Dresden), der Mitbegründer der Zeitschrift „Kolonne“, einer „Zeitung der jungen Gruppe Dresden“, die zwischen 1929 und 1933 erschien, Dita Waggerl ein, bei einem Lyrik-Preisausschreiben mitzutun. Das Ergebnis publizierte Raschke in dem Band „Neue lyrische Anthologie“ (Dresden: Verlag Wolfgang Jess 1932) mit Beiträgen u. a. von Günter Eich, Manfred Hausmann, Peter Huchel, Theodor Kramer, Elisabeth Langgässer, Johannes Lindner, Paula Ludwig, Guido Zernatto.[128] Gedichte von Dita Waggerl waren freilich nicht enthalten.[129] Wenn Ditas Gedichte auch keinen Eingang in Raschkes Anthologie fanden, in andere Sammelbände der 30er Jahre wurden ihre Gedichte dennoch aufgenommen, so z.B. in den Band „Mit allen Sinnen. Lyrik unserer Zeit“ (1932) oder in „Sprache der Liebenden“ (1936).[130] Waggerl setzte sich, nachdem er Ende der 20er Jahre „seinen“ Leipziger Verleger Dr. Anton Kippenberg kennengelernt hatte, in vorsichtigen Worten auch für die Arbeiten von Dita ein. Sein Schreiben an den Verleger Kippenberg wirft ein Licht auf Waggerls Sichtweise und Beurteilung der künstlerischen Arbeiten seiner Frau: *„Frau Dita ist ein sehr stiller, unscheinbarer Mensch und sie hat viel Schlimmes in ihrem Leben erfahren. Literarisch lassen sich ihre Verse wohl nicht beurteilen, ihr Wert liegt, glaube ich, darin, daß sie wahr sind, aus einer unerhörten inneren Not gemacht, ohne Spur von intellektueller Berechnung. Sie werden buchstäblich unter Tränen und Verzweiflung geboren [...]. es* [ist außerdem] *überhaupt nicht meine Art, in künstlerischen Dingen Zugeständnisse zu machen.“ (WK, 21.11.1929)* Tatsächlich sind die meisten, in traditioneller Formgebung verfaßten Gedichte Edith Waggerls durchdrungen von Erfahrungen der Einsamkeit, Verlassenheit, der Isolation und Vanitas. Wissen um das

Edith Pitter als Hausfrau

Edith Pitter fährt Ski

Blick auf Wagrain

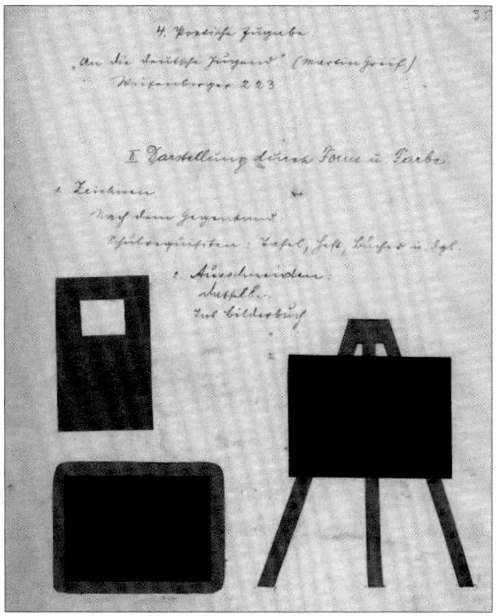
II. Darstellung durch Form u. Farbe
1. Zeichnen

Eine Seite aus Waggerls selbstgeschriebenem Lehrbuch

Tödliche in allem und Klage sind die Konstituenten dieser Lyrik: „Wir sind schon an der Wurzel angesägt./Es sind nur Blitze, die von Zeit zu Zeit/den Raum erhellen, den wir blind durchkreisen. [...] Nichts Freundliches wird sich für mich erneueren./Der Tod leert alle Becher. Zug um Zug. [...] Ich möchte allen Brüdern nahe sein/und lebe doch in einem fernen Kreise.“[131] Bemerkenswert ist, daß in ihren Texten auch Erfahrungen angesprochen werden, von denen schon in den Briefen Waggerls an Edith die Rede war – *„einander fremd im Wesen und nur verwandt durch die Seltenheit“. (Brief an Edith Pitter 22.3.1918)*

5. 2. Lehrerdasein

Am 15. September 1920 trat Waggerl seinen ersten praktischen Lehrerdienst in der 4. Klasse der Volksschule Wagrain an. Waggerl, der Sohn eines Handwerkers und Tagelöhners, thematisiert in seiner „Kunst des Müßiggangs“ (1955) seinen Standeswechsel zu den „Kopfarbeitern“ und das Ansehen, mit dem er in Wagrain, einem damals vergessenen Pongauer Dorf, konfrontiert sein sollte. In der humorig scheinenden Anekdote mit einem Stör-Schuster, den der junge Lehrer auf seinem ersten Gang nach Wagrain getroffen haben soll, heißt es demnach: *„Es währte nicht lange, da hatte auch ich mein Woher und Wohin einbekannt und das rührte den Mann beinahe zu Tränen. ‚Ein Lehrer bist du?‘ sagte er. ‚So jung und schon das ganze Leben verpfuscht!‘ Mein Begleiter hatte aber auch gleich einen Trost bei der Hand, einen Schluck aus seiner Flasche, und das war Schnaps von einer Sorte, wie sie nur ein Störschuster verträgt.“ (KdM, 558f)*

An seine Eltern in Bad Gastein schreibt er um den Jahreswechsel 1920/21 über Hunger, von „arger Verlegenheit“ in Gelddingen und von Krankheit: *„außerdem mein Dezember-Gehalt infolge des Streiks noch ausständig [...] Vor 14 Tagen wars schlimm, Blutspucken usw. [...] Dita und ich kommen so um den 25. herum zu Besuch. Habts was zu essen? [...] Entschuldigt, daß ich nicht zu Neujahr gewünscht habe, aber das ist ein solcher Blödsinn, daß ich ihn nicht mitmache.“ (FAMILIE, 1920)*

Anfangs April 1921 wurde seine Lehrerstelle in Wagrain definitiv, noch bevor er seine Lehrbefähigung besaß. Unmittelbar darauf – Mitte April – erkrankte Waggerl erneut für lange Zeit. Im Mai 1921 legte er vor der Prüfungskommission für allgemeine Volks- und Bürgerschulen in Salzburg zwar seine Lehrbefähigungsprüfung ab, aber erst am 1. Mai 1922 konnte er seinen Schuldienst nach langer Krankheit wieder aufnehmen: Ein ganzes Jahr war er im Krankenstand. Ein Jahr später, am 5. April 1923, wurde Waggerl auf eigenen Antrag frühpensioniert. Er galt zu 80 % „kriegsbeschädigt“. Am 1. März 1923 wurde ihm in Wagrain das „Heimatrecht“ zuerkannt. Waggerl war noch nicht ganze 26 Jahre alt.

Im Jahre 1930, als Waggerl gebeten wurde, einige „autobiographische Notizen“ für die hauseigene Zeitschrift der Freunde des Inselverlages „Das Inselschiff“ zu verfassen, war seine Erinnerung an die letzten zehn Jahre in Wagrain noch ganz frisch. Er war gerade erst mit seinem in Wagrain geschriebenen und beim fernen Leipziger Insel-Verlag herausgekommenen Roman „Brot“ (1930) in den deutschsprachigen Literatur-Olymp aufgestiegen. Jetzt schrieb einer, der sich – von einem Tag auf den anderen – in einem der renommiertesten deutschen Verlage als Kollege z. B. von Rainer Maria Rilke, Hans Carossa, Stefan Zweig, Hugo von Hofmannsthal oder Martin Buber betrachten durfte. Der Insel-Verlag druckte auch Texte z. B. von Aischylos, Goethe, Thomas Mann oder Emile Zola.[132] Im Herbst 1930 konnten die Freunde einige Sätze lesen, die Grundsätzliches und Wesentliches zu vielen Fragen des Lebens, Schreibens und des Kunstverständnisses mitteilen, ohne aber wirklich ins Detail zu gehen und nicht ohne nachträgliche Stilisierungen:

„Zurückgekehrt, 1920, wollte ich Lehrer werden, aber ich war zu krank, viele Jahre lang mußte ich alle Kräfte und allen Mut daran wenden, mich überhaupt am Leben zu erhalten. Seit jener Zeit lebe ich in Wagrein [sic!]. Ich schrieb, aber ich hatte lange nicht den geringsten Erfolg. Man wies meine Arbeiten überall zurück, ich hörte, sie seien zu grob, zu simpel, ‚mit der Hacke gemacht‘, wie jemand nicht übel sagte. Nun saß ich aber doch durchaus nicht zu meinem Vergnügen am Schreibtisch, im Gegenteil, das Schreiben war mir manchmal eine kaum zu ertragende Marter, und ich habe mehr als einmal beschlossen, dieses Handwerk endgültig aufzugeben. Ich versuchte mich als Plakatzeichner, erlernte die Buchbinderei, aber am Ende konnte mich das alles nicht vor der dunklen Gewalt retten, deren Werkzeug ich unbegreiflicherweise bin. Ich sage und meine das ehrlich, daß ich nicht den Ehrgeiz habe, Literatur zu machen, einen Namen zu gewinnen, – wollte ich nur das, so fände ich wohl einen bequemeren Weg. Ich schreibe nur, um mir selbst zu helfen, weil ich keine andere Möglichkeit habe, meine Unruhe loszuwerden. Originell zu sein, ist nicht mein Wunsch, ich bin ein recht gewöhnlicher Mensch, das läßt sich ohnehin nicht verbergen. Ich möchte einfach von dem berichten, was ich wirklich zu wissen meine, und ich möchte das eindeutig tun, mit den einfachsten Mitteln, ohne sprachliche oder stilistische Experimente. Ich bin zufrieden, wenn ein Satz gut klingt, und wenn er nicht mehr kürzer oder verständlicher gesagt werden kann. Mehr habe ich nicht zu tun. Das Kunstwerk lebt von selbst. In der freien Zeit treibe ich allerlei. Ich bilde mir ein, gut zeichnen zu können, ich treibe Geschirr aus Metall, entwerfe Möbel, mache Scherenschnitte, schneide in Holz, befasse mich mit Lichtbildnerei, binde Bücher, kurz, ich tue alles, was möglichst wenig an den Schreibtisch erinnert.“ (AN, 662)

5. 3. Die glücklichen Jahre

Die 20er Jahre sind Brücken- und Schlüsseljahre für Waggerls künstlerische, intellektuelle und geistige Entwicklung. Es beginnt das Leben in Wagrain, wo er letztlich trotz verschiedener Umsiedelungspläne ein Leben lang wohnen sollte. Am Anfang

Der Lehrer Waggerl mit seiner Schulklasse

Bei der Hochzeit von Schwester Elisabeth: Edith, Karl, Elisabeth, Adolf Schwabl, Johann Zehentner (stehend, v. l.), Tante Liesi (Frau Johanns), Waggerls Mutter und die Mutter des Bräutigams (1927)

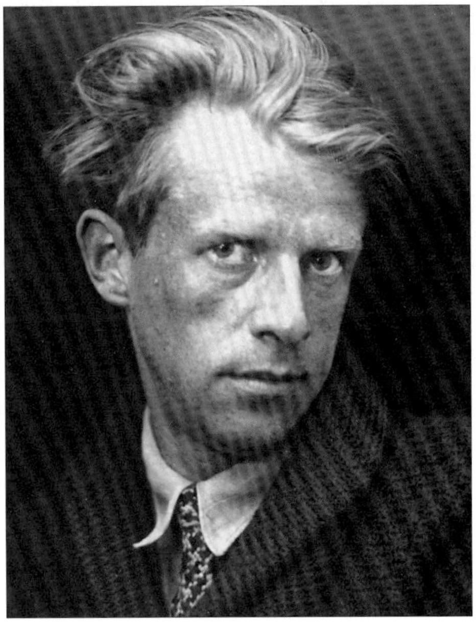

Der junge Künstler

des Jahrzehnts steht der völlig unbekannte Dichter, der seine ersten Texte verfaßt und in diversen Publikationsorganen unterzubringen versucht, am Ende der plötzliche Aufstieg durch den Einzug in den Leipziger Insel-Verlag. Am Anfang steht der Versuch, in Franz Karl Ginzkey sozusagen einen literarischen Ziehvater zu gewinnen, am Ende der Verlags-Vater Dr. Anton Kippenberg, der zumindest 15 Jahre lang Waggerls Schreiben begleitete. Und schließlich: Der Bogen reicht von Waggerls erstaunlichem und ungemein differenziertem Weltaufriß, faßbar in seinen „Aphorismen" (1924), über Erzähltexte, die, mit vielen autobiographischen Zügen versehen, verzweifelt die Ausgesetztheit des Menschen auf der Hintergrundfolie der Lektüre Arthur Schopenhauers und der Spekulationen Otto Weiningers zu fassen versuchen, bis hin zu einem Denken und Erzählen, das in den Dunstkreis der „Konservativen Revolution" gehört. Damit sollte eine Karriere während der 30er Jahre und während der NS-Herrschaft vorbereitet sein.

Das folgende Kapitel verläßt an einigen Stellen öfter als bisher die reine Chronologie, um im Ausblick auf die Zeiten danach die Bedeutung einer Erscheinung oder eines Vorkommnisses besser beurteilen zu können.

Waggerls Aktivitäten während seiner künstlerischen Formierungsphase der 20er Jahre lagen nicht nur auf schriftstellerischem Gebiet, sondern waren vielfältig und griffen sowohl thematisch und hinsichtlich der von ihm verwendeten Kunstmittel als auch räumlich zunehmend weiter aus. Wagrain, die nah-ferne Hauptstadt Salzburg, Wien, Graz, München, Jena, Leipzig und Berlin waren seine Orientierungsorte – Literatur, Malerei, Fotografie, Schauspielerei, Musizieren und Komponieren, Kunsthandwerkliches (Buchbinderei, Basteleien, Scherenschnitte, Möbelentwürfe, Plakatzeichnen, Gebrauchsverse und Theaterszenen für die Amateurbühne u. a.), regionale Kulturarbeit und Kulturpolitisches waren die Betätigungsfelder.[133]

Entgegen seinen späteren Behauptungen, keinen *„Namen gewinnen zu wollen" (AN, 662),* war spätestens ab 1923, nach seiner von Waggerl selbst angestrebten Frühpensionierung, klar: „Entweder wir haben bis spätestens in drei Jahren einen ‚Namen' oder wir vergraben uns in diesem Nest", so Edith Waggerl in ihrem Tagebuch. (EDITH, 27.1.1924) Waggerl engagierte sich zwar in seiner neuen Heimatgemeinde zunehmend und intensiv auf vielen Gebieten, sein Blick aber ging immer weiter über das Dorf hinaus. Sogar die Übersiedelung in die Stadt Salzburg – in ein Haus auf dem Mönchsberg – stand 1925 zur Diskussion. Gesundheitliche Überlegungen dürften dabei nicht allein ausschlaggebend gewesen sein. Edith Waggerls Tagebuch ist voll von Hinweisen auf Krankheiten. Das Jahr 1925 sticht besonders hervor. Waggerl war wiederholt gezwungen, zu Behandlungen nach Salzburg zu fahren. (EDITH, 7.5.1925) 1927 wird Waggerl schließlich ein vierwöchiger Kuraufenthalt gemeinsam mit seiner Frau bewilligt. Schon im März 1923 konnte Waggerl zweimonatlich eine Liegekur in Bad Gastein in Anspruch nehmen. (EDITH, 9.3.1923)

Über die Freunde der Familie, nämlich die Kunsthistoriker und Kunstkritiker Josef und Kai Mühlmann, sollte Waggerl Zugang zu dem von Anton Faistauer gerade geplanten, als fortschrittlich geltenden „Sonderbund der österreichischen Künstler in Salzburg" finden.[134] Der „Sonderbund" war der Versuch, der seit 1922/23 faßbaren „Tendenzwende" im Salzburger Kunstverein ein Gegengewicht entgegenzusetzen. Damit sollte die mit dem „Wassermann"-Künstlerverein 1919 – „Sturm- und Drang-Gebaren" der unmittelbaren Nachkriegszeit – in die Wege geleitete Erneuerung der Salzburger Kunstszene fortgesetzt werden. (Vgl. SCHAFFER, 135ff) Kai Mühlmann schrieb damals das Vorwort zu dieser ersten Sonderbund-Ausstellung, die im August 1925 in der Großen Aula in Salzburg stattfand. Mühlmanns Vorwort ist ein eigenartig janusköpfiges Gebilde, das sowohl die „Individualität" des „jeder Organisation widerstrebenden [nicht-experimentellen] Künstler[s]" feiert als auch in einem Atemzug von einer „großen geschlossenen Stilperiode" spricht, „die entsprechend unserer, in allen Erscheinungen des öffentlichen Lebens ausgesprochen kollektivistischen Zeit einen kollektivistischen Charakter tragen wird". (MÜHLMANN I, 1f) Mühlmann formulierte in Ansätzen das einem „totalitären Wunschbild entsprechende Entwicklungsmodell" der Kunst, noch „ohne völkischen Beiklang". „Binnen weniger Jahre hat sich der introspektive Pessimismus [Weltschmerz] eines Josef Mühlmann [um 1918/19] in der Feder seines jüngeren Bruders Kajetan [...] in einen geradezu martialischen Optimismus umgekehrt, der nur allzu deutlich einer autoritären Kulturpolitik zusteuerte." (SCHAFFER, 138)

Waggerl konnte sich also an dieser ersten Ausstellung des „Sonderbundes" in der Großen Aula in Salzburg beteiligen, freilich nur mit fünf Scherenschnitten, die angesichts der in elf Räumen gezeigten Arbeiten von Anton Faistauer, Anton Steinhart (1889–1964), Alfred Kubin, Egon Schiele und der Entwürfe der Architektengruppe Deininger-Flesch-Knoll, der Architektur-Entwürfe von Peter Behrens und Clemens Holzmeister nicht ins Gewicht fielen.[135] „Von abgewogenem, feinem Empfinden", so urteilte damals die Presse über Waggerls Arbeiten. (Salzburger Volksblatt, 29.8.1925) Waggerl war Anton Steinhart seit diesen Anfangsjahren in *„besonderer Wertschätzung"* verbunden: Ein Exemplar seines Romans „Brot" (1930) widmete er ihm mit dieser Formel und einem Ulrich von Hutten-Spruch: „Redlich und ohne Prunk." Steinhart selbst, damals hauptsächlich Fotograf, schmückte den Band mit einem Foto, das den verzweifelten, grübelnden Waggerl zeigt – den Kopf in die Hand gestützt, die Haare wirr.[136]

Um sich die erste Wagrainer Zeit zwischen 1920 und seinem „Kippenberg-Erlebnis" plastisch vorstellen zu können, kann man glücklicherweise auf eine Reihe von unterschiedlichen Quellen zurückgreifen, die das äußere und das innere Leben des 1923 frühpensionierten Lehrers aus unterschiedlichen Perspektiven beleuchten und dennoch eine ziemlich klare Entwicklung, sowohl künstlerisch als auch hinsicht-

Waggerl bei der Lektüre des „Salzburger Volksblattes"

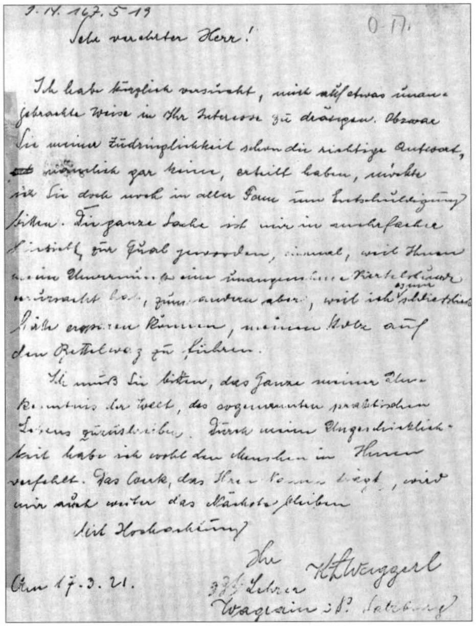

Brief an F. K. Ginzkey: „Durch meine Ungeschicklichkeit habe ich wohl den Menschen in Ihnen verfehlt. Das Werk, das Ihren Namen trägt, wird mir auch weiter das Nächste bleiben."

lich der milieumäßigen Verankerung, erkennen lassen.

Hilfreich dafür sind vor allem die zwar lückenhaften, aber dennoch sehr aufschlußreichen Tagebuchnotizen von Edith Waggerl zwischen 1922 und 1928,[137] weiters Erinnerungen verschiedener Zeitzeugen, u. a. von Karl Springenschmid, der nach Waggerls Pensionierung für eineinhalb Jahre als Lehrer nach Wagrain kam (Herbst 1923 – Jänner 1925; SPRINGENSCHMID), und Hanns Arens, dem Lektor des Insel-Verlages Ende der 20er Jahre,[138] behördliche Dokumente[139] und natürlich Waggerls Selbstzeugnisse der verschiedensten Gattungen und Medien aus dieser Zeit.

Dabei ist vor allem Waggerls Korrespondenz aus dem Jahre 1921 von Interesse, und zwar mit dem von Waggerl ins Auge gefaßten „Ziehvater" Franz Karl Ginzkey (1871–1963). Dieser spielte damals im Salzburger Kulturleben gerade eine wichtige Rolle und er war, von Stefan Zweig unterstützt, sogar als Salzburger Landeskulturreferent im Gespräch. (SK, 211f) Entscheidend für Waggerl aber war sicher, daß Ginzkey außerdem verantwortlich war für die seit 1921 dem deutschnationalen „Salzburger Volksblatt" monatlich beigelegte Nummer des „Berglandes", ein Blatt, das sich als ein mit der „Wiener Kultur" konkurrierendes Forum für „niveauvolle alpenländische Kultur" verstand, finanziell unterstützt von deutschorientierten Organisationen. (SCHMOLKE, 1978f; HANISCH I, 1085) Franz Karl Ginzkey gehörte gemeinsam mit Stefan Zweig und Hermann Bahr zu den Mitbegründern der „Salzburger Literarischen Gesellschaft" (1919).

Aufschlußreich ist auch Waggerls Korrespondenz (1929) mit dem Schul-, Lehrer- und Schriftstellerkollegen Karl Springenschmid und diversen Zeitschriften-Redaktionen, u. a. mit Joseph Papesch (* 1893), dem Redakteur der in Graz verlegten „Alpenländischen Monatshefte" und späteren NS-Kulturpolitiker, im Jahre 1925,[140] mit der Münchener Zeitschrift „Jugend" (1926) sowie mit Friedrich Schreyvogl (1899–1976), dem in Wien sehr rührigen katholischen Schriftsteller und Kulturpublizisten, der in den 30er Jahren zu einem wichtigen österreichischen „Brückenkopf" der NS-Bewegung werden sollte.[141]

Schon 1925 unternahm Waggerl überdies erste Anstrengungen, mit seinem späteren Hausverlag, dem Leipziger Insel-Verlag von Dr. Anton und Katharina Kippenberg, ins Geschäft zu kommen. Er schickte damals dem Verlag die auf eigene Kosten gebundenen „Aphorismen" (1924) zur Begutachtung zu. Diese paßten aber Kippenberg gerade nicht ins Konzept. Zwei weitere Anläufe versuchte Waggerl dann in den Jahren 1928 und 1929, diesmal mit mehreren Erzählungen, die er „Bauern" nannte. Wahrscheinlich enthielt die Sammlung einige Texte, die schon 1926 in der Zeitschrift „Die Kultur" (Wien-Leipzig) unter dem Titel „Meine Gestalten" erschienen waren.[142]

Waggerl schrieb emotional und fordernd: *„Wie soll ich denn leben, wenn niemand in aller Welt sich meiner Arbeit annehmen* *mag? [...] Verzeihen Sie mir, es ist jedoch erbärmlich, so die Haltung zu verlieren, aber ich bin schon gar zu sehr entmutigt." (WK, 3.1.1929).* Kippenberg ließ antworten: „Wollen Sie sich denn allein auf Ihr schriftstellerisches Talent verlassen, jetzt, wo die Lage des Dichters so ausserordentlich schwierig ist und die Verleger zu kämpfen haben, dass sie auch die bekannten Dichter nur durchbringen. Doch das ist Ihre Sache." (WK, 20.2.1929) Dennoch verfolgte der Verleger spätestens seit März 1928 die Publikationen Waggerls, denn eine erste wohlwollende Antwort, die sich auf Waggerls Erzählung „Martha" in der „Deutschen Rundschau" (M) bezieht, wird vom Insel-Verleger mit Lob bedacht.

Das Wichtigste dabei aber war: Sogar ein für Waggerls Verhältnisse enormer Geldbetrag von 500 Mark,[143] was ca. dem Zehnfachen seiner damaligen Pension entsprach, für eine „notwendige Erholungsreise", verbunden mit der Hoffnung, „Sie künftig zu den Autoren des Insel-Verlages zählen zu dürfen" (WK, 6.3.1929), wurde ihm von Kippenberg über Vermittlung von Rudolf Pechel, dem Herausgeber der „Deutschen Rundschau" [144] gewährt. Waggerl, sich selbst dem Gönner gegenüber als *„Hinterwäldler"* bezeichnend, war völlig überrascht ob der *„Güte",* der beglückenden Leipziger *„Menschlichkeit"* und widmet Kippenberg das angeblich für diesen extra geschriebene Gedicht „Trost", das Waggerl aber schon drei Jahre vorher in der Sammlung „Meine Gestalten" (1926) abdrucken ließ und das außerdem von der Redaktion der Zeitschrift „Jugend" angenommen, publiziert und honoriert[145] worden war. Es ist einer der ersten nach Matthias Claudius verfertigten Trost- und Überlebensappelle (an sich selbst). Waggerls Demutshaltung angesichts eines kosmischen *„dunklen Gewebes",* dem der Mensch ausgeliefert sei, wird faßbar. Es soll die Angst bannen: *„Habe nicht Angst, mein Kind!/Träume und Zeichen:/Alle die Dinge sind/Unseresgleichen./ Alles ist eine Art/Dunkles Gewebe:/Kette mit Schuß gepaart./Du aber lebe!/Nimm und du bist im Recht,/ Alles ist Dein!/Nichts ist gut, nichts ist schlecht,/Alles muß sein!" (SW, 627)* So beginnt die Vater-Sohn-Beziehung zu Kippenberg aus der Sicht Waggerls. Maria Lorenz gegenüber sprach Waggerl, als er schon fest beim Insel-Verlag verankert war, von Rudolf Pechel als seinem *„eigentliche[n] literarische[n] Pate[n]". (LORENZ, 24.1.1934)*

5. 4. Erste Publikationen

Weiteren Aufschluß für Waggerls künstlerische wie auch ideologische Entwicklung während der 20er Jahre liefern folgende Tatsachen: Schon während seiner aktiven Lehrerzeit (1920–1923) waren zwei sehr bemerkenswerte Essays in zwei unterschiedlichen Organen veröffentlicht worden, in einem sektiererisch sozialdemokratischen, dem Freidenkerblatt, und einem in Salzburg anerkannten und einflußreichen deutschnationalen, dem Salzburger Volksblatt. Sie trafen sich freilich nur in einem Punkt, nämlich in ihrer antikirchlichen Ausrichtung.

Waggerls Aufsatz „Ueber Willensfreiheit" (1922) erschien im Salzburger Freidenker-

Waggerl in seinem Arbeitszimmer

101.544 II

Freundschaft

Monatsschrift zur Förderung der proletarischen Kulturbewegung.

Besitz u. Selbstverlag des Salzburger Freidenker-Vereines (Arbeiterheim, Paris Lodronstraße 21)

Postsparkassen-Konto Nr. 97.459. Konto-Korrent beim Salzburger Volkskredit Schriftleitung: Neutorstraße 28.

Nr. 1 Juni 1922 1. Jahrgang.

Aus dem Inhalt:

Ida Neuzil.
Menschwerdung.
Die Pessimisten.
Die Gesellschaftslehre und ihre Bedeutung für uns Sozialisten.
An den Tod!
Wir und das Kind.
Die Schule der Republik.
Kirche und Arbeiterfrage.
Das neue Dorf.
Du sollst allein an einen Gott glauben!
Die zehn Gebote des Freidenkers.

Genossinnen und Genossen!

Mit dem Wachsen unseres Vereines macht sich immer mehr das Bedürfnis nach einem gemeinsamen Organe geltend, das uns alle, die wir dem Salzburger Freidenkervereine angehören geistig verbindet. Die Belastung, welche dadurch der Geldgebarung des Vereines sowie der Arbeitskraft der Leitungsmitglieder auferlegt wird, ist nicht gering; aber die Notwendigkeit der Entwicklung drängt uns zu diesem Schritt.

Unser Programm steht bereits fest: Es heißt Bildungsarbeit!

Aber nicht jene Bildung wollen wir, welche zur Einbildung führt, nicht jene Erhebung des Geistes, welche in der Ueberhebung über andere endet; wir wollen nicht nur Kenntnisse, wir wollen Erkenntnis! Wir Proletarier gehören zusammen, nicht bloß wirtschaftlich, sondern auch geistig; wir müssen uns die Hände reichen, nicht bloß zum wirtschaftlichen, sondern auch zum geistigen Aufstieg unserer Klasse! Organisation und Kampf sind die Mittel der Propagierung unserer Ziele. Die Organisierung vollzieht sich in stiller, mühevoller Kleinarbeit; aber der laute Kampf erhebt sich überall dort, wo wir mit dem Gegner des Fortschrittes, mit dem Gegner unserer Klasse in Versammlung oder Presse zusammenstoßen. In der Organisation schmieden wir die Waffen, die Organisation rüstet jeden Einzelnen zum Kampfe aus, die Organisation ist das Heer, mit dem wir marschieren und mit dem wir schlagen.

Darum, Genossinnen und Genossen, arbeitet mit uns an der proletarischen Kulturbewegung und kämpft an unserer Seite um den Sieg des freien Gedankens, um den Sieg der Menschlichkeit, um den Sieg des Sozialismus!

Freundschaft
Lambert Gruber.

Genossin Ida Neuzil

In der Nacht vom 20. April verschied im St. Johannsspitale in jugendlichem Alter unsere liebe Genossin Ida Neuzil, welche sich dort einer Halsoperation unterzogen hatte. Sie war ein treues Mitglied der Partei und eine eifrige und begeisterte Mitarbeiterin in unserem Vereine, wenn sie auch in ihrer stillen Bescheidenheit nie zu öffentlicher Rede hervorgetreten ist. Es ist ja Menschenlos, nach kurzem Dasein auf dieser schönen Erde wieder wandern zu müssen, es ist das Los alles dessen, was lebt. Wir bekennen uns zu diesem Naturgesetze — und doch ward uns der Abschied so schmerzlich schwer. Am 2. Mai haben wir sie zu Grabe getragen in stiller, würdiger Weise, ohne eitles kirchliches Gepränge.

Wir werden sie schwer vermissen! Wir waren im Leben in Freundschaft mit ihr verbunden und wollen auch nach ihrem Tode in unserm Erinnern in Freundschaft mit ihr verbunden bleiben!

Freundschaft, arme liebe Genossin!

Menschwerdung.

Wenn Gott der Inbegriff der Wahrheit ist, so muß auch jegliche Erforschung der Wahrheit als ein Gottesdienst gelten.
Es muß schlimm um eine Religion bestellt sein, die die Wahrheit zu fürchten hat.
H. Klausch

Nichts hat den Menschen von jeher mehr beschäftigt als die Frage nach seiner Herkunft. Bis zum vorigen

Monatsschrift zur Förderung der proletarischen Kulturbewegung, Waggerls erster Publikationsort

blatt. Eine derartige Publikation blieb aber eine essayistische Eintagsfliege, das politische Milieu, in das sich Waggerl damals begab, ein ihm letztlich völlig fremdes. Der Essay wurde in die „Freundschaft. Monatsschrift zur Förderung der proletarischen Kulturbewegung“ aufgenommen, die seit Juni 1922 erschien und die Bildungsarbeit dieses sozialistischen Vereines tragen sollte. Das gegen den tradierten kirchlichen Wahrheitsanspruch vorgetragene Motto des Vereines, das die „Menschwerdung“ feierte, lautete: „Wenn Gott der Inbegriff der Wahrheit ist, so muß auch jegliche Erforschung der Wahrheit als ein Gottesdienst gelten. Es muß schlimm um eine Religion bestellt sein, die die Wahrheit zu fürchten hat.“ (FREUNDSCHAFT, Juni 1922)[146] Waggerl war einer der ersten Beiträger einer Zeitschrift, die nicht-katholische Lebens- und Feierformen und naturwissenschaftliches Denken als Grundlage der Menschheitsentwicklung propagierte.

5. 5. Aphorismen

In der „Freundschaft“ wurde überdies der Aphorismus gepflegt: Friedrich Nietzsche, Arthur Schopenhauer, J. G. Fichte und Jean Paul. Auch Waggerl-Aphorismen wurden abgedruckt. Unter dem Titel „Aus der Werkstatt des Gedankens“ erschienen in der Jänner-Nummer 1923 der Freidenker-Zeitschrift „Freundschaft“ zwölf der ein Jahr später in der Aphorismus-Sammlung Waggerls vereinigten Beispiele. 1924 faßte Waggerl seine Gedanken- und Schreibarbeit in einem Aphorismen-Bändchen zusammen, im Privatdruck „den Freunden gewidmet“. Es waren insgesamt 178 Beispiele. Auszugsweise erschienen daraus einige auch in Zeitungen der 20er Jahre, auch solche, die später nie mehr wieder in Textsammlungen aufgenommen wurde. Sie sind von besonderem Wert und sehr ergiebig für ein besseres Verständnis des Künstlers und Intellektuellen Waggerl.

Bei den in der „Freundschaft“ publizierten Aphorismen handelte es sich ausschließlich – wohl mit gutem Grund – nur um solche, die Waggerl in seiner späteren Sammlung in die in Anlehnung an Karl Kraus erstellten Kapitel „Mensch und Mensch“, „Mensch und Schicksal“, „Der Mensch und sein Werk“ und „Gott Mensch und Natur“ einreihen sollte. Kein einziges Beispiel hingegen findet sich aus dem späteren Kapitel „Mann und Weib“, in denen Waggerl seine von Otto Weininger und Karl Kraus beeinflußten z. T. bedenklichen Wesensspekulationen über Mann und Weib von sich gab: *„Der Mann ist für das Weib alleiniger Transformator aller Kräfte des Lebens. Die Welt für den Mann, der Mann für das Weib. [...] Die Weiber können kein Geheimnis wahren, nicht einmal das, daß sie es verraten haben. [...] Das gute Gedächtnis vieler Leute, besonders der Weiber, kommt daher, daß sie immer an etwas denken, dafür aber selten über etwas denken. [...] Das Weib gewinnt durch den Schmelzprozess Liebe an Reinheit.“ (APHORISMEN,31f)* In der „Freundschaft“ ließ Waggerl, womöglich unter den Insignien seines Vaters J. W. (Johann Waggerl), insgesamt dreißig Aphorismen abdrucken. Auch bei anderen in der „Freundschaft“ anonym publizierten aphoristischen Beispielen könnte der

Verfasser Waggerl heißen, denn sie entsprechen seinen Ideen und Überzeugungen, wie er sie – schon damals – in diese prägnante Form zu bringen liebte: *„Nicht das Predigen der Humanität, sondern das Tun hat Wert“*[147] entspricht dem Geist des in seiner Aphorismen-Sammlung als einzigem in auffällige Lettern gesetzten humanen Praxis-Spruch *„Das Gute wird erst gut durch Güte“ (APHORISMEN, 25),* der zentralen Lebens-Überzeugung Waggerls.

Die Aphorismen stehen am Anfang seiner literarischen Karriere.[148] Lebenslang hat er an geschliffenen Formulierungen, die eine Welt eröffnen, Vorstellungen in Frage stellen oder sie einschleifen, seine Freude gehabt und selbst an ihnen gebastelt. Im Waggerl-Nachlaß befinden sich noch eine Reihe von handschriftlichen, unpublizierten Versuchen, die aber zum Bild des Aphorismen-Autors nichts Neues hinzufügen. Vorbilder, Orientierungshilfen und Quellen gab es viele: Hippokrates, Francis Bacon, Montaigne, Georg Christoph Lichtenberg, La Rochefoucauld, Jean Paul, Novalis, Arthur Schopenhauer, Marie von Ebner-Eschenbach, Peter Altenberg und Karl Kraus sowie Lesefrüchte aller Art, von Goethe über Luc de Clapiers Vauvenargues bis Alexander von Villers.[149] Eine spezielle Untersuchung der Aphorismen und der intertextuellen Bezüge, der Umdeutungen und Adaptierungen sowie Abhängigkeiten steht noch aus.

Indem er seine Produktionserfahrung mit aphoristischen Wendungen nützte, gewöhnte sich Waggerl später an, den *„gedanklichen Untergrund einer Szene überraschend in einer kurzen, sentenzartigen Wendung zusammenzuraffen“*, denn *„der Leser empfindet es durchaus angenehm, plötzlich mit einer klaren Formulierung dessen verblüfft zu werden, was er im sinnenhaften Genuß einer Situation schon eine Weile dunkel mitfühlte.“ (BLICK, 668f)*[150]

Über das Suchen und Finden von Wörtern und Formulierungen hat Waggerl bereitwillig Auskunft gegeben und war dabei doch nicht autonom: *„Ich bin fest davon überzeugt, daß es für alles, was man in einer bestimmten Absicht ausdrücken will, nur eine einzige, wirklich genau zutreffende Form gibt, und daß diese Lösung immer auch die einfachste ist. Dieses Suchen und Versuchen dehnt sich zuweilen in einer stundenlangen Marter hin, und das Ergebnis ist vielleicht nur eine spielerisch hingesagt klingende Wendung von der Länge zweier Zeilen. Ich weiß nicht, ob je die Muse Auftrag hatte, sich meinetwegen zu bemühen – geküßt hat sie mich jedenfalls nie. Und wenn mir ab und zu trotzdem eine jener Lösungen geglückt sein sollte, dann wäre es das Äußerste, was ich mir überhaupt an künstlerischem Vermögen zuschreiben möchte.“ (BLICK, 667)* Daß er sich für dieses Bekenntnis einen brillanten Aphorismus von Karl Kraus aneignete, ist festzuhalten: „Es gibt Schriftsteller, die schon in zwanzig Seiten ausdrücken können, wozu ich manchmal sogar zwei Zeilen brauche.“ (KRAUS I, 116)[151]

Das geistige Profil des jungen Waggerl, das sich aus seinen Aphorismen ablesen läßt, scheint in vielem in direktem Wider-

Karl Kraus (1874–1936)

spruch oder in Spannung zum bekannten Waggerl der 30er Jahre zu stehen. Die Aphorismen waren für Waggerl Denk- und Sprachübungen, deren Begrifflichkeit und Vorstellungswelt den Rahmen absteckten, in denen sich der Autor bewegte.

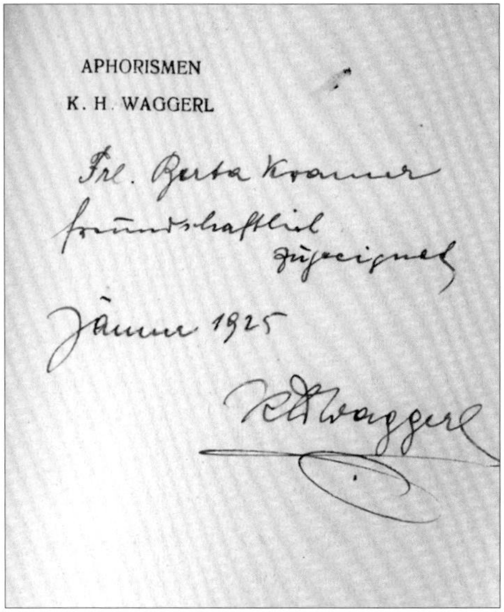
APHORISMEN
K. H. WAGGERL
Frl. Berta Kramer freundschaftlich zugeeignet
Jänner 1925
KHWaggerl

Titelblatt der im Eigenverlag erschienenen „Aphorismen" (1924)

Durchgehend ist seine Vernunft-Skepsis festzuhalten, die immer wieder die Grenzen von Erkenntnis und das Wirken des Irrtums thematisiert. *„[...] mein Irrtum ist ehrlich und doch irgendwie ein Keim der Wahrheit." (A)* Die Historizität und Standpunktabhängigkeit von Erkenntnis wird zum Ausdruck gebracht. Waggerl formuliert also erkenntnistheoretisch und herrschaftskritisch ausgerichtete Sätze und beschäftigt sich wiederholt mit dem Schopenhauerschen Begriff der „Vorstellung", der die Funktion der Wahrheitsverhinderung habe.

Das Kapitel „Mensch und Mensch" ermöglicht einen Einblick in Waggerls psychologische und soziale Erkenntnisse in bezug auf Selbstdistanz, Eitelkeit, Neid, Ablenkungsstrategien, Masochismus, Sein und Schein, Utopie und Utopieverlust, Gerechtigkeit und Recht, Treue als mörderische Tugend usw. Dem Genialen und der „Persönlichkeit" sind ebenfalls Beiträge gewidmet.

Im zweiten Kapitel seiner Aphorismen-Sammlung von 1924 mit dem Titel „Mensch und Schicksal" stehen besonders bemerkenswerte Beispiele. Freilich, aus einem Guß und aus einer geistigen Quelle ist das alles nicht. Er plädiert für die Verantwortlichkeit des Individuums und kritisiert das zu saloppe Reden über das Schicksal, nicht ohne ein paar Zeilen weiter den Schopenhauerschen Pessimismus auszudrücken. Einige Sätze scheinen aus depressiver Erfahrung zu kommen: Was ist aus dem Leiden zu gewinnen? Wie ist damit umzugehen? Die Maxime *„Zweifle, damit du nicht verzweifelst!"* gewinnt im Lichte seiner Erzählungen der 20er Jahre – oft Bilder von Verzweiflung – den Charakter einer Selbstanleitung zur psychischen Stabilisierung. In der Erzählung „Die Decke" (1926) steht der entsprechende Satz: *„Nein: so ist es: Das Denken macht das Leiden leichter." (DECKE, 3)* In dem Kapitel „Mensch und Schicksal" stehen aufstachelnde und existentielle Sätze wie: *Zufriedenheit ist ein so augenscheinliches Privileg der Dummheit, daß es kompromittierend ist, zufrieden zu sein und daß man schon deshalb nicht zufrieden sein kann, selbst wenn man's wäre. [...] Irgend einmal erhält die kindliche Einfalt und Einfachheit der Weltbetrachtung den vernichtenden Stoß, und von da ab findet man sich nie wieder im Ganzen zurecht. Man ist wie ein zertrümmerter Spiegel, aus den Scherben kläglich wieder zusammengeflickt." (A, II/13, 28, 29)*[152] Hier stehen auch die Schopenhauer verpflichteten Sätze über Selbstmord als *„erhabenste menschliche Tat der Auflehnung" (A II/30)* und *„Verzicht auf Vaterschaft"* als stillere, aber weittragendere *„Form des Kampfes gegen das Leiden". (A II/30)*

Von großer Bedeutung für das spätere Werk sind jene Passagen, in denen Waggerl einen Zusammenhang zwischen *„kulturellem Wachstum"* und *„Leiden" (A, II/15)* herstellt, ein Einfallstor für seine späteren fortschrittsskeptischen bis -feindlichen erzählerischen Beiträge: *„Es rede niemand von Fortschritt, von der Größe des Menschengeistes, von seinem göttlichen Beruf, – es überlege vielmehr jeder, ob er wohl jemals glücklicher war, als da er fest und ruhig schlief! [...] Erst wenn einmal jeder, der nur eine Ameise mutwillig tötet, des Mordes angeklagt wird, kann man anfangen, der Zivilisation zu trauen. " (A II/15)*

Klarerweise haben Waggerl auch Fragen der Kreativität, des (künstlerischen) Schaffens und der Kunst beschäftigt. Diese Aphorismen stehen im Kapitel „Der Mensch und sein Werk". Ihm ist der Gedanke des historischen Wandels dessen, was wahr, gut und schön genannt wird, vertraut. Auch seine metaphysikkritischen Ideen äußert Waggerl aphoristisch: *„Ihn* [den großen Gott] *nicht zu glauben, ist vielleicht die einzige Möglichkeit, ihn würdig zu verehren. [...] Wo die Geleise aufhören, hat man Gott als Prellbaum wider den ungebärdig stürmenden Geist aufgepflanzt."(A, III/10)*

Von besonderer Brisanz sind schließlich Waggerls „Mann und Weib"-Notizen. Was auf den ersten Blick als psychologisierende Detailbeobachtungen zum Mann-Frau-Verhältnis erscheinen mag, wird an einigen Stellen als „antifeministische" Wesensspekulation – nach Weininger – durchschaubar: *„Der Mann darf auch das Niedrige lieben, das Weib nur Höheres. Denn jener gibt, dieses aber empfängt." (A V/14)* Weininger teilte in seinem Buch „Geschlecht und Charakter" eine Fülle von frauenfeindlichen Erfahrungswerten mit, die u. a. in folgende Sätze münden: „Der reine Mann ist das Ebenbild Gottes, des absoluten Etwas, das Weib, auch das Weib im Manne, ist das Symbol des Nichts: das ist die Bedeutung des Weibes im Universum, und so ergänzen und bedingen sich Mann und Weib. [...] Erst indem der Mann seine eigene Sexualität bejaht, indem er das Absolute verneint, sich vom ewigen Leben ab-, dem niederen zukehrt, erhält das Weib Existenz. Nur indem das Etwas zum Nichts kommt, kann das Nichts zum Etwas kommen." (WEININGER, 393, 395)

5. 6. Kulturpolitische Interessen

Der Essay „Tee und Kaffee", die weihnachtliche Auftragsarbeit eines Salzburger Handelsunternehmens an den sich städtisch und bohemienhaft gebenden Waggerl, erschien hingegen im „Salzburger Volksblatt" (15.12.1923). Dieses sollte auch der Ort werden, an dem in den künstlerischen Formierungsjahren des jungen Waggerl weitere fünf Erzählungen erscheinen sollten, und zwar zwischen Ende 1923 und Ende 1926: „Der Held" (10.10.1924),[153] „Die Entfesselten" (14.3.1925), „Der Hund" (9.1.1926), „Die Falle" (3.4.1926)[154] und „Die Decke" (11.12.1926). Damit aber hatte das „Salzburger Volksblatt" vorerst die Starterfunktion für Waggerl erfüllt und ihm zugleich das Tor in jenes antikirchlich-deutschbewußte, deutschnationale Milieu geöffnet, in dem sich Waggerl seit damals bewegen sollte.

Waggerl hatte sich mit seinen wenigen, aber bemerkenswerten Publikationen bis

Waggerl, der Vornehme

1926 in der Provinz schon einen gewissen Namen erworben. In diesen Zusammenhang gehört auch, daß ihn Ing. Krieger, der 1925 wegen einer eigenen Parteigründung, nämlich des „Salzburger Wirtschaftsverbandes", aus der „Großdeutschen Volkspartei" ausgeschlossen worden war (vgl. HANISCH I, 1085), einlud, im neu gegründeten Parteiblatt „Die Bürgerwehr" (seit August 1926) einen Artikel über den damals drohenden Bankrott der Salzburger Festspiele zu schreiben.[155] Waggerls Beitrag mit dem Titel „Schach den Schuldigen"[156] griff die für ihn Hauptverantwortlichen an, nämlich den ohnehin schon abgewählten Präsidenten der Festspielhaus-Gemeinde, den christlich-sozialen Vizebürgermeister Richard Hildmann (1882–1952),[157] und den sozialdemokratischen Vizebürgermeister Karl Lackner. Trotz ihrer *„Nachlässigkeit,* [ihrem] *Ungeschick, Mangel an Gewissenhaftigkeit"* und *„beispiellosen Unverfrorenheit"* dächten sie nicht an *„Wiedergutmachung"* und verblieben weiterhin in ihren politischen Ämtern. Waggerl sah nicht nur in Salzburg Korruption und Gewissenlosigkeit am Werke, auch in architektonischen Angelegenheiten, und forderte *„nach den einfachsten Grundsätzen des Rechtes und der Vernunft"*, daß der Schaden gut und *„der Schuldige unschädlich gemacht wird".*

Die Bürgerwehr

Mitteilungen des Salzburger Wirtschaftsverbandes

Erscheint in zwangsloser Folge. – Preis 10 Groschen für die Folge.
Schriftleitung und Verwaltung: Salzburg, Getreidegasse 34, I. Stock (Sternbräu), Telephon 1440, Kanzlei des Wirtschaftsverbandes. – Postsparkassen-Konto Nr. 179.173.

Folge 2 | Salzburg, im September 1926 | I. Jahrgang

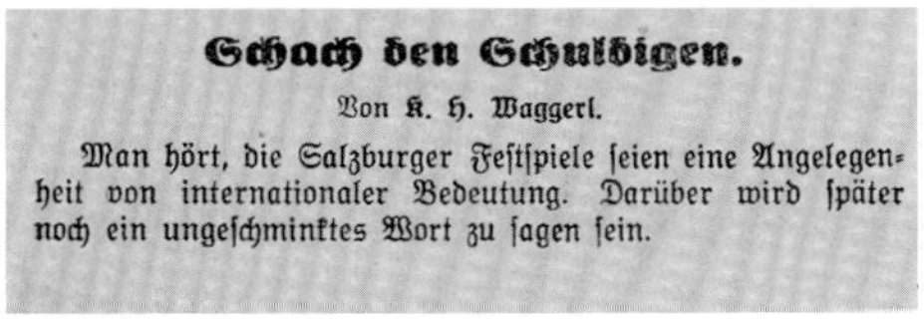

Schach den Schuldigen.

Von K. H. Waggerl.

Man hört, die Salzburger Festspiele seien eine Angelegenheit von internationaler Bedeutung. Darüber wird später noch ein ungeschminktes Wort zu sagen sein.

Waggerls Polemik gegen Salzburger Stadt-Politiker (1926)

In ähnlich scharfer, aber schon geschliffenerer Form wandte er sich vier Jahre später wieder in Festspielangelegenheiten an die Öffentlichkeit. Wieder waren es städtische Finanz- und Subventionierungsprobleme, die Waggerl zur Feder greifen ließen, jetzt aber unter weiterführender Perspektive. Er hatte das zukunftsträchtige Zusammenspiel zwischen einem Hochkulturfestival, Fremdenverkehr und Geschäft erkannt. Diesmal las der im Gebirgsdorf Wagrain Ansässige den Salzburger Stadtbürgern und ihrer *„Borniertheit"* die Leviten. Sie hätten noch immer nicht begriffen, daß *„die Begriffe ‚Festspiele' und ‚Salzburg' im Sprachgebrauch des internationalen Publikums synonym" (SF, 89)* werden müßten. *„Die Existenzberechtigung der Spiele steht schon außer Diskussion, über sie entscheidet die Welt, nicht Krähwinkel. [...] Es kommt jetzt nicht mehr darauf an, ob die Salzburger ‚Festspiele' haben, daß sie verdienen, sondern, ob die Salzburger verdienen, daß sie Festspiele haben." (SF, 90)* Ein Anonymus antwortete damals, satirisch gemünzt auf Waggerls Artikel „Festspiele und Sommerfrischen" (Salzburger Volksblatt, 19.1.1929), mit der Glosse „Naivität und Borniertheit. Brief auf Bestellung. Von K. H. Schnaggerl (Hinterindien)" (ARCHIV). Es hieß darin u. a.: „Die Festspiele sind eben ein Kollektivgeschäft, in dem einige nehmen und viele geben können. [...] Daher auf, den Reklameapparat gerührt, Propaganda gemacht und Festspielhausverstand entwickelt, sowie Steuern bis zum Schwarzwerden bezahlt, damit der Segen in die Taschen der Tribunen fließen kann."

Waggerl hatte sich bei den Verantwortlichen als verständiger, unprovinzieller Festspiel-Apologet erwiesen und auf seinen Namen aufmerksam gemacht. Es ist deswegen schlüssig, daß ihm Anfang 1928 „zwei Herren" eine „Chefredakteursstelle für ihre entstehende Zeitschrift ‚Salzburger Heimat' übergeben. Heiner ist nun Chefredakteur und kann einmal nach Herzenslust mit dem Mist aufräumen, den man in sämtlichen anderen Zeitschriften zu finden pflegt." (EDITH, 22.1.1928) Was ist daraus geworden?

5. 7. Schwellenjahre

Die Jahre 1925 und 1926 werden als Schwellenjahre erkennbar – von den ersten tastenden Versuchen, sich im städtisch-provinziellen Kulturbetrieb zu orientieren, hin zu einer über die Provinz hinausreichenden Blickrichtung. Ab 1925/26 sollte sich Waggerl mit der salzburgischen Perspektive nicht mehr allein zufrieden geben. Daß er seine um 1925 virulenten Pläne, zumindest einen ersten Wohnungswechsel in die von Wagrain aus nah-ferne Stadt Salzburg zu machen, nicht unternahm, um auf diese Weise sozusagen einen „Abstoßpunkt" nach Europa zu gewinnen, wie Stefan Zweig seine Entscheidung, nach dem Ersten Weltkrieg nach Salzburg zu übersiedeln, begründete, mag viele nicht mehr eruierbare Gründe gehabt haben und könnte zu mancherlei spekulativen Überlegungen hinsichtlich der Folgen für Waggerl und seinen weiteren Lebensweg Anlaß geben:

Eine nachweisbare Funktion aber sollte Waggerls Entscheidung, weiterhin im Gebirgsdorf Wagrain ansässig zu bleiben, ab 1930 jedenfalls haben. Für die großen literarischen Erfolge auf dem deutschen Buchmarkt mit dem Leipziger Insel-Verlag war sie ungemein werbeträchtig. Unter Hinweis auf den angeblich idyllischen, jedenfalls fern aller städtischen Zentren gelegenen Gebirgs- und Wohnort Wagrain konnte eine der gewinnträchtigsten Ausschlachtungen eines Schriftstellers gestartet werden, die Waggerl mit allem angeblich Unverfälschten, Gesunden, Unverdorbenen, Einfachen, Reinen, Tiefen und Wesenhaften identifizierte. Schon die Zeitschrift „Die Kultur" (Wien-Leipzig) vom April 1926, in der Waggerl zum ersten Mal im Überblick seine „Gestalten" als Ausdruck des Wesenhaften am Menschen publizieren konnte, skizzierte diese später so außergewöhnlich erfolgreiche Vermarktungslinie, indem sie in sehr geschickter Verquickung zwischen zutreffender Beschreibung der künstlerischen Anliegen Waggerls und ideologisierender Propaganda formulierte:

„In seinen Arbeiten, die eine ganz persönliche Note aufweisen, zeichnet er vor allem Gestalten aus dem bäuerlichen Volksleben, das er unverfälscht holzstichartig wiederzugeben versteht. Er, der die Not des Lebens am eigenen Leibe zur Genüge erfahren hat und unter Bauern und Holzknechten aufgewachsen ist, kann keine Zugeständnisse machen, ohne unwahr zu werden, er muß die Charaktere seiner Umwelt schildern, wie sie das Auge des Städters nie sehen wird. Der Wiedergabe dieser urwüchsigen Gestalten entspricht auch die nicht weniger wuchtige Sprache, die – frei von jeder Phrase – eben durch ihre Natürlichkeit zu packen weiß. So entsteht aus seinen Skizzen und Gedanken eine Persönlichkeit vor uns, die auch die tristen wirtschaftlichen Verhältnisse nicht niederringen werden. Waggerl wird seinen Weg gehen und auch sein Ziel errei-

DIE KVLTVR
HALBMONATSSCHRIFT FVR BVCHERFREVNDE.
Meine Gestalten.
Skizzen und Gedanken.
Von
Karl Heinrich Waggerl.
Literaturwarte / Das neue Buch
4. JAHRG. 1926 HEFT 8
KVLTVR-VERLAG
WIEN-LEIPZIG

Waggerls „Gestalten" in der Zeitschrift „Die Kultur"

chen. Die Tatkraft und zähe Ausdauer des Aelplers werden alle sich ihm entgegenstellenden Hindernisse zu überwinden verstehen." (GESTALTEN, 1)

Damit war 1926 die werbeträchtige und halbwahre Formel gefunden, die seit 1930 in anschwellender Intensität und ungebrochener Kontinuität über alle historischen und politischen Zäsuren hinweg in tausenden Wiederholungen dem Autor zugeschrieben wurde. So wurde ein Bild und anscheinend ein unendlich vervielfältigbares Abziehbild hergestellt, das zwar einiges, wenn auch nicht viel mit Waggerls Dichtung und seiner eigenen Person zu tun, aber den Zweck hatte, bestens verkäuflich zu sein.

Der Intellektuelle Waggerl durchschaute diesen Prozeß der Vereinnahmung, wehrte sich anfangs auch sarkastisch und ironisierend, wenn es ihm gar zu bunt und politisch wurde, nützte ihn zugleich für seine eigenen antiintellektualistischen Ausfälle und gab schließlich den Protest auf. Sehr geschickt seine eigenen nicht-geschäftsschädigenden Möglichkeiten auslotend, schrieb er 1932 in der seit 1922 vom Antisemiten und nazistischen Autor Will Vesper geleiteten Zeitschrift „Die Neue Literatur" einen Essay mit dem Titel „Stoßseufzer". Darin polemisierte Waggerl einerseits gegen den *„internationalen"* Literaturbetrieb und das *„internationale Geschwätz über höhere Dinge"* (*„intelligent ist jeder Trottel"),* stellte aber andererseits fest: *„Ich bin kein Bauernlümmel. Ich besitze einen Smoking [...]. Ich sitze gerne im Café oder in einer Bar, und den Damen, die an mich schreiben, sage ich zur Warnung, daß ich nicht halb so schön bin wie meine Bücher. [...] Ich bin, soviel ich weiß, nicht mit dem Boden verwachsen. Ich rieche nicht nach Erde. [...] Ich denke nicht daran, später einmal Schweine zu züchten oder ein eigenes Bauerngut durch meine Tätigkeit zu ruinieren." (SEUFZER, 242)*[158] Daß derselbe Text u. a. unter dem Titel „Ich bin nicht mit dem Boden verwachsen" in diversen Publikationsorganen ab 1951 zur politisch-ideologischen Entlastung Waggerls herangezogen wurde, ist deswegen bemerkenswert, weil damit zugleich die Verantwortlichen und Ideologen jener geschäftstüchtigen Verwertungsmaschinerie, die seit 1930 begann, in den Schatten gerückt werden konnten.[159]

Es überrascht nicht, daß Waggerl besonders nach 1945 sehr ärgerlich reagierte, wenn ihn Rezensenten, Zeitungen oder Veranstalter mit dem altbewährten Markenzeichen „Heimatdichter" belegten. In einem Brief an die Redaktion einer Wiener Zeitung (1962) spricht er in der aus den 20er/30er Jahren bekannten Polemik gegen die *„Wiener Holzpapiergeistigkeit"* davon, daß er *„lieber einen ganzen Gartenzwerg fräße, als jenen blödsinnigen Terminus". (BRIEFE, 94)* Auch sein Brief an die Berliner Urania – von 1971 – steht in demselben Kontext und führt augenzwinkernd den Verkaufserfolg ins Feld: *„Ich erkenne die Grenzen meiner Fähigkeiten schmerzlich genug, aber wenn diese Grenzen vergleichbar wären mit jenen des Lebensbereiches, dann hätten einige hundert an die Dorfleute in Wagrain verschenkte Bücher statt etlichen Millionen* *samt den fremdsprachig übersetzten völlig genügt. Aber das nur nebenbei [...]" (BRIEFE, 143)*

Als Waggerl selbst mit einer Markenzeichen-Strategie belegt wurde, freilich im Gegensatz zur „internationalen", wie sie Waggerl selbst für die Salzburger Festspiele vorschlug, mit einer „heimatlich-deutsch-nationalen", war ihm dies hilfreich und peinlich zugleich.

Gegen die ideologisierende Zuschreibung, nämlich ein „wahre[r] neue[r] Dichter" sei entdeckt (WK, 18.9.1930), hatte Waggerl natürlich nie etwas einzuwenden. Darüber wird noch ausführlicher im Zusammenhang insbesondere mit Waggerls Romanen „Brot" (1930) und „Das Jahr des Herrn" (1934) zu sprechen sein. Wie aber hatte er 1929 über die Salzburger Festspiele geschrieben? *„Verstehen sie* [die zahllosen kritischen Geister in der Stadt Salzburg] *nicht, daß es darauf ankommt, die Begriffe ‚Festspiele' und ‚Salzburg' im Sprachgebrauch des internationalen Publikums synonym werden zu lassen, als etwas Einziges, Einmaliges in der Welt?" (SF, 89)*

5. 8. Kunsthandwerkliche Aktivitäten

Um das Profil des jungen aufstrebenden Künstlers Waggerl in den 20er Jahren zeichnen zu können, sind noch weitere Aktivitäten bemerkenswert. Dazu gehören auch seine Buchbinder-Arbeiten, die nicht nur von kunsthandwerklichem Interesse sind, sondern auch einen guten Einblick in die geistigen und literarischen Vorlieben Waggerls in den 20er Jahren erlauben. Allein im Wagrainer Waggerl-Archiv haben sich ca. 200 gebundene Bücher erhalten. Viele Exemplare hat Waggerl außerdem verschenkt, dediziert oder verkauft – ein kleines Zubrot seit 1923. Belegt ist z. B. Waggerls Buchbinder-Geschenk an Karl Kraus, nämlich Jean Pauls „Vorschule der Ästhetik".[160] Karl Kraus bedankte sich umgehend mit einem von ihm eigenhändig signierten Dünndruck-Exemplar der „Letzten Tage der Menschheit" – „für K. H. Waggerl. Wien, im Februar 27. Karl Kraus". Waggerl hatte bei Kraus vorerst angefragt, ob dem Meister ein solches Geschenk genehm sei.[161] Auch das Geschenk von Kraus band Waggerl.

Erinnerte sich Waggerl an diese Episode, als er im Jahre 1938 Adolf Hitler, die dritte Vaterfigur nach Ginzkey und Kippenberg, als Friedensfürsten begrüßte? Aus dem Oktober/November 1932 ist noch ein Teil einer Korrespondenz mit Karl Kraus erhalten. Waggerl reagierte auf grammatikalische Einwände von Karl Kraus gegen eine Uhland-Interpretation Karl Vosslers („Subjekt und Prädikat". In: Die Fackel XXXIV, Mitte Oktober 1932, S. 147ff). Er verteidigte darin Vossler gegen Karl Kraus. Es muß einen für Waggerl beleidigenden, weil hochmütigen Antwortbrief von Karl Kraus gegeben haben, der aber leider nicht erhalten geblieben ist. Karl Kraus habe ihn *„wie ein[en] beliebige[n] Schwätzer vor die Tür gesetzt".* Waggerl bittet verletzt um Zurücksendung seines Briefes über Vossler. Danach gibt es keine Korrespondenz mehr. Waggerl gliederte sich seit 1933 immer stärker in den reichsdeut-

Waggerl beim Buchbinden

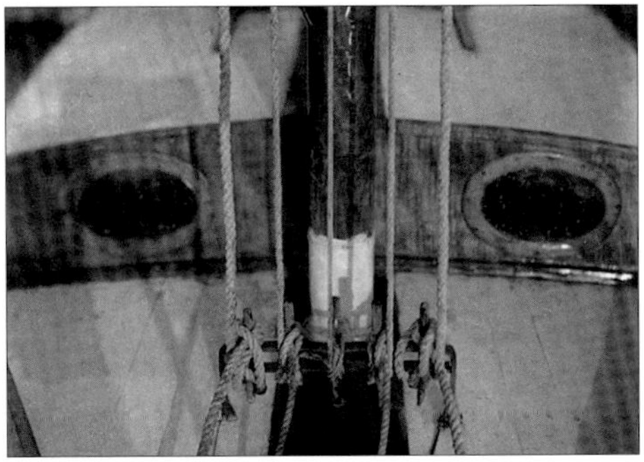

Ein Fotoexperiment Waggerls

schen Kulturbetrieb ein. Karl Kraus arbeitete zwischen Mai und September 1933 an einer der gründlichsten Abrechnungen mit dem Nationalsozialismus, die je geschrieben wurde und die erst 1952 posthum unter dem Titel „Die Dritte Walpurgisnacht" erschien. (Vgl. BRIEFE, 65ff; Waggerl-Archiv, Wagrain Brief Nr. 16065)

Jean Pauls Schriften, insbesondere seine aphoristischen Schreibweisen, sollten aber weiterhin eine wichtige Rolle für Waggerl spielen. Denn ihn begeisterte nicht nur der Ästhetiker, sondern auch der Humorist und Aphoristiker, daß er es schon nach wenigen Monaten als jüngster Insel-Verlagsautor – aus heiterem Himmel – wagte, seinem Verleger Dr. Anton Kippenberg Jean Pauls humoristisches Stück „Des Feldpredigers Schmelzle Reise nach Flätz" als *„das beste Humorstück in der deutschen Literatur" (WK, 16.7.1930)* für eine Publikation in Kippenbergs „Insel-Bücherei" vorzuschlagen. Begeisterung für Jean Paul und etwas Wichtigmacherei mögen zusammengetroffen sein.

Seine Buchbinderkunst erprobte Waggerl an vielen Büchern.[162] Aus ihnen las er auch vor. Folgende Bücher wurden von ihm neu gebunden: die Luther-Bibel, Peter Altenbergs „Prodromos" (1912, mit Waggerls eingestanztem und anspielungsreichem Text „Er liebte und sah"), Aphorismen-Texte von La Rochefoucauld, Georg Ch. Lichtenberg und Hippokrates, Texte von Balzac, u. a. „Dunkle Geschichten" (wahrscheinlich gekauft im November 1925) und „Physiologie der Liebe" (Jänner 1924), Henri Barbusses pazifistisches Buch „Das Feuer" (Badgastein 1921), Ludwig Börnes „Für die Juden", „Ueber Freimaurerei" oder „Denkrede auf Jean Paul", Georg Büchners Werke (März 1927), Karel Capeks „Das Jahr des Gärtners", Miguel de Cervantes' „Der sinnreiche Junker Don Quijote von der Mancha", natürlich Matthias Claudius' Texte, auch jene von Goethe, Schiller, Daniel Defoes „Robinson Crusoe" (besonders schön gestaltet), Charles Dickens Werke (Februar 1925), mehrere Bücher von Dostojewski, Texte von Gustav Flaubert, Anatole France, Bruno Frank und so Heterogenes wie F. Gladkows kommunistischer Aufbauroman „Neue Erde" (1932), Arthur Graf Gobineaus rassistische Schriften[163] oder Rosa Luxemburgs „Briefe an Karl und Luise Kautsky" (1923). Waggerl kannte natürlich Manfred Hausmanns Werke ebenso gut wie Arno Holz' „Dafnis", Aldous Huxley ebenso wie Jens Peter Jacobsens „Niels Lyhne" und natürlich seinen eigenen Roman-Vater Knut Hamsun, von dem er nachweisbar nicht weniger als 13 Romane und Erzählungen band. Die Liste setzt sich fort mit Gedichten der „schlesischen Nachtigall" Friederike Kempner, diversen Amerika- und Asienbüchern, der „Abhandlung „Handschrift und Charakter" von Ludwig Klages (1923), mehreren Büchern von Karl Kraus und D. H. Lawrence, Texten Jack Londons, B. Travens und Thornton Wilders, Thomas Manns „Buddenbrooks", Molières und Montaignes, Gedichten von Christian Morgenstern, den „Aufzeichnungen des Malte Laurids Brigge" von Rainer Maria Rilke (mit der Einstanzung: „Sieh dir die Liebenden an, wenn erst das Bekennen begann, wie bald sie lügen").

Waggerl band weiters Bücher von Romain Rolland, Joseph Roths „Radetzkymarsch" und Stephan Zweigs „Joseph Fouché" (1930). Auch Bücher aus der „Roten-Roman-Serie" des Berliner Malik-Verlages, u.a. Upton Sinclairs „Man nennt mich Zimmermann" (1922), Egon Schieles „Briefe und Prosa" (1921), natürlich Schopenhauer, auch Strindberg, Tucholsky und die „Briefe eines Unbekannten" von Alexander von Villers und Emile Zola bearbeitete er. Schon zu Weihnachten 1919 schenkte er Edith Pitter Friedrich Theodor Vischers „Auch einer. Eine Reisebekanntschaft". *„Stehe am Schrank vor den schön gewandeten Büchern, befühle das köstliche Leder, schlage eines und das andere auf und suche darin nach einem Wort, das mir lieb ist. Und so wird es wohl auch bleiben: am liebsten binde ich Bücher, weniger gern lese ich welche und am wenigsten mag ich sie selber schreiben" (FB, 283)*, so lautet Waggerls Resümee.

5. 9. Fotoarbeiten

Nicht minder bemerkenswert für das Profil des sich an Künstlerisches herantastenden Waggerl sind seine z. T. ausgezeichneten Fotoarbeiten aus den 20er Jahren. Seine Ambitionen beschränkten sich auch hier nicht allein auf Wagrain, indem er z. B. den dortigen Amateur-Fotoclub 1926 initiierte und bis 1928/29 leitete,[164] sondern reichten entgegen den bisherigen Annahmen darüber hinaus. Aus Edith Waggerls Tagebuch geht hervor, daß insbesondere die Jahre 1927/28 der Fotografie gewidmet waren, einem zeitgenössischen europäischen Trend entsprechend. Waggerl stattete sich mit entsprechend teurem technischen Gerät aus, experimentierte und theoretisierte über künstlerische Fotografie. (KAINDL, 78ff) Gerade auf dem Felde der künstlerischen Fotografie und deren theoretischer Fundierung hat Waggerl in den 20er Jahren sehr Bemerkenswertes geleistet. Er wird in Wagrain zum Experten, an den man sich wendet, wenn z. B. die dörflichen Aufbauleistungen nach dem verheerenden Dorfbrand vom 18./19. März 1927 festzuhalten sind. Von einer Bauernfamilie wird er sogar gebeten, das eben gestorbene Kind zu fotografieren. (EDITH, 23.6.1927, 1.3.1928) Insgesamt sind an die 700 Fotoarbeiten Waggerls erhalten.

In drei bisher unpublizierten Essays beschäftigte er sich mit Fototheoretischem: „Von der Kunst des Weglassens", „Grundsätzliches zur ‚Heimlampe'" und „Humor im Lichtbild", alle undatiert, aber wahrscheinlich für die Salzburger „Internationale Photographische Ausstellung" (IPHA 1929) geschrieben, an der Waggerl teilnahm. Er zitiert in seinen Essays u. a. die naturalistische Kunsttheorie und bestimmt dann die Aufgabe der künstlerischen Fotografie als ein Sich-Lösen aus der Umklammerung des Unwesentlichen. Waggerl, ein Kind der expressionistischen Theorien über die notwendige Erfassung des Wesentlichen einer Erscheinung, definiert die Fotografie als *„wesentliche"* Kunstform. Dies aber setze ein kreatives, eben künstlerisches Potential voraus, denn das *„Heil"* sei wahrhaftig nicht im bloß geschickten Umgang mit dem

Symbolische Fotokunst I

Symbolische Fotokunst II

Symbolische Fotokunst III

Der Fotograf

Werkzeug zu suchen. Nestroy zitierend – „Kunst ist, was man nicht kann. Denn wenn mans kann, ists keine Kunst mehr" –, liegt für Waggerl die Kunst tiefer als im bloßen Können.

In dem Essay „Von der Kunst des Weglassens" bezieht er sich ausdrücklich auf die bei der IPHA gezeigten Fotos. Für das Foto „Abenteuer" hält er fest, daß die Aufgabe gestellt gewesen sei, *„die naive und doch nicht ganz bedenkenlose Neugier des jungen Tieres zum Ausdruck zu bringen".* Außerdem ist von der Arbeit „Gesicht einer stillen Frau" die Rede, bei dem es um die *„ebenmäßige und reine Plastik dieses Antlitzes"* gegangen sei, und zwar unter *„Verzicht auf jede Staffage, auf jedes illustrierende Beiwerk. Haar, Körper und Hintergrund wurden am Modell durch eine Papiermaske abgedeckt. Die Augen mußten geschlossen bleiben, weil sie den Beschauer notwendig vom Gegenstand der Aufnahme ablenken würden." (KdW, 1)* Auch Waggerls Überlegungen über „Humor im Lichtbild" sind qualifiziert: Fotografischer Humor habe weder mit den *„üblen photographischen Scherzen"* (Doppelgängeraufnahmen, optische Zerrbilder) noch mit dem *„Gefühlskitsch gewisser bromöliger ‚Stimmungen'"*[165] zu tun, sondern mit einer Humor-Aktivität des Fotografen. *„Die Dinge* [dürfe man nicht nur] *reden* [lassen], *weil man selbst nichts zu sagen hat"*, der Humor-Fotograf müsse vielmehr auf subjektive Humor-Entdeckungsreisen nach der *„liebenswürdigste[n] und tiefste[n] Form seelischen Ausdrucks"* gehen. (HL) In Waggerls „Kleine Münze" (1957) steht schließlich ein zutreffendes Lebensbekenntnis, das er in seinem Essay „Ein Mensch wie ich" (1963) wiederholt: *„Humor ist (mir zeitlebens) ein stiller Helfer (gewesen), in allen Nöten, sogar in der Liebe, denn er schlägt die Augen nieder und sieht mit dem Herzen." (KM, 647)*

Dies alles kam nicht von ungefähr. Denn Waggerl orientierte sich an der deutschen fotografischen Entwicklung, indem er sich z. B. den 1927 in Berlin erschienenen künstlerischen Fotoband „Das deutsche Lichtbild" zuschicken ließ. (EDITH, 6.11. 1928) H. Windisch, der Herausgeber dieses Bandes, und Reichskunstwart Dr. Edwin Redslob formulierten das Dilemma, das die künstlerische Fotografie überwinden könne und müsse: „Wesentliches Attribut des Kunstwerkes: Steigerung, Sublimierung aus dem Realen in ein Über-Reales, aus dem dinglich Begrenzten in ein sinnlich Unbegrenztes, – Welt eingespannt in eine Persönlichkeit, – und durch sie geäußert. Wesentliches Attribut des Photographischen: unpersönlicher Abklatsch statt individueller Prägung, Reproduktion statt Neuschöpfung aus dem Wesen der Persönlichkeit. [...] Die größten Wirkungen entstehen da, wo der Photograph bei voller Erkenntnis der technischen Gesichtspunkte [...] selbständige Leistungen schafft, die den Dank an die Kunst dadurch zum Ausdruck bringen, daß sie in sich künstlerisch und lebendig sind."[166]

Waggerl hatte diese Methode in seinen Fotoarbeiten schon praktiziert, mußte sich bestätigt finden und machte sich solche Gedanken für seine Fotoessays zu eigen. Die fototheoretische Position der beiden deutschen Fotoexperten kam seinem grundsätzlichen Kunstverständnis, auch seinem für das Feld der Dichtung formulierten, sehr entgegen.

Der repräsentative Fotoband „Das deutsche Lichtbild" enthielt zudem einen Aufsatz von L. Moholy-Nagy, Professor am Bauhaus in Dessau, der praktisch alle Verfahrensweisen und technischen Aspekte auflistet, die Waggerl in seinen Fotoarbeiten ausprobierte, u.a. „Bewußte Verwertung der Hell-Dunkel-Verhältnisse. [...] Verhältnisumkehrungen positiver und negativer Werte. [...] Verwertung der Textur von Stoffen, der Struktur (Faktur) verschiedener Materien. [...] Schrägstellung, Aufwärts- und Abwärtsfotografieren. [...] Versuche mit verschiedenen Linsensystemen; gegenüber unsern Augenerlebnissen ein Verhältnis-veränderndes, unter Umständen bis ins ‚Unkenntliche' verzerrendes Verfahren." (MOHOLY-NAGY, X) Von Moholy-Nagy bekam Waggerl auch Hinweise auf filmische Techniken und den Film als Medium. „Des Künstlers Tat ist das Herausstellen des spezifisch Typischen an seinem Vorwurf, nicht die, wenn auch noch so geschickte Nachahmung banaler Allgemeingültigkeiten", hieß es in einem anderen Essay dieses Bandes. Waggerl schrieb: *„Das Wesentliche eines Vorwurfes [...] aus der Umklammerung des Unwesentlichen zu reißen."*[167] Auch die linksliberale Berliner Zeitschrift „Querschnitt" (Chefredakteur Victor Wittner),[168] von der sich einige Exemplare aus den Jahren 1927 bis 1934 in Waggerls Wagrainer Bibliothek erhalten haben, brachte hervorragende Fotobeiträge, die auch Waggerl begeistert haben mögen.

Den größten Erfolg auf dem Feld der künstlerischen Fotografie konnte er also dadurch erzielen, daß er schließlich 1929 an der „Internationalen Photographischen Ausstellung" (IPHA) in Salzburg mit drei Fotoarbeiten teilnehmen durfte und sogar ein Diplom für „hervorragende Leistungen" erhielt. (Salzburger Volksblatt, 19.7.1929): „Abenteuer", „Am Fenster" und „Maske". Fotokünstler aus ganz Europa stellten aus. Waggerl konnte in der Abteilung „Österreich" ausstellen und war damit aus dem provinziellen Bereich herausgehoben, denn nicht weniger als 30 Kolleginnen und Kollegen mußten mit einem Platz in der angeschlossenen „Sonderausstellung Salzburg Stadt und Land" vorlieb nehmen. Bei den von Waggerl ausgestellten Arbeiten handelte es sich vermutlich um jene, die nach einer langen Zeit des Vergessenseins in dem erst 1993 publizierten Sammelband „Frauenmantel" veröffentlicht wurden. (FRAUENMANTEL, 34, 65 oder 67)

Edith Waggerl berichtet in den Jahren 1927 und 1928 an vielen Tagen fast ausschließlich über die diversen Fotoarbeiten in und außer Haus, insbesondere über Tieraufnahmen (z. B. Pferde, Schafe, Stute mit Fohlen) und gegenseitige Aktaufnahmen, wie sie Waggerl auch als Maler mit seiner Frau als Modell pflegte. Die Fotos des Bandes „Das deutsche Lichtbild" (1927) zeigen an ca. 130 Beispielen von über 90 Fotografen die breite Palette zeitgenössischer fotografischer Möglichkeiten, die in vielem an die Arbeiten von Waggerl erinnern. Dies trifft insbesondere auf die Landschaften, die Stillleben, Akte und Fotoexperimente zu. In dem

Ein Beispiel für Waggerls Aktfotos

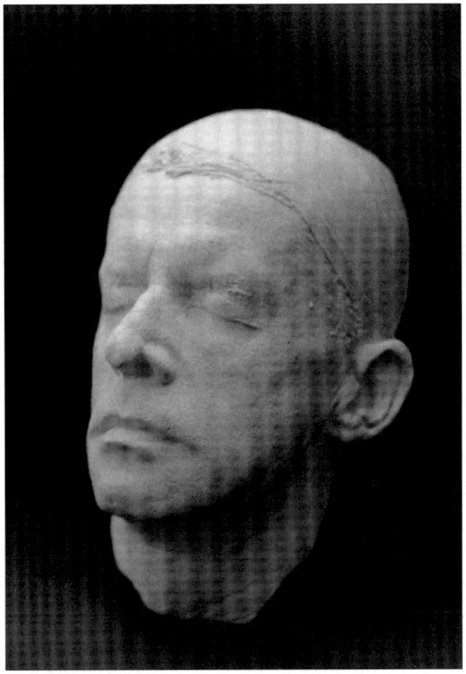

Eine „Totenmaske" Waggerls, fotokünstlerisches Experiment

repräsentativen Band für das Jahr 1927 ist die Bandbreite zwar größer, aber viele Gesten und Stilisierungen sind ähnlich. Waggerls Stärken lagen in gut arrangierten, weil symbolischen Stilleben und Aufnahmen alltäglicher Gegenstände und Nahrungsmittel (Brille, Nähzeug, Obst und Eier), von ornamenthaft erscheinenden Gräsern und Pflanzen, deren Strukturen offengelegt werden, von Interieurs einer Gebildeten-Wohnung, von Fern- und Nahaufnahmen dörflichen Lebens, Arbeitens und Feierns, aber auch schreiender Not – mit deutlichem pazifistischen Appell – und von dörflichen Charakterköpfen.

Besonders beeindruckend aber sind Waggerls Selbststilisierungen, die an Egon Schiele[169] erinnern, nämlich der unter dem christlichen Kreuz gebeugte Nackte (Christus-Figur), der das Fern-„Heimatliche" ersehnende Romantiker, der Verstörte oder Verzweifelte, der Feschak, der Geheimnisvolle, der Nachwuchskünstler im Wanderhabit, der Buchbinder und Handwerker.[170] Schließlich sind es die ausgezeichneten Porträts und erotisierenden Aktfotografien seiner Frau sowie die eindrucksvollen fotografischen „Totenmasken", die eine Form von Waggerls permanenter, aber gerade in den 20er Jahren intensiver Auseinandersetzung mit dem Tod darstellen. Es scheint kein Zufall zu sein, daß Waggerl seiner Frau zu Weihnachten 1926 einen Prachtband von Totenmasken berühmter Persönlichkeiten schenkte, nämlich Ernst Benkards „Das ewige Antlitz". (BENKARD) Als Kontrapunkt thematisierte Waggerl „das Leben": sich in der Sonne räkelnde Frau, frischer Wasserschwall vom Mühlenrad, Frau in der freien Natur.

Die genannte internationale Salzburger Fotoausstellung fand am Rande der Festspiele 1929 statt, für die Waggerl gerade zu Jahresbeginn ein flammendes Plädoyer geschrieben hatte, das zwar gegen die *„Borniertheit"* einiger Stadtväter gerichtet war, ihm aber den Zugang zu den Festspielkreisen ermöglichte. Die Ausstellung wurde von einem Konsortium aus Vertretern des Landes Salzburg, des Fremdenverkehrs, der Banken, des Mozarteums und der Salzburger Festspiele getragen: u. a. Richard Tomaselli, Karl Domenigg, Friedrich Gehmacher,[171] H. Hofmann-Montanus,[172] den der Wagrainer Bürger Waggerl schon 1928 als Ehrenmitglied des Wagrainer Skiclubs mit selbstgebundenen Urkunden und Landschaftsaquarellen geehrt hatte und mit dem er noch heftige Konflikte in Tourismus-Fragen austragen sollte. (EDITH, 25.2.1928)[173] Der Maler Karl Reisenbichler[174] gehörte zum Preisrichterkollegium, dem Hugo Sartorius vorstand. Waggerls Fotoarbeiten wurden also von den Zeitgenossen durchaus wahrgenommen und geschätzt, seine Leistungen auf diesem Gebiet aber seit 1930 durch die genannte literaturbetriebliche Vermarktungsstrategie in den Schatten gerückt. In Velhagens & Klasings Monatsheften wußte man 1931/32 zwar noch von Waggerls Fotokunst, sie wurde aber gemäß dem „deutschen" Trend der Zeit schon in einen ideologischen Zusammenhang gerückt: Der bayrische (sic!) „Dichter als Photograph" mit einer „Bildnisstudie" eines „ernste[n] und klare[n] deutsche[n] Gesicht[es]" (Dita Waggerl) wurde vorgestellt.[175]

5. 10. Freundeskreis, Malerei

Für kurze Zeit schien es aber so, als ob Waggerls Entscheidung für die Malerei gefallen sei und nicht für das Fotografieren oder Schreiben. Karl Springenschmid glaubt sich daran erinnern zu können: „Also, mein Lieber: nicht schreiben, malen! Nicht malen allein, auch zeichnen, formen, werken, mit anderen Worten nicht ein stundenlanges Gekritzel schaffen, vielmehr etwas, das die Menschen geradewegs anspricht, das auf Du und Du geht." (SPRINGENSCHMID, 29) Tatsächlich war Waggerl gerade in den 20er Jahren besonders der Malerei und bildenden Kunst und dem Kunsthandwerk zugetan, nicht zuletzt angeregt durch seinen Freundeskreis, in dem die Kunsthistoriker und Gebrüder Mühlmann, weiters der ferne Verwandte und die Leitfigur der Salzburger Modernen Anton Faistauer und der Maler und Zeichner Anton Steinhart eine Rolle spielten. Mit großer Wahrscheinlichkeit sind einige in Waggerls nur z. T. publiziertem Zeitroman „Georg" (1925) vorkommenden Personen, wie z. B. der Freskenmaler Zöllner, der Kunsthändler Götz oder der Maler Steinegger, Schlüsselfiguren für Anton Faistauer, Friedrich Welz bzw. Anton Steinhart.[176] Insbesondere Kai Mühlmann war für Waggerl in den 20er Jahren eine wichtige Schlüsselfigur für den Zugang zum bürgerlichen Kulturleben der Zeit.

Für Waggerls künstlerische Formierungsphase in den 20er Jahren ist dennoch entscheidend, daß ihn *„am Ende [...] das alles nicht vor der dunklen Gewalt retten* [konnte], *deren Werkzeug ich unbegreiflicherweise bin" (AN, 662),* wenn es ihn zum Schreiben drängte, auch wenn es ihm *„durchaus nicht"* ein *„Vergnügen"* war, sondern *„im Gegenteil [...] manchmal eine kaum zu ertragende Marter". (AN, 662)*

Ein in den 20er Jahren handschriftlich verfaßtes und zeichnerisch ausgestaltetes satirisch-epigrammatisches „Kreisblatt" aus der Feder Waggerls berichtet ungeschminkt über Menschliches und Allzumenschliches aus diesem Freundeskreis um Josef und Kai Mühlmann, Berta Kramer, Sepp Reisenberger u. a. Nicht nur Alltägliches, auch Bedrängend-Existentielles wird hier – in unangemessener Form – satirisiert. Waggerl selbst kommt als „Dichter-Maler-Komponist", als Aphoristiker und im Selbstbildnis als maskierter teufelähnlicher Affe vor.[177] Er vergißt nicht, den deutschnationalen Kontext („Schulverein Südmark") einfließen zu lassen, in dem man sich offensichtlich bewegte, und humoristische Anleihen bei Jean Paul zu nehmen, ausgerechnet u. a. bei dessen „Des Feldpredigers Schmelzle Reise nach Flätz". *„Ein Kreis ist eine Figur die aus lauter Mittelpunkten besteht",* so lautet ein Satz aus dem „Kreisblatt".

Spätestens ab 1930, als Kai Mühlmann in Zusammenarbeit mit dem „Rahmenhändler" Friedrich Welz daranging, in Salzburg eine erste Aquarellausstellung des „Zinkenbacher Künstlerkreises" zu gestalten, dürfte Waggerl auch mit diesem sowohl ästhetisch wie ideell sehr heterogenen Kreis in Verbindung gekommen sein. Über die „Österreichische Malerkolonie Zinkenbach" be-

Waggerl im Kreise von Schifahrern

Waggerl im Freundeskreis

Der Maler Ferdinand Kitt

richtete Wolfgang Born im August 1932 im „Neuen Wiener Journal": „Jetzt haben die Maler Ferdinand Kitt und Ernst Huber Quartier in dem geräumigen Hof des Adambauern aufgeschlagen [...]. Ja, vor einigen Wochen hat der Architekt Josef Hoffmann sogar eine Art Künstlerkongreß in dem nahen St. Gilgen veranstaltet [...]. Eine neue österreichische Schule bildet sich heraus, bodenständig und dabei nicht provinziell – und diese sympathische und qualitätsvolle Malerei findet ihr Publikum in Wien wie in den Bundesländern. Es ist kein Publikum von unbegrenzten Mitteln. Es ist die bürgerliche Mittelschicht , die den Abnehmerkreis der Künstler bildet." (BORN) [178]

Der „Gondoliere" dieser sommerlichen Künstlerkolonie, Ferdinand Kitt,[179] stellte Waggerl schließlich 1939 – als schon bekannten deutschen Dichter – in einem seiner Tempera-Bilder im zeitgemäßen Stil dar: in Kniehose und Lodenjanker, das Dorf Wagrain im Hintergrund, mit schwarzem Familienpudel, der zu ihm aufschaut.[180]

Nachweislich pflegte Waggerl die Malerei und das Zeichnen seit den oberen Klassen seiner Volksschulzeit um 1910. Im Jahre 1935 berichtete er über seine ersten Erfahrungen: *„Mein allererstes darstellerisches Erlebnis hatte ich als Zeichner, ich erinnere mich dieses Vorgangs mit ungemeiner Deutlichkeit, obwohl ich damals erst zwei Jahre [sic!] alt war. Ich machte also im Kalender einen Strich [...]. Dann aber fügte ich an einem Ende eine Menge kleinerer Striche hinzu, und plötzlich wurde ich gewahr, daß ich ein Ding getroffen hatte [...]. Ich lief mit dieser Schöpfungsurkunde im ganzen Haus umher, freilich ohne das geringste Verständnis für meine Leistung zu finden [...]. Ich kann gar nicht deutlich machen, wie tief mich dieser Vorgang damals berührt hat, es war mir zum ersten Male klar geworden, daß man ein Ding von seiner Erscheinungsform lösen, es darstellen könne. Später kam ich dahinter, daß es viele verschiedene Möglichkeiten der Darstellung gebe, und das hat mich sehr verwirrt und gehemmt." (LB 1935)*

Diese Kindheits-Erfahrungen stehen hinter allen künstlerischen Aktivitäten, die Waggerl pflegte. Auch darauf, nicht nur auf seine grundsätzlichen Lebensprägungen, trifft zu, was er in einer seiner aufschlußreichsten, autobiographisch durchwobenen Erzählungen „Peter" (entstanden 1925/publiziert 1926) so formuliert: *„Nie mehr vergaß er einen Stein, der ihn traf, und nie mehr den Mann, der den Stein geworfen hatte." (SW II, 96)*

Waggerl hat davon gesprochen, daß es *„wohl kein Ausdrucksmittel, kein Handwerk* [gegeben habe]*, an dem ich mich nicht zu irgendwelcher Zeit und in irgendwelcher Form versucht hätte"*. Er habe in den 20er Jahren *„gewissermaßen einer schadhaften Brunnensäule* [geglichen], *die ihr Wasser aus vielen Ritzen verschwendet, statt in einem kräftigen Strahl aus dem Rohr". (LB)* Schreiben, Malen, Zeichnen, *„einen Schlüssel machen wie eine Dreschmaschine reparieren" (LB)*, mit einem *„Treibhammer [...] eine Schale aus Kupfer"(LB)* schlagen, Buchbinden, Schnitzen, Komponieren, das Herstellen von Scherenschnitten, das Planen von Möbelstücken, das Fotografieren oder Plakatzeichnen – alles das wurde probiert und gepflegt.

Dem Schreiben, dem Fotografieren, Malen und Zeichnen und der Scherenschnitte-Produktion hat Waggerl auch eigene theoretische und essayistische Überlegungen gewidmet. Sein „Scherenschnitte"-Essay (1932), einer der ersten theoretischen Beiträge des gerade zum Insel-Verlags-Autor Avancierten, zeigt freilich schon seine neue Orientierung, die sich seit ca. 1929/30 bei Waggerl zunehmend entwickelte. In ihm spielen glückhafte naturmystische Erfahrungen eine Rolle, ohne daß jenes die 20er Jahre insbesondere durch Arthur Schopenhauer bestimmte Bewußtsein völlig verschwunden wäre, wonach „unser Dasein [...] keinen Grund und Boden [hat], darauf es fußte, als die dahinschwindende Gegenwart", es „dem Laufe eines bergab Rennenden" (PP II, § 144) gleiche und „das Glück eines gegebenen Lebenslaufes nicht nach dessen Freuden und Genüssen abzuschätzen [sei], sondern nach der Abwesenheit der Leiden als des Positiven" (PP II, § 153). Es ist deswegen nur konsequent, daß Waggerls „Scherenschnitte"-Essay eigentlich keine Abhandlung über das Herstellen von Scherenschnitten ist, sondern eine über den – jetzt freilich mit Sinn versehenen – Stellenwert des Menschen im gesamten organischen Kosmos: *„Gras, ach Gott, Kräuter und Hummeln! Aber was ist nun eigentlich wichtig in der Welt? [...] Trotzdem hat sein Dasein* [des Grashalmes] *im Ganzen so gut Platz und Sinn wie meines, er tut, was ihm zu tun gegeben ist." (SCH, 157)*[181] Waggerls „Scherenschnitte"-Text ist zugleich eines der ersten essayistischen Dokumente, in denen das formuliert wird, was er im nachhinein ein Abstandnehmen von seinem frühen *„kaltherzige[n] Realismus"* nannte, weil er einfach *„glückselig jung* [gewesen sei] *und wohl zufrieden mit allem, was* [ihm] *das karge Dasein anbot". (EM, 698)* Waggerls spätere Überlegungen zur „Kunst des Müßiggangs" (1955) als Ausdruck einer Haltung, die zum Quietismus neigte, sind schließlich das Ergebnis des Prozesses, der Ende der 20er Jahre begann.

Waggerls Daseins- und Weltbetrachtung der 20er Jahre orientierte sich an Arthur Schopenhauer. Die frühen Erzählungen sind ohne Schopenhauer schwer zu verstehen. Bei ihm konnte Waggerl nämlich lesen: „Man kann auch sagen: der Wille zum Leben stellt sich dar in lauter Erscheinungen, welche total zu nichts werden." (PP II, § 147a) „Zuvörderst: keiner ist glücklich, sondern strebt sein Leben lang nach einem vermeintlichen Glücke, welches er selten erreicht und auch dann nur, um enttäuscht zu werden: in der Regel aber läuft zuletzt jeder schiffbrüchig und entmastet in den Hafen ein." (PP II, § 144) Man erinnere sich: schon während des Krieges las Waggerl Schopenhauer, 1919 ließ er sich von seinem Vater sogar die gesamte Reclam-Ausgabe der Werke Schopenhauers nachschicken.

Das Interesse Waggerls für kunsthistorische und kunsttheoretische Fragen dokumentieren auch eine Reihe von Schriften

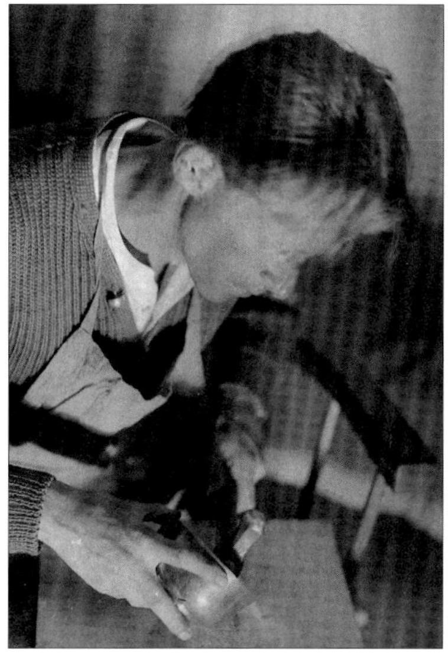

Waggerl beim Metalltreiben

Ein Scherenschnitt Waggerls aus „Das Wiesenbuch" (1932)

Eine Zeichnung Waggerls zu seiner „Bauerngeschichte", publiziert in der Zeitschrift „Jugend" (1931)

Plakatentwurf

aus den 20er Jahren, die möglicherweise aus seiner eigenen Feder, aber wohl eher aus der der beiden Mühlmann-Brüder stammen könnten und sich im Waggerl-Archiv in Wagrain erhalten haben. Viele Passagen aus den erhaltenen Texten, nämlich Teile von Abhandlungen über „Komposition und Konstruktion (Natur)", ein völkerpsychologischer „Vergleich" zwischen französischer Malerei und moderner deutsch-österreichischer Malerei, über „Kunsteinsamkeit", „Naturalismus" und „Die Abstrakten und Hemmungslosen", aber auch kunsttheoretische Eintragungen in eine Art Künstler-Tagebuch, und zwar oft in aphoristischem Duktus, stimmen sowohl inhaltlich als auch sprachlich mit vielem überein, von dem Waggerl überzeugt war und wofür auch sein frühes dichterisches Werk ein Beleg ist.

Allein aus den 10er und 20er Jahren sind im Wagrainer Waggerl-Archiv und im Besitz von Waggerls Nichte insgesamt ca. 90 Arbeiten – Zeichnungen, Aquarelle, Radierungen, Linolschnitte, Plakatentwürfe,[182] Scherenschnitte und diverse Skizzen – erhalten geblieben. Die besten von ihnen sind u. a. Selbstporträts, so z. B. Waggerl als Künstler und Geiger, umfangen von der Sichel des Todes, mehrere Aquarelle aus dem Kurort Laurana, wohin die Waggerls im April 1927 auf Erholungsurlaub reisen konnten (EDITH, April 1927), Illustrationen für die eigenen Liederkompositionen und Porträts (z. B. Der Tod und das Mädchen) und an Egon Schiele orientierte Rötel-Aktzeichnungen, wobei ihm Ehefrau Dita – seit 1923 – Modell stand.[183] Alles das dokumentiert Waggerls breitgefächerte künstlerische und kunsthandwerkliche Aktivitäten, seitdem er, insbesondere ab 1923, mehr Zeit hatte, auf allen diesen Gebieten zu arbeiten und seine Talente zu erproben.

Der sich allseits künstlerisch Bildende und Erprobende, derjenige, der im literarischen, künstlerischen und kulturellen Leben zumindest Salzburgs Fuß fassen und Profil zeigen wollte, dessen Ambitionen aber weit darüber hinausgingen – nicht zuletzt sei an seine Einmischung in die emotionalisierten Ideologie-Debatten um Krieg, Kunst und Erich Maria Remarque erinnert (NLB, 143ff) –, lebte aber weiterhin im fernen Gebirgsdorf Wagrain und versuchte, sich dort zu integrieren, am dörflichen Leben teilzunehmen und seine künstlerischen und intellektuellen Fähigkeiten zur Verfügung zu stellen, so gut es eben ging. Dabei lief naturgemäß nicht alles so konfliktlos ab, wie es Waggerl später darstellte, indem er harmonisierte: Als ihn die Gemeinde Wagrain aus Anlaß seines 70. Geburtstages im Jahre 1967 ehrte, erinnerte er sich in seiner Dankesansprache anspielungsreich: *„Ich war nichts, ein junger Hilfslehrer und ein kranker Mensch. [...] Ich sage Euch, ich habe kein Stück Brot vergessen, das Ihr mir damals geschenkt habt, und ich bin stolz darauf, daß Ihr mich auch heute noch als einen von Euch gelten läßt [...]." (NLB, 181)* An anderer Stelle heißt es sogar: *„Aber ich blieb im Dorf, und dieser Entschluß ist der einzige in meinem Leben, der mich noch nie gereut hat." (KdM, 567)* Dies war freilich nicht immer so.

5. 11. Konflikte in Wagrain – „Die Entfesselten“

Nur ein Blitzlicht ist z. B. die „Erregung“, vielleicht sogar Empörung, die in Kreisen der Wagrainer Bevölkerung herrschte, nachdem Waggerls Erzählung „Die Entfesselten“ im Salzburger Volksblatt am 14. März 1925 erschienen war.[184] Dieser Text war die erzählerische Darstellung einer Wirtshausrauferei, wie sie – traditionell und als männliches Ritual – auf dem Lande ohnehin allseits bekannt war und wie sie Edith Waggerl sogar einmal in ihrem Tagebuch am 10. Juni 1923 festhielt, versehen mit dem lakonischen Kommentar: „Im Gasthaus nebenan war große Rauferei. Ab und zu müssen sich die Leute ausleben.“ (EDITH, 10.6.1923)

Der Erzählung Waggerls wird man natürlich nicht gerecht, wenn man sie als „verkappten Artikel“ gegen die Wagrainer Bevölkerung mißversteht, wie es damals geschah. Jedenfalls wurde Edith Waggerl so viel Angst eingejagt, daß sie gar nicht daran denken wollte, was ihrem Mann alles passieren könnte, wenn er allein in das Dorf ginge. Zugleich erboste sie sich, wenn sie an das politische Kleingeld dachte, das einige Wagrainer Dorfgewaltigen, die Edith Waggerl sogar beim Namen nannte, aus dieser Sache gegen ihren Mann und seine kulturellen Dorfinitiativen schlagen wollten, z. B. gegen den Aufbau der dörflichen Theatergesellschaft. (EDITH, 27.3.1925)

Waggerls Erzählung ist in ihrer Bedeutungsfülle nicht zu fassen, wenn man sie nur als eine ungeschminkte Darstellung des urtümlichen Ausbruchs von blindwütiger Gewalt und mörderischen Totschlags anläßlich eines dörflichen Tanzfestes begreift, an deren Ende die dafür Verantwortlichen, die auswärtigen rasenden und schlachtenden Holzknechte, als Volltrunkene – *„wie zahme Leichname“* – abgeführt werden: *„Das Volk schaut ihnen schweigsam und fast ehrfürchtig nach.“(E, 4)* Denn „Die Entfesselten“ sind eines der zahlreichen erzählerischen Experimente Waggerls der 20er Jahre, das die existentielle Verfaßtheit des Daseins bildhaft zeichnen soll, indem es – nicht ohne zusätzlichen Fingerzeig – zwölf Holzknechte, also die Inversion der zwölf christlichen Apostel, die die Friedensbotschaft in die Welt tragen sollten, wie instinktsichere *„Tiere“*, wie *„Henker“* das Gegenteil tun läßt, nämlich *„das halbe Dorf“* hinzumetzeln.

Die dörfliche Tanzbodenwelt wird zum Inbegriff der Welt stilisiert: *„Die Gefesselten sind frei in der Enge dieses Gefängnisses.“* Auf diesem Boden finden die als Schlachtungen dargestellten Gewalttaten statt, von allen ohnmächtig und zugleich fasziniert betrachtet. Keine Individuen sind hier am Werk, sondern der Schopenhauersche Weltwille. Die menschlichen Leiber – *„ein Berg von Leibern wogt in der Tiefe“*, *„Verwundete [...] suchen den Bach ihres Lebens mit den Händen zu halten“*, *„einige schleppt man wie Stoffbündel [...] durch die Dunkelheit“* – sind grundsätzlich dem Untergang preisgegeben: *„Ihre Tage sind kürzer* [als die der ebenfalls zerfallenden Häuser], *aber sie fließen in einen winzigen*

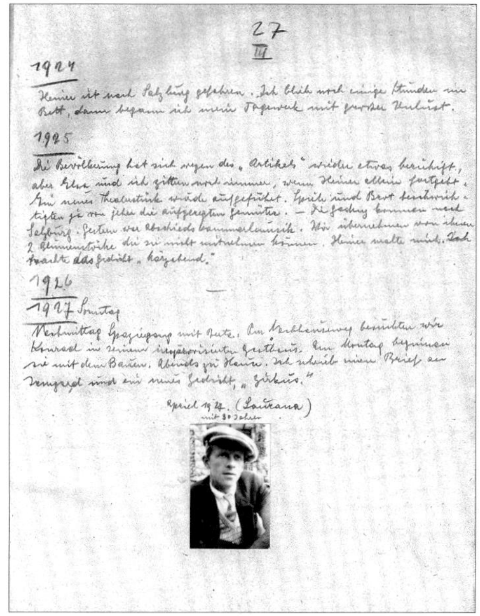
27
III
1924
Heinz ist nach Salzburg gefahren. Ich blieb noch einige Stunden im Bett, dann begann ich mein Tagewerk mit großer Unlust.
1925
Die Bevölkerung hat sich wegen des „Artikels“ wieder etwas beruhigt, aber Elsa und ich zittern noch immer, wenn Heinz allein fortgeht. Ein neues Theaterstück wurde aufgeführt. Spiele und Brot beschwichtigten ja von jeher die aufgeregten Gemüter. – Die [illegible] kommen nach Salzburg. Gestern war Abschiedskammermusik. Wir übernehmen von ihnen 2 Blumenstöcke die sie nicht mitnehmen können. Heinz malte mich. Ich [illegible] das Gedicht „[illegible].“
1926
—
1927 Sonntag
Nachmittag Spaziergang mit [illegible]. Am [illegible] besuchten wir Konrad in seinem improvisierten Gasthaus. Am Montag beginnen sie mit dem Bauen. Abends zu Hause. Ich schrieb einen Brief an [illegible] und ein neues Gedicht „Zirkus.“
April 1924. (Lausanne)
mit 30 Jahren

Eine Seite aus Edith Waggerls Tagebuch

J U G E N D

33. JAHRGANG 1928 / NR. 17

DER ÜBELTÄTER

VON K. H. WAGGERL

Acht Wegstunden vom letzten Bauerngehöft entfernt, an der Grenze des Waldes gegen das wilde Kar, lag eine Hütte im Schutz der überhängenden Felsen, aus schräg gestellten Baumstämmen gezimmert und mit Reisig und rohen Fellen ausgestopft. Dort lebte ein Mann namens Adam, im Sommer wie im Winter. Der Wald war ungehegt und verwachsen, Rotwild und allerlei Raubzeug bevölkerten ihn.

Adam lebte mit den Tieren, aber nicht wie ihr Herr, sondern wie ihresgleichen. Er wußte selbst nichts von seinem rechten Namen und von seiner Herkunft. Wahrscheinlich war er in der Jugend mit den Holzknechten über das Gebirge gekommen, — er besaß noch eine Axt und ein Messer aus dieser Zeit. Aber dann verlor er sich in den Wäldern und kehrte nicht mehr zu den Menschen zurück.

Während des Sommers hütete er die Schafe der Bauern im Kar. Dafür schenkten sie ihm geräuchertes Fleisch und Kartoffeln, auch wohl ein Stück Vieh, das in den Felsen stürzte und verdarb. Im Winter half er den Holzknechten für eine Handvoll Speck oder eine Pfanne voll Mus. Zuweilen glückte ihm auch das nicht mehr. Der Wald stand krachend im Frost, Stürme kamen aus dem Kar und duldeten kein Feuer vor Adams Höhle.

Adam erfror nicht, er war am ganzen Leibe behaart wie ein Bär. Was er an Kleidern trug, hatte sich durch Pech und Schweiß zu einem undurchdringlichen Panzer verhärtet. Eine Pferdedecke trug er als Mantel über den gewölbten Schultern. Er mochte, als ihn sein Schicksal traf, vierzig Jahre alt sein, vielleicht aber auch achtzig. Sein Bart war ausgebleicht wie die grünlichen Flechten der Bäume, und die Härte der langen Winter hatte seinen Rücken krumm gebogen. Aber gelegentlich trug er ein jähriges Stierkalb stundenweit auf den Schultern über die Almen.

Am Brunnen — Walter Teutsch

Die Erstfassung von Waggerls „Ein Mann namens Adam" unter dem Titel „Der Übeltäter" (1928)

TROST

Habe nicht Angst, mein Kind,
Träume und Zeichen:
Alle die Dinge sind
Unseresgleichen.
Alles ist einer Art
Dunkles Gewebe:
Kette mit Schuß gepaart.

Du aber lebe!
Nimm, und du bist im Recht,
Alles ist dein!
Nichts ist gut, nichts ist schlecht,
Alles muß sein!

K. H. Waggerl.

Erstpublikation von „Trost" in der Zeitschrift „Jugend" (1926)

leeren, endlosen Tag zusammen. [...] wo einer stirbt, stellt sich ein anderer mit gleichem Gesicht, gleichen unfruchtbaren Tugenden und gleichen geheimen Lastern unbemerkt an seinen Platz." (E, 1f) Die Welt ist eine gottverlassene. Der Vorgang wird mythisiert. Im Hintergrund mag zudem die Kenntnis einer nihilistischen Sprechweise gestanden haben, wie sie Waggerl als Jean-Paul-Leser aus dessen Angsttraum „Rede des toten Christus vom Weltgebäude herab, dass kein Gott sei" (PAUL) kannte: Immer wieder bricht das unerforschliche, durch nichts zu hemmende Gemetzel aus.

„Die Entfesselten" sind – nicht ohne Grund – Teil jener *„Gestalten"*, die Waggerl gemeinsam mit den Erzählungen „Der Held", „Peter" und „Das Abenteuer" in seinen ersten Erzählband „Meine Gestalten" (1926) aufnahm. Sie sind typische Beispiele für Waggerls Menschen- und Weltbild nach dem Ersten Weltkrieg. Sie stellen nicht einen einzelnen in den Mittelpunkt, wie es Waggerl ansonsten bevorzugte, sondern das Wirken des Weltwillens am Beispiel einer entpersönlichten Masse: *„Leerlaufende Maschinen"* werden in einem *„Dorf, diese[m] winzige[n], unbedeutende[n] Herd täglichen Lebens unter dem großen, reglosen Himmel" (E, 1),* gezeigt. Die tanzende Menge, Männer und Frauen, *„taumelnde Menschen"* , die eine *„keiner Erhebung fähige Fröhlichkeit"* darstellen, sind *„starr und leer wie Masken"*, deren *„Leiber* [aufeinander] *prallen,* [zusammen] *stürzen"* und dabei *„unerschüttert die kulthaft ernste Albernheit ihrer Haltung" (E, 1f)* bewahren.

Gerade diese Erzählung fand, wenn auch nicht in Wagrain, außerordentliches Interesse bei diversen Zeitschriften im In- und Ausland, entgegen Waggerls Behauptung, seine literarischen Arbeiten hätten damals *„nicht den geringsten Erfolg" (AN, 662)* gehabt und seien überall zurückgewiesen worden. „Die Entfesselten" erschien bis 1934 in nicht weniger als acht verschiedenen Publikationsorganen[185] und stellte seit der Veröffentlichung des optimistisch-aufbauenden Siedlerromans „Brot" (1930), der entscheidenden geistig-weltanschaulichen Wende in Waggerls Entwicklung, sicher einen erheblichen Störfaktor für ein einheitliches marktgängiges „Verkaufsobjekt Waggerl" dar. Die Redaktion der Zeitschrift „Jugend" qualifizierte 1926 Waggerls Erzählung als „ganz ausgezeichnet", bot ihm ein Honorar von 100 Mark, umgerechnet das durchschnittliche Monatsgehalt eines gelernten österreichischen Metallarbeiters, und schrieb: „Wir werden Ihre Arbeit recht bald bringen und hoffen gerne, dass Sie uns noch öfter Neues vorlegen." (Brief der „Jugend" vom 7.10.1926)[186] Aber das blieb natürlich finanziell auch nur ein Tropfen auf den heißen Stein. Wahrscheinlich hatte Waggerl seine Münchener Kontakte bei seinen gelegentlichen Ausflügen in die bayrische Hauptstadt geknüpft, wohin er mit Edith reiste, um ins Theater zu gehen, Buchhandlungen zu besuchen und Einkäufe zu tätigen. (EDITH 1923/24).

Waggerls engere Kontakte zu Rudolf Pechel, dem Herausgeber der Berliner Zeitschrift „Deutsche Rundschau", stellten sich nicht zuletzt über die Aufnahme der „Entfesselten“ in diese Zeitschrift im Jahre 1928 her. Nicht weniger als fünf von Waggerls Erzählungen wurden schließlich zwischen 1928 und 1932 von Pechel veröffentlicht.[187]

Waggerl konnte durch diese Erzählung und seine anderen Prosastücke, in denen meist männliche Einzelpersonen im Mittelpunkt stehen, seine eigene spezifische Befindlichkeit nach dem Krieg am besten bearbeiten und bewältigen und zugleich die nicht unerhebliche Spannung zwischen banaler Wagrainer Alltäglichkeit, geistig-moralischem Anderssein und ästhetisch-intellektueller Überlegenheit aushalten. Angesichts der in den Erzählungen der 20er Jahre immer wieder thematisierten Ausstoßung, ja Vernichtung eines einzelnen, bekommt Waggerls Aussage, daß er *„doch durchaus nicht zu* [seinem] *Vergnügen am Schreibtisch“* gesessen, sondern *„im Gegenteil, das Schreiben [ihm] manchmal eine kaum zu ertragende Marter“(AN 662)* gewesen sei, nachvollziehbare Plausibilität.

Das Malen und Zeichnen hatte in diesem Aufarbeitungsprozeß nur die Rolle einer dienenden Kunst, aber keinen existentiellen Stellenwert, so bemerkenswert einige bildnerische Leistungen Waggerls auch ausgefallen sein mögen. Er selbst hat dies ausgesprochen, sich dabei aber mit keinem Wort auf den eben skizzierten historischen Zusammenhang eingelassen, ja ihn nachträglich humoristisch in den Schatten gerückt: *„Einmal wollte ich Künstler werden, Maler, ein großer natürlich. Der Himmel hat mich rechtzeitig zur Vernunft gebracht. […] Es belustigt mich, dort ernst genommen zu werden, wo ich gar nichts kann und nichts weiter vorhabe, als meine Geduld zu üben. […] Ich bilde mir wahrhaftig nicht ein, etwas mit Malerei Vergleichbares bei meinen Versuchen zu erzeugen, sie sind für mich nur Übungen der Geduld, des genauen Beobachtens, ein Umweg zum genauen Wort.“ (WuH, 58; EM, 689)*

Zweifellos trifft Waggerls Bekannter Karl Springenschmid, für den die Kriegserfahrung „eher ein frohes Erlebnis und eine Station auf dem Weg zur ‚Volkwerdung‘“ (AMANN II, 2) war, etwas Zutreffendes, wenn er den Waggerl der 20er Jahre als einen einsamen, verbitterten und verzweifelten Mann schildert, der „nur mehr Abgründe sah vor sich, das völlige Nichts. […] Wie ihn das Dorf kannte, das war das eine, doch der andere, der sich dahinter verbarg, blieb für die Leute im Dorf, unerreichbar. […] Ich spürte seine Weltflucht, die Ablehnung alles Bestehenden.“ (SPRINGENSCHMID, 14, 20)[188] Springenschmid nennt Waggerls inneren Weg einen Gang „durch diese qualvolle Nacht“, er nennt zwar die Oberfläche, erkennt auch die psychische Notwendigkeit für ihn, kann aber die schopenhauerischen Grundlagen seiner damaligen Weltsicht nicht benennen. Gerade diese Orientierung aber ließ Waggerl die eigenen Erfahrungen der Ausgesetztheit als menschheitliches Exempel erscheinen, was er literarisch – in Gleichnissen – zu fassen suchte. Sein Denken in *„Gleichnissen, nicht in Gleichungen“ (WuH, 45)*, wie er selbst sagte, bewährte sich schon in seinen Erzählungen der 20er Jahre. Besonders der Roman „Schweres

Rudolf Pechels „Deutsche Rundschau“ publizierte Waggerls Erzählung „Martha“ zum ersten Mal

Blut" (1931) lebt von solchen Gleichnissen, die der *„heimatlose Mann" (SB, 236)* Christian, eine Waggerl-Instanz, erzählt.

Ein Jahrzehnt später, im „Wagrainer Tagebuch" (1936), hat er, schon aus der Perspektive seiner nach-schopenhauerischen Phase, im Bild der „Treppe" gleichnishaft seine geistigen Entwicklungen während der 20er Jahre thematisiert: *„Und dann die Treppe. Aus unbehauenen Steinen gefügt, soll sie sich zwischen den Hügeln hinaufwinden, ein Gleichnis, ein Inbegriff aller Treppen, die mich im Leben zu manch einer Schicksalswende führten. Stufen. Es gab welche, die ich im Sturmlauf der Jugend übereilte, aber alle schritt ich bedächtiger wieder hinab. Auf anderen floh ich im Pesthauch der Geschosse vor dem Tod, und wieder andere brachten mich, den Genesenden, ins heitere Leben zurück. Aber mir ist, als hätte ich auch im geistigen Bereich viele Stufen zu überwinden gehabt, wie denn überhaupt mein inneres Leben nie stetig weiterfloß, sondern sich gleichsam in Absätzen steigerte, so daß ich von Schritt zu Schritt und immer wieder meine ganze Kraft versammeln mußte, um weiterzukommen. Und darum soll meine Treppe auch nicht kahl und unfruchtbar bleiben, ich will sie über und über mit Kräutern bepflanzen, mit Steinbrech und Thymian, mit Raute und Ehrenpreis, je nachdem sie Schatten oder Sonne, Enge oder Weite lieben. Und oben auf dem kleinen Hügel soll die Treppe in einen Ruheplatz münden, auch aus Steinen gefügt. Aber auf den größeren Hügel gegenüber soll kein Weg führen. Dorthin will ich einen Ginsterbusch pflanzen, damit in jedem Frühjahr ein gelbes Feuer auf dem Gipfel brennt, und auch sonst soll an dieser Stelle alles ungestört wachsen, was etwa an wildem Samen zufliegt." (WT, 174)*[189]

Springenschmid, der Lehrerkollege in Wagrain, berichtet, daß für Waggerl Gegenständliches Anlaß für „Geistiges, Hochgeistiges" gewesen sei, während ihm selbst für „solche schwierigen Darlegungen das gedankliche und geistige Rüstzeug fehlte". (SPRINGENSCHMID, 20,f, 43) Tatsächlich stieß der Bauerntum-Ideologe Springenschmid – „ich [blieb] im Bäuerlichen" – nicht nur an die Grenzen dessen, was ihm seine eigene Weltanschauung zubilligte, sondern auch an die seiner geistigen Kapazitäten und ästhetischen Vorstellungen, wie er eingestand: Waggerl habe sich „immer tiefer in menschliche Schicksale hinein[gewühlt], bei denen es nur Not und Elend, Marter und Qual, und niemals einen überzeugenden Ausweg gab. Ich konnte ihm dabei nicht folgen. [...] Wozu also diese gräßlichen Schicksale, das quälende Dunkel, die grausame Hoffnungslosigkeit? [...] Diese absonderliche Art, Schicksale hinzustellen und von allem Menschlichen zu entblößen, hartnäckig den Dingen auf den Grund zu gehen und alles, was darüber zu sagen war, auf die härteste, nüchternste Art darzustellen und zu beschreiben, war für ihn notwendig, um zu sich selbst zu kommen und die Sprache zu finden, die ihm gemäß war." (SPRINGENSCHMID, 53ff)

Waggerl sprach darüber später in Gleichnissen. Nur andeutungsweise und unkonkret wird später die Erinnerung daran wachgehalten, wenn es in seiner „Kunst des Müßiggangs" (1955) heißt: *„Auflehnung war überhaupt der Antrieb meines Lebens in jungen Jahren, denn um Vernunft anzunehmen, müßte man ja schon vernünftig sein. Aber allmählich beruhigte sich mein stürmisches Herz dann doch, und woher kam diese Ruhe, die Fähigkeit, das Gegebene gelassen und dankbar hinzunehmen, wie ein Almosen aus Gottes Hand? Vielleicht daher, daß ich nach und nach in allem, was um mich her lebte, das brüderliche Leben erkannte und sein natürliches Maß. Was ich meine, ist ganz einfach. Man kann einen Birnbaum nicht mit der Peitsche antreiben, damit er vorzeitig Früchte trägt, oder den Weizen an den Wurzeln kitzeln, daß er schneller reift. Sollte der Mensch um so viel anders beschaffen sein? Ich glaube es nicht. Auch in ihm wirkt ein ordnendes Gesetz, ihm allein eigen und gemäß. Er kann vieles auf der Welt durcheinander bringen, zu seinem Vorteil, wie er meint, aber an jenes Gesetz darf er nicht rühren, oder es ist sein Verderben. Als ich das begriffen hatte, fand ich gar keine Zeit mehr, betriebsam zu sein, ich hatte alle meine Tage genug damit zu tun, die Früchte zu ernten, die mir der Acker des Müßiggangs in Fülle reifen ließ." (KdM, 568)*

Bevor Waggerl jedoch ab 1929/30 eine solch abgeklärte Haltung einnehmen konnte, hatte er die Spannung zwischen dörflicher Welt und geistig-ästhetischem Dasein im Wagrain der 20er Jahre auszuhalten: *„Kein unebener Mensch soweit, aber vielleicht nicht ganz richtig im Kopf, bei einer vernünftigen Arbeit hätte man ihn jedenfalls noch nie gesehen," (KdM, 571)* so Waggerl selbstironisch später. „Wie ihn das Dorf kannte, das war das eine, doch der andere, der sich dahinter verbarg, blieb für die Leute im Dorf unerreichbar" (SPRINGENSCHMID, 20), so Karl Springenschmid hingegen zielsicher-direkt.

5. 12. Theater, Musik, Tourismus

Blenden wir noch einmal zurück: Nachdem Waggerl mit seiner Frau im Herbst 1920 nach Wagrain gekommen war, wurde er sogleich in diverse örtliche Aufgaben eingebunden. Er hielt ein Referat über die republikanischen „Grundlagen und Ziele der neuen Schulreform" (1921) (WBB, 9),[190] er engagierte sich karitativ, indem er mit Schülern und Lehrern Theater spielte. Waggerl hatte für die Kinder sein Märchen- und Kasperlspiel „Drei Wünsche" (1920) geschrieben, einen Appell an die Bescheidenheit. Aus dieser Zeit stammt auch das „Spiel in Reimen" mit dem Titel „Kasperl beim lieben Gott". Es zeigt, wohin es führe, wenn die Menschen sich anmaßten, Gottes Schöpfung und Führung der Welt in die eigene Hand zu nehmen. (WÜNSCHE) Beide Arbeiten sind zweckgerichtete Stücke ohne literarischen Anspruch. Wiederholt berichtete die „Salzburger Chronik" (30.12.1920, 16.3.1923, Juni 1932) über Aufführungen der Waggerl-Stücke bzw. von „Schwänken" durch Schulkinder und den Wagrainer „Burschenverein" bei diversen Anlässen (z. B. Muttertag). (WAGRAIN II, 630ff)

Waggerl leitete eine Wagrainer Amateur-Theatergesellschaft seit 1922. Im Jahre

Waggerl als Musiker

Berta Kramer

1924 gründete man den Theaterverein, dessen Leiter er wurde.[191] Er betätigte sich bei der Freiwilligen Feuerwehr – belachenswert *„befremdlich"*, notierte seine Frau (EDITH, 13.5.1926). Er wirkte bei einer Musik- und Gesangsgruppe mit, sang und spielte Laute und Gitarre.[192] Nicht zuletzt engagierte er sich für den Fremdenverkehr. Die Gemeinde Wagrain zeichnete ihn im Jänner 1935 sogar mit der Ehrenbürgerschaft aus, für seine Aufbauarbeit nach dem katastrophalen Dorfbrand vom März 1927 (Brief der Gemeindevorstehung Wagrain, 25.1.1935). Auch beim Dachdecken im Zuge des Wiederaufbaues half Waggerl mit. (EDITH 15.6.1927). Gemeinsam mit dem Oberförster und Gemeinderat Linus Hochleitner und dem Lehrer Josef Reisenberger war Waggerl der Dritte im Bunde der Tourismus-Aktivisten. (WAGRAIN I/II)

Ein heikles Kapitel, nicht zuletzt im Hinblick auf die Rolle Waggerls im Jahre 1938, ist das Schicksal des Staatsoberförsters Linus Hochleitner, den die Nationalsozialisten 1938 als politischen Gegner besonders entwürdigend behandelten, so daß Hochleitner Ende April 1938 sein Pensionsgesuch einreichen mußte und aus Wagrain wegging, während Waggerl zum gleichen Zeitpunkt die „Heimkehr der Ostmark" mit diversen Begrüßungssprüchen bejubelte. (KERSCHBAUMER I, 66ff — WAGRAIN II, 129f: Zeitzeugenberichte von Aloisia Eschbacher und Elisabeth Eberl) Von Juli 1927 bis April 1928 betätigte sich Waggerl auch als „Gemeindesekretär": „Heiner mußte Nachmittag in der Gemeinde ‚funktionieren'" (EDITH, 23.10.1927) *„Seltsame Käuze"*, darunter der Bürgermeister, haben *„das Herz"* gehabt, ihn *„als seinen Schreiber in Dienst zu nehmen"*, so Waggerls später Kommentar zu dieser Episode: *„Ihm verdanke ich manche Einsicht, zum Beispiel die, daß dem Ablauf der Dinge im großen wie im kleinen eine gewisse Trägheit innewohnt, etwas zielstrebig Fließendes, das alles weiterschwemmt und an den rechten Ort bringt, auch wenn wir uns einmal gar nicht darum kümmern." (KdM, 568)* So wäre er *„leider zu einer unbotmäßigen Sorglosigkeit gegenüber den herrschenden Mächten, des Schicksals sowohl wie der Obrigkeit, erzogen worden". (KdM, 568)*

1935 war die dörfliche Empörung über Waggerls „Entfesselten" von 1925 längst verflogen. Dem inzwischen international bekannten Gemeindebürger, der gerade erst sogar den „Großen Österreichischen Staatspreis" für Literatur (1934) erhalten hatte, gratulierte man zwar seitens der Gemeinde Wagrain und sprach von seiner „genialen Begabung", aber was wirklich im Dorfe galt, das waren Waggerls „Initiative und vollständig uneigennützige Mitarbeit in Fremdenverkehrsangelegenheiten". (Brief der Gemeindevorstehung Wagrain, Dezember 1934) Alle Zeitzeugen erinnern sich übereinstimmend, daß Waggerl „alle möglichen Schreibarbeiten" in touristischen Fragen übernommen und diverse „Vorsprachen bei Ämtern und bestimmten Herren" (HÖRFOLGE, 12) in St. Johann und in Salzburg getätigt habe, um Geld für den Wiederaufbau Wagrains zu bekommen. *„Mit dem Geld, das die Wiener, die uns seit jeher schätzen, die Reichsdeutschen, die Hollän-*

der, die Schweden, alle in das Dorf bringen, können wir das, was abgebrannt ist, wieder aufbauen, schöner noch, größer, mit der notwendigen Einrichtung natürlich." (nach: SPRINGENSCHMID, 47) Springenschmid berichtet: „Waggerl redete sich immer mehr in Eifer. Er, dem doch im Grunde genommen das Gegenwärtige, das Greifbare ferne lag, war kaum wiederzuerkennen." (SPRINGENSCHMID, 48)

Dazu kam, daß sich Waggerl – ein begeisterter Skifahrer, so wie seine Frau Dita und Freunde auch – im Ski- und Wintersportverband engagierte und z. B. im Herbst 1927 bei der Errichtung der Kogleralm-Hütte mithalf.[193] Berta Kramer, Lehrerin in Wagrain (seit dem Schuljahr 1923/24), Vertraute und Freundin der Familie Waggerl, erinnerte sich auch noch an andere Aktivitäten des frühpensionierten Waggerl im Dorf: „[...] er hat die Grabverse geschrieben, und er hat ihnen was gemalt, was sie halt so gebraucht haben, so eher an künstlerischen Dingen – da war der Herr Waggerl zuständig." (HÖRFOLGE, 10) Die „Salzburger Chronik" berichtete seit den 20er Jahren wiederholt von dörflichen Aktivitäten Waggerls: Im März 1923 studierte Waggerl mit zehn Mädchen einen Reigen ein, der anläßlich einer Glokkenweihe aufgeführt wurde, für Weihnachten 1925 bastelte er gemeinsam mit dem Wagrainer Tischlermeister Rupert Ortner eine mit elektrischer Beleuchtung versehene Krippe. (WAGRAIN II, 631ff) Ins „Wagrainer Tagebuch" (1936) schwindelte der Ich-Erzähler an zwei Stellen autobiographische Momente hinein. (WT, 145, 183) Immer wenn politische Prominenz Wagrain besuchte oder diese auszuzeichnen war, wurde Waggerl in das politische Leben der Gemeinde eingebunden: Statt üblichen Ehrendiplomen wurden den Herren Kunstgegenstände, u. a. Waggerlsche Aquarelle und Kunstdrucke, überreicht, an den Salzburger Fremdenverkehrsdirektor 1928 ebenso wie an die Ehrenbürger LH Dr. Rehrl und dessen Stellvertreter Msgr. Neureiter im Jahre 1929. (GP, 11.8.1929) Als im September 1930 die Kleinarler Straße dem Verkehr übergeben wurde, verfaßte Waggerl einen „sinnigen Festspruch". (WAGRAIN II, 636)

„Und vor allem kann ich mich an diese Theaterzeit erinnern! Er hat [...] hier den ‚Jedermann' nachgespielt mit ortseingesessenen Leuten. Und das war eine großartige Sache. Leider ist sie nicht bekannt geworden. Er war eigentlich so der Hecht im Karpfenteich." (Berta Kramer: HÖRFOLGE, 10) Tatsächlich nahm das Theaterspielen in den 20er Jahren viel Zeit in Anspruch. Edith Waggerls Tagebuch ist voll von Notizen über Proben, Aufführungen und Problemen im Zusammenhang mit dem Theaterspielen. Waggerl, der von sich selbst berichtet, daß er bei der Salzburger Festspiel-Inszenierung des „Salzburger Großen Welttheaters" von Hugo von Hofmannsthal durch Max Reinhardt in der Salzburger Kollegienkirche (MÜLLER II) zeitweilig als Statist habe mittun dürfen (KeS, 544),[194] hat sich von seinem Vorbild Max Reinhardt inspirieren lassen, den „Jedermann" Hofmannsthals für Wagrain überarbeitet, adaptiert und inszeniert. Waggerls späte Erinnerungen fallen (selbst)ironisch aus und lassen den erst im nachhinein belächelten Abstand

Edith Waggerl als Buhlschaft in Hugo von Hofmannsthals „Jedermann"

Nach dem Dorfbrand in Wagrain 1927

Der Dorfplatz von Wagrain

zwischen Waggerls Selbstverständnis und künstlerischem Anspruch und den dörflichen Möglichkeiten und Grenzen erahnen: *„Ich aber wollte die Jugend unter meiner Rebellenfahne sammeln, neue Gedanken wie Brände in diesen modrigen Haufen schleudern, kurzum ein Theater gründen. Reinhardt war mein Vorbild, als wir auf einer Tenne die Bühne einrichteten, und das erste Stück sollte ‚Jedermann' sein. Es ging auch alles großartig vonstatten, abgesehen von ein paar Kleinigkeiten, etwa, daß Mammon seine Finger nicht schnell genug zurückzog, weshalb man noch eine Weile dumpfe Flüche aus der Geldtruhe hören konnte, nachdem der Deckel zugeklappt war, und daß mir der Tod, statt sich in meinem Rücken zu grausiger Höhe aufzurichten, von hinten um den Hals fiel, weil er nicht nur auf einen Schemel, sondern obendrein sich selber auf die Schleppe trat. Alles in allem, wir durften Mut fassen und nach dem Höchsten greifen." (KdM, 560f)*

Was Waggerl bei einer Aufführung von Friedrich Schillers „Die Räuber" ernst nahm, wurde als Spaß verstanden, was ihm heilig war, verstand man nicht: *„Es war eine bittere Erfahrung. [...] Es kränkte mich." (KdM, 561)* Ob „Die Räuber" tatsächlich aufgeführt wurden, kann zwar nicht zweifelsfrei bestätigt werden, dennoch wirft die Anekdote ein Licht auf Waggerls Selbstverständnis. In typischer Harmonisierung heißt es später: *„Erst sehr viel später beruhigte ich mich mit der Einsicht, daß gelachte und geweinte Tränen einerlei Salz enthalten." (KdM, 561)* Aber durch die Erinnerungssätze scheint die damalige Identifikation mit dem Aufgeführten noch immer durch, trotz der späteren (Selbst)-Satire: *„Oh, welch ein Genuß, die harten Bauernköpfe unten im Saal anzuknirschen: ‚Menschen, Menschen, heuchlerische Krokodilsbrut!'" (KdM, 561)* Zwar habe er auch die Aufführung des „Faust" geplant, aber dies habe er sich *„freilich fürs Nächste versagen* [müssen], *aber nur, weil ich keine Jungfer finden konnte, die es ohne Gefahr übler Nachrede hätte wagen können, ein Mädchen in Kindsnöten darzustellen", (KdM, 560f)* so Waggerl in Anspielung auf die moralinsaure Haltung von Teilen der Dorfbevölkerung, wie sie auch von Edith Waggerl ab und zu in ihrem Tagebuch notiert wurde.[195] Belegbar sind Aufführungen des „Jedermann" zu Ostern 1924: Dita spielte die Buhlschaft, sie nähte Kostüme, kümmerte sich um Roben, die sie u. a. von den Mühlmanns geliehen bekam, Waggerls Mutter kam sogar aus Badgastein zu einer Vorstellung angereist. Er spielte den reichen Jedermann. Später malte er auch Kulissen und bastelte für das Bühnenbild. Aber: *„Überhaupt schien mir das Tragische nicht genügend einzuschlagen, die Klassiker verfuhren viel zu umständlich, wenn sie jemand für immer von der Bühne räumen wollten. Außerdem war es eine verteufelte Schwierigkeit, daß mich die Leute zu gut kannten, als einen sonst umgänglichen und eher harmlosen Burschen." (KdM, 560f)*

Erhalten geblieben ist ein bäuerlicher Schwank mit dem Titel „Simmerl. Posse in einem Akt" (WBB, 39ff). Geprobt wurde 1924 für zwei „Lustspiele" (EDITH, 2.5.1924). Waggerl schrieb an einem „Wildschützendrama", das im Juni 1924 aufgeführt wurde. Anspruchsvoller war die Wahl von Ludwig Anzengrubers „Der G'wissenswurm" (1874), gespielt im Juni 1925, ansprechender sicher auch die Proben zu Mozarts Jugendoper „Bastien und Bastienne", heimatverbunden und unumstritten ein Andreas-Hofer-Stück (aufgeführt im Mai 1926),[196] vielleicht auch ein Stück mit dem Titel „Amerikaseppl". (EDITH, 8.3.1927)[197]

Nur zum privaten Leben gehören Waggerls dramatische (Rokoko-)Szenen „Schäferspiel" und „Mirakel", in denen er auf salopp-tändelnde Weise Mann-Frau-Probleme abhandelt und die er den Mühlmanns dediziert, mit Tusch-Illustrationen versehen und in Pergament gebunden. (EDITH, 13.3.1924) Aus der gelungen erzählten Theater-Episode, wie sie Waggerl in sein „Wagrainer Tagebuch" (1936) einflicht – eine Wandertruppe spielt die aufwühlend romantische Liebestragödie „Treu bis in den Tod" – ist seine ironisierende Haltung erkennbar: *„Wir hoben die Gläser auf Kunst und Liebe, und ich kniff auch meinerseits ein Auge zu. Scharfe Schnäpse soll man nur einäugig trinken." (WT, 184)*

Die Tagebücher der Edith Waggerl zeigen freilich noch andere Facetten des Wagrainer Lebens in den 20er Jahren, die sicher nicht ohne Auswirkungen auf Waggerls Werk und seine späteren Tätigkeiten geblieben sind.

Die Waggerls wußten sich bei aller Initiative für die Gemeinde Wagrain, gemeinsam mit einigen Freundinnen und Freunden, eine eigene Insel zu bewahren, ohne dabei die um sie herum z. T. bedrängenden Vorkommnisse[198] auszublenden, so z. B. Selbstmordversuche und Selbstmorde (EDITH, 15.5.1924, 7.1.1927, 9.2. 1927, 30.1.1928), wiederholte Brandkatastrophen, die soziale Lage vieler Menschen (z. B. Bettler), die ausweglose Situation kinderreicher Familien, in denen die Frauen z. B. mit dem Alkoholismus des Ehemannes konfrontiert waren und mit Gewalt in jeglicher Form: „Abends, als wir gerade zu Bett gehen wollten, mußte Heiner noch in den Markt. Er sollte noch eine Stunde weit fahren, weil einem Mann beim Raufen die Schädeldecke zertrümmert wurde." (EDITH, 15.1.1928). Edith Waggerl berichtet lakonisch – ein Sittenbild der Zeit. Ihr Tagebuch aus den 20er Jahren informiert darüber hinaus über die Freuden und Leiden des Alltags, immer wieder über Geldknappheit, Krankheiten aller Art, über die Freude an dem neuen Schreibtisch, von dem Waggerl gar nicht mehr wegzubringen gewesen sei, über die Planung der neuen Schlafzimmer-Möbel (im Waggerl-Museum in Wagrain zu besichtigen), über Waggerls Tabaktrafik-Geschäft, über spiritistische Sitzungen bei Freunden, über Volks-Tanzvergnügungen in Salzburg und Wagrain, die Gemeinschaftsspiele mit Freunden und Bekannten, über Waggerls Modellbauerei („Aeroplan"-Modelle) und Basteleien aller Art (z. B. ein Maiwisperl für Edith). Die Waggerls fungierten in den 20er Jahren trotz oder gerade wegen der vielen eigenen, bedrängenden Lebenserfahrungen (Krankheit, Geldnot, Selbstmordgedanken, Gewissenskonflikte) für einige Wagrainer anscheinend als Ratgeber und Trostspender sowie als „moderne" Korrek-

Das zerstörte Wagrain

Bundespräsident Wilhelm Miklas und LH Franz Rehrl bei der Wiederaufbaufeier in Wagrain (1929)

Edith und Karl Waggerl beim Wagrainer Lindenfest

Freizeit

turhilfen für allzu romantisch-idealistische Lebensvorstellungen: „[...] denn diese Art Romantik [ein junger Lehrer habe von ‚Idealen' nur so gestrahlt] verträgt sich nicht mit dem guten Geschmack." (EDITH, 29.4.1926) Dem Gemeinschaftsgedanken verpflichtet war Waggerls Initiative, das sogenannte Wagrainer „Lindenfest" zu gründen, Dorffest und -belustigung zugleich. Die Linde als Lebenssymbol und wohl auch die Anspielung auf Franz Schuberts „Der Lindenbaum" aus dessen „Winterreise" (1827) mögen bei der Namensgebung eine Rolle gespielt haben.[199]

5. 13. Literarisches Leben im „Kainhaus"

Wagrain war in den 20er Jahren zwar ein abgeschiedenes Dorf, aber Waggerl wurde doch mit manchem konfrontiert, was später in seinem literarischen Werk oder in diversen anderen Aktivitäten zu Buche schlug. Edith Waggerl berichtet z. B. im Februar 1928 von einem Filmprojekt, bei dem in Wagrain eine große Bauernhochzeit „mit 30 oder 40 Herreitern" (EDITH, 7.2.1928) gedreht wurde.[200] Waggerl half den ganzen Tag über bei den Dreharbeiten mit. Im April 1928 wurde das Produkt im Kino von St. Johann uraufgeführt. Sollte sich Waggerl dabei einige Anregungen für sein Drehbuch des Films „Goldene Hochzeit im Salzburger Land" (gedreht 1941, uraufgeführt 1943) geholt haben?

Im Wagrainer Kainhaus führten die Waggerls in den 20er Jahren ein intellektuelles Dasein, initiiert und geführt von „Heiner". Wahrscheinlich hat sich Waggerl in den privaten Runden, oft mit seiner Frau und Berta Kramer, seine Vorlesefähigkeiten erworben. Später sollten ihn diese – seit 1932 auf seinen professionellen Lesereisen durch Deutschland, die Schweiz, Luxemburg, Jugoslawien und Österreich – auszeichnen und einen großen Erfolg sichern helfen. Denn seit 1925 las Waggerl zu Hause sehr oft aus diversen Romanen, Abhandlungen, Briefen und natürlich aus seinen eigenen aktuellen Texten vor. Was Waggerl in seinen späteren Erinnerungen über die Macht seiner Stimme sagt, gehört sicher zur nachträglichen Selbststilisierung als vorgeblich unbedarfter junger Autor. Es war der Insel-Verlag unter Anton Kippenberg, der für Waggerl die ersten Lesereisen organisierte. Er spielt in diesem Zusammenhang auf seinen geistigen und ästhetischen Wandel um 1930 an: Erst als er davon abgekommen sei, *„lauter abgründig düsteres Zeug"* von sich zu geben, so daß auch die *„Worte glanzlos und stumpf von meinen Lippen kamen und vor mir in der Luft erstarben"*, und er stattdessen angeblich *„ohne allen Aufwand an poetischem Schmuck"* zu einem *„schlichte[n] Schildern"* gekommen sei, *„hörte ich mich selbst, ich sprach". (EM, 693ff)*

Die Palette dessen, was zu Hause vorgelesen wurde, ist erstaunlich. Im Mai 1925 berichtet Edith Waggerl zum ersten Mal von einer solchen Lesung. Zwischen 1925 und 1928 las Waggerl aus nicht weniger als 26 Texten. Wahrscheinlich waren es weit mehr, denn Edith Waggerls Tagebuch ist nicht vollständig.

5. 14. „Georg“

Waggerl rezitierte zwischen Mai und Juni 1925 mehrmals aus seinem noch unfertigen „Georg“-Roman, dem für ein Preisausschreiben einer Zeitung angefertigten Text: „Ein Zeitungsroman mit allerhand Vorbedingungen wird gewünscht. Nach dem Anfang zu urteilen, wird er viel zu gut für die Zeitung und wird natürlich durchfallen.“ (EDITH, 5.5.1925) Waggerl hatte seinen mit vielen autobiographischen Details angereicherten Roman so begonnen: *„Als sein Vater starb, fand Thomas* [Röck] *gerade eine Stelle als Lehrer in einem entlegenen Ort des Gebirges, und um diese Zeit war der Verfall seiner Familie schon voll im Gange. Seine Schwester gebar in dem Jahrzehnt ihrer qualvollen Ehe mit einem Trunkenbold vier tote Kinder und starb noch jung an einer bösen fressenden Krankheit. Der Bruder übernahm das Gut und heiratete eine entfernte Verwandte, die ihn nach kurzer Zeit mit dem Organisten betrog. Eines Nachts zündete er den beiden das Haus über dem Kopfe an und das halbe Dorf wurde zur Brandfackel seiner Rache. Später endete er im Zuchthaus, indem (sic!) er den Kopf durch ein Gitterfenster steckte und sich so erhängte.“ (NLB, 38)*[201] Karl Springenschmid erinnert sich ausgerechnet an diese Stelle, die ihm Waggerl damals vorgelesen habe. Er habe sich gegen die den Lesern unzumutbare Negativität gewandt. Waggerl hingegen sei aufgebracht gewesen und habe gemeint, wenn die Leser etwas anderes haben wollten, sollten sie in die Kirche um Trost und Erbauung gehen.[202] (SPRINGENSCHMID, 53)

Daß Waggerl dabei Arthur Schopenhauers „Nachträge zur Lehre vom Leiden der Welt“ (§ 156) zitierte und damit einen entscheidenden Hinweis auf die geistige Quelle und sogar die Begrifflichkeit seiner Texte der 20er Jahre lieferte, ist Springenschmid nicht aufgefallen. Schopenhauer schrieb: „Die Welt ist eben die Hölle, und die Menschen sind einerseits die gequälten Seelen und andererseits die Teufel darin. Da werde ich wohl wieder vernehmen müssen, meine Philosophie sei trostlos – eben nur weil ich nach der Wahrheit rede, die Leute aber hören wollen, Gott der Herr habe alles wohlgemacht. Geht in die Kirche und laßt die Philosophen in Ruhe! Wenigstens verlangt nicht, daß sie ihre Lehren eurer Abrichtung gemäß einrichten sollen. Das tun die Lumpe, die Philosophaster; bei denen könnt ihr euch die Lehren nach Belieben bestellen.“ (PP II, 354)

Die bisher beste und zutreffendste Analyse des Romans „Georg“ stammt von Otto Amann, der im Lebensweg der Hauptfigur Georg ein Bild für Waggerls Auffassung des nihilistischen Geschichtsprozesses sieht, ohne aber auf die dahinterstehende Schopenhauer-Folie zu verweisen: „Der vom Nichts-Sein über Schuld, Sühne und Kampf zum Nichts-Sein zurückführende Kreislauf [Georg wird nämlich am Ende des Romans als Führer einer „revolutionären“ Bewegung erschossen] erweist sich damit als Metapher eines Verhältnisses von Subjekt und Geschichte, in dem das Subjekt [...] von derselben zermalmt wird. Seine Rolle ist die eines Kanonenfutters im Kampf übermächtiger und undurchschaubarer Gewal-

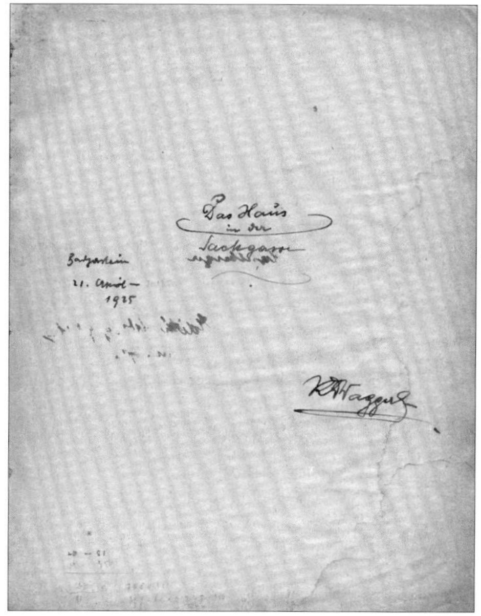

Das handschriftliche Titelblatt des Romans „Georg“

ten, die auf einem unendlichen Schlachtfeld ewig miteinander ringen." (AMANN, 222) *„Wir sind Triebräder eines großen, rätselhaften Werkes. Wenn wir uns drehen, so ist es Lust oder Qual für unser Herz, aber was will der Meister, der uns eingesetzt hat?" (GEORG, 209)*

Dieser Zeitroman ist sozusagen ein Bergwerk von Motiven für Waggerls Kurzprosa der 20er Jahre. Noch die Romane der 30er Jahre greifen darauf zurück. Georg fällt am Ende für die Arbeiter, die nur *„zur Miete in der Welt" (GEORG, 204)* seien, und für ihre von einem Fabriksbesitzer angeführte gesellschaftliche und politische Erneuerungsbewegung. Man müsse *„die* [dekadenten, jüdischen] *Städte einreissen und die Arbeiter auf das freie Land pflanzen"*, damit sie, so *„wie im Haushalt der Natur"* vorgesehen und so wie die *„Bergbauern" „auf der Scholle",* Besitzer und Eigentümer würden. Der Fabrikant und Wirtschaftspotentat Peter Bock, jene mit vielen autobiographischen Elementen angereicherte Figur, dessen Lebensgeschichte im Roman „Georg" sowie in der Erzählung „Peter" (1926) vorkommt,[203] stellt sich die Menschheits-Erlösung in antikapitalistischer Rhetorik und gleichzeitiger Ausblendung wirklicher kapitalistischer Verhältnisse so vor: *„Ich habe [...] eigentlich nicht die Fabrik gekauft, sondern die Arbeiter"*, um die *„Erhaltung des Individuums"* und die *„Erhaltung der Art"* zu gewährleisten, und zwar im Bewußtsein, sich damit den herrschenden „Naturgesetzen" anzuschmiegen. Da die „Natur" – ganz nach Schopenhauer – launisch sei, denn *„nichts um uns hält stand, auch das Gute nicht"* und *„für uns ist das Leben ein Nacheinander, eine wandernde Welle, die uns eine Weile trägt und am Ende begräbt" (GEORG, 209),*[204] sei die einzige adäquate Antwort jene Schopenhauers, nämlich „Mitleid": Die aphoristische und unentwegt wiederholte und variierte Formel Waggerls, die auch am Ende seines Romans steht, lautet dafür: *„Nicht Wahrheit tut not, sondern Güte. [...] Güte ist Bereitschaft zum Guten. Güte ist der Schlüssel zum Paradies." (GEORG, 209)*

Otto Amann ist zuzustimmen, wenn er in diesem vom Roman vorgestellten Konzept, nämlich im unentwegten Kampf zwischen Aufbauendem und Zerstörerischem auf allen Gebieten des Lebens, Arteigenem und Artfremdem (d. i. „Deutschem" und „Jüdischem"), Gesundem und Krankem usw., in dem Georg zuletzt den Opfertod stirbt, das überanstrengte Ideologie-Produkt eines Erzählers sieht, der sich seine – lebensgeschichtlich verankerte – Auseinandersetzung zwischen „strenger Moralität" und „Nihilismus" zum Thema gemacht hat. Die „realistischen" Vorkommnisse in diesem Roman sind nur Anlaß für Wesentliches, das Kolportagehafte des Romans Ergebnis des Zwangs, einen aktuellen Fortsetzungsroman für eine Zeitung zu schreiben. Daß Waggerl dabei auf eine Sprache zugreift, in der alle nur erdenklichen zeitgenössischen Vorstellungen (z. B. oberflächlicher Verstand versus tiefe Seele; jüdisch versus deutsch; feminin versus maskulin; schamlos versus schamhaft usw.) so verwendet werden, wie es damals die unterschiedlichen Vertreter der sogenannten „Konservativen Revolution“ taten, liegt auf der Hand.[205] Waggerls „Georg“-Roman ist auch von dieser Seite her, schon Mitte 1925, die erste Ausprägung, ein literarisches Reservoir für die Ideologeme, die er in seiner exemplarischen und spannend dargebotenen Erzählung „Ein Mann namens Adam“ (fertiggestellt 29.10.1927, publiziert 1928) zuspitzt und die den ideologischen und ästhetischen Weg hin zum Erstlings- und Erfolgsroman „Brot“ (1930) aufbereiten.

5. 15. Vortragsübungen

Die Rezitierabende im Hause Waggerl begannen mit Passagen aus einem nicht-literarischen Bestseller der frühen 20er Jahre, mit Henry Fords Autobiographie „Mein Leben und Werk“ (1923), das zur „Bibel der Weimarer Stabilisierungsepoche“ (HERMAND, 52) wurde und worin breite Kreise alles fanden, was man suchte: „die These von der Sozialpartnerschaft von Kapital und Arbeit, die Forderung nach strikter Rationalisierung, die Hoffnung auf einen unaufhaltsamen Anstieg des Lebensstandards“ (HERMAND, 52f), was allein durch organisatorische Maßnahmen und nicht durch Politik zu lösen sei. Ein begeisterter Amerikanismus griff um sich, „Zivilisationsphänomene wie Technik, Sport, Jazz, Wolkenkratzer, die man bisher als Ausgeburten des Häßlichen oder Kulturlosen angeprangert hatte, [wurden] plötzlich zu Leitbildern einer wahrhaft [...] freien Welt“. (HERMAND, 52ff) Freilich, Waggerls Lektüre, die ihre Spuren wahrscheinlich sogar in seinen Erzählungen „Arbeit“ (1928/29), „2000 Dollar“ (1929) und „Jack wird gehängt“ (1930) hinterlassen hat, war keine affirmative, an Ford orientierte, sondern eine schopenhauersche: der Akkord-Arbeitsplatz in „Arbeit“ gleicht einer *„Hölle“*, die Arbeiter sind *„Sklaven unter einer unsichtbaren Peitsche“*, die Arbeit des tierisch starken Johann eine *„Gewalttat, nicht weniger zügellos als der Mord an einem Viehhändler“*, und die letztendliche Vernichtung des Johann macht aus diesem ein erlegtes Etwas, *„mit Schlamm beschmiert, blutig und kaum noch einem Menschen ähnlich“. (ARBEIT, 22ff)* Und das Mädchen Daisy in „2000 Dollar“ ist Konkursmasse im kapitalistischen Kalkül des erfolgreichen amerikanischen Aufsteigers und Unternehmers Frank: Waggerls Abrechnung mit dem seiner Meinung nach menschenvernichtenden Amerikanismus und mit der sog. Neuen Sachlichkeit.

Dem Roman „Georg“ galt im Waggerl-Haus die erste Lesung aus dem eigenen Werk. Es folgte „Die Decke“ am 5. Mai 1926, publiziert im „Salzburger Volksblatt“ im Dezember 1926, jene Erzählung, von der Waggerl später behauptete (KdM, 562),[206] sie sei seine erste Veröffentlichung überhaupt gewesen, was nicht zutrifft. Edith Waggerl kommentierte in ihrem Tagebuch: „Man muß sehr leiden, wenn man sie liest.“ „Die Decke“ ist die literarische Adaption der Legende vom hl. Martin, der seinen Mantel mit anderen teilt. In Waggerls Erzählung ist der *„wie ein verlorenes Blatt“* ausgesetzte, *„ernsthafte Narr“* Martin, den sogar die Kinder hänseln, von solchem Mit-Leiden mit der tierischen Kreatur, daß die *„seltsam großen und traurigen Augen eines*

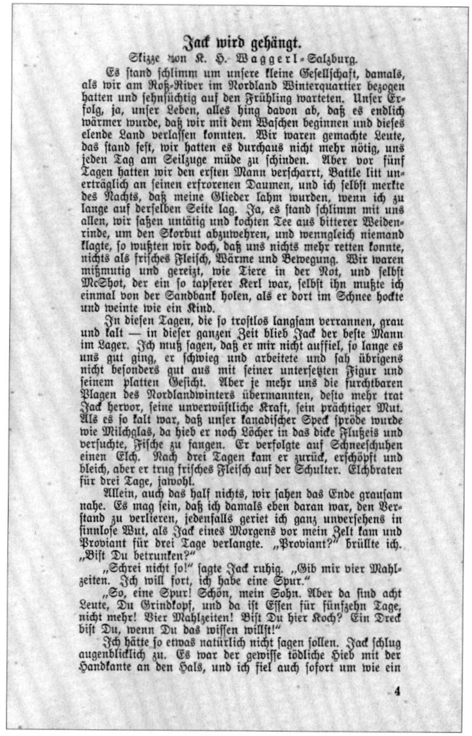

Jack wird gehängt.

Skizze von K. H. Waggerl-Salzburg.

Es stand schlimm um unsere kleine Gesellschaft, damals, als wir am Roß-River im Nordland Winterquartier bezogen hatten und sehnsüchtig auf den Frühling warteten. Unser Erfolg, ja, unser Leben, alles hing davon ab, daß es endlich wärmer wurde, daß wir mit dem Waschen beginnen und dieses elende Land verlassen konnten. Wir waren gemachte Leute, das stand fest, wir hatten es durchaus nicht mehr nötig, uns jeden Tag am Seilzuge müde zu schinden. Aber vor fünf Tagen hatten wir den ersten Mann verscharrt, Battle litt unerträglich an seinen erfrorenen Daumen, und ich selbst merkte des Nachts, daß meine Glieder lahm wurden, wenn ich zu lange auf derselben Seite lag. Ja, es stand schlimm mit uns allen, wir saßen untätig und kochten Tee aus bitterer Weidenrinde, um den Skorbut abzuwehren, und wenngleich niemand klagte, so wußten wir doch, daß uns nichts mehr retten konnte, nichts als frisches Fleisch, Wärme und Bewegung. Wir waren mißmutig und gereizt, wie Tiere in der Not, und selbst McShot, der ein so tapferer Kerl war, selbst ihn mußte ich einmal von der Sandbank holen, als er dort im Schnee hockte und weinte wie ein Kind.

In diesen Tagen, die so trostlos langsam verrannen, grau und kalt — in dieser ganzen Zeit blieb Jack der beste Mann im Lager. Ich muß sagen, daß er mir nicht auffiel, so lange es uns gut ging, er schwieg und arbeitete und sah übrigens nicht besonders gut aus mit seiner untersetzten Figur und seinem platten Gesicht. Aber je mehr uns die furchtbaren Plagen des Nordlandwinters übermannten, desto mehr trat Jack hervor, seine unverwüstliche Kraft, sein prächtiger Mut. Als es so kalt war, daß unser kanadischer Speck spröde wurde wie Milchglas, da hieb er noch Löcher in das dicke Flußeis und versuchte, Fische zu fangen. Er verfolgte auf Schneeschuhen einen Elch. Nach drei Tagen kam er zurück, erschöpft und bleich, aber er trug frisches Fleisch auf der Schulter. Elchbraten für drei Tage, jawohl.

Allein, auch das half nichts, wir sahen das Ende grausam nahe. Es mag sein, daß ich damals eben daran war, den Verstand zu verlieren, jedenfalls geriet ich ganz unversehens in sinnlose Wut, als Jack eines Morgens vor mein Zelt kam und Proviant für drei Tage verlangte. „Proviant?“ brüllte ich. „Bist Du betrunken?“

„Schrei nicht so!“ sagte Jack ruhig. „Gib mir vier Mahlzeiten. Ich will fort, ich habe eine Spur.“

„So, eine Spur! Schön, mein Sohn. Aber da sind acht Leute, Du Grindkopf, und da ist Essen für fünfzehn Tage, nicht mehr! Vier Mahlzeiten! Bist Du hier Koch? Ein Dreck bist Du, wenn Du das wissen willst!“

Ich hätte so etwas natürlich nicht sagen sollen. Jack schlug augenblicklich zu. Es war der gewisse tödliche Hieb mit der Handkante an den Hals, und ich fiel auch sofort um wie ein

4

Eine frühe Waggerl-Erzählung in der „Deutschen Feuilleton-Korrespondenz“ (1930)

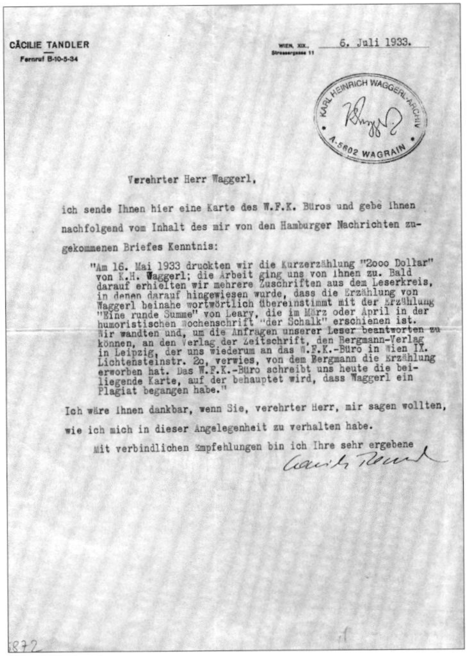

CÄCILIE TANDLER
Fernruf B-10-5-34

WIEN, XIX.,
Strassergasse 11
6. Juli 1933.

Verehrter Herr Waggerl,

ich sende Ihnen hier eine Karte des W.F.K. Büros und gebe Ihnen nachfolgend vom Inhalt des mir von den Hamburger Nachrichten zugekommenen Briefes Kenntnis:

"Am 16. Mai 1933 druckten wir die Kurzerzählung "2ooo Dollar" von K.H. Waggerl; die Arbeit ging uns von Ihnen zu. Bald darauf erhielten wir mehrere Zuschriften aus dem Leserkreis, in denen darauf hingewiesen wurde, dass die Erzählung von Waggerl beinahe wortwörtlich übereinstimmt mit der Erzählung "Eine runde Summe" von Leary, die im März oder April in der humoristischen Wochenschrift "der Schalk" erschienen ist. Wir wandten und, um die Anfragen unserer Leser beantworten zu können, an den Verlag der Zeitschrift, den Bergmann-Verlag in Leipzig, der uns wiederum an das W.F.K.-Büro in Wien IX. Lichtensteinstr. 2o, verwies, von dem Bergmann die Erzählung erworben hat. Das W.F.K.-Büro schreibt uns heute die beiliegende Karte, auf der behauptet wird, dass Waggerl ein Plagiat begangen habe."

Ich wäre Ihnen dankbar, wenn Sie, verehrter Herr, mir sagen wollten, wie ich mich in dieser Angelegenheit zu verhalten habe.

Mit verbindlichen Empfehlungen bin ich Ihre sehr ergebene

Plagiatsvorwürfe

Pferdes" genügen, dem Pferde die gerade erstandene warme Decke über den Rücken zu legen und sich ob dieses Vergehens, wie er meint, wegzuschleichen.

„Die Decke", die Figur des Martin und dessen tödliches Schicksal, sind ein weiteres Beispiel für Waggerls Existenzerfahrung mit Hilfe von Schopenhauers pessimistischer Philosophie. Dabei geht der Erzähler sogar so weit, daß er Schopenhauersche Details in die Erzählung einbaut, um die angepeilte Verkündigung der „Wahrheit" entgegen allen oberflächlichen Welt-Vorstellungen besser zu illustrieren, nämlich Martins absolut unbeachtetes, vom Weltwillen vorgesehenes Verschwinden im Acker. *„Dort* [inmitten eines Feldes im Schnee, weil er den Weg verloren hat] *schläft er ein, die Arme weit ausgebreitet, wie ein Gekreuzigter. Erst im Frühjahr findet man ihn. Die Märzsonne hat ihn aufgetaut, er ist sozusagen in den Acker geflossen und es ist wenig mehr, als ein Haufen Lumpen übriggeblieben. [...] Nun, meine Lieben, das ist eine alberne Geschichte! Aber laßt euch nicht stören, – was treibt ihr heute Abend?" (DECKE, 3)* Waggerl stellt, so wie es Schopenhauer auch gerne tat, Analogien mit den Tieren her. Der Hunger wird als Beweis für die „conditio sine qua non unseres Daseins" eingesetzt. Er erinnere uns daran, daß „wir bloße Erscheinungen im Gegensatz der Dinge an sich sind", schrieb Schopenhauer. „Denn darin gleichen wir den durch einen Rauch, eine Flamme, einen Wasserstrahl zuwege gebrachten Erscheinungen, welche verblassen oder stocken, sobald es am Zufluß fehlt." (PP II, § 147a, 322) Martin, der „ernsthafte Narr", spricht mit dem Tier wie Schopenhauer mit seinen Lesern: *„Mag sein, daß die Welt im ganzen verpfuscht ist, – gut, dann sind wir einerlei Brüder unter dem leeren Himmel und dann müssen wir uns eben einrichten." (DECKE, 3)* „Unser Leben [kann man] als eine unnützerweise störende Episode in der seligen Ruhe des Nichts [auffassen]", heißt es bei Schopenhauer. (PP II, § 156, 352)

Weitere Rezitationen im Hause Waggerl waren nachweislich folgenden eigenen Texten gewidmet: im März 1928 der Erzählung „Martha" (datiert mit 9.3.1927, publiziert 1928)[207] und im Dezember 1927 entweder dem Text „Ein Mann namens Adam", seinem erzählerisch und geistig anspruchsvollsten Beitrag aus den 20er Jahren, oder der Weihnachtsgeschichte „Die Pelzstiefelchen", beide zwischen Oktober und Dezember 1927 fertiggestellt und im Jahre 1928 erstmals publiziert.[208] Edith Waggerl notierte nur: „Abends interessante Debatten u. Vorlesung von Heiners letzten Novellen." (EDITH, 11.12.1927)

Johann Unreim, der häßliche und allseits unbeachtete Dienstmann aus „Die Pelzstiefelchen" (1927/28), ist eine Martins-Figur, mit dem Unterschied, daß er nicht eine warme Decke einem Pferd, sondern warme Pelzstiefelchen, die er als Weihnachtsgeschenk abliefern sollte, einem nach seinem Vater (!) suchenden und frierenden Mädchen schenkt und sich dann ob seines scheinbar verwerflichen Verhaltens der Polizei stellt. Johann Unreims physische „Unvollkommenheit[...], d. h. die [...] physiognomisch nichtswürdige Beschaffenheit" ist gepaart mit einer „schönen Seele" (PP II, § 156, 357): Johann ist eine exemplarische Schopenhauer-Figur: „Der schönen Seele nun gar, wie auch dem Genie, mag bisweilen darin [in der Gesellschaft] zumute sein wie einem edlen Staatsgefangenen auf der Galeere unter gemeinen Verbrechern." (PP II, §156, 357)

Bis 1930 schrieb Waggerl an die 20 Erzählungen, Kurzgeschichten und Novellen, die bis auf zwei – „Der Gast" (September 1926; WBB 15ff) und „Der Mörder" (undatiert, aber aus den 20er Jahren) – seit 1924 im „Salzburger Volksblatt" und zwischen 1926 und 1930 in verschiedenen in- und ausländischen Zeitschriften erschienen.[209] Dazu kamen einige wenige, aber aufschlußreiche Gedichte, die vom Allein- und Vergänglichsein im *„Schmutz und Stank"* der Straße sprechen, vom Mitleiden und von der Kraft der Liebe reden und einen Appell an das Akzeptieren des *„dunklen Gewebes"* des Lebens ausdrücken.[210]

Waggerls Erzählungen der 20er Jahre variieren ein gleichbleibendes Koordinatensystem von Figuren, Handlungen, Vorkommnissen, Konflikten, Begrifflichkeiten und Vorstellungsweisen. Dies trifft auch auf „Die Entfesselten" (1925), „Der Gast" (1926), „Die Decke" (1926), „Martha" (1927/28), „Die Pelzstiefelchen" (1927/28), „2000 Dollar" (1929) und „Ein Mann namens Adam" (1927/28) zu. *„Mein ganzes inneres Leben ist ein ständiges lautloses Reden in mir selbst. Nur das wenige, was ich für mitteilenswert halte, schreibe ich auf, zur Stütze für mein schwaches Gedächtnis. Das sokratische Wort: ‚Sprich, damit ich dich sehe!' mag in umgekehrtem Sinn auch für mich gelten." (EM, 694)*

Die wichtigsten Konstituenten von Waggerls Erzählwelt der 20er Jahre lassen die lebensgeschichtliche Dimension des Verfassers – äußerliche Details und innere Dimensionen[211] – durchscheinen: (Fast) immer steht ein Mann im Mittelpunkt, und zwar entweder ein auf irgendwelche Weise Geschlagener – krank, arbeits- und obdachlos, unnütz, unbeachtet, überflüssig, ausgestoßen, angstvoll, verachtet, belanglos –, oder ein bärenstarker Kerl, der aber aus heiterem Himmel in seiner Kraft und Stärke getroffen wird, wiederholt bei Holzarbeiten durch einen umstürzenden Baum.[212] *„Da liegt er, der starke Blas, es ist aus mit aller Herrlichkeit! Ein Nichts, ein Zufall hat ihn umgeworfen […]." (Z, 70)* Variationen stellen z. B. der ehemalige Bahnbeamte und zum Landstreicher heruntergekommene alternde Mann dar, der im „Gespräch in der Nacht" (1929) durch den Liebesbetrug seiner Frau auf die abschüssige Bahn gekommen ist,[213] oder Johann, der als Kain-Figur gezeichnete „Naturbursch" und Straßenarbeiter, der in „Arbeit" (1928/29) seine unbändige Kraft gegen ihn einengende Arbeitsaufträge richtet und von der Arbeitermeute, dem gesellschaftlichen Gesetz sich willig unterwerfenden Marionetten (Hetzmasse), gejagt und erlegt wird. Eine Besonderheit in dieser Waggerl-Welt stellt das Schicksal des Krämers Simon dar, der in der unpublizierten Erzählung „Der Mörder" von Wahnideen und Verfolgungsängsten zum Mord am reichen Sternwirtssohn getrieben wird, die einzige derartige Psycho-Studie des Autors. Simon wird von den Gesetzeshütern abgeführt: Gesetz, Gesellschaft, Vernunft und Ordnung greifen ein.

Die Figuren sind alle entweder (selbst) gemordete oder im ursprünglichen Sinn des Wortes ohnmächtige oder allein und einsam bleibende Opfer eines gleichgültigen Schicksals: der Tischlergeselle Josef in „Der Held", der arbeitslose Intellektuelle Tobias in „Der Hund", der namenlose Kranke und Sterbende in „Die Falle", der Buchhalter Sebastian in „Das Abenteuer",[214] Blas und Michael, die in ihrer physischen und psychischen Komplementarität dem aus dem Roman „Georg" bekannten Doppelgängerpaar Georg und Siegfried vergleichbaren Knechte aus „Zorn", der Student Paulsen und der alte Landstreicher aus „Gespräch in der Nacht". Schopenhauer-Ideen und an sie angelehnte Formulierungen sind natürlich im Spiel. Alle Figuren sind typisierte Menschen, die in einer gottverlassenen oder gottlosen Welt hausen und sich abmühen, der *„unbarmherzigen Weite dieser Welt schutzlos preisgegeben und ständig in Gefahr, von ihr aufgesogen zu werden wie ein Tropfen Wasser". (AB, 9)* Eine der wiederholten Formeln, die auch im Roman „Georg" und später in den autobiographischen Schriften verwendet wird, lautet: *„zur Miete in der Welt" (AB, 9)*, eine andere: *„in dieser geräumigen Welt war doch kein Platz für ihn" (P, 44)*, ebenfalls ein Satz aus einem autobiographischen Zusammenhang. Ab und zu treffen sie *„mit dem Instinkt des Unglücklichen"* auf *„Leidensgenossen"*[215] und können sich nur kurz aneinander wärmen, bevor sich wieder ihr *„Herz in einer wunden Höhle zu Tode klopft". (AB, 10, 14)*

Über die Figuren, die auftreten und sich (gegenseitig) abkämpfen, heißt es u.a.:

„[...] und an drei Hölzern hängt ein sich windender Wurm – ein schreiendes Tier – ein Mensch. [...] Der Todeskampf dieses Tagelöhners, um den niemand trauern würde, wenn er nur ungesehen stürbe, steht allzu unzweideutig, gleichnishaft vor aller Augen. [...] Denn er gehört zu den Menschen, die man überall anzutreffen und zu übersehen gewohnt ist, sodaß sie in Wahrheit nicht deutlicher existieren als ein Gras am Wege." [HELD]

„Man hat da wohl eine besonders geistvolle und unauffällige Methode gefunden, ihn aus der Welt zu schaffen? (HUND) [...]

Dann ist es still, und das Blut des Mörders mischt sich friedlich mit dem Blute des Gemordeten. Man findet die beiden Toten [Blas und Michael] *eng verschlungen [...]." (Z, 73)*

„Wir sind nur Ungeziefer auf der Erde. [...] ‚Aber inzwischen sind Sie längst ausgezählt, Sie müssen weg. Es trifft einen eben, verstehen Sie? Mir geht es ebenso, es war nicht mein Plan, hier zu krepieren.' [...] ‚Wir sind zu zahlreich, wir Menschen, wir bringen die Welt aus dem Gleichgewicht, wie die Mäuse in Kalifornien. Darum werden wir ausgezählt [...]. ‚Sie sind ja eine Ruine, ein Kadaver.' [...] sein Leib liegt zerstampft und zerbrochen unter der Decke." (G, 32ff)

Zwischen Gebet und expliziten Anklagen gegen einen deus absconditus in einer Welt *„unter dem leeren Himmel" (DECKE, 3)* oder einem *„unbarmherzig hellen Himmel" (HELD)* pendeln die Erzählungen. Die explizite Formulierung einer solchen Anklage steht in der Erzählung „Der Hund" (1926): *„‚Du bist mein Mörder, lieber Gott, du bist mein Mörder!' Ja, Gott bricht zusammen unter dieser Anklage, alles bricht zusammen. Hier liegt er, Prometheus, an die Erde geschmiedet und von Qualen zerrissen." (HUND)*[216] Nicht nur unter diesem Aspekt betrachtet, gehören Waggerls Erzählungen der 20er Jahre zu den Ausläufern einer wichtigen Lebens- und Welterfahrung der expressionistischen Generation, nämlich des „Nihilismus". Die traditionellen Glaubensinhalte waren erschüttert, dennoch blieb eine religiöse Sehnsucht bestehen, die in ersatzmetaphysischen Vorstellungen, wie z. B. Rasse, „Blut" und Nation, mündete und oft den Bannkreis christlicher Metaphysik überschritt. (VIETTA, 155ff)

In Waggerls Erzählungen steht immer die gesamte Existenz und die Befindlichkeit der Welt zur Debatte. Mord, Selbstmord, Mitleiden mit den Kreaturen, gleichnishafter Todeskampf, Angst und Irresein, Belanglosigkeit des Daseins, sogar Ekel vor dem eigenen Körper (vgl. HUND) sind Ergebnis und Ausdruck schopenhauerischer Weltsicht. Der tödliche Kampf z. B. zwischen dem urtümlichen Blas und dem verzärteltweibischen Michael in „Zorn" (1927/28) ist eine Studie psychischer Instanzen, aber noch keine Auseinandersetzung naturhafter Kraft mit der Zivilisation wie in „Ein

Mensch namens Adam" (1927/28). Die inhaltlichen Bezüge zu den „Aphorismen" Waggerls liegen oft auf der Hand.

5. 16. „Peter"

In der autobiographisch gefärbten Erzählung „Peter" (1926) kommt schon eines der Elemente ins Spiel, das auf die späteren Werke vorausweist, nämlich das Motiv des Besitz-Erwerbens, des Arbeitens und Bauens: *„Als das Blockhaus* [im Ödland hoch oben auf dem Berg] *fertig stand, da war es noch nicht genug, Peter umschloß das ganze Grundstück mit einem weiten doppelten Gehege aus Pfählen und stachlichem Drahtgeflecht. Der Mann baute eine Festung auf den Berg, ein unüberwindliches Bollwerk gegen alle Anfechtungen der Welt." (PETER, 52)* Und trotz aller Auslöschungen durch das *„Schicksal"* nimmt Peter dies geduldig hin. Tabula rasa, Neubeginn statt Verzweiflung lautet jetzt das Motto:*„Ja, aber die Sonne schien wieder, die Spechte lärmten von neuem im Holz und der Kuckuck rief." (PETER, 55)* In „Peter" ist das Kernmotiv des Romans „Brot" vorformuliert. Otto Amann nannte dies zutreffend den Weg von der „pessimistischen Klagerede zur heiter-besinnlichen Trostrede", (AMANN, 167)[217] in die plötzlich auch ganze humoristisch gemeinte Kapitel integriert werden.

5. 17. „Martha"

Die Erzählung „Martha" (1927/28), die Waggerl im Familienkreis vortrug, ist hingegen etwas komplizierter und ausgefeilter angelegt, aber seine ideelle und erzählerische Linie verläßt Waggerl auch hier nicht. Martha, die stumme Viehmagd, ein zufällig im Alkoholrausch gezeugter Leib, vom Vater mit vierzehn Jahren beim Kartenspiel gegen ein Kalb eingetauscht und seitdem im Stall hausend und abgerichtet, die Tiere zu betreuen, ist auch eine von den Galeerensträflingen des Daseins nach Schopenhauer. Zugleich wird sie, nach der Geburt ihres Sohnes Lazarus, zum Inbegriff des Muttertieres, eine Vorstellung, wie sie Waggerl insbesondere von Otto Weininger her sehr vertraut war. (WEININGER, 273ff. „Mutterschaft und Prostitution") Ganz im Sinne Schopenhauers hatte Weininger formuliert: „Physisches Leben und physischer Tod, beide im Koitus so geheimnisvoll tief zusammenhängend [...], sie verteilen sich auf das Weib als Mutter und als Prostituierte." (WEININGER, 304)[218]

Bei den Waggerls und im Kreis um sie gab es eine intensive und oft kontroverse Auseinandersetzung mit Fragen und Problemen der Sexualität, Liebe, Ehe und des Kinderkriegens. Waggerl interessierte sich ganz außerordentlich für einschlägige, meist philosophische Schriften zu diesen Themen. In zeitlicher Nähe zur Rezitation von „Martha" las er z. B. im Kainhaus aus Honoré de Balzacs „Physiologie der Ehe" (1829), eklektisch-philosophische Betrachtungen über Glück und Unglück in der Ehe vor, aus einer Insel-Verlags-Ausgabe (1920), die er schon 1924 in Salzburg erworben und selbst gebunden hatte. (EDITH, 6.11.1927) Zum geistigen Raum dieses Themas gehörten für

Waggerl natürlich Otto Weininger und Schopenhauers „Metaphysik der Geschlechtsliebe“ (SCHOPENHAUER II, 678ff) sowie dessen verstreute Notizen aus den „Parerga und Paralipomena“ (z. B. PP II, §§ 155–156), nicht zuletzt das zugespitzt frauenfeindliche Kapitel „Über die Weiber“
(PP II, §§ 362–376).

Zeitlebens galt Waggerl als Experte in Geschlechterfragen und stellte sich sogar – selbstironischerweise – als Eheberater zur Verfügung: In seinem Vorwort zu dem Lehrbuch der Ehe „Drum prüfe, wer sich ewig bindet ...“ (1951) bezeichnet er sich als *„Generalstäbler des Ehekrieges“ (EHE).* Weiningers „Geschlecht und Charakter“ hatte Waggerl penibel durchgearbeitet. In dem VI. Kapitel „Gedächtnis, Logik, Ethik“ und dem XII. Kapitel „Das Wesen des Weibes und sein Sinn im Universum“ stehen die Vorbildsätze: „Es ist also richtig, daß das Weib keine Logik besitzt. [...] Darum lügt die Frau stets, auch wenn sie objektiv die Wahrheit spricht.“ (WEININGER, 185, 379)

Aus all diesen Schriften konnte sich Waggerl z. B. schlagende Rechtfertigungen für die Kinderlosigkeit während der 20er Jahre holen. „Denn wer es weiß, dem können zuzeiten die Kinder vorkommen wie unschuldige Delinquenten, die zwar nicht zum Tode, hingegen zum Leben verurteilt sind, jedoch den Inhalt ihres Urteils noch nicht vernommen haben.“ (PP II, § 155, 352) Solches deckt sich auffallend mit dem, was Waggerl sowohl gegenüber Karl Springenschmid als auch gegenüber der späteren Vertrauten Maria Lorenz äußerte. *„Wer möchte wohl sein Kind einer solchen Umwelt preisgeben?“ (LORENZ, undatiert, um 1934)* Springenschmid, sich selbst als der Fortpflanzung des deutschen Volkes verpflichtet fühlend, für Waggerl hingegen ein unverantwortlicher und unbewußter Vollzieher des „Fortpflanzungswillens der Gattung“ (nach Schopenhauer), erinnert sich an heftige Meinungsverschiedenheiten mit Waggerl, die beinahe den Bruch der Beziehung bedeutet hätten. Springenschmid bekam davon freilich nur so viel mit, daß für Waggerl die Ehe eine „Sache [war], um den Menschen aus seiner bedrohlichen Einseitigkeit herauszuführen [...] und dessen Einsamkeit zu überwinden“. (SPRINGENSCHMID, 39ff)

Aus dem Verlag der Berliner Schiller-Buchhandlung hatte sich Waggerl im Juli 1926 außerdem die deutsche Übersetzung eines italienischen populärwissenschaftlichen Bestsellers, nämlich Paolo Mantegazzas „Die Physiologie der Liebe“ (3. Aufl., 1877), zuschicken lassen und das Buch gebunden.[219] Alle genannten Autoren waren für Waggerl, der unentwegt auf der Suche nach dem treffenden und schlagenden Wort war, zudem unerschöpfliche aphoristische Fundgruben, aus denen er sich nicht nur seine Anregungen holte, sondern ihm besonders gemäße Formulierungen in sein eigenes Gedankengebäude einbaute. Mantegazza z. B. liefert in den letzten Kapiteln seiner Schrift Hunderte von „Aphorismen über die Ehe“, Weiningers und Schopenhauers Texte glänzen durch deren Sentenzenhaftigkeit, was Waggerls Geschmack entgegenkam. Seine Bibliothek ist voll von Aphorismen- und Sprüchebüchern, unter ihnen die fast 2000

Waggerl mit Berta Kramer

Waggerl mit seiner Frau Edith

Seiten umfassenden zwei Bände der von Egon Berg gesammelten Aphorismen der Weltliteratur mit dem Titel „Das Buch der Bücher" und ein von Waggerl selbst in weichstes Leder und mit der Weisheitseule besonders schön geschmücktes Exemplar mit Texten u. a. von La Rochefoucauld, Novalis und Hippokrates, alles aus der Leipziger Insel-Bücherei.

Waggerls Auffassung über die Geschlechterbeziehungen und die Fortpflanzung hat ihre zugespitzten Formulierungen in seinen „Aphorismen" (1924) gefunden. Gerade auf diesem Gebiet ist Schopenhauer ganz nah. In Anspielung auf dessen Selbstmord-Verständnis – „allein es ist etwas Positives dabei: die Zerstörung des Leibes" (PP II, § 157) – und in Weiterführung des Gedankens heißt es bei Waggerl: *„Selbstmord ist gewiss die erhabenste menschliche Tat der Auflehnung. Stiller und weittragender ist die andere Form des Kampfes gegen das Leiden: Verzicht auf Vaterschaft". (A, II/30)* Im 5. Kapitel von Waggerls „Aphorismen" mit dem Titel „Mann und Weib", in dem er 38 Beiträge zum Thema sammelte, stehen Behauptungen, die ohne Weininger und Schopenhauer undenkbar wären, ja oft direkt auf die beiden „Väter" zurückgehen. Waggerls Formulierung von der *„Zeugung"* als dem *„Gegenstück zum Morde"(A, V/21),* an die er seine angstbesetzten, aber philosophisch legitimierten Überlegungen über die Fortpflanzung anschließt, könnte man unzählige Sentenzen der beiden „Väter" danebenstellen. Bei Waggerl heißt es u. a.: *„Bist du sicher, daß dir nicht ein dunkler Zufall einen lahmen, blinden oder tauben Kretin zum Sohne beschert? Wie willst du deine Tat vor dieser Möglichkeit verantworten? [...] Und endlich, du tötest indem du zeugst! Wie willst du vor deinem Sohne, der nicht leben wollte, verantworten, daß er sterben wird? Allein du rettest dich mit Phrasen. [...] Wenn du deinen Sohn liebst, zeuge ihn nicht!" (A, V/22)* Nur *„Mitleid vor diesen ahnungslosen Opfern des Ungewissen* [den Kindern]*" (A, V/36)* sei deswegen die adäquate Haltung. In seinem Roman „Mütter" (1935), der eigentlich „Fruchtbarkeit" heißen sollte, hat Waggerl in dem Paar Marie-Jakob und in Jakobs Kinderwunsch autobiographische Erfahrungen verarbeitet. (MÜTTER, 616ff, 628ff)

Otto Weininger hatte gegen die „weibisch-jüdische" „Koitus-Kultur" (WEININGER, 443) gewettert, die „den Mann" zerstöre, denn „der Mann hat Grenzen", während „die Frau", die „Kupplerin", „Verschmolzenheit" wolle: „Denn einen wahrhaft bedeutenden Menschen, der im Koitus mehr sähe als einen tierischen, schweinischen, ekelhaften Akt, oder gar in ihm das tiefste, heiligste Mysterium vergötterte, wird es, kann es niemals geben." (WEININGER, 337, 380)[220] Waggerl war überzeugt, daß sich „Persönlichkeit" nicht fortpflanze, noch weniger „Geist oder Genie", wie er handschriftlich notierte. In solchen Kontexten entwickelte Waggerl seine Weiningersche Liebesphilosophie – „Liebe ist Mord" (WEININGER, 325) –, indem er an das Ende seiner Aphorismen-Sammlung in der Form eines Ausrufungszeichens folgenden Satz setzte: *„Und trotz allem: Es ist besser, du gehst an deiner Liebe zugrunde, als, es wäre keine Liebe in der Welt!" (A, V/38)*

In der Erzählung „Martha" wird auch eine Mann-Frau-Geschichte erzählt, nämlich die von dem plötzlich aus der Fremde auftauchenden, bärenstarken und mit den Tieren besonders vertrauten Knecht Robert und der Stallmagd Martha sowie dem gemeinsamen Kind Lazarus. *„Die Nächte sind lau, die Tiere brüllen im Stall, und Brunst steigt aus der Erde." (M, 84)* Das scheinbar durch nichts zu erschütternde Dasein Roberts wird urplötzlich beim Holzfällen durch einen ihn treffenden Baum erschüttert. *„Man gewöhnt sich allmählich daran, ihn husten zu hören, und schließlich liegt er allein und verlassen in seinem schmutzigen Bett. Er stirbt wohl ohnehin – ein Landstreicher, wer mag da Zeit und Mühe an ihn verschwenden! Der Bauer denkt an seinen Sohn, den hat vor drei Jahren der Stier erdrückt. Ein Kind, – es lag einfach da und starb dahin." (M, 82)*[221] Das Schicksal, der Weltwille waltet. Aber Martha, die „schöne Seele", zeigt Mit-Leiden und hilft dem Knecht.

Mit gutem Grund und absichtlich ist Waggerls Text *„,mit der Hacke gemacht', wie jemand nicht übel sagte" (AN, 662),* denn vor allem ist es der „Generationsakt", in dem die „größte Konzentration" des „Willens zum Leben", die „erneuerte Menschwerdung" stattfindet. (PP II, § 166, 373) Wesentliches, Menschheitliches ist also am Werk. Daß das Kind ein Lazarus wird, hat damit zu tun, daß „der Beischlaf [des Teufels] Handgeld [ist] und die Welt sein Reich. Hat man denn nicht bemerkt, wie illico post coitum cachinnus auditur diaboli [man gleich nach dem Beischlaf das Lachen des Teufels hört?]" (PP II, § 166, 373) Lazarus wird, so wie Martha früher auch, vom Bauern verkauft, und zwar an Robert, den Vater, der nach langer Abwesenheit auf den Hof zurückkommt, um seinen Sohn ohne das Wissen Marthas mitzunehmen: *„,Wir sind fertig', sagt er [Robert] halblaut.,Aber ein Schwein bist du, Bauer. Jawohl, ärger als ein Jude bist du!' [...] Die Bäuerin knüpft ein Tuch um seinen [des Lazarus] Hals. ,Gott verzeih uns die Sünde!' flüstert sie weinerlich [...]. Der Bauer sitzt hinter der Scheune und schmiert den Wagen. Einen nagelneuen Wagen, jawohl. [...] Martha wendet sich ab und geht in die Stube. Sie setzt sich auf eine Bank, tödliche Angst überfällt sie plötzlich wie ein Krampf." (M, 90)* Martha will ihrem Kind nach, weiß nicht, wohin sie fahren soll, hat auch kein Geld dafür, will auf den fahrenden Zug aufspringen und kommt unter dessen Räder. Keine herkömmliche soziale Mitleidsprosa schreibt Waggerl, sondern existentielle Anschauung der Welt will er verbreiten. Das vermittelt den Eindruck expressionistischer Pathetik und überanstrengter „Wesentlichkeit". Kein Zufall ist es auch, daß Waggerl die unmoralische Eintauschaktion aus der Perspektive des Robert als eine „jüdische" kodiert, in Fortführung der zeitgenössischen Vorstellungen aus der Romanwelt des „Georg" und zugleich als Angriff auf die angeblich heile christliche Bauernwelt.

„Martha" ist eine schopenhauersche Studie mit Weiningerschen Einsprengseln. Mit sogenannter „Heimatdichtung" hat sie nichts zu tun, außer daß sie in einem Viehstall, in einer Bauernkammer, im Wald und auf den Almen spielt.

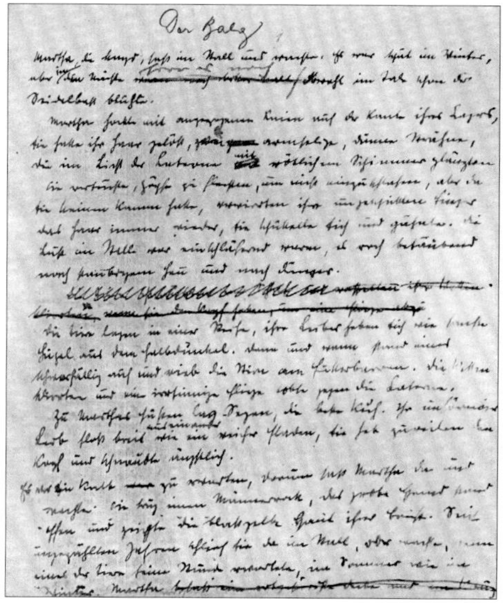

Eine frühe Fassung der Erzählung „Martha" (9.3.1927)

5. 18. „Ein Mann namens Adam“

Es wäre gut nachvollziehbar, wenn Waggerl auch seine Erzählung „Ein Mann namens Adam“ (datiert mit 29.10.1927) im Familien- und Freundeskreis vorgetragen hätte. Nachzuweisen ist es nicht, aber wahrscheinlich. Sie ist der Beginn einer neuen erzählerischen Qualität und zugleich eines höheren intellektuellen Anspruchs, der sich darin äußert, daß Waggerl begann, die subjektiven Erfahrungen stärker als bisher in ein übergreifendes und geschlossenes Interpretationssystem einzuordnen. Die Erzählung kann als novellenartige Erprobung für den Erstlingsroman „Brot“ verstanden werden. Es ist nicht überraschend, daß Filmregisseure versuchten, auf die Adam-Erzählung zuzugreifen, wie z. B. Wilfried Frass, der 1948 sogar den Plan hatte, die Erzählung aus den 20er Jahren in Zusammenarbeit mit Georg Wilhelm Pabst (1887–1967) oder mit Wolfgang Liebeneiner (*1905)[222] zu verfilmen. 1949 sollte mit Attila Hörbiger in der Hauptrolle gedreht werden. Dazu kam es aber nicht.[223]

Knut Hamsun (1859–1952)

Ausgehend von einem bekannten erzählerischen Kernelement der Waggerlschen Texte der 20er Jahre, nämlich der existentiellen Ausgesetztheit eines meist männlichen Subjekts, was sogar zu dessen Auslöschung und Vernichtung durch einen blinden, unaufhaltsamen Drang, das unentwegte Wirken des Welt-Willens führen kann, entwickelt Waggerl in „Ein Mann namens Adam“ zum ersten Mal – in offener Anwendung seiner Knut-Hamsun-Lektüre,[224] die schon seit 1918 nachzuweisen ist –, ein antizivilisatorisches Gesellschaftskonzept. „Natur“ und in ihr der „natürliche“ Adam – namen- und geschichtslos, tierhaft stark und brünstig, ungeistig, aber instinktsicher, sprachlos und naiv, frei und arm, friedfertig, aber verteidigungsbereit – werden in radikaler Opposition allem Zivilisatorischen, d. h. Gesellschaftlichen, also dem Staat, der Politik, der herrschenden Moral, der Presse, dem herrschenden Gesetz und der Justiz, vertreten durch den Gendarmen, den Richter und den Staatsanwalt, gegenübergestellt – und unterliegen letztlich. Waggerls Adam-Text war für ihn die denkerische und erzählerische Erprobung der Frage, wohin ihn der Weg führe, wenn er das Individuelle mit dem Gesellschaftlichen konfrontiere und daraus eine *„Anschauung der Welt“* entwickle. Waggerl geht auf das Ganze, er hat den Prozeß der angeblich menschenverachtenden Vergesellschaftung des Menschen im Visier. Er zeigt einen exemplarischen Fall und greift deswegen zu mythisierenden Mitteln.

Der Erzähler inszeniert demnach eine Gerichtsverhandlung, in der Adam, der „natürliche“ und freie Mensch, von den Geschworenen in seinem gegen ihn angestrengten Prozeß zwar vorerst freigesprochen wird, ihn die Gesetze der zerstörerischen Zivilisation aber dennoch brutal einholen: *„Das Gesetz, das der Staatsanwalt über das Schicksal des einzelnen stellt, dieses Gesetz hat den Angeklagten zum Mörder gemacht, nun mag es ihn richten . . . Die Geschworenen sprechen Adam frei. Aber sein Schicksal erfüllt sich dennoch. Die Qualen so vieler Wochen haben sein Ge-*

hirn völlig verwirrt, das Geschrei der Leute im Saal macht ihn scheu, vielleicht begreift er auch gar nicht, was ihm der Vorsitzende erklärt. Ein Wachsoldat nimmt ihm die Handschellen ab, im gleichen Augenblick greift ihn Adam blitzschnell an. Der Irrsinn seiner Angst gibt ihm ungeheure Kräfte, es entsteht ein wildes Handgemenge, Lärm und Verwirrung. Er hat schon einige seiner Gegner gefährlich verletzt, ehe ihn ein Soldat, vielleicht aus Versehen, mit dem Säbel ersticht." (ADAM, 66) Es geht Waggerl in seiner polarisierenden Natur-Zivilisations-Konstruktion und der Darstellung des Vergesellschaftungsprozesses um die Neubewertung jener Prinzipien, wie sie der Gesellschaftsvertrag der Aufklärung und Immanuel Kant als Grundlage einer gedeihlichen Entwicklung der Menschheit für unabdingbar erklärten. Bei Waggerl ist das Recht, wie es der Vertreter des Staates, der Staatsanwalt, einmahnt, zu einer Vernichtungsmaschinerie gegen das absolut „freie" und „natürliche" Subjekt entartet. *„Besser – um mit dem Dichter zu reden –, besser Ungerechtigkeit als Unordnung" (ADAM, 66)*, sagt demgemäß der Staatsanwalt. Zivilisation, Staat, Recht und Freiheit werden deswegen als von verblendeten *„Sklaven"* betriebene *„Räder"* einer *„Maschine* [dargestellt], *deren Knechte wir alle sind und die uns erbarmungslos mit Vernichtung bedroht, wenn wir nicht irgendwann einmal den Nacken beugen" (ADAM, 66)*, wie der Verteidiger mit eindeutiger Zustimmung des Erzählers dem Gericht entgegenschleudert. *„Gehen Sie, meine Damen und Herren, nur über den Rasenplatz in einem Park, Sie werden auf dem Schafott enden, wenn Sie nicht rechtzeitig ihre Freiheit verleugnen" (ADAM, 66)*, gibt sich der Verteidiger – und mit ihm der Erzähler – volkstümlich.

Der entscheidende Schritt zur neuen ideologischen Dimension ist, daß Adam, der „freie" Mensch, zwar *„viele Tage lang einsam unter dem erbarmungslosen Himmel des Gebirges* [liegen konnte] *und [...] doch wieder gesund* [wurde]*" (ADAM, 64f)*, jetzt aber, von der „städtischen" Zivilisations-Maschinerie eingekerkert, endgültig *„verloren" (ADAM, 65)* ist.

Die Sympathie des Erzählers und mit ihm die gelenkte Leser-Sympathie gehört folglich dem „Naturmenschen" Adam. Man könnte auch sagen: Der Weg Waggerls führt ihn von seiner Schopenhauer-Weininger-Phase zu einer Position der „Konservativen Revolution". Von entscheidender Bedeutung für Waggerls Ideologie ist nämlich, daß „Freiheit", „Gesundheit", „Stärke" und „Gerechtigkeit" ausschließlich als Absoluta, als außergesellschaftliche Kategorien gedacht und vorgestellt werden. „Freiheit" ist nicht die Freiheit des anderen, wie sie die Philosophie und der Gesellschaftsvertrag der Aufklärung denken, sondern sie wird als etwas Absolutes, Außergesellschaftliches gedacht. Der Recht- und Freiheitsbegriff der herrschenden Ordnung wird als Vehikel zur Vernichtung des „freien" Subjekts denunziert. Bis in kleinste sprachliche Details wird die unversöhnbare Opposition zwischen „Natur" und „Gesellschaft" faßbar, und alle denkbaren Bereiche des Lebens sind betroffen: Wirtschaft, Politik, Wissenschaft und Kultur, Moral und Leben. *„Adam* *wird den Ärzten übergeben, allein die Wissenschaft kann nicht viel zur Klärung beitragen. [...] Der Staat, sagen die einen, die Kultur! Wankt nicht alles, wenn das Recht wankt? Hütet euch, warnen sie, die Anarchie ist auf dem Marsch! Das sind die grauen Bärte, Finsterlinge in den Augen der anderen. Sie, die Jungen, sind weniger ängstlich, sie fallen nicht geradezu mit Beilen über ihre Gegner her, aber die Worte sind scharf genug. Zugegeben, Mord ist nicht erlaubt, außer in großem Stil. Allein, ist Adam etwa ein gewöhnlicher Räuber? Zum Teufel übrigens mit diesem Adam, darum geht es hier nicht, es geht um die Freiheit, behaupten die Jungen, dafür stehen und fallen sie. Jawohl, für die Freiheit, gegen die Gewalt [...]." (ADAM, 65)*

In Waggerls Roman „Schweres Blut" (1931) werden es schließlich der politisierende Aufrührer Josef und der gebildete Postmeister sein, die jene vom Erzähler denunzierten Wörter *„Freiheit"* und *„Gleichheit"* sowie *„Kultur, Aufschwung"* im Munde führen. (SB, 323) Und gerade der Dorfdoktor Erwin darf, weil er *„ja auch sonst den Verstand nicht beisammen"* hat, gegen den als Verirrung vorgestellten Fortschrittsglauben die vom Erzähler vertretene Meinung äußern, daß *„die Natur furchtbar zurückschlägt"* und die Frauen angeblich *„unfruchtbar"* mache, und zwar ausgerechnet deswegen, weil die Apostel des Fortschritts *„kein Geheimnis mehr" (SB, 323)* schrecke. Das ist Waggerls prinzipielle erzählerische Methode, nämlich Fortschrittsfeindlichkeit und traditionellen Anti-Intellektualismus als Widerstandshaltung einzuführen und so die Sympathie fortschrittsskeptischer bis -feindlicher Leserinnen und Leser zu erhaschen.

Waggerls Adam-Geschichte kann man in ihrer zentralen Stellung für das geistige Profil des reifen Autors gar nicht hoch genug einschätzen. Der denkerische Ansatz und die erzählerische Durchführung sind aus einem Guß und das Konzentrat einer hochwirksamen Ideologie, nämlich einer Art des „konservativ-revolutionären" Denkens, ein Beitrag zur Kritik an der Aufklärung, ihren Traditionen und Aporien. Waggerls Erzählung thematisiert die Kosten der Zivilisierung und konstatiert den Verlust an Lebendigkeit, Unmittelbarkeit, Stärke und Instinkthaftigkeit. In der Kritik an der Gesellschaft wird Zivilisiertheit sogar zu einem Dekadenz-Phänomen, „archaische" Werte werden als unverstellte, gesunde Menschlichkeit gefeiert. *„Überlegt man genauer, was den Menschen wesentlich vom Tier unterscheidet, so ist es schließlich nicht ein Vorzug, sondern ein Mangel: der an Instinkten"*, schrieb Waggerl in einem Aphorismus. „Das Unbehagen gegenüber dem madig gemachten Rationalismus und Liberalismus hat sich [gegen Ende der 20er Jahre] verdichtet, hat [...] eine gefährliche Erweckungsbereitschaft für alles Vor-Rationale und einen brisanten Kult des Irrationalen entstehen lassen [...]." (KIESEL, 519) An einem solchen „Vor-Rationalen" hat Waggerls Erzählung Anteil, indem sie dieses letztlich als gesund und unverbraucht schildert. Sie bahnt nicht nur vielen wichtigen zukünftigen Texten der 30er Jahre – z. B. „Brot" (1930), „Schweres Blut" (1931) oder „Mütter“ (1935) – den ideologischen und ästhetischen Weg, sondern ist zugleich die Vorbereitung für weitere Texte „harmloserer“ Art, die z. T. im Nicht-Gesellschaftlichen einen intakten Bereich sehen, wie z. B. „Das Wiesenbuch“ (1932) oder „Das Wagrainer Tagebuch“ (1936).

Waggerls Entwicklung in den 20er Jahren ist Teil einer Entwicklung, die z. B. Robert Musil schon 1922 in seinem Essay „Das hilflose Europa“ folgendermaßen charakterisierte: Das Leben, das uns umfange, sei „ohne Ordnungsbegriffe“, die „Tatsachen des Lebens überdeck[t]en uns ungeordnet“. Er konstatierte die auf keinen Nenner zu bringenden Auseinandersetzungen zwischen einem „ungegründeten Vernunft- und Fortschrittsglauben“ und den „bekannten Fetische[n] der Epoche, der Nation, der Rasse, des Katholizismus, des Intuitionsmenschen, welchen allen negativ gemeinsam ist eine sentimentale Nörgelei am Verstand und positiv das Bedürfnis nach einem Halt“. (MUSIL, 1087) Was der Zeit „am Herz[en] nagte“ und als „Heilungen“ in den 20er Jahren im Sinne der „Konservativen Revolution“ in Angriff genommen und als Orientierungs-, und Bewältigungsmodelle vermittelt wurde, konnte sich nur deswegen seit den 20er Jahren zunehmend erfolgreich durchsetzen, weil diese Bewegung auf sozialpsychologische Dispositionen in allen Bevölkerungsschichten traf, die Robert Musil treffend folgendermaßen beschrieb: „[...] es ist gerade in geistigen Kreisen [...] kein Vorurteil so hartnäckig wie dieses, daß an aller Mißentwicklung der Zivilisation und vor allem an der seelischen Zersetzung der Verstand schuld sei, dem sie fröne. Nun mag man dem Verstand alle möglichen Einseitigkeiten und schlimmen Nebenwirkungen nachsagen, wenn man aber behauptet, daß er zersetzend wirke, so meint man damit nie etwas andres, als daß er Werte, die ehedem ohne Riß und gefühlssicher galten, allmählich auflöst: aber das kann er nur dort, wo sie in ihren Gefühlsvoraussetzungen ohnedies schon gespalten sind; es ist nichts, was in seiner Natur läge, sondern es liegt in ihrer! Er selbst ist in seinem Wesen nach ebenso bindend wie zerlegend, ja er ist wohl die stärkste bindende Kraft in den menschlichen Beziehungen, was merkwürdig oft von schöngeistigen Anklägern übersehen wird.“ (MUSIL, 1087f) Wichtig ist Musils Hinweis, daß das „Projekt Aufklärung“ „auf einer viel zu schmalen Denkensgrundlage unternommen“ worden und deswegen zusammengebrochen sei, einen „platten Schutthaufen“ hinterlassen habe. (MUSIL, 1092)

5.19. „Landstreicher“

Mit „Ein Mann namens Adam“ stieß Waggerl in eine neue Dimension vor. Die Erzählung gibt sich als nicht-politisierend, ist dafür aber umso konzentrierter ideologisch. Die Erzählung „Landstreicher“ (1930)[225] ist von ähnlicher Ideologieträchtigkeit: Hier wird nämlich am Beispiel der mitleidsvollen, aber häßlichen Maria und des blinden Thomas, der nichts von ihrer Häßlichkeit weiß, gezeigt, in welche Katastrophe es führt, wenn die moderne Medizin einschreitet. Als eine Augenoperation erfolgreich ver-

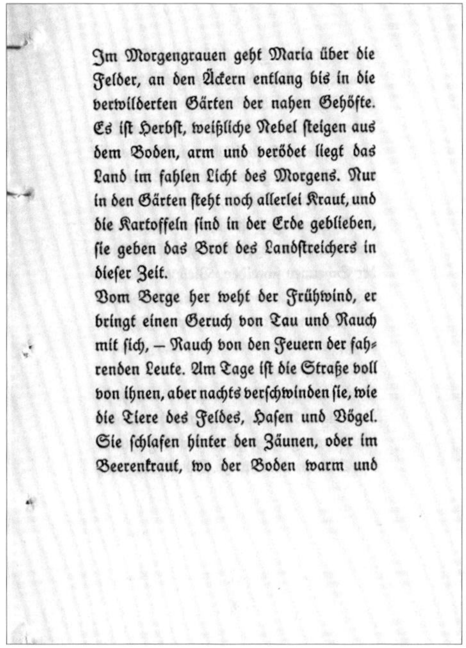
Im Morgengrauen geht Maria über die Felder, an den Äckern entlang bis in die verwilderten Gärten der nahen Gehöfte. Es ist Herbst, weißliche Nebel steigen aus dem Boden, arm und verödet liegt das Land im fahlen Licht des Morgens. Nur in den Gärten steht noch allerlei Kraut, und die Kartoffeln sind in der Erde geblieben, sie geben das Brot des Landstreichers in dieser Zeit.
Vom Berge her weht der Frühwind, er bringt einen Geruch von Tau und Rauch mit sich, – Rauch von den Feuern der fahrenden Leute. Am Tage ist die Straße voll von ihnen, aber nachts verschwinden sie, wie die Tiere des Feldes, Hasen und Vögel. Sie schlafen hinter den Zäunen, oder im Beerenkraut, wo der Boden warm und

Eine Seite aus der Erzählung „Landstreicher“

läuft, ist das „Glück“ der beiden zerstört: Maria getraut sich nicht mehr unter seine Augen, sie geht ins Wasser. Sie ist sozusagen der Kostenfaktor des Fortschritts. *„Allein, vielleicht ist die Liebe mehr wert als das Licht der Augen?“ (LAND, 74)* Ein derartig konstruiertes Dilemma ist nur aus der auf die Spitze getriebenen Fortschrittsfeindlichkeit Waggerls zu verstehen. Zudem bringt er ein Element an jeweils prominenter Stelle, nämlich zu Beginn und am Ende, ins Spiel, das in „Ein Mann namens Adam“ noch nicht dominant war – *„es* [das Wandern] *liegt im Blute.“ (LAND, 67, 77)*

Damit war das „Wesentliche“ angeblich gesagt, zugleich aber ein Ende der erzählerischen Analysefähigkeit erreicht. Der Bluts-Diskurs sollte als bestimmende Kraft des Daseins während der NS-Ära eine außerordentliche Konjunktur erleben. Waggerl bediente ihn, nicht zuletzt mit dem Romantitel „Schweres Blut“: *„Vom Blut her ist er* [Blas] *Bauer, und das hilft ihm, sein langsames schweres Blut. [...] Das Leben des Bauern ist ruhmlos, nichts bleibt von ihm zurück als sein Name und sein schweres Blut.“ (SB, 256, 239)*

Mit „Ein Mann namens Adam“ hatte sich Waggerl etwas erarbeitet, worauf er später zurückgreifen und womit er reüssieren konnte. Hier sollte schließlich auch Waggerls Selbstverständnis als unpolitischer, aber nationaler Autor wurzeln, dem es nicht um irgendeine *„Weltanschauung“* gehe, wie es der „jüdische“ *„Journalismus“* verbreite, sondern um die dichterische *„Anschauung der Welt“*, wodurch *„die unverrückbare Wesenseinheit aller Dinge und Geschehnisse, die tieferen Zusammenhänge“* deutlich werden sollten. Das schrieb Waggerl, der innerhalb von drei bis vier Jahren, zwischen 1930 und 1933, zu einem der bekanntesten Jungautoren Deutschlands aufgestiegen war, in seinem programmatischen Artikel „Dichtung und Journalismus“ (1933), der in einem der repräsentativen Sammelbände anläßlich der „Machtergreifung“ Hitlers von Heinz Kindermann unter dem Titel „Des deutschen Dichters Sendung in der Gegenwart“ herausgegeben wurde. (DuJ, 254ff) Das Geleitwort zu dieser NS-Publikation schrieb der Schriftleiter der NSDAP-Zeitung „Der Völkische Beobachter“ und Staatskommissar Hans Hinkel: „In den Stunden, da diese Zeilen geschrieben werden, dröhnt durch Deutschland der Marschtritt der Regimenter der nationalen Revolution. Das Volk ist im Aufbruch. Was Millionen in schweren Nächten ersehnten, nimmt Gestalt an. [...] Die Gemeinschaft all der Künder deutscher Art ist im Werden. Blut und Boden werden wieder bestimmende Substanz. [...] Die schöpferischen Deutschen [...] verpflichten sich dem Führer, dem Schöpfer, dem Künder. Wieder hält die Welt vor Deutschland, das zu sich fand, den Atem an. Der Spuk der Wurzellosen ist zu Ende. Steht der Dichter im Volk, dann steht das Volk um ihn, für ihn. Über die Sendung des deutschen Dichters sprechen die, die sich dessen bewußt sind, in diesem Buche. Glückauf dem ewigen deutschen Genius! Berlin am Tag von Skagerrak 1933.“

Dicht gedrängt wurde im Jahre 1927 im Wagrainer Kainhaus vorgetragen. Das von

Waggerl gepflegte literarische und intellektuelle Leben umfaßte auf den ersten Blick Heterogenes. Waggerl las Texte von Karl Kraus vor, u. a. aus dessen „Fackel“, aus Beethovens Heiligenstädter Testament (1802) und Grillparzers Rede am Grabe Beethovens (1827). Bei Grillparzer konnte er zum Trost und identifikatorisch lesen: „Denn ein Künstler war er [Beethoven], und was er war, war er nur durch die Kunst. Des Lebens Stacheln hatten ihn tief verwundet, und wie der Schiffbrüchige das Ufer umklammert, so floh er in deinen Arm, o du des Guten und Wahren gleich herrliche Schwester, des Leides Trösterin, von Oben stammende Kunst!“ (GRILLPARZER, 882)[226] Auch Mozart-Briefe standen auf dem Repertoire. Waggerl rezitierte außerdem aus Heinrich Heines „Die Harzreise“ (1824). Aufgefallen wird ihm jedenfalls Ludwig Börnes Motto zum Reisebuch sein: „Nichts ist dauernd, als der Wechsel; nichts beständig, als der Tod. Jeder Schlag des Herzens schlägt uns eine Wunde, und das Leben wäre ein ewiges Verbluten, wenn nicht die Dichtkunst wäre.“ (BÖRNE, 102) Auf dem Programm stand auch mehrmals Wilhelm von Kügelgens Memoirenwerk „Jugenderinnerungen eines alten Mannes“ (1870).[227]

Besondere Vorlieben galten einerseits Fjodor M. Dostojewski, aus dessen Briefen Waggerl vortrug, andererseits der englischsprachigen Literatur, hier insbesondere humoristischen Texten und naturalistisch-romantischen Abenteuergeschichten und Reiseberichten aus fernen Ländern. Dementsprechend rezitierte Waggerl an vielen Abenden Charles Dickens' „Die Pickwickier“ (1836/37) – „tiefer und stachelloser Humor“, notierte Edith Waggerl (EDITH, 15.2.1927) –, Mark Twains europakritischen Text „Ein Yankee am Hofe des Königs Artus“ (1889/deutsch 1923) und „Die Abenteuer des Tom Sawyer“ (1876), aus Jack Londons „Wenn die Natur ruft“ (1907).[228] Zum gehobenen Satire- und Humor-Bedürfnis gehörte natürlich auch Miguel de Cervantes' „Don Quijote“. (EDITH, Jänner 1928) Seit 1927 wurde an vielen Abenden Knut Hamsun gelesen, nachweislich seine „Vagabunden“ und die Romane „Landstreicher“ (1927),[229] „Kinder ihrer Zeit“ (1913) und „Segen der Erde“ (1917).

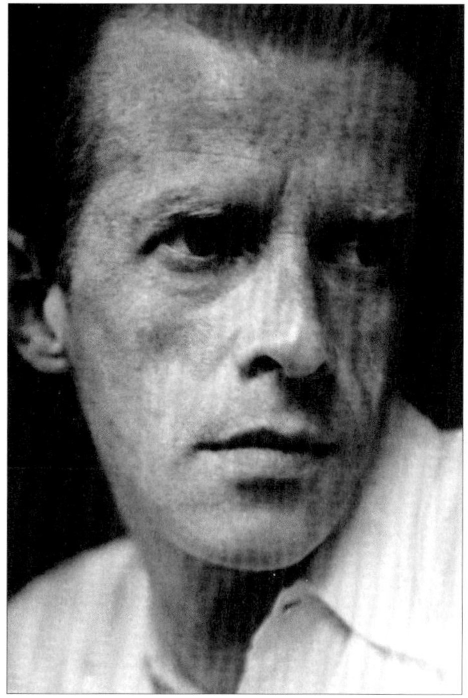

6. Die 30er Jahre: Die Kippenberg-Zeit

6. 1. Waggerl und die „Insel"

Die „Geduld", die ihm Franz Karl Ginzkey im Jahre 1921 als Voraussetzung für eine gedeihliche schriftstellerische Tätigkeit ans Herz legte, sollte im Jahre 1929 schließlich Früchte tragen – beim Leipziger Insel-Verlag des Dr. Anton Kippenberg. Wie er sich dort wiederholt seit 1925 präsentierte, unterschied sich in zwei wesentlichen Punkten von seiner Selbstdarstellung anfang der 20er Jahre, als Waggerl in Österreich als Schriftsteller Fuß zu fassen versuchte.

1921 hatte er sich als ein *„nicht ganz ungewöhnliche[r] Mensch"(BRIEFE, 10)* vorgestellt, der vom renommierten Autor Ginzkey Unterstützung und ein offenes Wort erbat.[230] Er hatte sich als Lehrer *„sehr wider Willen" „in kindlichem Vertrauen"* und sehr unterwürfig an Franz K. Ginzkey gewandt, von diesem vorerst keine Antwort erhalten, was ihn zu einem forschen und erbosten zweiten Brief veranlaßte: *„Die ganze Sache ist mir [...] zur Qual geworden [...], weil ich es mir schließlich hätte ersparen können, meinen Stolz auf den Bettelweg zu führen. [...] Durch meine Ungeschicklichkeit habe ich wohl den Menschen in Ihnen verfehlt." (BRIEFE, 11f).* Als Ginzkey schließlich seinen *„weisen Rat"* doch noch erteilt hatte, schlug Waggerls Stimmung ins Euphorische und ins Bekenntnishafte um: *„Das Gefühl, es täte mir etwas Gewalt an, hat mich von Kindheit auf gequält"*, eine *„ungesunde Empfindsamkeit"* treibe ihn, er wollte sich mit seinem Brief an Ginzkey vom großen Vorbild *„auf die Füße"* stellen lassen, *„mit Gewalt"* dränge es ihn zum Schreiben, *„um zeitweilig Ruhe vor mir selber zu haben". (BRIEFE I)* In einem für den Eugen-Diederichs-Verlag in Jena (undatiert, aber 20er Jahre)[231] gedachten Brief hatte Waggerl hingegen jungenhaft forsch formuliert: *„Leihen Sie mir vorerst das Ansehen Ihres Namens, ich will Sie später mit dem meinen entschädigen. [...] Alle meine künftigen Arbeiten biete ich Ihnen im Vorhinein zum Verlage an, das heißt, ich verschreibe mich Ihnen auf Gnade und Ungnade." (BRIEFE, 16; vgl. EM, 698)*

Als es Waggerl 1928 bei Kippenberg wieder einmal versuchte, stellte er sich als „unweibischer", aber ästhetisch sensibler Mann und als Kenner und Verkünder des gesund-starken Bauerntums des Gebirges vor. Dies war freilich nicht nur eine geschickte Werbestrategie, sondern hatte zugleich einen tiefen lebensgeschichtlichen Grund, in dem seine neuen Texte (u. a. „Brot", publiziert 1930) verankert waren, die ihn die Überzeugung formulieren ließen, daß, was immer *„ich sage,* [nur dann ausspreche],

Waggerl an seinem Arbeitsplatz

Dr. Anton Kippenberg, der Leiter des Leipziger Insel-Verlages

wenn ich zugleich das Ganze preisgebe, das ich bin." (EM, 694)* In der Tat sollte dies für die ästhetische Qualität und für die intensive Wirkung beim Publikum und bei der Literaturkritik wichtig sein. *„Das einfache Wortgefüge ließ sich plötzlich willig durch den Wortlaut formen." (EM, 693)*

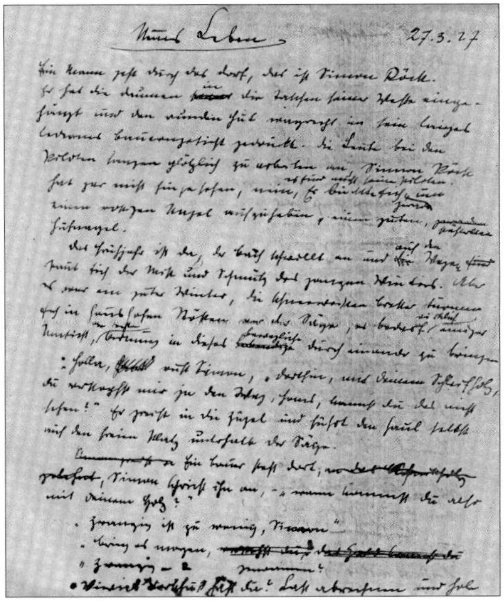
Neues Leben 27.3.27

„Neues Leben" – eine Vorstufe zum Roman „Brot"

Sowohl auf metaphorische Weise als auch direkt kam Waggerl sein Leben lang auf jene innere Wandlung gegen Ende der 20er Jahre mit all ihren Folgen für Leben und Werk zu sprechen. Alle Dimensionen der Texte waren dadurch betroffen. Der knappste metaphorische Satz dafür lautet – es ist der Eröffnungssatz des Romans „Brot" (1930) – *„So kommt der Frühling auf das öde Land von Eben, das geschieht über Nacht." (BROT, 9)* „Brot" ist die erste, detaillierte und umfangreiche Entfaltung der neuen inneren Welt. Nicht ohne Grund lautet eine der ersten handschriftlich erhaltenen Vorarbeiten aus dem „Brot"-Stoffbereich „Neues Leben", datiert mit 27. März 1927.[232] Auch im „Wagrainer Tagebuch" (1936) stehen eine Reihe von Szenen, die diese Wandlung als eine Reinigung, einen Neubeginn und Aufbruch, ein Wurzelschlagen und Besitz-Ergreifen darstellen. Da ist z. B. jene von Waggerl bei seinen Vortragstouren der 30er Jahre besonders gern gelesene Gewitter-Szene oder jene Passage, in der der Ich-Erzähler über den Kauf eines Lehens berichtet. Waggerl hat sich in seinen späten Jahren gerne als der „Einfache", der „schlichte Schilderer" stilisiert, der *„ohne allen Aufwand an poetischem Schmuck" (EM, 693)* gearbeitet habe, Adalbert Stifter vergleichbar. Das Prinzip der *„Vereinfachung" (EM, 693)* war also nicht Selbstzweck, sondern Ausdruck der neuen Identität, was Waggerl als ein Zu-Sich-Selber-Kommen, als Erlebnis von festem Halt erfuhr:

„Das ist nicht der Wind, den ich kenne, es ist Sturm, er fällt wie ein Räuber über mich her und würgt mir den Atem aus dem Halse. Der Staub brennt in den Augen, und plötzlich schlägt der erste schwere Regentropfen schmerzhaft in mein Gesicht. Diese Tropfen sind pfeifende Geschosse, sie schlagen Blätter aus den Bäumen, und die Erde stäubt, wo sie auftreffen. Hier unter dem Baum kann ich nicht bleiben, es wird Zeit, daß ich mich nach einem Dach umsehe. Ich will ein paar Schritte weit am Zaun entlang laufen und in den Heuschuppen kriechen. Aber das ist ein weiter Weg in diesem Aufruhr. Der Regen holt mich ein und dringt sofort eiskalt durch Rock und Hemd, der Wind treibt mich mit Fäusten vor sich her, ich verliere den Boden und sinke in rauschende Büsche, ich laufe wieder und falle und krümme mich unter seinen Stößen. Ich krümme mich tief, denn jetzt fährt der Hammer aus dem Himmel. [...] Eine fremde Luft weht mich an, scharf und sauer, der Blitz hat ganz nahe eingeschlagen. Im gleichen Augenblick überschwemmt mich der Regen, Bäche von Regen, in breiten Würfen schräg über das Feld geschleudert wie Korn aus einer säenden Hand. Ich fühle Angst, die kopflose Scheu des Tieres, während ich fliehe und unter das Dach des Schuppens krieche. [...] Langsam hebt die Wolke ihren Saum vom westlichen Tal. Ein heller Streifen Himmel wird sichtbar, und mit einem

Male bricht die Sonne durch das Gewölk. Ferne Äcker leuchten plötzlich auf, zartgrün und hell wie unirdische Inseln im trüben Dunst. [...] Eine andere, schönere Welt ist aus dem Wetter auferstanden, neu geschaffen und noch frisch in allen Farben. Ich trete hinaus und schaue mich um, da liegt das Land, meine Wiese, grün und weiß. Dunkel ist der Acker, fast schwarz von guter, feuchter Erde, hellfarbig die Wintersaat, rauchend und zerzaust vom Regen. Der Wind streicht darüber hin und richtet die Halme behutsam wieder auf. Er hat auch alles Dürre und Welke aus den Kronen der Bäume gekämmt, nun strecken sie sich im warmen Sonnenschein, verjüngt und mit glänzendem Laub bekränzt." (WB, 129ff)

„Die beste Kraft kommt aus den Wurzeln. Und die Wahrheit ist im Nächsten wie im Fernsten zu finden, aber überall gleich mühevoll. Dergleichen Gedanken gehen mir durch den Kopf, während ich im tobenden Wetter am Fenster lehne. Es mögen einfältige Gedanken sein, aber müßig sind sie nicht. Denn ich muß mir Rechenschaft ablegen, es ist etwas geschehen, was mein ganzes Leben von Grund auf ändern kann. Ich habe mir ein Lehen gekauft. Ein Lehen, das ist Ackerboden, Wiesenland, eine Hütte darauf." (WT, 143)

Auf die Ebene des Räsonnements gehoben, lauten Waggerls Formulierungen – aus größerem zeitlichen Abstand nach 1945 – über denselben Vorgang folgendermaßen: *„Es ist wohl so, daß ein Mensch, der einmal die unterste Grenze des Daseins erreicht, zugleich ein sicheres Maß für alle folgenden Zustände gewinnt. Er kann nicht mehr völlig verzweifeln, denn kein Kummer ist größer als das unermeßliche Glück zu atmen, und niemand lebt schwerer als er stirbt. Nach allem, was ich erfahren hatte, fand ich keinen Grund, diese Welt als die denkbar beste darzustellen, auch nicht als die denkbar schlechteste, beides schien mir gleich trivial zu sein. Ich fühlte mich von Anfang an gedrängt, den Kräften nachzuspüren, die das Ganze im Gleichgewicht halten, offenbar von Ewigkeit her und in die Ewigkeit hinein. Ein solches Bemühen fand freilich schon damals keinen Anklang mehr im Literaturbetrieb." (EM, 681f)* Mit dem letzten Satz rückt sich Waggerl in die historisch völlig unzutreffende Rolle als Außenseiter, eine Selbstzuschreibung, die als Antwort auf jene Angriffe zu verstehen ist, denen er nach der NS-Zeit ausgesetzt war.

Zum neuen Denken gehört auch die scheinbar leicht hingesagte und den religiösen Aspekt der skizzierten Wandlung betreffende Formulierung aus „Ein Mensch wie ich" (1963), wonach in der Welt, wäre sie so, *„wie sie ist, [...] natürlich niemand an Gott glauben [könnte]. Anscheinend trägt er es mir aber nicht nach, daß ich ihn eine Zeitlang für eine bloße Fiktion hielt." (EM, 698)*

„Auf Gnade und Ungnade", so hieß es in einem der Bewerbungsschreiben Waggerls. Das Verhältnis zu Anton Kippenberg war vorerst die Beziehung des sich ungebildet fühlenden Sohnes zum neuen Vater – Dankbarkeit und Untertänigkeit. Später kamen Aufmüpfigkeit und einige Krisen dazu, dies

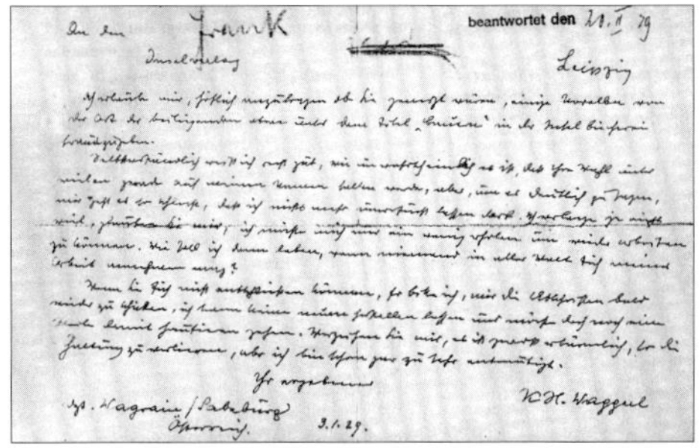
beantwortet den 21.1.29

Brief Waggerls an den Insel-Verlag (3.1.1929): „Wie soll ich denn leben, wenn niemand in aller Welt sich meiner Arbeit annehmen mag? ... Verzeihen Sie mir, es ist jedoch erbärmlich, so die Haltung zu formulieren, aber ich bin schon gar zu sehr entmutigt."

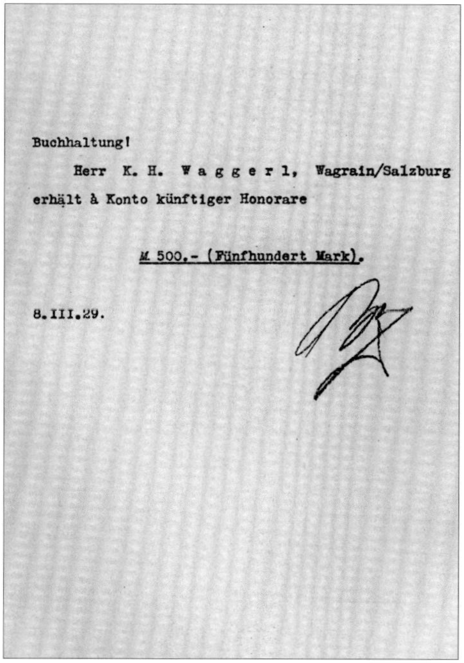
Buchhaltung!

Herr K. H. W a g g e r l, Wagrain/Salzburg

erhält à Konto künftiger Honorare

M 500.- (Fünfhundert Mark).

8.III.29.

Vorschuß

alles aber in Zeiten des zunehmenden Erfolges. So stellt sich die Geschichte der Beziehung Waggerl – Insel-Verlag seit 1929 dar, die bis 1956 dauerte, seit dem Tode Anton Kippenbergs im Jahre 1950 aber nur mehr wenige Briefe umfaßte. Seit 1945 gab es freilich einen Dauerkonflikt mit dem Verlag. Waggerl hatte nämlich schon seinen Nachkriegs-Verleger Otto Müller in Salzburg gefunden und fühlte sich vom Insel-Verlag vernachlässigt, was dieser heftig und wiederholt bestritt. Das „monogamische Verhältnis" zwischen Waggerl und dem Insel-Verlag, schon in den 30er Jahren einige Male gestört durch „Seitensprünge" des Autors (WK, 19.11.1932),[233] zerbrach endgültig.

Die Korrespondenz mit Kippenbergs Verlag zwischen 1925 und 1950 – sie umfaßt ca. 750 Dokumente und Briefe – ist eine aufschlußreiche Quelle, die viele Facetten eines Schriftstellerlebens beleuchtet. Jedenfalls kommt Kippenberg das Verdienst zu, Waggerl konsequent zur literarischen Arbeit angeleitet und gedrängt zu haben. Es ist deswegen kein Zufall, daß die Gesamtheit jenes Werkes, und zwar in allen relevanten geistigen und ästhetischen Aspekten, die auch für die Ausbildung des Waggerl-Bildes ausschlaggebend waren und sind, zwischen 1930 und 1937 z. T. entstand und publiziert wurde. Es reicht vom Erstlingsroman „Brot" (1930) bis zu den „Kalendergeschichten" (1937). Alles, was nachher noch veröffentlicht wurde, sind Variationen desselben Konzeptes.

Kippenberg war nicht nur Geschäftsmann, sondern wurde für Waggerl ein *„geistiger Vater" (WK, 27.10.1933)*, der *„dauernde Sicherheit" (WK, 27.7.1931)*, das heißt auch ein monatliches und stetig steigendes Salär zahlte, zusätzliche Vorschußzahlungen und oft Geldaushilfen vermittelte, ein *„richtiger Bischof für Ihren David" (WK, 10.12.1933)*, aber auch ein Feldherr: *„es hängt ja alles von Ihren feldherrlichen Dispositionen ab!" (WK, 19.5.1933)* Kippenberg meinte, er verlege nicht vornehmlich Bücher, sondern Menschen. (WK, 8.4.1930) Kippenberg kam seit 1930 (fast) alljährlich ein- oder zweimal ins Salzburger Land, in die Landeshauptstadt, nach Bad Gastein auf Kur – seine Frau Katharina logierte 1930 im Hause Wassing – und nach Wagrain und intervenierte sogar beim Bad Gasteiner Bürgermeister für die Verbesserung der Wohnungssituation von Waggerls Mutter. (WK, 25.7.1932) So durfte sich Waggerl aufgehoben, gestützt, beraten und geführt sehen. Die *„seßhafte, armselige Kartoffel"*, als die er sich im Vergleich zum Insel-Autor Rainer Maria Rilke rhetorisch betitelte, deklarierte sich deswegen dankbar als *„Bürger der ‚Insel'"(WK, 2.5.1934)* und gestand, *„daß ich mehr und mehr in einem Verhältnis geistiger Kindschaft zu Ihnen fühle und daß mir die Empfindung unbedenklicher Zugehörigkeit eigentlich jede Dankesformel unmöglich macht". (WK, 22.5.1934)* Nach einer der ersten Beziehungskrisen im Jahre 1932, als Waggerl, schon etwas seiner untertänigen Rolle entschlüpft, unter geschäftstüchtigem Hinweis auf verlockende Angebote anderer Verlage bessere Verlags-Bedingungen forderte, weil er sich *„Grund und Holz für ein eigenes Haus" (WK, 5.3.1932)* kaufen wolle, schlossen die Partner nach einer Aussprache in Salzburg[234] einen neuen Vertrag ab, in dem Waggerl dem Insel-Verlag alle seine Buchprodukte bis Ende 1935 überließ. Kippenberg erhöhte seine monatlichen Zahlungen auf 350.– Mark, also umgerechnet ca. öS 600.–, einen für österreichische Verhältnisse hohen Betrag. Waggerl kommentierte den Vorgang folgendermaßen: *„Sie sind für mich [...] der wahre ‚Vater der Jugend', – natürlich, daß sie auch verlorene Söhne haben müssen! Das Entscheidende ist, daß Sie nicht nur mit Verlegeraugen nach ‚neuen Autoren' suchen, sondern daß Ihnen auch das Menschliche etwas gilt." (WK, 6.5.1932)*

6. 2. Das Jahr 1930

Als sich Waggerl 1928 bei seinem, nach 1925 zweiten Anlauf, bei der „Insel" unterzukommen, auf eine Weise selbstbewußt vorzustellen wußte, wies dies auf den Roman „Brot" voraus und spielte zugleich auf einen um 1930 feststellbaren massiven Trend an: Das „deutsche Volk", der „starke, gesunde und ewige Bauer", das Mythische, das Männliche waren jetzt – erneut – gefragt. Teile der zeit- und und ideengeschichtlichen Forschung zum Verhältnis von fortschreitender Technologisierung und Industrialisierung haben gezeigt, wie seit dem 19. Jahrhundert in unterschiedlich intensiven Schüben technik- und fortschrittsskeptische bis -feindliche Antworten auf diesen Prozeß gegeben wurden. Waggerl hatte unbestreitbar Anteil an dieser Kultur, auch wenn sein Weg dahin natürlich nicht der Weg des politischen Ideologen oder Programmatikers, sondern der des traumatisierten Individuums war, das im Bauern-Mythos Halt, neue Orientierung und Selbstreinigung suchte und anscheinend fand. Waggerl war sich immer der Metaphorik und damit der Ideologieträchtigkeit seiner Sprache bewußt und reagierte meist mit ätzenden Bemerkungen auf jene Leute, die aus ihm einen Gebirgsbauern machen wollten. *„Ich bin kein Bauernlümmel. Ich besitze einen Smoking [...]. Ich sitze gerne im Café oder in einer Bar [...]" (SEUFZER, 242).*

Eine der Antworten auf die gesellschaftliche Entwicklung verdichtete sich im Mythos vom „ewigen Bauern". Denker und Politiker der sogenannten „Konservativen Revolution", die den Kapitalismus als apokalyptische Zerstörung von „Volk und Heimat" betrachteten, radikalisierten sich zunehmend. „Was da neu heraufzog, war von absoluter Negativität, die nicht in Hinblick auf eine künftige Wende, auf ‚Aufhebung' und wirkliche Aneignung akzeptiert werden konnte. Von daher erklärt sich die größere Schärfe und Unbedingtheit, der apodiktische Ton dieser konservativen Kritik am Kapitalismus, aber auch ihr zunehmender Irrationalismus, die verzweifelte Suche nach irgendwie passenden universalen Erklärungsmodellen [...]." (SIEF, 191)

Im großstädtischen, bürgerlichen Verlag in Leipzig erlebte man Waggerls Selbstdarstellung offenbar wie erfrischendes Wasser. Waggerl meinte, er verstehe *„das Volk, von dem ich schreibe, gewissermaßen aus dem Blute. Die Bauern des Gebirges sind der Ur-*

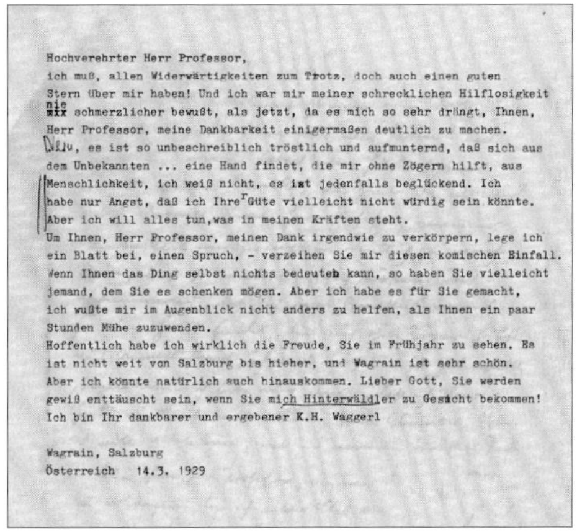
Hochverehrter Herr Professor,
ich muß, allen Widerwärtigkeiten zum Trotz, doch auch einen guten Stern über mir haben! Und ich war mir meiner schrecklichen Hilflosigkeit nie schmerzlicher bewußt, als jetzt, da es mich so sehr drängt, Ihnen, Herr Professor, meine Dankbarkeit einigermaßen deutlich zu machen.
Nun, es ist so unbeschreiblich tröstlich und aufmunternd, daß sich aus dem Unbekannten ... eine Hand findet, die mir ohne Zögern hilft, aus Menschlichkeit, ich weiß nicht, es ist jedenfalls beglückend. Ich habe nur Angst, daß ich Ihrer Güte vielleicht nicht würdig sein könnte. Aber ich will alles tun,was in meinen Kräften steht.
Um Ihnen, Herr Professor, meinen Dank irgendwie zu verkörpern, lege ich ein Blatt bei, einen Spruch, - verzeihen Sie mir diesen komischen Einfall. Wenn Ihnen das Ding selbst nichts bedeuten kann, so haben Sie vielleicht jemand, dem Sie es schenken mögen. Aber ich habe es für Sie gemacht, ich wußte mir im Augenblick nicht anders zu helfen, als Ihnen ein paar Stunden Mühe zuzuwenden.
Hoffentlich habe ich wirklich die Freude, Sie im Frühjahr zu sehen. Es ist nicht weit von Salzburg bis hieher, und Wagrain ist sehr schön. Aber ich könnte natürlich auch hinauskommen. Lieber Gott, Sie werden gewiß enttäuscht sein, wenn Sie mich Hinterwäldler zu Gesicht bekommen! Ich bin Ihr dankbarer und ergebener K.H. Waggerl

Wagrain, Salzburg
Österreich 14.3. 1929

„Ich habe nur Angst, daß ich Ihrer Güte vielleicht nicht würdig sein könnte." (Brief an Dr. Anton Kippenberg, 14.3.1929)

**Hanns Arens,
zeitweilig Lektor im Insel-Verlag**

stoff, aus dem sich ein großer Teil des deutschen Volkes erneuert." Es gehe darum, *„diese Bauern wahrhaftig"* und nicht in neuerdings zur *„Mode"* gewordenen, *„den Weibern abgeschaute[n] [und ihm in der Seele zuwider seienden] Schreibweise" „gemütsträchtig"* zu schildern. So lautete Waggerls versuchter und letztlich erfolgreicher Einstieg in die deutsche Literatur: *„Ich bin ein Mann und schreibe wie ein solcher. Gleichwohl messe ich der sprachlichen Gestaltung meiner Arbeiten großen Wert bei [...]." (WK, 16.2.1928)*

Dies hatte im Verlag sicher bleibenden Eindruck hinterlassen, auch wenn es noch nicht zu einer Zusammenarbeit kam. Aber nur ein Jahr später, Anfang 1929, erkannte Kippenberg die Chance, trotz aller Hamsun-Nähe einen „wahren neuen Dichter" entdeckt zu haben und „für sein Werk mit dem Herzen eintreten zu dürfen". (WK, 18.9.1930) Kippenberg zeigte sich, wie schon erwähnt, von großer finanzieller Großzügigkeit, ohne noch einen wirklich publizierbaren und seinem Verlag gemäßen Text auf dem Tisch zu haben.

6. 3. Das Gesellenstück und Hamsun

Diesen lieferte Waggerl im August 1929, nämlich „Brot", einen Titel, den sich Waggerl nach Behauptungen des Salzburger Autors Georg Rendl (1903–1972) von diesem „ausgeliehen" habe.[235] In einem Brief an Georg Rendl vom 2.4.1947 bestätigte Waggerl indirekt die Behauptungen Rendls: *„Natürlich hätte ich meinen Anspruch zurückziehen können, heute würde ich es ohne weiteres tun. Aber damals war ich jung und hatte noch nicht gelernt, nachgiebig zu sein." (SLitA, Waggerl)*[236] In der Darstellung des Romans für den Verlag schrieb Waggerl in teilweiser Fortführung des bildhaften Sprechens des Romans selbst: *„Im Grunde heißen wir ja wohl alle ‚Simon'* [das ist die Hauptfigur des Romans], *irgendwann im Leben fallen wir, müssen zur nackten Erde zurückkehren und wieder aufzubauen anfangen. Das ist die tiefere Bedeutung, die Tendenz des Buches, wenn man so sagen darf. [...] Sie* [die Arbeit] *ist ‚mit Blut geschrieben', Alle diese Menschen, Simon, Regina, Sebastian, sind wahr und echt, sie leben zwar nicht, aber ich kenne sie." (WK, 25.8.1929, 11.10.1929)*[237]

Ungeduldigst erwartete Waggerl die Entscheidung Kippenbergs seit Anfang Oktober 1929. Diese fiel sehr schnell – noch im selben Monat –, und zwar unter Mitwirkung des damaligen Insel-Lektors und Hamsun-Kenners Hanns Arens, der von Kippenberg beauftragt wurde, das Typoskript zu lesen. Aber Kippenberg selbst hatte sich schon entschieden, den Roman in seinem Verlag erscheinen zu lassen.

Die Erinnerungen von Hanns Arens, der bald darauf die „Insel" verlassen sollte, aber sich weiterhin als „der" Kenner Waggerls schlechthin betrachtete und sich als eifriger, offenbar nicht nur uneigennütziger Propagandist der Werke Waggerls betätigte, rücken freilich die eigenen Entdecker-Meriten in den Mittelpunkt. Schon im Sommer 1929 sei er der erste gewesen, der Waggerl in Wagrain für die deutsche Literatur entdeckt habe: „Ich war buchstäblich der erste Mensch aus der Welt der Literatur, den Waggerl kennenlernte.“ (VAGABUND, 18) Arens, der sich seit 1931 sehr umtriebig und oft nicht im Einverständnis mit Waggerl und dem Insel-Verlag u. a. für eine Verfilmung des „Brot“-Romans einsetzte, berichtete auch davon, daß für alle von Anfang an die Abhängigkeit von Knut Hamsun klar war. Dennoch publizierte man den Roman. Waggerl hat in Briefen an den Verlag, an Arens und auch in seinen „Autobiographischen Notizen“ (1930) darüber gesprochen.

Daß Knut Hamsuns Texte, insbesondere „Segen der Erde“ (1917), für Waggerl nicht nur literarische Form-Vorbilder waren, sondern *„etwas Innerliches“ (AN, 663)* des eigenen Erlebens und der eigenen Wahrnehmung von Ich und Gesellschaft, Innen und Außen, „Zivilisation“ und „Natur“ zum Ausdruck brachten, steht fest. Für alles, was Waggerl sagen wollte, hatte Hamsun schon die adäquate Form gefunden, keine tragfähigere konnte Waggerl entdecken, so meinte er. Waggerl ließ ein „Brot“-Exemplar an Knut Hamsun senden.
(ARCHIV H 25, 57)

Daß bei Waggerl in „Brot“ im Unterschied zu Hamsuns ästhetisch relativierender Zivilisationsskepsis (FERG) eine deutliche Zivilisationsfeindlichkeit und eine durch nichts relativierte „Natur“-Ideologie herauskam, hat offenbar sowohl mit Waggerls traumatisch angetriebenem *„Wurzelfassen“ (AN, 663)* als auch mit seinem ehrgeizigen Schüler-Verhältnis zu Hamsun zu tun. Er wäre nicht der Handwerkerssohn Waggerl, würde nicht an solch einem zentralen identitätsstiftenden Ort die Figur des geliebten leiblichen Vaters ins Spiel kommen: *„Was immer ich an Lesbarem in die Hand bekam, wurde mir sogleich zum Vorbild, ich fand meine eigene Sprache nicht. In meiner Ratlosigkeit besuchte ich den Vater. Ich traf ihn bei seiner Arbeit auf dem Zimmerplatz, ging neben ihm her die Balken entlang und klagte ihm meine Nöte. Darauf sagte er nicht viel. ‚Wie ich es verstehe‘, sagte er, ‚sollst du dein Gesellenstück machen. Mach das Ding so gut wie dein Meister, anders wirst du ihn nicht los.‘ Also ging ich wieder an die Arbeit, nachdenklich, aber schon weniger verdrossen.“ (EM, 681)*

Die Sorge, *„nie zu meiner wesenseigenen Form zu finden“ (VAGABUND, 20)* beschäftigte Waggerl sehr: Seine Texte der 30er Jahre zeigen nicht zuletzt die ästhetische Auseinandersetzung und das versuchte Abstandnehmen von seinem *„geliebten und gefürchteten Meister“ (AN, 663, WK, 21.8.1930),* der ihm anfangs den *„neuen, sozusagen romantischen Realismus“ (VAGABUND, 20)* gewiesen habe. Von diesem konnte sich aber Waggerl – auch in den anderen Romanen und Erzählungen der 30er Jahre – nicht verabschieden, auch wenn er meinte, in seinem „Wiesenbuch“ (1932) werde man nun nichts mehr von Hamsun finden. Die Kritik bestätigte ihm dies auch zuvorkommend. (WK, 23.2.1932, DIETRICH) Aber Waggerls *„romantischer Realismus“* war und blieb der Kern seiner ästhetischen Identität. Es wird noch zu zeigen sein, wie nämlich in dieser Identität jene

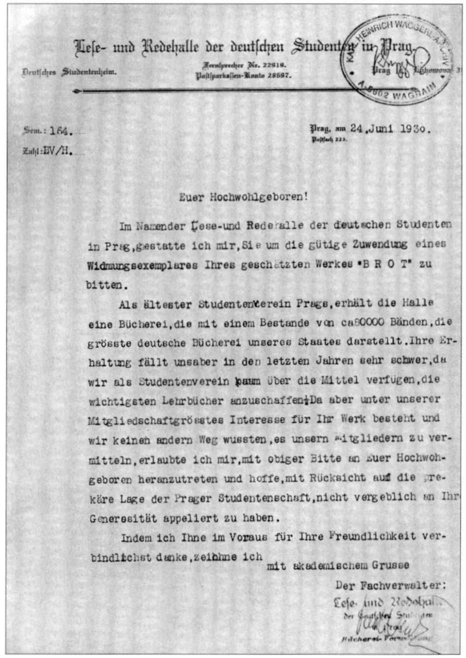
Lese- und Redehalle der deutschen Studenten in Prag.
Deutsches Studentenheim. Fernsprecher Nr. 22918. Postsparkassen-Konto 28697.

Sem.: 164.
Zahl: EV/H.

Prag, am 24. Juni 193o.
Postfach 223.

Euer Hochwohlgeboren!

Im Namender Lese-und Redehalle der deutschen Studenten in Prag, gestatte ich mir, Sie um die gütige Zuwendung eines Widmungsexemplares Ihres geschätzten Werkes "B R O T" zu bitten.

Als ältester Studentenverein Prags, erhält die Halle eine Bücherei, die mit einem Bestande von ca80000 Bänden, die grösste deutsche Bücherei unseres Staates darstellt. Ihre Erhaltung fällt unsaber in den letzten Jahren sehr schwer, da wir als Studentenverein kaum über die Mittel verfügen, die wichtigsten Lehrbücher anzuschaffen. Da aber unter unserer Mitgliedschaftgrösstes Interesse für Ihr Werk besteht und wir keinen andern Weg wussten, es unsern Mitgliedern zu vermitteln, erlaubte ich mir, mit obiger Bitte an Euer Hochwohgeboren heranzutreten und hoffe, mit Rücksicht auf die prekäre Lage der Prager Studentenschaft, nicht vergeblich an Ihr Generosität appeliert zu haben.

Indem ich Ihne im Voraus für Ihre Freundlichkeit verbindlichst danke, zeihhne ich

mit akademischem Grusse

Der Fachverwalter:

Erster Ruhm: Brief der deutschen Studenten Prags (24.6.1930)

zwei kurzen, fast skizzenhaften Bücher verankert sind, die den „beschaulichen“ Waggerl enthalten, weitgehend, aber eben nicht ganz entschlackt von den alle Romane prägenden Ideologemen: „Das Wiesenbuch“ (1932) und „Wagrainer Tagebuch“ (1936). Hierher gehört natürlich auch Waggerls Essay „Lob der Wiese“ (1935).

„Brot“ sei für ihn, so sah es Waggerl selbst, *„nur ein Lehrstück“* gewesen, eine *„letzte Auseinandersetzung“ (WK, 21.8.1930)* mit Hamsun, geschrieben in angeblich *„genau vierzig Tagen“ (AN, 663), „zuweilen unter schrecklichen körperlichen Schmerzen“* und *„mit Blut“. (WK, 11.10.1929)*

Waggerl und der Verlag erwarteten in großer Gespanntheit die Reaktion der Literaturkritik in Sachen Hamsun-Waggerl, noch dazu, da Kippenberg eigentlich der Meinung war, „Brot“ wäre nicht für die Öffentlichkeit bestimmt, aber man müsse eben einmal über seinen eigenen Schatten springen und etwas Ungewöhnliches wagen.[238] (WK, 18.9.1930) *„Ich würde vielleicht einmal volkstümlich sein, wie sein* [Kippenbergs] *anderer Autor Timmermans, aber nie berühmt wie Carossa“ (EM, 692),*[239] so lautete freilich Waggerls harmonisierende Erinnerung Jahrzehnte später. Als die Literaturkritiken hinsichtlich des Hamsun-Aspektes weitgehend sehr moderat ausfielen, weil sie bei Waggerl, dem „von Hamsun Besessenen“, trotz der „frappierenden“ Parallelen und des „einzigartigen und merkwürdigen Fall[s] eines literarischen Doppelgängertums“ (DIETRICH) „das ursprünglich Dichterische in ihm lebendig“ (SCHEFFLER)[240] vorfand, hatte man gesiegt. Jetzt konnte sich Waggerl für die zweite Auflage des Romans damit begnügen, nur mehr *„einiges Allzu-Hamsunische auszurotten“ (WK, August/Sept. 1930).* Jetzt war er über den Berg. Er fühlte den Nobelpreis in der Tasche, für den er tatsächlich Ende 1931 von einer *„Wiener gelehrten Gesellschaft“* mit *„etlichen 30 Unterschriften in einer Eingabe nach Stockholm“ (WK, 7.1.1932)*[241] vorgeschlagen wurde. Sein Selbstbewußtsein war zum ersten Mal befriedigt: *„Es vollzieht sich [...] eine eigentümliche Wandlung in mir, ich habe seit einigen Wochen das sichere und beglückende Gefühl, w i r k l i c h etwas zu können, d.h. es nicht nur zu wollen. Es ist schwer zu sagen: ich weiss plötzlich, dass ich über die Mittel verfüge, so ungefähr. Auch verstehe ich nun, wohin es mich eigentlich treibt, zum rein Dichterischen nämlich.“ (WK, August/Sept, 1930)* Aus diversen Nachlaßmaterialien geht außerdem hervor, daß sich Waggerl nach dem Erscheinen seines Roman-Erstlings gleichsam wie *„ein Gesalbter, Herrscher in einem Reich, das die Welt umspannt“* fühlte, auch ein Hinweis auf den inneren Kraftakt des „Wurzelfassens“.

6. 4. Antijüdisches Selbstverständnis

Noch ein weiterer Aspekt der Selbstdarstellung Waggerls im Zusammenhang mit „Brot“ ist von großer Relevanz. Denn dieser Aspekt ist das genaue Spiegelbild der die Rezeption insbesondere der Romane „Brot“

(1930), „Schweres Blut“ (1931) und „Mütter“ (1935) zunehmend intensiv, seit 1933 dominant prägenden Auffassung von Waggerl als „reinem“ und „deutschem Dichter“ – mit all den bekannten zeitgenössischen antijüdischen Implikationen. Waggerl selbst sprach diese seit 1931 sogar seinem Verleger gegenüber wiederholt ungeschminkt aus. In dem Artikel „Dichtung und Journalismus“ (1933) findet man eine erste Bündelung seiner diesbezüglichen Meinungen, die schließlich in seinem repräsentativen Aufsatz „Ein Wort für den Buchhändler“ (1934) im Rahmen einer Artikelserie des „Börsenblattes des Deutschen Buchhandels“ mit dem Titel „Die Aufgaben des deutschen Buchhandels im nationalsozialistischen Staat“ auf den Punkt gebracht wurden. (WORT)[242] Waggerl selbst hat Kippenberg gegenüber davon gesprochen, daß er nichts anderes getan habe, als den Stoff von „Brot“ *„aus der Perspektive des Deutschen nochmals zu formen“ (WK, 18.9.1930).* In einer Notiz zum Roman „Brot“ lobte er dementsprechend die Leistung Knut Hamsuns deswegen, weil dieser *„den entarteten Begriff der reinen Dichtung erneuert“* , indem er *„dem Amt des Dichters [...] die Würde“* wiedergegeben habe. Dies sei geschehen gegen das *„literarische Gauklertum unserer Zeit“*, und zwar aus der *„unwandelbaren Lauterkeit seiner Lebenshaltung“*, die geeignet sei, *„uns Jüngeren in Deutschland“ „Führung und Lehre“* zu sein. (BRIEFE I)

Das war nicht nur eine Charakterisierung Hamsuns, sondern auch eine Selbstcharakterisierung: „rein“, „deutsch“, „lauter“, „würdig“ und dem dichterischen Amte verantwortlich. Damit befand sich Waggerl klarerweise in der langen Tradition eines unpolitischen Dichter- und Dichtungsverständnisses seit dem 19. Jahrhundert, das spätestens seit 1933 unter Bewahrung der Rhetorik vom Unpolitischen von den Nationalsozialisten politisiert und rassistisch aufgeladen wurde. Waggerl leistete dazu seinen Beitrag, indem er z. B. in seinem „Wort für den Buchhändler“ vom Jänner 1934 – fatalerweise in Anwendung der ihm bestens bekannten antisemitischen Wesenstheorie Otto Weiningers – die *„absolute Herrschaft einer volksfremden Minderheit“*, nämlich der Juden als einer *„fremden Rasse“,* dafür verantwortlich machte, daß *„die Presse“* die *„fremden Götzen geformt“* und *„das Urteil und den Geschmack der Massen unter Druck gehalten“ (WORT)* habe. Es sollte sich herausstellen, daß Waggerl damit natürlich nicht nur hauptsächlich das durch *„das Jüdische“* angeblich korrumpierte Rezensions- und Preiswesen im Visier hatte, sondern zugleich unter völliger Verkennung der rassistischen Politik der Nationalsozialisten behauptete, es sei *„ein Irrtum“*, die Exilierung der Autoren als einen *„Beweis für die Kulturfeindlichkeit des neuen Staates“* (WORT) zu werten. Den schon aus dem Land gejagten Autoren wurde so – ähnlich wie es Gottfried Benn, freilich auf noch massivere Weise, in seiner „Antwort an die literarischen Emigranten“ (1933) getan hatte –, der Bannfluch eines sich „wirklich deutsch“ fühlenden Jungautors, hier rechtfertigendes Sprachrohr der NS-Kulturpolitik, nachgeschleudert.[243]

Darüber wird noch ausführlicher zu sprechen sein, weil es eines der bedrängendsten Kapitel zum Thema Waggerl darstellt und zugleich viele Lebensentscheidungen, Engagements, Beurteilungen, Einschätzungen und Verhaltensweisen Waggerls, aber auch den Umgang mit Kultur und Politik seit den 30er Jahren plausibel und nachvollziehbar machen kann. Daß sich Waggerls deutsch-antijüdisches Selbstverständnis und seine deutsch-antijüdische Kulturanalyse aus den Ressentiments eines in dieser *„Periode des Verfalls" (WORT)* lange unbeachteten Dichters speiste, ist mit großer Wahrscheinlichkeit anzunehmen. Ihn hatte der „reine", d. h. mit keinen Scheuklappen ausgestattete Kippenberg gerade noch gerettet.

Bevor „Brot" auf den Markt kam, gab es zwischen Waggerl und Kippenberg noch eine Debatte, die aus heutiger Sicht kabarettartig anmuten mag, aber damals einen seit der Schulzeit empfindlichen Nerv traf. Gerüchtehalber war Kippenberg zugetragen worden, „Waggerl" sei ein schon angenommener Künstlername. „Waggerl" solle überlegen, so Kippenberg, ob er diesen Namen weiterhin führen und aus „Waggerl" der Geschäftsinteressen wegen nicht ein „Wagger" machen wolle. Waggerl konnte sich *„vorerst doch nicht damit abfinden. Es ist schwer zu sagen, woher das kommt, vielleicht hängt es, neben anderem, auch mit meiner männlichen Art des Fühlens zusammen, ich meine, daß, psychologisch genommen, etwas Feminines drin liegt, leicht den ererbten Namen aufgeben zu können." (WK, 18.11.1929)*

6. 5. „Brot"

In den „Autobiographischen Notizen" (1930) hat Waggerl nicht nur seine Antriebe für „Brot" formuliert, sondern auch wichtige Hinweise auf zentrale Konstituenten des Werkes gegeben, jedenfalls konkretere, als es die spätere Selbstinterpretation tat: Von einem Nachspüren der Gleichgewichts-Kräfte war dann die Rede (EM, 681): *„Wenn man dem Buch überhaupt eine Bedeutung unterlegen will, so wäre es die, daß wir alle, wie Simon, zu irgendeiner Zeit wieder unten anfangen müssen. [...] Ich wollte auch sagen, es sei der tiefste Trieb im Menschen auf das Eigentum gerichtet, auf das ‚Wurzelfassen'. Und schließlich soll gezeigt sein, daß das Glück nur in dem liegt, was man selbst macht, in irgendeinem Sinne, aber jedenfalls mit Einsatz der ganzen Kraft, mit Liebe und Hingabe. Ich habe versucht, die schlichte klare Linie, die simple Komposition in dem Ganzen durchzuführen, es sollte ein heiteres, ruhiges, ein positives Buch werden, eine Dichtung aber nur durch den Rhythmus und den Klang der Sprache. Besonders viel lag mir daran, das Land zu schildern, in dem ich lebe. Und um es schließlich ganz einfach zu sagen: Ich habe mein Bestes getan, mehr kann ich nicht." (AN, 663)* Aber erst mit dem kleinen David im „Jahr des Herrn" sollte schließlich jene *„tragende[...]"* Figur gefunden werden –, sie erst *„hellte [...] zusehends auf und stimmte gleichsam die Tonart des Ganzen nach Dur hinüber." (BLICK, 668)*

„Heiter", „ruhig", „positiv", „schlicht", „klar", „simple Komposition", „unten anfangen", „Wurzelfassen", nicht-entfremdende Arbeit, Rhythmus und Klang, Schilderung der vertrauten ländlichen Umgebung – das sind die inhaltlichen und ästhetischen Stichworte sowie die von Waggerls selbst angebotenen Lektürehilfen für diese sich als „männlich" gebende und verstehende Prosa. „Brot" ist in vielen Aspekten bemerkenswert und, von verschiedenen Seiten betrachtet, von großer Bedeutung für das Verständnis des Werkes, aber auch der lebensgeschichtlichen Problematik Waggerls.

Viele autobiographisch fundierte Elemente durchziehen den Text: Waggerl selbst, seine Frau Dita, der leibliche Vater, seine Mutter und eine Reihe von Details aus der erinnerten Bad Gasteiner und der Wagrainer Welt (z.B. Geldsorgen, Freunde und Bekannte, Vorkommnisse in der Gemeinde, sexuelles Leben, Krankheit) können sich bei der aufmerksamen Lektüre erschließen. Fiktionsgemäß gibt es klarerweise keine *„Gleichungen" (WuH, 45)* zwischen Romanwelt und Waggerls Leben. Aber warum sollte es nicht – auch – eine Hommage an den leiblichen Vater sein, wenn es in biblischem Ton über die patriarchale Kultur auf Eben heißt: *„Der Vater ist Anfang aller Dinge." (BROT, 142)* Oder wenn – ein paar Zeilen weiter und ironisch getönt – Simon Röcks Frau Regina *„einige unvergängliche Kenntnisse aus der Geschichte und der Geographie"*, über *„Napoleon"* und die *„Sahara"* (BROT, 144) zum besten zu geben weiß, so wie Waggerls Mutter *„wohlbeschlagen mit Kenntnissen aus der Geschichte zwischen Pilatus und Napoleon"* war, ohne daß er *„viel dabei gewonnen hätte". (FA, 286)* Aber auch der Wagrainer Bekannte und Schmied Cebokli (vgl. EDITH, 7.3.1923) ist wahrscheinlich porträtiert, ebenso werden Gewissenskonflikte – es geht um Abtreibung – angesprochen. (BROT, 187, 82f) Die Figur des Simon soll einem der Wagrainer Spannbergbauern nachgebildet sein. Insofern ist „Brot" auch ein Schlüsselroman.

Die stoff- und motivgeschichtliche Dimension, die zurück in die 20er Jahre und nach vorne in die 30er/40er Jahre verweist, ist ebenso relevant. Die Bezüge zu Waggerls Werk der 20er Jahre, insbesondere zu „Georg" und „Ein Mann namens Adam", sind in Form einer Metamorphose feststellbar. Insbesondere die schon erwähnten dichotomischen Strukturen, die schon „Georg" prägten und jetzt in neuer Fasson auftauchen, und die alle Details der Romanwirklichkeit umfassende Verwandlung des konservativ-revolutionären „Adam"-Texts in den konservativen Verkündigungsroman vom starken Bauerntum sind beachtenswert. Es ist ein durchkomponiertes Buch. Die Lektüre gewinnt an Dichte, berücksichtigt man die zahlreichen Verweiselemente des Textes – Selbst- und Bibelzitate. Zwei Welten, Produktions- und Lebensweisen sowie Kulturen, stehen einander gegenüber, leben nebeneinander her, verstehen sich nicht und/oder treten in Konflikt miteinander.

Simon Röck, *„ein Mann", „ein Mensch", „ein Auferstandener", „nicht ungeprüft vor Gott" (BROT, 9, 96)*, hat, wie der Leser erst spät erfährt, schlimme Erfahrungen mit der „zivilisierten" Welt gemacht. Er wird auch weiterhin bedrückende machen.

ELTSTIMMEN
WELTBÜCHER IN UMRISSEN

INHALT DIESES HEFTES:

ZU VERGILS 2000. GEBURTSTAG
Von Prof. Ludwig Gurlitt

Tragikomödie eines Kaisertums:
Napoleon der Dritte und Eugenie

Das Schweigen
Novelle von Otto Tetjus Tügel

Der unbekannte Hölderlin

Argonauten des Südens / Kallinikow, Frauen und Mönche / Karl Heinrich Waggerl, Brot / Wer war Madame Bovary? und anderes

FRANCKH'SCHE VERLAGSHANDLUNG / STUTTGART
Jeden Monat 1 Heft 90 Pfg.

Hanns Arens rezensiert Waggerls „Brot" in der Zeitschrift „Weltstimmen" (Oktober 1930)

Marcus Lauesen, der schwedische Kritiker, über „Brot": „Es ist dieser wohltuende Mangel an Reflexion, dieses freie Selbstbegreifen, das die Lektüre von Waggerls Roman so nutzbringend macht." (Göteborgs Handelstidning, 5.8.1930)

Der Mann *„von irgendwoher" (BROT, 20)* trägt nicht zufällig denselben Familiennamen wie Georg Röck aus dem „Georg"-Roman (1925), aber er ist jetzt aus der städtischen Welt der Dekadenz herausgenommen, nach einer vor langer Zeit erfolgten (wirtschaftlichen) Apokalypse sozusagen an den biblischen Beginn der Zeiten gestellt, um das bäuerliche Schöpfungs- und Aufbauwerk zu beginnen und zu vollenden. Dies ist eine harte und glückselig machende Aufgabe und umfaßt alle Dimensionen des Lebens, vom Urbarmachen bis zum Fortpflanzen. Mythisches ist im Spiel: *„Vielleicht ist seit Jahrzehnten niemand mehr in diese Einöde gekommen, niemand, seit die Bauern von Eben ihr Land verlassen haben, dieses verwunschene Land, so arm, daß sich kein Käufer dafür finden ließ. Es sank allmählich wieder in die Wildnis zurück [...]. Hier, wo der Grund fest ist und wo man Steine für die Mauern brechen kann, hier will Simon bauen. [...] Aber am neunten Tage brachte der Südwind Wildwasser in die Halde, und am Morgen war alles Holz verschwunden, weggeschwemmt [...]. Aber gegen Ende des Tages, als er trockenes Holz für seine letzte Suppe suchte, entdeckte Simon den Bretterboden auf der Tenne. Es war wunderbar [...]. Simon hat ein Dach über dem Kopf, ein eigenes, festgefügtes Dach. [...] Es ist die Nacht der Prüfung. Simon ist hochmütig gewesen, er kam irgendwoher, aus der Tiefe, und wollte Herr sein in der Einöde, darum ist er gestraft worden. [...] Simon ist nicht der Mann, der nachgibt. [...] Da geht die Jugend* [die schwangere Frau seines Sohnes Peter] *vor ihm her, die Zukunft trägt sie in ihrem Schoß, den Enkel, das hat Simon gesehen." (BROT, 9ff, 230).*

Eine dauerhaft gefestigte, bei näherem Zusehen eine ausgeprägt patriarchale und nicht-industrielle, autarke Lebensordnung ist das Ziel des Prozesses und ist das vom Sternenhimmel überglänzte Ergebnis: *„Romantischer Realismus" (VAGABUND, 20)*

Man kann auch sagen: Simon ist der vom Gericht freigesprochene Adam aus „Ein Mann namens Adam" (1928). Simon, der Urbauer und Ursiedler aus „Brot" (1930), ist im Unterschied zu Adam vorerst aus dem gesellschaftlichen Konflikt mit der Welt der Justiz und des „Rechtes" herausgenommen. Erst gegen Ende des Romans schlägt die gesellschaftliche Welt in Form einer Verleumdung wieder zu, die Simon für einige Zeit zwar ins Gefängnis bringt, ihn aber dann entlassen muß. Er soll seinen Antipoden, den mit allen Attributen des Dekadenten ausgestatteten Geschäftsmann, den Müller, ermordet haben. Der Müller und seine Trabanten stehen für das Negative, für das Nichts und haben das Unglück im Schlepptau, weil sie gegen die „natürliche" Ordnung eines „erdigen", d. h. vorkapitalistischen Daseins verstoßen: Unmoral, Verbrechen, Unordnung, Hoffart, Ruhmsucht, (Selbst)-Mord, Spekulation, Irrsinn, Geldwirtschaft: *„Der Müller ist ja auch ein Simon auf seine Art, ein Wegbereiter, ein Prophet. [...] Brot! dachte Simon. Ruhm! dachte der Müller." (BROT, 199)*

Der „männliche" Aufbau- und Fortpflanzungsweg kann dennoch nicht mehr gestört werden, es ist die „Natur“ selbst, etwas Übermenschliches, Göttliches und Erdhaftes zugleich, was wirkt : *„[...] er ist daheim [...]. Ein alter Baum stirbt ab. Seine Nadeln fallen, sein Laub, er läßt Licht durch, und zur guten Zeit hat er Samen ausgeworfen, der jetzt heranwächst und groß wird. Ein gleicher Baum, fast an derselben Stelle ...Nun steigt der Abendstern über dem Wald empor, es ist ein einziger, großer leuchtender Stern [...]. “ (BROT, 228)* Der Baum heißt Peter. Naturgemäß kommt ihm als Weib Susanne zu, die Tochter des Schmieds, denn: *„Der Mann, der die Pflugschar schmiedet, und der andere, der sie in die Erde drückt, diese beiden sind von gleichem Geschlecht“ (BROT, 229),* und sie werden – naturgemäß – gesunde Kinder haben.

„Brot“ ist auch ein Beschwörungsroman des Starken und Gesunden sowie des Stabilen und Dauernden. Der Roman feiert das bewußte Hintersichlassen des angeblich ungesund Schwachen, des Nicht-Seßhaften, des „Fliegenden Holländers“, verkörpert in Sebastian: Als Simon nach seiner Entlassung aus dem Gefängnis auf dem Weg nach Hause ist, kreuzt sich sein Weg zeichenhaft mit dem Sebastians, des Sohnes von Simons Frau Regina und des Müllers aus der Zeit, als Regina noch fern der „Erde“ in der „Stadt“ dem Müller begegnete. Sebastian ist wieder einmal beim Weggehen, Simon beim Heimkommen. Regina wandelte sich zur erdhaften Mutter und gebar Simons Sohn, den starken Erben Peter. Sebastian hingegen trägt den Defekt des Schwachen in sich, des zwar intelligenten, ästhetisch und technisch interessierten und begabten, aber unruhigen Wanderers und Landstreichers: *„‚Hast du etwas in Aussicht, einen Plan?‘ Das weiß Sebastian nicht, ‚möglich!‘ Er geht in die Schweiz oder nach Holland.“ (BROT, 226)* Krankes ist im Spiel, Vererbtes ist am Werk. Zweifellos hat Waggerl Anteile seines Selbst in Sebastian verkörpert, aber solche, die es abzuspalten galt. Nicht zufällig ist es aber auch der verzweifelte, einsame Müller, der *„die Hände vor das Gesicht“ (BROT, 191)* hebt und damit ein Bild abgibt, wie sich Waggerl selbst in den 20er Jahren fotografierte oder fotografieren ließ: das einsame Ich, monadenhaft, bindungslos, metaphysisch obdachlos. „Brot“ ist insofern ein esoterischer Reinigungsroman: *„unzerstörbare Kraft und Wirkung des Glaubens an sich selbst.“* (Typoskript, Waggerl-Archiv)

„Brot“ lebt also von den in alle Fugen der Romanwelt eindringenden dichotomischen Vorstellungsbereichen „fest“ und „schwankend“, „sicher“ und „unsicher“ oder „stetig“ und „unstetig“. „Erde“ und „Wasser“ oder „Teich“ sind Orte, an denen Heil oder Unheil passieren. Die biblische Metaphorik – „Nacht“, „Verhängnis“, „Finsternis“ – unterstützt das Wesentliche.

In „Brot“ steht auch schon jenes Motiv, das 25 Jahre später die Titel-Miniatur der Sammlung „Liebe Dinge“ (1956) darstellen sollte, der Tisch: *„Simon baut keine Paläste, und wenn er einen Tisch macht, so sind das vier Pfähle und eine Platte, nicht gedrechselt und nicht mit Rosenholz eingelegt, aber so, daß man auch nach fünfhundert Jahren noch wird sagen können: –*

23. Februar 1939 „Das Schwarze Korps“ Folge 8 / Seite 17

– Brot 221

K. H. Waggerl:

Susanne und Peter

Das Gesicht des Krieges

Letzte Nacht vor neuen Fahrten

Ideologische Verwertungen: Eine Liebesepisode aus „Brot“ und „Das Gesicht des Krieges“

Waggerl und ein Pflüger

Seht, ein fester Tisch!" (BROT, 184) Später hieß es: *„Mein Tisch war das erste Stück Hausrat, das ich erwarb, als ich mich in jungen Jahren entschlossen hatte, seßhaft und ein gesitteter Mensch zu werden. Von nun an, dachte ich, muß dein Dasein eine feste Mitte haben, eben diesen Tisch." (LD, 477)*

Alles das war nichts Neues um 1930 – „Hamsun" war nur eine Formel für das, was zur Rede stand. „Unter dem Eindruck dieser wirtschaftlichen Konstellation [die Auswirkungen der Weltwirtschaftskrise auf den Bauernstand] entstand vor allem seit Ende der zwanziger Jahre eine Fülle bäuerlicher Siedlungsliteratur. Als großes Vorbild galt Knut Hamsuns damals in Deutschland überaus populärer Roman ‚Segen der Erde' (1917), der den Siedler, der allein auf sich gestellt in der Einöde Neuland kultiviert, zur mythischen Urgestalt stilisiert." (ZIMM, 173)

Die ideengeschichtliche Verankerung von „Brot" im antizivilisatorischen Diskurs und Affekt gegen die Moderne ist ebenso aufschlußreich. „Bauernwelt" und „Maschinen- und Fabrikswelt" sind Zeichen in der antimodernen Weltauffassung Waggerls, sie sind positiv und negativ besetzte Vorstellungsbereiche in Waggerls dichterischer, d. h. „deutscher" und antijournalistischer, d. h. mit Waggerls Ressentiments gegen das „Jüdische" in Analogie stehender *„Anschauung der Welt" (DuJ, 256).* Heftig verwahrte er sich dagegen, *„Weltanschauungs"*-Texte zu schreiben, denn damit verband er die *„Kunst des Unwesentlichen"*, die Aufblähung des *„Nebensächlichen"*, eine *„Geschicklichkeit des Taschenspielens"*, die *„Armseligkeit der Substanz"*. (DuJ, 256)

Waggerl besaß nicht den relativierenden ästhetischen Blick Hamsuns auf die Welt und ihre Gesellschaft, die in den bekannten Kategorien „Zivilisation" und „Natur" gefaßt und erklärt wurden. Hatte sich der norwegische Autor, wie die Romanstruktur von Hamsuns „Segen der Erde" beweist, seiner Natur-Utopie gegenüber durchaus skeptisch verhalten, ist Waggerls Buch kompensatorisches Wunschbild – reine Affirmation. Deswegen kommt in „Brot" auch ungebrochen eine Dimension ins Spiel, die später zu vielen Mißverständnissen und – während der NS-Zeit – zu Mißbräuchen Anlaß bot. Es ist der konservative Mythos von „Blut-und-Boden", den Waggerls Roman ausformulierte und den die Nationalsozialisten völkisch und rassisch umformten.

In einer neueren ideengeschichtlichen Arbeit über Oppositionsbewegungen gegen Technik und Industrie seit der Romantik des 19. Jahrhunderts kann man Sätze lesen, die man auch auf Waggerls konservative Ideologie und Begrifflichkeit anwenden könnte: „Ursprünglich war damit [mit Blut-und-Boden] die Identität ansässiger Bauern mit ihrer ‚Scholle', also dem Landstück, das sie und ihre Vorfahren seit Jahrhunderten bewirtschaftet hatten, gemeint. Die Immobilität, die ‚Verwurzelung' der bäuerlichen Ahnenreihe auf ihrem Boden (der Heimat) waren Garant für Sittlichkeit und Zufriedenheit – für Werte einer konservativen Ordnung [...]. Gegenbegriff dazu war der ‚entwurzelte' Städter, ohne Heimat und mit schlechtem, absterbendem Blut, ein Ensemble von Proletariat, Sozialdemokratie, Geld, Industrie, Materialismus und Judentum – Fermente der Auflösung einer alten Ordnung. Die uralte Bindung von Blut und Boden wurde als im Grunde uneinnehmbare Festung gedacht, an der die Woge der Modernisierung zerschellen sollte. In diesem Sinne war die Konzeption von ‚Blut-und-Boden' ein konservativer Mythos, ein utopischer Entwurf [...]. Von diesem agrar-romantischen Begriff muß jedoch die nationalsozialistische Bedeutung von ‚Blut-und-Boden' unterschieden werden. ‚Blut' war hier die ‚arische Rasse', womit alle Deutschen gemeint waren, außer den Juden, und ‚Boden' der Lebensraum dieser Rasse, also Deutschland selbst. Jeder Städter hatte somit Anteil an dem völkischen Mythos; jeder ‚Volksgenosse' konnte sich in ihm wiederfinden." (SIEF, 203)

Der zeitgeschichtliche Ort des Romans ist exakt anzugeben: „Brot" wirkte mitten hinein in eine der tiefsten Krisen der Land- und Forstwirtschaft im Lande Salzburg zu Beginn der 30er Jahre (AMM, 186ff). „Die Preise für Vieh und Holz – die Haupteinnahmequelle der Gebirgsbauern – sanken ins Bodenlose. 1933 mußten 906 land- und forstwirtschaftliche Betriebe zwangsversteigert werden. Die Agrardepression führte zum Aufstieg der faschistischen Bewegungen: zuerst der Heimwehr, dann des Nationalsozialismus. Der Katholische Bauernbund verlor seine Integrationskraft im Dorf." (HANISCH III, 147)

Die kompositorische Geschlossenheit des Romans ist für die Rezeption sicher von Bedeutung. Entscheidend aber war der „Hunger nach Mythos" breiter Kreise der Literaturkritik um 1930, nach „Bewahrung des ‚deutschen Erbes'", „ein allgemeines Ordnungsbewußtsein" und „eine rasch anwachsende Distanz zu künstlerischen Neuerungen" (SCHÄFER, 78) im Zuge der Weltwirtschaftskrise.

Wie reagierte also die deutsche und österreichische Kritik auf den konservativen Mythisierer und „wahren, neuen Dichter" Waggerl? Es stellt sich heraus, daß die Lektüren für den Umgang mit allen weiteren Werken Waggerls bis 1945 die inhaltlichen Schienen legten, sieht man von der Art jener Leseweisen ab, über die Waggerl seinem Verleger nicht ohne gespielte Rührung berichtete: Eine Bäuerin sei bei ihm gewesen, der *„das Buch Brot [...] so sehr gefallen habe und sie habe viel dabei weinen müssen, weil sie doch auch eine Haarlocke von ihrem Kinde im Gebetbuch trage!" (WK, 21.8.1930)*[244] Über seine eigene Rührung bei der Re-Lektüre seiner Texte und von gerade noch zurückgehaltenen Tränen bei seinen Vortragsabenden berichtet Waggerl wiederholt, so z. B. auch in seinem „Blick in die Werkstatt" (BLICK, 667).

Die von Waggerl erwünschten Kritiken von Stefan Zweig und Rudolf Pechel, die der Verlag auf seine Anregung anschrieb, kamen nicht zustande. Es setzte aber entgegen Waggerls späteren Behauptungen, die seiner Bescheidenheits-Rhetorik entspringen, eine ausgiebige Auseinandersetzung mit Waggerls Werk auch in kulturellen und wissenschaftlichen Zeitschriften ein.[245]

Zwischen 1930 und 1938 haben sich, abgesehen von den unzähligen aktuellen Buchbesprechungen, einigen Radio-Features und Interviews (seit 1931), nicht immer zur Freude Waggerls insbesondere Hanns Arens,[246] Lily Biermer, Eugen Kalkschmidt, Walter Hoyer, Friedrich von der Leyen, Heinz Kindermann, Walter Pollak, Wolfgang Schneditz und Hellmuth Langenbucher mit Waggerl beschäftigt. Das Werk der 20er Jahre, das außer im Eigenverlag nur in diversen Zeitschriften und in einem Sammelheft eines nicht sehr bekannten Wiener Journals „Die Kultur" erschienen war, kannte man nicht.

In der Aufnahme von „Brot" kommt der erwähnte, über parteipolitische Grenzen hinweg faßbare „Hunger nach Mythos" besonders deutlich zutage. Es waren nicht nur die konservativen und deutsch-völkisch orientierten Gazetten, die sich fesseln ließen und jubelten. In der Wiener „Arbeiterzeitung" verherrlichte man Waggerl als „Führer", dessen „Ruf unser Ruf" wäre und Simon als „Schöpfer einer Gemeinschaft" (AZ, 23.12.1930), in den „Blättern für sozialistisches Bildungswesen" wird das Buch – wahrscheinlich von O. M. Fontana – als „das Hohelied der Arbeit des Bauern" gepriesen, ohne den antisozialistischen Mythos des Romans zu erkennen. Radio Wien schließlich nahm das ab 1933/34 zum ständestaatlichen Literaturglauben erhobene Reden von der notwendigen Erneuerung der Dichtung vorweg: „Aus harter Bauernerde sprießt sie auf, die Blüte dieser neuen deutschesten Dichtung." (Radio Wien, August 1931/Munzinger-Archiv)

Die Bandbreite der Kritik läßt sich auf folgenden Nenner bringen: Die große Mehrheit der Kritik sah Waggerl und dem Insel-Verlag die Hamsun-Abhängigkeit nach, indem sie auf das „ursprünglich Dichterische" (Herbert Scheffler) der Sprache – „klar, einfach, notwendig" (Ludwig Gorm in der DAZ) – hinwies und mit politisierendem Unterton von der Reinigung „unseres verdorbenen Buchgeschmacks", so Kurt Münzer in der „Neuen Freien Presse" (Wien), sprach.[247]

Dort, wo mit der Hamsun-Adaption Waggerls kritisch umgegangen wurde, wie in einer trefflichen und ausgewogenen Besprechung von K. H. Ruppel in der „Neuen Rundschau" (Dez. 1931), reagierte man im Umkreis Waggerls wütend, aber argumentationslos – „dieser Schuft!" (Typoskript, Waggerl-Archiv). Ruppel hatte sich erlaubt zu schreiben: „Man kann dem abenteuerlichen Naturroman Jack Londons oder dem romantischen Naturroman Friedrich Schnacks noch unbefangen gegenübertreten, weil sie die Natur von einer Seite sehen, die in Hamsuns panischem Kosmos eben nur einen Teil ausmacht. Aber man wird mißtrauisch, wenn einer wie Waggerl gerade auf die elementare Totalität losgeht. [...] daß hier kein Heimatdichter seiner fatalen Anhänglichkeit an die Scholle Ausdruck gibt, spürt man auf der ersten Seite [...]. Aber daß ein Erzähler, der sich von der Welt als Gebild und Raum mit solch ewigem Schauer ergreifen läßt, sie nun mit einem bis in den letzten Winkel von Hamsun bezogenen Inventar ausstaffiert, dies läßt einen nicht an der Innigkeit, aber an der Weite dieses Weltblicks zweifeln. [...] Ein Zauberlehrling, dem der Meister noch im Wege steht, das ist Waggerl heute. Es wird bis übermorgen währen, bis er seiner eignen Kunst auf die Spur gekommen sein wird.“ (RUPPEL, 840)

Der Großteil der Kritik aus dem katholischen und dem deutsch-völkischen Lager kümmerte sich um solche Differenzierungen überhaupt nicht, sondern war hingerissen vom Mythos der Stärke, des Neubeginns und des „reinen unverfälschten Lebens“, ja behauptete „eine Volksverbundenheit“, die man „heute in wenig anderen Büchern finde“, weil „Waggerl noch selbst Bauernblut in sich hat“. (DIETRICH, 472) Das stand in einem katholischen Organ. In der betont „deutsch“ ausgerichteten Kritik beschrieb man Waggerls Roman schon vor der ab 1933 dominanten und staatsoffiziellen kulturkämpferischen und antisemitischen Phraseologie folgendermaßen: „Es hat einmal eine Zeit gegeben, da herrschten die Döblin und Feuchtwanger, die Kästner und Zweig im deutschen Schrifttum, da ergoss sich von Berlin aus ein trüber, klebriger Strom zersetzender Literatur über deutsches Land und drohte uns zu ersticken. [...] Es war einmal ein Mann, der in jener Zeit seelenloser Asphaltliteratur den Mut aufbrachte, gegen den Strom zu schwimmen. Er ging hin und fing ganz einfach an, über den Acker zu schreiben, der die Frucht trägt, und über den Bauern, der den Acker bestellt in mühseliger Arbeit. Dieser Mann war Karl Heinrich Waggerl. Ein Deutscher, ja – trotzdem, vielleicht auch gerade weil er ein wenig jenseits der Reichsgrenzen aufgewachsen ist.“ (BIERMER) Waggerl selbst verstand seine Hamsunsche Botschaft als *„für den deutschen Menschen“* verfaßt. (Typoskript, Waggerl-Archiv)

So bereitete die affirmative Kritik dem Erfolg Waggerls sowohl im ständestaatlichen Österreich als auch im nationalsozialistischen Deutschland ab 1933/34 – trotz einiger (literatur)politischer Querelen, die auch Waggerl betreffen sollten – den Boden. Der ideelle Schulterschluß wurde von Waggerls konservativer Bauern-Mythologie vermittelt. „Ja gerade der Bauernroman mit seinem Rückzug von aller politischen Auseinandersetzung in den vermeintlich apolitischen Fluchtraum eines (autoritären!) Naturkosmos konnte jenen Teil des konservativen Bürgertums ansprechen, der sich weiterhin einer totalen Politisierung versperrte. Paradoxerweise konnte die Blut-und-Boden-Mystik den ‚Unpolitischen‘ eine Art innere Emigration aus der konkreten nationalsozialistischen Politik anbieten.“ (SCHWEIZER, 297)

Eine der bissigsten und brillantest formulierten zeitgenössischen Bestätigungen dieser Theorie lieferte Heimito von Doderer (*1896) in einer seiner Tagebuch-Notizen, als er – zuletzt am Beispiel von Waggerl – die neue Mode der literarischen Bauerntümelei und ihrer Vermarktung wütend, ätzend und elitär aufs Korn nahm. „Die auffällige physiognomische Widerwärtigkeit entwurzelten Bauerntums, dort wo es zum Kurz-Schlusse mit einer städtisch-zivilisierten Belle-Literature kommt, erinnert an jene Dorf-Cretins, die als riesige Mannskerle gleichsam noch im Keimwasser kindlicher Blödigkeit schwimmen [...]. So beginnt

Ungarische Ausgabe des Romans „Brot“ (1941)

Serbische Ausgabe von „Brot“ (1942)

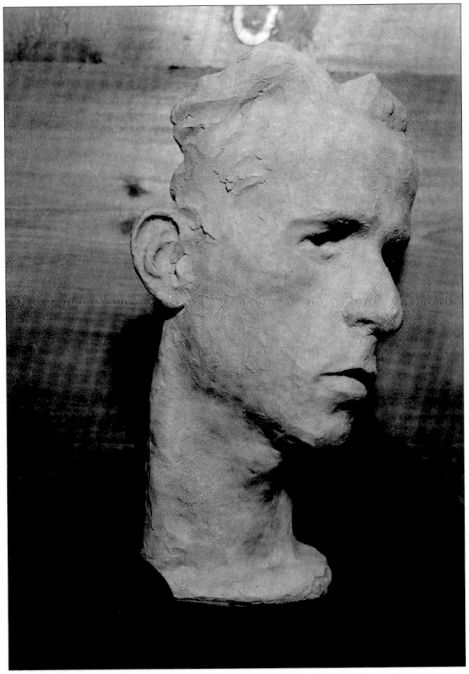

Terrakotta-Büste von Hilde Heger

denn das Volk, welches keines mehr ist, nachdem es den bewußten Schalter an der früher erwähnten Klimperkiste abgedreht hat, nunmehr in der ‚heiligen Stille seiner Bergwelt' zu dichten. Und was in Generationen erst hinaufgefiltert werden soll, alle nach göttlichem Willen nun einmal unerläßlichen Zustände geistiger Pubertät durchlaufend, das trottelt jetzt unausgegoren, embryonal, im erborgten Gewande einer späten, zivilisierten Literatur durch die Straßen der Städte. Dort aber bestaunt man die ungesund-geschwollenen Hervorbringungen des dörflichen Genies – denen die typische Angelesenheit der Sprache des Halbgebildeten eignet – als rechte erdnahe und volksverbindende Kunst. Vielleicht werden spätere Literär-Historiker [...] das ‚Schrifttum' unserer Zeit als die ‚Periode der Volksschul-Lehrer-Dichtung' verzeichnen. Denn es kann nicht mehr übersehen werden, daß die meisten dieser erdverbundenen, heimatlichen, volksnahen Dichter [...] von Beruf Schul-Lehrer [...] sind, gleichsam in ihrer eigenen Person [...] die Brücke darstellend, über welche der Kurzschluß läuft: aus den Städten herüber in ein Bauerntum, welches ja seiner Natur nach nicht bestimmt und befähigt sein kann und darf, sich selbst einzuholen, und auf solche Weise etwa jenes bittere Gewürz der Entscheidung zu gewinnen, welches allein der Infection wiederstehen könnte. Einer dieser Helden wurde von einer Dame, die sein Buch gelesen hatte, gerade heraus gefragt, wie's ihm denn eigentlich beifallen könne, den Knut Hamsun auf eine solche, beinahe unverschämte Weise, auszuschreiben, wie er das betreibe?! Die Antwort des erdnahen Dichters verdient festgehalten zu werden. Er sagte: ‚Nun, dann sagen Sie mir einen Besseren!' Die Geschichte habe ich verbürgt, sie wurde mir von der betreffenden Dame selbst vor einigen Tagen erzählt. Waggerl heißt jener Mensch." (21.2.1937) (SCHD, 298)

Bemerkenswert ist, daß sich in der Fülle der in- und ausländischen Stellungnahmen nur ganz wenige hellsichtige Beiträge befinden, die den konservativen Mythos Waggerls aufdecken, ihm seinen geistigen Ort präzise zuweisen, ohne die ästhetische Leistung Waggerls außer acht zu lassen, und dabei zwischen offenem Erstaunen ob der Publikationsentscheidung durch den Insel-Verlag, beißender Ironie und nüchterner Analyse schwanken. Kurt Tucholsky beobachtete die Aktivitäten des Insel-Verlages und notierte nach einigem Zusehen – „Schweres Blut" war gerade erschienen – in der „Weltbühne" mit skeptisch-ironischer Feder: „Der Nachempfinder. Da gibt es einen jungen Mann, Waggerl heißt er, der schreibt alle Romane Hamsuns noch einmal. Deswegen halten ihn manche Kritiker für Hamsun den Zweiten. Das ist nicht ganz richtig: dieser Autor sieht nur in Hamsun Waggerl den Ersten. (Erscheint im Insel-Verlag. Merkwürdig, was Kippenberg an moderner Literatur offeriert.)" (TUCH, 68)

Und schließlich: Sollte es ein Zufall sein, daß Waggerl gegenüber seiner vertrauten Freundin Maria Lorenz im Jänner 1934 ausgerechnet das eben von der *„Staatspolizei"* verhängte Verbot der „Literarischen Welt" begrüßte, in der 1930 Alfred Kantorowicz (* 1899)[248] die klarste und bündigste

Analyse von „Brot" geliefert hatte? (LORENZ, 24.1.1934) „Waggerl ist unter dem jungen Nachwuchs der deutsch-österreichischen Literatur das kräftigste epische Talent. Er ist einer von denen, die um die Probleme des ländlichen Beieinanders und Gegeneinanders wissen. [...] Deshalb, weil sein Simon unproblematisch ist, deshalb sind doch die Probleme nicht unproblematisch. Es ist so leicht, reaktionär zu sein (auch im geistigen, nicht nur im politischen Sinne ist es leicht). Diese Flucht eines jungen Schriftstellers aus der Realität von 1930 spricht jedenfalls nicht nur gegen die Realität." (KANTOR)[249]

6. 6. Einladungen, Publikationsmöglichkeiten

Nach der Veröffentlichung von „Brot" gab es zwischen 1930 und 1938 eine große Zahl von Einladungen durch diverse Verlage, Zeitungs- und Zeitschriftenunternehmen und Anthologie-Projekte, die Waggerl-Texte aufnehmen wollten und aufnahmen. Diese Kontakte wurden z. T. auch über das Jahr 1945 hinweg fortgesetzt. Über die folgenden Kontakte und erfolgreichen Unternehmungen liegen Quellen, Korrespondenzen u. a. vor. In den genannten Organen wurden Einzeltexte und/oder Ausschnitte aus Waggerls Werk abgedruckt. Sie belegen den hauptsächlich durch den Insel-Verlag initiierten Aufstieg Waggerls:

1930	Österreichische Monatshefte (Leopold Steiner): Anthologie „Die 7 Jungen aus Österreich" – „Landstreicher"
1930	Westermanns Monatshefte: Bitte um eine andere als die freiwillig eingesandte Erzählung (wieder 1951, 1954, 1958)
1930	Das Inselschiff (2x), (wieder 1931, 1932/2x, 1933, 1936)
1930	Welt und Leben. Deutsche Feuilleton-Korrespondenz (wieder 1932)
1930	Weltstimmen (2x)
1930	Dame November
1930	Der getreue Eckart
1931	Süddeutsche Monatshefte (Weiterführung der Kontakte seit 1929; wieder 1932/33, 1935)
1931	Die Kolonne
1931	Insel-Almanach (wieder 1933)
1931	Literarische Monatshefte. Eine Zeitschrift junger Menschen (Wien) („Gespräch in der Nacht")
1932	Neues Wiener Tagblatt („Peter"; wieder 1933, 1934/3x, 1935)
1933	Des deutschen Dichters Sendung in der Gegenwart. Hg. v. Dr. Heinz Kindermann („Dichtung und Journalismus")
1933	Salzburger Literatur-Blätter (Sammelmappe aller Salzburger Schriftsteller)[250]
1933	Der Tag. Die große Berliner Tageszeitung (Bitte um Romanvorabdruck usw.)
1933	Berliner Lokal-Anzeiger (wieder 1934)
1933	Montagspresse/Tagespresse/WienerWirtschaftsWoche (Bitte um Beitrag für die Weihnachtsnummer)
1933	Dichterbuch. Deutscher Glaube, deutsches Sehnen und deutsches Fühlen in Österreich. Einleitung und kritische Würdigung von Max Morold
1933	R. Piper Verlag, München (Literarische Korrespondenz)[251]
1933	Frankfurter Generalanzeiger („Kameraden der Berge")
1933	Literarische Welt
1933	Magdeburger Zeitung („2000 Dollar")
1933	Volks-Zeitung, Wochenschau (Wien) („Der Bauer spricht")
1933	Schlesische Zeitung („Jack wird gehängt")
1933	Neues Wiener Tagblatt („Arbeit")
1933	Wiener Neueste Nachrichten, Beilagen („Arbeit")
1933	Wiener Zeitung
1933	Neue Freie Presse (wieder 1934)
1933	die neue linie
1934	National-Zeitung
1934	Deutscher Almanach für das Jahr 1934 („Peter")
1934	Deutsche Arbeit. Verlag Grenze und Ausland
1934	Kreuz-Zeitung, Berlin
1934	Universitas. Katholischer Presse-Dienst für Kultur, Dichtung und Leben (Salzburg)
1934	Neue Monatshefte UHU, Berlin
1934	Volkschaft-Verlag für Buch, Bühne und Film, Berlin (Deutsche Arbeiteropferversorgung)
1934	Bergland
1935	Feierabend. Wochenbeilage zum Vorarlberger Tagblatt („Der Bauer spricht")
1935/36	Schülerhefte zum österreichischen Schulfunk 21. Hg. vom Bundesministerium für Unterricht
1935	Die Pause. Kultur, Kunst, Bildung, Leben
1936	Österreichische Rundschau („Der Bergbauer spricht")
1936	Deutsche Ostmark. Zehn Dichter und hundert Bilder lobpreisen Österreich. Hg. von Josef Friedrich Perkonig
1936	Buch und Volk
1936	Hannoverscher Kurier
1937	Archiv für Neue Literatur, Frankfurt a.M.
1937	Das Innere Reich, München (Bitte um Typoskript), wieder 1943
1937	Illustrierte Zeitung in Leipzig (Vermittlung durch Hellmuth Langenbucher), wieder 1938, 1942
1937	Dresdner Nachrichten
1937	Reichspost, Wien
1938	Das Schwarze Korps („Hans, der Rehbock")
1938	Stimmen der Ostmark. Eine Feierabendsfolge. Zusammengestellt von Kurt Ziesel, Hamburg
1938	Deutsche Literatur. Sammlung literarischer Kunst- und Kulturdenkmäler in Entwicklungsreihen (Heinz Kindermann)
1938	Goethe-Kalender auf das Jahr 1938 („Goethes Großvater Textor als Blumenzüchter")

6. 7. Die Entwicklung der Beziehung zur „Insel“

Der Einstieg in Kippenbergs Leipziger Insel-Verlag bedeutete in vielfacher Hinsicht einen atemberaubenden Aufstieg. Die Korrespondenz Waggerl–Kippenberg ist ein Spiegel all der daraus resultierenden Aktivitäten, Pläne, Kontakte, Chancen und Erfolge Waggerls, nicht zuletzt als Vortragsreisender und Radio-Sprecher, aber auch als literarischer Preisträger und Filmautor.

Waggerl lernte sehr schnell und wußte entgegen seiner anfänglich wiederholten Selbstdarstellung als *„schwerfälliger“ „Hinterwäldler“ (WK, 11.7.1930, 16.7.1930),* der sich zudem seines angeblich minderen *„Bildungszustandes“ (WK, August/Sept. 1930)* schämte, seine Interessen zu wahren und sich Kippenberg gegenüber durchzusetzen. Dies betraf z. B. sein geschicktes Verhandeln mit dem Verlag in Finanzfragen, indem er zwischen 1930 und 1932 immer öfter erfolgreich seine Kontakte zu anderen Verlagen (z. B. Reclam, Staackmann, Georg Müller, Scheidl) ins Treffen führte: *„[...] dass ich in jenen Wochen nicht weniger als sieben Angebote von fremden Verlegern, aber keine Nachricht vom Verlag empfing [...]. Ich scheine wirklich eine ‚Hoffnung des Buchhandels‘ zu sein, weil jene Herren so gänzlich alle Grundsätze der geschäftlichen Anständigkeit mir zuliebe preisgeben!“ (WK, 19.7.1931)* Die Korrespondenz mit dem Insel-Verlag ist außer den üblichen Vertrags- und Finanzierungsfragen zwischen Autor und Verleger voll von Bitten und (unterwürfigen) Forderungen Waggerls in Geldsachen.

Die grundsätzlich großzügige Haltung Kippenbergs wird z. B. besonders gut faßbar, als sich Berta Kramer, die Vertraute Waggerls, eigenmächtig mit einer Bitte an den Verlag wandte. Waggerl hatte sie, nachdem sich die Insel-Quelle aufgetan hatte, um 1930 beauftragt, alle seine „geschäftlichen Angelegenheiten zu ordnen“. Berta Kramer legte die prekäre finanzielle Situation der Waggerls dar und bat den Verleger, „ihn [Waggerl, der leider in materiellen Dingen allzu hilflos sei] von seinen hemmenden Sorgen freizumachen“. (WK, 4.8.1930) Kippenberg reagierte prompt und überwies den nötigen Betrag, so daß die gesamten Schulden beglichen werden konnten, „damit Herr Waggerl völlig freie Bahn vor sich sieht“, wie sich Kippenberg ausdrückte. (WK, 4.8.1930) Immer wieder taucht zwischen 1934 und 1937 auch die insbesondere im „Wagrainer Tagebuch“ (1936) literarisch verarbeitete Nachricht auf, daß ein Grund- oder Hauskauf unmittelbar bevorstehe, was zusätzliche Einkünfte nötig mache. Exemplarisch heißt es in einem Brief an Maria Lorenz: *„Eine große Buchgemeinschaft* [Deutsche Hausbücherei] *hat ‚Brot‘ zum Nachdruck übernommen, ich kriege gerade genug Geld dafür, daß ich mir ein Stück Grund kaufen kann, vielleicht auch das Holz für mein Haus. Und wenn ich dann noch ein bißchen Glück habe, werde ich bald wie Walther v. d. Vogelweide singen dürfen: ich han min lehen, all di werlt, ich han min lehen! [...] Da müßte dann noch eine Schar Buben sein ... Nun ja, es werden sich wohl welche finden. Auf den Garten freu ich mich vor allem [...] ein kleines Fürstentum, 1200m “ (LORENZ, 1934/35; vgl.*

WK, 29.6.1934) Waggerl konnte zu diesem Zeitpunkt außerdem auf erhebliche Einnahmen, nämlich zwischen 3500.– und 20.000.– Reichsmark aus dem Filmprojekt „Brot“ hoffen, das Hanns Arens eingefädelt hatte und das gerade zu diesem Zeitpunkt vertragsreif war.

Das enorm gestärkte Selbstbewußtsein Waggerls äußerte sich auch darin, daß er neben den bekannten Büchern, die zwischen 1930 und 1937 im Entstehen waren, viele literarische Pläne und Projekte entwickelte. Seit November 1930 verwendete er überdies ein neues, modernes, d. h. schnörkellos neu-sachlich gestaltetes Briefpapier. Auch als Berater und Vermittler für den Verlag begann sich Waggerl zu betätigen.

6. 8. Projekte

Seit 1930 war z. B. wiederholt von einem Bauernkriegs-Drama die Rede, das Waggerl für die Salzburger Festspiele schreiben wollte. Wahrscheinlich wurde diese Idee von seinem Schulfreund Dr. Kai Mühlmann initiiert, der gerade über Vermittlung des führenden sozialdemokratischen Funktionärs Josef Witternigg (1881– 1937) zum „Propagandaleiter“ der Salzburger Festspiele berufen worden war und bis 1933 diese Tätigkeit ausübte. Sogar Max Reinhardt habe Interesse für Waggerls Projekt bekundet. (WK, 1.9.1931)

Zugleich war zwischen 1930 und 1936 in unregelmäßigen Abständen vom Projekt einer „Emigrationsnovelle“ die Rede, an der Kippenberg großes Interesse zeigte: Waggerl wollte, u. a. wohl unter Verwendung der regionalgeschichtlichen Forschungen des Wagrainer Gemeindesekretärs Matthias Schönberger (1868–1953) und des Wagrainer Pfarrarchivs, eine Arbeit über die Emigration der Salzburger Protestanten des 18. Jahrhunderts verfassen. (WK, 16.7.1930) Wie Schönberger in seinem „Kleinen Wegweiser für Wagrain“ festhielt, begann im November 1731 „mit Militärbeistand die zwangsweise Austreibung“ von 148 Lutheranern aus Wagrain. Bis Juli 1733 sollen demnach ca. 1700 Wagrainer vom Salzburger Erzbischof aus dem Land getrieben worden sein, und zwar hauptsächlich nach Ostpreußen.[252] Kippenberg fragte immer wieder nach und wollte 1930 sogar eigene Recherchen über das Schicksal der Protestanten in Deutschland zur Verfügung stellen. (WK, 16.7.1930) Das Projekt köchelte dahin, kam aber letztlich nie zustande, obwohl Kippenberg nach dem Projekt „Wagrainer Tagebuch“ noch immer darauf setzte : „Ich hoffe dann, Sie endgültig für den Plan zu gewinnen, die Geschichte der Salzburger Emigranten zu schreiben. Ich habe das Gefühl, dass auch der Stoff sich nach Ihnen sehnt.“ (WK, 21.9.1936)

Der Gärtner

Zu dieser Zeit plante Waggerl vieles: Aus einer Korrespondenz mit Karl Springenschmid um die Jahreswende 1929/30 geht hervor, daß er anscheinend eine Materialsammlung „Arbeiterdichtung“ angelegt hatte, um sie bei einem Verlag unterzubringen. Springenschmid jedenfalls, Waggerls früherer Lehrerkollege und Schriftsteller-Konkurrent, nennt eine solche Sammlung, als er in

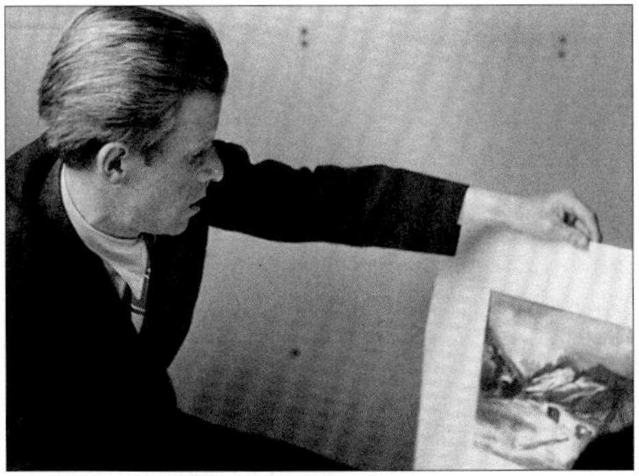

Der Kunstbegeisterte

einem bitterbösen Brief an Waggerl diesem vorwirft, ihn bei der Deutschen Buch-Gemeinschaft „in Mißkredit" gebracht zu haben, indem Waggerl die Buch-Gemeinschaft, bei der Springenschmid wohl Texte über das Arbeitermilieu unterbringen wollte, darauf aufmerksam gemacht haben soll, daß Springenschmid kein „Bauhilfsarbeiter", sondern „Lehrer" sei. Waggerls Brief liegt nicht vor. „Du wirst allerdings erleben, dass dich bald auch in literarischen Dingen, ähnlich wie es in Sachen des Fremdenverkehrs schon lange der Fall ist, kein Mensch mehr ernst nimmt." (ARCHIV, H 15783, 6.11.1929) Springenschmid sollte sich irren.

Ein weiteres unablässig verfolgtes Projekt war seit Ende 1931 eine Prosa-Anthologie von *„südslawischen"* Texten, die Waggerl sammeln und herausgeben wollte, was Kippenberg kurze Zeit später (1932) sogar veranlaßte, seinen Jungautor als Spezialisten auf dem Gebiete der serbischen Literatur als Berater heranzuziehen. Kippenberg wollte von Waggerl die Übersetzung eines Erzählbandes des serbischen Autors Jovan Popovic begutachtet haben. Das Gutachten Waggerls fiel negativ aus. Umso euphorischer berichtete er im selben Brief über das eigene Anthologie-Projekt, das vom jugoslawischen Kultusministerium und der jugoslawischen Botschaft in Berlin wärmstens begrüßt werde, gebe es doch die Chance, beim bevorstehenden P.E.N.-Kongreß in Ragusa – gemeint war die schließlich nach Hitlers „Machtergreifung" im Mai 1933 unter völlig neuen politischen Voraussetzungen abgehaltene P.E.N.-Tagung (vgl. WULF I, 68ff) – das Buch „an die Besucher [...] zu verteilen". (WK, 28.11.1932) Waggerl erhoffte sich davon sicher internationale Reputation. (WK, 18.11.1932) Die Planungen, Fragen der Übersetzung und der Finanzierung zogen sich bis 1933 hin, bis das Projekt endgültig versandete. Er setzte auf sein Image als ländlicher Heimatexperte und schrieb an Kippenberg: *„Die Leute [diese jungen slawischen Völker] schreiben eine schwere melodiöse Prosa, sie erinnert sehr an slawische Musik. [...] Es liegt soviel Jugend und unverdorbene Kraft in diesen Leuten. Sie leben ja fast alle auf dem Lande, sie haben gar keine großen Städte, alles ist noch ursprünglich, frisch, lebendig." (WK, 5.12.1931, 14.7.1932)* Dann nennt er eine Reihe von Autoren, die ihm wert schienen, aufgenommen zu werden: u. a. Prepelj, Berk, Jus Kozak, Stanko Majcen, Bogomir Magajna, Misko Kranjec. Waggerl wollte dem Verlag bis September 1932 die Sammlung übermitteln, er bot sich an, ein Vorwort zu verfassen, ansonsten sollten H. Oertel,[253] ein Buchhändler aus Dresden, und ein kroatischer Literarhistoriker namens Kocbek die Sammel- und Übersetzertätigkeit besorgen. Er verstand sich als Vermittler, der hoffte, daß auch seine Interessen zum Tragen kamen. Kippenberg schmeichelte: *„Als Einleiter kommt kein Sprachgelehrter – um Gotteswillen nicht! – in Betracht, sondern nur mein verehrter Freund und Autor Karl Heinrich Waggerl". (WK, 14.7.1932)* Im März 1933 kündigte Waggerl die Zusendung der Anthologie an, sie sollte „Slawische Seelen" heißen. (WK, 9.3.1933) Was daraus geworden ist, konnte nicht mehr eruiert werden. Im April 1940, mitten im Krieg, sollte ihn eine Lesereise schließlich in das besetzte Belgrad, Dubrovnik, Laibach, Sarajewo, Split und Zagreb führen.

In das Jahr 1932 fällt auch Waggerls Vorschlag, *„doch ja nicht Georg Trackl [sic!] zu vergessen! Trackl ist jetzt große Mode, aber abgesehen davon, er verdient wirklich, in einer würdigen Form herausgegeben zu werden. Nicht alles vielleicht, aber doch das Unvergängliche." (WK, 15.11.1932)* Kippenberg hatte die Rechte für eine Insel-Bücherei-Ausgabe bereits erworben. Die Ausgabe kam schließlich auch zustande, nur Trakls „Grodek" durfte nicht aufgenommen werden, Waggerl wurde eingeladen, die Sammlung zusammenzustellen und das Vorwort zum Band „Gesang des Abgeschiedenen" (Insel-Bücherei, Nr. 436) zu verfassen. Das tat Waggerl auch. In deutlicher Anspielung auf sich selbst und unter Verwendung von Begriffen, die er gerne auch für seine Dichtung und deren Rezeption angewendet sehen wollte, schrieb er: *„Trakl war ein junger Offizier wie tausend andere, und das, was den Menschen Trakl von anderen tausend unterschied, wurde ihm zum tötlichen [sic!] Verhängnis. [...] Die Verse Trakls sind reine Lyrik, frei von Reflexion, sie sind nur durch das Gemüt, nicht mit dem Verstand zu erfassen. Klingende Gebilde sind sie, aus der Anschauung unmittelbar in eine sprachliche Form gegossen, die in der deutschen Dichtung nur wenig ihresgleichen hat." (Typoskript, 1.2.1933, Waggerl-Archiv, WK, 26.1.1933, 8.4.1933, 28.4.1933)*

6. 9. Waggerl als Berater und Kritiker

Waggerl nutzte den Insel-Kontakt für seine eigenen Lektüre-Interessen und bot sich in einer zweiten Phase mit neuem Selbstbewußtsein auch als Berater und Lektor an.

In einem der ersten Briefe als Insel-Autor schrieb er: *„Stendhal*[254] *möchte ich so gerne lesen, ich kenne gar nichts von ihm, und in der neueren Literatur ist mir so gut wie alles unbekannt. [...] Stendhal hat mich in Flammen gesetzt!" (WK, 6.1.1930, 1.2.1930)* Aber schnell meinte sich der Jungautor emanzipieren zu müssen. Denn schon ein paar Wochen später schlug er Kippenberg vor, wie bereits erwähnt, Jean Pauls „Des Feldpredigers Schmelzle Reise nach Flätz" (1807) *„mit den originellen Fußnoten der Urfassung" (WK, 16.7.1930, 3.11.1931)* neu herauszugeben. In der Tat ist die „Reise nach Flätz" eine der brillanten Kleinbürgerstudien Jean Pauls mit aphoristischen Fußnoten, aus denen Waggerl zu schöpfen wußte, und Kippenberg war durchaus hellhörig. Aber dem Jean-Paul-Kenner und – Liebhaber Kippenberg ausgerechnet Jean Paul zu empfehlen, war forsch. Kippenberg antwortete auf seine Weise: „Was Jean Paul anlangt, so ist er auch mein Liebling [...]" und schickte den Waggerls „ein Verzeichnis der Bücher des Insel-Verlages" nach Wagrain. (WK, 16.7.1930) Und er stellte das adäquate Verhältnis wieder her, indem er, der Leipziger Menschenfreund und -verleger, sich um den scheinbar unbedarften und zugleich forschen Waggerl kümmerte und zwei

Waggerl am Ufer der Salzach

5-Kilo-Pakete Bücher nach Wagrain dazulegte – ein Fingerzeig: „Mit saurer Milch und Häuptlingssalat, so zuträglich sie dem Menschen sein mögen, ist es allein nicht getan, man muss auch geistige Kost haben. Also erlauben Sie mir, Ihren geistigen Speiseschrank ein wenig aufzufüllen." (WK. 16.7.1930)

Mit Richard Billinger (1890–1965) nach dem Zweiten Weltkrieg

Waggerl nützte also die guten Möglichkeiten, interessante Bücher aus dem Fundus des Insel-Verlages zu bekommen: D. H. Lawrence und die Hauffschen Märchen erbat er sich, deutsche Gedichte in Handschriften, auch Goethe-Texte und etwas von Carossa, eine Arbeit über Eleonora Duse, Humoristisches von Wilhelm Busch und die Münchhausen-Geschichten, den „Struwwelpeter" genauso wie Gottfried Kellers „Der grüne Heinrich", eine Neuausgabe des Robinson Crusoe ebenso wie eine Arbeit über Talleyrand, ein Buch von Armin Renker,[255] Anton Kippenbergs Bremen-Texte oder die Landstreichergeschichte „Hannes Raps" (dt. 1932) des flämischen Insel-Autors Ernest Claes, mit Zeichnungen von Felix Timmermans. Kippenberg versorgte Waggerl von sich aus mit weiteren literarischen Leckerbissen, z. B. Rilke-Briefen (WK, 2.5.1934), aber auch mit Texten, denen Waggerl wenig abgewinnen konnte und über die er merkbar seine Reserve äußerte. Arbeiten von Richard Billinger (1890–1965)[256] und Leonhard Frank (1882–1961)[257]wurden von Waggerl abgeurteilt, bei Stefan Zweig war er vorsichtiger und letztlich reserviert, obwohl er der Pflicht des Lobens entsprach, weil ihn Kippenberg wahrscheinlich mit Zweigs gerade erschienenem, Arthur Schnitzler „in liebender Verehrung" gewidmetem Buch „Joseph Fouché. Bildnis eines politischen Menschen" (1929) beglückt hatte. Es ist die Biographie eines Mannes von „bewunderswert beharrliche[r] Charakterlosigkeit", wie der Autor Joseph Fouché, u. a. Napoleons Polizeiminister, nannte. (ZWEIG, 9) Waggerl formulierte reserviert: *„Aber ich merke wohl auch, dass sehr viel ehrlicher Fleiß dahinter steckt." (WK, 1.2.1930)* Über Leonhard Frank und Richard Billinger nahm er sich hingegen kein Blatt vor den Mund: Unter Anspielung auf sein Beurteilungskonzept „Dichtung" versus „Journalismus" schrieb er: *„Franks Buch habe ich durchgeblättert, es ist ein elendes Machwerk, meinerseel! Ebenso schlecht ist aber Billinger's Roman bei Müller. Ich werde demnächst die Bauern öffentlich in Schutz nehmen müssen, wenn man ihrer Wesensart ein derartig läppisches Gedudel zumutet. Schade um Billinger, er hat die Gabe, aber er ist völlig verschmockt [...]. Es ist schon so. Ein prächtiger Kandelaber [Billingers neueste Arbeit], aber das Licht ist ausgegangen." (WK, 23.2.1932, 19.5.1933)*[258]

Es sei nicht verschwiegen, in welcher Lage sich Richard Billinger damals befand – unabhängig von den literarischen Beurteilungen, die ihn trafen –, denn diese wirft ein Schlaglicht auf die Brutalität, mit der die Nationalsozialisten vorgingen: Billinger, der Anfang 1935 wegen „widernatürlicher Unzucht" vor einem Münchener Strafgericht stand – er war im Schatten der antihomosexuellen Stimmung rund um den sogenannten „Röhm-Putsch" (Juni 1934) verhaftet worden –,[259] wurde im März desselben Jahres nicht wegen der Interventionen einiger Freundinnen und Freunde gerettet, wie es einige Berichte suggerieren wollen, sondern konnte gerade noch deswegen freigesprochen werden, weil die ursprüngliche Fassung des § 175 RStGB aus dem Jahre 1871 noch in Kraft war, wonach „nur beischlafähnliche Handlungen" bestraft werden konnten. „Selbstbefriedigung vor, an oder mit einem Mann zählte nicht dazu." Der seit 1. September 1935 gültige neue § 175 RStGB erweiterte den Straftatbestand beträchtlich: Den Richtern wurde bei ihrer Entscheidung das „gesunde Volksempfinden" als Rechtsquelle empfohlen. (GRAU) Billinger konnte sich im März 1935 gerade noch retten, nicht ohne ein lebenslanges Schweige-Gelübde über die Verhaftung abzulegen. Erpressung war also im Spiel. So machte man Billinger gefügig, so daß er in den NS-Kanon aufgenommen werden konnte.

6. 10. Stefan Zweig

Im Lichte der Korrespondenz mit Anton Kippenberg und Maria Lorenz ist das Kapitel „Stefan Zweig und Waggerl" neu zu schreiben. Es handelte sich nämlich um eine Beziehung, die eigentlich keine war, auch wenn sie von Hanns Arens, dem damaligen Insel-Verlagslektor, als solche kolportiert wurde. Nachdem Zweig vom neuen Salzburger Zuwachs in der „Insel-Autorengemeinde" schon 1929 erfahren hatte, habe er Waggerl persönlich kennenlernen wollen (WK, 21.11.1929; 16.7.1930), was aber vorerst nicht klappte. Arens berichtet, daß Zweig, der kein Auto besaß, die Chance ergriffen habe, mit Arens im Sommer 1930 zu Waggerl nach Wagrain zu fahren. Zweig hatte erst ein Kapitel des „Brot"-Romans gelesen. Arens schrieb in diversen Erinnerungstexten – von kleinen Abweichungen abgesehen – immer dasselbe, im Lichte anderer Quellen wohl nur Teilwahrheiten: „Er [Waggerl] konnte es kaum fassen, daß der berühmte Dichter ihm die Ehre seines Besuches erwies. Es war ein langes und gutes Gespräch, das die beiden Dichter führten, ein Gespräch, das vor allem Waggerl sehr beeindruckte, denn es war der erste Dichter, den Waggerl kennenlernte. Ich wußte, daß Waggerl die Bücher von Zweig kannte und schätzte [...]. Aber genauso angerührt war der so ganz anders geartete Zweig, der eine Vorliebe für diesen Menschentypus hegte." (VAGABUND, 18, 30)[260] Nach diesem Treffen habe Zweig den „Brot"-Roman ganz gelesen und von dem „guten Eindruck" seinem Verleger Kippenberg berichtet, wie Arens zu wissen meint. Aufzeichnungen darüber gibt es freilich nicht. Waggerl selbst trägt nach 1945 eine andere – ausschmückende, aber der inneren Wahrheit entsprechende – Erzählung vor: *„Ich wußte nichts und kannte niemand. [...] Aber eines Morgens traf ich einen Mann auf der Dorfstraße, der sich sanft und höflich nach dem Weg zum Pfarrhaus erkundigte, obwohl er gar nicht nach Frömmigkeit roch. Hinterher kam der seltsame Fremde auch zu mir in meine Stube. Sichtlich von den Flöhen geplagt, die ihn sogleich überfielen, saß er doch geduldig auf dem Bett und bat mich, ihm etliche von den beschriebenen Blättern zu zeigen, die überall herumlagen. Zwar schien er nichts*

Stefan Zweig (1881–1942)

lesen zu wollen, aber er lobte meine Handschrift, ich möge ihm das nicht übel nehmen, sagte er. Wenn ich ihn in der Stadt besuchen wolle, werde er mir alle Manuskripte eines großen Franzosen zeigen, der sei noch viel wunderlicher mit Papier und Tinte umgesprungen. Ich hielt meinen Gast für einen freundlichen Narren, aber bald danach fand ich wirklich sein Haus, wie er es beschrieben hatte, und las auch den Namen auf dem Schild am Tor: Stefan Zweig. Er hatte freilich Gäste, sah wohl auch meine Verwirrung und entließ mich schon im Garten wieder. Erst Jahre später entdeckte ich nach und nach, wie viele Fäden und Fädchen dieser welt- und menschenkundige Souverän im stillen für mich geknüpft hatte. So wuchs mir mancherlei Hilfreiches zu, ehe ich selber etwas Brauchbares vorzuweisen hatte." (EM, 691) Von jenem Buch, das Zweig an Waggerl mit der Widmung „Dem lieben Karl Heinrich Waggerl in herzlicher Nachbarschaft" geschickt haben soll, findet sich nichts (mehr) in Waggerls Bibliothek,[261] nur die nüchterne Signatur „Stefan Zweig" in den „Sternstunden der Menschheit" (1927) und ein in einem Stefan-Zweig-Buch versteckter Brief Zweigs vom September 1941 aus Petropolis an F. Schnabel in Argentinien: „[...] ich versuche hier das Einzige zu tun, was in solchen Zeiten noch einen gewissen Schein der Vernunft hat, nämlich zu arbeiten. [...] Alle diejenigen, die sich irgendwo sesshaft gemacht haben, haben es verhältnismässig gut, und nur wir, ohne Bücher, ohne Heimat, ohne rechtes Wohin, spüren das In-der-Luft-hängen immer schmerzhafter." (Zweig-Brief, 19.9.1941)

Waggerl hatte zu diesem Zeitpunkt gerade sein Amt als kommissarischer Bürgermeister von Wagrain, das er seit August 1940 innehatte, zurückgelegt (Mai 1941), war seit 10. Mai 1941 als Ic/WPr beim Stellvertretenden Generalkommando XVIII. Armeekommando tätig, hatte gerade im Rahmen der Salzburger Kriegsfestspiele einen Dichterabend im Mirabellkasino absolviert[262] und war auf dem Sprung zum Deutschen Dichtertreffen und zur Eröffnung der Kriegsbuchwoche 1941 nach Weimar, wo der Gauleiter und Reichsstatthalter von Thüringen am 26. Oktober 1941 einen international ausgerichteten Empfang gab. Gäste aus 14 europäischen Staaten waren anwesend. „Während im Osten die deutschen und verbündeten Armeen den Todfeind der europäischen Kultur schlagen [...], trifft sich hier in Weimar, der geheiligten Stätte deutschen Geistes, eine geistige Auslese aller europäischen Nationen, um eine Grundlage für die kommende gemeinsame Arbeit zu legen", so wurden die Gäste von Wilhelm Haegert, dem Leiter der Abteilung Schrifttum im Goebbelschen Propagandaministerium, begrüßt.[263]

Im Schloß zu Weimar durfte Waggerl beim Essen gemeinsam mit einigen prominenten Verlagsvertretern und Buchhändlern (u. a. Dr. Buchmann von Cotta), Zeitungsleuten, einem Staatsanwalt und Gauhauptstellenleiter, dem Dichterkollegen Hans Watzlik und dem Kriegsverwaltungsrat Dr. Jürgen Eggebrecht[264] an einem Tisch sitzen. An dem Empfang nahmen ca. 400 Prominente aus allen gesellschaftlichen Bereichen teil, Schriftsteller, Verleger, Buchhändler, Reichskulturkammer-Bürokraten, Hochschullehrer, Politiker usw., eine breite Palette von regimetreuen und -genehmen Leuten, aber auch Persönlichkeiten wie Anton Kippenberg, Martin Raschke oder Hans Carossa, deren Teilnahme keinesfalls schaden konnte. Waggerl befand sich in prominentem Umfeld. Es waren u. a. anwesend: Paul Alverdes,[265] Ernst Bachmeister, Prof. Adolf Bartels, Josefa Berens-Totenohl, Willy Bischoff, Hans Friedrich Blunck,[266] Waldemar Bonsels, Anton Bossi-Fedrigotti, Bruno Brehm, Ernest Claes, Hermann Claudius, Egon Cäsar Conte Corti, Edwin Erich Dwinger, Gertrud Fussenegger, Gerd Gaiser, Friedrich Griese, Hans Hagemeyer, Josef Hieß, Wilhelm Ihde, Hanns Johst, Linus Kefer, Paul Anton Keller, Sepp Keller, Erich Landgrebe, Eberhard Wolfgang Möller, Josef Georg Oberkofler, Wilhelm Pleyer, Rainer Schlösser, Karl Springenschmid, Hermann Stuppäck, Ingeborg Teuffenbach, Felix Timmermans, Franz Tumler,[267] Will Vesper, Georg von der Vring, Ines Widmann, Kurt Ziesel,[268] Heinrich Zillich[269] und Hans Zöberlein. (EMPFANG)[270]

In Briefen an Maria Lorenz zeichnete Waggerl ein anderes Bild von Stefan Zweig, als er es z. B. Kippenberg gegenüber tat. Im März 1933 äußerte sich Waggerl folgendermaßen – es sind Sätze eines Eifernden und eines Autors voll von Ressentiments: *„Was ich gern lese? Nun, beschämend wenig, immer dasselbe. Ein paar naturwissenschaftliche Bücher, wenn ich fertig bin, fange ich von vorne wieder an. Mir graut zusehr vor den Stefans und Lions (den Thomas inbegriffen) und vor dem ganzen Journalismus, der sich als Dichtung maskiert hat, ich will nichts davon hören und wissen. Im Grunde denkt wohl auch Kippenberg ähnlich, aber von ihm kann man nicht verlangen, daß er die Säulen des Verlags einreißt. Ich bin ja nur ein kleiner Heiliger an der Wand und viele andere auch. Wissen Sie, daß es in den Buchläden Athens oder Roms nur ein deutsches Buch gibt, den Fouché von St. Z.? Er repräsentiert die deutsche Literatur, und mit Recht, von seiner Art ist wirklich alles, was bei uns Ansehen hat.“ (LORENZ, 14.3.1933)* Hier sprach er über Stefan (Zweig), so wie über Lion (Feuchtwanger) und Thomas (Mann), indem er an diesen konkreten Beispielen seine Philosophie über deutsche „Dichtung“ und jüdischen „Journalismus“ vorwegnahm: Schon Mitte Mai 1933 formulierte er nämlich seine eigene Theorie über die notwendige „Freihaltung“ *„nicht nur von volksfremden Einflüssen, sondern auch von eigenen [deutschen] Verfehlungen, von Phrase und Konjunkturschreiberei“ (BRIEFE, 58),* als er an das 1926 gegründete Leipziger „Institut für Leser- und Schrifttumskunde“ (Walter Hofmann, Volksbibliothekar)[271] schrieb, das 1933 im Zuge der „nationalen Revolution“ als „Facharbeitsstelle der Reichsstelle zur Förderung des deutschen Schrifttums“ nazistisch gleichgeschaltet wurde.

6. 11. Guido Zernatto und die Literaturpolitik

Wie schon erwähnt, betätigte sich Waggerl auch als Berater und Lektor. Kippenberg bat ihn z. B., ein Buch von Edzard

Empfang

des Gauleiters und Reichsstatthalters in Thüringen

zum Deutschen Dichtertreffen und zur Eröffnung der Kriegsbuchwoche 1941

Sonntag, 26. Oktober im Schloß zu Weimar

Titelblatt der Tischordnung anläßlich eines Empfangs zur Eröffnung der „Kriegsbuchwoche 1941“

Guido Zernatto (1903–1943)

Schaper (*1908), wahrscheinlich die Novelle „Die Arche, die Schiffbruch erlitt" (Insel-Bücherei), zu lektorieren. Waggerl empfahl sie, nicht ohne über andere Texte Schapers kritisch zu sprechen. (WK, 29.3.1933, 19.6.1933)[272]

Waggerl schlug dem Verlag im Oktober 1934 z. B. ein Romantyposkript eines gewissen Hanns Schopper (*1900) vor. Dies wäre weiter nicht erwähnenswert, würde Schopper nicht der Mitverfasser eines der Film-Exposés des Romans „Brot" (1939/40) sein, das Waggerl in den 30er Jahren beschäftigte. Die ersten Kontakte mit dem Mödlinger Autor sind nachweislich ins Jahr 1932/33 zu datieren, als es Schopper gelang, Waggerl für einen seiner Romane, wahrscheinlich den politisierenden Arbeitslosen-Roman „Fritz kämpft um die Jugend" oder für „So lebt das Dorf, Chronik des Alltags" zu interessieren. Der Dramaturg, Schauspieler und Theaterautor brachte es schließlich bis zum Pressereferenten der illegalen NSDAP Österreichs und wurde bekannt als Verfasser einer umfangreichen „Geschichte der Presse während der Kampfjahre der NSDAP (1933–1938) in Österreich" mit dem Titel „Presse im Kampf" (1942). Waggerls Engagement galt einem „Roman aus den Befreiungskriegen des Individuums [...] und seinem Entwicklungsgang von 1910–32", wie Schopper schrieb (ARCHIV, H 148). [273] Kippenberg lehnte ab. Die Romane erschienen im Wiener Augarten-Verlag und bei Zsolnay.

Zunehmend nannten einige Autoren, die bei Kippenberg reüssieren wollten, offenbar den Namen Waggerl. Dieser mußte dementieren. Nur Schopper sei ihm wert erschienen, von ihm protegiert zu werden: *„Aber ich will in meinem Bestreben, Sie auf neue Talente aufmerksam zu machen, (die ich natürlich nicht nach ihrer Aehnlichkeit mit mir bewerte) gerne noch zurückhaltender sein. [...] Also nichts für ungut, verehrter Herr Doktor!" (WK, Okt. 1934)* Nur für Guido Zernatto (1903–1943) im Jahre 1935 intervenierte er noch, im Jahre 1937 für Heinrich Zillich (*1898) (vgl. ARCHIV, 6.6.1937) und 1944 für Paul Alverdes (*1897).

Die interessanteste Intervention galt Guido Zernatto. Sie sei herausgegriffen, weil sie die literaturpolitische Situation Mitte der 30er Jahre erhellt. 1935 empfahl Waggerl Gedichte seines Freundes für die Insel-Bücherei: *„Zernatto ist wohl gegenwärtig der bedeutendste Lyriker meiner Heimat"*, er sei eine *„außergewöhnliche Begabung"* und habe außerdem *„Charakter". (WK, 23.3.1935)* Nicht zuletzt war dies auch als Dank für Zernattos Unterstützung zu werten, nachdem Waggerls Auslandspost von den österreichischen Sicherheitsbehörden im Zuge des bürokratischen Kampfes gegen die illegale NSDAP zensuriert worden war. Sollten die polizeilichen Überprüfungen der Briefe Waggerls den Sinn gehabt haben, seine politische Zuverlässigkeit als potentieller Staatspreisträger zu testen? Denn im Dezember 1934 sollte ihm der Große Österreichische Staatspreis verliehen werden, obwohl er sich gar nicht beworben hatte. Im November 1934 war Waggerl Mitglied der Einheitspartei „Vaterländische

Front" geworden. (SLA 1936, 5246/1a) Waggerl war außerdem Mitglied des Katholischen Schriftstellerverbandes Österreichs, wie aus den Akten der Vaterländischen Front hervorgeht. (ASPETSBERGER, 100)

In einem empörten Brief hatte sich Waggerl im Dezember 1934 an Guido Zernatto gewandt, damals Mitglied des neu installierten ständestaatlichen Bundeskulturrates, Präsident des katholischen Schriftstellerverbandes, Vizepräsident des Österreichischen Bundesverlages, leitender Redakteur der „Österreichischen Rundschau" – und Juror in der Staatspreis-Jury 1934.[274] *„Sind wir denn im Zuchthause, gibt es kein einziges Menschenrecht mehr, das in dieser wahnwitzigen Zeit noch respektiert würde?" (BRIEFE, 68)* Zernatto leistete bei den Polizeibehörden *„Schützenhilfe"* für Waggerl. Dessen Dankesschreiben kam prompt, nicht ohne in völliger Verkennung der kulturpolitischen Stunde, die sowohl im neuen Bundesstaat Österreich als auch im Deutschen Reich geschlagen hatte, und zugleich unter Ausblendung seiner eigenen grundsätzlichen Beiträge zur reinlichen Scheidung der Geister zu schreiben: *„Wie geht es mit unserem ‚Manifest'? Mir scheint, [...] [es] wäre besonders angebracht, wenn wir in Österreich einmal zu diesen Fragen (Freiheit des Schaffens, Entpolitisierung der Kunst usw.) grundsätzlich Stellung nehmen würden, es geschähe sicher auch im Dienst und zur Genugtuung vieler reichsdeutscher Künstler. Ich meine natürlich nicht, daß politische Dinge oder gar reichsdeutsche Verhältnisse berührt werden sollen, man müßte nur wieder einmal den Tempelbezirk der Dichtung oder Kunst überhaupt reinlich abgrenzen. Was halten Sie davon?" (BRIEFE, 69f)*

6. 12. Neue Identität

Schon im September 1931 kam plötzlich an einer Stelle etwas ins Spiel, das man auf den ersten Blick gerade hier nicht vermuten würde: Waggerls Antisemitismus als Negativ-Folie des eigenen Selbstverständnisses als reiner deutscher Dichter.

Waggerl hatte gerade seinen Roman „Schweres Blut" fertiggestellt und kommentierte in einem Brief an Kippenberg die Christian-Passagen des Romans. Diese seien *„in meinem Sinne vollgültig, als reine Dichtung"* aufzufassen. (WK, 1.9.1931) Christian aus „Schweres Blut" ist der alte, einfältig-weise und die Handlung mit einer Reihe von legenden- und sagenhaften Erzählungen über Gott, Leben, Liebe und Tod begleitende Landstreicher, der von der Kritik natürlich sofort – mit Recht – als Sprachrohr Waggerls identifiziert wurde. Diese Figur ist der autobiographisch angereicherte Inbegriff des sich sehnsüchtig nach Heimat und Festigkeit, d. h. des sich nach der bäuerlichen Welt von *„Lehen"* sehnenden *„heimatlosen Mann[es]" (SB, 236),* hineingestellt in die Welt, die ein *„Rad [ist], ein Mühlrad unter dem sausenden Wasser der Zeit". (SB, 237)* Christian mit dem *„tiefen Blick" – „er hat Gesichte" (SB, 237)* – stellt die beschaulich-abgeklärte Fassung der Waggerl-Erfahrungen der 20er Jahre dar, vom Erzähler wiederholt

Der renommierte Schriftsteller

versehen mit den bedrängenden, aphoristischen Zuordnungen aus dieser Zeit: *„Er* [Gott] *schuf ihn damals aus einer Laune, gewiß hatte er nichts weiter dabei im Sinn, keinen großartigen Gedanken. Aber dann wurde ein wunderliches Ding daraus, eine bunte verworrene Seele, und gänzlich unnütz. [...] Der Mensch ist ein zertrümmerter Spiegel, aus den Scherben notdürftig wieder zusammengeflickt, und darum verwirrt sich alles in ihm." (SB, 237, 267)* Dazu kommen eine Reihe von Attributen, die traumatisch angetriebene Liebes- und Geborgenheitssehnsucht erkennen lassen, ein Aspekt, der genuin zu Waggerl gehört und in verschiedenen Variationen – u. a. in Form naturmystischer Passagen, durch die Ausmalung einer Wunschheimat oder eines abgeschlossenen Wiesengrunds – zum Ausdruck kommt: *„Es ist wunderbar, nachts unter einem Baum zu kauern, ganz in sich selbst verkrochen, wie es die Tiere tun. Auch die Kinder kennen dieses Gefühl heimlicher Geborgenheit – wir waren doch einmal Kinder? [...] die Welt liegt weithin ausgebreitet mit gelösten Gliedern unter dem Himmel wie eine mütterliche Frau, du ruhst in ihrem Schoße." (SB, 266)* Mit Christians Gleichnissen, die den roten Faden darstellen, mit dem dieser Roman zusammengehalten wird, hatte Waggerl ein neues erzählerisches Element in sein Romanwerk eingeführt, das er beibehalten und pflegen sollte. Nicht zuletzt enthalten seine „Kalendergeschichten" (1937) drei der schon in „Schweres Blut" erzählten Legenden: die Legende von den drei Pfändern (SB, 315ff), die vom Tod (SB, 380f) und jene vom vergrabenen Herzen (SB, 284ff).[275] Die „Kalendergeschichten" (1937) stehen am Ende einer erzählerischen Entwicklung Waggerls.

Zur Figur des Christian liefert Waggerl nun im Brief an Kippenberg seine eigene Interpretation. Sein neues Werk falle, insbesondere durch die „romantische" Wanderer-Figur des Christian, *„irgendwie ins Romantische".* Und: *„[...] aber ihr gehört die Zukunft (der Romantik nämlich) und insofern ist mir um meine Arbeit nicht bange."* Hanns Arens zitierte Waggerl mit dem harmlos klingenden Wort vom *„romantischen Realismus". (VAGABUND, 20)* Waggerl sollte angesichts der Erfolge, die die Konjunktur bot, recht behalten, und zwar umso eher, als er seine gut gelungene Christian-Figur und alles, was sie tut und sagt, selbst in folgenden Zusammenhang rückt: Sie sei *„frei von unfruchtbarer Reflexion und jener üblen ‚Geistigkeit', die mir, als direktem Gegenpol aller jüdischen Weltauffassung, tief in der Seele verhaßt ist. [...] Ich bin lange nicht so gewandt und intelligent wie die vielen erfolgreichen Asphalt-Literaten, aber im Wesentlichen nehme ich es doch mit ihnen auf." (WK, 1.9.1931)* Das war die Sprache des Aufsteigers. Waggerls „romantisch-realistisches" Deutschtum identifizierte er selbst als geistfern, aber gemütsnah und unjüdisch.

Mit der Formel von den „Asphaltliteraten" – In- und Kampfbegriff alles verhaßt Jüdischen und Undeutschen – sollten die Nationalsozialisten ab Jänner 1933 darangehen, das sogenannte „undeutsche Schrifttum" zu kontrollieren, zu zensurieren und zu vernichten. Die Bücherverbrennungen in über 40 deutschen Städten im Mai 1933 waren das symbolische Zeichen dieser Vernichtungswut, mit dem das staatsoffizielle Signal gesetzt war. (WULF, 46ff) Im Jahre 1938 sollte es schließlich in Salzburg auf dem Residenzplatz in Nachahmung der reichsdeutschen Vorgänge des Jahres 1933 die einzige „ostmärkische" Bücherverbrennung geben. Karl Springenschmid war der Hauptverantwortliche für diesen symbolischen und zugleich konkreten Akt der Büchervernichtung. (KERSCH II, 94ff) Am 16. Mai 1933 druckte das „Börsenblatt für den Deutschen Buchhhandel" folgende Erklärung zu der gerade veröffentlichten „Schwarzen Liste von Büchern": „Der Kampf richtet sich gegen die Zersetzungserscheinungen unserer artgebundenen Denk- und Lebensform, d. h. gegen die Asphaltliteratur, die vorwiegend für den großstädtischen Menschen geschrieben ist, um ihn in seiner Beziehungslosigkeit zur Umwelt, zum Volk und zu jeder Gemeinschaft zu bestärken und völlig zu entwurzeln. Es ist die Literatur des intellektuellen Nihilismus." (WULF, 64)

Mit Waggerls Selbstinterpretation war die de facto gleichbleibende und nur in wenigen Variationen vorgetragene Identitäts-Formel gefunden, mit der er sich seitdem – bis 1945 – in unzähligen Stellungnahmen, in Interviews, Briefen und repräsentativen Essays als deutscher Dichter auswies. Immer wenn also Legendenhaftes und damit Existentielles im Spiele war, war – für Waggerl – wesenhaft „Deutsches", d. h. Nicht-Reflexives, Raunendes, Seelenhaftes, „Unpolitisches",[276] Nicht-Aktuelles, sondern Überzeitliches und Antijüdisches angesprochen. Dies erlaubt, ja erfordert eine neue Lektüre zumindest des Romans „Schweres Blut", aber wohl auch jener Texte, die Abwandlungen von Waggerls „Romantik"-Konzept sind, und zwar unter Berücksichtigung von Waggerls eigener Wahrnehmung.

Wo er zu theoretisieren begann oder sich Erklärungen über „Gut" und „Schlecht" oder den Zustand der deutschen Literatur und der aktuellen Literaturverhältnisse zurechtlegte, war er dem herrschenden „deutschen" Zeitgeist und seiner gleichbleibenden Diktion unterworfen. Dies wird in seinen Briefen und Briefentwürfen an das Leipziger „Institut für Leser- und Schrifttumskunde" und das Berliner „Wissenschaftliche Korrespondenzbüro Akademia", das sogar Vertretungen in den USA, in England, Frankreich und Holland unterhielt, zwischen Mai 1933 und Jänner 1934 deutlich. Auch in Briefen an Kippenberg vom Jänner und Juni 1932 und an Maria Lorenz vom Februar 1934 sind die Formeln dieselben und gehören in den erwähnten Zusammenhang: *„Die Kritik, vor allem die jüdische, fängt an, mir zuzusetzen, ich glaube daher umsomehr, auf dem richtigen Wege zu sein. [...] Ich habe nichts gegen die Juden, aber irgendwie ist es doch bezeichnend, daß alle Rezensenten, die mir scharf zu Leibe rücken, Juden sind. Meine Art zu schreiben, liegt ihnen nicht, sie ist nicht journalistisch. Ich finde, daß der wesentlichste Vorgang, der Einbruch des Journalismus in die Literatur unserere Zeit, fast ganz auf jüdischen Einfluß zurückzuführen ist. Darum diese Flut von ‚Zeitromanen', diese unfruchtbaren Ver-*

suche, die Geschehnisse der Gegenwart künstlerisch zu formen, eben weil sie gegenwärtig sind, – ein vollkommenes Mißverständnis des Wesens aller Künste. (WK, 7.1.1932, 21.6.1932) Sogar den Vorschlag, Kippenberg möge sich mit seinem Insel-Verlag an der Gründung einer neuen Zeitschrift beteiligen, die ein reicher Berliner Keks-Industrieller auf die Beine stellen wolle, betrachtete Waggerl unter diesem antijüdischen „Reinigungs"-Gesichtspunkt: *„Die Revue müßte [...] außerdem viel Kritik* [bringen], *und zwar positive, unbefangene Kritik, eben die, die es in Deutschland augenblicklich nicht gibt. [...] Revuen, aber doch anders* [als die französischen], *eben deutsch, energisch, lebendig, vornehm und so wenig als nur möglich: jüdisch! Der Mann, um den es sich handelt, ist kein Jude, er heißt: Bahlsen." (WK; 28.11.1932)*

Ähnliche Ideen ließen ihn in der Umbruchsphase 1932/33 und auch später nicht los: Als er auf eine suggestive Umfrage der „Akademia" vom Juni 1933, in der das Korrespondenzbüro die Interessen seiner Klientel abfragte, seine ausführliche Antwort skizzierte, brachte er auch seine Ideen zur „reinigenden" Neugestaltung des deutschen Rezensionswesens zum Ausdruck, indem er, wie er später Maria Lorenz schrieb, die Gründung einer *„unabhängigen sachlichen Zeitschrift"* anregen wollte, und zwar ausgerechnet im Rahmen der u.a. von einem der führenden NS-Deutschkundler geführten „Reichsstelle zur Förderung des deutschen Schrifttums". (WULF, 234; STROTH, 36ff, LORENZ, 20.2.1934)[277] Auch ließ sich Waggerl durch eine Frage der „Akademia" anregen, über eine neue Deutsche Dichterakademie nachzudenken, deren „Säuberung" durch die Nationalsozialisten seit März 1933 freilich schon längst im Gange war und z. B. Thomas Mann, Alfred Döblin oder Ricarda Huch „freiwillig" zum Rücktritt zwang und z. B. Franz Werfel, Leonhard Frank, Georg Kaiser, Bernhard Kellermann, René Schickele, Fritz von Unruh oder Jakob Wassermann ausschloß. Statt ihnen wurden nun die dem Regime genehmen und verbundenen Leute wie z. B. Hans Friedrich Blunck, Hans Carossa, Friedrich Griese, Hans Grimm, Hanns Johnst, Erwin G. Kolbenheyer, Agnes Miegel und Will Vesper vom preußischen Kultusminister ernannt und Autoren wie Hermann Claudius, Joseph Magnus Wehner oder Enrica Handel-Mazzetti berufen. (Vgl. WULF, 223ff, JENS) Waggerl notierte angesichts der Vorgänge im NS-Staat folgendes: *„Sie* [die Deutsche Dichterakademie] *müßte allerdings durch ihre Zusammensetzung hinreichend Autorität besitzen und vom Staat her über Machtmittel verfügen, die es erlauben, gegen den Dilettantismus, gegen garstige Spekulation und Konjunkturschreiberei erfolgreich vorzugehen." (BRIEFE, 59)* Hier stand also die Welt, was die literarische Qualität betrifft, auf dem Kopf, zugleich hatte Waggerls Überlegung den Charakter einer schon längst von den Nationalsozialisten erfüllten Forderung. Waggerls „unpolitisches" Dichtungsverständnis und sein antijüdisches Ressentiment führten ihn geradewegs in die Arme der Nationalsozialisten.

Daß Waggerls Äußerungen der „Akademia" gegenüber von einem Mitarbeiter dieses Korrespondenzbüros nicht (ganz) unwidersprochen blieben, ist bemerkenswert. Hellmut Schlien aus Berlin Halensee getraute sich zumindest etwas zu sagen, weil ihm das pauschale Gerede über den „Journalismus“ „nicht recht angängig“ erschien, wie er sich vorsichtig ausdrückte. (ARCHIV, H 212)

Waggerls Äußerungen über das Wertvolle an der Dichtung waren gepaart mit antisemitischen Gedanken. Er sprach von der *„Überfremdung der deutschen Literatur in den letzten fünfzehn Jahren“*, von den *„aus dem Volkskörper selbst stammenden“ „wesensfremden Kulturkreise[n]“*, d. h. von der *„umfassende[n] Machtentfaltung des Judentums“*, vom *„Abwehrkampf der deutschen Revolution gegen diese geistige Fremdherrschaft“*, von den *„windigsten aller Charlatane[n]“*, nämlich dem Kritiker Alfred Kerr (1867–1948), von der *„Unverfrorenheit, mit der der Kleistpreis jahrelang zwischen etlichen befreundeten Verlegern herumgeschoben wurde“,*[278] von der Beobachtung, daß *„sich ‚das Jüdische‘* [nicht] *auf das Judentum beschränkt, oder anders gesagt, daß mit dem Teufel, den man ausgetrieben hat, [nicht] auch der Gestank verschwunden sei“* und von der notwendigen *„gründliche[n] Reform“* der literarischen Kritik zur Überwindung der *„Periode des Verfalls“*. Waggerls Äußerungen waren natürlich ein Leckerbissen für die Nationalsozialisten. (vgl. WORT 1934)[279]

Was Waggerl im „Börsenblatt“ 1934 formulierte, war die politisierende Ausfaltung und Zuspitzung einer Position, die er seit 1932/33 als Wesensbestimmung von Dichtung und Selbstinterpretation entwickelt und in dem Artikel „Dichtung und Journalismus“ (1933) zusammengefaßt hatte, der vom NS-Deutschkundler Heinz Kindermann in seine repräsentative Sammlung „Des deutschen Dichters Sendung in der Gegenwart. Mit einem Geleitwort von Staatskommissar Hans Hinkel“ bei Reclam aufgenommen worden war: *„Unser literarisches Zeitalter ist durch den Einbruch des Journalismus in die Literatur gekennzeichnet. [...] Journalismus ist [...] ein Vorgang, eine stetige Veränderung der geistigen Ausdrucksform, so wie etwa das Jüdische weit über die nationale oder religiöse Einheit des Judentums hinaus charakteristisch für eine gewisse geistige und sittliche Haltung des Kulturmenschen ist. [...] Aller Journalismus ist zeitgebunden. Er ist [...] eine Oberflächenkunst. Die unverrückbare Wesenseinheit aller Dinge und Geschehnisse, die tieferen Zusammenhänge bleiben ihm unzugänglich. [...] Alle Dichtung ist zeitlos [...]. Journalismus ist immer realistisch, in Stoff und Gestalt ein Plagiat an der Wirklichkeit. Er wuchert parasitisch aus der Welt der Erscheinungen, indem er sie zugleich erstickt. [...]* [Der Biograph] *saugt sein eigenes Leben aus dem Lebendigen. Die Dichtung aber lebt von selbst. Sie ist ein Organismus, wie jedes lebendige Gebilde voll von magischen Zusammenhängen und Geheimnissen, unerforschlich und unerschöpflich selbst für seinen Schöpfer. [...] Das dichterische Bild der Erscheinung muß nicht immer richtig, aber es wird immer wahr sein. [...] Der Journalismus ist die Kunst des Unwesentlichen. [...] Denn Journalismus ist*

Börsenblatt für den Deutschen Buchhandel

Nr. 13 (R. 7). Leipzig, Dienstag den 16. Januar 1934. 101. Jahrgang.

Redaktioneller Teil

Die Aufgaben des deutschen Buchhandels im nationalsozialistischen Staat.

Hat der Buchhandel versagt? Das Ja und Nein der deutschen Dichter und Schriftsteller.

(S. auch Nr. 292 und 294 vom 16. und 19. Dezember 1933 und Nr. 1 und 5 vom 2. und 6. Januar 1934.)

Karl Heinrich Waggerl:

„Ein Wort für den Buchhändler.“

In jüngster Zeit wurde mehrfach gegen den Buchhandel der Vorwurf erhoben, er sei in erheblichem Maß für die Überfremdung der deutschen Literatur in den letzten fünfzehn Jahren verantwortlich. Diese Anklage ist, mit Recht oder Unrecht erhoben, von um so größerem Gewicht, als der betroffene Stand gewissermaßen eine Vertrauensstelle im geistigen Leben des Volkes bekleidet. Soll also der Buchhandel seine Aufgaben im neuen Staat erfüllen, so muß zunächst mit der Vergangenheit abgerechnet und die Frage nach Schuld oder Mitschuld rückhaltlos beantwortet werden.

Zunächst sind einige Begriffe klarzustellen. Die Tatsache, daß der Deutsche von jeher fremde Kunstleistungen bereitwillig aufgenommen hat, ist unbestreitbar und an sich keineswegs bedenklich. Denn jedes echte Kunstwerk ist zwar in seinem Wesen unbedingt national, volksgebunden, in seiner Wirkung aber ist es übernational. So, wie viele Schöpfungen deutscher Kunst längst in den Besitz der Menschheit übergegangen sind, und wie wir nicht darauf verzichten wollen, den hohen Rang unserer nationalen Kultur in dieser würdigsten Form vor der Welt zu dokumentieren, ebenso nehmen wir auch Anteil an den schöpferischen Leistungen anderer Völker, achten sie und bewundern sie. Im Austausch der geistigen Güter, im gesunden Wettbewerb entwickeln wir unsere eigenen Kräfte, halten sie frisch und lebendig, allerdings unter einer bestimmten Voraussetzung: daß wir fremde Geistesgüter auch als fremd erkennen und werten.

Mehrmals in der Geschichte hat sich das Unterscheidungsvermögen der Deutschen in dieser Hinsicht als unzulänglich erwiesen. Wir müssen zurückschauend mit Bekümmerung erkennen, wie zuzeiten auch die Besten der Nation fremden Einflüssen blindlings unterlegen sind. Wenn nun sogar deutlich abgegrenzte, durchaus wesensfremde Kulturkreise über beträchtliche Zeiträume hinweg unsern Geschmack und unsere geistige Haltung so sehr bestimmen konnten, daß jede volkstümliche Regung den Deutschen selbst für barbarisch, für verächtlich galt, um wieviel gefährlicher mußten dann Einflüsse wirken und wachsen, die nicht von außen her, sondern, viel schwerer erkennbar, aus dem Volkskörper selbst stammten. Kein Volk der Erde hat jemals eine so umfassende Machtentfaltung des Judentums erlebt wie das deutsche. Und nicht nur in Deutschland selbst war jüdische Kunst und Kunstgesinnung tonangebend geworden, auch das Ausland ließ sich durch eine geschickte Propaganda daran gewöhnen, deutsche Kunst mit jüdischer Kunst zu identifizieren. Fragte man in dieser Zeit einen Ausländer, was ihm von deutscher Literatur bekannt sei, so wurden einem regelmäßig und ausschließlich jüdische Autoren genannt. Man wundere sich nicht, wenn sogar gutwillige Beobachter im Ausland den Abwehrkampf der deutschen Revolution gegen diese geistige Fremdherrschaft mißverstanden, und wenn die erstaunliche Tatsache, daß sich mit einem Schlage fast die gesamte »deutsche Literatur« jenseits der Grenzen befand, zunächst nur als Beweis für die Kulturfeindlichkeit des neuen Staates gewertet wurde.

Das war ein Irrtum. Nicht der absolute Wert der jüdischen Literatur wurde angefochten oder geleugnet. Sie ist als Zeugnis und Ausdruck für jüdische Wesensart zu hohen Leistungen aufgestiegen, die auch heute in Deutschland keiner anderen als der kritischen Gerichtsbarkeit unterliegen. Was die deutsche Revolution mit der ganzen Wucht einer elementaren Volksbewegung abgelehnt hat, ist lediglich der Anspruch jüdischer Literaten, als deutsche Dichter zu gelten und Inhalt und Richtung unseres Kulturlebens bestimmend zu beeinflussen. Auch der Umstand, daß jahrelang niemand diesen ungeheuerlichen Betrug entdeckte oder zu entdecken gewagt hat, kann den Betrug selbst, wenigstens nach unseren Rechtsbegriffen, nicht entschuldigen.

Es gibt eine jüdische Dichtung in deutscher Sprache, über deren künstlerischen Wert in diesem Zusammenhang überhaupt nicht geurteilt werden kann. Aber es gibt keine deutsche Dichtung jüdischer Herkunft, und jede so deklarierte Kunstleistung ist eine Fälschung, die moralisch, nicht kritisch gewertet werden muß.

Wie war es nun möglich, daß ein verhältnismäßig kleiner Bruchteil einer fremden Rasse nicht nur in der Kunst, sondern darüber hinaus fast im gesamten geistigen Bereich, im kulturellen und politischen Leben des deutschen Volkes diktatorisch herrschen konnte? Wie war es zum Beispiel möglich, daß nahezu die ganze deutsche Kritik sich vom windigsten aller Charlatane, von einem Alfred Kerr, Ton und Haltung vorschreiben ließ? Wie konnte die Unverfrorenheit, mit der der Kleistpreis jahrelang zwischen etlichen befreundeten Verlegern herumgeschoben wurde, unangefochten bleiben?

Schuldig war die Presse, eine Presse freilich, die es jetzt nicht mehr gibt. Sie hat die fremden Götzen geformt, hat mit einer bewunderungswürdigen Konsequenz das Urteil und den Geschmack der Massen unter Druck gehalten und dadurch die absolute Herrschaft einer volksfremden Minderheit möglich gemacht. Man denke übrigens nicht, daß sich »das Jüdische« auf das Judentum beschränkt, oder anders gesagt, daß mit dem Teufel, den man ausgetrieben hat, auch der Gestank verschwunden sei. Die Geschmeidigkeit, mit der sich ein gewisser Teil der Presse umstellte, ihr Tonfall, ihre Methoden erwecken auch heute noch das Gefühl, es habe der deutsche Journalismus nicht durchweg darauf verzichtet, das Erbe seines Vorgängers zu übernehmen.

Schuldig waren, mit einigen rühmlichen Ausnahmen, die Rezensenten. Sie waren zu bezahlten Marktschreiern geworden, die deutsche literarische Kritik diente fast ausschließlich der Reklame. Sie hatte Geschäftsinteressen zu vertreten, nicht die Interessen der Kunst, und das tat sie auch mit einem Aufwand an Superlativen, der den Leser lärmtaub machte und nicht zur Besinnung kommen ließ. Zudem waren die meisten literarischen Zeitschriften entweder Organe großer Verlagshäuser oder doch von ihrem Gelde abhängig. Der ernsthafte Kritiker stand einem

41

Waggerls Unterstützung für die NS-Literaturpolitik (1934)

‚Weltanschauung'. Dichtung aber ist Anschauung der Welt." (DuJ, 254ff)[280]

Auch diesen Text ließen sich die Nationalsozialisten natürlich nicht entgehen. Sogar die repräsentative österreichische Kulturzeitschrift „Österreichische Rundschau", herausgegeben unter Mitwirkung der Zentralstelle für Volksbildung im ständestaatlichen österreichischen Ministerium für Unterricht, fand diesen Beitrag für wert, in seinen ersten Jahrgang 1934/35 aufgenommen zu werden (DuJ, 255), ein weiterer Beleg für die Übergänge in den Dichtungsauffassungen zwischen dem sogenannten ständestaatlichen und dem nazistischen Regime. (ASPETSBERGER)

Erst nach 1945 mußte das Antisemitismus-Syndrom Waggerls, das zum Kernbestand seines „romantisch-realistischen" Selbstverständnisses gehört, in der Rezeption Waggerls getilgt werden, so daß er als unbefleckter österreichischer Autor vermarktet werden konnte und gelesen werden konnte. Es ist und bleibt bemerkenswert, daß „Dichtung und Journalismus" (1933) in keine Ausgabe Waggerlscher Werke nach 1945 aufgenommen wurde, außer in eine, nämlich in das 1977 erschienene „Nach-Lese-Buch", freilich unter unkommentierter und unmarkierter Streichung der offen antijüdischen Passagen. Noch prekärer steht es um Waggerls „Wort für den Buchhändler" (1934), obwohl oder gerade weil dieser peinliche Text im deutschen Börsenblatt erschienen war: Er blieb bis heute unzitiert und vergessen, obwohl er keine Eintagsfliege war, sondern eine gut formulierte Komprimierung dessen, was Waggerl literaturpolitisch und dichtungstheoretisch in den 30er Jahren bewegte und ausmachte, als jenes Werk entstand, für das er bis heute als „der Waggerl" gilt.

Indem die bisher zugänglichen Materialien (z. B. BRIEFE 1976) den antisemitischen Kontext aller diesbezüglichen Äußerungen verschwiegen oder gar verfälschten, konnten Waggerls Briefe, die er in den Jahren 1933/34 an das Leipziger „Institut für Leser- und Schrifttumskunde" Walter Hofmanns, an einen unbekannten Kritiker oder an einen Herrn Dr. Mayer (BRIEFE I) schrieb, sogar als widerständige Äußerungen Waggerls verstanden werden. (BRIEFE, 56ff) Denn man konnte bei Waggerl auch folgende scheinbare Verweigerungs-Sätze lesen, die offenbar an einen nazistischen Kritiker gerichtet waren, der annahm, daß angesichts der „nationalen Revolution" Waggerl *„nicht ernsthaft erschüttert" (BRIEFE, 63)* gewesen sei: *„Sie halten es für offenkundige Gesinnungslumperei, wenn ein deutscher Autor nicht ausschließlich Bücher über die nationale Revolution schreibt. [...] Wer ein Dichterwerk dazu benutze, seine politische Gesinnung zu äußern, stünde auf einer Stufe mit dem, der die literarische Kritik für eine Gelegenheit hielte, einen Autor politisch zu denunzieren. Ein Buch ist nicht erst dann deutsch, wenn die Wörter Vaterland und Volkstum darin vorkommen." (BRIEFE, 64)* Tatsächlich schrieb Waggerl seinen Antwortbrief an diesen Kritiker aber zum Zweck des Beweises seiner Erschütterung, daß er eben gerade nicht zu denen gehöre, die *„wohlgemut den alten Mantel nach dem neuen Wind [...] hängen" (BRIEFE, 64),* und tatsächlich waren es nur wenige Nationalsozialisten, die meinten, Gesinnung sei mit dem Vorkommen von *„Vaterland"*, *„Volkstum"* oder *„Nation"* in Dichtwerken zu belegen. (BRIEFE, 64, 58) Dies aber sei bloß das *„Unwesentlichste"*, nämlich marktschreierische Aktualität, *„Milieu"*, das *„künstlerisch Sinnloseste"*, bloße *„Tendenz"* und *„Pseudokunst, auch wenn sie sich national gebärdet". (BRIEFE, 64, 58)* Waggerl baute (sich selbst) einen Popanz auf und wurde aggressiv, indem er sich in die große „deutsche" Tradition stellte: *„Wissen Sie aber, welche Todesart Goethe für anonyme Rezensenten vorgeschlagen hat?" (BRIEFE, 65)* Von einer widerständigen Haltung Waggerls kann natürlich keine Rede sein, denn Waggerls Position entsprach bis in Einzelheiten der Formulierung dem, was – auch – die NS-Ideologen von den Künsten forderten und erwarteten, nämlich „Haltung", und was sie ablehnten, nämlich „Gebärde". „Haltung", so die übereinstimmende NS-Auffassung, resultiere art-, d. h. rasse- und naturgemäß aus der Verankerung der Kunst im „ewigen deutschen Volk", im „ewigen deutschen Volkstum". (VONDUNG, 47ff, WULF, 364) „Nicht die Tatsache wehender Hakenkreuzfahnen oder polternder Marschstiefel [...], nicht die mystisch zusammengewürfelten Begriffe Blut, Ehre, Freiheit, Volk, Scholle, Führer usw., nicht die ölfarbene, blutige Darstellung sterbender Kämpfer der Bewegung, mit einem Wort, nicht der Stoff, sondern die Haltung entscheidet für uns", schrieb der NS-Lyriker Gerhard Schumann[281] in seinem Aufsatz „Politische Kunst" in der Zeitschrift „SA-Mann". (SCHNELL, 397) Ralf Schnell kommentiert: „Nicht ihre Programmatik, nicht ihre Stofflichkeit, nicht ihr Inhalt gibt Auskunft über das, was ‚nationalsozialistisch' an dieser Dichtung ist (und was nicht), sondern die spezifische Ästhetik der ‚Haltung', die sich in ihr mitteilt." (SCHNELL, 404) Auch bei Waggerl taucht der Leitbegriff „Haltung" auf: *„[...] denn die Kunst ist weniger eine Angelegenheit der politischen Gesinnung als der sittlichen Haltung"* oder einer *„inneren Haltung"*, gerichtet gegen alles „Undeutsche". (ARCHIV, „Nationale Dichtung")

Waggerls Kritik an naturalistischer *„Oberflächenkunst" (DuJ, 254)* und der Tagesaktualität hinterherhechelnder Schreiberei – literarischem *„Journalismus"*– stand eben der Gleichnisse erzählende Wanderer Christian aus „Schweres Blut" und Waggerls gesamtes Werk gegenüber – „deutsch", „unaktuell", „tief", „weise", raunend. Waggerls oft fast gleichlautend wiederholte Formel für diese naturhaft-selbstverständliche Haltung hieß: *„Jede echte Dichtung ist ihrem Wesen nach national, so etwa wie jedes Geschäft ehrlich sein sollte, aber nie kann das ‚Nationale' als Gesinnung oder politische Erscheinung Gegenstand der Dichtung sein, so wie Ehrlichkeit nicht Gegenstand eines Geschäftes. [...] Es gibt keine programmatische nat. Dichtung. [...] Das Nationale ist also eine strukturelle, nicht eine funktionelle Eigenschaft der Kunst." (BRIEFE, 57, 60)*

In einem undatierten Brief an Dr. Mayer stehen folgende Sätze, die konkretisieren, was Waggerl auch abstrakt formulierte: *„Mit anderen Worten, ich schrieb schon immer ‚deutsch', auch als das noch nicht Mode* *war, aus innerer, nicht aus äußerer Nötigung, einfach, weil ich es für selbstverständlich hielt. [...] Jede ernsthafte künstlerische Arbeit muß ja im gewissen Sinne national sein, aber niemals kann das ,Nationale' an sich Gegenstand der Kunst werden. [...] Zudem, ich kenne eine große Zahl wertvoller Menschen, die den Geschehnissen der Zeit zweifelnd gegenüberstehen, trotzdem, oder gerade weil sie gute Deutsche sind, und die meine Bücher nicht mehr lesen würden, wenn ich mich bedingungslos auf eine politische Meinung festlegen wollte. Verstehen Sie mich recht, es handelt sich nicht darum, daß ich nun mehr oder weniger Bücher verkaufe." (BRIEFE I, Mayer)*

Daß Waggerl plötzlich zum Dichtungstheoretiker geworden sein sollte, mag überraschen. Es traf auch nicht zu. Aus dem Briefwechsel mit Kippenberg geht nämlich hervor, daß es wahrscheinlich der Aufsatz „Von der Forderung der Zeit an die Dichtung und von der Wirkung der Dichtung in der Zeit" von Walter Hoyer in den prominenten „Blättern für Philosophie" (1933) war, der Waggerl die theoretischen Ideen und Versatzstücke lieferte, mit denen er dann arbeitete. Kippenberg machte Waggerl sogar die Freude und übernahm Hoyers Aufsatz in sein Inselschiff. (WK, 29.1.1934; 8.11.1935; BRIEFE, 20f). Waggerl durfte wirklich beglückt sein, denn Hoyer plazierte „Brot" als exemplarisches Beispiel mitten in die angeblich einzige und moderne Auffassung von Kunst, die zulässig und plausibel sei, nicht ohne zugleich gegen die „Zeitdichtung", die Waggerl dann „Oberflächenkunst" nannte, anzugehen: „Wahre Dichtung [...] empfängt ihre Macht von den drei Auftraggebern Gott, Volk, Sprache, also von metaphysischen Instanzen. [...] So ist der Dichter niemand untertan außer seinen drei Auftraggebern. [...] Dichtung ist an die Nation gebunden wie das Bewußtsein an den Sterblichen. [...] Der Glaube dieses Dichters [Waggerls] richtet sich nicht vorwärts auf ein Kommendes, auf die Taten der großen Gemeinschaft, sondern einwärts auf den Urgrund des Lebens, ohne welche jene ja auch nicht bestehen können. [...] Der Mensch ist ein Geschöpf Gottes, aber ein Wesen der Erde, so hat er Gemeinschaft mit den Urmächten, den göttlichen und teuflischen, und gehorcht beiden. [...] Nicht ein ,es' oder ein ,ich' gibt den epischen Vortrag [von Brot], sondern ein ,man' und ,wir'. Der Leser wird in eine Gemeinschaft einbezogen und erlebt alle Vorgänge und Erscheinungen in einem überpersönlichen Lebenssinn. [...] Eine Dichtung dieser Art gibt keinen Bauriß [...]. Aber dies wirkt sie: Festigkeit und Mächtigkeit zu verleihen, daß sich daraus Geschlechter und Volk bauen lassen." (HOYER, 417ff)

Waggerl war anscheinend lernwillig und ließ sich von einigen Aussagen und Formulierungen in Hoyers Aufsatz zur Fassung eigener Identität anregen. Besser hätte Hoyer auch nicht von den lebensgeschichtlichen Verstricktheiten Waggerls, die am Anfang der Produktion von „Brot" standen, ablenken können. Und genauer und – ganz im Sinne des „unpolitischen Waggerl" und zugleich der „nationalen Bewegung" – hätte er Waggerls Dichtung nicht ideologisieren können.

6. 13. Krisen, Konflikte

Die 30er Jahre waren für Waggerl nicht nur Zeiten des Erfolges, sondern auch krisengeschüttelte Jahre, und zwar auf vielen Gebieten: Dies betraf wiederholt Waggerls materielle Lage, die durch die politischen Verhältnisse ab 1933/34 in Deutschland und Österreich zugespitzt wurde (z. B. Devisenbestimmungen), ab und zu auch sein Verhältnis zum Insel-Verlag und die psychische Befindlichkeit des immer unter Druck schreibenden und seine eigenen Grenzen zunehmend erkennenden Autors. Weiters sind die Konflikte zu erwähnen, in die Waggerl geriet, als er nach der Installierung des NS-Regimes mit Stimmen und Gerüchten aus Österreich konfrontiert wurde, die ihn bei den NS-Behörden im Deutschen Reich schlecht machen wollten. Dazu kamen jene Schwierigkeiten, die der Insel-Verlag im Zuge der nazistischen Vereinheitlichung des Kulturbetriebes ab 1933 mit der NS-Kulturgemeinde bekam, die als Teil der sog. „Dienststelle des Beauftragten des Führers für die Überwachung der gesamten geistigen und weltanschaulichen Schulung und Erziehung der NSDAP" (Alfred Rosenberg) fungierte und z. T. die Lese- und Vortragsreisen sowie Radio-Auftritte Waggerls in die Hand zu bekommen trachtete. (WK, 28.9.1934; 9.10.1934; STROTH, 36f, 434) Die NS-Stellen im Deutschen Reich beobachteten die Vorgänge in Österreich genau oder ließen sich von österreichischen Zuträgern Bericht erstatten, so daß Waggerls Bewegungsspielraum in Österreich trotz der Tatsache, daß er seit der Verleihung des Österreichischen Staatspreises an ihn eine offiziell anerkannte Persönlichkeit darstellte, eingeschränkt wurde. Dazu kamen Belastungen, denen Waggerl durch seine Beziehung zu Kai Mühlmann ausgesetzt war, dem er wiederholt freundschaftlich zur Seite stand.

Konflikte mit Anton Kippenberg ergaben sich insbesondere dadurch, daß Waggerl wiederholt mit anderen Verlagspartnern flirtete. Das Verhältnis zu seinem Verleger Anton Kippenberg und dessen Frau Katharina, die sich u. a. um die verlagseigene Zeitschrift „Das Inselschiff" und den „Insel-Almanach" kümmerte, in denen Waggerl natürlich publizieren sollte,[282] wurde zum ersten Mal 1931 ein klein wenig erschüttert, als sich anläßlich der Ankündigung von Waggerls neuem Roman „Schweres Blut" durch den Insel-Verlag die Speidel'sche Verlagsbuchhandlung bei Kippenberg meldete und darauf aufmerksam machte, daß Waggerl im Oktober 1929 einen Generalvertrag mit Speidel abgeschlossen und einen erklecklichen Vorschuß bekommen hatte. Waggerl war nämlich, als er Ende der 20er Jahre gerade mit seinem „Brot"-Roman beim Insel-Verlag reüssierte, über Vermittlung von Leopold Steiner in Wien auf Speidel gestoßen und hatte vorsorglich einen Vertrag über seine Werke abgeschlossen. (WK, 17.8.1931)[283] Speidel wollte diesen Generalvertrag jetzt abgelöst sehen, und Kippenberg bezahlte umstandslos, aber verärgert. (HALL, 426) Waggerl war in der Defensive, sprach von *„unglücklichem Einfall"*: *„Ich verstehe heute selbst nicht mehr, wie ich einen derartigen Unsinn machen konnte [...]. Ich gebe unumwunden zu [...], daß ich damals schwere Fehler gemacht habe, aber*

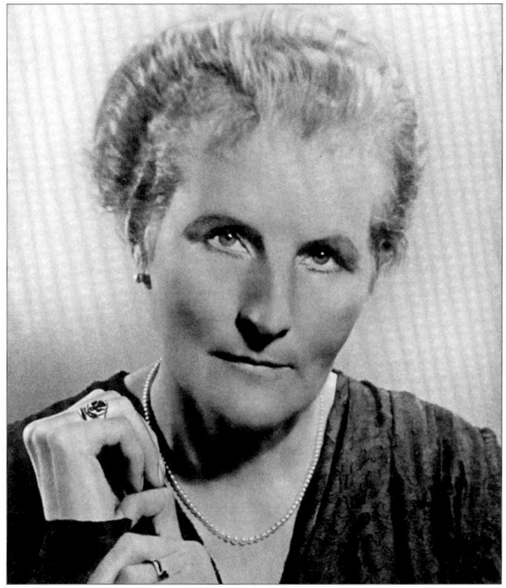

Katharina Kippenberg

Anton Kippenberg in Wagrain

Der Verleger und sein Autor in Wagrain

glauben Sie mir bitte, daß diese Fehler nur meiner vollkommenen Hilflosigkeit zuzuschreiben waren." (WK, 17.8.1931)

Kleinere Reibereien zwischen Waggerl und seinem Verleger ergaben sich auch, weil Kippenberg seinen Verlagsautor vor 1933 nicht gerne in allzu großer Nähe zu den Nationalsozialisten sehen wollte. Waggerl schielte auf die Einkünfte, Kippenberg auf das Ansehen seines Verlages. Als Waggerl im Juli 1932 eingeladen wurde, einen Beitrag für die nationalistische Schriftenreihe „Schriften an die Nation" (Aufätze u. a. von Oswald Spengler, Artur Moeller van den Bruck) zu verfassen, erhob Kippenberg energisch Einspruch, wie sonst nie: „dass ich unter keinen Umständen ein Buch von Ihnen in der Reihe [...] sehen möchte". (WK, 18.7.1932) Daraus und wohl auch aus seinen leidigen Erfahrungen seit der Staatspreisverleihung, bei der Waggerl zwischen die politischen Stühle geraten war, hatte er gelernt, als ihn im April 1936 die Verlagsanstalt Tyrolia als Beiträger zu einem österreichischen Trachtenbuch gewinnen wollte, „weil gerade er mit dem Volksbrauchtum in besonderer Weise verwachsen ist", wie der Tyrolia-Verlag schrieb. (WK, 18.4.1936)[284] Waggerl war vorsichtig geworden und bat deswegen Kippenberg, diese *„etwas schwierige"* Angelegenheit für ihn zu erledigen, denn es handle sich, so Waggerl, *„sozusagen um einen patriotischen Auftrag [...], dem ich mich von mir aus nicht gut entziehen könnte". (WK, 14.4.1936)* Der Insel-Verlag schützte Verlagsinteressen vor, wo es um Politik ging, und lehnte höflich ab. (WK, 25.4.1936)

6. 14. Honorare, Finanzen

Einen besonders breiten Raum der Korrespondenzen zwischen Waggerl und dem Insel-Verlag, aber auch z. B. mit Maria Lorenz zwischen 1934 und 1937 nahmen Probleme mit dem Devisentransfer zwischen dem Deutschen Reich und Österreich ein. Dies kam nicht von ungefähr, denn seit dem 10. August 1934 galt zwischen den beiden Staaten ein Übereinkommen über Zahlungsregelungen, was eine „Sperre von Erlösen aus Honoraren oder dem Verkauf von Büchern im Deutschen Reich" bedeutete, so daß „Autoren wie Verlage [...] nur geringe Möglichkeiten [hatten], ihr eigenes Geld aus Deutschland zu bekommen. [...] Durch diese Devisenpolitik konnte man Kulturschaffende, und nicht nur sie, wenigstens für den ‚wirtschaftlichen Zusammenschluß' mit dem Deutschen Reich empfänglich machen. [...] Wie G. Renner nachweist, war es ab Juli 1935 für Autoren notwendig, bei der Reichsschrifttumskammer einen Antrag auf Erteilung von Devisenerwerbsgenehmigungen zu stellen. Diesem konnte nur von ihr entsprochen werden. [...] Obwohl die Quellenlage es nicht zuläßt, eine generelle Aussage über die Behandlung österreichischer Autoren in Sachen Honorarauszahlung zu treffen, braucht man nicht sehr viel Phantasie dazu, sich die Behandlung mißliebiger Autoren vorzustellen." (HALL, 307ff) Interventionen und Vorsprachen seitens des Insel-Verlages in der Reichsschrifttumskammer (RSK) und von Waggerl selbst, als er einmal in Berlin ist (WK, 18.11.1937), das Einspannen von NS-Vertrauenspersonen und sogar der Einsatz von Maria Lorenz

(LORENZ, 6.2.1936) waren an der Tagesordnung, um das Geld aus Deutschland nach Österreich oder überhaupt zu bekommen. Man müsse der RSK gegenüber folgendermaßen argumentieren, meinte Waggerl: *„Man könnte auf den Absatz in Österreich hinweisen, etwa auch darauf, daß ich nun schon 40 Jahre alt werde und daß ich es grundsätzlich nicht über mich brächte, des persönlichen Vorteils wegen die Heimat zu verlassen und nach Deutschland zu übersiedeln." (WK, 25.11.1937)* Einen Grund für die nicht-ausgezahlten Honorare und Tantiemen glaubte Waggerl darin zu sehen, daß er selbst beim Ersten Geschäftsführer und Österreich-Referenten der RSK, Richard Suchenwirth (vgl. STROTH, 28,338), nicht gut angeschrieben sei und dies auch auf den Insel-Verlag generell zutreffe. Aber die NS-Politik kümmerte sich nicht um solches, sondern setzte das Devisen-Instrument einfach als wirtschaftliche Kampfmaßnahme ein: „Der Vorteil dieses Systems [der Devisenbewirtschaftung] auf deutscher Seite lag darin, daß ein Abfließen von kostbaren, für die Rüstungswirtschaft notwendigen Devisen verhindert wurde [...]." (HALL, 305) Schließlich hatten sich Ende 1937 satte RM 10.000.– angesammelt: „Es wird sich voraussichtlich ermöglichen lassen, daß Ihnen die Summe ab Januar 1938 in 4 bis 5 Monatsraten bezahlt wird. Damit glauben wir, wäre für Sie alles auf das Beste erledigt."
(WK, 8.12.1937)[285]

6. 15. Zwickmühlen

Ab 1933/34 kam Waggerl sowohl durch die österreichischen Behörden als auch verschiedene NS-Instanzen verschiedentlich und wiederholt in die Zwickmühle. Schon Ende 1933 gab es die erste Zensurierung seiner Post seitens der österreichischen Polizei, für eine Vortragsreise in Deutschland wird ihm dann im Oktober 1934 die Ausreise verweigert. (WK, 17.10.1934)[286]
Schon vorher schrieb Waggerl über die allgemeine Situation an Lorenz: *„Man kann darüber gar nichts sagen, es liegt eine ungeheure schwarze Wolke von Irrtümern über Europa, oder vielleicht hängt es mit den Sonnenflecken zusammen oder der liebe Gott vergnügt sich und stochert ein bißchen in unseren Ameisenhaufen." (LORENZ, 17.11.1933)* Und: er beklagt, daß *„uns die regierenden Herrn Politiker ohnehin den Spaß verdorben haben"*, indem sie das Abbrennen eines *„richtigen"* Sonnwendfeuers verhindert hätten und für *„ihre Propagandazwecke beschlagnahmt haben". (LORENZ, 1933 oder 1934).* Das ist eine leise Anspielung auf die in den 30er Jahren praktizierte Funktionalisierung volkskultureller Bräuche für parteipolitische Propaganda: Sonnwendfeuer, Volksmusik und Volkstanz u. a. wurden als Ausdruck deutsch-völkischer oder deutsch-österreichischer Identität gebraucht. (TÁLOS; KERSCH II, 230)

Seit 1933 wurde die Haltung des Insel-Verlags-Autors und „Ostmärkers" Waggerl von den Nationalsozialisten genau beobachtet und er auf seine politische Zuverlässig-

„Josef Weinheber". Von Fritz Feldner. Verlag Das Berglandbuch, 152 Seiten; S 159,–.

Die längst verdiente Dokumentation über den großen österreichischen Lyriker ist hier in Wort und Bild höchst sorgfältig zusammengetragen. Der Text wirft in vielem neues Licht auf Lebensumstände und innere Haltung Weinhebers, und unter den Bildern gibt es zahlreiche Raritäten, so eine Karikatur des Dichters von seinem Kollegen K. H. Waggerl.

Josef Weinheber, eine Karikatur aus Waggerls Feder

keit überprüft. *„Überhaupt scheinen draußen die unerhörtesten Gerüchte über meine Person umzulaufen. Man sagt angeblich (in Kreisen der NSDAP), ich hätte die nationale Sache verraten und sei zur deutschfeindlichen Richtung übergetreten. Das ist eine infame Verleumdung. Ich bin freilich kein Politiker, weil meine Aufgabe anderswo liegt, aber ich denke doch, daß mein gesamtes Werk für meine Gesinnung bürgt und daß ich deutsche Geistesart von jeher, noch vor aller Konjunktur, einigermaßen würdig vertreten habe." (WK, 22.4.1934)*[287]

Besonders ungerecht behandelt fühlte sich Waggerl durch die NS-Stellen, nachdem er Ende 1934 den Großen Österreichischen Staatspreis entgegengenommen hatte, der damals zum ersten Mal vergeben wurde und eine kulturpolitische Erfindung des ständestaatlichen Systems war. (ASPETSBERGER, 92) Dabei stellte sich heraus, daß es die NS-Stellen hervorragend verstanden, ihre Interessen mit Zuckerbrot und Peitsche umzusetzen. Waggerl beklagte sich z. B., daß ihn die Reichssendeleitung aus den deutschen Sendern ausgesperrt habe, weil von österreichischen Nationalsozialisten, die sich nach dem Juli-Putsch 1934 nach Deutschland abgesetzt hatten, *„irrsinnig gegen mich gehetzt"* werde und sogar Hellmuth Langenbucher, sein NS-Mentor in der „Reichsstelle", *„merkwürdig kühl"* geworden sei. (LORENZ, Anfang 1935) Waggerl intervenierte sogar beim Reichssendeleiter und Direktor der Reichsrundfunkgesellschaft Eugen Hadamovsky (* 1904).[288]

Wie konnte, so das Kalkül der Nationalsozialisten, ein deutscher Kulturschaffender den Preis eines Staates annehmen, der die NSDAP (seit Juni 1933) verboten hatte?

Waggerl beschwerte sich erneut bei Guido Zernatto, von dem er schließlich erfuhr, daß er angeblich bis in Hitlers Reichskanzlei – aus Österreich – angeschwärzt worden sei. *„Diesmal dreht sichs um die lächerliche und gänzlich erlogene Behauptung, ich hätte mich hier in Öst. abfällig über deutsche Verhältnisse geäußert. Aber so albern dieser Vorwurf ist, er genügt doch, mich in die schwierigste Lage zu bringen. [...] Schau, jetzt bin ich bald vierzig [...] und noch immer kann mir jede Gehässigkeit, jede kleine Lumperei das Brot vom Mund reißen. Bin ich denn ein Hund, darf jeder beliebige Schuft einen Stein nach mir werfen [...]? Habe ich nicht immer mit ganzem Herzen meinem Volk gedient [...]?" (LORENZ 1936)* Ein Vertreter aus der RSK sei sogar in Wien gewesen, um zu sondieren, wie es denn nun wirklich um Waggerl und seine Orientierung stehe. Und dann wird auf Josef Weinheber angespielt, der sich offenbar als Informant für die NS-Behörden zur Verfügung gestellt hatte: *„aber ich kanns einfach nicht glauben, obwohl Z(ernatto) sagt, er hätte ihn in ähnlichen Fällen schon der Täterschaft überführt. Gemeint ist der Träger des Mozartpreises. [...] manchmal habe ich das rätselhafte Pech, einen Menschen von der Kehrseite her anzutreffen, z. B. auch Weinheber." (LORENZ 1936)* Im Jahre 1936 erhielt Weinheber den genannten Mozart-Preis, der von der Goethe-Stiftung seit 1935 mit der hohen

Dotierung von RM 10.000.– vergeben wurde und als einer von sieben sogenannten „volksdeutschen" Kulturpreisen für Künstler aus Südtirol, Österreich und aus den Donaustaaten bestimmt war. [289]

Eine gewisse Pikanterie an der Sache ist, daß für den Mozart-Preis, der einer der höchstdotierten „sieben volksdeutschen Preise der Johann-Wolfgang-von-Goethe-Stiftung" (STRALL, 42) war, für das Jahr 1936 neben Josef Weinheber, Hans Watzlik, Franz Tumler, Heinrich Zillich, Maria Veronika Rubatscher ausgerechnet auch Waggerl vorgeschlagen wurde. Die Jury aus Vertretern von Universitäten (Karl Alexander von Müller, München; Paul Kluckhohn, Tübingen; Josef Nadler, Wien; Karl Haushofer, München) und RSK-Leuten (ausgerechnet u. a. Richard Suchenwirth) entschied sich für Weinheber.

Schnell war der „Fall Waggerl" in der RSK aber beigelegt, wie Waggerl berichtet, was natürlich weiterhin nichts an den finanziellen Behinderungen durch die RSK änderte. *„Ich war allen erdenklichen Schikanen ausgesetzt [...] und meine Sympathien gehören ungeteilt dem großen Vaterland. Eben darum schmerzen mich derartige Maßnahmen besonders. [...] Dabei habe ich alle Rundfunkhonorare während des ganzen Winters für die deutsche Winterhilfe gestiftet [...]." (LORENZ, Anfang 1935)*

Auch Kippenberg gegenüber mußte sich Waggerl nach der Entgegennahme des Österreichischen Staatspreises erklären, an den aus deutschen NS-Kreisen wahrscheinlich Anfragen wegen Waggerls Verhalten in Österreich herangetragen wurden. Denn Waggerl behauptete in einem Rechtfertigungs-Schreiben an Kippenberg, daß ihm der österreichische Staatspreis *„eigentlich gegen die Statuten der Stiftung zuerkannt"* worden sei. Er habe sich ohnehin der *„schwierigen Aufgabe, für die Künstler zu sprechen, nicht ganz ungeschickt entledigt".* Er bat Kippenberg um Verzeihung und unterwarf sich ihm mit folgenden Worten: *„Lassen Sie mich für alle Zukunft in dem Verhältnis der Kindschaft bleiben, in dem ich mich so wohl und sicher fühle." (BRIEFE, 25f)* Waggerls Verbundenheit mit seinem Verleger wollte er im Jahre 1934 schließlich dadurch dokumentieren, daß er zu Kippenbergs 60. Geburtstag die Verleihung des Geheimratstitels an diesen ventilierte und sich deswegen an den Vorsitzenden der Goethe-Gesellschaft, den Germanisten Prof. Dr. Julius Petersen, wandte. (WK, 20.4.1934)[290] Kippenberg wollte im Zusammenhang mit Waggerl sicher keine zusätzlichen Probleme mit den NS-Instanzen bekommen, da er ohnehin schon, wie die Korrespondenz vom Herbst 1934 wiederholt belegt, seine Konflikte mit der NS-Kulturgemeinde hatte, der anscheinend *„alle Veranstaltungen [...] zur Genehmigung vorzulegen" (WK, 28.9.1934)* waren.

Anton Kippenberg auf Besuch in Wagrain

6. 16. Irritationen

Die Korrespondenz mit Kippenberg und dessen Frau Katharina ist auch ein Spiegel der sich wandelnden psychischen Befindlichkeiten Waggerls. Seine Selbsteinschät-

Nach einem Skiunfall

zung unmittelbar nach der Annahme des Romans „Brot“ durch den Verlag mag man noch seiner jugendlichen Koketterie zuschreiben: *„eine lange Reihe gewichtiger Werke ist von mir nicht zu erwarten.“ (WK, 10.12.1930)* Kippenbergs aufbauende Verleger-Antwort lautete: „So erwarte ich doch mit Zuversicht in langsamer Folge das eine und andere.“ (WK, 15.12.1930) Waggerl war ein guter Skiläufer. Am Palmsonntag des Jahres 1934 aber brach er sich ein Bein. Er dachte ironischerweise sofort an eine literarische Verarbeitung in Form eines *„Krankenbreviers“ (BRIEFE, 20f).*

Ansonsten aber zeigen viele Nachrichten an Kippenberg doch eine andere Dimension: Von einem *„Nervenzusammenbruch“* (WK, 22.9.1931) ist da ebenso die Rede wie von Verzweiflungszeiten und Phasen der Ohnmacht, die mit Waggerls Arbeit zu tun haben. (WK, 14.2.1935) Schon als 35jähriger schreibt er an Kippenberg: *„Hoffentlich lebe ich noch lang genug, um diese Aufgabe* [die Salzburger Emigration zu gestalten] *hinter mich zu bringen.“ (WK, 21.6.1932)* In den Jahren 1937/38 und 1940 nehmen folgende Meldungen zu: Körperliches und *„innerliches“* Unwohlsein wird mitgeteilt, *„Zeiten der Dürre“ (WK, Juli 1937)* werden vermerkt, bis schließlich heftige Selbstzweifel und Gefühle der Minderwertigkeit zunehmen: *„Ich bin halt kein Genie, sondern bloß ein Handwerker. [...] Im Übrigen [...] waren die letzten beiden Jahre eine trübe und dunkle Zeit für mich und es scheint, daß ich ihr noch lang nicht entrinnen kann. Ich habe wohl hundertmal versucht, diese lähmende Traurigkeit in mir zu überwinden und einen frischen Anlauf zu nehmen [...]. Manchmal glaube ich, es wäre besser gewesen, ich hätte von Anfang an geschwiegen. [...] zuweilen macht mich die Angst vor dem, was meinen schwachen Kräften aufgegeben wurde, fast irrsinnig. Haben Sie Geduld mit mir, einmal wird die Quelle ja wieder aufbrechen, oder ich will nicht mehr leben.“ (WK, 15.6.1940, BRIEFE, 27f)*[291] Kippenberg munterte auf und spendete Trost.

6. 17. Das Filmprojekt „Brot“

Der schon erwähnte Plan, den Roman „Brot“ zu verfilmen, bedeutete für Waggerl ein über Jahre hinweg gehendes Auf und Ab. Hanns Arens war seit 1931 der Initiator des Projektes und erkannte schnell die Geldquellen, die sich da auftun könnten, insbesondere ab 1933: „Das Reichspropagandaministerium hat bekanntlich einen Preis ausgesetzt für den besten nationalen Film. Mir scheint, der Stoff ‚Brot‘ würde sich für ein derartig repräsentatives Werk ausgezeichnet eignen. Simon, der ‚Held‘ des Buches, ist geradezu die Verkörperung des Deutschen, oder wenn man will des Volkes, das sich, wie er, aus dunkler Schuld und Verirrung durch eigene Kraft zu einem fruchtbaren Leben durchringt und zugleich Grund legt für ein künftiges Geschlecht.“ (ARENS, 10) Arens verstand es geschickt, sich der neuen Aufbau-Formeln des NS-Regimes zu bedienen, um zu (s)einem Erfolg zu kommen, und widmete seine Broschüre über Waggerl zugleich dem damaligen Präsidenten der RSK, Hans Friedrich Blunck, den er ja schon vorher für Waggerl eingespannt hatte: „Nicht, um einen neuen Bauernfilm zu machen, würde es zu begrüßen sein, wenn der Roman verfilmt würde, sondern darum, weil dieses Buch die beste Grundlage gibt für die Idee des Reichskanzlers und die Forderungen, die der Reichsernährungsminister an einen solchen nationalen und Bauernfilm stellt." (ARENS, 10) Sofort erstellte Arens *„unabhängig von mir" (WK, 24.2.1934)*, wie Waggerl kritisch anmerkte, ein Exposé für den Film, der vorläufig „Bergbauern" heißen sollte.[292] Arens hatte konkrete Vorstellungen, mit denen er die Leute von der Reichsfilmkammer (RFK) ködern wollte, nämlich „das wahre Bild unseres Bergbauerntums wiederherzustellen". Ein „einfacher aber starker dramatischer Konflikt" sollte die Handlung tragen, und zwar der „ewige tragische Gegensatz zwischen Fruchtbarkeit und Unfruchtbarkeit", dargestellt von zwei gegensätzlichen Frauengestalten, das Ganze angereichert durch „bäurisches Brauchtum" und den Einbau „bestimmter Sagenmotive", um die „breiteste Entfaltung" beim Publikum zu gewährleisten. Waggerl war sofort skeptisch und hatte Angst, daß er keinen gestalterischen Einfluß nehmen könne und ihm die Sache sowohl künstlerisch als auch finanziell *„vollends aus der Hand gleite". (WK, 24.2.1934)*

„Überdies habe ich ja im Technischen und Szenischen selbst einige Erfahrung, so daß meine Mitarbeit hinreichend begründet wäre", teilte Waggerl mit – in Erinnerung an seine Theater- und Filmarbeit in den 20er Jahren. (WK, 19.2.1934) Waggerl konnte sich als Simon-Darsteller Werner Krauss vorstellen. *„Man müßte alles einfach und großlinig machen, die Landschaft müßte mitsprechen, die Geräusche der Natur und der Arbeit."*. Daß *„zu sehr verkitscht"* würde, befürchtete er und wollte sich in künstlerischen Fragen, wenn notwendig, wehren, obwohl die Aussicht auf *„ein Stück Grund und das letzte Holz für mein Haus"* die *„Versuchung, sich die Ohren zuzuhalten, besonders groß" (LORENZ, 1934)* sei.

Er beauftragte Kippenberg, in dieser Sache die *„geschäftliche Führung"* mit der Reichsfilmkammer zu übernehmen und einen entsprechenden Vertrag auszuhandeln, weil Waggerl seinem *„falschen Eckermann" (LORENZ, Mai 1935)*, nämlich Hanns Arens, nicht traute. Immerhin waren bis zu RM 20.000.– im Gespräch. Kippenberg unterzog sich dieser Arbeit, obwohl er selbst, seitdem Arens um 1931 den Insel-Verlag verlassen hatte, aber mit Insel-Autoren weiterhin versuchte, Geschäfte zu machen oder sie gar abzuwerben (ARCHIV, 14.10.1931), Arens gegenüber sehr vorsichtig geworden war.

Als im April 1934 die deutsche Presse schon vom Beginn der Dreharbeiten berichtete, wandte sich Kippenberg wiederholt an den Leiter der Hauptabteilung IV (Film) des Goebbelschen Ministeriums, Arnold Raether,[293] um endlich den noch ausständigen Vertrag zu unterzeichnen. (WK, 18.4.1934, 7.6.1934) Obwohl Waggerl Ende Juni 1934 aus Berlin benachrichtigt wurde, daß der Filmvertrag abgeschlossen worden sei, war dem nicht so. Die RFK

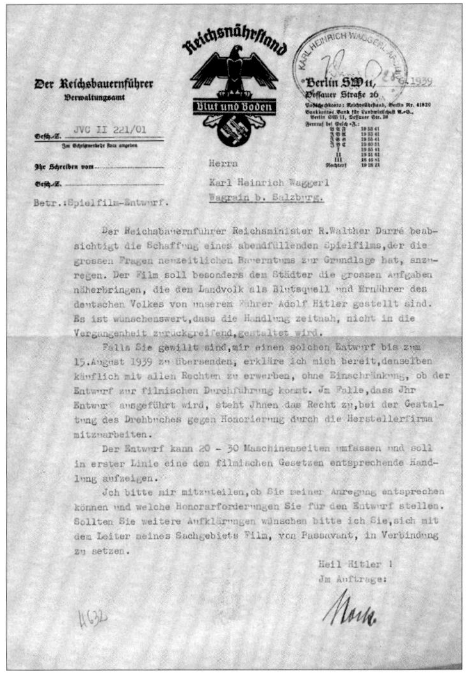

Reichsnährstand
Blut und Boden

Der Reichsbauernführer
Verwaltungsamt

Berlin SW 11, ...6.1939
Dessauer Straße 26

Gesch.-Z. JVC II 221/01

Ihr Schreiben vom

Gesch.-Z.

Betr.:Spielfilm-Entwurf.

Herrn
Karl Heinrich Waggerl
Wagrain b. Salzburg.

Der Reichsbauernführer Reichsminister R.Walther Darré beabsichtigt die Schaffung eines abendfüllenden Spielfilms,der die grossen Fragen neuzeitlichen Bauerntums zur Grundlage hat, anzuregen. Der Film soll besonders dem Städter die grossen Aufgaben näherbringen, die dem Landvolk als Blutsquell und Ernährer des deutschen Volkes von unserem Führer Adolf Hitler gestellt sind. Es ist wünschenswert,dass die Handlung zeitnah, nicht in die Vergangenheit zurückgreifend,gestaltet wird.

Falls Sie gewillt sind,mir einen solchen Entwurf bis zum 15.August 1939 zu übersenden, erkläre ich mich bereit,denselben käuflich mit allen Rechten zu erwerben, ohne Einschränkung, ob der Entwurf zur filmischen Durchführung kommt. Jm Falle,dass Jhr Entwurf ausgeführt wird, steht Jhnen das Recht zu,bei der Gestaltung des Drehbuches gegen Honorierung durch die Herstellerfirma mitzuarbeiten.

Der Entwurf kann 20 - 30 Maschinenseiten umfassen und soll in erster Linie eine den filmischen Gesetzen entsprechende Handlung aufzeigen.

Jch bitte mir mitzuteilen,ob Sie meiner Anregung entsprechen können und welche Honorarforderungen Sie für den Entwurf stellen. Sollten Sie weitere Aufklärungen wünschen bitte ich Sie,sich mit dem Leiter meines Sachgebiets Film, von Passavant, in Verbindung zu setzen.

Heil Hitler !
Jm Auftrage:

Die NS-Politik interessiert sich für die Verfilmung von „Brot"

zögerte offenbar, nicht zuletzt wohl wegen der gerade aus österreichischen NS-Kreisen in der Reichskulturkammer (RKK) eintreffenden Meldungen über die nach außen hin als Laviertaktik erscheinende Haltung Waggerls. (WK, 2.5.1934, 29.6.1934)

Will Vesper (1882–1962), der Herausgeber der Zeitschrift „Die Neue Literatur", als Soldat im Ersten Weltkrieg

Dazu kam, daß Will Vesper, der Herausgeber der prominenten NS-Zeitschrift „Die Neue Literatur", die Pressemitteilungen über die bevorstehende Verfilmung von Waggerls „Brot" aufgriff und eine heftige Attacke, nicht gegen Waggerl, sondern gegen den Initiator Hanns Arens ritt. Jetzt hatte jener auszubaden, was Vesper gegen den Juden- und Stefan-Zweig-Freund Arens ins antisemitische Treffen führte: „Herr Arens [...] schwamm wie ein alter Proppen immer auf der Höhe der jeweiligen Zeitgewässer. 1932, ja erst 1932, kurz vor dem stürmischen Januar 1933, der so viele dieser Korkseelen schnell nach der anderen Seite trieb, veröffentlichte Herr Arens eine Schrift, voll kriechender Hochachtung, über Stefan Zweig, im Krystallverlag Wien, und hell wie Kristall bekannte sich damals der fixe Junge nicht nur zu dem dichterischen Schaffen des jüdischen Vielschreibers und Geschichtsfälschers, sondern auch zu dessen internationaler Einstellung. [...] Und das wagt sich heute, nach kaum einem Jahr, schamlos und frech, an die Rockschöße Hitlers zu hängen. [...] Von selbst verbietet sich solchen Burschen leider gar nichts. Das sind schon keine Zaunkönige mehr auf dem Rücken des Adlers, das sind Läuse im Pelz." (VESPER, 476) Damit war das Projekt endgültig tot.

Im Oktober 1932 hatte Waggerl Will Vesper zum 50. Geburtstag Glückwünsche übermittelt – *„nicht weil Sie fünfzig Jahre alt geworden sind, sondern weil Sie fünfzig Jahre jung geblieben sind!" (MARBACH)* –, nachdem dieser im Mai-Heft 1932 der „Neuen Literatur" Waggerls sogenannten „Stoßseufzer", seinen Text „Notwendige Erklärung"[294], veröffentlicht hatte. Jetzt, nach dieser Attacke gegen Arens und Zweig, durch die Waggerl indirekt betroffen war, indem sie ihm die aufblühenden Chancen im Reich kurzfristig minderten, versuchte er bei Vesper Schadensbegrenzung zu erzielen: *„Da sich die Reichsfilmstelle für meinen Roman ‚Brot' interessierte, hatte ich in diesem Falle nichts gegen den Abschluss eines Vertrages einzuwenden. Erst später sah ich mich veranlaßt, bei allen beteiligten Stellen brieflich zu erklären, daß ich jede Verantwortung für die Gestaltung des Filmes ablehnen muß. [...] Seien Sie herzlich begrüßt von Ihrem ergebenen Waggerl." (MARBACH, 22.7.1934)* Waggerl hatte schon im Juni 1933 der Berliner KOWO Tonfilm GmbH für acht Wochen die Verfilmungsrechte gegeben. Es wurde nichts daraus.

Spätestens seitdem war Waggerls Beziehung zu Arens mehr als reserviert, auch wenn sich dieser auch weiterhin nicht abhalten ließ, über Waggerl zu schreiben, ihn zu besuchen, zu loben und Kontakte aller Art einzufädeln. Schließlich initiierte Arens sogar die mit einem Geleit des ehemaligen Reichsorganisationsleiters des NS-„Kampfbundes für deutsche Kultur" und späteren Staatskommissars Hans Hinkel (1901–1960) ausgestattete Anthologie „Das fröhliche Buch der Dichter“ (1942), in der Waggerl vertreten war, und nach dem Krieg die Waggerl-Sammelbände „Kleines Erdenrund“ (1951, 1953) und „Vagabund an der Leine“ (1961). Einen guten Überblick über die oft mehr als gespannte Geschäftsbeziehung zu Arens, der sich immer als Freund Waggerls gesehen haben wollte, gibt der Briefwechsel zwischen den beiden seit 1931 (bis 1972). Ziel von Arens war es, die deutschsprachige Welt oder zumindest Berlin zu „verwaggerln“. (ARCHIV, H 15.821) Arens fabrizierte Luftprojekte: Noch im April 1933 wollte er einen eigenen Verlag gründen und Waggerl und Stefan Zweig als Hausautoren gewinnen. (ARCHIV, H 15.836) Was Waggerl über Arens dachte, steht im Briefwechsel mit Maria Lorenz. Es sind unzitierbare, mehr als böse Worte. Arens spielte mit Kippenberg und Waggerl sein Spiel – unterschiedliche Honorarversprechungen brachten Wirbel, Unklarheiten und Mißtrauen.

Nachdem aus dem Arens-Filmprojekt mit Raether und der RFK nichts geworden war – „die Sache [ist] dort erledigt“ (WK, 15.1.1935) –, ging es auf einer anderen Ebene weiter, in der Reichspresseleitung im Führerhauptquartier, weil sich Wilfried Bade (* 1906), ein Mitarbeiter des Reichspressechefs, der Sache annahm. (WK, 5.1.1935) Waggerl erteilte Bade sofort alle notwendigen Vollmachten und informierte danach Kippenberg darüber, der ihm weiterhin als *„Treuhänder beistehen“ (WK, 11.1.1935)* sollte. Wilfried Bade war ein glühender SA-Mann und im Presse- und Filmwesen tätig.[295] Kippenberg freute sich mit Waggerl: *„Ich verspreche mir sehr viel von der Sache, vor allem auch eine erhebliche Werbewirkung für die Bücher.“ (WK, 11.1.1935)*

Aber auch Hanns Arens machte unverdrossen weiter. Schon 1933 hatte er sich mit seinem Freund Luis Trenker in Verbindung gesetzt, um diesen für den Waggerl-Film zu gewinnen.[296] Auch Staatskommissar Hans Hinkel hatte er eingebunden, nach der Vesper-Attacke wandte er sich sogar weiterhin an die Reichspropagandaleitung/Abteilung Film der NSDAP, die Interesse bekundete (ARCHIV, 25.10.1934, H 15.843).

Ein dreiviertel Jahr, nachdem die NS-Reichspresseleitung aktiv geworden war, meldete sich plötzlich wieder Arens, jetzt beim Verlag Ullstein tätig, bei Kippenberg und erbat innerhalb von 14 Tagen die Filmrechte, was ihm auch gewährt wurde. (WK, 25.9.1935) Jetzt sollten die „Rota A.G.“ oder die „Cinephon-Film-GmbH“ den Film machen, Luis Trenker die „künstlerische Oberleitung“ übernehmen. (WK, 11.9.1935) RM 5000.– waren als Honorar vereinbart. Im Sommer 1936 sollte Drehbeginn sein. Dann war wieder einmal Funkstille, bis sich im März 1936 eine andere Filmgesellschaft, die Olaf Fjord Film Produktion, bei Kippenberg meldete, um den „Brot“-Film zu drehen. Kippenberg war verärgert, denn Waggerl hatte wieder einmal eine vierwöchige Option erteilt, ohne den Insel-Verlag, seinen „Treuhänder“, zu informieren. „Wir müssen schon sagen, dass wir in dieser Filmangelegenheit gar nicht mehr klar sehen. [...] Vielleicht schreiben Sie noch, was wir fordern sollen.“ (WK, 21.3.1936)

Die Sache zog sich weiter in die Länge und versandete, bis 1939 das „Brot“-Filmprojekt noch einmal seitens des Reichsbauernführers und Reichsministers Walther Darré ins Spiel gebracht wurde. Man wollte Waggerl, unabhängig davon, ob der Film gedreht werde oder nicht, ein Film-Exposé honorieren: „Der Film soll besonders dem Städter die grossen Aufgaben näherbringen, die dem Landvolk als Blutsquell und Ernährer des deutschen Volkes von unserem Führer Adolf Hitler gestellt sind.“ Waggerl erklärte sich bereit. (ARCHIV, H 632/633, Brief vom 1.7.1939) Der Leiter des Sachgebiets Film, Hans von Passavant, schrieb: „Leider bin ich aber immer wieder auf Schwierigkeiten gestossen, da m. E. die Figur des Simon nur als grosse sinfonische Dichtung gelöst werden kann. Dies ist wohl nur so zu erreichen, dass man diese Teile des Filmes fast als Stummfilm mit einer starken Musik gestaltet, während das Leben im Dorfe sich in alltägiger Geschwätzigkeit abspielt. Hierin sehen die Filmgesellschaften einen Mangel.“ Dafür verfaßten Waggerl und Hanns Schopper sogar ein Drehbuch (ARCHIV, Wagrain). Den Schlußpunkt setzte Luis Trenker im Juni 1940, wieder einer, der „nun sehr energisch“ an die Verfilmung von „Brot“ gehen wollte: „Bevor ich aber dem Minister [Goebbels] davon mitteile möchte ich gerne wissen ob die Verfilmungsrechte noch frei sind, [...] was Sie dafür haben möchten, ob Sie Lust und Zeit hätten am Drehbuch mitzuarbeiten etc. [...] Heil und Gruß Ihr Trenker.“ (ARCHIV, H 750)

Daraus wurde nichts, auch nicht aus dem letzten NS-Filmprojekt, das Waggerls Roman „Mütter“ (1935) im Jahre 1939 und dann erneut 1944 in Angriff nehmen wollte. Der Wien-Film-Gesellschaft verkaufte der Insel-Verlag die Rechte um RM 15.000.–. Waggerl sollte 75 % erhalten, der Verlag den Rest. Waggerls Antwort: *„Selbstverständlich ist mir alles recht, was Sie etwa mit der Filmgesellschaft vereinbaren werden, umsomehr, als man dem fertigen Film ja ohnehin nicht ansehen wird, daß etwas daran von mir sein könnte.“ (WK, 23.1.1939, 26.6.1944)* Kippenberg konnte aber trösten: „Ihren Roman ‚Das Jahr des Herrn‘ konnten wir leider bisher noch nicht wieder drucken. Dagegen werden vom Roman ‚Mütter‘ zurzeit nicht weniger als 26.000 Exemplare hergestellt und zwar 14.000 Exemplare für die Wehrmacht in Deutschland, 5.000 Exemplare für die Wehrmacht in Norwegen und 7.000 Exemplare für den normalen Vertrieb im Buchhandel. [...] Uebrigens wird auch das ‚Wagrainer Tagebuch‘ für die Wehrmacht hergestellt und zwar sowohl in Paris wie in Prag.“ (WK, 30.6.1944)

6. 18. „Die rechte Hand“

Während des Krieges beschäftigte Waggerl noch ein anderer Filmplan, das Projekt „Die rechte Hand oder Die verlorene Hand“, von dem ein Exposé vorliegt, das aber nie verwirklicht wurde. Es ist die Geschichte des Bergführers Michel, der in den Krieg des „Führers“ muß, seine rechte Hand, die *„Schwert- und Schwurhand“*, verliert und durch die positive Haltung des Mädchens Brigitte, die Lazarettärzte und Kranken-

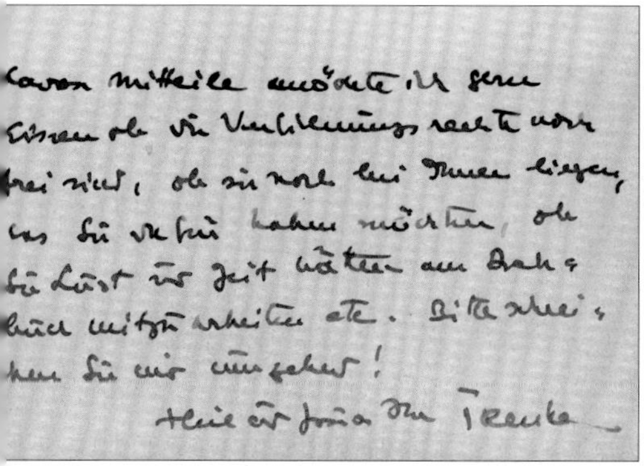

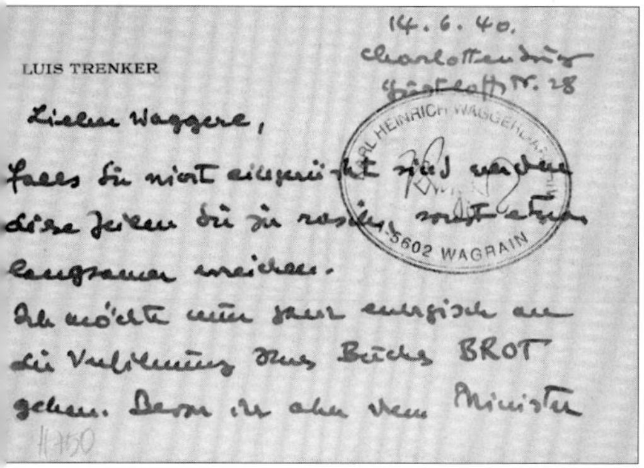

LUIS TRENKER

14.6.40.

Lieber Waggerl,

5602 WAGRAIN

Luis Trenker, der Filmemacher, schreibt an Waggerl

schwestern, durch die *„weitläufigen und wohldurchdachten Einrichtungen der Verwundetenfürsorge"*, durch einen *„Fürsorgeoffizier"* und nicht zuletzt durch die *„Erholung in seinem Heimatdorf"* seinen Lebensmut und sein Selbstwertgefühl wieder erlangt. *„Heiterer Ausklang in der Schutzhütte mit dem Freunde, der ihm Brigitte wieder zugeführt hat."(ARCHIV)* Das Exposé enthält bekannte Waggerl-Elemente aus der „Brot"-Phase und Anspielungen auf Erinnerungen aus der ersten Kriegszeit: den Traum vom glückseligen Leben auf eigenem Grund und Boden *„am Rande der Welt"*, die Rettung durch Arbeit. Ob, wann oder für welchen Wettbewerb Waggerl dieses Exposé verfaßt haben mag, das an ähnliche und gedrehte Streifen erinnert, konnte nicht eruiert werden. Daß es ein unterstützender filmischer Beitrag zum Beweis der sozialen Kompetenz des NS-Regimes und zugleich die Ausblendung von dessen Kriegs-Verantwortung sein sollte, steht fest. Mit dem Filmprojekt „Das Jahr des Herrn" (UA Weihnachten 1950) der Wiener Mundus-Filmgesellschaft erfüllten sich schließlich Waggerls Filmwünsche seit 1931, weniger künstlerisch als finanziell.

6. 19. Dr. Kai Mühlmann

In den 30er Jahren war Waggerl noch mit anderen Dingen konfrontiert, die unangenehm waren. Sie bedeuteten Mühen und Interventionen. Es handelte sich um Waggerls Freund Dr. Kai Mühlmann (1898–1958), der sich vor 1938 mehrmals in schwierigen, nicht zuletzt zweifelhaften politischen Lagen befand. Mühlmann war damals mit der Malerin, Graphikerin und Keramikerin Poldi Wojtek (1903–1978)[297] liiert, die auch zum „Kreis" der Waggerls gehörte. (WK, 2.12.1932) Die beiden heirateten 1932. Die Ehe wurde 1943 gerichtlich geschieden. Als SS-Mann erhielt Mühlmann 1942 von Himmler persönlich die Zustimmung für seine zweite Ehe. (PETRO, 50) Mühlmann sollte 1938, inzwischen zum Staatssekretär für Inneres und kulturelle Angelegenheiten in Wien aufgestiegen,[298] ein wichtiger Ansprechpartner für Waggerls Wagrainer Modernisierungs-Initiativen werden.

Davor aber hatte Waggerl einiges zu investieren: Es begann 1930 damit, daß er sich für Mühlmanns Hilfestellungen in den 20er Jahren revanchierte, indem er bei seinem neuen Verleger Kippenberg um einen Vorschuß bat, um den zum „Propagandaleiter" der Salzburger Festspiele avancierten Schulfreund unterstützen zu können, der in eine „materielle Krise" (WK, 23.11.1930) geraten war. *„Wir kennen uns seit der Kindheit und sind wie Brüder, trotzdem sich gegensätzlichere Naturen kaum denken lassen, ein kühler, skeptischer und herrischer Geist, aber außergewöhnlich in allem, ein Mensch, der ständig Gegner haben, sich schlagen muß, von dem fortwährend Unruhe und Bewegung ausgeht. Mir unentbehrlich, weil er ohne Nachsicht dafür sorgt, daß ich mir die Selbstkritik bewahre und daß keine Eitelkeit und kein Dünkel in mir aufkommen kann [sic!]. Wir waren mitsammen im Feld, er hat mir nachher, als es mir schlecht ging, viel geholfen und vor allem, er hat immer,*

Dr. Kajetan Mühlmann, Freund Waggerls und Sonderbeauftragter Görings, und Poldi Wojtek

viel sicherer und konsequenter als ich selbst, an meinen endlichen ‚Erfolg' geglaubt. Das ist also Kai, aber er sollte besser Hiob heißen, nach allem, was ihm in den letzten zwei Jahren zustieß." (LORENZ 1935)

Mühlmann war tatsächlich eine schillernde Figur: Unmittelbar nach dem Juli-Putsch der Nationalsozialisten im Jahre 1934, als Bundeskanzler Dollfuß ermordet wurde – Waggerl sprach vom *„Unglück des Bundeskanzlers" (LORENZ 1934)* –, berichtete er an Maria Lorenz, daß er wegen Kai nach Wien gefahren sei, um diesen nach intensiven Interventionen aus dem Polizeigefängnis zu befreien. Zernatto war dabei behilflich, Mühlmann wurde damals „gegen Gelöbnis enthaftet" (HOCHV, 244): *„Wir haben ja so viel gelacht hinterher." (LORENZ 1934)* Daß es sich dabei um Politisches gehandelt habe, hätte Waggerl sicher bestritten. Ein paar Monate vorher, im Februar 1934, war er, von einer Vorlesung an der Technischen Universität Brünn kommend, mit dem Bürgerkriegs-Wien des Jahres 1934 konfrontiert. *„Ich habe alles gesehen, aber nichts verstanden"*, beteuerte er Maria Lorenz gegenüber und bejammerte die Unbezähmbarkeit der Menschen: *„Unsere Civilisation hat es ja herzlich weit gebracht, WC und Radio, aber unsere Kultur hält noch auf der Stufe der Kopfjäger." (LORENZ, 20.2.1934)*

Bei der Zeugenaussage im Hochverratsprozeß gegen den vor dem „Anschluß" letzten österreichischen Außenminister Dr. Guido Schmidt vor dem Wiener Volksgericht im Jahre 1947 kam Mühlmann auch darauf zu sprechen, daß er ausgerechnet am 25. Juli 1934 gemeinsam mit Ing. Anton Reinthaller bei Dollfuß geladen gewesen sei, um das sog. Befriedungsprogramm zwischen der österreichischen Regierung und den illegalen Nationalsozialisten zu besprechen: „Tatsächlich wurde aber am selben Tage Dollfuß erschossen. Reinthaller gab seine Bemühung nicht auf, sondern führte seine Befriedungsaktion nach der Übernahme der Kanzlerschaft durch Schuschnigg fort. Ich schloß mich dieser Aktion an." (HOCHV, 244) Dies habe bestimmten Kreisen der illegalen NSDAP nicht gepaßt. Mühlmanns Zeugenaussage beim Guido-Schmidt-Prozeß lieferte einen guten Einblick in seine politische Rolle und „Maklertätigkeit" vor dem „Anschluß" und in die in Flügel aufgespaltene österreichische NSDAP-Szene bis 1938. (GOTTWALD) Mühlmann erwähnte vor dem republikanischen Volksgericht sogar die Vermittler- und Interventionstätigkeit seines Freundes Waggerl bei Guido Zernatto, bezog sich dabei aber auf einen späteren Vorfall, als Mühlmann zwischen Mai und Juni 1935 in Salzburg wegen illegaler NSDAP-Betätigung in Untersuchungshaft saß. Der Hochverratsvorwurf wurde vom Staatsanwalt erhoben, Mühlmann schließlich im Herbst 1935 zweimal hintereinander zu einigen Monaten Gefängnis verurteilt. (HOCHV, 244f) *„So bin ich jetzt ständig zwischen Wagrain u. Salz. unterwegs, spreche vor, schreibe Briefe und mühe mich ab und am Ende gibts doch nur ein Mittel: Geduld."* In Waggerls Folgerungen aus der leidigen Mühlmann-Sache sind seine eigenen Erfahrungen mit dem österreichischen Staat und dessen Polizeibehörden eingegangen. Waggerl spricht aus, was er von jener widersprüchlichen Zeit hält, in der er einerseits überwacht und ihm zugleich der erst geschaffene Staatspreis verliehen wird: *„Es ist wahrhaft eine furchtbare Zeit [...], in der wir leben, furchtbar, weil sie nichts mehr respektiert, nicht die einfachsten Rechtsgüter, nicht Freiheit und privates Leben, alles ist bedroht von einer Macht, gegen die man sich nicht wehren kann, gespenstisch und widernatürlich, wie sie ist. [...] als säße man im Tollhaus und spielte die Flöte, für wen denn?" (LORENZ, 1935)*

In der Tat hatte sich Mühlmann in den 30er Jahren mehrfach in das politische Abseits manövriert. Seine umfangreiche Zeugenaussage im Jahre 1947 gab darüber nur zum Teil Auskunft. Aus diversen Unterlagen aus der NS-Zeit (u. a. Bericht des Salzburger Gauleiters Dr. Scheel an den Leiter der Parteikanzlei 1942, Bericht der Sicherheitspolizei und des SD an den Reichsführer SS) ist ein äußerst bewegter Lebenslauf ablesbar: z. B. um 1918 im Soldatenrat angeblich gegen die Rote Garde, dann einige Jahre Mitglied der Sozialistischen Partei in Salzburg, NSDAP-Mitglied seit 1933, mehrfache Verhaftungen, Verurteilungen und Haftstrafen wegen illegaler Betätigung für die NSDAP, Hochverrat bzw. Teilnahme an einer geheimen Gesellschaft und wegen anderer nicht-politischer Delikte, SS-Mitglied seit 1937, Beobachter der österreichischen Nationalsozialisten bei der Besprechung zwischen Hitler und Schuschnigg am 12.2.1938 auf dem Obersalzberg, SS-Oberführer[299] seit 1942. Schließlich wurde Mühlmann von Hermann Göring über Vermittlung des Reichsministers Dr. Todt im Herbst 1939 zum „Sonderbeauftragten für die Sicherung der Kunstschätze im besetzten Gebiet" ernannt – ein kunsträuberischer „Kriegsauftrag". Mühlmann berichtete über seine Vorsprache bei Göring – das Typoskript hat sich im Waggerl-Museum erhalten: „‚Kunstschutz!' sagte er [Göring], – ‚glauben Sie, daß einer unserer Gegner im Krieg an so etwas denkt? Ich bin glücklich, daß ich dem Führer einen solchen Vorschlag machen konnte. Er ist einverstanden, Sie sind ernannt! Mühlmann, Sie sind mein Sonderbeauftragter. Wollen Sie wissen, was der Führer gesagt hat? [...] ‚Den Mühlmann wollen Sie schicken? Dem bin ich schon in Wien auf die Zehen getreten, weil er nichts herauslassen wollte. Passen Sie auf, Göring, daß er mir jetzt nicht alles hineinschleppt! [...] War nicht bös gemeint. Geben Sie mir Ihr Wort, daß Sie nichts nach Wien bringen, was nicht hingehört?' Ich schlug mit Vergnügen ein." (MÜHLMANN II)

Über die Aktivitäten Mühlmanns berichtete schließlich 1940/41 der Direktor der Staatlichen Gemäldegalerie Dresden, Dr. Hans Posse, der für Hitler die „beschlagnahmten" Sammlungen zusammenstellen sollte, folgendes: „Seit dem 6. Oktober ist unter Leitung des Unterstaatssekretärs Dr. Mühlmann als Sonderbeauftragten des Generalfeldmarschalls Göring und als des Leiters der Abteilung Wissenschaft und Erziehung unter Bestellung geeigneter Fachleute aus Berlin, Wien und Breslau die Bergung alles wertvollen Kunstbesitzes in vollem Gange und, soweit ich feststellen konnte,

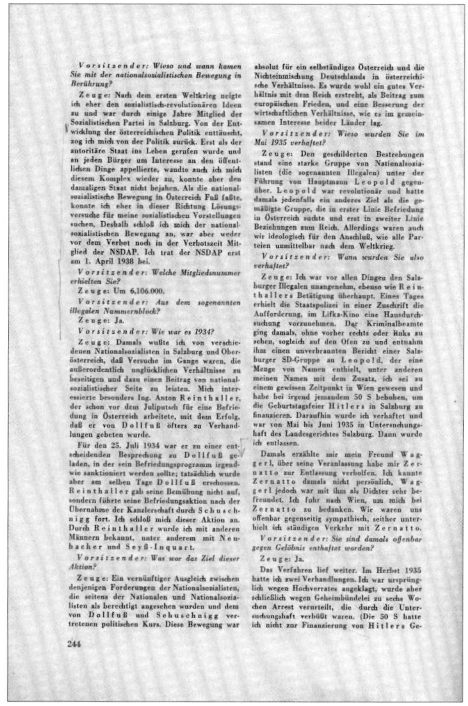

Vorsitzender: Wieso und wann kamen Sie mit der nationalsozialistischen Bewegung in Berührung?

Zeuge: Nach dem ersten Weltkrieg neigte ich eher den sozialistisch-revolutionären Ideen zu und war durch einige Jahre Mitglied der Sozialistischen Partei in Salzburg. Von der Entwicklung der österreichischen Politik enttäuscht, zog ich mich von der Politik zurück. Erst als der autoritäre Staat ins Leben gerufen wurde und an jeden Bürger um Interesse an den öffentlichen Dinge appellierte, wandte auch ich mich diesem Komplex wieder zu, konnte aber den damaligen Staat nicht bejahen. Als die nationalsozialistische Bewegung in Österreich Fuß faßte, konnte ich eher in dieser Richtung Lösungsversuche für meine sozialistischen Vorstellungen suchen. Deshalb schloß ich mich der nationalsozialistischen Bewegung an, war aber weder vor dem Verbot noch in der Verbotszeit Mitglied der NSDAP. Ich trat der NSDAP erst am 1. April 1938 bei.

Vorsitzender: Welche Mitgliedsnummer erhielten Sie?

Zeuge: Um 6,106.000.

Vorsitzender: Aus dem sogenannten illegalen Nummernblock?

Zeuge: Ja.

Vorsitzender: Wie war es 1934?

Zeuge: Damals wußte ich von verschiedenen Nationalsozialisten in Salzburg und Oberösterreich, daß Versuche im Gange waren, die außerordentlich unglücklichen Verhältnisse zu beseitigen und dazu einen Beitrag von nationalsozialistischer Seite zu leisten. Mich interessierte besonders Ing. Anton Reinthaller, der schon vor dem Juliputsch für eine Befriedung in Österreich arbeitete, mit dem Erfolg, daß er von Dollfuß öfters zu Verhandlungen gebeten wurde.

Für den 25. Juli 1934 war er zu einer entscheidenden Besprechung zu Dollfuß geladen, in der sein Befriedungsprogramm irgendwie sanktioniert werden sollte; tatsächlich wurde aber am selben Tage Dollfuß erschossen. Reinthaller gab seine Bemühung nicht auf, sondern führte seine Befriedungsaktion nach der Übernahme der Kanzlerschaft durch Schuschnigg fort. Ich schloß mich dieser Aktion an. Durch Reinthaller wurde ich mit anderen Männern bekannt, unter anderem mit Neubacher und Seyß-Inquart.

Vorsitzender: Was war das Ziel dieser Aktion?

Zeuge: Ein vernünftiger Ausgleich zwischen denjenigen Forderungen der Nationalsozialisten, die seitens der Nationalen und Nationalsozialisten als berechtigt angesehen wurden und dem von Dollfuß und Schuschnigg vertretenen politischen Kurs. Diese Bewegung war absolut für ein selbständiges Österreich und die Nichteinmischung Deutschlands in österreichische Verhältnisse. Es wurde wohl ein gutes Verhältnis mit dem Reich erstrebt, als Beitrag zum europäischen Frieden, und eine Besserung der wirtschaftlichen Verhältnisse, wie es im gemeinsamen Interesse beider Länder lag.

Vorsitzender: Wieso wurden Sie im Mai 1935 verhaftet?

Zeuge: Den geschilderten Bestrebungen stand eine starke Gruppe von Nationalsozialisten (die sogenannten Illegalen) unter der Führung von Hauptmann Leopold gegenüber. Leopold war revolutionär und hatte damals jedenfalls ein anderes Ziel als die gemäßigte Gruppe, die in erster Linie Befriedung in Österreich suchte und erst in zweiter Linie Beziehungen zum Reich. Allerdings waren auch wir ideologisch für den Anschluß, wie alle Parteien unmittelbar nach dem Weltkrieg.

Vorsitzender: Wann wurden Sie also verhaftet?

Zeuge: Ich war vor allen Dingen den Salzburger Illegalen unangenehm, ebenso wie Reinthallers Betätigung überhaupt. Eines Tages erhielt die Staatspolizei in einer Zuschrift die Aufforderung, im Lifka-Kino eine Hausdurchsuchung vorzunehmen. Der Kriminalbeamte ging damals, ohne vorher rechts oder links zu sehen, sogleich auf den Ofen zu und entnahm ihm einen unverbrannten Bericht einer Salzburger SD-Gruppe an Leopold, der eine Menge von Namen enthielt, unter anderen meinen Namen mit dem Zusatz, ich sei zu einem gewissen Zeitpunkt in Wien gewesen und habe bei irgend jemandem 50 S behoben, um die Geburtstagsfeier Hitlers in Salzburg zu finanzieren. Daraufhin wurde ich verhaftet und war von Mai bis Juni 1935 in Untersuchungshaft des Landesgerichtes Salzburg. Dann wurde ich entlassen.

Damals erzählte mir mein Freund Waggerl, über seine Veranlassung habe mir Zernatto zur Entlassung verholfen. Ich kannte Zernatto damals nicht persönlich, Waggerl jedoch war mit ihm als Dichter sehr befreundet. Ich fuhr nach Wien, um mich bei Zernatto zu bedanken. Wir waren uns offenbar gegenseitig sympathisch, seither unterhielt ich ständigen Verkehr mit Zernatto.

Vorsitzender: Sie sind damals offenbar gegen Gelöbnis enthaftet worden?

Zeuge: Ja.

Das Verfahren lief weiter. Im Herbst 1935 hatte ich zwei Verhandlungen. Ich war ursprünglich wegen Hochverrates angeklagt, wurde aber schließlich wegen Geheimbündelei zu sechs Wochen Arrest verurteilt, die durch die Untersuchungshaft verbüßt waren. (Die 50 S hatte ich nicht zur Finanzierung von Hitlers Ge-

244

Aus dem Protokoll der Zeugenaussage Dr. Kai Mühlmanns im Hochverratsprozeß gegen Dr. Guido Schmidt (1947)

1930	Preis der Julius-Reich-Stiftung
1931	Vorgeschlagen für den Schünemann-Preis (durch Dr. Sarnetzki, Köln; WK, 27.8.1931)
1932	Vorgeschlagen für den Nobelpreis (durch eine Wiener Gesellschaft; WK, 7.1.1932)
1932	Ehrengabe der Gesellschaft der Bücherfreunde zu Chemnitz
1933	Vorgeschlagen für den Wilhelm-Raabe-Preis (anonym; WK, 21.5.1933)
1934	Großer Österreichischer Staatspreis (Würdigungspreis)
1935	Ehrenbürger der Marktgemeinde Wagrain
1935	Ehrenmitglied der „INSEL" (Gemeinschaft für Kunst und Kultur, Lorenz Grabner u.a.)
1936	Österreichisches Verdienstkreuz für Kunst und Wissenschaft 1. Klasse

bereits ziemlich restlos erfolgt. [...] Doch möchte ich schon jetzt vorschlagen, die drei Hauptbilder der Sammlung Czartoryski von Raphael, Leonardo und Rembrandt [...] für das Kunstmuseum in Linz zu reservieren." (WULF, Die bildenden Künste, 429f, KURZ)

Den weiteren beruflichen und privaten Lebensweg Mühlmanns, auch den nach 1945 bis zu seinem Tod im Jahre 1958, hat der amerikanische Historiker Jonathan Petropoulos nachgezeichnet: „Kajetan Mühlmann. From Historian to Art Plunderer."[300] Abgesehen von den Hilfestellungen, die Mühlmann 1938 als Staatssekretär mit guten Beziehungen zu Dr. Arthur Seyß-Inquart, Odilo Globocnik, Dr. Fritz Todt, Edmund Glaise-Horstenau und Hermann Göring Waggerls Bemühungen um einen wirtschaftlichen Aufschwung in Wagrain angedeihen ließ (vgl. WK, März 1938), taucht der Name Mühlmann in den Quellen bis 1944 nicht mehr im Kontext von Waggerl auf. Im August 1944 läßt Kippenberg bei Waggerl nachfragen, wo sich denn Mühlmann – in Tirol – befinde. (WK, 26.8.1944)

6. 20. Preise, Ehrungen

Trotz aller Belästigungen und Schwierigkeiten, die es eben auch gab, waren die 30er Jahre natürlich sowohl Waggerls literarisch fruchtbarste Zeit als auch ein erster Höhepunkt im deutschsprachigen Literaturbetrieb. Preise und Auszeichnungen stellten sich erstmals ein, die Vortrags- und Lesereisentätigkeit begann, lukrativ zu werden, Schallplattenaufnahmen, Radiosendungen und Interviews dokumentieren den Aufstieg. Neue private Beziehungen taten sich auf.

Im Jahre 1930 begann sich für Waggerl das Preis- und Ehrungskarussell zu drehen. (siehe Auflistung links)

1930 berichtete „Das Kleine Blatt" (Wien) anläßlich der Verleihung des Julius-Reich-Preises in der Höhe von S 420.– vom „Arbeiterdichter" Waggerl. Das Verhältnis der Dotierungen eines deutschen und eines österreichischen Preises kann der Vergleich zwischen der Chemnitzer Ehrengabe (1932) und dem „Großen Österreichischen Staatspreis" (1934) verdeutlichen. Die deutsche Ehrengabe war mit 1000.– Mark dotiert, dem Ständestaat war sein höchster, eben erst geschaffener Staatspreis ganze 1000.– Schilling wert – „abzüglich der skalamässigen Stempelgebühr". Dafür durfte sich Josef (!) Waggerl[301] gemeinsam mit Ernst Scheibelreiter (Förderungspreis), den Musikpreisträgern Moritz Roderich Moisisowitsch und Leopold Weninger, mit den Preisträgern für Malerei und Plastik, Herbert Pöckl [sic!] (Neue Freie Presse/Abendblatt, 20.12. 1934) und Walter Ritter, freuen, von Bundeskanzler Schuschnigg im Festsaal der Akademie der Wissenschaften begrüßt und geehrt zu werden, nicht ohne zugleich ein „Gelöbnis" ablegen zu dürfen, „auch fernerhin für die österreichische Kultur" die „besten Kräfte einsetzen zu wollen". (AVA, Staatspreis) Guido Zernatto schlug Waggerl als Dankesredner für alle Geehrten vor – „Zernatto hält Waggerl für durchaus geeignet." (AVA)

Nachdem der Leiter der Meisterschulen für Schauspiel- und Redekunst an der Wiener Staatsakademie für Musik und darstellende Kunst, Wilhelm Klitsch, Teile aus dem Schiller-Gedicht „Die Künstler“ vorgetragen hatte und Bundeskanzler Dr. Schuschnigg gemeint hatte, daß „wahre Kunst jedem geistigen Menschen etwas bieten kann, dem Atheisten ebensowohl wie dem gläubigen Menschen“ und – ausgerechnet – der neue österreichische Bundesstaat Garant dafür sein müsse, daß die künstlerischen Debatten „unbedingt von den Tagesproblemen ferngehalten“ würden, durfte Waggerl das Wort ergreifen. (AVA; Neue Freie Presse, 20.12.1934)[302] Er *„entledigte“* sich der *„schwierigen Aufgabe, für die Künstler zu sprechen“, „nicht ganz ungeschickt“*, wie schon erwähnt. Denn es war eine heikle Aufgabe für den aus Österreich kommenden deutschen Dichter, Mitglied der Vaterländischen Front, dessen *„Sympathien [...] ungeteilt dem großen Vaterland“ (LORENZ 1935)* gehörten, die Festansprache in Anwesenheit des österreichischen Bundeskanzlers und des Staatssekretärs Dr. Hans Pernter, des Präsidenten des österreichischen Kulturrates, Direktor Hofrat Bick, des Staatsrates Franz Karl Ginzkey und vieler österreichischer Würdenträger eine „geschickte“ Rede zu halten.

Waggerl spielte ausgiebig mit konservativen Identitätselementen und mit Floskeln, die auch jene befriedigen mußten, die Österreich als den besseren deutschen, nämlich katholisch-deutschen Staat sehen wollten. Zugleich brauchte er sich selbst nicht zu verleugnen und von sich abzusehen. Überdies ging es den kulturpolitisch Verantwortlichen um eigene Imageaufwertung mit Hilfe der Künstler, nicht aber um die Kunst selbst. Schuschniggs Hauptinteresse war die Nicht-Einmischung der Kulturschaffenden in die Politik, Waggerls Hauptinteresse, nicht zwischen allen Stühlen zu sitzen zu kommen. Das merkte man den Reden der beiden an. Waggerls Rede war nur so gespickt von Leerformeln: *„Wir Künstler wollen uns freudig zu den großen Forderungen bekennen, die aus der Tradition unsres Volkes erwachsen, wir wollen unsre ganze Kraft einsetzen, daß der österreichischen Kunstgesinnung und der österreichischen Wesensart jener Platz im geistigen Lebensraum der Deutschen erhalten bleibe, den sie seit vielen Jahrhunderten ehrenvoll behauptet haben. Wir wollen dem Menschen dienen, der in so bewegter Zeit seinen Trost, seine Zuversicht im magischen Bereich der Kunst sieht, wir wollen der Heimat dienen, der unsre ganze Liebe und Hingabe gehört. Wir sind auch als schaffende Künstler nur Werkzeuge einer höheren Gewalt, aber wir wollen gut, ernst und redlich arbeiten, und in diesem Sinne [...] bitte ich den Dank und das Gelöbnis der versammelten Künstlerschaft entgegenzunehmen.“ (AVA, Neues Wiener Tagblatt, 21.12.1934)*

Was ein solches Gelöbnis wert war, sollte sich dreieinhalb Jahre später zeigen. Waggerl hatte recht: Er hatte sich gar nicht für den Preis beworben, Ernst Scheibelreiter (*1897),[303] der den Förderungspreis für seinen Gedichtband „Frohe Ernte“ bekam, hingegen schon. Er war einer von 146 Autorinnen und Autoren, mit deren Einreichun-

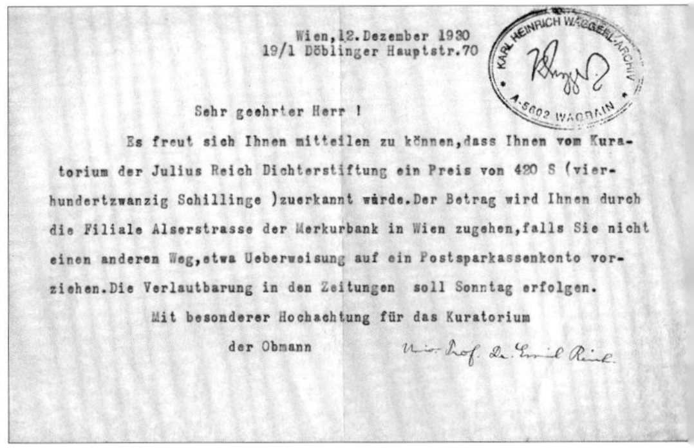
Wien, 12. Dezember 1930
19/1 Döblinger Hauptstr. 70

KARL HEINRICH WAGGERL-ARCHIV A-5602 WAGRAIN

Sehr geehrter Herr !

Es freut sich Ihnen mitteilen zu können, dass Ihnen vom Kuratorium der Julius Reich Dichterstiftung ein Preis von 420 S (vierhundertzwanzig Schillinge) zuerkannt würde. Der Betrag wird Ihnen durch die Filiale Alserstrasse der Merkurbank in Wien zugehen, falls Sie nicht einen anderen Weg, etwa Ueberweisung auf ein Postsparkassenkonto vorziehen. Die Verlautbarung in den Zeitungen soll Sonntag erfolgen.

Mit besonderer Hochachtung für das Kuratorium
der Obmann Univ. Prof. Dr. Emil Reich

Der erste Literaturpreis für Waggerl

Die österreichischen Staatspreisträger des Jahres 1934

gen es die Jury – Erhard Buschbeck, Franz Karl Ginzkey, Rudolf Henz, Josef Nadler, Hans Nüchtern und Guido Zernatto – unter dem Vorsitz von Max Mell zu tun hatte. Viele Autoren hatten sich in schlechten Zeiten wohl ein kleines Zubrot erhofft. Es mag unter den Bewerbern böses Blut gemacht haben, daß ausgerechnet der Nicht-Bewerber Waggerl den Preis bekam, aber dieser hatte gute Karten: Immerhin saßen Ginzkey und Zernatto in der Jury. Es waren Einreichungen u. a. von Erika Mitterer, Johannes Freumbichler, Friedrich Sacher, Käthe Braun-Prager, Rudolf Felmayer, Paula Molden, Benno Geiger, Martina Wied oder Josef August Lux vorgelegen. Waggerl erhielt den Preis für das Gesamtwerk. Max Mell, der Jury-Vorsitzende, begründete die einstimmige und, wie er extra betonte, statutengemäße Entscheidung u.a. wie folgt: „Seine echter Naturverbundenheit entquellende Erzählkunst hat ihn [...] in die erste Reihe heimischer Erzähler gestellt, läßt ihn unter den jüngeren als die stärkste Begabung erscheinen." Waggerl habe „unseren Besitz an österreichischem Kulturgut und darüber hinaus den Schatz deutscher Dichtung" bereichert. (AVA, Max Mell, 5.11. 1934) Zernatto war in der Jury wohl die treibende Kraft für Waggerl, versorgte er doch das Ministerium auch mit Max Dietrichs Artikel über ihn, der ausgerechnet in der Entscheidungsphase der Jury im Katholischen Pressedienst für Kultur, Dichtung und Leben, „Univeritas" (13.12.1934) erschienen war. Dietrich leistete dort Abbitte für die ohnehin moderate Kritik, die er in der Zeitschrift „Hochland" anläßlich des Erscheinens von Waggerls „Brot" geübt hatte: Von „dem ganz einzigartigen und merkwürdigen Fall eines literarischen Doppelgängertums" (DIETRICH 1932/33), nämlich mit Knut Hamsun, sei man geneigt zu sprechen, so Dietrich 1932. Im Jahre 1934 rückte Dietrich natürlich „Das Jahr des Herrn", das „Wiesenbuch" (1932)[304] und die Erzählungen aus „Du und Angela" (1933) in den Mittelpunkt und sprach jetzt davon, daß Waggerls „Das Jahr des Herrn" ihn „endgültig als eine eigenschöpferische Kraft von Rang legitimierte". (DIETRICH II, 1) Wie Waggerl die *„wirklich recht hübsche"* Staatspreisverleihung selbst sah, berichtete er Maria Lorenz. Es fallen ironische Worte über einige Akteure (z.B. Prof. Klitsch) und kritische über den Bundeskanzler. *„Mir kanns recht sein, obwohl ich das Gefühl habe, das dicke Ende käme noch nach. [...] Karl Heinrich David. Fürst von der Wiese." (LORENZ 1934/35)*

Daß nicht nur die (österreichischen) Nationalsozialisten wegen der Annahme dieses ständestaatlichen Preises durch Waggerl bei den NS-Behörden im Deutschen Reich gegen ihn ätzten, sondern sich künstlerisch verständigere Kreise aus dem Ständestaat trotz aller Behinderungen noch eine etwas spitze Feder bewahrten, belegt ein Artikel zur österreichischen Kulturpolitik aus der Zeitschrift „Der christliche Ständestaat", nachdem Waggerl gerade das „Österreichische Verdienstkreuz für Kunst und Wissenschaft 1. Klasse" verliehen bekommen hatte: „Lederhosen und Goiserer machen noch nicht den bodenständigen Dichter. Dennoch sind es ausschließlich die Herren Waggerl, Perkonig, Oberkofler, Billinger usw., die sich um den Staatspreis raufen und ihn auch bekommen, während der nicht minder nationale Mell, mit dem schweren Makel des wirklichen Könnens behaftet, abseits stehen muss, während der genialste unserer Lyriker Jakob Haringer von katholischen Feuilletonredakteuren als unbequeme Konkurrenz empfunden und darum prinzipiell nicht erwähnt wird, die sich wieder im Lob der befreundeten Damen Wibmer-Pedit, Vieser und Rubatscher erschöpfen, während der männlichste Mann der gegenwärtigen österreichischen Literatur, die Freifrau von Handel-Mazzetti, sich anstatt mit dem Staatspreis mit dem Ehrenbürgerrecht von Linz begnügen muss." (CST, 4.10.1936) Jakob Haringer, der herrschaftskritische Lyriker, hätte sich schön für den Zusammenhang bedankt, in den er da gerückt wurde!

Im Rahmen einer Dichtertagung, die im November 1936 von der gerade erst gegründeten Kulturorganisation „Neues Leben" der Vaterländischen Front initiiert wurde, sollte nicht nur eine ständestaatliche Schrifttumskammer nach dem Vorbild und als Gegengewicht zur nationalsozialistischen RSK besprochen werden (ASPETSBERGER, 33ff), sondern dort wurde auch Waggerl erneut geehrt. Er hatte soeben das österreichische Verdienstkreuz für Kunst und Wissenschaft erhalten. Diese Ehrung sollte, wie Justizminister a. D., Staatssekretär für Kulturpropaganda und Sektionschef im Bundeskanzleramt Hans von Hammerstein-Equord (1881–1947) sagte, „ein kulturelles Sinnbild unserer Heimat sein, die sich ihrer besten Kräfte bewußt ist". Hammersteins Propaganda bei diesem „Festabend der Dichtung", der sogar vom Rundfunk übertragen wurde, lautete ferner: „Die Zeiten der Asphaltliteratur, der ungerechten und einseitigen Bevorzugung der Stadt, seien vorüber und die ewigen Quellen der Erde wieder aufgebrochen zum Segen einer organisch erwachsenen und weiterblühenden Kultur." (REICHSPOST, 17.11.1936)[305] Daß bei diesem „Festabend österreichischer Dichtung" hauptsächlich solche Autoren vortrugen, die sich schon längst am NS-Reich orientierten und nicht am österreichischen Staat oder sich als willige Zuträger für die Berliner RSK betätigten wie Friedrich Schreyvogl oder Josef Weinheber, das steht auf einem anderen Blatt. (vgl. MÜLLER, 200ff) Den Wirklichkeitsverlust hätte die „Reichspost" nicht besser auf den Begriff bringen können: „Sittliche Größe und beruhigte Betrachtung, seelisches Ringen und abgeklärte Weisheit, Geist und Gemüt – sie alle vereinigten sich in der aus vollem Herzen stammenden Liebe zur Heimat." (REICHSPOST, 17.11.1936)

Das Regime gab sich volkstümlich und überließ den Pongauer Lokalgrößen auch ihren Teil: „Ein Fackelzug zum Haus des Dichters, ein abendliches Ständchen der Blasmusik, die feierliche Überreichung der Auszeichnung im Namen des Bezirkshauptmannes durch den Bürgermeister und herzliche Ansprachen von seiten der Körperschaften leiteten das Fest ein, das einen herzlichen Verlauf nahm", wie die „Salzburger Kunstchronik" zu berichten wußte. (KCH 2/1937, 11) „Er ist unbescholten und [es] liegt gegen ihn weder in politischer noch in staatsbürgerlicher Sicht Nachteiliges vor. Seit 5. November 1934 ist er Mitglied der Vaterländischen Front. Er hat sich

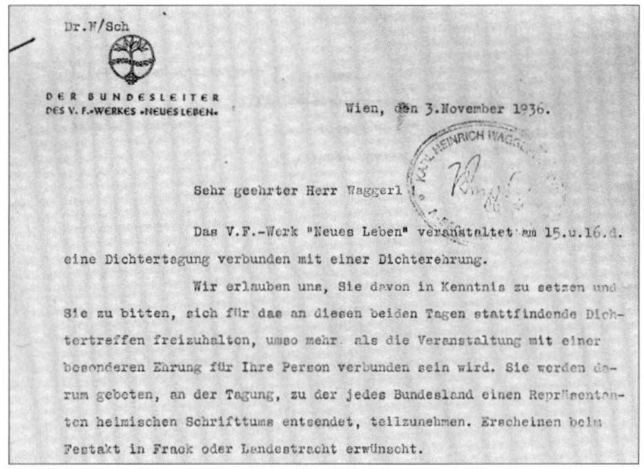

Dr.N/Sch

DER BUNDESLEITER
DES V. F.-WERKES »NEUES LEBEN«

Wien, den 3.November 1936.

Sehr geehrter Herr Waggerl !

Das V.F.-Werk "Neues Leben" veranstaltet am 15.u.16.d. eine Dichtertagung verbunden mit einer Dichterehrung.

Wir erlauben uns, Sie davon in Kenntnis zu setzen und Sie zu bitten, sich für das an diesen beiden Tagen stattfindende Dichtertreffen freizuhalten, umso mehr als die Veranstaltung mit einer besonderen Ehrung für Ihre Person verbunden sein wird. Sie werden darum gebeten, an der Tagung, zu der jedes Bundesland einen Repräsentanten heimischen Schrifttums entsendet, teilzunehmen. Erscheinen beim Festakt in Frack oder Landestracht erwünscht.

Die Kulturorganisation der „Vaterländischen Front" ehrt Waggerl

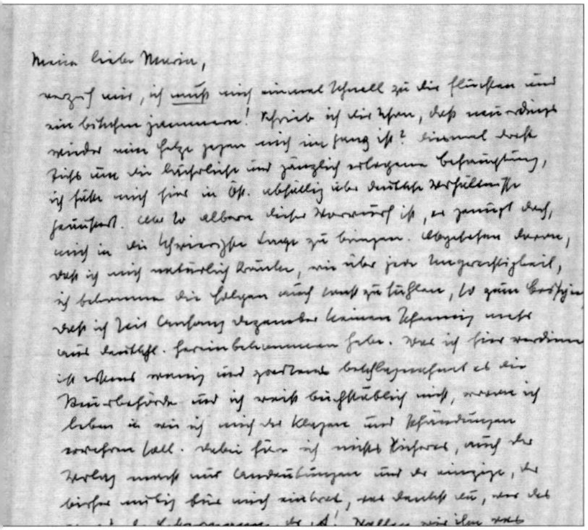

Aus dem Briefwechsel mit Maria Lorenz: „Eigentlich hatte nur der Vater für meine Dummheiten Verständnis, obwohl er es ... nicht immer zeigen und eingestehen durfte."

auch um die Hebung des Fremdenverkehres große Verdienste erworben", so hatte die behördliche Salzburger Information an das Ministerium bei der Vorbereitung der Ehrung gelautet.[306]

Von Jakob Haringer (1898– 1948), dem seit 1932 in Ebenau bei Salzburg ansässigen Lyriker und dezidierten Anti-Nazi, war schon die Rede. 1935 mußte sich Waggerl von ihm nicht zuletzt wegen seines politischen Lavierens Vorwürfe gefallen lassen: „[...] der sichs jedoch nie mit drüben verderben konnte [...]." (ARCHIV, H 422)[307] In der Tat konnte man Waggerls Verhalten so sehen. Alle entscheidenden beruflichen, finanziellen, prestigemäßigen und wichtigen privaten Interessen lagen für Waggerl im *„großen Vaterland".* Wenn es darauf ankam, entschied sich Waggerl immer für seine deutschen Interessen, so auch, als ihn 1935 der regierungsnahe Herausgeber der neuen Zeitschrift „Die Pause", der Volksbildungsreferent des Wiener Bürgermeisters Karl Lugmayer, bat, eine Erzählung publizieren zu dürfen. Waggerl stimmte vorerst zu. An dem Abdruck der Erzählung „Ein Mann namens Adam" entzündete sich aber ein Konflikt zwischen Waggerl und Kippenberg, weil dieser – selber unter Druck der Nationalsozialisten – seinen Autor dringlich darauf hinwies, daß aufgrund der ständestaatlichen Ausrichtung dieser Zeitschrift die geplante Lesereise in Deutschland gefährdet sei. Daraufhin distanzierte sich Waggerl von der politischen Linie der „Pause", um seine Interessen im Dritten Reich nicht aufs Spiel zu setzen. *„ [...] da er* [der Herausgeber] *mir den Beweis erbrachte, dass eine Reihe namhafter, auch reichsdeutscher Autoren zugesagt hatte, trug ich schliesslich keine Bedenken, einen Beitrag zu liefern. Es war ausdrückliche Voraussetzung, dass die Zeitschrift nur schöngeistigen Zielen dienen solle, allerdings in volkstümlicher Färbung. Leider zeigte schon das erste Heft ein ganz anderes Gesicht [...]. (WK, 28.8.1935).*[308]

Auf seinen seit 1931 einsetzenden Lesereisen durch Deutschland lernte er eine Reihe von Schriftsteller-Kollegen kennen. Es ergaben sich wichtige persönliche Kontakte mit Zuhörern, woraus sich einige Male jahrelange, intensive Freundschaften ergaben.

6. 21. Maria Lorenz

Die wichtigste Korrespondenz entwickelte sich ab 1933 mit Maria Lorenz aus Bad Sooden-Allendorf in Deutschland. Es handelt sich dabei um insgesamt ca. 100 Briefe, die sehr oft viele Seiten umfassen. Waggerl trug zu zwei Dritteln zu dieser Korrespondenz bei. Maria Lorenz wurde für ihn zur *„Tröstefrau" (LORENZ, Ende 1934),* nicht zuletzt deswegen, weil ihre Briefe ein sehr sensibles Verständnis für Waggerls diverse Dichtungen zeigten. Neben der Aussprache über Dichterisches sind es hauptsächlich die klassische Musik – es gibt einen regen Gedankenaustausch über Mozart, Beethoven, Hugo Wolf und Franz Schubert –, die Pflanzen und die Gärtnerei, die diesen Briefwechel prägen. Beide werden nicht nur als Pflanzen- und Kräuterliebhaber, sondern auch als Kenner faßbar, Waggerl zugleich als Pflanzen-Philosoph, dem Pflanzen als Sinnbild und Identifikationsobjekt dienen. Der späte Waggerl formulierte in Erinnerung an zentrale Erfahrungen seines Lebens halbernst und halbironisch: *„Pflanzen sind Meister des Müßiggangs, sind Helden der Geduld, sie bewältigen ihr gnadenloses Schicksal einfach dadurch, daß sie da sind, nicht mit Bewußtsein freilich, wie der Mensch, aber das ist ja auch nicht das Beste an der Sache. Wohin der Vogel Zufall den Samen trägt, dort muß er keimen und Wurzel schlagen oder verderben. Er muß der Dürre standhalten, den Wettergüssen, dem Frost, stumm und reglos. Aber die Sonne kommt ja auch, sie läßt die Blüten aufbrechen und die Früchte reifen zur gottgewollten Zeit. [...] Überhaupt habe ich eine Vorliebe für Unkräuter, aus innerer Verwandtschaft, sagen die Freunde, ich weiß es nicht. Nur im Garten sehe ich sie weniger gern, ich wage es ja selber auch nicht, mich in gesitteter Häuslichkeit mit meiner wahren Natur breit zu machen." (KdM, 573f, vgl. AMANN, 291)* Der gärtnerische Umgang mit den *„grünen Kindern Gottes"* wurde Waggerl zur *„Schule der Geruhsamkeit, der beschaulichen aber zugleich tätigen Hingabe an das dunkle weltumfassende Geheimnis" (GG, 162)* und jener Arbeiten, die Sinn trugen.

6. 22. Im NS-Literaturbetrieb

Der Briefwechsel mit Maria Lorenz bricht um 1937 ab.[309] Er ist in Ergänzung zur Korrespondenz mit dem Insel-Verlag auch ein wertvolles Dokument für die politische und literaturbetriebliche Situation der 30er Jahre. Nur in einem Brief bekommen wir z. B. die Innensicht der Einladung bei Hitler im Jahre 1937 zu fassen, nachdem Waggerl schon vom 1. bis 6. März 1937 als Prominenter bei der 7. Berliner Dichterwoche, diesmal für die „grenz- und auslandsdeutschen Dichter", teilgenommen hatte. Heinrich Zillich und Erwin Wittstock vertraten Siebenbürgen, Robert Hohlbaum und Bruno Brehm waren als Sudetendeutsche geladen, Graf Bossi-Fedrigotti vertrat Südtirol und Waggerl die „Ostmark". Die Nationalsozialisten inszenierten einen turbulenten Rausch an Aktivitäten und „Diensten": *„Ja, die Reise, die Woche in Berlin, das war schlimm. Man hat uns richtig müde gehetzt [...]. Vorlesungen in Schulen, beim Arbeitsdienst und Gottweißwo und dazwischen Empfänge, bei Goebbels, bei Rust, Rosenberg, Schirach, im WH.W (Winterhilfswerk), in der Reichsmutterschule [...] Da kam ein Telegramm, ein Telefonanruf, sofort nach Berlin zurück, Empfang beim Führer." (LORENZ, März/April 1937).* Kippenberg habe darauf gedrungen. Waggerl mußte im Frack erscheinen – *„ein schwarzer Rabe unter 400 besternten Uniformen".* Hans Carossa habe das Geld für die Anschaffung des Fracks vorgestreckt. (WK, 11.3.1937)

Waggerls Bericht fiel z. T. ironisch aus: *„Stotterte meine Grüße aus Salzburg heraus, als ich vor ‚ihm' stand – er hat übrigens wirklich wunderbar schöne Augen.[310] Nachher saß ich mit etlichen Leutchen [...] (es waren lauter Staaträte und Obergruppenführer) saß also an einem Tisch, aber wir hatten Pech, zu denen zu gehören, die der Führer nicht besuchte, wir kriegten gerade unser Futter, da ging er vorbei. Tiefe*

Der Insel-Autor

Bestürzung. Ich aber, Optimist, erklärte, er müsse ja wieder zur selben Tür heraus und solang würde ich eben warten. Schön, nur dauerte das bis 4h früh [...]. Schließlich kam der Messias aber doch wirklich zurück, ich sprang auf, fegte mit meinen Frackschössen mein Glas vom Tisch [...]. Er blieb stehen, schielte ein bißchen nach den Scherben und sprach sehr nett einige Worte mit uns, jawohl, ich bekam sogar nochmal die Hand gedrückt. Alles für St. Anton [Kippenberg], *damit er ruhig schlafen kann. Hat ja auch den Frack bezahlen müssen, der Arme." (LORENZ, März/April 1937)*

Waggerl auf einer der ersten Lesereisen

Waggerls Lese- und Vortragsreisen und alle möglichen Vorkommnisse und Konflikte in diesem Zusammenhang sind durch eine Fülle von Materialien, u.a. Tagebuch- und Reisenotizen, Zeitungsberichte über die Lesungen und Auftritte, private und behördliche Einladungen, Reisepläne sowie Briefe, gut zu dokumentieren. Die zunehmende Vortragstätigkeit Waggerls war von steigenden Besucherzahlen begleitet: *„Ich hatte überraschend viel Erfolg, fast überall waren die Säle zu klein, was sagen Sie bloß? Ich bin immer wieder verblüfft, wenn ich plötzlich vor so einem Haufen Leute stehe, daran werde ich mich nie gewöhnen können." (WK, 18.11.1937)* Kein Bericht über die Lesungen Waggerls verabsäumte, den außerordentlichen Beifall des Publikums zu erwähnen. Aus einigen Zeitungsberichten geht hervor, daß er seine Lesungen mit frei gesprochenen Ausführungen über seine „Bergbauern-Theorie" einleitete, bevor er aus seinen Texten las: „Das mahnt zur Einkehr und Rückkehr in die Welt der Alten [...], denen Frucht und Ergebnis der Arbeit noch Sinn der Arbeit war, die auf der Scholle lebten, weil sie von der Scholle lebten und nicht mehr wollten, als Vater und Urahn gewollt hatten." (Wiener Zeitung, 31.1.1935)

Die Charakterisierungen von Waggerls literarischem Profil und das Erlebnis der Vorlesung werden in sich wiederholenden ähnlichen Formeln eingefangen: „ein Beweis für die reiche, schöpferische Kraft der alpenländischen Landschaft" (Zernatto), ein Beispiel für das „Alpenbauerntum", „voll von bäuerlicher Gottesweisheit" (Neues Wiener Tagblatt, 16.11.1934), „so viel Humor", „mit solchen Bildern im Kopfe wird es einem leichter, über einen engen Fabrikhof zu gehen" (Berliner Tageblatt, 16.11. 1936), „Leid, Lust und Trost der Erde", „eingeborene Katholizität", „hingewendet auf die Urgegebenheit der geschöpflichen Existenz", „zeitlos sind die Stoffe, einförmig vielleicht, aber nicht monoton" (Frankfurter Zeitung, (10.12. 1936), „Schau nach innen" , „daseinsbejahender Katholizismus", „so bricht aus jeder Stunde der Trauer jene gesunde Sinnenfreudigkeit hervor, die göttliche Urkraft ist" (Neue Züricher Nachrichten, 19.2.1937), „schöpft aus dem lebendigen Volkstum" (Berliner Börsenzeitung, 9.3.1937), „der Dichter der österreichischen Berge", „ein Künder schlichten Menschentums", „Sehnsucht zur Erde", „beim Lehensbauer von Wagrain", „ein Abend voll herrlicher Wärme, voll tiefen Humors, lauterer Besinnlichkeit [...], voll schönster Menschlichkeit", „ein lieber Mensch, der Waggerl!" (Dresdner Anzeiger 1937)

So sehr ihn die Zustimmung bei den Lesungen gefreut und ihm geschmeichelt haben mag, für die naiven Fans, die plötzlich begannen, in Wagrain aufzutauchen, um „Waggerl schauen" zu gehen, hatte er Spott parat. Schon im „Wagrainer Tagebuch" (1936) setzte er diesen *„merkwürdige[n] Geschöpfe[n]" (WT, 151)* ein literarisches Denkmal. Aber Waggerl wußte seine große Anhängerschar auch als Argument einzusetzen, wenn es galt, sich unangenehme Kritik vom Leibe zu halten.

Um seine Autorenrechte auch im neuen Medium Radio zu sichern, war Waggerl 1930 der „Gesellschaft für Senderechte" beigetreten. Bis zum März 1938 ergibt sich folgende Liste von (auch geplanten) Aufenthalten, Auftritten, Lesungen und Vorträgen, soweit sie zu eruieren waren.

6. 23. Die Romane und Erzählungen

Die genannten Briefwechsel geben einen guten Einblick in die Entstehung von Waggerls Romanen und Erzählungen der 30er Jahre. Von „Brot" und den Verfilmungsplänen war schon die Rede. Ebenso aufschlußreich sind die anderen bis 1938 zu einem Ende gebrachten größeren Projekte: „Schweres Blut" (1931), „Das Wiesenbuch" (1932), „Das Jahr des Herrn" (1933), „Mütter" (1935), „Wagrainer Tagebuch" (1936) und „Kalendergeschichten" (1937). Dazu kommen noch kleinere abgeschlossene literarische Vorhaben wie der Sammelband „Du und Angela" (1933), „Im Tappenkar" (1933),[313] „Kameraden der

1931	August: Wien: Lesung in Radio Wien aus „Schweres Blut" (WK, 11.8.1931, RAVAG-Programme vom 2.–8.8.1931)
1931	August: Plan zur P.E.N.-Club-Tagung und zur nordischen Woche nach Lübeck zu reisen (WK, 27.8.1931)
1931	November: Erste Planungen für eine Deutschland-Reise (durch die Bücherstube am Dom, Köln)
1931	November: Planung einer Rundreise zu deutschen Radio-Sendern
1932	Juni: Planung einer Lesereise nach Königsberg und Ostpreußen für Oktober
1932	August: Zusage für Lesungen in Chemnitz (Gesellschaft der Bücherfreunde), Planungen für Königsberg, Dresden, Leipzig, Halle und einige tschechoslowakische Städte
1932	September: Fixierung folgender Reiseroute: Königsberg, Allenstein, Tilsit (Goethebund), Berlin (Deutsche Welle), Leipzig (Rundfunk), Dresden (Kulturabend), Chemnitz, Breslau, Darmstadt (Kulturbund), Mainz (Kulturbund), Wiesbaden (Kulturbund L. Biermer), Frankfurt a. M. (Kulturbund)
1932	3. November: Wien (Urania)
1933	[Juni]: Waggerl lehnt die Sendung zweier Erzählungen durch die RAVAG ab (Brief an Dr. Nüchtern/ARCHIV H.15.798)
1934	Brünn: Deutsche Technische Universität (LORENZ, 20.2.1934)
1934	2. März: Köln
1934	Anfang März: Wien (Leo-Gesellschaft, Kernstock-Gesellschaft) [311]
1934	28. Mai: Salzburg (Mozarteum)
1934	Anfang November: Wien (Wildgans-Gesellschaft, Vortragssaal des österreichischen Museums) [Guido Zernatto leitete die Lesung ein.]
1935	Ende Jänner: Wien (Urania)
1935	Ende Jänner: Lesung im Deutschen Klub (LORENZ)
1935	Anfang Februar: Wien (Kleiner Festsaal der Universität, Kultur- und Bildungsinstitut der österreichischen Hochschulen und Kernstock-Gesellschaft) [Guido Zernatto sprach die Begrüßungsworte]
1935	Juni: München (Deutsche Studentenschaft)
1935	Juni: Wien
1935	November: Deutschlandreise in ca. 10 Städte, Auftritte bei verschiedenen Reichssendern geplant: Köln, Leipzig, Frankfurt (WK, 26.10.1935)
1935	Schweiz-Reise (?): St. Gallen, Basel (LORENZ)
1936	November/Dezember: Deutschlandreise: vor dem 13.11. in Weimar, am 13.11. Leipzig (Saal des städt. Kaufhauses); nach dem 13.11. Dresden; am 16.11. Berlin; nach dem 16.11. im Ruhrgebiet und in Luxemburg
1936	November: VF-Werk Neues Leben: Österreichisches Dichtertreffen (Großer Sitzungssaal des Landhauses in Wien)
1936	Dezember: Frankfurt a. M.
1937	Jänner-Februar-März: Deutschlandreise in ca. 20 Städte
1937	Februar: Zürich (Lesezirkel Höttingen)
1937	1.–6. März: Berlin: Dichterwoche für grenzland- und auslandsdeutsche Dichter in Berlin (7. Berliner Dichterwoche – Volksdeutsche Dichtung der Zeit) – Rundfunk-Lesungen und Schallplattenaufnahmen der Lesungen für den Deutschland- und Kurzwellensender [312]
1937	August: Sommer-Hochschulkurse auf Schloß Traunsee
1937	Oktober-November: Deutschland-Reise in ca. 15 Städte
1937	November: Dresden (Hygiene-Museum)
1937	Dezember: Salzburg: (Galerie Welz)
1938	Februar-März: Deutschlandreise in ca. 20 Städte
1938	8. März: RSK, Landesleitung Berlin, Gruppe Buchhandel, Fachgruppe Angestellte: Kaisersaal des Landwehrkasinos Berlin-Charlottenburg
1938	9. März: Dessau (Altes Theater)
1938	10. März: Wolfenbüttel (Gemeindehaus)
1938	11. März: Kassel (Murhardsaal)
1938	14. März: Danzig (Grosser Festsaal des Danziger Hofs)
1938	15. März: Berlin (Goethe-Saal des Harnack-Hauses)

Berge" (1933)[314], „Hans" (1935),[315] „Lob der Wiese" (1935/36),[316] „Der (Berg)bauer spricht" (1935)[317] und „Am Rande" (1936).[318]

„Brot" war eine innerliche Befreiung und bedeutete den Eintritt in die literarische Öffentlichkeit. *„Sie haben ganz recht, ein Buch wie ‚Brot' wird mir nie mehr gelingen, das liegt nicht nur an mir, ich möchte auch gar nichts Derartiges mehr schreiben, Nur der Kern, das Wesen sollte mir erhalten bleiben, das Einfache, das ‚Redliche' [...]" (LORENZ 1933).* Ein Typoskript Waggerls mit dem Titel „Von meiner Arbeit" (ARCHIV, 1934/35) faßt knapp zusammen, worin sich seiner Meinung nach seine Romane voneinander abheben. Aufschlußreich ist, was Waggerl sah, und was die Texte tatsächlich darstellen: *„Alles, was ich schreibe, kommt aus dem Leben der Landschaft, die meine Heimat ist und der ich dem Blut und dem Gemüte angehöre. [...] So hat mein erstes Buch* [Brot] *die männliche schöpferische Kraft zum Gegenstand [...] Der Schweiß des Mannes ist das wahre, das reinigende Wasser des Heils. Mein zweites Buch* [Schweres Blut] *wendet sich den Kräften des Herzens zu, der Liebe und Güte, die mehr wert sind als Weisheit und Wissen. Denn auch das Gute wird erst durch Güte gut. Man hat mir gesagt, dieses Buch sei zu locker im Bau, zu dunkel und vielfältig, mit einem Wort, es sei kein Roman. [...] Mein drittes Buch* [Das Jahr des Herrn] *endlich handelt vom Religiösen, und auch dieser Versuch ist von vielen mißverstanden worden. Einige finden, das ‚Jahr des Herrn' sei zu wenig fromm, es sei eigentlich ein heidnisches Buch. Andere wieder halten es für ein Werkzeug der katholischen Propaganda oder gar für ein politisches Bekenntnis. Das Buch hat keine Tendenz, es hat nicht einmal einen Helden, auch der kleine David ist nur die Verkörperung des naiven religiösen Empfindens. Mich interessierte die katholische Ideenwelt zunächst von der künstlerischen Seite her, also das Positive, Farbige, Bejahende an ihr. [...] Nun arbeite ich an einem neuen Buch, das ‚Fruchtbarkeit'* [Mütter] *heißen und alles in sich schließen soll, was diesem Urbegriff des Mütterlichen zugehört. Es wird wieder von Bauern die Rede sein (also doch ‚Heimatdichtung'), vieles werde ich zum drittenmal sagen [...]. man wird neuerlich feststellen, daß ich an unserer Zeit und ihren Geschehnissen vorübergehe."*

Waggerls Arbeitszimmer

„Schweres Blut"

Seit April 1930 arbeitete Waggerl nachweislich an einem weiteren Roman, den er von allem Anfang an *„Schweres Blut"*[319] nennen wollte, was Kippenberg für „etwas abgegriffen" hielt, dem er dann aber doch zustimmte. (WK, 28.4.1930, 17.7.1930) Kippenberg war mit dem neuen Text nicht sehr zufrieden: „Freilich, die Abhängigkeit von Hamsun haben Sie immer noch nicht überwunden; [...] Unbedingt ändern würde ich die Vorgeschichte des Christian, der [...] in seinem früheren Leben allzu sehr an [Hamsuns] August Weltumsegler erinnert. Ich würde ihn des Landstreicherlebens gänzlich entkleiden [...]. Christian kann ja vorher [...] als Feldarbeiter je nach Lust und Laune sein Leben lang im Lande herumgezogen sein. Ueberlegen Sie die Sache bitte einmal sorgfältig." (WK, April 1931) Waggerl wehrte sich entschieden wie sonst nie und wollte gar nichts von einer Überarbeitung wissen, denn erstens stünden Hamsun-Anlehnungen sogar bei Rainer M. Rilke, zweitens könne er seine *„Anschauungen hinsichtlich kultureller und sozialer Erscheinungen"*, die sich denen von Hamsun zugegebenermaßen nähern, nicht ändern und drittens: *„Christian ist aber der Inbegriff der Wahrheit in einem höheren Sinn, eine mythische Figur, keine tragikomische, wie A. (August Weltumsegler)." (WK, 28.4.1931)* Noch einmal kam es im Zusammenhang mit „Schweres Blut" zum Konflikt mit Kippenberg, weil Waggerl in seinem Eifer bei einem Besuch von Hanns Arens in Wagrain diesem offenbar einen Teil des noch nicht fertigen Manuskripts überlassen hatte und Arens in einer Zeitung darüber berichtete. Kippenberg sprach von „grossem Mißbrauch des Vertrauens" (WK, 1.8.1931). Waggerl distanzierte sich von Arens.

Waggerl schrieb eine Variation des Brot-Themas und versuchte zugleich, erzählerisch einen Fortschritt zu erzielen, indem er die Figur des einfältig-weisen Kommentators und alten Landstreichers Christian einführte. Dessen Gleichnisse und Legenden, angenähert der Erzählweise volkstümlichen, sagenhaften Geschichtenerzählens, sind zugleich in sich geschlossene Einheiten, die es Waggerl später erlaubten, sie als eigenständige „Weisheitserzählungen" zu publizieren.

War „Brot" sozusagen ein Verkündigungsbuch des „Bäuerlichen", also des Glücks des Stabilen und Festen, so war „Schweres Blut" ein Bekehrungsroman zum „Bäuerlichen", zur „Erde". Jeder Abweichung vom gesunden und glückselig machenden „Bäuerlichen" wird eine Absage erteilt, dem „Geschäft" ebenso wie dem politischen Aufruhr, dem intellektuellen Hochmut und der atheistischen „Verirrung" ebenso wie der sexuellen „Verwirrung". Wieder bediente sich Waggerl also der so überaus beliebten, modischen und ideologisch so umfassend besetzten „Stadt-Land"-Formel, um seine not-wendende Botschaft als Trost zu transportieren. Christian wird als der Weisheitslehrer präsentiert, der den Sinn und die Ordnung der Natur erkannt habe. Am Ende des Romans steht das Trost-Bild vom Mückenschwarm: *„Mücken schwärmen in der ruhigen Luft, wie seltsam ist so ein Wölkchen aus tausend schwirrenden Flügeln! Da ist kein Sinn und keine Ordnung einzusehen, und dennoch, plötzlich rückt der ganze Schwarm einen Schritt zur Seite, und nichts verliert sich dabei, keine einzige bleibt zurück von den tausend närrischen Mücken. Man könnte wohl zufrieden sein und es mit ihnen halten, das wäre am besten. (SB, 394f)*

Natürlich wollte Waggerl keinen *„Beitrag zur Zeitgeschichte" (BRIEFE I)* im herkömmlichen Sinne, wie er in einer Erwiderung an einen Kritiker schrieb, leisten, auch wenn er dies mit den *„entlegenen Dingen"*, von denen sein Christian *„schwätzt" (SB, 393),* auf seine Weise dennoch tut. Ein Teil der Rezeptionsästhetik hat auf den in den 30er Jahren besonders virulenten Zusammenhang zwischen dem durch die ökonomische Krise, die Arbeitslosigkeit und die materielle Not in Gang gesetzten Prozeß der

Besuch bei Waggerl: Nichte Hildegard, Schwester Elisabeth, die Mutter (1933)

Veränderung des „Alltagsbewußtseins“ hin zu einem „erträumte[n] Zustand einer Welt privater Geborgenheit“ (STOLL, 112ff) aufmerksam gemacht. In einem solchen Gefühls- und Bewußtseinsstand hakten seine Texte ein. Wie stark gerade bei Waggerl die Übereinstimmung zwischen dementsprechenden Bedürfnissen seiner krisengeschüttelten und nach Geborgenheit süchtigen Leserinnen und Leser und seiner eigenen Person war, wird klar, wenn die Kritik z. B. davon sprach, daß es sich „nicht um eine Stoffwahl, sondern um die dichterische Selbstverständigung eines Menschen handelt, der aus seinem Blut heraus schreibt“. (Die literarische Welt 8/1932, H. 6, 5)

Die Aufnahme des neuen Romans war, von einigen Ausnahmen abgesehen, die ihm die Hamsun-Nähe noch immer vorhielten (z. B. Hamburger Fremdenblatt. 22.12. 1931), durchwegs positiv: Die Kritik erkannte und schätzte die Fortführung des „Bauern“-Diskurses, mußte sich aber mit dem neuen Element in Waggerls Erzählweise, den Gleichnissen und legendenhaften Erzählungen des Christian, jener Instanz, die Waggerls eigene, mit den Erfahrungen der 20er Jahre angereicherte Identität darstellte, erst anfreunden: „Es ist wieder der Kampf um die Scholle, der Kampf auch um die Abwehr des Einbruchs großstädtischer Einflüsse und Methoden, die schwerblütige Entwicklung und Entwirrung dörflicher Menschenherzen, die auch diesem Roman die stoffliche Substanz geben. [...] aber die gesunde Kraft des Blutes und der Sinne und schließlich des tatkräftigen Willens siegen: über den in seinem Willen gebrochenen, in der Einsamkeit im Charakterlichen zermürbten Arzt, über den zugewanderten Arbeiter, der den Klassenkampf zu propagieren sucht, über Mißgeschick im Menschlichen [...]. Die Bäuerin Elis und der Sägewerksbesitzer Blas sind die unerschütterlichen Grundtypen bäuerlicher Erscheinung, alle anderen sind irgendwie krank an Körper und Geist. [...] Gewiß wird zuweilen fast ein wenig zu viel Meditation geboten, das Räsonieren des Autors über das Wesen des ‚Schweren Bluts‘ könnte etwas zurückhaltender und sparsamer sein.“ (Kölnische Zeitung 1.7.1932; Mannheimer Tageblatt, 28.9.1932)

Dem Roman „Schweres Blut“ merkt man – insbesondere in den ersten Kapiteln – Waggerls Kampf um die Form an. Er war immerhin der erste längere Text, der sozusagen nicht aus ihm hervorbrach wie „Brot“, sondern der nüchtern geplant und durchkomponiert werden mußte. So ist es z. B. nichts Unerhebliches, wenn Josef, der aufrührerische Arbeiter im Sägewerksbetrieb des Blas, plötzlich *„zwischen den Bretterstapeln“ (SB, 375)* verschwindet, als seine wahre und mädchenverführerische Identität aufgedeckt wird, und schließlich zehn Seiten später angedeutet wird, daß Josef mit dem *„Bretterlager“ (SB, 386)* im Zuge des sintflutartigen Hochwassers ausgelöscht wird.[320] Solche Bezüge gibt es viele. Er bediente sich ausgiebig der Leitmotivtechnik, wie sie viele Romanciers des 19. Jahrhunderts entwickelt hatten. Über seine Arbeit am „Jahr des Herrn“ schrieb er später: *„Die andere Möglichkeit sehe ich in der vielseitigen Kunst des Verflechtens und Ver-*

zahnens von Motiven. Wenn nämlich scheinbar bedeutungslose Nebenumstände, die der Lesende zunächst kaum beachtet […], später immer wieder in einem neuen Zusammenhang auftauchen, dann erweckt das ein seltsam wohltuendes Gefühl des Vertrautseins mit dem Ganzen, und zugleich gewinnt die Erzählung dadurch eine nahtlose Dichte, die ich auf keine andere Weise zu erreichen wüßte." (BLICK, 669) Denn *„nichts von Absicht und gewollter Wirkung" (BLICK, 669)* dürfe spürbar sein.

In keinem anderen Text kommt so viel von Waggerls Erfahrungen aus mehreren Bereichen (z. B. Religion und Freidenkertum, Sexualität, Mann-Frau-Thema, Ich-Problematik, Vanitas-Thematik) direkt zur Sprache – in Form von aphoristischen Einsprengseln oder metaphorischen Anspielungen: *„Plötzlich entdeckt man sich selbst. Man steht neben sich, sozusagen, und betrachtet beklommen diese Hülse, dieses Ding unter anderen Dingen. Ich – Wer ist das? […] Auch sie freuen sich und leiden Not, aber wenn sie sterben, sind sie mehr als tot, sie sind nie gewesen. Es bleibt keine Spur von ihnen zurück, weder von ihnen selbst noch von ihrer Arbeit. Warum leben sie, wofür? […] Der Doktor glaubt seinerseits an gar nichts, er nennt sich einen erklärten Atheisten, um es rundweg zu sagen." (SB, 244, 247, 249)* Alles das aber wird durch den Erzählprozeß als unlebbar und krank deklariert. Im letzten Gleichnis des Christian, das er dem Doktor – ganz am Ende des Romans – erzählt, geht einem *„Mann namens Blind" (SB, 395)* sogar das Licht auf, die Gesundung steht bevor. Ganz ohne *„gewollte Wirkung"* wollte Waggerl freilich seinen Text gestaltet sehen.

Der lebensphilosophische Ansatz des Romans, der gegen ein Denken und Schreiben in Kategorien historisch-sozialer Bedingtheit und Veränderbarkeit gerichtet ist und stattdessen naturgesetzlich-metaphysisch-mythische Schicksalsgläubigkeit und Unveränderlichkeit feiert, ist die Grundlage des Romans: *„Das Leben ist wie ein Sieb, so ungefähr: ein großes Waschsieb mit verschieden weiten Löchern. Es kann da nicht oben bleiben, was zu gering ist, alles ordnet sich von selbst und fällt schließlich an seinen Platz. (SB, 368)*

„Das Wiesenbuch"

Artur Kuhnert, der Rezensent in der Zeitschrift „Die Kolonne", brachte es auf den Punkt, als er Waggerls „Das Wiesenbuch" (1932) besprach und dabei den dänischen Autor Jens Peter Jacobsen zitierte: Dieses kleine Buch habe nichts mit der „mehr oder weniger sentimentale[n] Sehnsucht eines Städters" zu tun und sei kein „‚Kinderpopöchen mit Grün garniert' [Jacobsen]". (KUHNERT, 50b) Tatsächlich stellt „Das Wiesenbuch", ähnlich wie einige Jahre später das „Lob der Wiese" (1935) und das „Wagrainer Tagebuch" (1936), die „beschaulich-behagliche" Variante von Waggerls Konzept dar, etwa dem entsprechend, was Waggerl in seiner „Begegnung mit dem Leser" (1940)[321] als advocatus diaboli dem lesenden Mädchen entgegenhält, das gerade eines seiner Bücher, wahrscheinlich eines von den „beschaulichen", liest: *„Aber bleibt das alles nicht eigentlich zu sehr im*

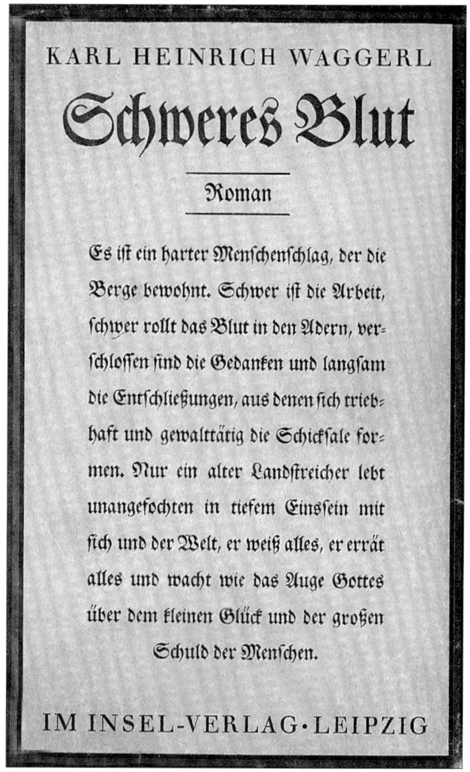
KARL HEINRICH WAGGERL

Schweres Blut

Roman

Es ist ein harter Menschenschlag, der die Berge bewohnt. Schwer ist die Arbeit, schwer rollt das Blut in den Adern, verschlossen sind die Gedanken und langsam die Entschließungen, aus denen sich triebhaft und gewalttätig die Schicksale formen. Nur ein alter Landstreicher lebt unangefochten in tiefem Einssein mit sich und der Welt, er weiß alles, er errät alles und wacht wie das Auge Gottes über dem kleinen Glück und der großen Schuld der Menschen.

IM INSEL-VERLAG · LEIPZIG

„Schweres Blut" (1931); Waggerl widmete den Roman Katharina und Anton Kippenberg

„Das Jahr des Herrn", geschrieben zwischen 29.6.1934 (18.50 Uhr) und 17.9.1934 (9.36 Uhr)

Allgemeinen, im Beschaulichen? Ich meine, ist es nicht zu weich, zu spielerisch? Sind wir in diese Zeit gerufen worden, um die Dinge nur behaglich zu betrachten, oder wollen wir sie erobern, für eine neue Welt, die dann unsere sein wird? Diese Welt ist ein ungeheurer Werkplatz, verstehen Sie, und da will einer abseits bleiben und in den Lärm hinein reden, von Dingen, die es beinahe schon gar nicht mehr gibt, von Gräsern und Käfern und einfältigen Leuten! Ist es nicht so? Müssen wir nicht von einem Dichter verlangen, daß er auch Lehrer sei, Seher, Wegbereiter?" (BmL, 210f) „Das Wiesenbuch" ist die klarste, kompakteste, auf etwas mehr als zwanzig Seiten zusammengefaßte, romantisierende Ausprägung dessen, was Waggerls literarische Identität ausmachte. Alle wesentlichen Konstituenten sind versammelt: Liebes- und Geborgenheitssehnsucht, carpe-diem-Haltung, Schwärmerei, Bauernmetaphorik und -ideologie, handwerkliche und bäuerliche Arbeit als Sinnstiftung, naturmystisch Entgrenzendes, kindliche Wahrnehmung und Idyllen-Bedürfnis, dazu der Einbau der Legende von der Jungfrau Tausendschön. Am Ende wird die Idylle gebrochen: *„Dann hole ich weit aus, und die grüne Mauer fällt vor mir zusammen ..." (WB, 140)* Es ist sicher kein Zufall, daß in der Mitte des „Wiesenbuchs" das traumatische Gewitter-Kapitel steht, als Bezugspunkt, um den sich alles, nicht nur in diesem Text, dreht.

„Das Wiesenbuch" (1932), seit Dezember 1930 als Begleittext zu insgesamt 16 Scherenschnitten[322] in Planung, war für die Insel-Bücherei schon für das Jahr 1931 vorgesehen. Es dauerte ein Jahr länger. Mit Hamsun wollte Waggerl sich nicht mehr in Verbindung gebracht sehen: *„Jedenfalls dürfte es die deutsche Kritik diesmal schwer haben, herauszufinden, welches Buch von Hamsun ich da wieder nachgeahmt habe. [...] Es ist eine Sache für junge Leute, vielleicht ein bißchen weich, aber ich denke, doch nicht weichlich. So bin ich nun einmal, es ist, glaube ich, mein aufrichtigstes Buch." (WK, 23.2.1932, 6.5.1932)* Als das Insel-Bändchen im Juni 1932 schließlich erschien, war Waggerl mit allem zufrieden, mit der Aufmachung, insbesondere aber mit seiner Darstellung der *„primären Geschehnisse"*: *„Schließlich sind es ja doch immer die großen, einfachen Dinge, die uns wirklich mehr sagen und innerlich anrühren, die Jahreszeiten, Morgen und Abend [...]" (WK, 21.6.1932)* Ein Exemplar des „Wiesenbuchs" hat Waggerl mit folgenden Worten signiert, die in ihrer Ähnlichkeit und zugleich in ihrer bezeichnenden Differenz an eine Stelle aus dem „Wagrainer Tagebuch" (1936) erinnern: *„Mensch, dein Erbschatz sind die einfachen Dinge Morgen und Abend Sommer und Winter (Chinesisch). Wagrain August 34."* Im „Wagrainer Tagebuch" ist daraus jene entscheidende Akzentverschiebung geworden, die den Heimatideologen jeglicher Couleur oft genug entgegenkam: *„Denn die Heimat ist das Bleibende, das Sichere, sie ist die Erbgnade für unser unseliges Geschlecht." (WT, 142)* Aber auch im „Wagrainer Tagebuch" wird die „Heimat" als *„das Land der Kindheit, voll rätselhafter Klänge und magischer Bilder" (WT, 143)* vorgestellt, was oft geflissentlich übersehen wurde.

Als Kippenberg kurz vor Kriegsende das „Wiesenbuch" wieder drucken wollte, waren die Scherenschnitte-Platten unauffindbar, verloren oder vernichtet. (WK, 28.3.1944)

„Das Jahr des Herrn"

Bevor Waggerl noch einmal im „Wagrainer Tagebuch" aus einer hauptsächlich beschaulich-behaglichen Perspektive, die keine Romanform, sondern nur die Skizze, die Kurzerzählung und/oder das Gleichnis zuließ, auf die Wirklichkeit sah, stellte er ein Romanprojekt fertig. Die Arbeit an „Das Jahr des Herrn"[323] geht wahrscheinlich zurück bis in das Jahr 1930, als Waggerl seinem neuen Verleger von einem Plan mit dem Titel „Das Jahr" berichtet, von dem er aber das erste Kapitel schon wieder verheizt habe: *„Es ist, grob ausgedrückt, der Kampf um die Frucht und um den Erben, das Grundmotiv alles bäurischen Lebens, vielleicht des Lebens überhaupt." (WK, 16.8.1930)* Es handelte sich offenbar um den dunkel getönten Erzählstrang der Christine-Szenen, um die Geschichte einer nymphen- und zigeunerhaft dargestellten Kellnerin, der Tochter eines Zimmermanngesellen, die, um Bäuerin auf Eck zu werden, ihr uneheliches Kind, das sie von einem anderen Mann hat, ermordet und dafür schließlich büßen muß. Im Laufe der Arbeit sollte die „positive" und „naive" Seite des Einfalls in den Vordergrund treten. Der Negativ-Geschichte der Christine wird z. B. kontrapunktisch die Geschichte von Davids Mutter Monika entgegengestellt, die durch die Rückkehr in das Dorf *„in jeder Beziehung" (JdH, 545)* gesunden will, war sie doch nicht zuletzt durch ihren Gang in die Stadt auf die schiefe Bahn gekommen und „krank" geworden.

Mitte Juni 1933 skizzierte Waggerl den neuesten Stand des Projektes: Er wolle, indem er die autobiographisch angereicherte Figur des Buben David eingeführt habe, den *„etwas starren Rahmen des katholischen Festkreises lebendig"* füllen und damit *„farbiger, naiver, heiterer"* sein als sonst. An Maria Lorenz schrieb er sogar: *„Von den äußeren Lebensumständen abgesehen, ist die Figur des kleinen David biografisch, alle die kleinen Erlebnisse, die Einsiedlergeschichte, das mit dem Bischof usw. sind meiner eigenen Kindheit entnommen. Es war doch recht lustig, in dieser entlegenen Gegend meines Daseins herumzustreifen […]" (WK 1933)*

Er wollte *„ein sehr unzeitgemäßes Buch"* schaffen, das sich den Vorwurf, *„national"* zu sein, nicht gefallen lassen müsse. (WK 19.6.1933) Ein *„schönes warmes"* und *„so ganz unpolitisches Buch" (LORENZ 1933)* sollte es werden, das sich freilich in viel größerem Ausmaß als Waggerl es sich selbst eingestand, die Erinnerung an die ersten Skizzen aus 1930 bewahrte. Immerhin spannen die Anfangssätze des Romans den Lebensbogen auf folgende Weise: *„Immer ist der Tod unterwegs, der düstere Engel. […] Ach, Jahr um Jahr, es ist dennoch eine kurze Zeit, und unser letzter Schrei ist nur ein Widerhall des ersten." (JdH, 399)* Waggerl sprach später von dem *„Mollakkord"*, von der *„Gleichung zwischen Wiege und Sarg". (BLICK, 664)* „Das Jahr des Herrn" wurde ihm im selben Brief an Maria Lorenz

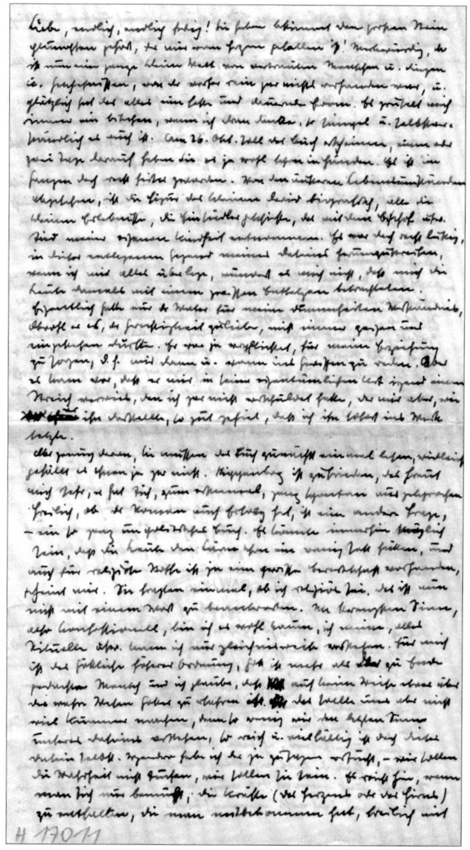

Bericht über den Abschluß des Romans „Das Jahr des Herrn": „Es ist im Ganzen doch recht heiter geworden. Von den äußeren Lebensumständen abgesehen, ist die Figur des kleinen David biografisch ..."

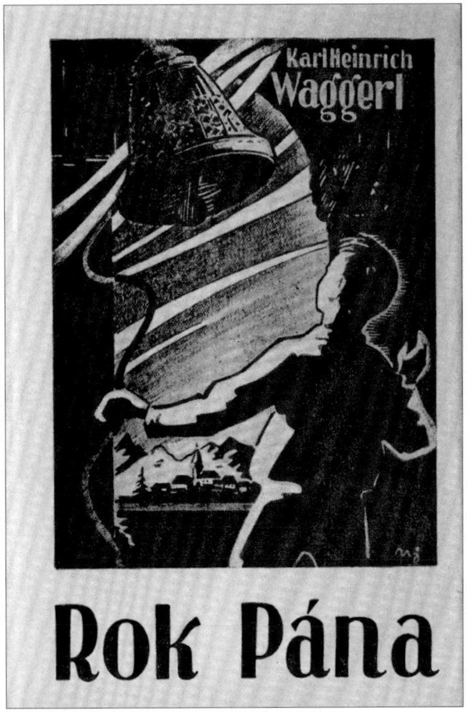

Die slowakische Übersetzung des Romans „Das Jahr des Herrn" (1943)

sodann zum Anlaß, erneut seine schon skizzierten dichtungstheoretischen Ideen über das „Nationale" auszubreiten. (LORENZ 1933)

Im Zusammenhang mit dem „Jahr des Herrn" äußerte sich Waggerl sowohl Kippenberg als auch Maria Lorenz gegenüber zum ersten Mal über seine religiöse Einstellung, die keine enge, konfessionelle sei. *„Alles Rituelle [...] kann ich nur gleichnisweise verstehen."* Über *„das wahre Wesen Gottes"* sei auf keine Weise etwas zu erfahren. (LORENZ 1933). In kritischer Erinnerung an seine Schopenhauer-Phase definierte er nun „Mitleid" sogar als *„eine recht unfruchtbare und zuweilen schädliche Empfindung"*, die zu Depressionen führe – *„völlig blind vor Tränen"* -, und plädierte für das Eingeständnis der Grenzen des Herzens gemäß dem Pfarrer-Wort aus dem „Jahr des Herrn": *„Und du sollst nicht weiter wirken wollen, als das Herz reicht." (JdH, 421, LORENZ 1933)*

Kippenberg konnte es schon gar nicht mehr erwarten, was denn nun der neue Roman darstellen solle. Waggerl beschrieb ihm die Anlage so: *„Es behandelt [...] den katholischen Festkreis, aber so daß nirgends zu sehr das Kirchliche, Konfessionelle hervortritt, sondern mehr die unmittelbare Beziehung dieser Religion zum praktischen bäurischen Leben, das Farbige, Positive, Brauchhafte des Glaubens." (WK, 4.7.1933)* Damit war er wieder bei seinem Thema.

Kippenberg hielt das Buch zwar für „Ihr bisher schönstes" (WK, 25.10.1933), aber als sich das angeblich katholische Buch den Vorwurf der „Schnellproduktion und Ausnutzung der Konjunktur" einhandelte, z. B. im „Sonntag Morgen" (Köln, 26.11.1933), außerdem Hanns Arens wenig Verständnis zeigte (ARCHIV, H 15.820),[324] war Waggerl tief verletzt und veranlaßte Kippenberg, einen Protestbrief zu schreiben. (WK, 24.1.1934) *„Es ist doch mein bestes Buch"*, hieß es später einmal. (WK, 9.8.1934)

Kippenbergs Brief ist ein Meisterstück verlegerischen Lavierens angesichts der zunehmenden Macht der deutsch-völkischen Rezeption durch die Presse. Er behauptete z. B. allen Ernstes, daß Waggerls erster Roman damals „gegen die Zeit gerichtet gewesen" und die Aufnahme deswegen „nicht gerade freundlich" ausgefallen sei. Waggerl sei mit dem „Bauerntum" so tief verwoben, daß alle seine Bücher „aus einer inneren Notwendigkeit" (WK, 24.1.1934) entstünden, obwohl Kippenberg hätte wissen müssen, daß Waggerl seine Romane nicht als „Bauernromane" vereinnahmt sehen wollte.[325] Kippenberg nützte geschickt die vorherrschende Meinung, die den Bergbauern-Mythos, offensichtlich einen zweiten „Brot"-Roman ohne Pfarrer, Pater und Ministranten, und Waggerl als linientreuen Autor haben wollte. Kippenberg wollte einfach keine Schwierigkeiten haben. Dementsprechend wurde Waggerl von der Redaktion des Kölner „Sonntag Morgen" eingeladen, einen Beitrag über „Bergbauern" und andere entsprechende Arbeiten zu schicken. Eine „gute und freundschaftliche Zusammenarbeit" wurde ihm angeboten. In der Tat hatte die NS-Presse pikiert auf das katholische

Milieu des Romans reagiert. Waggerl entdeckte nur mehr *„Bosheiten und Anfeindungen“*: *„Die ganze deutsche Kritik lehnt das Buch einfach ab, schweigt, oder schimpft (man möge mich hinter meinem Misthaufen verhungern lassen, schreibt einer).“* Will Vespers „Neue Literatur“ habe in der Weihnachtsausgabe 1933 sogar seinen Namen – unter Hunderten – unerwähnt gelassen. (LORENZ, 6.12.1934) Kippenberg meinte, als er kurz darauf die „Volksausgabe“ des Romans plante, die Kritik hänge vielleicht nur mit dem Titel zusammen, der „allzu fromm klingt“. (WK, 9.8.1934) Waggerl hatte nichts dagegen, ihn zu ändern: in „Das Jahr“ oder „David“ (WK, 10.8.1934). *„Die Hauptursache des Misserfolges dürfte wohl in bestimmten politischen Strömungen zu suchen sein. Der Katholizismus steht nun einmal nicht gut im Kurs, ich meine aber, das Buch könnte […] eher zum Ausgleich, als zur Verschärfung der Gegensätze beitragen. Es ist jedenfalls merkwürdig und bezeichnend, dass es gerade von den klerikalen Politikern mit besonderem Misstrauen aufgenommen wird.“ (WK, 10.8.1934)* Waggerl kannte sein Buch am besten. In der Verherrlichung des „Bäuerlichen“ als Inbegriff von Ordnung und Stabilität hatte er das Gemeinsame, das sowohl im Ständestaat als auch im NS-Staat hoch im Kurs stand, im Sinn. Er wurde von den konservativen Literaturideologen des Ständestaates sehr gut verstanden. Sie verliehen ihm den Staatspreis, Kippenberg bereitete im Juni 1938 eine neue Auflage vor.[326] Während sich österreichische Kritiker Waggerl als „Dichter österreichischer Wesenheit und Seelenhaftigkeit, österreichischer Landschaft und Menschlichkeit“ (Neue Freie Presse, 9.11.1933) aneigneten und katholische Blätter natürlich die Vermittlung des „sichere[n] Gefühl[s] der Geborgenheit in der Hand des allmächtigen Gottes“ (Volkswohl XXV/1933/34, 212) betonten, lobte man den Autor in der deutsch-völkischen Zeitschrift „Eckart“ vor allem wegen seines „deutschen Bauerntums“: „Leben einfangen zu wollen im Kreise eines Kirchenjahres, diesmal nach katholischem Ritus, machte mir den Dichter verdächtig. Aber dieser Dichter ist so urwüchsig deutsch, ist so sehr mit unsrer Erde verwurzelt – er entstammt ja auch bäuerlichem Geschlecht –, daß er eine mir eigentlich wesensfremde Frömmigkeit in etwas nahezu Mystisches verwandelt. […] Und der Pfarrer ist mir sympathisch wie ein Bauer, weil er seinem Wesen nach einer ist. […] Man freut sich […], daß die Natur den kirchlichen Ritus durchstrahlt, daß das Deutsche nicht ganz verdunkelt ist im Katholischen.“ (Eckart 10/1934, 529)[327]

Der Ärger Waggerls über die Mißachtung durch die Presse war nur zum Teil berechtigt, denn das Buch wurde in vielen führenden Organen (z. B. Die Literatur, Neue Freie Presse) durchwegs positiv besprochen, noch dazu von prominenten Rezensenten, u. a. von Paul Rilla, Eduard Korrodi, Kurt Münzer oder Robert Michel. Korrodi z. B. schrieb von einem „herrlichen Buch, gesegnet mit allen guten Geistern der Dichtung“, und Paul Rilla meinte, Waggerl sei „aus der Schule des großen nordischen Meisters zu sich selber gekommen“. (ARCHIV, Rezensionen)

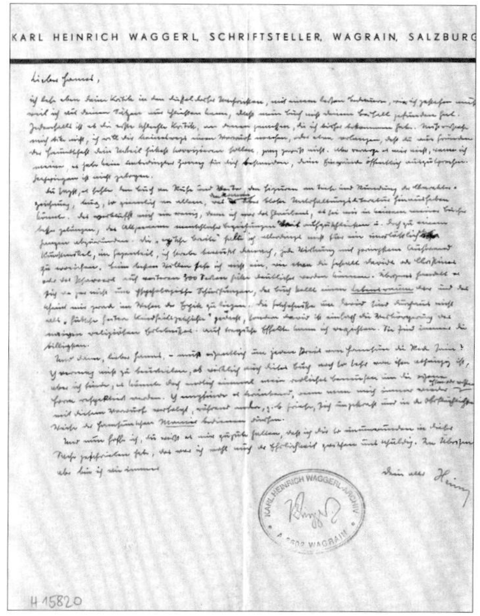
KARL HEINRICH WAGGERL, SCHRIFTSTELLER, WAGRAIN, SALZBURG

Waggerl wehrt sich gegen Kritik: „Die Geschehnisse um David sind durchaus nicht als ‚hübsche heitere Kindheitsgeschichten‘ gedacht ...“

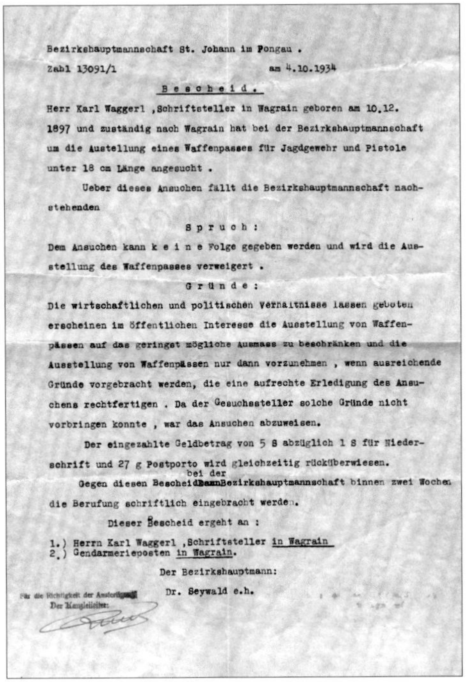

Bezirkshauptmannschaft St. Johann im Pongau .
Zahl 13091/1 am 4.10.1934

B e s c h e i d .

Herr Karl Waggerl ,Schriftsteller in Wagrain geboren am 10.12. 1897 und zuständig nach Wagrain hat bei der Bezirkshauptmannschaft um die Austellung eines Waffenpasses für Jagdgewehr und Pistole unter 18 cm Länge angesucht .

Ueber dieses Ansuchen fällt die Bezirkshauptmannschaft nachstehenden

S p r u c h :

Dem Ansuchen kann k e i n e Folge gegeben werden und wird die Ausstellung des Waffenpasses verweigert .

G r ü n d e :

Die wirtschaftlichen und politischen Verhältnisse lassen geboten erscheinen im öffentlichen Interesse die Ausstellung von Waffenpässen auf das geringst mögliche Ausmass zu beschränken und die Ausstellung von Waffenpässen nur dann vorzunehmen , wenn ausreichende Gründe vorgebracht werden, die eine aufrechte Erledigung des Ansuchens rechtfertigen . Da der Gesuchssteller solche Gründe nicht vorbringen konnte , war das Ansuchen abzuweisen.

Der eingezahlte Geldbetrag von 5 S abzüglich 1 S für Niederschrift und 27 g Postporto wird gleichzeitig rücküberwiesen.

Gegen diesen Bescheid bei der Bezirkshauptmannschaft binnen zwei Wochen die Berufung schriftlich eingebracht werden.

Dieser Bescheid ergeht an :

1.) Herrn Karl Waggerl ,Schriftsteller in Wagrain
2.) Gendarmerieposten in Wagrain.

Der Bezirkshauptmann:
Dr. Seywald e.h.

Für die Richtigkeit der Ausfertigung
Der Kanzleileiter:

Die Ausstellung eines Waffenpasses für Waggerl wird abgelehnt (1934)

Die Analogien und Differenzen zum bisherigen Romanwerk sind folgende: Waggerl behielt die Grundoppositionen seiner Romanwelten bei, indem er den Land-Stadt-Diskurs mit den ihm zugeordneten Vorstellungen z. B. stabilen und instabilen Lebens oder Langsamkeit versus Schnellebigkeit weiterführte. Waggerls Bauern-Bild als Zeichen festgefügter Ordnung durchzieht natürlich auch diesen Roman, wird sakralisiert und umgekehrt, indem einer der Gottesdiener, nämlich der gütige Pfarrer, *„selbst nur ein Bauer" (JdH, 420)* ist: *„Gott feiert seine Feste mit den Menschen, das Jahr des Herrn ist auch das Jahr des Bauern." (JdH, 420)*[328] Im Anschluß an diese Stelle wird, so wie es Andreas Gryphius im 17. Jahrhundert z. B. in seinen Vanitas-Sonetten getan hat, von der Vergänglichkeit der *„Städte"*, *„der glänzende[n] Reiche"*, der *„Kaiser und Könige"* (JdH, 420) gesprochen und als Gegenpol dazu von der Ewigkeit des *„warmen Wiesengrund[es]"*, von den *„Bauern und Fischern, die ihn zuerst erkannten, die gleiche Einfalt hinter ihren furchigen Stirnen". (JdH, 420)* Bauerntum und Wiesengrundidylle sind die beiden Hauptvarianten von Waggerls Ordnungsvorstellungen. Dagegen werden Bilder des existentiellen Alleinseins und der ewigen Wanderschaft, der ewigen Unseßhaftigkeit und des ewig unbeachteten Kommens und Gehens gesetzt: *„[...] unten sitzt der Totengräber auf der Mauer, ein einzelner Mensch, so verloren und allein. [...] Aber tot oder lebendig, zuletzt liegt er [der Knecht] wieder dort, wo er hergekommen ist, im Armenhaus. Und dazischen nichts, Herr, mein Gott, fruchtlos gelittenes Leid, fruchtlos vergossener Schweiß. [...] und er geht von neuem auf die Wanderschaft. Das kann er nicht lassen [..]. Er löscht aus wie ein Funken im Wind, er verdorrt wie ein Reis [...]. Er selbst vergeht, das Geschlecht der Heimatlosen ist dennoch unsterblich." (JdH, 427)*

Ähnlich wie Schweres Blut" ist „Das Jahr des Herrn" ein Gesundungsroman – wiederum mit vielen autobiographischen Zügen. Letzteres ist natürlich nicht nur auf die Figur des David beschränkt: Mit den auftretenden Zimmerleuten und durch die praktische Humanität der Krämerin wird die Erinnerung an den leiblichen Vater wachgehalten (JdH 415ff), in den wiederholt ironisierenden Passagen über die Volksfrömmigkeit und den Aberglauben sowie durch das Duo Pfarrer-Pater Johannes werden vielleicht Erinnerungen an die Mutter und die Badgasteiner Priester angesprochen. Auch die berührende Lorenz-Tagwerker-Episode, die Geschichte des am Tag vor der Hochzeit ums Leben gekommenen Holzknechts, dürfte nicht nur eine literarische Anspielung an Johann Peter Hebels „Unverhofftes Wiedersehen" sein, sondern zugleich eine Anspielung auf *„Christof, Forstgehilfe bei Lebzeiten" (FA, 351)*, dessen Grab die Sennerin Martha in Badgastein mit dem jungen Waggerl an der Hand besuchte, wenn sie sonntags von der Alm kam.

Auch Gleichnishaftes wird weitergeführt, so z. B. die Kohlenbrenner- Geschichte (JdH, 534f)[329] oder das mythisierende Fuchseisen-Motiv (JdH, 557), das schon in „Brot" Simon dazu diente, den inneren Defekt des Müllers auch äußerlich zu zeigen. (BROT, 61ff)

In den letzten beiden Kapiteln – sie setzen mit dem *„Reinigungfest Mariä" (JdH, 571)* ein – wird einerseits Christine, die mit allen Mitteln, auch durch Mord, Bäuerin werden will, mit ihrer Schuld konfrontiert und muß die Buße auf sich nehmen, und andererseits darf sich der kleine David endlich über eine vollzählige Familie freuen, weil Karl, der Freund seiner von der „Stadt" genesenen Mutter Monika, zu ihr und zum Buben ins Dorf gekommen ist. Deswegen kann am Ende die Abendglocke über einem friedlichen Dorf klingen – ein Wunschbild, eines von vielen bei Waggerl: *„Und der Herr neigt das Ohr und schaut herab und schickt seinen Frieden über das Dorf." (JdH, 577)*

Neu ist hingegen der Einsatz von humorigen Passagen, ja ganzen Humor-Kapiteln als Balance der dunklen Seiten des Romans. Diese Stellen sollten nicht zuletzt für den großen Erfolg mitverantwortlich sein. Eine Passage aus dem Roman wurde durch Waggerls Auftreten beim Salzburger Adventsingen nach dem Zweiten Weltkrieg besonders bekannt: Wiederholt las er die heimelige Passage, die mit dem Satz beginnt: *„Und das Jahr verwelkt, die Sonne wird müder von Tag zu Tag." (JdH, 537)* Sie ist freilich ein zwar ausgesprochen wirkungsvolles, aber eben nur schilderndes Moment, das das Konzept und die Zielrichtung des Romans nicht faßt. Im Unterschied zu seinem zweiten Roman „Schweres Blut" hatte Waggerl mit dem äußeren Ordnungsrahmen des *„katholischen Festkreis[es]" (WK, 4.7.1933)* ein gutes Mittel in der Hand, das dem Roman letztlich Stringenz und Geschlossenheit verlieh. *„Aber jede Kleinigkeit ist Teil eines Ganzen, irgendwie hängt alles zusammen, und selbst das Geringste läßt sich nur dann glaubhaft ausdrücken, wenn der größere Zusammenhang dahinter noch fühlbar bleibt." (BLICK, 665)*

„Du und Angela"

Bevor Waggerl an seinen vierten Roman ging, erbat sich Kippenberg noch einen kleinen Sammelband von Erzählungen, der unter dem Titel „Du und Angela" in der Insel-Bücherei (Nr. 204) erscheinen sollte.[330] Waggerl nahm fünf Erzählungen auf, davon die schon in den 20er Jahren und um 1930 mehrfach publizierten „Ein Mann namens Adam", „Landstreicher" und „Martha", aber auch zwei weitere, nämlich die Titelerzählung und „Einundzwanzig Tage". Die Erzählung „Landstreicher" (1930) wurde von Waggerl gemeinsam mit Vilma Sturm auch als Hörspiel mit dem Titel „Fahrende Leute" gestaltet. (ARCHIV)

„Du und Angela" gehört thematisch und formal in den „Wiesenbuch"-Kontext, eine beschaulich klingende, schwärmerisch-romantische Liebesgeschichte mit der eingeschobenen Legende vom dreimal vom Mädchen abgewiesenen Jäger (DuA, 40), eine andere Fassung der Jungfer-Tausendschön-Geschichte aus dem „Wiesenbuch". (WB, 137) Aber am Ende stehen der verlorene Schlüssel zwischen Mann und Frau und die ungewisse Hoffnung auf ein Wiedersehen. (DuA, 43)

„Einundzwanzig Tage" hingegen hat nichts Beschauliches, im Gegenteil. Es ist das fiktive Tagebuch eines 31jährigen Buch-

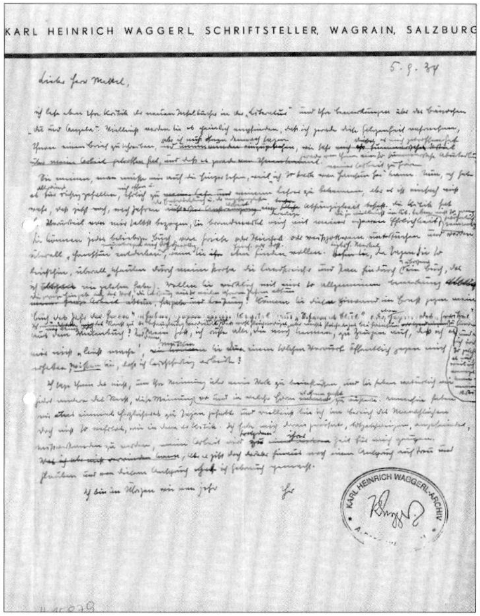

Briefentwurf für eine Antwort auf Kritik an „Du und Angela“: „Ich habe mich daran gewöhnt, totgeschwiegen, angefeindet, mißverstanden zu werden ...“

halters, der bei einer Wanderung, fern von der Zivilisation, abgestürzt ist, verletzt in einer schwer auffindbaren Höhle liegt, überlegt, wie er sich befreien könnte, und sein Leben mit allen Höhen und Tiefen Revue passieren läßt. Der Erzähler hat die Aufzeichnungen von dem Jäger Cartano erhalten, der den Verunglückten doch noch gefunden hat. *„Er war noch am Leben, später ist er im Irrenhaus zu T. untergebracht worden.“ (ET, 57)* Die Erzählung berichtet von der Qual zum Tode und ist in allen Zügen eine Großmetapher für jenen „nihilistischen“ Zustand, aus dem sich Waggerl selbst mit „Brot“ und seinem Positivprogramm herausriß. „Einundzwanzig Tage“ sollte die Leser auf die persönlichen (inneren) Bedingungen aufmerksam machen, aus denen das Romanwerk erwuchs: z. B. „Krankheit“, Anonymität, Sinnlosigkeits-Erfahrung, Unnütz-Gefühle, Beziehungsprobleme und Gottverlassenheit. *„[...] die Kunst, mit beiden Augen nach innen zu schielen.“ (ET, 55)* Diese Erzählung wurde aber von der Literaturkritik nicht wahrgenommen. Das Waggerl-Bild war schon festgelegt.

„Mütter“

Ende 1933 berichtete Waggerl seiner Vertrauten Maria Lorenz zum ersten Mal von seinem Projekt *„Fruchtbarkeit“. „Ich höre nur immer einen Klang und sehe eine Farbe, tiefes sattes gelbes Braun. Das muß ich nun austragen wie ein Kind.“ (LORENZ, 20.12. 1933)* Kippenberg ließ nachfragen, was denn der nächste Roman sein werde. Mit *„Fruchtbarkeit“,* der dann „Mütter“ hieß, wolle er ein Gegenstück zu „Brot“ schaffen, welches *„das Männliche zum Gegenstand hat“ (WK, 12.8.1935).* Ein Buch solle es werden, nach einem Motto von Ulrich von Hutten (1488–1523) – *„redlich und ohne Prunk“* –, und *„alles Werdende, Fruchttragende und -bringende im Bereich der Natur und der Menschen einzufassen“* (WK, 25.1. 1934) versuchen. Nichts wollte Waggerl mit dem *„ganzen verfluchten Geschwätz“* über *„Blut und Scholle“* zu tun haben. (WK, 25.1.1934) Da es um Frauen geht, sollte es *„leichter und heiterer im Ton“ (WK, 12.8.1935)* ausfallen. Waggerl wollte die *„Tiefen und Untiefen im Wesen der mütterlichen Frau“* ausloten, freilich ohne *„psychoanalytische Behelfe“*, die fragwürdig seien.

„Kitschige Glorifizierung der Mutterschaft“ war ihm als Gefahr bewußt. Die zur mythischen Größe stilisierte Mutter und Hebamme Gertraud war von Waggerl als *„Mittelpunkt“* konzipiert und sollte so auch ausgeführt werden. „Mütter“[331] wurde das Weihnachtsgeschäft 1935. Die Kritik war im großen und ganzen sehr positiv und ordnete das Buch in einen Sondertypus der „neueren Erzählungsliteratur“ und in eine angeblich neue „epische Erlebnis- und Anschauungsform“ ein, der es nicht um einen „einzelnen Menschen“, sondern um das Überindividuelle, um das „Leben an sich“, also den „‚unterirdischen Dialog‘ des menschlichen Gegen-, Mit- und Zueinanders“ gehe, wie Karl A. Kutzbach sich ausdrückte. (Die Neue Literatur, April 1936, 209) Kutzbach hielt die Ideologie dieser „Anschauung der Welt“ fest: „[...] bevorzugt wird bei dieser Darstellungsweise [...] das naturhafte [...] Leben [...], hingegen widerstrebt ihr das eigentlich Geschichtliche.“ Ähnliches formulierte Karl

Bachler unter dem Titel „Der Gang zu Müttern“ in der Zeitschrift „Die Literatur“: Er sprach entsprechend von der Hinwendung zu einer „urreligiösen Bindung“, vom „Bewußtwerden der ewigen Quellen des Seins“ und davon, daß sich „erst hinter dem eigentlichen Geschehen [...] das Wesentliche“ verberge. (Die Literatur 1933, 497f)

Tatsächlich bot sich für Waggerls mythisierenden Ansatz seit „Brot“ eine weitere Variation seines Konzeptes an, wonach es darum gegangen sei, den *„Kräften nachzuspüren, die das Ganze im Gleichgewicht halten, offenbar von Ewigkeit her und in die Ewigkeit hinein.“ (EM, 681)* Jetzt ist es das „Mütterliche“ und nicht mehr das „Bäuerliche“, das sakralisiert wird, ohne das „Bäuerliche“ ganz aus dem Roman herauszunehmen. *„Vielleicht hat Gott sein Geheimnis gar nicht ihnen anvertraut, nicht dem Hirn der Männer, sondern dem Schoß der Mütter.“ (MÜ, 590)* Der *„Schoß der Mütter“* ist die einzige stabile Kraft im Wandel des *„großen Spieles“ (MÜ, 642)*, bei dem *„hinterwärts verborgen [...] der Engel steht, der das gewaltige Spiel für den Meister lenkt und jedem eingibt, was ihm vorgeschrieben ist, bis der Tod ans Erz schlägt und ihn abgehen heißt.“ (MÜ, 642f)* Die zum Mythos stilisierte Mutter Gertraud, früher Hebamme und jetzt Herbergsmutter für geschlagene, unerwünschte und „ausgestiftete“ Kinder, ist deswegen Ruhepol der Romanwelt: *„Geh zu ihr, sagen die Leute im Dorf, wenn kein anderer Trost mehr zureicht, geh zu Mutter Gertraud! [...] Vielleicht liegt es nur daran, daß Mutter Gertraud so groß, so über alles menschliche Maß hinaus groß ist, das allein kann schon trösten. Es ist, als kehrte man heim, flüchtete in den Mutterleib zurück, so könnte man sagen.“ (MÜ, 605)*

In „Mütter“ hat Waggerl seine Erfolgsrezeptur weitergeführt. Wieder kommen eine Reihe von autobiographischen Anspielungen vor: *„Oh, jetzt wäre es gut, ihre* [der Mutter] *Hand an der Wange zu fühlen! Aber laß nur, denkt Barbara, warte nur, bis der Vater kommt!“ (MÜ, 705).* „Mütter“ ist erneut geprägt vom mythisierenden Schreiben, dem Einbau von legendenhaften Passagen, der Ausgestaltung kindlicher Vorstellungswelten und der Auflockerung durch humorige Kapitel. Und wieder werden wie in „Das Jahr des Herrn“ zwei Erzählstränge kontrapunktisch geführt, erstens jener der Barbara und des Frächters Nikolaus: Diese Geschichte endet im Mord an Stefan, Barbaras Jugendliebe, die aus Übersee in das Dorf zurückgekehrt ist. Zweitens: Die Erzählung über Marie und den Hausierer Jakob, dem Marie nach langer Weigerung schließlich doch einen Knaben schenkt, wenn auch womöglich der Lehrer der Kindesvater ist.

Alles aber ebnet sich – unmotiviert – zum Guten ein: *„Es fügt sich am Ende alles noch erträglich“ (MÜ, 722)*, heißt es plötzlich am Ende des Barbara-Frächter-Stranges. *„Und die Frauen finden das* [daß Jakob ausgerechnet den Lehrer zum Paten des Kindes bestellt] *gar nicht weiter bedeutsam, ihnen ist nur um den Täufling zu tun“ (MÜ, 726)*, so heißt es am Ende der Marie-Jakob-Erzählung.

Hermann Hesse (1877–1962) wurde von den Waggerl-Propagandisten als Bewunderer

Die tschechische Übersetzung des Romans „Mütter“ (1942)

Die lettische Übersetzung des Romans „Mütter“ (1943)

Waggerls gehandelt, indem sie nur einen einzigen Satz zitierten, den Hesse in der schwedischen Zeitschrift „Bonniers Litterära Magasin" (Stockholm) anläßlich des Erscheinens von „Mütter" schrieb: „Und er [Waggerl] weiss so viel vom Leben und Treiben der einfachen Menschen, dass es sich wirklich lohnt, seine Werke zu lesen." Aber das ist die halbe Wahrheit. Denn Hesse stieß sich an Waggerls Mütter-Ideologie, die er zutreffend als eine von „Blut gegen Geist" verstand und womit er sich nicht einverstanden erklärte. Was Hesse an Waggerl dennoch schätzte, waren dessen literarische Bilder: „Nun hat es sich aber schon früher oftmals ereignet, dass sich Dichter zu Anschauungen bekannten, die bedeutend geringeren Wert hatten als ihre künstlerischen Leistungen. So ist es auch hier der Fall." Denn dieser „Dichter der Berge und Bauern", so Hesse, lege eben „schöne, freundliche und farbenreiche Bilder auf". (Bonniers Litterära Magasin, Stockholm)

„Kalendergeschichten"

Im Oktober 1933 meldete sich Waggerl bei Kippenberg mit einer neuen Idee, die vier Jahre später verwirklicht sein sollte, nämlich mit den „Kalendergeschichten": *„Sie wissen ja, daß mir eine Erzählform, die man ungefähr ‚Legende' bezeichnen könnte, sehr naheliegt. Ich habe diese Neigung wohl von meinem Vater, der mir in der Kindheit oft dergleichen Geschichten erzählte. Auch mein Onkel, der Adam hieß u. Wetterwart auf dem Sonnblick war, konnte gut erzählen. Ich habe allerdings nichts wörtlich behalten, aber der Ton liegt mir im Ohr [...]" (WK, 27.10. 1933).* Dann war lange Zeit nicht mehr davon die Rede, bis 1937 plötzlich von Hanns Arens die Idee ventiliert wurde, ein Insel-Bändchen mit Legenden, einer *„verschollenen Gattung" (WK, 1.9.1937),* herauszubringen. (WK, 17.4.1937) Waggerl wollte sich noch einmal vergewissern, daß Rainer Maria Rilke nicht doch Ähnliches geschrieben habe, er könne sich an eine zehn Jahr zurückliegende Lektüre erinnern. (WK, 12.5.1937) Dann aber ging er an die Arbeit und Ende August 1937 lagen die „Räubergeschichte" und „Gang zum Geliebten"[332] vor, ein paar Tage später auch „Die Schöpfung".

Kippenberg war inzwischen im Sommer 1937 in Wagrain gewesen und hatte gesehen, *„aus welcher Welt das alles stammt". (WK, 1.9.1937)* Außerdem war er am Grabe Joseph Mohrs gestanden und auf die Idee gekommen, Waggerl könne einen kleinen Essay über ihn verfassen, was dann auch geschah.

Die „Kalendergeschichten" waren als Vorlesebuch für junge Leute gedacht und für solche, die *„einen harmlosen Spaß" (WK. 9.9.1937)* haben wollten. Waggerl wies aber auch darauf hin, daß in ihnen *„freilich manches dahinter [steht], was mich selber tiefer angeht, man schreibt ja immer zwei Bücher, eins auf und eins zwischen den Zeilen." (WK, 9.9.1937)* Drei Texte schuf Waggerl neu, drei Legenden wurden aus jenem Buch übernommen, das vergleichsweise wenig bekannt geblieben war und das Waggerl selbst für ein unfertiges hielt, aus dem „Schweren Blut". (LORENZ Sommer 1937): „Legende von den drei Pfändern der Liebe", „Legende vom Tod", „Legende vom vergrabenen Herzen". Die „Kalendergeschichten" sollten eines der auflagenstärksten Büchlein werden,[333] volkstümliche Liebes- und Todesgeschichten, eine patriarchale Welt widerspiegelnd.

In der „Sonnwendrede auf das Salzburger Land" erinnerte sich Waggerl erneut an die Quellen dieser Art des Erzählens, wonach er als Kind viele derartige Geschichten von den Frauen beim Spinnen und Stricken auf den Bauernhöfen gehört habe. Jedenfalls handelte es sich um auf dem Land mündlich überliefertes Erzählgut. *„Das waren keine Märchen [...]. Immer stand etwas Mächtiges, Drohendes, Unabwendbares dahinter, und der Mensch war klein und schwach vor diesen Kräften, aber mutig im Kampf mit ihnen." (SR, 99)* Die „Geschichte vom Drachen im Tappenkar" (1933) war auch eine davon.[334]

„Wagrainer Tagebuch"

Im Jänner 1935 kündigte Waggerl ein neues Buch an, das ähnlich wie „Das Wiesenbuch" sein sollte: Er überlegte, es *„Sommertagebuch"* zu nennen, und wollte es bis zum Frühsommer 1935 fertigstellen. Es dauerte ein Jahr länger und sollte „Wagrainer Tagebuch" heißen. Im August 1936 beschrieb er es – ein bekanntes Waggerl-Thema – als *„eine Auseinandersetzung des seßhaften Menschen mit dem unsteten". (WK, 12,8,1936)* Er fügte hinzu: Das Buch sei *„ein Abschied von dem was ich bisher gedacht und gemacht habe, anders genommen auch wieder ein Anfang".* Kippenberg war begeistert, „in seiner Art vielleicht Ihr schönstes Buch". (WK, 21.9.1936)[335]

Die Kritiken fielen alle positiv aus, denn das „Wagrainer Tagebuch" ist eines der kompaktesten Bücher Waggerls, das alle wichtigen Konstituenten seines Denkens, Fühlens und Schreibens enthält und sozusagen den Abschluß seiner Dichtung darstellt, ein durch und durch autobiographischer Text. Es ist die ausgefeiltere und umfangreichere Fortführung seines beschaulich-behaglichen „Wiesenbuches", auch im romantisierenden Ton, und zugleich die Weiterführung der humoristischen Passagen aus dem „Jahr des Herrn" und aus „Mütter". Die humoristische Theaterepisode ist das beste Beispiel dafür, wohl eine Erinnerung an die eigenen Wagrainer Theaterzeiten in den 20er Jahren. (WT 182 ff). Auch die naiv-frechen Sommergäste werden schon 1936 aufs Korn genommen.[336]

„Nehmt mirs nicht übel, wenn ich keine neue Wahrheit zu verkünden habe, sondern in einemfort dasselbe sage, wie es eben von einem Menschen zu erwarten ist, der schon lange still vor sich hinlebt. Dann und wann schlägt sich wohl doch einer von euch auf meine Seite und verschmäht es nicht, eine Weile meiner Binsenweise zuzuhören." (WT, 175)

Das „Wagrainer Tagebuch" sollte leider zum beliebtesten Wortspender für diverse Verwertungsinteressen werden. Kein Aspekt von Waggerls Welt fehlt in dem Buch: das Bedürfnis, die *„Unrast zur Ruhe"* zu bringen, *„die Heimat als das Bleibende, das Sichere"* als *„die Erbgnade für unser unseliges Geschlecht"*, der Erwerb eines Lehens als *„heimlicher Rückhalt"* und Friedensinsel in Kriegszeiten, das *„Lob einer Wiese"*, die Erinnerungen an die eigene Kindheit, an seinen Vater und seine Mutter, die Erfahrung des „Zur-Miete-in-der-Welt-Seins", das Glück der handwerklichen Arbeit mit den eigenen Händen und die Invektiven gegen moderne Produktionsweisen, der *„Hunger nach Erkenntnis"* und die Kritik am Intellektuellen, die Bewunderung des bäuerlichen *„Ursiedlers"* als Inbegriff des Ewigen und Gefestigten, die Steine und Berge als Zeichen des selbstgenügsamen Seins und des Friedens, die Gestaltung eines Gartens und die Überlegungen zur Funktion der Kunst als Trostspenderin gegen die Versprechen von Reichtum, Macht und Weisheit.

Zwei Drittel des Buches sind der Beziehung des Ich-Erzählers mit Klaus, seinem Freund, der zugleich dessen alter ego ist, gewidmet. Klaus, der junge, steht dem schon etwas abgeklärten Ich gegenüber und ist zugleich dessen jüngere Verkörperung. Das Verhalten und die Erfahrungen des Klaus sind dem Ich-Erzähler wohlbekannt und vertraut und doch schon fremd geworden: Klaus ist der „Wanderer", das Ich der „Seßhafte", das aber noch um das „Wandern" Bescheid weiß. Denn es geschieht, daß sich das Ich *„allmählich aus [sich selbst]"* löst, sich *„gleichsam als Ding unter andern Dingen"* erkennt und sich *„zugleich unbeschreiblich fremd" (WT, 167)* ist. Es ist in Gefahr, vom *„Spiel der Empfindungen" (WT, 168)* überflutet zu werden, ein unsicheres Ich also, das nach Ruhe, Dämpfung und Stabilität sucht.

„Lange rede ich mit Klaus, ich will ihm klar machen, wie nichtig alles ist, was uns trennt, aber das fällt mir unbegreiflich schwer. [...] Genug, wenn er fürs erste sein Wanderleben aufgibt und bei mir bleibt. Er soll sich niederlassen und wieder seine redliche Arbeit tun, das ist mein Rat. Ich lebe selber so. Mag sein, daß im Anhauch der Fremde die Gedanken höher fliegen, ich bleibe mit meinen auf der festen Erde, weil ein Mensch das in seinem innersten Wesen braucht, das Einfache, das Sichere, das Beständige, sagt, was ihr wollt. " (WT, 203f)
Als Klaus weiterwandert und den Dichter-Erzähler verläßt, bleibt dem Ich dennoch vorerst ein *„bitteres Gefühl großer Verlassenheit" (WT, 205)*, das es nur durch sinnvolle Arbeit überwindet: *„Und am Morgen gehe ich auf meine Wiese und fange wieder zu arbeiten an. [...] Etwas löste sich von mir, ein Teil meiner selbst, etwas starb mir ab und wird nicht wieder zu erwecken sein." (WT. 206)*

Das „Wagrainer Tagebuch" enthält aber auch eine Stelle, die es sonst nirgends im Werk Waggerls gibt, nämlich den Satz: *„Landstreicher werden ja nicht geboren [...]." (WT, 169)* Hier spricht er über die soziale Prägung der Menschen, sonst aber immer von erblicher Veranlagung. Es folgen kurz und bündig einige bedrängende Lebensstationen des Klaus, die einen Zusammenhang zwischen sozialer und innerer Lage skizzieren. Wäre hier für Waggerl ein erzählerischer und geistiger Neuansatz gewesen? Er nahm ihn nicht wahr. Hätte sich Waggerl nicht-mythisierende Erkenntnisinstrumentarien erarbeiten müssen, um dem Ausklang seiner poetischen Aussagekraft Einhalt zu gebieten?

Ein aufmerksamer Rezensent, der deutsch-völkisch orientierte Karl Pawek, hat dies gesehen und Waggerl dafür sogar gelobt, daß es ihm an „‚Temperament und Blick für die soziale Not der Menschheit'" gefehlt habe, ausgerechnet das, was ein Basler Kritiker hingegen von dieser „neuen deutschen Bauernliteratur" einforderte. (Die Pause 1937, H. 6, 51) Denn, so Pawek: „Aber er [Waggerl] sieht dafür eine andere Not der Kreatur, die um vieles tragischer ist, weil sie nicht der kleine Unverstand der Wirtschaftsorganisatoren geschaffen hat. [...] Die Not [...] ist nicht so banal, daß sie in die Kategorie unserer ‚sozialen' Probleme gehörte, sie ist das frohe, stumme und sehr, sehr harte Leid der Kreatur, das auch genügsam und zufrieden sein kann, jedenfalls aber die große merkwürdige Wirklichkeit ist, neben der alle ‚soziale Not' als laute Betriebsamkeit, als politisch zu korrigierender Organisationsmangel erscheint, ohne Sinn und weitere Bedeutung. Nennt das Romantik, ich nenne es Wirklichkeit [...]. Und wehe den Schmocks, den Philistern, den Äußerlichen, den Betriebsamen, den Tüchtigen, den Aufgeklärten und Gescheiten, die außerhalb dieses warmen Lebens stehen." (Die Pause 1937, H. 6, 51) Leider sollte Pawek Recht behalten. Auf die Ebene der sogenannten „sozialen Not" ließ sich Waggerl nicht ein, sein Metier blieb die „Not der Kreatur".

Mit dem „Wagrainer Tagebuch" ist 1936 gewissermaßen ein Ende von Waggerls poetischer Aussagekraft erreicht worden, was nach 1945 wiederholt beklagt worden ist, wofür aber selten plausible Gründe genannt wurden. Nur Max Kaindl-Hönig, ein Freund Waggerls, versuchte, eine Antwort zu geben. In einem Artikel zum 75. Geburtstag Waggerls nannte er zwei Gründe für dieses Phänomen: „Mehr als ein allzu frühes Ermüden, ein Abblühen der Fabel" sei im Spiel gewesen, nämlich erstens ein „Verzicht aus ehrlicher schriftstellerischer Gesinnung, nicht weiter – ohne philosophisch vertiefte Auseinandersetzung mit der Antithese – Daseinsbeispiele einer ‚heilen Welt' zu entwickeln, welche selbst auf dem alpenländischen Dorfe des katholisch-christlichen Raums nicht kampflos mehr zu halten waren" und zweitens eine „denkerische Bescheidung, jene Auseinandersetzung zu meiden". Eine geistige und insbesondere dichterische Bewältigung der für Waggerl interessanten und ihn beschäftigenden Leibnizschen Monadenlehre mit dem Vorsehungsglauben sei ausgeblieben.
(KAINDL I, 5)

Sollte Waggerl das Ausklingen seiner dichterischen Kapazität gespürt haben? Im „Wagrainer Tagebuch" steht 1936 jedenfalls der Satz: *„Es kommt für jeden der Augenblick, in dem er die Höhe seines Lebens überschreitet. In dieser Zeit sieht man weit voraus und weit zurück, man lebt noch wie sonst und freut sich seiner Kraft und der bunten Fülle um einen her. Aber schließlich merkt man doch, daß einem nichts mehr zuwächst, daß man in den Schatten hinuntersteigt und eigentlich immerfort Abschied nimmt. Darum mache ich mir Sorgen um Klaus." (WT, 197)*

Waggerl, der Tierfreund

7. „Heimkehr der Ostmark“, Zweiter Weltkrieg (1938–1945)

7.1. Die Annexion

Nachdem am 12. März 1938 um 0.00 Uhr die sogenannte „Heimkehr der Ostmark ins Reich“, wie es im NS-Jargon hieß, mit Glockengeläut gefeiert worden war, klangen auch die poetischen Glocken zur Verherrlichung des neuen Regimes in der ganzen „Ostmark“. Die meisten Autoren und Autorinnen, die jetzt ihre deutsch-völkische und nationalsozialistische Identität poetisch aussprachen, hatten sich schon im Herbst 1936 im „Bund der deutschen Schriftsteller Österreichs“ organisiert. (RENNER) Es waren ca. 90 Schriftsteller. Die bekanntesten von ihnen waren Bruno Brehm, Paula Grogger, Hermann Graedener, Mirko Jelusich, Paul Anton Keller, Max Mell, Franz Nabl, Josef Nadler, Josef Friedrich Perkonig, Friedrich Schreyvogl, Franz Tumler, Josef Weinheber, die mit Salzburg verbundenen Autorinnen und Autoren Erna Blaas, Hans Deißinger, Franz Karl Ginzkey, Erich Landgrebe, Karl Springenschmid und auch Waggerl. In einem „feierlichen Bekenntnis“ forderte der Vorstand des „Bundes“, an seiner Spitze Max Mell, alle Schriftstellerkollegen auf, sich am 10. April 1938 anläßlich der Volksabstimmung mit einem „leidenschaftlichen“ Ja „zum Reich und zum Führer“ zu bekennen. (DAMOLIN) Der „Bund“ ist der „bedeutsamste und erfolgreichste Organisationsversuch der nationalsozialistischen Schriftsteller Österreichs“, der schon vor 1938 „in enger Kooperation mit der deutschen Vertretung in Wien [Herrn von Papen] die rassistischen Grundsätze nationalsozialistischer Literaturpolitik“ praktizierte und das Ziel hatte, „die literarischen Kontakte mit Deutschland zu monopolisieren“. (AMANN III, 213)

Schon im Jahre 1934 hatte Waggerl Kontakt mit dem damaligen „Reichsverband Deutscher Schriftsteller“, der von Deutschland aus im Auftrag von Goebbels versuchte, die „arischen“ Schriftsteller in Österreich lange vor dem „Anschluß“ zu sammeln. Franz Löser, zwischen 1920 und 1924 Spielansager beim „Jedermann“ auf dem Salzburger Domplatz und Autor der Mundartfassung dieses Stückes (1921),[337] sollte die österreichische Filiale aufbauen. Im Oktober 1934 hatte der Verein schon ca. 450 Mitglieder, der P.E.N.-Club hingegen nur ca. 200. Das Scheitern des NS-Putsches vom Juli 1934 ließ es den NS-Behörden ratsam erscheinen, diese Bestrebungen vorerst einzustellen. (RENNER, 281f, 85) Die österreichischen Mitglieder wurden deswegen aus den deutschen Listen gestrichen, so auch der Name Waggerl. (ARCHIV H 304)

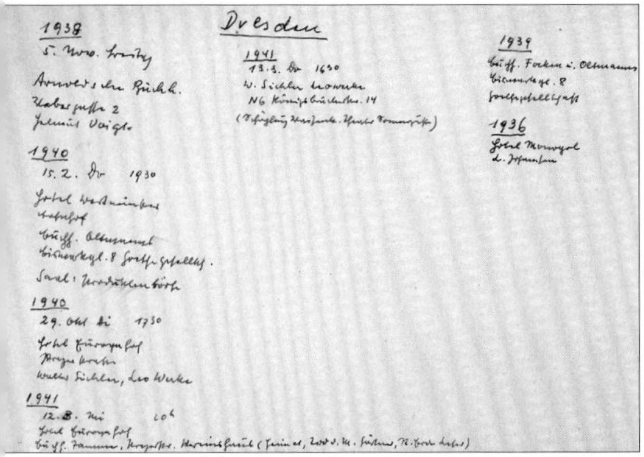
1938
Dresden
1941
1939
1936
1940
15. 2.
1930
1940
29.
1941

Aufenthalte in Dresden zwischen 1936 und 1941

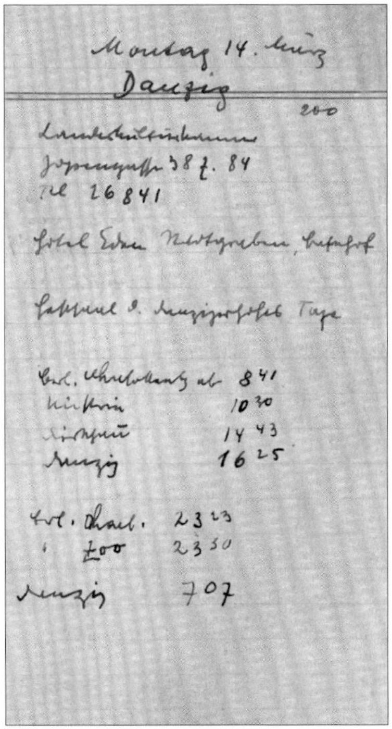
Montag 14. März
Danzig
200
26841
8 41
10 30
14 43
16 25
23 23
23 50
7 07

Waggerl begrüßt die „Heimkehr der Ostmark“ in Danzig

Im Zuge der NS-Propaganda für die Volksabstimmung am 10. April 1938 wurden Prominente vom Reichspropagandahauptamt (Wien) aufgefordert, sie mögen ihre Meinung in einer für die Presse verwendbaren Form über den „Anschluß“ formulieren. Auch Waggerl beteiligte sich an der Aktion, für die sich ca. 60 Persönlichkeiten und Institutionen aus Politik, Wirtschaft und Kultur zur Verfügung stellten. Waggerls bezahlter Spruch lautete: *„Mögen alle Sünden verziehen sein, nur die eine nicht: Jetzt noch zu zweifeln oder zu verneinen.“ (RPA)*[338] Die Wagrainer Gendarmerie-Chronik berichtet: „1938: 10. April: Volksabstimmung über den Anschluß an Deutschland mit 100 Prozent.“ (WAGRAIN II, 97, 639)

Der „Bund“ war schließlich auch federführend für eine der vielen Anthologie-Initiativen, die 1938/39 die „Heimkehr der Ostmark“ literarisch feiern sollten. Das repräsentativste Ergebnis war das „Bekenntnisbuch österreichischer Dichter“ (1938), das im Wiener Krystall-Verlag erschien. Insgesamt wurden 70 „ostmärkische“ Autoren eingeladen, ihre Beiträge zu spenden. Max Mell, das deutsch-katholische Aushängeschild, war mit seinem Bekenntnis zur Stelle. „Wir wollen eins sein, Herr, gib du den Segen.“ (BB, 68) Max Stebich, der die Aufgabe übernommen hatte, die NS-Reichskulturkammer in Österreich zu installieren, sprach in seiner Grußadresse von den Dichtern als den „Sängern deutschen Heldentums“ und den „Priestern des deutschen Herzens“, die sich jetzt „freudig bewegt vor dieser Vollendung“ neigten, vor „Deutschland, das alle umfaßt, die desselben Blutes und derselben Sprache sind.“ (BB, 7f)

Waggerls Grußadresse in diesem Sammelband kann als ein exemplarisches Dokument für jenen Erfolg gelesen werden, den die Nationalsozialisten bei den „unpolitischen“ Dichtern erzielten. Persönlich motivierte Friedenssehnsüchte mögen mitgespielt haben:

„Das millionenfache ‚Ja‘ der Deutschen am 10. April ist mehr als ein Bekenntnis brüderlicher Verbundenheit, es ist ein lauter Ruf in die Welt. Mit diesem Tage ist in Wahrheit der große Krieg zu Ende. Wir Leute, die wir damals von den Fronten heimkehrten, glaubten wir denn jemals wirklich an den Frieden? Sind wir nicht bewußt oder unbewußt immer Soldaten geblieben, warteten wir nicht insgeheim auf eine letzte große Entscheidung? Nun hat Adolf Hitler für uns alle gehandelt. Bedenkt es doch, Freunde: ein einzelner Mann, und nicht durch die Kniffe des Diplomaten, nicht durch die blutige Kunst des Feldherrn, sondern einfach durch die hinreißende, die befreiende Kraft einer wahrhaft großen Menschlichkeit. Müssen wir nicht alle hinter ihm stehen? Wo ist der Deutsche, der in einer solchen Stunde versagt?“ (BB, 112)

Waggerl befand sich zum Zeitpunkt des Einmarsches der deutschen Truppen in Österreich gerade auf einer Vortragsreise in Deutschland. Er war am 8. März in Berlin eingetroffen, fuhr dann nach Dessau, Wolfenbüttel, Kassel und war am 13./14. März 1938 in Berlin bzw. in Danzig, bevor er nach Besuchen u. a. in Leipzig und Köln Ende März wieder nach Hause fuhr. (Reisenotiz- und Tagebücher, ARCHIV) Das „Vortragsamt“ der Reichsschrifttumsstelle[339] hatte diese Reise organisiert. Am 14. März las Waggerl, eingeladen von der Landeskulturkammer Danzig, im Großen Festsaal des Danziger Hofs. Die gesamte Reise ist durch die erhalten gebliebenen Unterlagen des genannten „Vortragsamtes“ bestens dokumentiert, auch eine Reihe von Berichten über seine Lesungen liegen vor. (ARCHIV)

„Ostmärkische“ Zeitungen (z. B. Die Reichspost, Der Montag) berichteten übereinstimmend über Waggerls Auftritt in Danzig: „Mit kurzen Begrüßungsworten an den österreichischen Dichter leitete der Vorsitzende der Landeskulturkammer den Vortragsabend ein und erzählte, Heinrich Waggerl habe ihm anvertraut, daß er, als er im Reiche weilte und jetzt nach Danzig kommen sollte, in schwere innere Konflikte geraten wäre. In den Tagen, da die große Heimat ein unbeschreiblicher Jubel sei [sic!], da mußte er wählen zwischen dem großen Erlebnis, zu Hause zu sein und mitjubeln zu können, oder nach Danzig zu fahren und seine Pflicht zu erfüllen. Heinrich Waggerl trat nach diesen Worten auf [sic!] das Rednerpult und rief mit erhobener Stimme in die Zuhörerschaft: ‚Ich komme also aus dem befreiten Österreich.‘“ (Reichspost, 21.3.1938; Der Montag, 21.3.1938) Waggerl soll anschließend über das Dorf Wagrain und über seinen Weg als Dichter gesprochen haben, insbesondere über die „reichhaltige Sagenwelt des kleinen Dorfes, die ihm immer wieder unerschöpfliches Vorbild für wahre Volkstümlichkeit sei“. (Der Montag, 21.3.1938) Dann las er die humoristische Theaterepisode aus dem „Wagrainer Tagebuch“, eine Stelle, die er eigentlich seit Göttingen (1936) nicht mehr vortragen wollte.

Eine ähnliche Dramaturgie hatten offenbar auch andere Abende, z. B. in Leipzig, wo der „Dichter des Herzens“ „aus dem befreiten Oesterreich“ über die Trostfunktion der Dichtung plauderte, seine schon bekannten dichtungstheoretischen Auffassungen, wie er sie 1933/34 formuliert hatte, zum besten gab, das Humorige seiner Schreibweise als „gutes altes Erbe aus dem musischen Wesen süddeutschen Volkstums“ interpretierte und sagte, daß er so wie Mozart in der Musik „die Schwere, den ernsten Grund des Lebens [...] in einer vollendeten Kunst der klaren Heiterkeit“ aufheben wolle. Auch über „Volkslieder der Wagrainer Bauern“ und offenbar über das „Emigrationsprojekt“ erzählte Waggerl, bevor er u. a. die Rindenpfeifen-Episode aus dem „Wagrainer Tagebuch“ und die „Schöpfung“ aus seinen „Kalendergeschichten“ vortrug. (Neue Leipziger Zeitung, 18.3.1938)

Er hatte bei dieser Lesereise auch Gelegenheit, mit führenden Vertretern der Reichsschrifttumskammer zu sprechen. Dabei wurden offenbar Chancen und Grenzen der neuen NS-Schrifttumspolitik erörtert. Das fehlende Engagement der Buchhändler oder gar deren ablehnende Haltung gegenüber den „kunstpolitischen Forderungen“ kamen dabei ebenso zur Sprache wie Waggerls Warnungen vor einer zu einseitigen

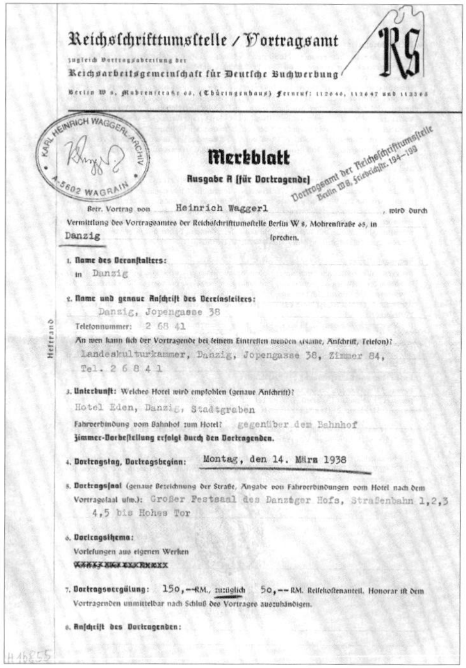

Reichsschrifttumsstelle / Vortragsamt

zugleich Vortragsabteilung der

Reichsarbeitsgemeinschaft für Deutsche Buchwerbung

Berlin W 8, Mohrenstraße 65, (Thüringenhaus) Fernruf: 112646, 112647 und 112368

KARL HEINRICH WAGGERL-ARCHIV A-5602 WAGRAIN

Vortragsamt der Reichsschrifttumsstelle Berlin W 8, Friedrichstr. 194–199

Merkblatt

Ausgabe A (für Vortragende)

Betr. Vortrag von Heinrich Waggerl, wird durch Vermittlung des Vortragsamtes der Reichsschrifttumsstelle Berlin W 8, Mohrenstraße 65, in Danzig sprechen.

1. Name des Veranstalters:
in Danzig

2. Name und genaue Anschrift des Vereinsleiters:
Danzig, Jopengasse 38
Telefonnummer: 2 68 41
An wen kann sich der Vortragende bei seinem Eintreffen wenden (Name, Anschrift, Telefon)?
Landeskulturkammer, Danzig, Jopengasse 38, Zimmer 84, Tel. 2 6 8 4 1

3. Unterkunft: Welches Hotel wird empfohlen (genaue Anschrift)?
Hotel Eden, Danzig, Stadtgraben
Fahrverbindung vom Bahnhof zum Hotel? gegenüber dem Bahnhof
Zimmer-Vorbestellung erfolgt durch den Vortragenden.

4. Vortragstag, Vortragsbeginn: Montag, den 14. März 1938

5. Vortragssaal (genaue Bezeichnung der Straße, Angabe von Fahrverbindungen vom Hotel nach dem Vortragssaal usw.): Großer Festsaal des Danziger Hofs, Straßenbahn 1,2,3 4,5 bis Hohes Tor

6. Vortragsthema:
Vorlesungen aus eigenen Werken

7. Vortragsvergütung: 150,-- RM., zuzüglich 50,-- RM. Reisekostenanteil. Honorar ist dem Vortragenden unmittelbar nach Schluß des Vortrages auszuhändigen.

8. Anschrift des Vortragenden:

Heftrand

H 16855

Das Vortragsamt der Reichsschrifttumskammer lädt ein

Der Führer und Reichskanzler

ladet

Herrn Karl Heinrich Waggerl

aus Anlass des Tages der Deutschen Kunst für Freitag, den 8. Juli 1938 ab 20 Uhr zum Empfang in den Führerbau des Braunen Hauses zu München ein.

Anzug: Frack

Antwort unter Verwendung anliegender Postkarte bis 30. Juni erbeten an das Reichsministerium für Volksaufklärung und Propaganda, Berlin W 8, Wilhelmplatz 8/9 Fernruf 11 00 14 App. 502

H 15888

Adolf Hitler lädt ein

Sicht auf die Leserschaft. Im Waggerl-Archiv ist z. B. ein Brief (Briefskizze?) an den Leiter des erwähnten „Vortragsamtes" erhalten geblieben, in dem er sich auf ein Gespräch im Berliner Landwehrkasino (8. März 1938) bezieht und auf die wichtige Rolle des „Bürgertums" für das literarische Leben hinweist. *„Es ist doch wohl gar zu billig und bequem, das Bürgertum einfach als unheilbar liberal und reaktionär abzutun, diese Volksschicht, die geraume Zeit fast allein das ganze deutsche Kulturleben verkörpert hat, ohne großes Verdienst zwar, aber doch so, daß wir ein unversehrtes Erbe übernehmen konnten." (ARCHIV H 16.899)*[340] Waggerl war „die neue Zeit" ein Anliegen, er dachte und arbeitete mit, nicht unkritisch, aber eben in den vorgegebenen Bahnen.

Waggerls briefliche Nachrichten nach Wagrain an seine Frau Edith bestätigten die Zeitungsmeldungen über seine erfolgreiche Vortragsreise während der Tage des „Umbruchs" z. T. wortwörtlich: *„[...] hatte großen Erfolg und wurde sehr als befreiter Österreicher gefeiert. Ist ja allerhand, was ihr zuhause treibt, seit (dem) komme ich überhaupt nicht mehr ins Bett vor lauter Sensationen und Feiern. Ich bin schon so neugierig auf Nachricht von zuhause, was machen denn die lieben Wagrainer, wie geht es ‚Waldl' Linus und allen, die auf dem falschen Pferd sitzen? Und wer ist denn jetzt der große Mann bei uns? Hast Du was von Kai gehört? Ich verstehe gar nicht, was mit ihm los ist. [...] jetzt wirds wohl auch wirklich ernst mit dem Häusl." (ARCHIV, Edith Waggerl)*

In Wagrain wurden am 13. März 1938 der örtliche Postenkommandant Ignaz Keller und der Obmann der Vaterländischen Front Linus Hochleitner, weiters Bürgermeister Johann Schindlmaisser, Altbürgermeister Lorenz Fritzenwallner und der Tischlermeister Rupert Ortner, der nach Waggerls Plänen verschiedene Möbelstücke für die Waggerls angefertigt hatte (EDITH, 1925–1927, WK, 20.10.1931), in Schutzhaft genommen. (WAGRAIN II, 97) Welch demütigende Erfahrungen damals Linus Hochleitner machen mußte, gab er im Oktober 1962 beim Amt der Salzburger Landesregierung zu Protokoll. (KERSCH I, 66ff)[341] Die Wagrainer Gendarmerie-Chronik berichtet: „Der Umbruch erfolgte ruhig." (WAGRAIN II, 97)

„Noch sehen wir den Salzburger Waggerl vor uns [...]." (KINDERMANN, 311) Welchen Wahrheitsgehalt der Bericht des prominenten Germanisten und späteren Theaterwissenschaftlers Heinz Kindermann hat, der in seinem Aufsatz „Das gesamtdeutsche Schrifttumserbe der Ostmark" (1938) im Sammelband „Kampf um die deutsche Lebensform" (1941) von einer Aktion berichtete, bei der Waggerl „gelegentlich einer volksdeutschen Dichterwoche in Berlin dem Führer bei einem Zusammensein ein geheim über die Grenze gebrachtes Huldigungsschreiben mit den Unterschriften fast sämtlicher Bewohner seines Dorfes überreichte", konnte nicht festgestellt werden. Kindermann bezog sich sicher auf jene schon erwähnte 7. Berliner Dichterwoche, in deren Rahmen im März 1937 „grenz- und auslandsdeutsche Dichter", u. a. auch Waggerl, teilnahmen und anschließend bei Hitler geladen waren. „Denn was immer Waggerl selbst schuf in dieser Notzeit [vor 1938], von Aufbau und uraltem Brauchtum seiner engeren Heimat – er wollte es ja nur aus einem sehnsüchtigen Herzen all denen im Reich zeigen, von denen man seine Heimat gewaltsam trennte!", so lautete die NS-„Anschluß"-Formel für die Leistungen Waggerls. (KINDERMANN, 311) Kindermann hatte schon anläßlich der genannten Berliner Dichterwoche in seiner „Willkommensbetrachtung" ausführlich über die Veranstaltung berichtet: „In unsere Liebe zu allem, was deutsch heißt, schließen wir nun [...] auch unsere außendeutschen Brüder ein, die ihr Blutsbekenntnis, ihre Sprache, ihr Brauchtum oft in täglich neuem Kampf verteidigen müssen. [...] Jeder dieser sechs Dichter gehört [Zillich, Wittstock, Hohlbaum, Brehm, Bossi-Fedrigotti, Waggerl] in seinem Bereich zu den führenden Wahrern deutscher Art." (KINDERMANN I) Waggerls Integration in den NS-Kulturbetrieb im Deutschen Reich vor dem März 1938 steht außer Zweifel.

7. 2. „Modernisierung"

Seine Briefe aus den „Umbruchstagen" des Jahres 1938 machen Waggerls Erwartungen in die anbrechende Zeit deutlich und versichern zugleich, daß Wagrain *„unverrückbar [...] und unser Leben wie bisher" (ARCHIV, Edith Waggerl)* bleibe. Es ist wiederholt von den erneuerten Möglichkeiten, endlich ein Haus bauen zu können, die Rede und davon, daß er dann nur *„irgend eine Würde [übernehme], um mir die Bosheit und Feindseligkeit gewisser Leute vom Leib zu halten." (ARCHIV, Edith Waggerl)* Ersteres sollte sich nicht erfüllen, letzteres auf eine Weise, die Waggerl einige Monate später in heftige innernazistische Konflikte mit dem neuen Wagrainer NS-Bürgermeister Leopold Hudez, einem Gendarmeriebeamten, verstricken sollte.

Waggerls Erwartungen stimmten mit einem großen Teil der Bevölkerung überein. Er hatte außerdem seit fast einem Jahrzehnt die weitaus größeren (finanziellen) Möglichkeiten, die das Deutsche Reich besaß, an sich selbst erfahren und war zugleich mit den auch ihn enervierenden deutsch-österreichischen Konflikten seit 1934 konfrontiert. „Trotz aller raffinierten Propaganda: die Zustimmung der Bevölkerung war keinesfalls lediglich manipuliert: der Horizont der Hoffnungen und Erwartungen, der von den Nationalsozialisten aufgespannt wurde, muß vor der Hintergrundfolie der ökonomischen und politischen Not der Zeit vorher gesehen und interpretiert werden. Nur so ist eine Erklärung möglich, warum die Utopie des guten Lebens unter Hitler – ohne daß nach den politischen, ökonomischen und menschlichen Kosten dieser Utopie gefragt wurde – einen großen Teil der Bevölkerung in ihren Bann zog." (HANISCH IV, 52ff) Was sich schon seit 1933 im Deutschen Reich im Hintergrund und sogar in aller Öffentlichkeit abgespielt hatte (z. B. Bücherverbrennungen, Ermordung der SA-Führung, Nürnberger Rassengesetze, Einrichtung von Konzentrationslagern) war für Waggerl kein Thema.

Modernisierungshoffnungen, Antisemitismus und Karriere waren die Hauptaspekte, die Waggerl in die NSDAP führten und ihn die „Heimkehr der Ostmark" begrüßen ließen.

Bevor in Wagrain Ende Juni/Anfang Juli 1938 die innerparteilichen Konflikte mit dem neuen Bürgermeister Hudez auf Waggerl zukamen und er selbst schließlich zum Wagrainer Gemeindeoberhaupt avancierte, engagierte er sich zwischen Mai und Juni 1938 für diverse Wagrainer Modernisierungsanliegen. (AVA, Bürckel-Akten; ARCHIV H 16.928, 16.902, 16.888), und zwar in Briefen an Wilhelm Keppler (1882–1960), der zwischen März und Juni 1938 als Reichskommissar für die Eingliederung der „Ostmark" in das Deutsche Reich[342] verantwortlich war, und an Hermann Göring.

Hermann Göring in Salzburg (April 1938)

Er nutzte dabei die Beratung und die Hilfe seines Freundes Dr. Kai Mühlmann, der in Wien inzwischen selbst zum Staatssekretär für Inneres und kulturelle Angelegenheiten aufgestiegen war. (AVA, Bürckel-Akten, 18.5.1938) Waggerl führte Keppler gegenüber seinen guten Namen und seine eigenen finanziellen Hilfen für die Gemeinde ins Treffen,[343] um sein Anliegen zu befördern, nämlich einen sofortigen Kredit von RM 84.000.– für den Ausbau Wagrains als Fremdenverkehrsort zu bekommen. Er schildert in diesem Zusammenhang die seit dem Dorfbrand von 1927 angespannte Lage Wagrains und führt u. a. aus: *„Trotzdem der Wiederaufbau infolge der Unfähigkeit und der geradezu verbrecherischen Schlamperei des von der Regierung bestellten Architekten zu einer untragbaren Verschuldung der Betroffenen führte, und obwohl die damalige Bundesregierung ihre feierlich zugesagte Hilfe später einfach verweigerte, gelang es der Bewohnerschaft, durch wirklich beispiellosen Fleiß den Wiederaufstieg so rasch durchzuführen, daß Wagrain drei Jahre später zu den führenden Fremdenorten Salzburgs zählte. Fast 80 % aller Besucher waren Reichsdeutsche. Erst 1934 begann der Verfall durch die Wirkungen der Reisesperre und nicht zuletzt auch, weil Wagrain als judenfeindliche Sommerfrische bekannt war." (AVA, Bürckel-Akten, 18.5.1938)* Ein Schwimmbad, eine (schon im Bau befindliche) Garage und ein *„bequemes Wegenetz für Spaziergänge"* sollte errichtet werden. Waggerls Initiative trug Früchte: In den Jahren 1938/39 wurde z. B. das Wagrainer Schwimmbad tatsächlich errichtet und „schon bald besaß der Ort eines der größten und modernsten Bäder mit Sportanlage der damaligen Zeit." (WAGRAIN II, 306, 639f)[344] Waggerl bediente sich der damals erfolgversprechenden Argumentation: Er brachte die *„unerhörten Möglichkeiten der neuen Zeit"* ins Spiel und brachte seine Befriedigung über die *„jahrelange Leidenszeit"* zum Ausdruck, die *„im Glauben an die endliche Befreiung überstanden" (AVA, Bürckel-Akten, 18.5.1938)* sei.

Im Zuge der Propaganda für die Volksabstimmung am 10. April 1938 hatten die Nationalsozialisten gezielt auf ökonomische und soziale Verbesserungen gesetzt: „Das Programm der wirtschaftlichen Neugestaltung, das Hermann Göring am 26. März in der Wiener Nordwestbahnhalle verkündete, enthielt auch für Salzburg einige interessante Punkte; die wichtigsten waren: der Bau der Reichsautobahnen und der Ausbau der Wasserkräfte (Tauernprojekt). Die Wehrmachtsstäbe hatten dafür schon längst konkrete Pläne vorbereitet." (HANISCH IV, 57) Waggerls Brief an den Generalfeldmarschall Göring vom 20.5.1938 schließt daran direkt an: Er plädierte für einen Stausee im Kleinarltal und für *„eine technische Auswertung"* des *„natürlichen Beckens"* des Tappenkarsees zum Zwecke eines *„Zusatzwerk[es] für die Energieversorgung der südöstlichen Landesteile". (ARCHIV 16.928)* Der Tappenkarsee war für Waggerl nicht nur Anlaß für sagenähnliche Nacherzählungen, sondern auch ein konkreter Modernisierungsbereich.[345]

Auch der Wirtschaftsminister war für Waggerl ein wichtiger Ansprechpartner für die erwünschten Modernisierungs-Initiativen. Die Brüder Konrad und Robert Jüstel und deren bedrängte wirtschaftliche Lage stellte Waggerl als exemplarisches Beispiel für die Verschuldung der Wagrainer Bevölkerung dar und erbat eine sofortige *„erste Hypothek mit langfristiger Amortisation"* für die *„Abbrändler". (ARCHIV, H 16.888)* Dabei erwähnte er auch eine Zusage des „Reichsstraßen-Inspekteurs" Dr. Fritz Todt, den Waggerl im April 1938 bei einer Tagung der „Forschungsgesellschaft für das Straßenwesen" in Salzburg kennengelernt hatte, der ihm zugesichert habe, *„Wagrain großzügig im Straßenbauprogramm"* zu berücksichtigen. Mit den Arbeiten sollte, so war geplant, 1939 begonnen werden. Auch

KARL HEINRICH WAGGERL-ARCHIV A-5602 WAGRAIN

22. 6. 38

Hochverehrter Herr Reichsjugendführer,

die Gemeinde Wagrain im Salzburgerland hat im Mai d. J. einmütig beschlossen, den Platz der alten Burg, deren bewegte Geschichte bis in die Römerzeit zurückreicht, als ein Zeichen des Dankes an unsern Führer Adolf Hitler der deutschen Jugend zu schenken.
Jeder Wagrainer wird im Lauf eines Jahres fünf RM. zur Kaufsumme beisteuern. So geringfügig dieser Betrag an sich ist, er bedeutet für die meisten doch ein wirkliches und gewichtiges Opfer, denn die Gemeinde Wagrain ist eine der allerärmsten im ganzen Land. Die NSV. mußte feststellen, daß von 1600 Einwohnern über 500 völlig erwerbslos waren. Bauernfamilien mit acht Kindern hatten überhaupt kein Stück Vieh mehr im Stall und kein einziger Besitzer im ganzen Tal ist nach üblichen Begriffen wohlhabend oder auch nur schuldenfrei. Trotzdem ist gerade bei den Ärmsten das Bedürfnis allgemein, den Dank für die endliche Errettung aus der Not sichtbar abzustatten. Taglöhner bieten ihre Arbeitskraft an, Bergbauern, für die 5 bare Mark ein kleines Vermögen bedeuten, bringen Holz oder einen halben Käse als Anteil am gemeinsamen Opfer.
Zwei verdiente Parteigenossen, die während der Drangzeit besonders zu leiden hatten, möchten nun die Schenkungsurkunde nach Berlin

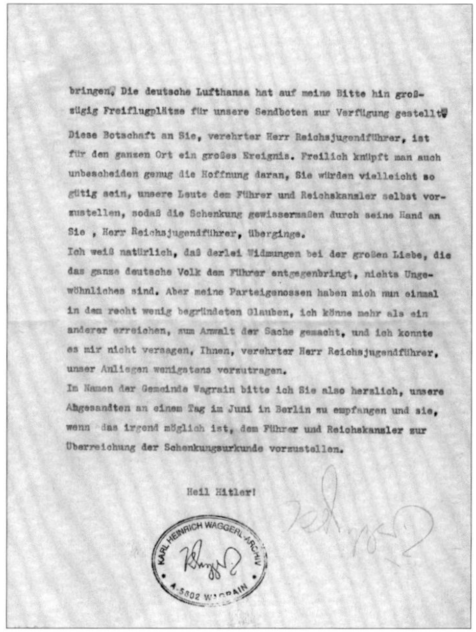

bringen. Die deutsche Lufthansa hat auf meine Bitte hin großzügig Freiflugplätze für unsere Sendboten zur Verfügung gestellt.
Diese Botschaft an Sie, verehrter Herr Reichsjugendführer, ist für den ganzen Ort ein großes Ereignis. Freilich knüpft man auch unbescheiden genug die Hoffnung daran, Sie würden vielleicht so gütig sein, unsere Leute dem Führer und Reichskanzler selbst vorzustellen, sodaß die Schenkung gewissermaßen durch seine Hand an Sie , Herr Reichsjugendführer, überginge.
Ich weiß natürlich, daß derlei Widmungen bei der großen Liebe, die das ganze deutsche Volk dem Führer entgegenbringt, nichts Ungewöhnliches sind. Aber meine Parteigenossen haben mich nun einmal in dem recht wenig begründeten Glauben, ich könne mehr als ein anderer erreichen, zum Anwalt der Sache gemacht, und ich konnte es mir nicht versagen, Ihnen, verehrter Herr Reichsjugendführer, unser Anliegen wenigstens vorzutragen.
Im Namen der Gemeinde Wagrain bitte ich Sie also herzlich, unsere Abgesandten an einem Tag im Juni in Berlin zu empfangen und sie, wenn das irgend möglich ist, dem Führer und Reichskanzler zur Überreichung der Schenkungsurkunde vorzustellen.

Heil Hitler!

KARL HEINRICH WAGGERL-ARCHIV A-5602 WAGRAIN

Waggerl engagiert sich für Wagrain

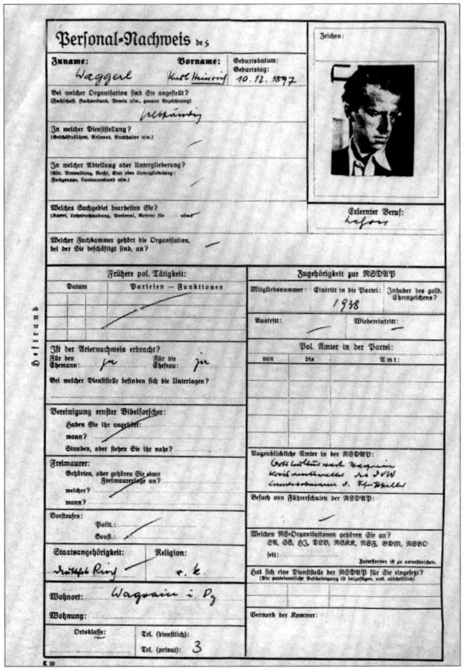
Personal-Nachweis des
Zuname: Waggerl Vorname: Karl Heinrich Geburtsdatum: 10. 12. 1897
Früher pol. Tätigkeit:
Zugehörigkeit zur NSDAP
Wohnort: Wagrain i. Pg.

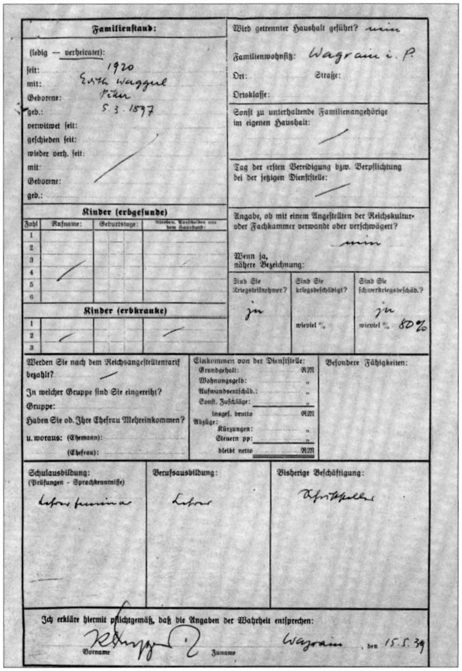
Familienstand:
Kinder (erbgesunde)
Kinder (erbkranke)
Schulausbildung: Berufsausbildung: Bisherige Beschäftigung:
Ich erkläre hiermit pflichtgemäß, daß die Angaben der Wahrheit entsprechen:
Wagrain, den 15. 5. 39

Personal-Nachweis für die Reichsschrifttumskammer

die *„Erzvorkommen im Ahornkar"* müßten *„wieder auf ihre Abbauwürdigkeit geprüft werden".* (ARCHIV, H. 16.888) Mit der „Organisation Todt" sollte Waggerl auch noch als Dichter zu tun haben: Sein „Pfingstidyll an der Reichsautobahn" wurde 1941 in der Schriftenreihe der Presseabteilung des Reichsministers Dr. Todt in 100 einzelnumerierten Exemplaren gedruckt und war als kulturpolitische Unterstützung des als Gesamtkunstwerk stilisierten Projektes „Reichsautobahnen" gedacht.

Im Juli 1939 feierte die Kreisleitung der NSDAP auf der Wagrainer Burgwiese die Grundsteinlegung für ein ca. 30 Meter hohes Helden- und Kriegerdenkmal. (WAGRAIN II, 640) Im Mai 1938 hatte die Gemeinde Wagrain *„einmütig beschlossen, den Platz der alten Burg [...] als ein Zeichen des Dankes an unsern Führer Adolf Hitler der deutschen Jugend zu schenken",* wie Waggerl an den Reichsjugendführer Baldur von Schirach schrieb. *„Zwei verdiente Parteigenossen, die während der Drangzeit besonders zu leiden hatten",* machten sich nämlich im Juni 1938 mit der *„Schenkungsurkunde nach Berlin"* auf, um diese in Anwesenheit von Baldur von Schirach Adolf Hitler persönlich zu überreichen, *„sodaß die Schenkung gewissermaßen durch seine Hand an Sie, Herr Reichsjugendführer, überginge". (ARCHIV, H 16.902)* Waggerl machte sich aufgrund seines Namens im NS-Staat zum *„Anwalt der Sache."* Für den Bau des modernen Schwimmbades verwendete man Steine der erwähnten, „damals noch besser erhaltenen Burgruine". (WAGRAIN II, 306) Die zwielichtigen finanziellen Vorgänge rund um die geplante Errichtung des Helden- und Kriegerdenkmals, die der aus Wien stammende Bürgermeister Hudez zu verantworten hatte, führten im August 1940 zu dessen Amtsenthebung, und Waggerl wurde als kommissarischer Bürgermeister eingesetzt. Nur unter der Bedingung, daß er mit Hudez als NSDAP-Ortsgruppenleiter nicht zusammenarbeiten müsse, nahm er das Amt an.

Im Jahre 1943, als Waggerl schon längst beim Stellvertretenden Generalkommando XVIII. diente, waren die Bauarbeiten für das Ehrenmal offenbar noch nicht abgeschlossen. Waggerl hatte der NSDAP-Ortsgruppenleitung RM 1000.– für diesen Zweck zur Verfügung gestellt und sogar Gestaltungsvorschläge gemacht, die aber von der Wagrainer NSDAP ignoriert wurden. Er protestierte gegen diese Mißachtung, die *„sich tragikomisch bis zur Vorstellung eines ‚intellektuellen Pogroms'"* gesteigert habe, und wandte sich an den Gauleiter und Reichsstatthalter Dr. Gustav Adolf Scheel. Waggerl fühlte sich nämlich trotz seines *„Rang[es] im deutschen Kulturleben"* von Wagrainer NSDAP-Kreisen angepöbelt. Es bliebe ihm „nur die Flucht zu Ihnen selbst, verehrter Herr Reichsstatthalter", dem er einen *„vorbildlichen Entwurf"* unterbreiten wollte. (ARCHIV, H 16.905)

7. 3. NS-Funktionen

In die Zeit der ziemlich umstrittenen Amtsführung des Bürgermeisters Leopold Hudez fiel 1939 Waggerls Initiative, beim Amt des Reichsstatthalters um eine Subvention in der Höhe von RM 6000.– zur Errichtung eines Heimatmuseums anzusuchen. Diese wurde über Vermittlung von Kai Mühlmann gewährt, sogar Wiener Leihgaben waren vorgesehen. (ARCHIV, H 691)[346]

Mit dem NSDAP-Ortsgruppenleiter und neuen Bürgermeister Hudez bekam Waggerl schon in den „Umbruchstagen" die ersten Schwierigkeiten. Eine Untersuchung über die Amtsführung des Bürgermeisters Hudez brachte schwere Mängel zutage: untragbares Verhalten gegenüber den Gemeinderäten und der Bevölkerung, Nicht-Einhaltung allgemeiner Verwaltungsvorschriften, Verfehlungen im Bereich des Standesamtes, undurchsichtige Kassenverwaltung, Verdacht auf Korruption. Sie führten letztlich dazu, daß sich Wagrain durch das Verhalten des Bürgermeisters mit dem Vorwurf der finanziellen Mißwirtschaft konfrontiert sah. (ARCHIV, H 777) In Wagrain sprach man später polemisch und wohl auch selbstentlastend vom „Bluthund Hudez". Während Waggerls Amtszeit „hatten vorher geförderte Denunzianten plötzlich wesentlich weniger Chancen, weil der neue Bürgermeister solche Berichte und andere Pressionen von Partei und Gestapo einfach unterdrückte bzw. verlor." (Zeitzeugenbericht Bertl Emberger 1997) Hudez meinte, bei Waggerl *„klerikale Bindungen"* entdecken zu können, sprach deswegen im Rahmen der NSDAP-Ortsgruppe offenbar von politischer Untragbarkeit und davon, *„dass [Waggerl] während der Kampfzeit die Bewegung zu wenig unterstützt habe und dass [er] deshalb für eine Betätigung an leitender Stelle innerhalb der Orts-*

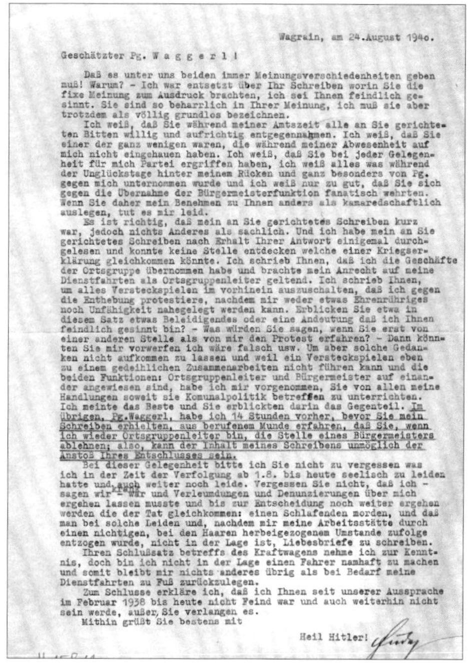

Wagrain, am 24.August 194o.

Geschätzter Pg. W a g g e r l !

Daß es unter uns beiden immer Meinungsverschiedenheiten geben muß! Warum? – Ich war entsetzt über Ihr Schreiben worin Sie die fixe Meinung zum Ausdruck brachten, ich sei Ihnen feindlich gesinnt. Sie sind so beharrlich in Ihrer Meinung, ich muß sie aber trotzdem als völlig grundlos bezeichnen.

Ich weiß, daß Sie während meiner Amtszeit alle an Sie gerichteten Bitten willig und aufrichtig entgegennahmen. Ich weiß, daß Sie einer der ganz wenigen waren, die während meiner Abwesenheit auf mich nicht eingehauen haben. Ich weiß, daß Sie bei jeder Gelegenheit für mich Partei ergriffen haben, ich weiß alles was während der Unglückstage hinter meinem Rücken und ganz besonders von Pg. gegen mich unternommen wurde und ich weiß nur zu gut, daß Sie sich gegen die Übernahme der Bürgermeisterfunktion fanatisch wehrten. Wenn Sie daher mein Benehmen zu Ihnen anders als kameradschaftlich auslegen, tut es mir leid.

Es ist richtig, daß mein an Sie gerichtetes Schreiben kurz war, jedoch nichts Anderes als sachlich. Und ich habe mein an Sie gerichtetes Schreiben nach Erhalt Ihrer Antwort einigemal durchgelesen und konnte keine Stelle entdecken welche einer Kriegserklärung gleichkommen könnte. Ich schrieb Ihnen, daß ich die Geschäfte der Ortsgruppe übernommen habe und brachte mein Anrecht auf meine Dienstfahrten als Ortsgruppenleiter geltend. Ich schrieb Ihnen, um alles Versteckspielen im vorhinein auszuschalten, daß ich gegen die Enthebung protestiere, nachdem mir weder etwas Ehrenrühriges noch Unfähigkeit nahegelegt werden kann. Erblicken Sie etwa in diesem Satz etwas Beleidigendes oder eine Andeutung daß ich Ihnen feindlich gesinnt bin? – Was würden Sie sagen, wenn Sie erst von einer anderen Stelle als von mir den Protest erfahren? – Dann könnten Sie mir vorwerfen ich wäre falsch usw. Um aber solche Gedanken nicht aufkommen zu lassen und weil ein Versteckspielen eben zu einem gedeihlichen Zusammenarbeiten nicht führen kann und die beiden Funktionen: Ortsgruppenleiter und Bürgermeister auf einander angewiesen sind, habe ich mir vorgenommen, Sie von allen meine Handlungen soweit sie Komunalpolitik betreffen zu unterrichten. Ich meinte das Beste und Sie erblickten darin das Gegenteil. Im übrigen, Pg.Waggerl, habe ich 14 Stunden vorher, bevor Sie mein Schreiben erhielten, aus berufenem Munde erfahren, daß Sie, wenn ich wieder Ortsgruppenleiter bin, die Stelle eines Bürgermeisters ablehnen; also, kann der Inhalt meines Schreibens unmöglich der Anstoß Ihres Entschlusses sein.

Bei dieser Gelegenheit bitte ich Sie nicht zu vergessen was ich in der Zeit der Verfolgung ab 1.8. bis heute seelisch zu leiden hatte und auch weiter noch leide. Vergessen Sie nicht, daß ich – sagen wir – krank wär und Verleumdungen und Denunzierungen über mich ergehen lassen musste und bis zur Entscheidung noch weiter ergehen werden die der Tat gleichkommen: einen Schlafenden morden, und daß man bei solche Leiden und, nachdem mir meine Arbeitsstätte durch einen nichtigen, bei den Haaren herbeigezogenem Umstande zufolge entzogen wurde, nicht in der Lage ist, Liebesbriefe zu schreiben.

Ihren Schlußsatz betreffs des Kraftwagens nehme ich zur Kenntnis, doch bin ich nicht in der Lage einen Fahrer namhaft zu machen und somit bleibt mir nichts anderes übrig als bei Bedarf meine Dienstfahrten zu Fuß zurückzulegen.

Zum Schlusse erkläre ich, daß ich Ihnen seit unserer Aussprache im Februar 1938 bis heute nicht Feind war und auch weiterhin nicht sein werde, außer Sie verlangen es.

Mithin grüßt Sie bestens mit

Heil Hitler!

Brief des Wagrainer NS-Bürgermeisters Hudez an seinen Nachfolger

Waggerl mit dem „Regierungspräsidenten" des Reichsgaues Salzburg DDr. Albert Reitter

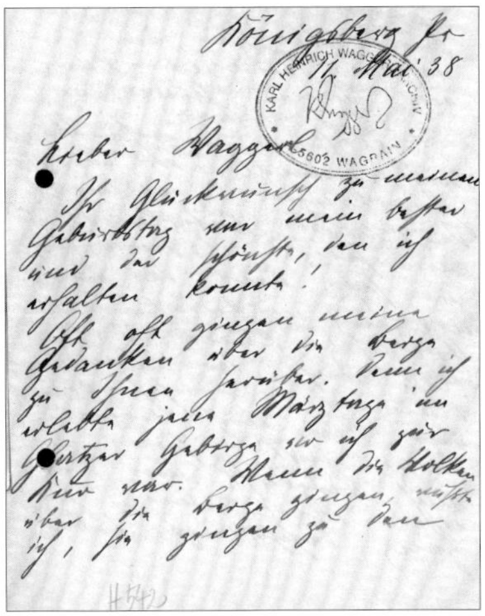

Königsberg Pr. 11. Mai 38

Karl Heinrich Waggerl 5602 Wagrain

Lieber Waggerl

Ihr Glückwunsch zu meinem Geburtstag ...

„Jemand hat mir gesagt, daß Sie nun in Salzburg wären und der Erste der Reichsschrifttumskammer. " (Agnes Miegel, 11. Mai 1938)

gruppe Wagrain, insbesondere als Schulungsleiter, nicht in Betracht käme". (ARCHIV H 16.908). Hudez warf Waggerl politisches Lavieren vor. Dieser wehrte sich gegen solche Behauptungen und wollte in der Wagrainer Ortsgruppe nicht mehr mitarbeiten. Das war auch persönliche Rivalität. Auf Waggerls sonstige NS-Orientierung und Integriertheit im NS-Kulturbetrieb hatte es keine Auswirkungen.

Nach Waggerls eigenen Angaben vom Jahr 1939 war er seit 1938 Mitglied der NSDAP. Das Mitgliedsbuch hat sich nicht erhalten. In diversen parteiamtlichen Schreiben wird Waggerl als Parteigenosse bezeichnet. Einige Punkte der Erklärung, die Waggerl im Zuge der sogenannten Entnazifizierung am 20. Oktober 1945 abgab, sind deswegen zweifelhaft oder entsprechen nicht den belegbaren Tatsachen: *„1. Ich habe mich niemals um Aufnahme in die nationalsozialistische Partei beworben und habe nie und nirgends eine Beitrittserklärung abgegeben. Obwohl ich gewisse nationalsozialistische Ideen nicht von Anfang an ablehnte, hielt ich eine politische Betätigung für unvereinbar mit meinen künstlerischen Aufgaben. [...] 3. Ich habe selbstverständlich auch kein Parteiabzeichen besessen oder getragen. 4. Ich habe nie den sogenannten ‚Ariernachweis' erbracht. 5. Ich habe keine Funktion innerhalb der Partei ausgeübt." (BRIEFE, 73f)*

Im Zusammenhang mit seiner Ernennung zum ehrenamtlichen „Landesobmann der Schriftsteller", einer ehrenamtlichen Funktion im Rahmen der Reichsschrifttumskammer im Gau Salzburg, gab Waggerl an, auch Ortskulturwart von Wagrain und Kreisamtswalter des Deutschen Volksbildungswerkes, eines Amtes der NS-Gemeinschaft „Kraft durch Freude" in der Deutschen Arbeitsfront (DAF),[347] zu sein. Landesleiter der RSK in Salzburg war der Buchhändler Franz Aschenbrenner. Im Zuge seiner Ernennung zum „Landesobmann" mußte Waggerl einige Formulare und Verpflichtungserklärungen (u. a. bezüglich Geheimhaltung) unterschreiben.[348] Die diesbezüglichen Schriftstücke unterzeichnete er im Mai und im Juli 1939. Den Dienst als Landesobmann trat er am 30. Mai 1939 an. Die Kreisleitung Bischofshofen der NSDAP hatte zu diesem Zweck am 1.7.1939 ein politisches Gutachten an die RSK verfaßt: „Waggerl ist politisch einwandfrei, sehr fähiger und tüchtiger Mitarbeiter des Ortsstabes." (BDC)[349] Schon im Mai 1938 aber hatte Agnes Miegel (1879–1964), die Waggerl spätestens bei seiner Deutschlandreise rund um den März 1938 in Berlin kennengelernt hatte, gewußt, daß Waggerl als „der Erste der Reichsschrifttumskammer" in Salzburg vorgesehen war: „Das würde mich als Ehre freuen. Aber all die Schreiberei, das glaube ich, würde Ihnen sehr schwer sein. [...] Es ist mein großer Wunsch noch einmal dort überall hinzukommen, einmal das große Vaterland bis an seine Südmauern zu sehen und das Land meiner mütterlichen Vorfahren." (ARCHIV, H 542)[350] Ob Waggerl als Landesobmann Aktivitäten entwickelte, und welche, darüber liegen keine Aufzeichnungen vor. Im „Umbruchsjahr", als es galt, das Reichskulturkammergesetz, das der Überwachung und der Lenkung der Künstler diente, auch in der „heimgekehrten Ostmark" umzusetzen, war Waggerl zusammen mit Max Mell, Hermann Stuppäck und Max Stebich als Landesleiter der RSK Wien, der größten Gauorganisation, im Gespräch. (AMANN IV, 287) Karl Hans Strobl übernahm schließlich diese Funktion.

Schon seit 11. April 1938 war Waggerl Mitglied des NS-Lehrerbundes (Nr. 365. 048), dessen Chef sein ehemaliger Wagrainer Lehrerkollege Karl Springenschmid[351] geworden war. Der NS-Lehrerbund und die Hitlerjugend waren verantwortlich für die Salzburger Bücherverbrennung, die sogenannte „Aktion wider den undeutschen Geist", die am 30. April 1938 auf dem Salzburger Residenzplatz stattfand. Karl Springenschmid erstellte das Programm für diese (symbolische) Vernichtungsaktion: Bücher u. a. von Heinrich Heine, Arthur Schnitzler, Joseph August Lux, Stefan Zweig oder Vicki Baum wurden am 30. April 1938, am Vorabend des „Nationalen Feiertages des deutschen Volkes", auf dem Salzburger Residenzplatz verbrannt. HJ-Mitglieder und NS-Lehrer, Schüler, SS- und SA-Angehörige, ein Soldat, ein Musiker, ein Arbeiter und ein Bauer, also Repräsentanten der „Volksgemeinschaft", vollzogen die Verbrennung im Rahmen einer effektvollen Inszenierung. Der Dom und die Residenz, der für den 1. Mai aufgestellte Maibaum, Uniformen, Fackeln, Lieder, Feuersprüche und der Scheiterhaufen waren optisch und akustisch wirkungsvolle Elemente dieses „Reinigungsaktes", bei dem Werke des politischen Katholizismus ebenso ins Feuer geworfen wurden wie solche von Juden, Sozialisten und Kommunisten sowie Werke der literarischen Moderne und der Weltliteratur. Die Nationalsozialisten gaben sich modern, jugendbewegt und aufmüpfig gegen die Herrschenden, die allerdings schon abgesetzt waren. Die Salzburger Nationalsozialisten wendeten nun in der „Ostmark" jene Erfahrungen an, die seit 1933 im Deutschen Reich bei der Ausschaltung und Zerstörung der Kulturgesellschaft, in der die Literaturinstanzen (Verlage, Buchhandel, Bibliothekswesen, Schriftstellerverbände, Literaturwissenschaft, Akademien usw.) relativ autonom gewesen waren, gemacht worden waren. Dabei kam ihnen zugute, daß im Bundesstaat Österreich seit 1934 ähnliche Zensurmaßnahmen gegen liberales, demokratisches und sozialistisches Schrifttum und gegen die literarische Moderne Platz gegriffen hatten wie jenseits der Grenze, sodaß die Nationalsozialisten „nur" mehr gegen betont vaterländisch-katholische Schriften vorgehen mußten. (KM, Radiosendung) Waggerl war offenbar nicht persönlich am Akt der Bücherverbrennung beteiligt, aber Mitglied jenes NS-Lehrerbundes, der mit die Hauptverantwortung trug.

Außer einem wichtigen Dokument, das sich im Waggerl-Archiv erhalten hat, gibt es keine Hinweise, daß Waggerl in dieser ersten Phase der NS-Herrschaft in Österreich die politischen Opfer des Regimes und den beginnenden Terror wahrgenommen, sich damit beschäftigt oder sie entsprechend beurteilt hätte, obwohl z. B. das Salzburger Volksblatt, das Hausblatt der Waggerls, über politische Gewalt, diskriminierende Erlässe usw. berichtete. (FLOIMAIR, 94ff) Aber ein

Salzburger Bücherverbrennung auf dem Residenzplatz am 30.April 1938

anonymer Dankesbrief vom 27. Juni 1938 dokumentiert Waggerls Einsatz für einen Anfang März 1938 in Berlin-Plötzensee hingerichteten Kommunisten namens Ewald Funke.

7. 4. Betriebsamkeit

Die Zeit der NS-Herrschaft in Österreich war für Waggerl weder eine Zeit künstlerischer Weiterentwicklung noch reicher Produktion, sondern fast ausschließlich der Intensivierung literarischer Betriebsamkeit, die auch nach 1945, unter anderen Bedingungen, weitergeführt wurde und Waggerls Leben sehr in Anspruch nahm. Die Texte, die zwischen 1938 und 1945 entstanden, umfassen nicht mehr als ca. 130 Seiten, wobei in diese Rechnung sogar ein 27seitiges Hörspielmanuskript, das er gemeinsam mit Vilma Sturm verfaßte („Fahrende Leute"), Waggerls zwölf Blumen- und Tiergedichte „Vergißmeinnicht", die 1944 im Eigenverlag gedruckt wurden, und die politischen und persönlichen Auftragsarbeiten, nämlich das neunzehn Seiten umfassende „Pfingstidyll an der Reichsautobahn" (1941) und eine Geburtstagsadresse „Die Geschichte vom jungen Großvater. Zur Erinnerung an den 70. Geburtstag des Herrn Jakob Watzinger" (1944) enthalten sind. Agnes Miegel sollte mit ihrer Warnung recht behalten: „Aber all die Schreiberei, das glaube ich, würde Ihnen sehr schwer sein."

Tatsächlich bestätigt auch der Briefwechsel mit Anton Kippenberg zwischen 1938 und 1945 in fast allem das Betriebsame, das keinen Platz mehr für das Schreiben ließ und die Kreativität (fast) ans Ende brachte. Auch wenn man in Rechnung stellt, daß die Korrespondenz der Jahre 1941/42 mit dem Insel-Verlag nicht mehr vorliegt, ist eindeutig, daß sie nicht nur ihren Umfang – insgesamt sind nur ca. 70 Briefe erhalten – verliert, sondern auch die inhaltliche Qualität. Nichts Spektakuläres erfährt man: Terminabsprachen, Planung und Durchführung von Neuauflagen und Frontausgaben, Verwertung von schon Publiziertem, Reise- und Lesungstermine, Rechts- und Honorarfragen, Geburtstagsgrüße und vereinzelte Proteste gegen unberechtigte Publikationen in diversen Organen – das ist die Palette der Themen.

1938 hoffte Kippenberg noch immer, von Waggerl ein neues Buch zu bekommen: „Greifen Sie dem kritischen Alter in den Rachen, wie Beethoven sagt, holen Sie bis zum späten Herbst ein wunderschönes Buch heraus [...]." (WK, 11.6.1938) Aber dazu kam es nicht. Im Juni 1940 sprach Waggerl Katharina Kippenberg gegenüber von der *„trübe[n] und dunkle[n] Zeit"* der letzten zwei Jahre und von seinen massiven Selbstzweifeln als Dichter: *„ohne Anregung, ohne Zuspruch." (WK, 15.6.1940)*

Noch im Jahre 1937 erschien bei der Leipziger Drugulin-Presse der kleine Essay „Freundschaft mit Büchern", der in den Insel-Almanach auf das Jahr 1938 übernommen wurde.[352] Die kleine Anzahl von Kurz- und Kürzest-Texten, die zwischen 1938 und 1945 entstanden, sind schnell aufgezählt: Fast alle wurden nach 1945 – z. T. in Überarbeitungen (z. B. Teile des „Pfingstidylls an der Reichsautobahn" als „Die Pfingstreise) oder integriert in einen neuen Textkorpus (z. B. „Auf Stör" 1941 als Teil der „Fröhlichen Armut" 1948, „Feierabend" überarbeitet in der „Pfingstreise") – wieder publiziert:[353]

1938 „Goethes Großvater Textor als Blumenzüchter" [354]
1938/39 „Kunst ist, was man nicht kann", auch unter dem Titel „Unsachliches über die Malerei" [355]
1939/40 „Ein Wort des Herausgebers" (Vorwort zum Bildband „Altdeutsche Bildschnitzer der Ostmark"[356])
1939 „Das Wort"[357]
1939 „Der Engel"[358]
1939 „Der Mann im Holz"[359]
1940 „Aus der Heimat"[360]
1940 „Begegnung mit dem Leser"[361]
1941 „Pfingstidyll an der Reichsautobahn"[362]
1941 „Auf Stör"[363]
1942 „Alte Karten"[364]
1942 „Grenze der Kindheit" (Völkischer Beobachter 26.7.1942)
1942 „Der Löwe" (Geburtstagsadresse an Bruno Brehm)
1942 „Legende vom hohen Hut"[365]
1943 „Der schweigsame Gast" in: Salzburger Zeitung 17.10.1943f[366]
1944 „Feierabend" (enthält die Erzählungen „Feierabend", „Marschmusik" und „Der Roßheilige". Der Sammelband enthält auch: „Hans" 1935, „Die Schöpfung" 1937 und „Begegnung mit dem Leser" 1940)[367]
1944 „Geschichte vom jungen Großvater. Zur Erinnerung an den 70. Geburtstag des Herrn Jakob Watzinger." Bad Gastein 9.4.1944
1944 „Vergißmeinnicht"[368]
1944 „Lob des Kitsches in der Literatur"[369]

Vom Betriebsamen, das seit 1938 vorherrschte, war die Rede. Am besten läßt sich dies an den zahlreichen Aktivitäten im Vergleich mit dem Ausmaß und dem kreativen Potential der seit 1938 neu entstandenen Texte ablesen: Waggerl als Lesereisender und Vortragender in allen Teilen des Deutschen Reiches und in besetzten Gebieten (Österreich, Polen, Sudetenland, Jugoslawien).

Von den ca. 800 österreichischen Mitgliedern der RSK haben nur 50 bis 70 eine größere Rolle im Literaturbetrieb des Dritten Reiches gespielt. Die anderen können als Gelegenheitsschriftsteller betrachtet werden, die aus diesem Grund keine dauernde Mitgliedschaft in der RSK vorweisen mußten und als „befreit" galten. Nimmt man z. B. die „Vorschlagslisten für Dichterlesungen" (1938–1942), die vom Propaganda-Ministerium für die Vortragsveranstalter erstellt wurden, als Maßstab, so zeigt sich, daß aus der „Ostmark" ca. 30 bis 45 Namen berücksichtigt wurden. Waggerl gehörte zu dieser ausgewählten Gruppe. Die „Ostmärker" waren überproportional vertreten: Insgesamt wurden zwischen 200 und 280 Autoren auf die bis zu einem halben Jahr dauernden Lese- und Vortragsreisen geschickt. Nur jene konnten reüssieren, die

Waggerl auf Fahrt (links: Josef Friedrich Perkonig)

1938 8.– 26. März: Deutschland-Reise in ca. 15 deutsche Städte; 8. März Berlin-Charlottenburg (Landwehrkasino/Fichte-Gesellschaft); 14. 3. 1938 Danzig (Gauschulungsamt – Landeskulturkammer); 16.3.1938: Literarischer Verein ehemaliger Nikolaitaner im Saal des Städtischen Kaufhauses in Leipzig
1938 18.5.1938 Wagrain (Mütterversammlung)
1938 28.5.1938 Abend der deutschen Erzieher (Mozarteum: Großer Saal): 70. Bestandsjahr des Salzburger Landeslehrervereines
1938 Juni: Bad Gastein: Ortsgruppe des Deutschen Schulvereins Südmark (Wandelhalle)
1938 31. Oktober – 7. November: Deutschland-Reise in ca. 6 deutsche Städte
1938 Dezember: Hörspielpläne des Deutschlandsenders und des Reichssenders Berlin („Fahrende Leute")
1939 23. Jänner – 16. Februar: Deutschland-Reise in ca. 20 deutsche Städte: 23.1.–29.1.1939: Erste Berliner Erzählerwoche „Dichter erzählen im Volke" – freies Erzählen
1939 8. März – 7. April: Deutschland-Reise in ca. 15 deutsche Städte – 17.3.1939 Plön: Feier der heimgekehrten Ostmark/Kraft durch Freude
1939 Juli: Lehrgang für nationalsozialistische Schulerziehung
1939 26. September – 22. November: Deutschland-Reise in ca. 20 deutsche Städte — 23.10.-Süddeutschland, Thüringen, Magdeburg-Anhalt, Halle-Merseburg, Sachsen, Kurhessen
1939 Reichsrundfunk Berlin: Reihe „Begegnung mit einem Dichter der Ostmark"
1940 Jänner: Berlin (Fichte-Gesellschaft), Dresdner Goethe-Gesellschaft für Angehörige des Dresdner Buchhandels
1940 11. Februar – 18. März: Deutschland-Reise in ca. 20 deutsche Städte
1940 Februar: Planung einer Kriegsdichterfahrt durch Propagandaministerium nach Mitteldeutschland: Ausgangspunkt Dresden
1940 März: Lesereisen im Anschluß an Jahrestagung der RKK und der NS-Gemeinschaft KdF
1940 12. April – 20. April: Jugoslawien-Reise nach Belgrad, Sarajewo, Dubrovnik, Split, Zagreb, Laibach (Belgrad: Festsaal des Deutschen Verkehrsbüros)
1940 28.7.– 4.8. Salzburger Dichtertage
1940 23. Oktober – 31. Oktober: Deutschland-Reise nach Pforzheim, Weimar, Zerbst und Dresden – Dichtertreffen in Weimar
1940 30. Oktober – 3. November: Polen-Reise nach Kattowitz, Warschau, Lublin, Krakau – Oktober: Dichtereinsatz zur Buchwoche 1940 in Kattowitz; 31.Oktober: Warschau (Erste Deutsche Kulturtage in Warschau); 1. November: Lublin; 3. November: Krakau: Deutsche Oberschule, im Rahmen der landeseweiten HJ-Lesungen in 42 Städten
1940 4. November – 5. November: Sudetengau-Reise: Troppau (Sudetengau); 5. November: Mährisch-Schönberg
1940 Reichsrundfunk Berlin
1941 Jänner: Deutsche Arbeitsfront/NS-Gemeinschaft Kraft durch Freude, Abt. Deutsches Volksbildungswerk: Salzburger Dichter-Abend (Wiener Saal)
1941 27. Februar – 20. März: Deutschland-Reise in ca. 15 deutsche Städte; 16. März: Berlin: Fichte-Gesellschaft (Berliner Kulturabende)
1941 Juni: Arbeitstagung „Bäuerliche Kultur" (Arbeitstagung der Salzburger Landesbauernschaft)
1941 August 1941 Kriegsfestspiele: Dichterabend im Mirabellkasino
1941 Oktober: Weimar: Kriegsbuchwoche im Zeichen von „Buch und Schwert": „Krieg und Dichtung"
1941 November Mödling: Hamerling-Gesellschaft
1942 Jänner: Salzburger Dichterkreis (Wiener Saal des Mozarteums): Lesung für das Winterhilfswerk
1942 Februar: Gauerziehertag in Salzburg
1942 Salzburger Kulturtage der Hitlerjugend
1942 Oktober: Lesung im Anschluß an bäuerliches Kulturlager in Seekirchen (Carabinieri-Saal)
1942 18. November –27. November: Budapest, Agram (Im September 1942 erhielt er dafür die Einladungen vom Reichsministerium für Volksaufklärung und Propaganda zu Lesungen in Budapest, Agram und Preßburg, vermittelt durch die Deutschen Gesandtschaften.) 370
1942 Dezember: Lesung Salzburger Dichterkreis gemeinsam mit Reichspropagandaamt (45. Geburtstag Waggerls)
1943 Jänner: Preßburg (im September 1942 geplant) – Durchführung nicht eruiert
1943 April: Berlin
1943 Mai: Morgenfeier auf der Salzburger Richterhöhe (HJ-Kulturtage)/„Verkündigung des Kulturpreises 1943 der Gauhauptstadt Salzburg" durch Dr. Gustav Adolf Scheel
1943 September: Salzburger Heimatwoche (Großer Saal des Mozarteums)
1943 Dezember: Leseabend des Salzburger Dichterkreises (Wiener Saal)
1944 Jänner: Tagung des Auslandsamtes der NS-Dozentenschaft
1944 Februar: Gauappell der Erzieherschaft
1944 April: NSDAP, Gauleitung Salzburg – 55. Geburtstag des Führers Adolf Hitler (Glückwunschrede)
1944 Juni: Sommerlehrgang des Goethe-Institutes (stuba academica)

dem Regime genehm waren und auf unterschiedliche Weise in dessen Sinn eingesetzt werden konnten. Klaus Amann spricht davon, daß „der innere Kreis der ‚österreichischen' Literaturprotegés nur wenig mehr als 50 Autoren umfaßt haben dürfte." (AMANN IV, 291) Waggerls Integration in den NS-Literatur- und Kulturbetrieb war umfangreich und intensiv. Alles fand klarerweise in dem von Staat und Partei kontrollierten Rahmen statt. Die zahlreichen Veranstalter waren an die Vorgaben der RSK gebunden oder ohnehin selbst NSDAP-Instanzen.

Waggerl gehörte zur Literaturprominenz des Dritten Reiches. Dies belegt nicht nur seine Verankerung im NS-Literaturbetrieb, wofür die Lese- und Vortragsfahrten ein Indiz sind, sondern auch persönliche Einladungen des „Führers" und „Reichskanzlers" zu einem Empfang in den Führerbau des Braunen Hauses in München anläßlich des Tages der Deutschen Kunst im Juli 1938 und des Propagandaministers Goebbels zur Eröffnung der Ersten Großdeutschen Buchwoche in Weimar im Oktober 1938 oder zur Festsitzung der RKK am 1. Mai 1939 im Deutschen Opernhaus Berlin anläßlich der Verleihung des Nationalen Buch- und Filmpreises, den Waggerls Bekannter Bruno Brehm erhielt. (ARCHIV H 15.888, 15.890, 16.849) Zu dessen 50. Geburtstag 1942 trug sich Waggerl mit der Petitesse „Der Löwe" in das „Buch des Dankes" für Bruno Brehm[371] ein. Im September 1939 stellte sich sogar der General-Intendant der Städtischen Theater Nürnberg ein (Willi Hanke), um von Waggerl ein Bühnenstück zu erbitten. (ARCHIV H 663)

Betrachtet man die zahlreichen Empfehlungslisten, die von verschiedenen parteiamtlichen Stellen herausgegeben wurden, so wird das skizzierte Bild bestätigt. Auf der „Ersten Grundliste für den Deutschen Leihbuchhandel“ mit dem Titel „Das Buch, ein Schwert des Geistes“ (1940), herausgegeben vom Propagandaministerium, sind ca. 70 „Ostmärker“ mit etwa 170 ausgewählten Titeln vertreten. Waggerl gehörte dabei zu jenen Autoren, die mit ihren genannten Werken u. a. nach Bruno Brehm (9 Titel) und Robert Hohlbaum (7 Titel), aber gemeinsam mit Mirko Jelusich und Karl Springenschmid am häufigsten genannt wurden (5 Titel). Josef Weinheber, Franz Tumler oder Luis Trenker und Josef Georg Oberkofler kamen hinter den genannten Spitzenreitern.

Mehrere Reichsstellen durchleuchteten seit 1936 in einem bürokratischen Gewaltakt literarische und wissenschaftliche Werke nach politisch-ideologischen Kriterien. So verteilten z. B. die sogenannnten Jahresgutachtenanzeiger der Rosenberg-Reichsstelle Zensuren nach scheinobjektiven Gesichtpunkten („positiv“, „negativ“, „belanglos“ usw.). Auch Waggerls „Wagrainer Tagebuch“ bekam selbstverständlich die Beurteilung „positiv“. Daneben gab es die Jahresschaulisten des Propagandaministeriums für „förderungswürdige“ Texte als Grundlage für die Werbetätigkeit der NS-Literaturorganisationen und für die Bestseller-Kandidaten. Staatliche Papierzuteilungen unterstützten die genehmen Verleger, Bücher und Autoren. (KM)

Zugleich wurden Indexkataloge und „schwarze Listen“ mit verbotener Literatur erstellt, die insgesamt 12.400 Titel und das Gesamtwerk von 149 Autorinnen und Autoren enthielten, alle Werke jüdischer und marxistischer Schriftsteller und Werke der Moderne (u. a. Franz Kafka, Oskar Kokoschka, Robert Musil). „Die [...] literarischen Aktivitäten hatten tendenziell die Aufhebung der herkömmlichen Mechanismen des literarischen Marktes zur Folge. Literarische Konkurrenz auf dem Markt wurde durch eine Gesinnungskonkurrenz im Vorfeld des Marktes ersetzt. Der staatlich kontrollierte Zugang zum Markt (über die Zwangsmitgliedschaft in der Reichsschrifttumskammer) eröffnete auch den Zugang zu einem privilegierten, prestigeträchtigen Sektor der Gesellschaft, in dem konformes Verhalten nicht zuletzt auch durch materielle Gratifikationen und Garantien abgegolten wurde: durch reiche Publikationsmöglichkeiten, Vortragsreisen, Dichtertreffen, zahlreiche und gut dotierte Literaturpreise, staatliche Druck-, Absatz- und Honorargarantien, Auftragsarbeiten, attraktive und lukrative Möglichkeiten der Mitarbeit in der umfangreichen Film- und Unterhaltungsinsdustrie etc.“ (AMANN IV, 288, vgl. STROTH, WULF)

Auf Waggerl trifft alles konkret zu, was die literarhistorische Forschung über die Struktur und das Funktionieren des NS-Kulturbetriebes festgestellt hat. So standen z. B. seine Werke, u.a. „Wagrainer Tagebuch“, „Mütter“, „Brot“ und „Schweres Blut“, wiederholt u. a. auf Förderungslisten der diversen NS-Stellen, so z. B. auf der

Waggerl unter Dichterkollegen. Links: Bruno Brehm und Karl Springenschmid

Begrüßung durch einen NS-Funktionär

Waggerl mit Arbeitsmännern des RAD (=Reichsarbeitsdienst)

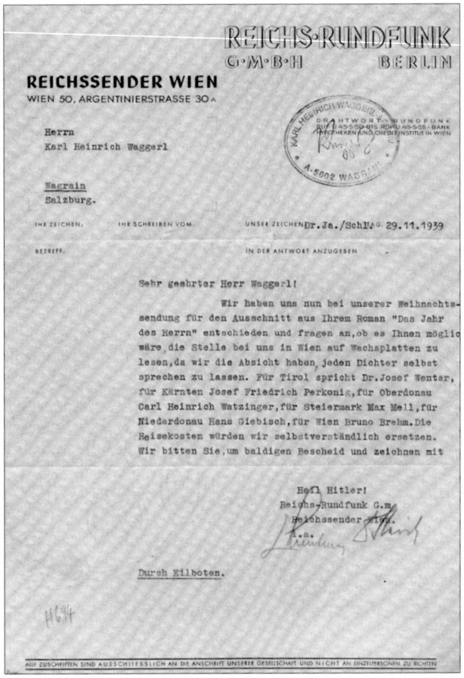

REICHS-RUNDFUNK
G·M·B·H BERLIN

REICHSSENDER WIEN
WIEN 50, ARGENTINIERSTRASSE 30 A

DRAHTWORT: RUNDFUNK
RUF U 45-5-50 BIS ROPU 45-5-55 · BANK
HYPOTHEKEN UND CREDITINSTITUT IN WIEN

Herrn
Karl Heinrich Waggerl

Wagrain
Salzburg.

IHR ZEICHEN: IHR SCHREIBEN VOM: UNSER ZEICHEN Dr.Ja./Schl. TAG: 29.11.1939

BETREFF: IN DER ANTWORT ANZUGEBEN

Sehr geehrter Herr Waggerl!

Wir haben uns nun bei unserer Weihnachtssendung für den Ausschnitt aus Ihrem Roman "Das Jahr des Herrn" entschieden und fragen an, ob es Ihnen möglich wäre, die Stelle bei uns in Wien auf Wachsplatten zu lesen, da wir die Absicht haben, jeden Dichter selbst sprechen zu lassen. Für Tirol spricht Dr.Josef Wenter, für Kärnten Josef Friedrich Perkonig, für Oberdonau Carl Heinrich Watzinger, für Steiermark Max Mell, für Niederdonau Hans Giebisch, für Wien Bruno Brehm. Die Reisekosten würden wir selbstverständlich ersetzen. Wir bitten Sie, um baldigen Bescheid und zeichnen mit

Heil Hitler!
Reichs-Rundfunk G.m.b.H.
Reichssender Wien.
i.a.

Durch Eilboten.

H634

ALLE ZUSCHRIFTEN SIND AUSSCHLIESSLICH AN DIE ANSCHRIFT UNSERER GESELLSCHAFT UND NICHT AN EINZELPERSONEN ZU RICHTEN

Der Reichsrundfunk lädt ein

Liste derjenigen Bücher, die 1936 für die „Woche des deutschen Buches" von der RSK erstellt wurde, auf den Positiv-Listen des „Jahresgutachtenanzeigers" (1937) der Reichsstelle zur Förderung des deutschen Schrifttums, auf der „Grundliste für Werkbüchereien" (o. J.) der Deutschen Arbeitsfront, in einem Auswahl-Verzeichnis empfehlenswerter Bücher für die deutsche Jugend, herausgegeben von der Reichsjugendführung (1937/38), auf der Liste der „700 Bücher für nationalsozialistische Büchereien" (1944) und in den „Empfehlungen des Reichslehrganges" für die Ausstattung der Schülerbüchereien an Höheren Schulen. (STROTH, 152)[372]

Beiträge über Waggerl – Porträts, Lektürevorschläge[373]und Berichte von Besuchsfahrten nach Wagrain – in den gleichgeschalteten oder NS-Zeitungen (z. B. Völkischer Beobachter, Salzburger Landeszeitung) aus dem Jahre 1938 zielten darauf, ihn als einen der prominenten „ostmärkischen" Dichter und Künstler im Bewußtsein der Leserschaft zu verankern. Wolfgang Schneditz' Schilderung von einem Wagrain-Besuch anläßlich des Erntedankfestes 1938 ist einer von diesen Beiträgen: „Pöller [sic!] krachen, daß man ordentlich den Luftdruck spürt und Waggerl singt mit erhobener Hand, unter den ihn verehrenden Volksgenossen stehend, voll Ergriffenheit die Hymnen der Deutschen mit. Dann geht er mit seiner schönen, stillen Gattin wieder den Berg hinauf, wo ihm freudig wedelnd der Hund entgegenspringen wird und man sinnt den Worten nach, die man gerade in seinem ‚Wagrainer Tagebuch' gelesen hat: ‚Die beste Kraft kommt aus den Wurzeln.' Ja, wer diesen Menschen erlebt hat und in diesem Menschen den Künstler, der weiß, daß sein Wort in ihm selbst Erfüllung gefunden hat." (SCHNEDITZ) Dann kündigt Schneditz noch eine geplante Ausstellung in der Galerie Welz an, wo Waggerl als Maler, Scherenschneider, Fotograf und Handwerker erlebt werden könne. „Das wird ein erst- und einmaliges Ereignis sein" (SCHNEDITZ), was aber nicht zutraf. Waggerl hatte schon in den 20er Jahren ausgestellt.

Natürlich war Waggerl, kurz bevor er Wagrainer Bürgermeister wurde, auch in das Salzburger NS-Kulturleben eingebunden. Auf Einladung des Regierungspräsidenten und Gauhauptmanns Dr. Albert Reitter und des Salzburger Oberbürgermeisters kamen im Rahmen der Salzburger Festspiele im August 1940 eine Reihe prominenter Autorinnen und Autoren nach Salzburg zu den „Salzburger Dichtertagen". Springenschmid und Waggerl waren sozusagen die Hausherren. „Die eingeladenen Dichter lesen in öffentlichen Veranstaltungen, ferner vor verwundeten Soldaten, vor der Hitlerjugend, auf der Gauburg, in Betrieben und vor Formationen und Gliederungen der Partei." Die Dichter – u. a. Paul Alverdes, Erna Blaas, Bruno Brehm, Guido Kolbenheyer, Max Mell, Josef Weinheber und Heinrich Zillich – wurden vom Reichsaußenminister auf Schloß Fuschl eingeladen. (ZILLICH, 197) Aus dieser Zeit datiert die Bekanntschaft und Freundschaft mit Paul Alverdes, in dessen Zeitschrift im Dezember 1943 Waggerls Erzählung „Marschmusik" erschien. Auch der Kontakt zum sudetendeutschen Autor

Heinrich Zillich, den Waggerl spätestens aus Berlin 1937 kannte, stammt aus dieser Zeit. Zillich wurde zum Herausgeber des Ersten Kunstjahrbuchs des Reichsgaues Salzburg mit dem Titel „Das Flügelroß“ (1941). Waggerl war mit zwei Texten vertreten. Die Liste der Beiträger war wieder dieselbe: von Alverdes, Brehm und Dwinger bis Vesper, Weinheber und Zillich.

Als Ende 1940 der Kulturreferent des Reichspropagandaamtes Salzburg Dr. Windischbauer daranging, alle Salzburger Kulturschaffenden in einem Verein zu sammeln, dachte man natürlich auch an die Gründung einer „Literarischen Gesellschaft“. Die Aktion war zugleich eine „gesamtostmärkische“, die in allen Gauen stattfinden sollte. Sinn und Zweck war es, „die kulturelle Mitarbeit im völkischen Sinne [...] zu leisten“. (Salzburger Volksblatt, 11.12.1940) Als erstem wurde Karl Springenschmid die Leitung der Gesellschaft angetragen, hätte dieser abgelehnt, war Waggerl als Ersatz vorgesehen. Diese Vereinsgründung war eine Totgeburt. Im Oktober 1941 kam es schließlich zur Gründung des „Salzburger Dichterkreises“ unter dem Vorsitz von Karl Springenschmid, der sofort daranging, der Gauhauptstadt zwei neue Dichterpreise vorzuschlagen, wobei nur einer dotiert sein sollte. Es war beabsichtigt, das Geld bei den Autoren im Lande zu lassen. Der zweite Preis sollte zur Ehrenmitgliedschaft im Salzburger Dichterkreis führen und nur an auswärtige „Volksgenossen“ vergeben werden. 1943 konnte sich Waggerl über die RM 7000.– des neuen „Kulturpreises der Gauhauptstadt Salzburg“, „zum Wohle unseres Gaues und unserer Bewegung“ (Salzburger Zeitung, 24.5.1943) freuen. Waggerl war nicht nur Preisträger, sondern auch als Mitglied des „Rates“ für den Preis vorgesehen. (ASTA)

7. 5. Präsenz im NS-Literaturbetrieb

Andere Parameter für Waggerls Präsenz im NS-Literaturbetrieb sind die Auflagenziffern seiner selbständig erschienenen Schriften und seine Rolle als Herausgeber, seine Präsenz in den Literaturgeschichten, Zeitungen und Zeitschriften sowie das Vorkommen seiner Texte in verschiedenen NS-Anthologien.

Der Großteil der zwischen 1930 und 1937 veröffentlichten Romane und Erzählungen erlebten nach 1938 weitere, z. T. hohe Auflagen. „Mütter“ und das „Wagrainer Tagebuch“ wurden darüber hinaus als Wehrmachtsausgaben an die Front geschickt. (WK, 30.6.1944)[374] Für ein Verbot des Romans „Das Jahr des Herrn“, das Waggerl in einem Brief an Otto Müller vom 5. März 1949 (BRIEFE, 369) behauptete, konnte keine Bestätigung gefunden werden. Die Auflagenziffern für diesen Roman stiegen stattdessen zwischen 1938 und 1942 vom 21. Tausend auf das 59. Tausend, und der Verlag Otto Müller, der den Titel 1948 als ersten Band der „Gesammelten Werke“ in sein Programm nahm, konnte beim 66. Tausend fortfahren.

Waggerls Beziehungen zu Staatssekretär Dr. Kai Mühlmann spielten auch eine Rolle

Waggerl bei einem Empfang auf Schloß Leopoldskron in der Kriegszeit (Mitte: Josef Weinheber, rechts: Karl Springenschmid)

bei dem seit 1939 begonnenen und auf fast 20 Bände geplanten kunsthistorischen Großprojekt „Die Ostmark. Landschaft, Volk und Kunst der südostdeutschen Gaue".[375] Waggerl sollte die Gesamt-Herausgeberschaft für Ideen und Arbeiten des Wiener Kunsthistorikers Karl Oettinger übernehmen. Bruno Grimschitz, Bruno Brehm und Max Mell waren als Verfasser und/oder Herausgeber einzelner Bände vorgesehen. Geplant waren u. a. die Bände „Menschen der Ostmark. Köpfe und Trachten" und „Kunst, die im Volke lebt. Volkskunst, Wohnweise und bäuerliches Brauchtum" (Waggerl), „Burgenfahrt durch die Ostmark" (Bruno Brehm), „Aus kleinen Städten der Ostmark" (Max Mell) oder „Altwiener-Malerei" (Bruno Grimschitz). Kai Mühlmann von der Abt. III des Reichsstatthalters sicherte die Finanzierung, Stefan Kruckenhauser steuerte die Fotoarbeiten bei. (ARCHIV H. 688) Für den Band „Altdeutsche Bildschnitzer der Ostmark" (1939/40) schrieb Waggerl als Herausgeber das Vorwort: Die *„Wesenszüge des ostmärkischen Menschen"* sollten am Beispiel altdeutscher Bildschnitzer-Kunst dargestellt werden: *„Bewußt eröffnen wir die Reihe mit alter Kunst [...], die wohl nur auf dem Boden unserer ostmärkischen Gaue entstehen konnte [...]."* Aus allen Bänden sollte sich schließlich *„das Bild des deutschen Menschen" (OSTMARK)* runden.

Der Band mußte sich offenbar Kritik von nazistischer Seite gefallen lassen, weil Oettinger *„Zeugnisse kirchlicher Kunst [...] auch d e n Menschen nahezubringen [unternimmt], die ihnen, weil sie in neuen Ideen befangen sind, verständnislos, wenn nicht gar ablehnend gegenüberstehen". (BRIEFE, 71)* Waggerl als Herausgeber verteidigte die Arbeit Oettingers mit dem Hinweis darauf, daß es ja darum gehe, daß es erfreulicherweise *„ein Zeichen der Zeit"* sei, *„daß die Menschen überhaupt wieder glauben könnten, gleichviel woran sie zunächst glauben". (BRIEFE, 72)* Zur Verteidigung seiner Position gegen eine engstirnige NS-Kritik nahm Waggerl rhetorischerweise sogar den Begriff vom *„Tempel der Kunst"*, der ein *„Tempel der Toleranz" (BRIEFE, 72)* sei, in den Mund, obwohl der „Tempel der Toleranz" durch die NS-Kulturpolitik, in der sich Waggerl bewegte, zerstört war.

Jetzt wollte Waggerl auch das verwirklichen, wozu er schon einmal vom Innsbrucker Tyrolia-Verlag im April 1936 eingeladen worden war und was er aus politischen und verlegerischen Gründen ablehnen mußte, nämlich die Herausgabe eines Volkskunstbuches. Tyrolia hatte ihn zu einem „Trachtenbuch" eingeladen, „weil gerade er [Waggerl] mit dem Volksbrauchtum in besonderer Weise verwachsen ist", wie der Tyrolia-Verlag schrieb. (WK, 18.4.1936) Die Interessen, denen sich Waggerl 1939/40 als Herausgeber z. B. des geplanten Bandes „Kunst, die im Volke lebt. Volkskunst, Wohnweise und bäuerliches Brauchtum" widmete, blieben erhalten. Erst Ende der 60er Jahre verwirklichte der Salzburger Residenz-Verlag die Fotoprojekte „Schöne Sachen, Bäuerliches Brauchgut" (1967) und „Der ländliche Lebenskreis" (1968), für die Waggerl als prominenter Herausgeber gewonnen werden konnte. Der Verlag formulierte – im Wissen um die deutsch-völkischen Instrumentalisierungen von Brauchtum, Land und Stadt, Bauerntum usw.: „In unseren Tagen wird freilich keiner mehr städtische und bäuerliche Kultur gegeneinander ausspielen, als sei diese von höherem Wert als jene.“ Die bemerkenswerten Fotoarbeiten von Josef Dapra setzten den beiden Bänden die Glanzlichter auf.

Während seiner Offizierstätigkeit bei der Wehrmacht kam eine weitere Herausgebertätigkeit hinzu: Waggerl gab seit 1943 die Reihe der „Salzburger Hefte“ heraus, die im Grazer Leykam-Verlag erschien und in der neben seinem eigenen Sammelband „Feierabend“ mit der gleichnamigen ideologisierenden Titelerzählung „Feierabend“ (1944) weitere sieben Hefte herauskamen, nämlich Texte sowohl von Klassikern als auch von NS-Autoren oder genehmen Zeitgenossen: Adalbert Stifter, Eduard Mörike, Franz Grillparzer, Peter Rosegger und Karl Springenschmid, Max Mell[376]und Franz Tumler. Darüber wird noch zu berichten sein, nicht zuletzt deswegen, weil Waggerls eigener Sammelband „Feierabend“ – unter Weglassung u. a. der Erzählung „Die Schöpfung“ und „Der Roßheilige“ – auch als spezielle Ausgabe für die Salzburger HJ und den BDM aufgelegt wurde.

Im Grußwort definierten die Hauptmädelführerin und der Hauptbannführer die Funktion von Waggerls Erzählungen. Auf folgende Weise sollten die Texte verstanden werden: „Eine besinnliche Stunde soll er [Waggerl] Euch bringen, in der Ihr Euch erholt von den Sorgen und Pflichten des Alltags und zugleich Kraft schöpft für die Aufgaben, die zu lösen Ihr berufen seid. Aus klarem Heimatgefühl zu trinken, Leben und Weben und vertrauter Natur zu schauen, sich der geheimnisvollen Kräfte zu besinnen, die Mensch und Landschaft unseres schönen Gaues erfüllen – was gibt es Besseres in einer Zeit, wo nur das Starke bestehen kann und alles Schwache zerbricht unter der Wucht einer großen Sendung? So will das Buch verstanden sein. Und nun mit frischem Mut ins neue Jahr. Es soll in uns eine Jugend finden, die durch Not und Tod mit dem Führer geht, bis die Morgenröte des Sieges die Opfer dieses Kampfes lohnt. Heil Hitler!“ (FE I, 3f)[377]

Dies stimmte mit der Sichtweise der NS-Deutschkunde überein. Hellmuth Langenbucher, der Verfasser der weit verbreiteten NS-Dichtungsgeschichte „Volkhafte Dichtung der Zeit“ (6., unv. Aufl., 1941), mit dem Waggerl seit 1933 in Kontakt war, stellte ihn im „Völkischen Beobachter“ (Wiener Ausgabe, 26.6.1938) als einen der wichtigsten literarischen Repräsentanten der „Ostmark“ vor. Waggerl führe hin „zu einem Begreifen der göttlichen Gesetze unseres Daseins, deren Erfüllung dem deutschen Menschen stolzes Bekenntnis ist“ und „wertreichende (sic!) Strahlungen und Wirkungen“ besitze.

Die Bedeutung, die Waggerls Texte durch die genannten Vorwortverfasser zugesprochen bekamen – „besinnliche Stunde“, „Erholung“, „Besinnung“, „aus klarem Heimatgefühl trinken“, Spüren der „geheimnisvollen Kräfte“ –, wird durch den Umgang der NS-Deutschkundler mit seinen Werken

Waggerl vor der Hitler-Jugend und dem Bund deutscher Mädchen

Die Deutsche Arbeitsfront
NS.-GEMEINSCHAFT
Kraft durch Freude
Zentralbüro

Amt Reisen, Wandern und Urlaub

Berlin-Wilmersdorf, den 3. Februar 1939
Kaiserallee 25

Herrn
Karl Heinrich W a g g e r l
W a g r a i n
b.Salzburg

Ihr Zeichen: Ihre Nachricht vom: Unser Zeichen: Dr.M/H. Tagebuch Nr.: IV/3440

Betr.:

Sehr geehrter Herr Waggerl!

Sie werden wissen, dass wir schon öfter zu grösseren KdF=Fahrten Dichter und Künstler eingeladen haben, die sich unterwegs bei den deutschen Arbeitern für die Reise durch geeignete Darbietungen revanchieren. Wir möchten heute eine solche Einladung auch an Sie richten und Sie fragen, ob Sie bereit sind, an der Rücküberführungsfahrt der KdF=Flotte von Italien nach Deutschland vom 15.3. bis 2.4.1939 teilzunehmen. Die Reiseroute ist folgende: Venedig, Bari, Palermo, Lissabon, Hamburg bezw.Bremerhaven.

Für eine baldige Antwort wären wir Ihnen sehr verbunden.

KARL HEINRICH WAGGERL-ARCHIV

Heil Hitler!

Abt. Presse u.Propaganda

Fernsprecher: 87 92 31 / Drahtanschrift: Urlauberfreude
Bankkonto: Bank der Deutschen Arbeit AG., Berlin C 2, Wallstraße 62, Konto Nr. 216 63

Die Deutsche Arbeitsfront/NS-Gemeinschaft „Kraft durch Freude“ lädt ein (1939)

Max Stebich (1897–1972)

Hans Carossa (1878–1956)

sowie durch die Präsenz seiner Texte in diversen NS-Anthologien bestätigt.

Max Stebich, der Geschäftsführer der RSK in der „Ostmark“ hatte im „Bekenntnisbuch österreichischer Dichter“ (1938) jene Formel ausgesprochen, unter der alle Schriftsteller und mit ihnen ihre Werke rubriziert wurden: Sie hatten „Sänger deutschen Heldentums“ und/oder „Priester des deutschen Herzens“ zu sein, um reüssieren zu können. Dem „unpolitischen“ Waggerl kam klarerweise die zweite Rolle zu. Die breite Rezeption von Waggerls Werken seit Beginn der 30er Jahre sowohl im deutsch-völkisch-nationalen und nationalsozialistischen als auch im vaterländisch-katholischen Lager beruhte auf einer gemeinsamen Grundüberzeugung, die ihre Wurzeln in der romantischen Volkstumsideologie hatte. Die Dichtung wie jede Kunst wurzelt gemäß dieser Auffassung im „Volk“ bzw. im „Volkstum“, deren Sprachrohr der schöpferische Mensch sei. „Volk“ und „Volkstum“ werden in jedem Falle als quasi-sakrale Kategorie gedacht. Die Unterschiede in der Auffassung bestehen „lediglich“ in der unterschiedlichen Vorstellung darüber, wodurch „Volk“ sich definiert. Im katholischen Lager war die ständisch-hierarchische Vorstellung eines in Gott verankerten Volkes und seines Volkstums vorherrschend, im „nationalen“ Lager die entweder explizit formulierte oder latent mitgedachte Vorstellung einer rassisch bestimmten Größe. Hitler wurde demgemäß – in der Verquickung von beiden Vorstellungen – als volkhafter Inbegriff des „arischen Heilands“ gefeiert. Aber mit derartig Aktualisiertem hatte Waggerl nichts zu tun, zielte er selbst doch auf eine *„innere Haltung“.* Nach 1945 konnten die belastenden, rassistischen Bedeutungselemente, mit denen die deutsche Volkstumsideologie aufgeladen worden war, ohne Schwierigkeiten abgespalten werden: Übrig blieben die „Feier des Herzens“, die „Besinnung“, der „Humor“, das „Tröstliche“.

Die Aufnahme von Ausschnitten von Waggerls Dichtungen in fast alle seit 1933 literaturpolitisch wichtigen ca. 20 Sammelwerke der völkisch-national-konservativen und nationalsozialistischen Richtung (MÜLLER I) hatte ausschließlich die Aufgabe, das „Priestertum des deutschen Herzens“, das „Huldische“ zu fördern. Nichts anderes konnte Waggerl bieten. Für das „Heldische“ waren andere zuständig.

So überrascht es auch nicht, daß wiederholt das aus dem „Wagrainer Tagebuch“ herausgenommene und abgeänderte[378] Heimatbekenntnis – *„Denn die Heimat ist das Bleibende, das Sichere“(WT, 142)* – abgedruckt wurde, sogar in einem Prachtband zum 50. Geburtstag Hitlers, was nichts mit dem geforderten „klaren Bekenntnis zum Führer“, sondern eher mit einem Ausweichen auf ein der Tagespolitik fernes Terrain zu tun hatte.

„Ähnlich wie der Gratulation Carossas ist manchen Texten des Bandes, der keineswegs nur aus ‚Führergedichten‘ besteht, die Anstrengung anzumerken, den Anlaß zu verdrängen und auf harmlose Gebiete auszuweichen: Lob der Heimat und Herkunft, Naturerlebnis und Landschaftsbetrachtung,

Rückblick auf Kindheit und ferne Geschichte. Einige Autoren (etwa [...] Karl Heinrich Waggerl) vermochten sich so völlig um das geforderte ‚klare Bekenntnis zum Führer‘ zu drücken, daß man ihren Beiträgen in einem anderen Kontext die Herkunft nicht ansähe." (KLASSIKER, 136)

Waggerl war während der NS-Zeit in vielen wichtigen Anthologien und in einem NS-Lesebuch als Beiträger vertreten:

Morold, Max (Hrsg.): Dichterbuch. Deutscher Glaube, deutsches Sehnen und deutsches Fühlen in Österreich. Wien/Berlin/Leipzig 1933

Perkonig, Josef Friedrich (Hrsg.): Deutsche Ostmark. Zehn Dichter und hundert Bilder lobpreisen Österreich. Graz/Wien/Leipzig, 1936

Ziesel, Kurt: Stimmen der Ostmark. Eine Feierabendfolge. Hamburg 1938

Kindermann, Heinz (Hrsg.): Heimkehr ins Reich. Großdeutsche Dichtung aus Ostmark und Sudetenland 1866–1938. Leipzig 1939

Verein Raabe-Stiftung (Hrsg.): Das Jahrbuch der deutschen Dichtung 1938. Vom deutschen Humor. Stuttgart 1938

Dem Führer. Glückwunsch und Bekenntnis der deutschen Dichter zum 50. Geburtstag Adolf Hitlers am 20. April 1939. Berlin 1939 [Exemplar aus der limitierten Auflage für die hundert Gratulanten]

Winterhilfswerk des Deutschen Volkes (Hrsg.): Ewiges Deutschland. Ein deutsches Hausbuch. Berlin/Leipzig/Hamburg 1939

Rainalter, Erwin (Hrsg.): Der große Bogen. (Die Ostmark erzählt). Berlin 1939/40

Velmede, August F. (Hrsg.): Dem Führer. Worte deutscher Dichter. 1941

Zillich, Heinrich (Hrsg.): Das Flügelroß. Erstes Kunstjahrbuch des Reichsgaues Salzburg. Salzburg 1941Tornisterschrift des Oberkommandos der Wehrmacht (Abteilung Inland). Zum Geburtstag des Führers 1941, Heft 37 (Nur für den Gebrauch innerhalb der Wehrmacht)[379]

Deutsches Lesebuch für Volksschulen. Dritter Band. Wien 1942

Welche „politisierende" Wirkung Waggerl erzielte und wie seine Texte in das antimoderne Alltagsbewußtsein der Leserschaft einhakten, belegt exemplarisch eine publizierte Adresse zu Waggerls 45. Geburtstag in der Salzburger Landeszeitung, die von einem Leser aus Königshütte stammte: „Wir wünschen unserem deutschen Volk, daß es frei werde von jenem Fluch, den Du derart beim Namen nanntest: ‚Eine Leidenschaft hat die Leute erfaßt, eine wirkliche Sucht, stinkendes Wasser steht höher im Kurs als die ewige Seligkeit!‘ Diese ewige Seligkeit, unser Land zu lieben und es dienstfroh zu ehren und zu wahren, lehrtest Du uns. Hab' steten Dank dafür!" (MANDEL)

Davon, daß Waggerl von der (akademischen) Literaturwissenschaft nicht ausreichend wahrgenommen worden sei, kann keine Rede sein. In allen einschlägigen zeitgenössischen Literaturgeschichten, die sich nur in ihren ideologischen Akzentuierungen zwischen „völkisch", „rassistisch" und „existentiell" unterschieden,[380] aber in ihrem

> 27. Juli bis 31. August: Salzburger Dichtertage.
> Der Einladung des Regierungspräsidenten und des Oberbürgermeisters folgen nachbenannte Dichter: Paul Alverdes, Erna Blaas, Bruno Brehm, Hans Deißinger, Edwin Dwinger, Robert Hohlbaum, Guido Kolbenheyer, Sepp Keller, Max Mell, Josef Friedrich Perkonig, Wilhelm Schäfer, Ina Seidel, Karl Springenschmid, Karl Heinrich Waggerl, Josef Weinheber, Heinrich Zillich.
> Die eingeladenen Dichter lesen in öffentlichen Veranstaltungen, ferner vor verwundeten Soldaten, vor der Hitlerjugend, auf der Gauburg, in Betrieben und vor Formationen und Gliederungen der Partei.

Aus dem „Salzburger Kulturkalender" für die Zeit vom 11. März 1938 bis zum 28. November 1941, „Flügelroß"

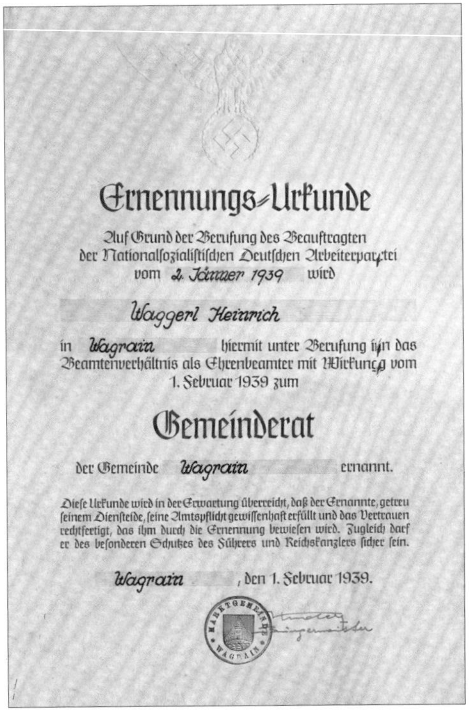

Ernennungs-Urkunde

Auf Grund der Berufung des Beauftragten der Nationalsozialistischen Deutschen Arbeiterpartei vom 2. Jänner 1939 wird

Waggerl Heinrich

in Wagrain hiermit unter Berufung in das Beamtenverhältnis als Ehrenbeamter mit Wirkung vom 1. Februar 1939 zum

Gemeinderat

der Gemeinde Wagrain ernannt.

Diese Urkunde wird in der Erwartung überreicht, daß der Ernannte, getreu seinem Diensteide, seine Amtspflicht gewissenhaft erfüllt und das Vertrauen rechtfertigt, das ihm durch die Ernennung bewiesen wird. Zugleich darf er des besonderen Schutzes des Führers und Reichskanzlers sicher sein.

Wagrain, den 1. Februar 1939.

Waggerl wird NS-„Ehrenbeamter“

mystifizierenden Volkstums-Ansatz übereinstimmten, wurde Waggerls Werk zu jener wichtigen Kategorie „volkhafter Dichtung“ gezählt, „die an keinen politischen Stoff gebunden“ (LANGENBUCHER, 39) sei. Entsprechend dieser Vorgaben wird Waggerls „politisches“ Kapital im Abschnitt „Volk an der Arbeit I – Deutsches Bauerntum“ in der Fähigkeit erblickt, den „innewohnende[n] tiefere[n] Sinn“ des Lebens sichtbar zu machen oder „zu einem Begreifen der göttlichen Gesetze unseres Daseins [hinzuführen], deren Erfüllung dem deutschen Menschen stolzes Bekenntnis ist, auch wenn sich dieses Bekenntnis nur in der Treue zur einfachsten, bescheidenen Lebensaufgabe auswirken kann“. (LANGENBUCHER, 230) Andere prominente NS-Deutschkundler[381] wie z. B. Franz Koch, Walther Linden, Friedrich Pock, Josef Nadler, Arno Mulot oder Norbert Langer haben ähnlich argumentiert.

7. 6. Schuldienst, Wagrainer Bürgermeister

Bevor Waggerl Ende August 1940 als Folge der Auseinandersetzungen mit dem Wagrainer „Anschluß“-Bürgermeister Leopold Hudez diesen als kommissarischer Bürgermeister von Wagrain ablöste, ein Amt, das er zwei Jahre lang bis Ende September 1942 ausübte, trat er auf eigenen Wunsch im Schuljahr 1939/40 noch einmal in den Schuldienst ein.

Andreas Walchhofer, Zimmermeister in Wagrain, besuchte in diesem Schuljahr die 3. Klasse Volksschule. Waggerl war sein Lehrer, „aushilfsweise“, „kriegsdienstverpflichtet“. „Wir Schüler kannten alle Waggerl [...] als d i e Persönlichkeit im Ort, waren sehr stolz darauf, daß gerade Waggerl in unserer Klasse unterrichtete. Soweit ich mich erinnern kann, war Waggerl kein strenger Lehrer.“ Waggerl habe auch Weihnachtsgeschenke an die Kinder verteilt, u.a. Skier. (Interview Andreas Walchhofer 1996)

Karl Springenschmid, der damalige Leiter des Schulwesens im Reichsgau Salzburg, berichtet, daß Waggerl nach Kriegsbeginn zu ihm gekommen sei, um seine Einstellung als Lehrer zu erbitten: „‚Wenn aber alles im Lande dabei mittun muß, kann ich nicht an meinem Schreibtisch sitzen bleiben und so tun, als wäre nichts in der Welt geschehen. [...] Schon viel früher hätte ich mit dem Schreiben aufhören sollen. Nun ist Krieg“ (SPRINGENSCHMID, 67). Waggerl selbst soll seinen neuerlichen Eintritt in den Schuldienst gut vorbereitet haben, so daß Springenschmid zustimmte. „Freilich, er [Waggerl] hielt Schule auf seine Art, was nicht von allen verstanden wurde.“ (SPRINGENSCHMID, 67) Das Lehrersein war schnell wieder vorbei, nachdem sich einige Wagrainer Eltern und/oder Parteigenossen[382] wegen seines ineffektiven Unterrichts bei Springenschmid beschwert hatten: „Er erzählt Geschichten, er läßt Märchen aufführen, spielt Theater, zeichnet, malt, bastelt und was dergleichen mehr.“

Eine andere Version geht auf Edith Waggerl zurück, die erzählt habe, daß ihr Mann von „drei Frauen aus Wagrain [...] bei Gauleiter Scheel“ angeschwärzt worden sei, weil er „die Kinder zu wenig nach NS-Grundsätzen“ unterrichtet habe. „Dank der Intervention Karl Springenschmids [...] entging Waggerl einer Verurteilung zu einer Haft oder Einweisung in ein KZ, sondern wurde nur zur Wehrmacht einberufen.“ (Interview Johann Guggenberger 1996)

Aus den Aufzeichnungen des Wagrainer Gemeindesekretärs Matthias Schönberger über die „Geschichte der nationalsozialistischen Bewegung in unserem Dorf“ (WAGRAIN II, 42ff) geht hervor, daß er selbst Anfang 1940 eine „Eingabe“ gegen die Ausübung und Verwaltung des Bürgermeisteramtes durch Leopold Hudez machte, die letztlich am 1. September 1940 zu dessen Amtsenthebung führte. „Alle Posten mußten neu besetzt werden“, erinnert sich Springenschmid (SPRINGENSCHMID, 73). Pg. Waggerl (ARCHIV, H 778, Aktennotiz: Fall Hudez) blieb „nichts anderes übrig, als sich selbst zur Verfügung zu stellen und zum Bürgermeister berufen zu lassen.“ Karl Springenschmid beschreibt das Verhältnis des neuen Bürgermeisters zu dessen politischem Amt: „Wohl oder übel mußte er dieses gewiß schwierige Amt übernehmen und den Bürgermeister spielen. Ich sage mit Absicht spielen; denn im Grunde genommen war ihm in dieser Rolle keineswegs wohl zumute. Offen gesagt, es fiel ihm schwer, sich in dieser ungewohnten Stellung ernst zu nehmen. Es lag ihm nicht, Amtsperson zu sein. An sich war ihm jede Form des Amtlichen verhaßt. Der politische Einfluß, der ihm auf Grund seines Amtes zukam, war ihm unbequem. [...] Weil ihm aber von jeher, also auch als Bürgermeister, das Menschliche wichtiger war als das Politische, waren nicht alle mit seinen Entscheidungen einverstanden.“ (SPRINGENSCHMID, 74)

Die letzte Sitzung leitete Waggerl am 27. September 1942. Eineinhalb Jahre lang, zwischen März 1941 und September 1942, gab es offenbar kein Zusammentreffen. Dies mag damit zu tun haben, daß Waggerl schon am 10. Mai 1941 eingerückt war. Er leitete insgesamt nur sechs Sitzungen. [383] In seine Amtszeit, in der 1941 der Wechsel des Gauleiters von Dr. Friedrich Rainer zu Dr. Gustav Adolf Scheel stattfand, fiel u. a. die Fertigstellung von drei Siedlungshäusern, des „Arbeitsmaidenlagers Haidfeld“, mit dessen Barackenbauten Anfang 1939 begonnen worden war, und der erstmalige landwirtschaftliche Einsatz von „47 serbische[n] Kriegsgefangenen“, die in den Lagern Schwaighofwirt, Moosbauer, Niederpenk und Viehhof in Kleinarl untergebracht waren. (WAGRAIN II, 98, 641f)[384]

Auch ein Kuriosum aus dieser Zeit ist zu erwähnen: Waggerl schrieb den Urkundentext für seine Geburtsgemeinde Bad Gastein, als diese im Dezember 1941 die Patenschaft für das U-Boot 118 übernahm, das im Jahre 1943 im Atlantik gesunken ist. „Darin beschreibt er [Waggerl] in kraftvollen Worten die Ähnlichkeit der Naturgewalten des Meeres mit denen des Gebirges und schafft so eine Brücke zwischen der U-Boot-Besatzung und den Bewohnern der Patenstadt Bad Gastein.“ (KRISCH II)

Karl Springenschmid als Salzburger Gauschulungsleiter

Waggerl mit dem langjährigen Wagrainer Gemeindesekretär Matthias Schönberger

Waggerl als Kulturoffizier mit Trygve Gulbranssen (1894–1962), dem Verfasser des Romans „Und ewig singen die Wälder“ (1933)

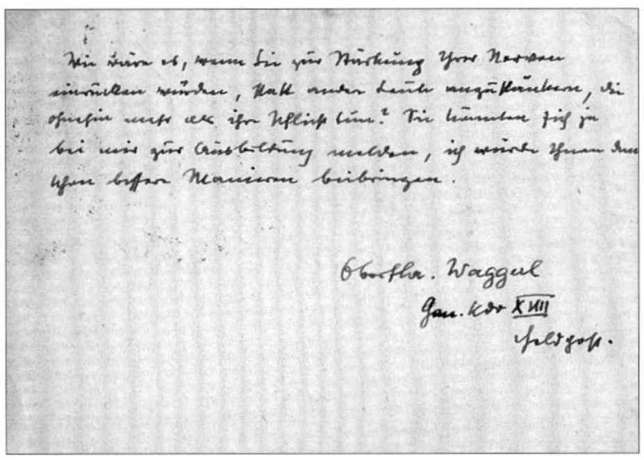

Oberltn. Waggerl
Gen. Kdo XVIII
Feldpost.

Waggerl droht: „Sie könnten sich ja bei mir zur Ausbildung melden, ich würde Ihnen dann schon bessere Manieren beibringen.“

7. 7. Militärdienst, Kulturdienst

Schon im Juli 1939 wurde Waggerl neuerlich gemustert und schließlich am 10. Mai 1941 zum Stv. Generalkommando XVIII einberufen, das 1938 nach Salzburg verlegt worden war, wodurch „der Gau – nächst Wien – wichtige überregionale Aufgaben in der Kriegsvorbereitung und Kriegsdurchführung“ (HANISCH IV, 124f) übernahm. Knapp vor Kriegsbeginn rückte das Generalkommando in den Osten ab, und im Hinterland blieb das Stv. Generalkommando zurück. (HANISCH IV, 126) Waggerl rückte vorerst als Oberfeldwebel (Reserveoffiziersanwärter, ROA) ein.

Mit seinem zugewiesenen militärischen Rang aber war er offenbar nicht zufrieden. Dies mußte ein einflußreicher Bekannter, der ehemalige k.u.k General Dr. Carl Freiherr von Bardolff,[385] jetzt SA-Oberführer und Mitglied des Reichstages, erfahren haben, den Waggerl seit Mitte der 30er Jahre aus Wien kannte (WK, 2.2.1936) und der für ihn schon damals in Devisenangelegenheiten bei der deutschen Botschaft in Wien vermittelt hatte. Denn Bardolff wandte sich Ende Jänner 1942 in einem Bittbrief an den damaligen Befehlshaber im Wehrkreis XVIII, den General Schaller-Kalide, um Waggerls Beförderung zu erreichen. Demnach fühle sich Waggerl hintangesetzt und glaube, daß „irgend welche besondere Gründe gegen ihn persönlich vorliegen, die er nicht erfahren kann“ (ARCHIV, H 887), die seine Beförderung verhinderten. Bardolff wolle Waggerls „Seelenschmerz“ (ARCHIV, H 887) lindern helfen: „Waggerl fühlt sich in seiner Dienststellung sehr wohl. Herr Major Manz scheint mit ihm zufrieden zu sein.“ Der Brief dürfte auf Wohlwollen gestoßen sein. Denn schon am 1. Jänner 1942 war Waggerl zum Leutnant ernannt worden: „Trotz seiner Kriegsbeschädigung leistet er dem Generalkommando wertvolle Dienste auf dem Gebiete der Wehrpropaganda.“ (ARCHIV, H 886) Mit 1. August 1942 wurde er zum Oberleutnant befördert. Zuletzt bekleidete er den Rang eines Hauptmannes (CIC, 19). Er fungierte zeitweise auch als Adjutant des Gruppenleiters Ic, des Oberstleutnants Hugo Manz. (BRIEFE I, 18.4. 1974) Waggerls Dienstsitz war das alte Hotel Europa in Salzburg, privat wohnte er im Hotel Münchner Hof. (LANZ)

Über die Aufgaben der Abteilung Ic und Waggerls Tätigkeit liegen unterschiedliche Angaben vor. Ein ehemaliges Mitglied dieser Abteilung sprach von der „Kulturkompagnie“ (BRIEFE I, Walter Mittenzwei), Dr. Bardolff von der „Abteilung Wehrpropaganda“, der ehemalige Leiter Manz definierte in seinem Dossier „Letzter Einsatz für Salzburg. Ein kurzer Erlebnisbericht“ (4. Juni 1945) die Aufgaben so: Die Herstellung der „Verbindung zu allen Stellen außerhalb der Wehrmacht (also auch zu rein zivilen Personenkreisen). [...] Nur am Rande erwähnt sei die Tatsache, daß ich auch die kulturellen Belange zu betreuen hatte, wiewohl gerade auf dem Gebiete der bildenden Künste mit die Haupterfolge meiner Gruppe Ic lagen.“ (ARCHIV) Die Studie „Die Wehrkreise XVII und XVIII 1938–1945“ verzeichnet unter den „auf Zusammenarbeit angewiesenen Dienststellen“ die „Gruppe Presseoffizier: Zeitschriftenzensur; Vertretung militärischer Belange bei den Gau-Propagandaämtern, Werbematerial, Ausstellungswesen." (TUIDER, 59)

Genau mit diesen Aufgabenbereichen hatte Waggerl zu tun. Die immer wieder kolportierte Behauptung, Waggerl sei Leiter der Abteilung „Gräberfürsorge" und dementsprechend sogenannter „Gräberoffizier" (SPRINGENSCHMID, 82) gewesen, greift zu kurz. Aus den CIC-Unterlagen der Amerikaner nach 1945 geht folgendes hervor: Waggerl war nicht nur zuständig für die Registrierung und Betreuung der Soldatengräber, sondern auch für die Mitarbeit an anderen Initiativen der Abteilung: Er hatte das Nachrichtenblatt des XVIII. Korps, „Unser Alpenkorps" (Jänner 1941–September 1944), das im Berliner Wehrmacht-Presse-Verlag (Hauptschriftleiter Curt Rint) erschien, mitzubetreuen. In dieser Soldatenzeitung wurden denn auch zwischen Juni 1941 und November 1942 einige Texte und eine Zeichnung[386] Waggerls abgedruckt: „Vater Röck", „Feierabend" (Oktober 1941),[387] „Ein Stückchen Erde", „Auf Stör" und „Lob der Wiese". Der junge Autor Franz Tumler sollte als Mitarbeiter gewonnen werden: *„es muß durchaus nichts Kriegerisches sein, im Gegenteil." (MARBACH, 16.5.1941)*[388]

Waggerl hatte auch den Kontakt zur Wehrkreisbücherei des Generalkommandos XVIII in der Rainerstraße 25 zu halten. (BRIEFE I, KERSCH II) In der von Gauleiter und Reichsstatthalter Dr. Scheel seit 1942 herausgegebenen „Salzburger Soldatenzeitung" war Waggerl nur im Juni 1943 mit seinem autobiographischen Essay „Aus der Kindheit" (1934) vertreten.

Erst im November 1943 kam ihm angeblich als „Kommandeur fuer Heimateinsatz" die zusätzliche Aufgabe zu, „to place physically deffered men into less strenuous office positions, so that soldiers could be released to the fighting front. The second was ‚Kriegsgraeber Fuersorge'". Eine weitere Aufgabe war, „to forward request from fields troops for interpreters to the ‚Dolmetscher Kompanie' in Graz (a company for Italian and Slovak interpreters)." Grete Lanz, seit 1941 mit Waggerl befreundet, hat in ihren Erinnerungen letzteres bestätigt: „Warum er Dolmetscher war, wußte niemand." (LANZ) Waggerls Tätigkeit als Vermittler von Übersetzern aus dem Italienischen und wohl aus den slawischen Sprachen hatte damit zu tun, daß nach dem Jugoslawienfeldzug 1941 dem Stv. Generalkommando XVIII „durch die Einbeziehung der Südsteiermark und der Krain in den Wehrkreis XVIII in der Bekämpfung der immer stärker auftretenden Partisanenverbände eine zusätzliche und vor allem sehr problematische Aufgabe" (TUIDER, 33ff) erwachsen war. Waggerl mußte also als Ic-Offizier, ähnlich wie Kurt Waldheim bei der kämpfenden Truppe auf dem Balkan, kommunikative Vermittlungsdienste leisten und nicht, wie Grete Lanz meinte, selber übersetzen.[389] Waggerl hatte also nachrichtendienstliche Tätigkeiten zu erfüllen, möglicherweise auch die Weiterleitung diverser Informationen der Kampfverbände an höhere Dienststellen. Gegen die ihm vom amerikanischen CIC am 17. Februar 1946

Waggerl als Betreuungsoffizier

Waggerl begrüßt europäische Dichterkollegen in Salzburg. Die RSK hatte zur Fahrt durch das Deutsche Reich eingeladen. (1941)

Waggerl im Offizierskasino

Waggerl als Fotograf

anläßlich seiner „Investigation and Interrogation" vorgetragene und wohl überzogene Behauptung, Waggerl sei im Generalkommando XVIII AK, Salzburg, zur „position of Leiter der Abteilung Presse" aufgestiegen, erhob er in seiner „Rechtfertigung" vom 20. Februar 1946 Einspruch. (CIC)

Er hatte in seiner Funktion außerdem wehrpolitische Aufgaben der Abteilung Ic mitzuerfüllen: Diese arbeitete sowohl bei der Gebirgsjäger-Ausstellung „Bergvolk – Soldatenvolk" mit, für die Ulf Seidl den Band „Berge, Burgen und Basteien" unter Mitwirkung von Waggerl herausgab (BRIEFE I, Manz; KERSCH II, 209), als auch bei der Freilicht-Aufführung von Friedrich Schillers „Wallensteins Lager" im Oktober 1943 auf dem Kapitelplatz, am Fuße der Salzburger Festung. Die Presse hob die immense Vorbereitungsarbeit der Abteilung Ic hervor.

Aus seiner eigenen „Rechtfertigung" vor den CIC-Behörden der Amerikaner vom 20. Februar 1946 geht sogar hervor, daß Waggerl die genannte Ausstellung befehlsmäßig zu veranstalten hatte. (CIC) Dabei habe er, so Waggerl im Jahre 1946 im Zuge der Entnazifizierung, die Möglichkeit gesehen, „namhafte Künstler dem Kriegsgeschehen zu entziehen". 40 bis 50 Mann (Handwerker, Maler, Schauspieler, Musiker usw.) habe er dadurch von der Front abziehen können, gab Waggerl an. (CIC) Auch habe er *„wertvolle Menschen gegen den vorzeitigen Kampfeinsatz"* schützen können. Er nannte Gewährsleute, die dies bestätigen könnten, u. a. den Dirigenten und Komponisten Robert Wagner (* 1915), NSDAP-Mitglied, Verfasser einer symphonischen Komposition mit dem Titel „Deutsche Auferstehung", später Professor am Mozarteum in Salzburg und u. a. Präsident der Akademie Mozarteum. (CIC, SK, 519, KERSCH/MÜLLER, 43f) In einem Rechtfertigungsbrief aus dem Jahre 1947 an Viktor Reimann, den in Salzburg tätigen Kulturredakteur, nannte Waggerl sogar einige Namen von Künstlern, denen er geholfen habe, nämlich Hans Fronius, Max Weiler, Dr. Wagner und Georg Rendl.[390] *„Es ist tatsächlich kein bedeutender Künstler bei den Gebirgstruppen gefallen." (ARCHIV, H 16.926)* Mit Georg Rendl sollte es nach 1945 noch eine heftige Auseinandersetzung wegen Waggerls NS-Rolle geben.

Die Mithilfe der Gruppe Ic bei der Freilichtaufführung galt der Stärkung der Wehrbereitschaft. „Auch die Mitwirkenden setzten sich – nach dem Motto ‚Soldaten spielen für Soldaten' – aus der Wehrmacht zusammen. Nur die Sprechrollen waren mit Schauspielern besetzt. [...] In Salzburg klang freilich die Lagerszene mit dem vom vierhundertköpfigen Chor an das Publikum gerichteten Mahnruf aus: ‚Und setzet ihr nicht das Leben ein, nie wird euch das Leben gewonnen sein.'" (KERSCH II, 210)

Waggerl war natürlich als Mann des Wortes im Stab gefragt. Oberstleutnant Manz, sein Vorgesetzter, berichtet über seine Wortspenden für die Kameradenunterhaltung und von einem „Soldatengebet" (1942), das Manz noch in den 60er Jahren bei der Gründung der „Union des Friedens in Soldatischer Kameradschaft" nach der Melodie von Ch. Schnyders „Gebet für das

Vaterland" singen ließ: „Gib, was Du beschieden/seit der Väter Zeit,/gib uns Deinen Frieden,/Deine Kraft im Streit."
(BRIEFE I, Manz)

Einen Monat später, im November 1943, erging an Waggerl die Aufforderung des Wehrkreiskommandos XVII aus Wien, bei der Ausstellung „Unser Heer – Soldatenbriefe an Dichter" mitzuarbeiten. Im März 1944 sollte diese in 27 Räumen der Neuen Hofburg in Wien stattfinden. Waggerl wurde gebeten, zum Thema „Front und Heimat" Briefe an ihn beizusteuern, um „ein getreues Sinnbild der Front zu schaffen. Sicherlich werden sich in Ihrer Korrespondenzmappe einige schöne Briefe befinden, die sich mit Ihren Werken, mit Zeitfragen oder mit allgemein geistigen Dingen befassen." (ARCHIV H 1025) Tatsächlich haben sich im Waggerl-Archiv einige solcher Frontbriefe an ihn erhalten. Unklar ist, ob Waggerl diese dem Projekt zur Verfügung gestellt hat.

Das Jahr 1941 brachte aus Waggerls Sicht drei Besonderheiten. Erstens: Es erschien, wie schon erwähnt, die Auftragsarbeit „Pfingstidyll an der Reichsautobahn" in der Schriftenreihe der Presseabteilung des Reichsministers Dr. Todt in 100 einzelnumerierten Exemplaren. Zweitens: Waggerl fabrizierte das Drehbuch für den Film „Goldene Hochzeit im Salzburger Land", der in diesem Jahr gedreht wurde.

Und drittens: Schon in Uniform konnte er die aus allen befreundeten europäischen Ländern kommenden Dichterkollegen in Salzburg begrüßen, die im Rahmen einer groß angelegten „Deutschlandfahrt" in der Folge des Weimarer Dichtertreffens 1941 auch nach Salzburg kamen. An die 25 Kollegen aus Italien, Deutschland, Kroatien, Norwegen, Spanien, Frankreich, Dänemark, Schweden, Bulgarien, den Niederlanden und aus Flandern, darunter u. a. auch der RSK-Präsident Hanns Johst, durften eine vom „Werbe- und Beratungsamt" im Propagandaministerium veranstaltete Fahrt durch die deutschen Lande machen. Die Reise führte sie von Bonn u.a. über Baden-Baden, München nach Salzburg, Wien, Baden und dann zurück nach Berlin und Weimar.

Waggerl begrüßt die europäischen Autoren vor dem Salzburger Dom (1941)

7. 8. „Pfingstidyll an der Reichsautobahn"

Das vom Reichsminister und „Generalinspektor für das deutsche Straßenwesen" Dr. Fritz Todt in Auftrag gegebene „Pfingstidyll an der Reichsautobahn" (4. September 1941) ist in mehrfacher Hinicht ein erwähnenswertes Projekt. Der Text ist im engeren Sinne nichts Literarisches, sondern eine Propagandaschrift, freilich in Waggerlscher Manier. Das „Pfingstidyll" zeigt eine Möglichkeit des geschickten Einsatzes von Malerei und Dichtung für politische Zwecke der Nationalsozialisten, nämlich für die Verherrlichung des seit 1933 vorangetriebenen Reichsautobahnprojektes als Teil einer „geschickten Inszenierung", in die Waggerl und sein Malerfreund Ernst Huber (1895 – 1960)[391] sich einspannen ließen. Die Nationalsozialisten hatten das Autobahnprojekt als Einheit von Technik und Landschaftsästhetik geplant. (SCHERN)

Mit dem Künstlerfreund und Nachbarn Ernst Huber

„Bis heute hält sich bezeichnenderweise die unzutreffende Behauptung, die Autobahnen seien eine Idee Hitlers gewesen und hätten entscheidend zur Beseitigung der Arbeitslosigkeit beigetragen. Als probates Mittel der Arbeitsbeschaffung und als ‚Symbol der Reichseinheit' spielte die Reichsautobahn auch bei der Anschlußpropaganda, die im März und April 1938 Österreich überflutete, eine herausragende Rolle." (SCHERN, 2) Schon seit 1935 lief im NS-Staat parallel zum Bau der Straßen das Begleit- und Propagandaprojekt „Deutsche Künstler – an die Front des Straßenbaues!", so daß sich sogar so etwas wie das Genre einer „Autobahnmalerei" herausbildete, was den Zweck hatte, die technischen Errungenschaften zu ästhetisieren, damit Aufbruchstimmung zu erzeugen und sie als geniale NS-Leistungen zu propagieren.

Wie die neueste Arbeit über den „Mythos Reichsautobahn. Bau und Inszenierung der ‚Straßen des Führers' 1933–1941" (SCHÜTZ) belegt, hatte Waggerl den für dieses Reichsprojekt zuständigen Fritz Todt 1938 bei einer Forschungstagung in Salzburg kennengelernt. Todt lud Waggerl ein, sich an dem genannten Projekt mit einem Roman über den „‚Lebensweg und Existenzkampf'" eines Bauingenieurs namens Rosenitsch zu beteiligen. (SCHÜTZ, 148) Das war freilich nicht Waggerls Terrain. Es wurde letztlich ein idyllisierender, halbfiktiver Bericht über eine Reise, die Waggerl gemeinsam mit seiner Frau Edith und der Familie seines Malerfreundes Ernst Huber vom 31. Mai bis zum 6. Juni 1941 als Pfingstreise unternahm. Edith Waggerl führte Tagebuch: Die Reise ging zuerst nach München, wo sie nicht nur die Hubers (Ernst Huber mit Gattin und Sohn Wolfgang), sondern auch Kai Mühlmann trafen. Mit der Familie Huber ging es dann u.a. nach Eichstätt, Greding – „Hier meldete das Radio die Säuberung der Insel Kreta von feindlichen Truppen" (Edith Waggerl, Tagebuch 2.6.1941) –, Nürnberg, auf die Plassenburg, nach Bamberg, Ulm, Dinkelsbühl, Nördlingen, Donauwörth, Augsburg und zurück nach München: „Am Abend sehen wir noch den Film ‚reitet für deutschland' [sic!] und dieser Film passt so recht als Abschluß des Ganzen, als begeisternder Ausklang für unsere schöne Heimat." Waggerls Kompagnon Ernst Huber, der sich über Vermittlung von Waggerl 1941 ein Haus in Wagrain erwarb und damit sozusagen Nachbar des Schriftstellers wurde (WAGRAIN I, 374), war als „Autobahnkünstler" schon erfahrener, denn schon seit 1939 war er als Autobahnmaler unterwegs, auch im Osten bis Königsberg. Im November 1940 gab es – am „Festtage der Technischen Hochschule" – sogar eine erste Ausstellung von ca. 160 Aquarellen im Wiener Künstlerhaus mit dem Titel „Ein Maler erlebt die Reichsautobahn", die Fritz Todt eröffnete und worüber die Presse überschwenglich berichtete: „Es war nicht schwer zu zeigen, daß die Autobahnen das Landschaftsbild nicht stören, denn sie wurden mit soviel Bedacht und sorglichem Auge angelegt, daß kein Einwand bleibt." Daß es nicht nur um die Feier der Ästhetik der Straße ging, zeigt sich ebenfalls: „Die stoffliche Grenze ist noch dazu nicht eng, eindrucksvolle Ausschnitte aus Städten sehen wir, die an der

Straße liegen, das Grab Blüchers, Nietzsches Erinnerungsmal erkennen wir. [...] Wenn wir von der Schau ‚Der Sieg im Westen' herüberkommen zu diesen Blättern, so schließt sich ein Bogen, der uns zukunftsfreudig entläßt." (Völkischer Beobachter, 28.11.1940)

Waggerl selbst hatte sich, wie erwähnt, schon unmittelbar nach dem März 1938 in Straßenbaufragen an den Generalinspektor Todt gewandt. Im Vorfeld seiner Reichsautobahnreise von 1941 tat er dies wieder, nun als Wagrainer Bürgermeister. Todt sollte raten, wie der geplante neue Wagrainer Schulbau finanziell zu unterstützen sei. Man brauchte RM 350.000.– Todt gab Ratschläge und bot Waggerl sein eigenes Flugzeug von München nach Berlin an, sollte er in dieser Sache in Berlin direkt vorsprechen müssen: „Über Wagrain bin ich im letzten Herbst einmal geflogen, als ich mir die Gegend als Straßenbauer von oben herunter anschauen mußte." (ARCHIV H. 876, 11.1.1941)[392] Die Beziehung zu Fritz Todt wird schließlich lange vor dem Reichsautobahn-Pfingstidyll-Projekt dadurch dokumentiert, daß sich Waggerl 1939 gemeinsam mit einer Reihe von meist aus der „Ostmark" kommenden NS-Autoren und Wissenschaftlern, u.a. Karl Springenschmid, Josef Wenter, Josef Nadler, Bruno Brehm, aber auch dem Reichsdramaturgen Rainer Schlösser und Edmund Glaise-Horstenau, an dem von der Stadt Freiburg i.B. initiierten und von Todt begleiteten Projekt „Reichsstraße 31. Von der Ostmark zum Oberrhein. Natur. Volk. Kunst" beteiligte. Der Band war vorerst als Begrüßungsbuch für die „heimgekehrte Ostmark" gedacht und wurde, nachdem im Herbst 1939 Polen überfallen worden war, als Zeichen des „Beweis[es] des unerschütterlichen Vertrauens, das diese Grenzstadt [Freiburg i. B.] dem geliebten Führer und der unüberwindlichen Kraft der deutschen Wehrmacht entgegenbringt" (REICHSSTRASSE 1939), präsentiert. Waggerl lieferte damals seine von jeglicher Zivilisationsthematik befreite Kurzprosa „Sonnwendrede auf das Salzburger Land" ab, und zwar in einem Sammelband, den Fritz Todt gemäß dem Grundsatz „Technik-Natur-Versöhnung" einbegleitete: „Straßen sind mehr als technische Möglichkeiten zur Abwicklung des Geschäfts- oder des Güterverkehrs. Sie sind Ausdruck des kulturellen Gestaltungswillens eines Volkes [...]. Besonders begrüßenswert ist, daß namhafte Männer mit Beiträgen über die Ostmark und die alten Vorlande dem Jahrbuch das Gepräge eines Bekenntnisses zur ewigen deutschen Gemeinschaft geben." (REICHSSTRASSE 1939)

Das „Pfingstidyll an der Reichsautobahn"[393] hat, wie der Titel es andeutet, jene scheinbare romantisierende Beschaulichkeit, die man von Waggerl kennt, die hier aber dennoch im Dienste des Mottos „Deutsche Künstler – an die Front des Straßenbaues!" steht. So unaufdringlich und moderat wie nur möglich werden in eine anekdotenreiche, mit Sagenelementen versetzte, autobiographisch angereicherte und mit der üblichen „kleinen Münze" versehene Reiseschilderung, bei der freilich der malende *„Meister"* und der Ich-Erzähler das Sagen haben und die beiden mitreisenden Frauen

Dr.-Ing. Fritz Todt (1891–1942), Generalinspekteur des deutschen Straßenwesens, ab 1940 Reichsminister für Munition und Bewaffnung

Eine Doppelseite aus dem „Pfingstidyll" (1941)

mit einigen spitzen Bemerkungen versehen werden, die notwendigen propagandistischen Elemente eingefügt. Unter dem Begriff „unpolitisches Lob der Versöhnung" von Technik und Natur werden solche Produkte herkömmlicherweise rubriziert. Der Ich-Erzähler ist nicht nur Dichter, wie Waggerl, er malt auch.

Die Planungen Dr. Todts werden gefeiert und sakralisiert, und das Autowandern wird als neue, beschauliche Freizeitaktivität ins Bewußtsein gerückt. Letzeres sollte nach dem Krieg erst den wirklichen Siegeszug antreten, nachdem der motorisierte Sommerreiseverkehr des Jahres 1939 schon „alle Erwartungen" übertroffen hatte: „In den Jahren 1938 und 1939 vollzog sich ein Bruch innerhalb der Mobilität in bezug auf Intensität, Dichte und Formen; diesen Bruch mit der Fußgeher- und Radfahrzeit, der Trampelpfadromantik, dürften die Menschen bewußt als ein herausragendes Ereignis, als Novität mit all ihren negativen Folgen erlebt haben. Mit der Blechlawine aus dem ‚Altreich' kamen neue Hoffnungen, aber auch Enttäuschungen auf seiten der ‚Völkischen', kamen der Lärm, der Gestank und der Dreck." (KERSCH II, 34) In Waggerls Propaganda-Schrift stinkt nichts, und der Lärm ist eine Freude – eben ein „Idyll". Von Autopannen, „gleich an vielen zugleich" (Edith Waggerl, Tagebuch), ist natürlich auch nicht die Rede, obwohl die „Organisation Todt" ein neues Auto zur Verfügung stellte, geschweige denn von den wachsenden Unfallzahlen, die sogar Hitler veranlaßten, Warnungen auszusprechen. (SCHÜTZ,149)

Der Nationalsozialismus gab sich jung und modern. *„Nichts Gewaltsames"* hafte *„ihr [der Reichsautobahn] an, nichts Ausgeklügeltes und mühsam Hineingegrabenes, sondern sie fügt sich in das Ganze mit der Selbstverständlichkeit eines Naturgebildes, wie ein Flußlauf anderswo und so, als hätte der Schöpfer sie zu allererst noch dazu geschaffen und das schöne Bild seiner Welt damit erst vollendet." (PFINGST, 8f)* Sogar mit einem *„magischen Bande"* wird sie verglichen, *„ das eines Nachts vom Himmel herabsank und sich sacht über Tal und Hügel legte." (PFINGST, 11)* Für den vom Auto faszinierten Waggerl – schon in den 20er Jahren machte man mit Kai Mühlmann Ausflüge – *„gleitet"* das Automobil *„wie ein Schiff über die sanfte Dünung langgestreckter Hügel."* Von keinem Autolärm gestört *„wäre [es hier] eine Freude, Bauer zu sein, hinter dem Gespann zu gehen und die ehrwürdige Schrift der Furchen auf den Boden zu schreiben." (PFINGST, 11)* Waggerl vergißt fast nichts, was zu seinem Repertoire gehört: Das Reden über das Tröstliche, die Erinnerung an die ferne Welt der leiblichen Eltern, das Lob des Bauern, der Wiese und der Erde, das Lob der Rückkehr aus der Fremde in die Heimat – ähnlich wie im „Wagrainer Tagebuch". Sogar das *„Vaterland"– „auf der Fahrt gegen Nürnberg"* – wird in seiner „unvergleichlichen" Schönheit gefeiert, etwas, was es sonst bei Waggerl nicht gibt. (PFINGST, 29) Aber dann preisen ab und zu wieder einige Sätze die technischen Bauwerke: Unter der Brücke in der Holledau, einem Bauwerk von *„schöne[m] Ebenmaß"*, fühlen sich die Reisenden *„wie im Gewölbe eines Domes". (PFINGST, 19)* Die Rückkehr auf die Autobahn nach einer Stadtbesichtigung wird sogar zur *„Heimkehr“*, *„als käme man aus dem Lärm der Gassen in die saubere Stube zurück, in der alles seine gewohnte Ordnung hat.“ (PFINGST, 34)* Plötzlich wird „Heimkehr“ nicht wie sonst auf eine nicht-technisierte Welt angewandt, sondern auf das „moderne Wunderwerk“ Reichsautobahn.

Was bewegt den Erzähler? *„Daß die Erde bewegt wurde [eine Viertelmilliarde Raummeter] [...], dieser Ausdruck rührt mich an.“ (PFINGST, 37)* Für den Erzähler ist dies – in Erinnerung an die handwerkliche Arbeit des eigenen Vaters – der ganze Sinn der *„Hundert Millionen Tagwerke“*, so daß sich das Bauwerk erst deswegen in seiner *„einfachen Schönheit zum Rang eines Kunstwerkes“* erheben kann. *(PFINGST, 34)*

Entgegen dem tatsächlichen Reiseablauf wird am Ende dieser Schrift vom Besuch auf der Plassenburg berichtet, die vom Erzähler in ihrer historischen Funktion als „Reichsschule der deutschen Technik“ (SCHERN) entkleidet wird, Waggerl aber Gelegenheiten bietet, mitten im Kriege einige harmlos-nette Spitzen gegen das Schießen anzubringen: *„Immer noch Felder und rauschende Bäume und den Mond am Himmel, so hoch gehängt, daß ihn niemand dem andern zum Trotz herunterschießen kann ... Mitten in der Schlacht sind sie [die Zinnsoldaten] zu Blei erstarrt, vielleicht zur Warnung für die großen, die das Pulver dazu erfunden haben.“ (PFINGST, 39)* Am Ende der Schrift steht die Hoffnung: *„Möge dem Burgherrn wohl gefallen, was wir zu seinem Ruhm zu sagen wußten!“ (PFINGST, 39)*[394]

Waggerls „Pfingstidyll“ ist ein etwas zu ausführlich ausgefallener Werbeprospekt, der freilich nicht unter die Leute kam, weil nur 100 Stück auf handgeschöpften Hahnemühlen-Bütten bei Eduard Stichnote in Potsdam hergestellt wurden. Der propagandistische Effekt kam nicht zustande. Es ist jedenfalls ein kulturhistorisch interessantes Beispiel für die Möglichkeiten des ideologisierenden Einsatzes antizivilisatorischer Metaphorik für die Feier der modernen technischen Leistungen, ebenso ein gutes Beispiel für die geistige und ästhetische Befindlichkeit des Autors.

7. 9. „Goldene Hochzeit im Salzburger Land“

Waggerl, 1941 der prominenteste Dichter des Gaues Salzburg und dessen „Landesobmann“ der Reichsschrifttumskammer seit Mai 1939, soll, so übereinstimmend die Presseberichte der Zeit, das Drehbuch oder das Manuskript für den Film „Goldene Hochzeit im Salzburger Land“ geliefert haben.

Der Film wurde nicht zufällig in Großarl/Salzburg gedreht, wurde doch die Gemeinde Großarl von der nationalsozialistischen Rassenpropaganda als das „kinderreichste Dorf Großdeutschlands“ reichsweit verherrlicht. Im November 1943 wurde der Film im Rahmen der „Reichswoche für den Deutschen Kulturfilm“ uraufgeführt und kurz darauf als Beiprogramm deutscher Kinos gezeigt. (Vgl. KERSCHBAUMER III, 10). Der Germanist und Historiker Gert

Waggerls ‚Goldene Hochzeit'

Im Lifka-Lichtspieltheater zu sehen

Im Herbst 1941 wurde von der Wien-Film-Gesellschaft mit den Aufnahmen zu dem Kulturfilm „Goldene Hochzeit im Salzburger Land“ begonnen. Das Textbuch hiezu schrieb der Heimatdichter K. H. Waggerl, der es meisterhaft verstand, in diesem Kurzfilm ein anschauliches und echtes Bild von Salzburger Menschen, Salzburger Brauch und Salzburger Landschaft zu geben.

Waggerl als Filmautor

Kerschbaumer zitiert einen Zeitzeugen, der davon berichtet, daß der Streifen auch an der „sogenannten Eismeerfront“ gelaufen sei: „Die Gebirgsjäger mit dem Edelweiß durften durch das Filmfenster in die gestellte Heimat schauen, in der ein Lachen unschuldiger Kinder die Heimkehrer erwartet.“ (KERSCHBAUMER, 16) Regie führten Dr. Ulrich Kayser und Karl von Zieglmayer.

Die Produktion stand im kulturpolitischen Kontext der nach dem Angriff auf die Sowjetunion von der NSDAP-Reichskanzlei angeordneten „Aktivierung der Dorfkultur“ und der rassenpolitischen „Aufbauarbeit“ der Nationalsozialisten. „Wie alle Unterhaltungsprodukte der Kriegszeit hatte auch dieser konventionell gemachte Streifen eine politik- und gewaltfreie Atmosphäre, Freude und Optimismus zu vermitteln. Der Film spielt mit Illusionen, Sehnsüchten und Träumen.“ (KERSCHBAUMER, 14) Alle Hinweise auf christliches Festefeiern wurden von der Regie unterdrückt. So wenig wie nur möglich sollten überdies der aktuelle Zeitbezug und/oder nationalsozialistische Symbole vorkommen. Das war die grundsätzliche Linie der NS-Kulturfilme. Waggerls Drehbuch ist als Manus- oder Typoskript leider nicht erhalten geblieben: „Denkbar ist auch, daß Waggerl nur eine Inhaltsangabe mit seinem bekannten Namen lieferte“ (KERSCHBAUMER, 15f), die mit der von Lola Ahne im Salzburger Volksblatt (25.10.1941) publizierten Inhaltsangabe des Films korrespondierte. Als Verfasser werden auch noch die Herren Marlo Mieritz und A. Vogel genannt, Fotoreporter, sogenannte „Bildberichterstatter“.

Nach 1945 ging die Zusammenarbeit zumindest mit Marlo Mieritz weiter, und zwar jetzt auf dem Gebiete des österreichischen Kulturfilms. Gemeinsam mit Mieritz schrieb Waggerl 1946 ein Skript für den Film „Mozartstadt Salzburg“. Waggerls lebenslanges Interesse für die Filmarbeit ist vielfach belegbar: Man erinnere sich an den schon 1931 ventilierten Hanns-Arens-Plan, den Roman „Brot“ zu verfilmen (ARENS, 15.5.1931). Während des Krieges verfertigte Waggerl außerdem einen Drehbuchtext für ein Filmprojekt mit dem Titel „Die rechte Hand“.

7. 10. Heimatfront

Einen besonderen Stellenwert bekamen Waggerl und sein Werk, als die NS-Herrschaft ab 1942 im Zusammenhang mit dem Kriegsverlauf in zunehmende Schwierigkeiten geriet. „Nach 1942 gewann die Partei als Mobilisierungsfaktor eine neue Bedeutung, zumindest für die Überzeugten, vor allem für die Jugend, während die Mehrheit der 38er Parteigenossen bereits wieder wegzutauchen begann und nach neuen Ufern ausblickte. [...] Über die Miseren des Alltags sollten Vertröstungen auf das gute Leben nach Kriegsende hinweghelfen. Das System der Ehrungen wurde weiter ausgebaut.“ (HANISCH IV, 219) Als nun die „Heimatkultur als Integration und letzte Zuflucht“ (HANISCH IV, 224f) und als Herrschaftsmittel eingesetzt wurde, war Waggerl sehr gefragt. Es ist kein Zufall, daß er in den Jahren 1942, 1943 und 1944 immer in die „Salzburger Kulturtage der Hitlerjugend“ eingebunden war und daß diese Veranstaltungen von Gauleiter Dr. Scheel zu repräsentativen Selbstdarstellungen des Regimes gemacht wurden: Programmatische Reden des Gauleiters, Presseempfänge, Festveranstaltungen im gesamten Stadtgebiet und Verleihungen des neu geschaffenen, sehr hoch dotierten Kulturpreises der Gauhauptstadt Salzburg fanden in diesem Rahmen statt. Waggerl war nicht nur, wie üblich, Vortragender, sondern auch einer der drei zwischen 1942 und 1944 ausgezeichneten Kulturschaffenden. Nach Cesar Bresgen (1942) erhielt er im Jahre 1943 den genannten Kulturpreis, dotiert mit RM 7000.–, bevor ihn 1944 SS-Hauptsturmführer Eduard Paul Tratz bekam. (KERSCH II, 267ff)

Auch im Jahre 1944 spielte Waggerl neuerlich seine Rolle, und zwar im Rahmen der Kulturtage der Hitler-Jugend. Er schrieb sogar einen Beitrag für die HJ-Publikation „Kulturempfinden und Entartung“. Was er damals anbot, den zweiseitigen Essay „Lob des Kitsches in der Literatur“, war ein zwiespältiges Produkt, wie noch zu zeigen sein wird.

Seitdem sich die Kriegslage ab 1942 immer mehr verschlechterte, sollten die „Angriffsziele des Krieges vergessen gemacht“ werden: „Jetzt ging es um die Verteidigung der Heimat: gegen den Bolschewismus.“ (HANISCH IV, 226) Da war Waggerl und gerade er gefragt, denn: „So ist die innere Verbindung zwischen dem Salzburger Heimatdichter Waggerl und der Jugend auf eigene Art spürbar, die man sich näher, freudiger und lebendiger nicht vorstellen kann“, hieß es in der Sonderausgabe des „Kameradschaftsdienstes“ (Juni/Juli 1942) anläßlich der Kulturtage der HJ, in der alle Aktivitäten in großer Aufmachung in Text und Bild präsentiert wurden.

Gauleiter Scheel hielt seine programmatische „Kulturrede“, Waggerl durfte sich in die Schriftstellerprominenz u.a. zwischen Erwin Guido Kolbenheyer, Agnes Miegel, Paul Alverdes und Ludwig Friedrich Barthel einreihen. Die neue Oper des Kulturpreisträgers Cesar Bresgen, „Dornröschen“, wurde uraufgeführt, Ausstellungen, sogenannte Morgenfeiern, ein Festkonzert des Mozarteumorchesters, Tanz, Musik und Dichtung auf der Feste Hohensalzburg, Lesungen in der Salzburger Residenz, ein Burgtheater-Gastspiel von „Kabale und Liebe“ und ein Festvortrag von Werner Egk deuten den Grad der reichhaltigen, aber auch eintönigen Inszenierungen an.

Der Gauleiter meinte: „Die Kultur dient unmittelbar auch der kämpfenden Front, ja sie enthält in ihren Lebensäußerungen aus der Front noch laufend Befruchtung. [...] Wenn es [das deutsche Volk] sich heute in einem großen Schicksalskampf gegen die nihilistische und zerstörende Kraft des Bolschewismus befindet, dann ist das ein Kampf für Menschenwürde, Menschenfreiheit und überragende menschliche Kulturwerte gegen eine Welt der Vernichtung, der Zerstörung und des Materialismus. [...] Er [der Nationalsozialismus] hat erkannt, daß kulturelles Schaffen an rassische Lebensgesetze gebunden ist [...].“ (SCHEEL, 1ff)

Der „Kameradschaftsdienst“ der Hitler-Jugend berichtet über die Kulturtage des Jahres 1942

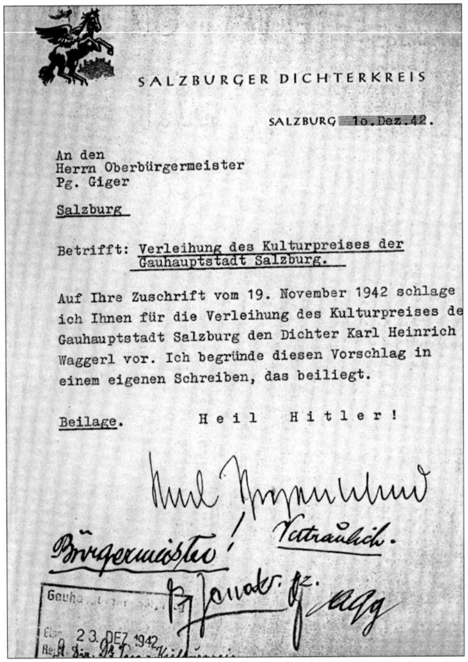

SALZBURGER DICHTERKREIS

SALZBURG 10.Dez.42.

An den
Herrn Oberbürgermeister
Pg. Giger

Salzburg

Betrifft: Verleihung des Kulturpreises der Gauhauptstadt Salzburg.

Auf Ihre Zuschrift vom 19. November 1942 schlage ich Ihnen für die Verleihung des Kulturpreises der Gauhauptstadt Salzburg den Dichter Karl Heinrich Waggerl vor. Ich begründe diesen Vorschlag in einem eigenen Schreiben, das beiliegt.

Beilage. Heil Hitler!

Karl Springenschmid

Bürgermeister! Vertraulich.

23. DEZ. 1942

Waggerl wird als Gaukulturpreisträger vorgeschlagen

Waggerl las im Hof der Festung seine Schöpfungsgeschichte, was, wie der ehemalige HJ-Führer und spätere Salzburger Landesrat Walter Leitner behauptete, zu einer „Anzeige beim Sicherheitsdienst (SD) der SS“ geführt habe: „Es wurde mir [Leitner] ‚klerikale Beeinflussung der Jugend und was fast noch schwerer wog, die Förderung ‚bündischer Gesinnung‘ vorgeworfen. [...] Es kam aber zu nichts, ich weiß nicht, wem die Niederschlagung der Anzeige zu verdanken ist.“ (LEITNER, 153) Dies hinderte die Partei aber nicht, Waggerl ein paar Monate später als neuen Kulturpreisträger 1943 vorzuschlagen und auszuzeichnen.

7. 11. Der Gaukulturpreisträger

Das Jahr 1943 brachte schließlich die große Ehrung. Karl Springenschmid als Leiter des Salzburger Dichterkreises schlug seinen Schulfreund für den Gaukulturpreis vor. Das Reichspropagandaamt hatte nichts dagegen, wollte aber den SS-Hauptsturmführer Dr. Eduard Paul Tratz[395] schon 1944 reservieren: „Ich gehe [...] von der Überzeugung aus, daß Waggerl ein anerkannter großer Dichter der deutschen Gegenwart ist und bereits weit über die Grenzen des Gaues hinaus bekannt ist. Wenn wir in diesem Jahre einer solchen Persönlichkeit den Kulturpreis verleihen, dann wird damit zweifellos der Wert des Kulturpreises in der Öffentlichkeit noch mehr steigen.“ (AStA). Die Intendanz des Landestheaters Salzburg freilich schlug den Komponisten Franz Salmhofer[396] für seine Volksoper „Das Werbekleid“ und den komponierenden General Paul Winter vor. Aus dem Bereich der Dichtung konnte sich das Landestheater Richard Billinger vorstellen. (AStA) Salmhofer war nach dem Krieg der Komponist von Waggerls „Heiterem Herbarium“ (1951) und der Komponist der Filmmusik für „Das Jahr des Herrn“ (1950).

Der Oberbürgermeister hatte sich anläßlich der Planungen für den Preis noch beim Deutschen Gemeindetag über die übliche Praxis für die Vergabe und die angemessene Höhe des Preises erkundigt. Der Gaukulturpreis dürfe nicht höher dotiert sein als der Nationale Buchpreis, der mit RM 10.000.– angesetzt war. Die Stadt Salzburg hielt auf sich und setzte den Preis mit RM 7000.– an. Das Goebbels-Ministerium mußte genehmigen: „Es empfiehlt sich auch in Berlin unter der Hand anzufragen, ob gegen die Person des Preisträgers Einwände vorliegen.“ (AStA)

Der Gauhauptmann und SS-Oberführer Dr. Albert Reitter[397] schloß sich dem Vorschlag für Waggerl an. Der Gauleiter war auch dafür. In einer „schlichten und innigen Feier“ (Salzburger Zeitung, 24.5.1943) in der Salzburger Residenz wurde Waggerl am 22. Mai 1943 vor geladenen HJ-Führern der Preis verliehen. „Den bodenverwurzelten, künstlerisch schaffenden Kräften“ sollte der Preis ein „Anreiz zu einem volksverbundenen Schaffen“ sein, so meinte der Oberbürgermeister. Waggerl möge „zum Wohle unseres Gaues, zum Wohle unserer Bewegung und unseres Führers“ arbeiten, so der Gauleiter. Bei der Abschlußkundgebung im Festspielhaus verkündete er vor 1400 HJ-

Führerinnen die Verleihung an Waggerl und fügte hinzu: „Sie [unsere Gegner] rennen gegen uns an, weil sie es uns neiden, daß wir ein Volk der Dichter und Denker sind [...]." (Salzburger Zeitung, 24.5.1943)

Walter Leitner weiß freilich zu berichten, daß Waggerl „bewußt oder unbewußt auf den Termin vergessen" (LEITNER, 154) habe, er habe ihn sogar suchen müssen. „Später einmal meinte er [Waggerl] zu mir [Leitner], – es dürfte im Sommer 1944 gewesen sein – es sei sein Unglück, daß er bei den Nazis als Schwarzer, bei diesen hingegen als Nazi verschrieen sei – er sei aber lediglich ein Dichter." (LEITNER, 154) Seinem späteren katholischen Verleger Otto Müller gegenüber behauptete Waggerl, er selbst sei wegen des Vortrages seiner Schöpfungsgeschichte von der NSDAP heftig angegriffen worden, weil er *„eine jüdische Legende verherrlicht hätte, das andere mal von einem Kooperator, der im Gegenteil meinte, ich hätte sie in den Schmutz gezogen." (OMÜ, 1946)*

In welchem Kontext die Preisverleihung stattfand, wird klar, wenn man dieselbe Seite der „Salzburger Zeitung" betrachtet, auf der Waggerl als Kulturpreisträger gewürdigt wird: eine antisemitische Karikatur, ein antisemitischer Zynismus – „Als Jude wählte er [Schmul Zieglboym] den Tod durch den Strang, den er übrigens verdient hat" –, ein Bericht über eine glanzvolle Ensembleleistung des Salzburger Landestheaters für das Tendenzstück „Das Dorf bei Odessa" aus der Feder Herbert Reineckers, „Bomben auf den Sowjet-Nachschub" oder „Hinrichtungen als Ergebnis einer Reise des Juden Kaganowitsch". (Salzburger Zeitung, 24.5.1943)

Waggerl las auf der Richterhöhe im Rahmen einer „Morgenfeier": „Er brachte den Beweis dafür, daß dem Verstande überall Grenzen gesetzt sind und nur dem Herzen Erde und Himmel offen bleiben [...]." (Salzburger Zeitung. 22.5.1943) Er las die Rindenpfeifen-Episode aus dem „Wagrainer Tagebuch" (WT, 180). Die propagandistische Botschaft war klar, der versprochene Trost möglicherweise mehr als schal: „Durch Spott und Schläge verjagt, kehrt er [der Jüngling] traurig zur Heimat zurück, wo er sich mit seinem süßen Spiel eine schöne Braut gewinnt und von nun ab zu Hause bleibt, zufrieden damit, seine kleine Kunst als Trost für stille Leute zu üben." (Salzburger Zeitung, 22.5.1943) Eine Nachlese zu den Hitler-Tagen 1943 betitelte die Salzburger Zeitung mit „Wer sich dem Reich verschrieb ...". (Salzburger Zeitung, 25.5.1943) Waggerls Bekannte Vilma Sturm schrieb einen langen Huldigungsartikel im „Völkischen Beobachter" (20. Juni 1943): „Dieser peinlich aufgeräumte Schreibtisch in der hellen, ruhigen Stube kommt mir heute wie ein Sinnbild für die gesamten Lebensverhältnisse des Dichters vor. Da fehlt jeglicher Aufwand, materiell sowohl wie geistig verstanden." (Völkischer Beobachter, 20. 6.1943)

Dieselbe Rolle wie im Rahmen der Hitler-Jugend spielte Waggerl im Rahmen der „Salzburger Heimatwoche" im Oktober 1943, die vom neu gegründeten „Salzbur-

Waggerl spricht auf der Salzburger Richterhöhe

Salzburger Zeitung

Salzburger Landeszeitung

Salzburger Volksblatt

2. Jahrgang Nummer 141

Nationalsozialismus ist die Zusammenfassung der besten Kräfte unseres Volkes!

Der Gauleiter in der Abschlußkundgebung der Kulturtage der Hitler-Jugend

Die Welt durchschaut Stalins Trick

Waggerl, der Gaukulturpreisträger 1943

ger Heimatwerk" als „Gemeinschaft für Volks- und Brauchtumspflege" ausgerichtet wurde. Er las vor. Im September 1943 berichtete er dem Reichsstatthalter Dr. Scheel außerdem darüber, daß der *„ehrenvolle Auftrag, eine volkstümliche Geschichte des Gaues Salzburg zu schreiben, allmählich festere Formen gewinnt."* Einen Entwurf hoffe er *„nächstens"* vorlegen zu können. (ARCHIV H 16.905) Daraus ist aber offenbar nichts geworden.

Bei der „Salzburger Heimatwoche" sprach der Gauleiter wieder Grundlegendes. Anläßlich der Gründung des „Heimatwerkes" im Dezember 1942 hatte er „an der Spitze des Heimatwerkes"[398] schon eine andere „grundlegende" Rede gehalten: „Die besten Kräfte sollen ans Werk." (Salzburger Zeitung, 17.12.1942) Die „Heimat" wurde mobilisiert. Über die „Volksdichtung" sagte Scheel in „bodenständiger" Rhetorik: „So wie der Baum im Erdreich seine Wurzeln hat, damit er die Krone unter dem freien Himmel entfalten kann, so muß die Dichtung mit dem Muttergrund des Volkstums verwachsen sein, um mit ihren Früchten ins Zeitlose und Allgemeine zu wirken." (Salzburger Zeitung, 17.12.1942)

Es wurden vom Gauleiter „Beauftragte des Heimatwerkes" bestellt, darunter Cesar Bresgen für das Volkslied, Walter Leitner für den Volkstanz und Tobias Reiser für die Volksmusik, mit dem Waggerl ab 1952 das „Salzburger Adventsingen" bestritt. Waggerl hatte sich schon zehn Jahre vorher mit Weihnachts-Lesungen einen Namen gemacht: „Oder ist es etwa nicht eine köstliche, herzerquickende Sache, wenn der Dichter mit warmen Worten vom Weihnachtsabend erzählt, so daß man förmlich die geschmorrten [sic!] Äpfel in der Ofenlichte summen und singen hört? [...] Die Jugendgruppe der NS-Frauenschaft singt zu dieser Lesung heimatliche Lieder, die mit den Worten des Dichters seltsame Vertrautheit pflegen: Irgendwie gehören sie gefühlsmäßig zusammen, sagen das gleiche aus, und so ist die Blume, die Waggerl überreicht, mehr als eine Geste. Beifall ... Beifall ... Beifall ... [...] denn da wird die Welt gleich um so Vieles erfüllter, leichter und heller –" (Salzburger Zeitung, 17.12.1942)

7. 12. Lob des Kitsches und die „liebe Einfalt"

Daß Waggerl zwar inhaltlich mit dem, was der Gauleiter über das „Zeitlose" der Dichtung gesagt hatte, übereinstimmte, denn es waren seine eigenen Gedanken aus den 30er Jahren, darf angenommen werden. Ebenso, daß er wußte, welche literarische Qualität er selbst den Volksgenossen im Kontext der Heimatfront-Propaganda vorsetzte, die so beifällig zu Herzen ging. Denn sein letzter Beitrag, der Essay „Lob des Kitsches in der Literatur" in der HJ-Broschüre „Kulturempfinden und Entartung" (1944) enthält folgende selbstlegitimierende und zugleich publikumskritische Passage, die sich humorig gibt: *„Kitsch enthält alle Elemente des Echten und Wahren, er ist wirkliche, ehrliche Kunst, nur eben unzulänglich in den Mitteln, gleichsam ihr Larvenzustand. Schund hingegen ist Betrug, er be-*

dient sich unredlicher Mittel. Der Kitsch bewegt das Herz, seine Absicht ist, zu rühren. [...] Aber habt ein Herz für den Kitsch, er ist das Glück so vieler Menschen. Laßt der lieben Einfalt ihr Recht [...]." (KITSCH, 24f) Waggerl endet mit folgendem Satz, der sich kritisch gibt: *„Ich will [...] verschweigen, daß ich manchmal im Zweifel bin, ob ihm [dem lieben Gott] nicht doch auch gelegentlich etwas wie Schund unterlaufen ist. Ein einziges Mal nur, am letzten Schöpfungstage." (KITSCH, 25)*

Die Zweitfassung dieses Essays, der 1947 in den „Berichten und Informationen" mit dem Titel „Über den Kitsch" erschien, schrieb Waggerl zu einem Text um, der seine angebliche Widerständigkeit vor 1945, seine „innere Emigration" suggerieren sollte. Jetzt hieß es plötzlich zusätzlich: *„Es ist nicht wahr, daß die Kunst dem Volke gehöre. Sie gehört der Gottheit." (KITSCH I, 711)* Weitere Einfügungen dienten dazu, geschickt pauschalierend und zugleich von allem Konkreten ablenkend, allen politischen Führern die Forderung nach einer *„edlen und volksnahen Kunst"* zu unterstellen und sich selbst – angeblich ironisierend – von allen *„kollaps – (Pardon!) kollaborationistischen Neigungen" (KITSCH I)* freizusprechen. Diese Neufassung gehörte in den Kontext der Entnazifizierungs-Debatten um Waggerl seit 1945. Nur die Zweitfassung seines Essays wurde nach 1945 in diversen Gazetten abgedruckt, ein weiteres kleines Mosaiksteinchen in der Herstellung eines zurechtgefälschten Waggerl-Bildes nach 1945.[399]

7. 13. Der Festredner

Bevor sich Waggerl für die HJ-Kulturtage 1944 erneut zur Verfügung stellte, hatte er noch einen ganz besonders großen Auftritt. Im April 1944 feierte nämlich der Gau Salzburg den 55. Geburtstag Adolf Hitlers, diesmal in einem außergewöhnlich glanzvollen Rahmen, im Salzburger Festspielhaus. „Festlich geschmückt das Haus, festlich gestimmt die Menschen. Auf der Bühne, in Grün gebettet, umrahmt vom leuchtenden Rot der Hakenkreuzfahnen, die Führerbüste. Im Zuschauerraum mit Gauleiter Dr. Scheel führende Männer der Partei, der Wehrmacht und des Staates, Männer und Frauen Salzburgs, die Jugend." (Salzburger Zeitung, 21. 4.1944) Das Mozarteumorchester spielte zum Auftakt ein Stück aus einem der Brandenburgischen Konzerte Bachs.

Dann kam der Auftritt Waggerls, die Stimme der „Heimat". Die „Salzburger Zeitung" berichtete: „Dann spricht der Heimatdichter Karl Heinrich Waggerl, aus tiefstem Herzen schöpfend, in einem heißen Bekenntnis des Glaubens und Vertrauens zum Führer den Dank der Heimat." (Salzburger Zeitung, 21.4.1944). Was Waggerl genau sagte, ist nicht überliefert.

Die Feststunde wurde von Volksliedern einer Singruppe unter der Leitung von Landa Clauß, von einer Melodie Mozarts, die erneut vom Mozarteumorchester gespielt wurde, musikalisch umrahmt. Beispiele sogenannter Volks- und Hochkultur wurden zur Feier des „Führers" eingesetzt. Franz Stelzhamers Verse „Hoamatland" und Eberhard

Wolfgang Möllers Gedicht „Der Führer" durften nicht fehlen. Das NS-Blatt faßte zusammen, indem es zuletzt im Wissen um den noch nicht-erschöpften Führerglauben an tradierte religiöse Gefühle appellierte, um die Opfer- und Todesbereitschaft anzustacheln: „Niemals noch in der Geschichte hatte das deutsche Volk einen Führer, der als Politiker, als Feldherr, als Denker und Künstler gleich hervorragend gewesen ist. [...] Ergriffen lauschten alle, die an dieser wahrhaft feierlichen Stunde teilnahmen, den Worten heißer Liebe zum Führer und die Bewegtheit aller strömte zusammen in dem innigen Flehen: ‚Herrgott, Allmächtiger, wenn Du es für notwendig hältst, nimm unser kleines Leben, aber erhalte uns den Führer. Denn der Führer ist Deutschland, der Führer ist die Zukunft!" (Salzburger Zeitung, 21.4.1944) (KERSCH III)[400]

In diesem Lichte bekommen die Erinnerungen Karl Springenschmids eine bisher unbekannte Dimension.

7. 14. Aufmuckereien

Waggerl dürfte sich gegen Kriegsende in seiner Rolle immer unwohler gefühlt haben. Viele Indizien deuten darauf hin, daß er aufmuckte, was den Herrschenden nicht unbekannt blieb. Wie Karl Springenschmid berichtet, soll sogar ein Akt (Gestapoakt?) über Waggerl-Sprüche, die er Mitte Oktober 1944, ein paar Monate nach seiner Glückwunschrede, im Salzburger Café Bazar von sich gegeben haben soll, angelegt worden sein. (SPRINGENSCHMID, 80) Im Plauderkreis mit den Mühlmanns soll Waggerl gegen die Reichsdeutschen, die alle Ämter besetzt hielten, geätzt haben, was der Gauleiter Scheel auch persönlich nahm: „Und dann, sagen Sie, ist es Ihrem Freund, dem Waggerl nicht genug, daß wir ganz oben einen Österreicher haben? Damit könnte er als Patentösterreicher doch zufrieden sein." (SPRINGENSCHMID, 76) Auch pessimistische Äußerungen, die den Glauben an den sogenannten „Endsieg" in Frage stellten, sollen gefallen sein. Die Glaubwürdigkeit von Springenschmids Bericht leidet freilich u. a. daran, daß man Waggerl folglich – 1944 – „habe einrücken lassen", was nicht zutrifft. „‚Wir werden den Waggerl einrücken lassen. Da muß er auf jeden Fall den Schnabel halten'", soll der Gauleiter gesagt haben. (SPRINGENSCHMID, 82) Der kulturell versierte Gauleiter, bekannt für seine „grundlegenden" Kulturreden, soll außerdem gemeint haben: „Dichten, das ist gut. Dichten, das kann er [der Waggerl], das soll er, dichten soviel er will. Besser dichten als dummes Zeug schwätzen." (SPRINGENSCHMID, 82) Die Berichtsstrategie Springenschmids ist offensichtlich: Waggerl wird als politisch unbedarfter Hitzkopf vorgestellt, Springenschmid stilisiert sich selbst als Retter des angeblich Gefährdeten.

Nach einer Aussprache in der Wohnung der Grete Lanz habe Waggerl die Schädlichkeit seiner Äußerungen eingesehen und seinem Freund Springenschmid – zur Güte – eines der Gedichtlein aus dem im Eigenverlag gerade fertiggestellten Bändchen „Vergißmeinnicht" (1944)[401] gewidmet, nämlich das vom „Steinbrech“, indem er es ihm auf die Innenseite dieser Sammlung geschrieben habe. Es war das Exemplar Nr. 38. (BRIEFE I). Nach 1945 erst sollte dieser Text im „Heiteren Herbarium“ (1950) auftauchen. *„Wir wissen nicht,/womit der Steinbrech Steine bricht./Er übt die Kunst auf seine Weise,/und ohne Lärm. Gott liebt das Leise.“ (SW II, 635)* Waggerl habe hinzugefügt: „‚Lieber Springs, betrachte dieses Heft mit Kopfschütteln als Beweisstück für meine Theorie des Kitsches.‘“ Springenschmid kommentiert dies folgendermaßen: „Ich war glücklich. Heute ist dieses bescheidene Heftchen das kostbarste Stück unter den Büchern, die mir Waggerl geschenkt hat, [...] weil ich damals sah, daß er [...] Abstand zu all dem gewonnen hatte, was zu dieser Zeit geschah und wieder in seine eigene Welt eingekehrt war.“ (SPRINGENSCHMID, 82)

Schon im September 1944 berichtete Rudolf Bayr[402] im „Völkischen Beobachter“ von „Waggerls Blumengedichten“: „In diesen Versen lebt derselbe Humor, der auch Waggerls andere Bücher so liebenswert macht; sie erfreuen durch ihre Gegenständlichkeit und bewegen den tiefer Schauenden durch ihren echten Symbolgehalt“ (Völkischer Beobachter, Wiener Ausgabe, 9.9. 1944) Das Titelgedicht „Vergißmeinnicht“ formulierte 1944 sozusagen das Motto für Waggerls schriftstellerisches Verhalten nach dem Krieg: *„Das Blümchen fragt nicht wie und was./Verschwiegen steht's im kühlen Gras,/wirft sinnend einen Blick ins Blau/ und merkt sich alles ganz genau.“ (SW II, 631)*

7. 15. „Feierabend“

Der letzte dichterische Beitrag, den Waggerl vor Kriegsende leistete, ist der Sammelband „Feierabend“ (1944) mit einer Titelerzählung aus dem Jahr 1941, also aus einer Zeit, in der noch nicht vordringlich von der Stählung der „Heimatfront“ die Rede war. Dazu kamen weitere Beiträge, die schon in den 30er Jahren publiziert worden waren, und nur zwei neue Kurzgeschichten, „Marschmusik“ und „Der Roßheilige“.

Geschickt stellte Waggerl das Sammelbändchen in der Reihe der von ihm selbst herausgegebenen „Salzburger Hefte“ zusammen. Die Titelerzählung ist der für die Nationalsozialisten genehme Inbegriff idyllisierender Wirklichkeitsverweigerung, die angesichts der bedrängenden historischen Wirklichkeit die geplante Trostfunktion wohl nur noch schwer erfüllen konnte. Waggerls eingestreute Sprüche decken sich selbst als Ablenkungssätze auf, die aber in Kriegszeiten gefragt waren: *„Aber wir leben hier und wenn man das einmal überdenkt, ist unser Dorf doch auch wieder nichts Geringes, eine schöne runde Welt, es wohnt sich wohl darin. [...] Es ist ein Glück, und das hält eigentlich das Triebwerk der Welt in Gang, daß es immer Leute gibt, die das verworrene Geschäft des Lebens herzhaft angreifen und getrost auch einmal in Sünden fallen, wenn nichts Besseres mehr helfen will, statt gleisnerisch die Augen zu verdrehen und sich, was sie diesseits aus Feigheit versäumt haben, für das Jenseits als ein Werk der Tugend anrechnen zu lassen. [...] Nun, er [Gott] läßt uns gewähren und recht und schlecht miteinander*

„Vergißmeinnicht“ als Vorstufe des „Heiteren Herbariums“ (1944)

leben. [...] Denn soviel Arges dieser Mensch in der Welt gesehen und erfahren haben mag, erst jetzt wird er gewahr, daß er das Schlimmste aller Übel in sich selbst verbirgt, die Untreue. Nur die Treulosen läßt Gott wirklich fallen." (FE II, 6ff)

Was sollte daran anstößig gewesen sein? Klarerweise haben NS-Blätter ähnliche Waggerl-Texte mit Vorliebe auf ihre Feuilleton-Seiten gesetzt, noch dazu gegen Kriegsende: *„Es ist immer irgendwo Sonne. Dazu braucht es ein langes Leben, um herauszufinden, daß immer irgendwo Freude und Fröhlichkeit ist, Unglück und Trauer anderswo. Man darf freilich nicht erwarten, es müßten alle guten Stunden dorthin fallen, wo man sich im Trotz und in der Angst des Lebens festgeklammert hat. Wie Gott es ansieht, im ganzen liegt alles recht gewogen und im Gleichgewicht in seiner Hand. Und dann, wieviel wünschen wir überhaupt, wie wenig machen wir aus dem, was uns gefällt! Das ist ein anderes Geheimnis; alle Güter des Daseins haben ihren Wert von uns, und wer seine Armut beklagt, der ist in der Seele arm." (Berliner Börsen-Zeitung, 9.4.1944)* Diese Passage stammte aus dem Roman „Schweres Blut" (SB, 349). Genau das und Ähnliches wollte Waggerls Publikum hören, dafür gab es „Beifall .... Beifall ... Beifall ..." (Salzburger Zeitung, 17.12.1942). Waggerl hielt dies selbst wahrscheinlich für „Kitsch" und seine Fans für „Kitschsüchtige", die er verspottete. Loni Seitz-Ransmayer (* 1898), eine Salzburger Lyrikerin und „Anschluß"-Hymnikerin,[403] schrieb an Waggerl, nachdem sie die Ausstellung „Kulturempfinden und Entartung" der Hitlerjugend gesehen und seinen Aufsatz „Lob des Kitsches" gelesen hatte: „Gerade jetzt brauchen wir Menschen wie Sie: die auch stillestehen können, die immer ganz schlicht, ganz einfach selbst ein Stück Natur bleiben und uns immer neu lehren, die Sprache der Allmutter zu verstehen. [...] Mögen Sie [...] uns auch in Zukunft noch oft Gelegenheit geben, beglückt, um den Mund ein Lächeln, im Herzen Ergriffenheit, zu sagen: ‚Wieder ein Waggerl!'" (ARCHIV H 1215, 17.6.1944) Ähnliche Bekenntnisse sollten auch nach 1945 zu Tausenden abgegeben werden. Waggerl bekam Schwierigkeiten, die Post zu bewältigen.

Waggerls schon erwähntes Aufbegehren hielt sich gegen Kriegsende in engen Grenzen, die dichterischen Ergebnisse sind harmlos. Das Kartenspielen ist ein *„spielerisches Vergnügen [...], dem man heimlich nachhängt, oder einer von den Fluchtwegen aus der Wirklichkeit, deren es nicht mehr viele gibt, – die darum wissen, werden es verstehen"*, heißt es in „Alte Karten" (Salzburger Volksblatt, 11.4.1942). Über den heiligen Leonhard wird räsoniert, ob es dem Heiligen nicht *„unsagbare Mühe"* mache, die *„vorgestreckte Hand [...] immerfort so ruhig zu halten. Ob er den Arm nicht doch zuzeiten sinken ließ, nachts, wenn niemand um die Wege war?" (FE II, 46)* Waggerls Kalendergeschichte „Die Schöpfung", die er gerne vorlas, ist natürlich auf die unparadiesische Situation der Zeit projizierbar: *„Und zuletzt trieb Gottvater das Menschenpaar für immer aus seinem Garten."* Freilich, die beiden bekommen doch *„noch einen warmen Kittel"* (FE II, 32) geschenkt, um ihre Nacktheit bedecken zu können. Prosa der Inneren Emigration? „Marschmusik“ ist eine Ironisierung kriegsverherrlichender Programmusik und blasmusikalischen Dilettantismus’, nichts weiter, denn: *„Aber heiter und freundlich endet der Gesang der Bläser, freundlich der Traum des Kriegers nach der Schlacht. Gott helfe ihm, daß er bald heimkehren und wieder an seinem friedlichen Herd sitzen darf, er und wir alle.“ (FE II, 40)* Nach dem Widerständigen muß man mit der Lupe suchen. Nach 1945 sollte es von Waggerl anders gewichtet werden.

Den schwersten Bombenangriff erlebte die Stadt Salzburg am 16. Oktober 1944. Auch für Waggerl dürfte dies ein Schock gewesen sein: Als einziges Zeitungsblatt aus der Kriegszeit hat er in seinem „Pfingstidyll an der Reichsautobahn“ die Ausgabe der „Salzburger Zeitung“ vom 22. Oktober 1944 aufbewahrt, in der ausführlich über den „Terrorangriff“ und die Totenfeier des Reichsgaues berichtet wurde. 245 Menschen waren damals ums Leben gekommen. Bis zum 1. Mai 1945 gab es weitere vierzehn Luftangriffe. Insgesamt kamen bei den Luftangriffen 547 Menschen ums Leben. (MARX I, 18ff, FLOIMAIR)

„Im Kommunalfriedhof der Stadt Salzburg stand seit 1941 eine vom Domorganisten Franz Sauer überprüfte ‚moderne‘ Orgel zum Einsatz bereit. Der Urnenfriedhof mußte wegen der starken Nachfrage erweitert werden. Die Soldatengräber sollten außerhalb des Bereiches der ‚Normal‘-Sterblichen liegen, daher wurde für sie ein eigener Bereich eingerichtet. Das geplante ‚Ehrenfeld‘ im Kommunalfriedhof konnte nur zum Teil verwirklicht werden. [...] Das Gräberfeld wurde nach einem militärischen Prinzip gestaltet: ‚Glied an Glied und Reihe an Reihe, wie sie im Leben stritten, sollen die Kämpfer auch im Tode vereint sein.‘ Die ‚Arbeitsgemeinschaft für art- und zeitgemäße Lebensformen‘ im Gauschulungsamt erhielt durch das Massensterben eine neue ‚würdige‘ Aufgabe an der ‚Heimatfront‘. In Zusammenarbeit mit dem Landesplaner Dipl. Ing. R. Schlegel und einigen Architekten wurden in Anknüpfung an eine bäuerliche Tradition des Mittelalters ‚Heldenhaine‘ mit Totenbrettern entworfen und in etlichen Gemeinden des Landes auch errichtet. [...] In der sicheren Heimat [...] interessierte den ‚Heimat- und Brauchtumsforscher‘ Schulrat Karl Adrian ‚Das Totenbrett im Salzburgischen‘. In der Zeit der Fliegerangriffe blieb den Architekten nicht einmal der Friedhof als Betätigungsfeld. Massengräber mußten angelegt werden. Über 10.000 Menschen des ‚kleinsten Gaues‘ starben im Krieg, im Konzentrationslager, im Gefängnis.“ (KERSCH II, 307ff)

Am 6. März 1945 sah sich der NS-Bürgermeister Wagrains veranlaßt, die Bevölkerung darüber zu informieren, daß keine Luftschutzstollen errichtet werden würden, solange „von jeden [sic!] einzelnen nicht mehr Luftschutz-Disziplin gewahrt wird“, (ARCHIV H 16.927) und mitzuteilen, daß „bei Überfliegung feindlicher Flugzeuge [...] öffentliche Plätze und Strassen von jedermann sofort zu verlassen“ seien, „Zuwiderhandelnde“ gemeldet werden müßten und zu „Geldstrafen von RM 5.– und bei wiederholten Verstössen zu RM 10.– heran[zuziehen]“ seien. Wagrain hatte 102 Gefallene und 16 Vermißte zu be-

Vermutlich Waggerls Vorgesetzter, Major Hugo Manz

klagen, Wolfgang Fritzenwallner, der im KZ Dachau ums Leben gekommene Wagrainer, scheint auf keiner Wagrainer Liste der Opfer auf. (WAGRAIN II, 460ff, KERSCH I, 69)

7. 16. Bilanzen

Die Bilanzen waren spätestens seit Ende 1944 zu ziehen. Hugo Manz, der Vorgesetzte Waggerls in der Gruppe Ic im Generalkommando XVIII lieferte die seine am 4. Juni 1945 als „Letzten Einsatz für Salzburg. Ein kurzer Erlebnisbericht“ als heroisch stilisierte Rettungsbilanz für Salzburg. Er habe „tatsächlich als erster Offizier den Amerikanern den Weg nach Salzburg“ gewiesen. Für Waggerl fiel dabei auch etwas ab. „Mit dem Näherkommen der Front beschäftigte ich mich lebhaft mit dem der Stadt Salzburg zugedachten Schicksal und besprach mich dieserwegen mit meinem Adjutanten, dem damaligen Hauptmann Waggerl, dem bekannten Salzburger Schriftsteller, mit dem ich mich absprach, alles zu unternehmen, um Salzburg vor dem Untergang zu retten.“ Manz stellte dar, wie er „als angeblich energischster Offizier des Generalkommandos“ entgegen den Befehlen „zusammen mit Hauptmann Waggerl“ den „Sicherheits- und Ordnungs-Dienst Manz“ auf die Beine gestellt habe. Es war ihm im Rahmen des Kampfauftrages Salzburg befohlen worden, „Dienststellen und Einheiten aufzulösen, Soldaten an die Front abzustellen, Beschlagnahmungen usw. durchzuführen.“ Nur Waggerl sei in die Befehlsverweigerung eingeweiht gewesen. „Es blieb mir nur noch übrig, meinem getreuen Adjutanten, Hauptmann Waggerl, der sich unermüdlich in den Dienst der Sache gestellt hatte, meinen besonderen Dank und meine Anerkennung zu sagen. [...] In die neue Zeit aber nehme ich mit hinüber den Glauben, zusammen mit Karl Heinrich Waggerl vielleicht einen nicht unwesentlichen Beitrag geleistet zu haben, um in den letzten Stunden die mir [...] lieb und teuer gewordene Heimat Salzburg vor Leid, Not und Schaden zu bewahren.“ (MANZ, 4.6.1945)

Waggerl habe nach 1945 erzählt, daß „in den letzten Kriegstagen noch der Befehl kam, zur letzten Verteidigung der sogenannten ‚Alpenfestung‘ nach Südtirol zu marschieren. Er wurde also mit seiner ‚Kulturtruppe‘ in Marsch gesetzt. Waggerlzitat: ‚Wir sind dann ganz langsam marschiert und das nur wenige Kilometer pro Tag. Bis es dann in Rosenheim so weit war, der Krieg war zu Ende. Ich konnte mit meiner Einheit unter dem Schutz der Amerikaner wieder zurück nach Salzburg.“ (Zeitzeugenbericht Bertl Emberger 1997) Bei Manz ist davon mit keinem Wort die Rede. Manz erweckt den Eindruck, als ob er und Waggerl die ganze Zeit über in der Stadt Salzburg mit Rettungsmaßnahmen beschäftigt gewesen wären.

Wie neueste zeitgeschichtliche Forschungen beweisen, hatte freilich sogar die „Partei- und Wehrmachtsführung mit dem Abgang ins Gebirge die Bereitschaft zur Nichtverteidigung“ Salzburgs bekundet. Gauleiter Scheel hatte den Kampfkommandanten Lepperdinger sogar beauftragt, die Stadt Salzburg den Amerikanern zu übergeben, obwohl der General Bork des „Korps Bork“, das in St. Gilgen eingetroffen war, schon mitten in die Übergabevorbereitungen an die Amerikaner die Anordnung ausgab, die Stadt unbedingt zu halten. (LACKENBAUER, 34f) Am 4. Mai 1945 um 6.00 Uhr früh wurde die Bevölkerung in einer Rundfunkansprache von der Durchführung des Befehls der Partei- und Wehrmachtsführung unterrichtet.

Auch Waggerl zog Bilanz – auf verschiedenen Ebenen. Ende November 1944 schrieb er an den Insel-Verlag in Leipzig, daß ihm die Verslein des *„rührend komische[n] Frauenzimmers"* Friederike Kempner[404] ein Trost seien. Der Insel-Verlag hatte Waggerl auf Wunsch Gedichte der „schlesischen Nachtigall" zugesandt, die dafür berühmt geworden war, daß sie Verschen verfaßte, die ungewollt komisch sind und eine unbeabsichtigte Selbstpersiflage darstellen. Waggerl ließ Kempners Gedichten sogar eine eigene Buchbinderarbeit zukommen.

„Ich bin bis heute wohlbehalten geblieben, allerdings auch ‚ausgebombt'. [...] Salzburg ist nicht mehr zu erkennen [...]. Es muß wohl so sein, weil im Bereich des Menschlichen doch nirgends mehr Sinn und Ordnung zu finden ist. Ab und zu mache ich noch einen schüchternen Versuch, zu arbeiten – nun, Sie wissen ja selbst, wie einem dabei zu Mute ist." (WK, 29.11.1944) Bis Kriegsende gingen noch fünf Briefe nach Leipzig. Wahrscheinlich nach dem 10. Dezember 1944 hieß es bilanzierend, elegisch und depressiv: *„Ich sitze da am Ufer meines Lebens wie an einem Bach und sehe ihn vorüberrinnen, ich halte unbeholfen meine Angelschnur hinein, damit ab und zu ein Fisch anbisse – schon lange keiner mehr! Aber es schwimmen doch noch welche drin. – Denn ich habe das unklare Gefühl, daß Ihr Daheim auch für mich etwas letzthin Sicheres und Rettendes bedeute."* Kippenberg solle noch Geduld haben, zwei Bücher seien *„bis zu den letzten Seiten"* fertig, aber er wolle sie nicht aus der Hand geben: *„Ich will mein bißchen Talent nicht auch noch ins Meer der Mittelmäßigkeit schütten." (BRIEFE, 29f)* Aber noch immer verstand sich Waggerl als Vermittler. Dem Leipziger Verleger empfahl er die Gedichte seiner Salzburger NS-Kollegin Erna Blaas für ein neues Insel-Bändchen.[405] Um welche *„Auswahl von Gedichten"* es sich dabei handelte, kann nicht eindeutig geklärt werden. Es könnte die Sammlung „Rühmung und Klage" gewesen sein, die noch 1944 bei Karl H. Bischoff erschien und u. a. neben schönen Liebes- und Landschaftsgedichten auch die politische NS-Lyrik von Erna Blaas unter dem Titel „Der Kampf" enthielt: „und auf den Gräbern wächst das R e i c h!" (BLAAS, 107)

Am 4. Mai 1945 rollten die ersten amerikanischen Panzer durch die Stadt Salzburg: „Die Besetzung ging reibungslos vonstatten." (LACKERBAUER, 37) Die letzten beiden Briefe an und von Kippenberg aus dem Jahre 1945 stammen vom 2. und 9. April. Waggerl mußte seine Steuerangelegenheiten erledigen. Der Verlag teilte die jeweils sehr hohen tatsächlichen Einnahmen Waggerls für 1943 und 1944 wunschgemäß mit: RM 14.491.– und RM 12.601.– „Mit freundlichen Grüßen und allen guten Wünschen für die Zukunft. Der Insel-Verlag." (WK, 9.4.1945) Erst Ende August 1946 ist wieder ein Briefkontakt belegt. Dazwischen war vieles passiert.

8. Die zweite Nachkriegszeit (1945–1973)

8. 1. Blick zurück? – Entnazifizierung

Die unmittelbaren Nachkriegsjahre waren für Waggerl Zeiten der beruflichen und privaten Krisen. Es gab fast nichts, was nicht zur Disposition stand, so z. B. sein Verhältnis zu seinem Leipziger Verleger Dr. Anton Kippenberg, seine privaten Beziehungen, seine Rolle im Literaturbetrieb und damit seine finanzielle Lage ebenso wie sein politisches und dichterisches Selbstverständnis. Nach einer ca. vierjährigen Durststrecke sollte Waggerl schließlich kontinuierlich zu einem der bekanntesten und gefragtesten Schriftsteller Österreichs der 50er und 60er Jahre werden, ja zum Inbegriff heimatverbundenen Dichter- und Österreichertums.

Was Waggerl vorerst einmal besonders bedrängte, war die Tatsache, daß er angehalten war, sich mit seiner NS-Vergangenheit auseinanderzusetzen. Er wurde nach dem Einmarsch der Amerikaner im „Kriegsgefangenenlager Alpenstraße“, dem später als „Camp Marcus W. Orr“ bekannten Lager (SVOBODA, 121ff), interniert, woraus er Ende August 1945 entlassen wurde. (ARCHIV, H 16.917, Certificate of Discharge) Er hatte sich noch am selben Tag beim Arbeitsamt Salzburg „zwecks Arbeitseinsatz“ zu melden. (ARCHIV, H 16.921) Auch Waggerls Freund Dr. Kai Mühlmann sollte in diesem Lager – allerdings erst 1946 – einsitzen (ARCHIV, H 16.890),[406] ebenso wie der ehemalige Wagrainer Ortsgruppenleiter und NS-Bürgermeister Riedlsperger, der sich – auf „illegalem“ Wege – im Juni 1947 aus dem Lager um Hilfe an Waggerl wandte: „Ihnen ist es vergönnt gewesen, die Freiheit zu bewahren und den Zeitungsnachrichten zu schließen haben Sie wohl wieder Anschluß zu sehr einflußreichen Kreise [sic!] gefunden.“
(ARCHIV, H 1458, 2.6.1947)[407]

Schon am 8. Mai 1945 war das sogenannte „Verbotsgesetz“ beschlossen worden, das am 6. Juni 1945 in Kraft trat. Demnach unterlag auch die Gruppe der Schriftsteller insofern den gesetzlichen Verpflichtungen zur Registrierung, als NSDAP-Mitglieder sich nach § 4 ohnehin zu melden hatten. Der Kreis der Meldepflichtigen umfaßte u.a. die Parteimitglieder und -anwärter, und zwar seit dem 19. Juni 1933, dem Verbotsdatum der NSDAP in Österreich. Im Gesetz waren zwingende und fakultative Sühnefolgen vorgesehen, aber auch deren Nachsicht durch einen Gnadenakt des österreichischen Staatsoberhauptes durch individuelle Prüfung jedes einzelnen Nachsichtbewerbers.
(VERBOT)

In der Folge sah sich Waggerl sowohl mit den österreichischen als auch mit den amerikanischen Entnazifizierungsmaßnahmen konfrontiert. Die Amerikaner waren mit einem umfangreichen und detaillierten Fragebogen (Personal Questionnaire) ins Land gekommen, in dem nicht nur die Zugehörigkeit zur NSDAP und die Anwärterschaft in die Partei erhoben wurden, sondern darüber hinaus alle Tätigkeiten und Funktionen in den verschiedendsten NS-Organisationen, u. a. in SS, SA, HJ, NS-Lehrerbund oder der DAF (Deutsche Arbeitsfront). Dazu kamen Fragen zu den seit 1. Jänner 1932 publizierten Schriftwerken, zu den gehaltenen Reden (!), zum Einkommen (1934 und 1943 im Vergleich), zu geleisteten Militärdiensten, aber auch zu Tätigkeiten im Widerstand. (STIEFEL)

Da Waggerl selbst *„hinsichtlich [seiner] Zugehörigkeit zur NSDAP begründete Zweifel"* hatte, wie er im Februar 1946 zu Protokoll gab, obwohl er im Jahre 1939 seinen Eintritt in die NSDAP im Jahre 1938 eigenhändig bestätigt hatte, kam er der durch das „Verbotsgesetz" vorgesehenen Meldepflicht vorerst nicht nach, beauftragte aber nach eigenen Angaben dennoch seinen Rechtsanwalt Dr. Singer, um *„für mich [die Angelegenheit] zu erledigen". (ARCHIV, H 16.910)* Noch am 20. Oktober 1945 stellte er in seiner „Erklärung" fest, daß er sich *„niemals um Aufnahme in die nationalsozialistische Partei beworben"* und *„nie und nirgends eine Beitrittserklärung abgegeben"* habe, weil es sich, sollte *„ich trotzdem in irgendwelchen Listen oder in einem anderen Zusammenhang als Parteimitglied genannt worden sein"*, um *„einen Übergriff des damaligen Ortsgruppenleiters [Leopold Hudez]" (BRIEFE, 73f)* gehandelt habe.

Als aber am 9. Februar 1946 das Counter Intelligence Corps (CIC) den Auftrag gab, Waggerl zu verhaften, um ihn in St. Johann im Pongau einem mehrstündigen Verhör zu unterziehen, gab er am 10. Februar 1946 eine weitere „Erklärung" ab, in der er seinen Rechtsanwalt für die nicht-vollzogene Registrierung verantwortlich machte. (ARCHIV, H 16.910) Waggerl hatte stattdessen, wie die Bundespolizeidirektion Salzburg bestätigte, einen „selbstgeschriebenen Fragebogen" ausgefüllt und keine Angaben zu seiner NSDAP-Mitglied- oder Anwärterschaft gemacht. Deswegen, so die Polizei, sei er eben nach § 4 des Verbotsgesetzes nicht registrierpflichtig: Sie habe ihn aus diesem Grunde „aus der Liste der bei der Bundespolizeidirektion Salzburg registrierten Nationalsozialisten gestrichen". (Mitteilung vom 18.6.1946). Dies hatte eine Verfügung der Salzburger Landesregierung vom 5. Februar 1946 in solchen Fällen ermöglicht.

Aber nur ein paar Tage später hakten die Amerikaner ein. Aufgrund von Informationen, die ihnen seit Juli 1945 vorlagen (Civil Censorship Group), wurde vom CIC der Verhaftungsauftrag erteilt, den das Gendarmeriepostenkommando Wagrain aber erst am 20. Februar 1946 durchführen konnte, weil Waggerl am Tag zuvor aus Salzburg, wo er angeblich in der Schwarzstraße 12[408] wohnte, zurückgekehrt war. Die Beamten berichteten von der Hausdurchsuchung in Wagrain, bei dem „kein belastendes Material" vorgefunden worden war, und von ihren weiteren Recherchen, die sie dem CIC übermittelten. Sie vermuteten zwar eine Parteimitgliedschaft oder Parteianwärterschaft, stellten aber die fehlende Registrierung bei der Gemeinde Wagrain fest und verwiesen auf Waggerls Bürgermeistertätigkeit. „Ansonsten konnte über Waggerl in keiner Weise etwas Nachteiliges erfragt werden, im Gegenteil wird er von der ganzen Bevölkerung geachtet und verehrt." (CIC)

Die Amerikaner hielten sich offenbar streng an ihre eigenen Grundsätze, mit denen sie ins Land gekommen waren. Da sich Waggerl bei den österreichischen Behörden nicht hatte registrieren lassen, sie selbst aber aufgrund ihres vorbereiteten Fragebogens u. a. alle Funktionsträger im NS-Regime (z. B. Bürgermeister und Schriftsteller) überprüften, wurde der Verhaftungsbefehl erteilt. Die Zeit zwischen dem CIC-Verhaftungs- und Verhörauftrag und der tatsächlichen „Investigation and Interrogation" nutzte Waggerl, um diverse Unterstützungserklärungen einzuholen. Diese wurden zwischen dem 13. und 16. Februar 1946 abgegeben. Sie lagen dem CIC schließlich vom katholischen Pfarramt Wagrain vor, weiters von der Gemeinde Wagrain, vom Salzburger Pädagogen Dr. Ludwig Praehauser (1877–1961, SK 382f), dem Schriftsteller Alexander Lernet-Holenia (1897–1976), von Alfred Breidbach-Bernau, dem Vater des Schriftstellers Hans Breidbach-Bernau (* 1921), dessen Stellungnahme ebenfalls beilag, und vom Vizepräsidenten der steirischen Wirtschaftskammer Kurt Konrad Tanzer.[409]

Außerdem hatte Waggerl in der Zwischenzeit an die zuständige Kulturstelle der Amerikaner, die Information Service Branche (ISB) (WAGNLEITNER), ein Ansuchen um Genehmigung seiner öffentlichen Vorlesetätigkeit gerichtet –, *„um dem Drängen meiner Leserschaft nachzugeben". (ARCHIV, H 16. 918, 16.2.1946)* Den „Salzburger Nachrichten", seit Oktober 1945 mit dem „Permit S-1" als unabhängige österreichische Tageszeitung ausgestattet, hatte Waggerl schon im Jänner 1946 eine Manuskriptseite mit der Bitte um Veröffentlichung, aber Nicht-Nennung seines Namens zugesandt: *„Ich weiß nicht […], ob Sie sich überhaupt noch meines Namens erinnern"*, so der Bittende. Er wolle sich nämlich *„das ganze politische Dazuhältertum dieser Zeit […] nicht an die Fersen locken"*, so der politisierende Waggerl im selben Brief. *„Wenn Sie also meiner Bitte nicht entsprechen können, dann lassen Sie mich lieber wieder schweigen, wie ich seit zehn [korrigiert: vielen] Jahren geschwiegen habe."* (ARCHIV, H 15. 903, 18.1.1946)

Waggerl selbst legte dem CIC sein fünfseitiges „Curriculum vitae" vor, das er schon im September 1945 verfaßt hatte, und seine „Rechtfertigung" vom Tag seines Verhörs, in der er u. a. darauf verweist, daß er bei der Salzburger Polizeidirektion ordnungsgemäß registriert sei.

Im September 1945 hatte Waggerl der Gemeinde Wagrain, die ihn offenbar aufgefordert hatte, einen Fragebogen zu seiner NS-Vergangenheit auszufüllen, noch die Auskunft verweigert – und doch auf seine

Weise zugleich erteilt. *„Ich bedaure mitteilen zu müssen, daß es mir unmöglich ist, Fragebogen auszufüllen oder Erklärungen zu geben, die meine politische Gesinnung betreffen." (ARCHIV, H 16.904)* Dann aber gab Waggerl im selben Brief dennoch eine Erklärung ab, in der er sich als politisches Erpressungsopfer darstellte und u. a. festhielt: *„Nur zu gern würde ich noch einmal Mut fassen und glauben, daß die gegenwärtige Regierung die wirklich rechtmäßige und bleibende sei. Aber leider erklärt auch sie, zunächst einmal streng untersuchen zu müssen, auf welche Weise ich es fertig brachte, nicht schon von der früheren Regierung wegen Hochverrats eingekerkert oder hingerichtet zu werden." (ARCHIV, H. 16.904)* Weiters führte er aus, daß er in seinem Dorf seit 25 Jahren sein einfaches Leben geführt habe, daß er der Öffentlichkeit nur dort, wo er den engsten Kreis seines privaten Lebens überschritten habe, nämlich in seinem dichterischen Werk, verantwortlich sei und daß ihm erst nachgewiesen werden müsse, daß er seine *„Gaben mißbraucht, das Wahre verfälscht und die Kunst verunehrt habe"*. Obwohl Waggerl sehr genau über das Verhältnis zwischen Autor, Text und Publikum, d. h. über die für die Wirkung eines Kunstwerkes wichtigen Faktoren Bescheid wußte, tat er so, als ob dies irrelevant gewesen wäre. (Vgl. KITSCH)

Klarerweise war Waggerls Dichtung nicht verdächtig, das nationalsozialistische Parteiprogramm zu propagieren, was widersinnig gewesen wäre, nichtsdestoweniger aber stand die Brauchbarkeit für das NS-Regime zur Diskussion, auch deswegen, weil sich Waggerls Dichtung aus Ideologemen konstituiert, die nicht zuletzt Teil sowohl der deutsch-völkischen als auch der ständestaatlichen Dichtungsideologie waren (z. B. Stadt-Land-Diskurs, konservativer Blut- und Boden-Diskurs, metaphysische Geschichts- und Weltauffassung). Diese Dichtungsauffassung stand in der breiten und äußerst einflußreichen Tradition des sich seit der deutschen Romantik ausprägenden deutschen Volkstumsdenkens. „Welche Rolle spielt die Dichtung in der Diktatur? ist zu fragen, und das heißt hier: welche Rolle hat sie in der deutschen Diktatur unter Hitler gespielt? Wurde auch sie zum programmierten Element im Apparat des Staates, manipulierbares Instrument der Propaganda zur Festigung der Herrschaft, zur Rechtfertigung der Macht – gleichsam die Trompete des Ruhms? War Dichtung Weihestätte, Herberge oder Fluchtburg, geheimes Reich der Innerlichkeit oder Quelle des Widerstandes, Antriebskraft für die Tat?" (KLASSIKER, 6) Sogar einer der Fürsprecher, nämlich Kurt Konrad Tanzer, den Waggerl Anfang 1946 gebeten hatte, eine Stellungnahme für die Vorlage beim CIC abzugeben, thematisierte diesen Aspekt, indem er auf angeblich analoge Beispiele verwies, auf Stefan George und Hans Carossa.[410] Waggerl selbst hatte in seinem Essay „Kunst ist, was man nicht kann" (Völkischer Beobachter, 13.1.1939), der später unter dem Titel „Unsachliches über einen Maler" (1943) in diverse Publikationsorgane aufgenommen wurde, geschrieben: *„Die Kunst, sage ich, erschöpfe sich doch nicht in der Hervorbringung des Kunstwerkes. Es sei doch wohl so,* *daß der Sinn der Kunst in einer Wechselbeziehung dreier Wesenheiten liegen müsse, in einer Beziehung zwischen dem Schaffenden, dem Werk und dem, für den das Werk geschaffen wurde. Keine dieser drei Wesenheiten sei entbehrlich". (KUNST 1939)*

In seinem Brief an die Gemeinde Wagrain schrieb Waggerl weiters, daß seit 1935 seine Art durch das sich damals verschlechternde geistige Klima nicht mehr habe gedeihen können. Er habe damals sein letztes Buch geschrieben. Die „Kalendergeschichten" erschienen freilich 1937, das „Pfingstidyll an der Reichsautobahn" 1941, Waggerls Werke wurden bis 1945 in vielen Auflagen verbreitet. *„Selbstverständlich"* habe er mit *„wachsendem Schrecken das Verhängnis über [sein] Vaterland kommen" (ARCHIV, H 16.904)* gesehen. Die Grußadressen an Hitler im „Bekenntnisbuch" (1938) und andere Sprüche aus der „Umbruchszeit" sprachen eine andere Sprache. In einem Satz nimmt Waggerl überdies die Emigranten ins Visier, wenn er meint, er hätte es sich leicht machen können, indem er mit dem Erlös der an die *„‚Nazis'"* verkaufbaren Bücher ins Ausland hätte gehen können, um dann erklären zu können, *„daß mich nichts als meine Tantiemenrechnung mit diesen Verbrechern verbinde".* Daran hatte Waggerl aber wohl nie gedacht, im Gegenteil: Im Jahre 1933 hatte er die Annahme, die Exilierung der deutschen Künstler sei ein *„Beweis für die Kulturfeindlichkeit des neuen Staates"* (WORT), als irrige Auffassung abgetan. Viele Formulierungen Waggerls in den diversen Rechtfertigungsschriften sind polemisch.

Dann setzte Waggerl in seinem Brief auf die Heimatliebe der in der Wagrainer Gemeinde Verantwortlichen, indem er erklärte, daß ihn aber die Liebe zu dem *„klein[en] Land"* und zu dessen *„Volk"* gehindert hätten wegzugehen. *„Das Beste [seiner] Arbeit [sei] verboten"* gewesen, und so sei er in die vollen Vortragssäle gegangen, um die Menschen zu trösten. Verbote Waggerlscher Werke konnten bis heute nicht belegt werden, im Gegenteil: Einige schienen auf den Förderlisten des Regimes auf. Waggerl gehörte zu jenen ca. 50 „ostmärkischen" Autoren, die zum engen Kreis der Literaturprotegés gehörten.

Er verweigere die Auskunft nicht aus *„Übermut oder aus schlechtem Gewissen [...], sondern nur weil sie völlig sinnlos wäre".* Dann deklarierte er sich als politisch Unwissender und machte die politischen Vorgänge für die Störung seiner dichterischen Arbeit verantwortlich. Jetzt sei er mit dem *„Würgeengel der Vergeltung"* konfrontiert, es scheine ihm, *„als seien Gewalt und Willkür nicht gefallen, sondern nur übergelaufen".* Er spreche hier nicht nur für sich, sondern auch für andere, *„die in der gleichen Bedrängnis leben".* Waggerl schloß seine erste Stellungnahme mit der Bitte um *„menschliche Würde"*, um *„das Wenige noch zu sagen, was mir am Abend eines nicht sehr glücklichen Lebens zu sagen übrig bleibt". (ARCHIV, H 16.904)*

Viele Elemente von Waggerls Rechtfertigungs-Strategie, die er noch mehrmals einsetzen mußte und ausbaute, waren hier schon formuliert. Generell ist zu sagen:

Waggerl tat sich natürlich schwer mit Fragen und Vorwürfen. Im Lichte der Tatsachen seiner NS-Vergangenheit reagierte er zwar mit informativen, aber sehr selektiven Hinweisen. Oft wurde sein Selbstmitleid offensichtlich, ebenso oft auch seine spitze, aggressive Feder. Die Unzulänglichkeiten der Nachkriegsgegenwart spielte er wiederholt pauschal gegen die Vergangenheit aus. Viele Behauptungen sind Teilwahrheiten und halten der Überprüfung nicht stand.

Von besonderer Bedeutung für Waggerls Entlastung waren die genannten Erklärungen der Zeitzeugen. Das katholische Pfarramt Wagrain bestätigte Waggerl, während der NS-Herrschaft immer ein gutes Verhältnis zur katholischen Kirche und Bevölkerung gepflegt zu haben, und die Gemeinde Wagrain hielt fest, daß „Waggerl nie für die NSDAP Propaganda gemacht“ habe, „weder als Schriftsteller noch als Bürgermeister“, daß sein Verhältnis zu allen NSDAP-Ortsgruppenleitern „nie ein gutes“ gewesen sei und er bei der Bewohnerschaft „in guten [sic!] Ansehen“ stehe.

Alexander Lernet-Holenia verwies darauf, daß Waggerl für ihn vermittelt habe, damit er nicht als Soldat auf den Balkan abkommandiert werde. Aus anderen Quellen geht hervor, daß Waggerl im Jahre 1942 offenbar auch bei Lernets Versuchen, als Mitarbeiter eines gerade in Errichtung befindlichen „Filmarchivs“ eingesetzt zu werden, behilflich war. (ARCHIV, H 15.897)

Alfred Breidbach-Bernau hielt u. a. Waggerls Hilfe für seine beiden Söhne fest, von denen der ältere durch dessen Aktivitäten vor der Gestapo ins Ausland habe entkommen können. Sohn Hans schrieb exakter, daß es nämlich Waggerl ermöglicht habe, daß sein älterer Bruder wieder als Dolmetscher nach Italien gehen konnte und nicht schon 1944 ins KZ gekommen sei. Der Bruder sei erst im Februar 1945 dorthin gekommen und habe deswegen überlebt. Die Anschuldigungen gegen den immer für seine Hilfsbereitschaft bekannten Waggerl seien „unsinnig“. Kurt Konrad Tanzer führte ins Treffen, daß das Werk Waggerls frei von nazistischem Gedankengut sei – ähnlich argumentierte Prof. Praehauser –, und verwies darauf, daß nur die Beanspruchung Waggerls durch die NS-Führung den „falschen Eindruck“ erweckt habe, „daß Waggerl irgendwelche innere Berührung mit diesen Kreisen hätte, denen er in Wahrheit fernestand und immer ferngestanden haben muß“. Letzteres behauptete nicht einmal Waggerl selbst: *„Den aufkommenden Nationalsozialismus lehnte ich keineswegs ab.“ (NLB, 159)*

Notgedrungen habe Waggerl, so Tanzer, die „äußere Verbindung“ mit „führenden Kreisen des Nationalsozialismus“ aufrecht erhalten müssen. Er habe mitgeholfen, Tanzers Gestapohaft zu erleichtern. Tanzer behauptete schließlich: „Außerdem konnte ich mir die Gewißheit verschaffen, daß K. H. Waggerl positiv zur Wiederbefreiung Österreichs eingestellt war, weshalb auch seine literarische Mitwirkung bei einer solchen Befreiungsaktion ins Auge gefaßt wurde.“ (CIC) Möglicherweise war damit Waggerls Rolle in den letzten Kriegstagen gemeint, die Hugo Manz, Waggerls militärischer Vorgesetzter im Generalkommando XVIII, in seinem Erlebnisbericht schilderte.

Ludwig Praehausers Stellungnahme wies in die österreichische Zukunft: Waggerls Werke würden nur von einem Menschen stammen können, „der allzeit frei gewesen ist von politischen Bindungen". Er sei von der „tadellosen charakterhaft anständigen Weise" Waggerls so überzeugt, daß er für einen Menschen bürgen könne, „der das, was wir Österreicher jetzt brauchen, durch sein Schaffen fruchtbar gestalten kann". (CIC)

Die umfangreichste Stellungnahme, die Waggerl im Zusammenhang mit den Entnazifizierungsfragen beim CIC abgab, war sein „Curriculum vitae", das er schon im September 1945 verfaßte und das als sein „Lebenslauf" später publiziert wurde. (NLB, 158ff) [411] Weitere wichtige Dokumente in diesem Zusammenhang sind Waggerls „Erklärung" vom 20. Oktober 1945 (BRIEFE, 73f) und ein umfangreicher Brief an den Stv. Chef- und Kulturredakteur der „Salzburger Nachrichten", Viktor Reimann (ARCHIV, H 16.926, Anfang 1947).[412] Beide Dokumente wiederholen einerseits einiges, was Waggerl schon im „Curriculum vitae" ausgeführt hatte, präzisieren und erweitern andererseits. Bemerkenswert an diesen Dokumenten ist nicht nur die über Waggerl hinausweisende politische Dimension dieser Texte, sondern in welcher Sprache und folglich mit welchen Beurteilungen er seine Perspektive darlegte, so daß wichtige Aspekte der Identität des Schriftstellers bei Kriegsende gut faßbar werden.

Bei der „Interrogation" durch die Amerikaner gab Waggerl u. a. zu Protokoll, daß er bis 1938 Lesungen gehalten habe. Keine Angaben machte er zur umfangreichen Vortragstätigkeit im gesamten Deutschen Reich und in den besetzten Gebieten nach 1938/39. Zwei seiner Werke seien wegen ihrer pro-katholischen Thematik auf NS-Verbotslisten gestanden. Zum Zeitpunkt des „Anschlusses" sei er in der Schweiz gewesen, was nicht zutraf. Waggerl hatte Glückwünsche zur „Befreiung der Heimat" aus Danzig gesandt.

Zwischen 1938 und August 1946 habe er in Wagrain gewohnt, „seeking no political memberships or unions". Waggerl behauptete, Bürgermeister Hudez habe wahrscheinlich seine NSDAP-Mitgliedschaft beantragt, er selbst habe „no affiliations with the Party" gehabt und auch keine Mitgliedskarte erhalten. Sein Rechtsanwalt habe ihm aber geraten, sich registrieren zu lassen und seine NSDAP-Mitgliedschaft seit 1938 anzugeben.

Dies tat Waggerl freilich erst am 29. Mai 1946, wobei er, wie das Gesetz es ermöglichte, sein „Ansuchen um Nachsicht von der Registrierung" einbrachte, das per Gnadenakt durch den Herrn Bundespräsidenten beschieden werden konnte. (ARCHIV, H 16.922) Dokumente zu diesem konkreten Verfahren liegen nicht vor. [413] Die bisherigen Studien zu diesem Thema ergeben ein weitgehend übereinstimmendes Verhalten der Antragsteller und eine klare Linie der österreichischen Behörden: „Der Gesetzgeber verlangte von jenen, die um Nachsicht

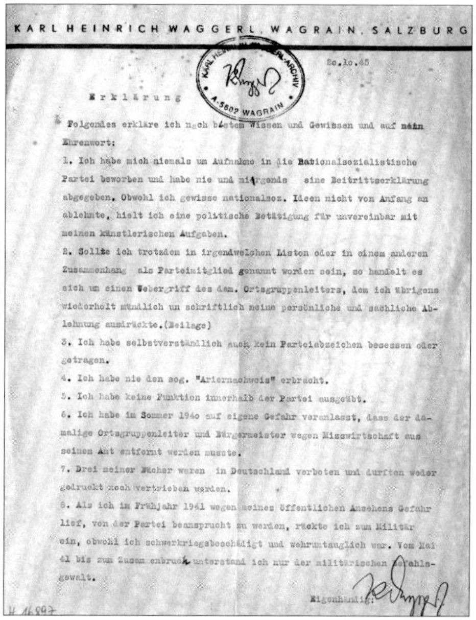

KARL HEINRICH WAGGERL, WAGRAIN, SALZBURG

20.10.45

Erklärung

Folgendes erkläre ich nach bestem Wissen und Gewissen und auf mein Ehrenwort:

1. Ich habe mich niemals um Aufnahme in die Nationalsozialistische Partei beworben und habe nie und nirgends eine Beitrittserklärung abgegeben. Obwohl ich gewisse nationalsoz. Ideen nicht von Anfang an ablehnte, hielt ich eine politische Betätigung für unvereinbar mit meinen künstlerischen Aufgaben.

2. Sollte ich trotzdem in irgendwelchen Listen oder in einem anderen Zusammenhang als Parteimitglied genannt worden sein, so handelt es sich um einen Uebergriff des dam. Ortsgruppenleiters, dem ich übrigens wiederholt mündlich un schriftlich meine persönliche und sachliche Ablehnung ausdrückte. (Beilage)

3. Ich habe selbstverständlich auch kein Parteiabzeichen besessen oder getragen.

4. Ich habe nie den sog. "Ariernachweis" erbracht.

5. Ich habe keine Funktion innerhalb der Partei ausgeübt.

6. Ich habe im Sommer 1940 auf eigene Gefahr veranlasst, dass der damalige Ortsgruppenleiter und Bürgermeister wegen Misswirtschaft aus seinem Amt entfernt werden musste.

7. Drei meiner Bücher waren in Deutschland verboten und durften weder gedruckt noch vertrieben werden.

8. Als ich im Frühjahr 1941 wegen meines öffentlichen Ansehens Gefahr lief, von der Partei beansprucht zu werden, rückte ich zum Militär ein, obwohl ich schwerkriegsbeschädigt und wehruntauglich war. Vom Mai 41 bis zum Zusammenbruch unterstand ich nur der militärischen Befehlsgewalt.

Eigenhändig:

H 16.997

Waggerls Erklärung vom 20. Oktober 1945

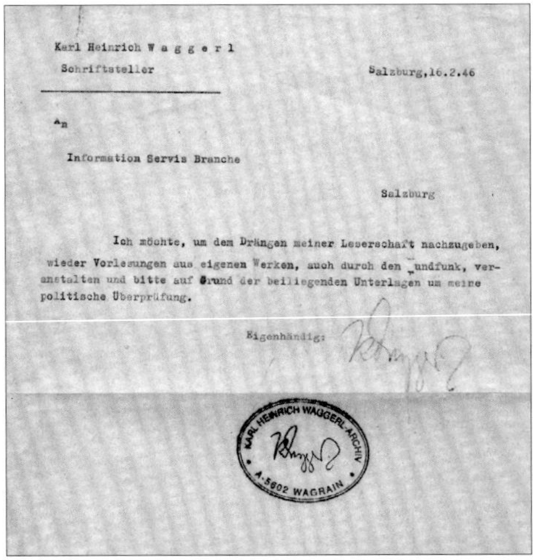

Karl Heinrich W a g g e r l
Schriftsteller

Salzburg,16.2.46

An

Information Servis Branche

Salzburg

Ich möchte, um dem Drängen meiner Leserschaft nachzugeben, wieder Vorlesungen aus eigenen Werken, auch durch den Rundfunk, veranstalten und bitte auf Grund der beiliegenden Unterlagen um meine politische Überprüfung.

Eigenhändig:

Bitte Waggerls um politische Überprüfung

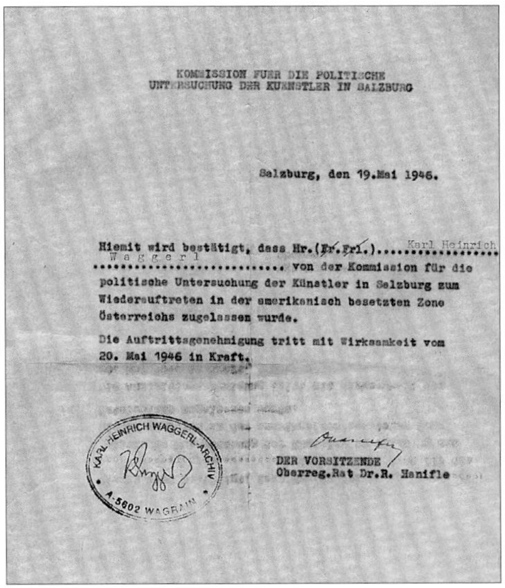

KOMMISSION FUER DIE POLITISCHE
UNTERSUCHUNG DER KUENSTLER IN SALZBURG

Salzburg, den 19.Mai 1946.

Hiemit wird bestätigt, dass Hr.(Fr.Frl.)....Karl Heinrich Waggerl.... von der Kommission für die politische Untersuchung der Künstler in Salzburg zum Wiederauftreten in der amerikanisch besetzten Zone Österreichs zugelassen wurde.

Die Auftrittsgenehmigung tritt mit Wirksamkeit vom 20. Mai 1946 in Kraft.

DER VORSITZENDE
Oberreg.Rat Dr.R. Hanifle

Auftrittsgenehmigung für Waggerl

von den Sühnefolgen aus der Mitgliedschaft ansuchten, mehr oder minder ein klares Bekenntnis zum wiedererrichteten österreichischen Staat. Und sie durften ihre frühere Mitgliedschaft nicht mißbraucht haben. Einige Antragsteller versuchten die behördlich geforderte positive Einstellung zur Republik aus ihrem vorgeblichen vergangenen Verhalten [insbesondere ihr nicht-erloschenes positives Verhältnis zum Ständestaat] abzuleiten. […] Der Gesetzgeber bot den Schriftstellern und anderen ehemaligen NSDAP-Mitgliedern, sofern Komplikationen mit der Illegalität nicht auftraten, die Möglichkeit, in der inneren Emigration gelebt zu haben. Diese wurde ihnen letztlich amtlich bescheinigt." (HALL)

Sogar in Waggerls diversen Stellungnahmen – den Amerikanern gegenüber – wird diese damals wohl weitgehend übliche Sprachregelung und Vorgangsweise faßbar. In einer Variante der Rechtfertigung lautete die dementsprechende Formulierung wiederholt und ähnlich interpretierend, nicht ohne Spitze und Attacke gegen *„idiotische Zeitgenossen"* und einen, *„der mich hinterrücks mit verleumderischen Briefen überfällt" (ARCHIV, H 16.926)*[414]*: „Der Neid wirft mir nun vor, ich sei mit Nationalsozialisten befreundet gewesen. ‚Freundschaft' ist ein großes Wort. Aber selbst eine flüchtige Bekanntschaft habe ich zeitlebens nur gelten lassen, wenn der Betreffende sich durch Anständigkeit legitimieren konnte, mochte er sonst Jude oder Christ, ‚Nazi' oder Kommunist sein." (NLB, 161)* Im Brief an die „Salzburger Nachrichten" stellte Waggerl den Begriff der „Anständigkeit" freilich in folgenden Zusammenhang: *„Ich habe nie gegen die Partei [NSDAP] gekämpft. Wohin kämen wir, und wohin geriete etwa die gegenwärtige Regierung ,wenn jeder, der mit Einzelheiten nicht einverstanden ist, verpflichtet wäre, gewaltsam zu revoltieren! Aber ich habe immer und zu allen Zeiten unnachsichtig das bekämpft, was ich nach untrüglichen Massstäben für unanständig hielt." (ARCHIV, H. 16.926)* Für Waggerl war der Nazismus offenbar keine grundsätzlich politische oder die gesamte Identität betreffende Frage.

Auch seine schnelle militärische Karriere in der Deutschen Wehrmacht vom Oberfeldwebel zum Hauptmann war ein Thema für die Amerikaner. Waggerl verwies auf die gesetzlichen Bestimmungen, wonach Inhaber bestimmter Militärränge im Ersten Weltkrieg automatisch befördert worden seien. Daß Waggerl offensichtlich auf Beförderung gedrängt hatte, wie die Interventionen des ehemaligen k.u.k Generals Dr. Carl Freiherr von Bardolff,[415] SA-Oberführer und Mitglied des Reichstages, vermuten lassen, sagte er nicht. (ARCHIV, H 887)

Ausführlich stellte Waggerl den Konflikt mit Leopold Hudez dar. Daran hatten auch die Amerikaner ihr Hauptinteresse. Um komplexe Fragen der Rolle eines Kulturschaffenden kümmerten sie sich in diesem Falle nicht. Der CIC interessierte sich demnach nicht weiter für diverse, der Überprüfung nicht standhaltende Angaben Waggerls, wie er sie dem Protokoll beilegte, sondern hatte genug über Waggerls Bürgermeistertätigkeit erfahren: „a public spirited citizen, attempting to undo the wrongs committed by his predecessor." Die Amerikaner betrachteten die Akte als geschlossen. (CIC) Am 21. Februar 1946 wurde Waggerl aus der amerikanischen Haft entlassen. (ARCHIV, H 16.915)[416] Das Verhör soll nach Waggerls eigenen Angaben elf Stunden gedauert haben. Er warf seinem Schriftstellerkollegen Georg Rendl im nachhinein vor, daß die Anzeige von diesem und dessen Freundeskreis gekommen sei, denn dies habe ihm der amerikanische Vernehmungsoffizier gesagt. *„Ich glaube das nicht, selbst wenn es wahr wäre." (BRIEFE I, an Georg Rendl, 22.2.1947)*

Die amerikanischen Maßnahmen gegen Waggerl waren damit im Februar 1946 abgeschlossen. Bis zum Juli 1946 waren auch alle belegbaren Verfahren mit österreichischen Behörden positiv oder ohne Konsequenzen für Waggerl an ihr Ende gelangt, so z. B. das Verfahren der gesetzlich eingerichteten „Kommission für die politische Untersuchung der Künstler in Salzburg", der der spätere Landesamtsdirektor Dr. Rudolf Hanifle vorsaß und die Mitte Mai 1946 die „Auftrittsgenehmigung" in der amerikanischen Besatzungszone erließ.[417] Dennoch mußte Waggerl noch im August 1946 eine geplante Lesung in Zell am See absagen, weil die Kulturabteilung der Salzburger Landesregierung sie verboten haben soll, wie Waggerl Grete Lanz mitteilte. (LANZ) Dem Magistrat Salzburg, der ebenfalls Waggerls NS-Vergangenheit überprüfte, ließ er ein spitz ironisches Schreiben zukommen und bat, wie er es in den öffentlichen Debatten ab 1947 wiederholt tat, um *„Ruhe, Sicherheit und Menschenwürde"*, um *„den Rest meines Lebens für meine künstlerische Arbeit verwenden zu können". (ARCHIV, H 16.898)* Der Salzburger Landesschulrat überprüfte offenbar, ob dem seit 1922 pensionierten Lehrer, der während der NS-Zeit wieder für kurze Zeit unterrichtet hatte, seine Frühpension zustünde. Waggerl empfand dies als *„Demütigung"*, weil die *„Anständigkeit [seiner] Lebensführung"* in Frage stünde, und schrieb: *„Es ist ja auch nicht einzusehen, inwiefern die Tatsache, dass ich 1922 Lehrer war, mit der Möglichkeit zusammenhinge dass mir 20 Jahre später das Unglück zugestossen sein könnte, einem Politiker Glauben zu schenken." (ARCHIV, H 16.895)*

Wohl auch in den Entnazifizierungs-Kontext und zu Waggerls Nervosität gehörte sein Brief vom 5. Oktober 1946 an die amerikanische Übersetzerin seines Buches „Das Jahr des Herrn", Jane F. Goodloe, die noch vor dem Kriegseintritt der USA im Jahre 1941 in einem New Yorker Verlag eine für die amerikanische Schuljugend gedachte Ausgabe herausbrachte.[418] Dann war der Kontakt kriegsbedingt offenbar unterbrochen. Waggerl soll der Übersetzerin in seinem Brief den Vorwurf gemacht haben, sie habe nichts mehr von sich hören lassen. Goodloe verwies in ihrer Antwort auf die schwierigen Kommunikationsverhältnisse während des Krieges. Sie hatte Waggerl sogar mit Geschenken versorgt und nach 1945 ein CARE-Paket nach Wagrain geschickt: „Stellen Sie sich denn bitte nur vor, wie Ihre Vorwürfe mir förmlich den Atem raubten!" (ARCHIV, H. 1304, 28.11.1946)

Georg Rendl, der Salzburger Schriftsteller

8. 2. Der Konflikt mit Georg Rendl

Die Debatte um Waggerl in der unmittelbaren Nachkriegszeit hatte eine „private" und eine öffentliche Dimension. Mit seinem Brief an Georg Rendl eröffnete Waggerl selbst eine Diskussion, in der alte gegenseitige Ressentiments seit den 30er Jahren wieder aufflammten, aber auch zwei kulturelle Welten und darüber hinaus die nervöse, noch unentschiedene Atmosphäre in der unmittelbaren Nachkriegszeit erkennbar werden. (SLitA, Rendl)

Die Harmonie- und Versöhnungsappelle, die Waggerl insistierend (für sich) wiederholen sollte, in Briefen und Stellungnahmen ebenso wie in literarischer Form, und zwar in allen seinen dichterischen Texten nach 1945, haben ihre Wurzeln nicht zuletzt in diesen Spannungen. Daß derartige intensive Harmoniebedürfnisse nicht nur auf Waggerl zutrafen, sondern kollektive Erfahrungen darstellten, sind sicher die entscheidenden Gründe für den ungemein großen Erfolg, den Waggerls Texte in der Folge in vielen Bevölkerungskreisen erringen sollten. Dieser sollte durch die österreichische Kulturpolitik auf allen Ebenen seit der „Normalisierung" ab 1947/48 abgestützt und unterstützt werden, indem sie die literarischen Inhalte und Formen eines Harmonie- und Trostangebotes, wie es Waggerls Dichtungen darstellten, zum Inbegriff österreichischer Wesensart und heimat- und volksverbundener österreichischer Dichtung stilisierte. Dabei spielte es keine Rolle, daß er seine Schreibwerkstatt, von wenigen Ausnahmen abgesehen, schon um 1936/37 geschlossen hatte, wie er selbst wiederholt andeutete. Alle literarischen Texte, die nach 1945 auf den Markt kamen, waren Variationen des in den 30er Jahren Erarbeiteten. Der von Waggerl aus persönlichen Gründen entwickelte Trostdiskurs war Ausdruck und Spiegel des vorherrschenden Umgangs mit der NS-Vergangenheit. Es war ein Diskurs, der stände- und schichtenübergreifend und offenbar nicht an Parteizugehörigkeiten gebunden war. Als Schriftsteller aber hatte er die Möglichkeit, diese in breiten Bevölkerungsschichten vorhandenen Einstellungen zu unterstützen und damit zu verfestigen.

Von Rendl und dessen „Kreis" soll ja der Hinweis zur Verhaftung Waggerls durch die Amerikaner gekommen sein. Er stellte einen Tag nach seiner Entlassung aus der CIC-Untersuchung (St. Johann im Pongau) Georg Rendl zur Rede, indem er darauf hinwies, daß er diesen während der Militärzeit dadurch vor schwerer Bestrafung gerettet habe, daß er angeblich schwer belastende Dokumente, die die sexuelle Orientierung Rendls betroffen haben sollen, an sich genommen habe und noch immer verwahre. Rendl war empört, bestritt alle Vorwürfe und verstand Waggerls Behauptungen als „groteske" Vorgangsweise, die für ihn offenbar ins Strafrechtliche reichte, so daß er sogar einen Rechtsanwalt einschaltete, ausgerechnet jenen, der auch Waggerls Vertrauensmann war.

An Waggerl schrieb Rendl: „Wir waren politisch und weltanschaulich anderer Meinung, aber das war für uns beide kein Grund zu irgend einer Gehässigkeit. Du hast militärische Karriere gemacht, ich bin unten geblieben, mindestens deshalb, weil ich nicht hinauf wollte. Die einzige politische Debatte, die wir geführt haben, endete mit meinem Schweigen. Ich habe die Schönheit und Größe der katholischen Kirche verteidigt. Aber die Tatsache, daß Du anderer Meinung warst oder bist, konnte und kann nicht zu Haß oder Gehässigkeit bewegen." (SLitA, Rendl, 9.3.1947) Er legte dann seine Version bestimmter Vorkommnisse beim Militär vor: Es sei durch Gestapo und militärische Abwehrstelle versucht worden, ihn aus politischen Gründen zu durchleuchten, wobei ihm, wie Rendl anspielungsreich anmerkt, ein „Widerstandsmann", der „es nicht erst drei Tage vor dem Einmarsch der Amerikaner geworden ist", geholfen habe, nicht strafweise an die Front versetzt zu werden. „Was Dir zur Freude wurde, ist mir zu bitterem Leid geworden." (SLitA, Rendl) Er sei von Waggerls „Kreis" als „Schwarzer Hund", also als katholischer Anti-Nazi abgetan worden. „Ich mache Dich selbstverständlich nicht dafür verantwortlich, daß man das getan hat." Mit „Ekel" habe er, Rendl, alles das wahrgenommen. Er tue sich jetzt nirgends hervor, indem er auf seine „gegnerische Einstellung" zum Nationalsozialismus hinweise, er wolle kein „Nutznießer [seiner] Antinazieinstellung" sein. Rendl wies schließlich darauf hin, daß sich Waggerl durch seinen Verlagswechsel zum katholischen Otto Müller Verlag in Salzburg, „auch für mich [ein] schwer verstehbare[r] Schritt", mit Sicherheit Feinde gemacht habe. „Wie kann ich Dir helfen?"

Dieser Satz war nicht zufällig gewählt, denn Rendl betrachtete die Anschuldigungen Waggerls als „verschämten Hilferuf eines Bedrängten", wie Rendl seinem Rechtsvertreter schrieb. (SLitA, Rendl, 31.3.1947) Aber auch „gelinde" von „Erpressung" war die Rede. Rendl wurde klar, daß das, was Waggerl behauptete, eine ihm bisher unbekannte Strategie der „Nazibanditen", „dieser Gangster", gewesen sein könnte, vor der ihn aber Waggerl vor 1945 „mit keinem Worte gewarnt" habe. „Soll ich das Material vielleicht erst dann bekommen, wenn ich meine ‚Hand hinüberreiche'?" Rendl bat seinen Rechtsanwalt, das Material, von dem Waggerl sprach, anzufordern, um sich ein Bild machen zu können. Die Schlußfolgerung Rendls lautete: „Ich ziehe den Strick, der sich allmählich um seinen [Waggerls] Hals zu legen beginnt, nicht enger, es würde meinem Gewissen widerstreben – aber es widerstrebt meinem Gewissen ebensosehr, aus einem Nazi einen Naziggegner (nachträglich) zu machen und aus einem Preisgeber Österreichs einen österreichischen Patrioten." (SLitA, Rendl, 31.3.1947) Als Zeugen nannte Rendl den Maler Josef Schulz (1893–1973).[419]

Auch bei Rendl war von „Anständigkeit" die Rede, aber mit folgender Bedeutung: „Ich mag die Menschen nicht, die immer oben sein wollen, oben sein wollen auch um den Preis der dem Menschen aufgetragenen Reinlichkeit." (SLitA, Rendl, 31.3.1947)

Waggerl war *„bestürzt" (SLITA, Waggerl 2.4.1947)*, bestätigte aber erneut den Besitz der genannten, angeblich belastenden Dokumente. Schließlich kam er auf seine NS-Verstrickung zu sprechen, die sonst nir-

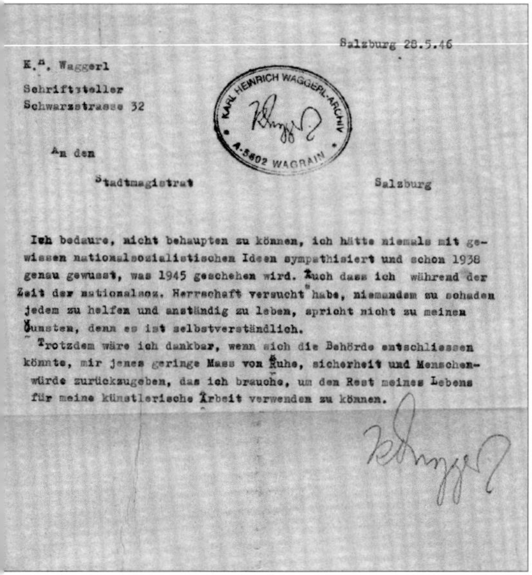

Salzburg 28.5.46

K.H. Waggerl
Schriftsteller
Schwarzstrasse 32

An den
Stadtmagistrat Salzburg

Ich bedaure, nicht behaupten zu können, ich hätte niemals mit gewissen nationalsozialistischen Ideen sympathisiert und schon 1938 genau gewusst, was 1945 geschehen wird. Auch dass ich während der Zeit der nationalsoz. Herrschaft versucht habe, niemandem zu schaden jedem zu helfen und anständig zu leben, spricht nicht zu meinen Gunsten, denn es ist selbstverständlich.
Trotzdem wäre ich dankbar, wenn sich die Behörde entschliessen könnte, mir jenes geringe Mass von Ruhe, sicherheit und Menschenwürde zurückzugeben, das ich brauche, um den Rest meines Lebens für meine künstlerische Arbeit verwenden zu können.

Aus Zeiten der Entnazifizierung

gends so weitgehend formuliert ist und deutlich macht, was ihn hinderte, öffentlich klare Worte zu finden: *„Es ist wahr, ich hielt den Nationalsozialismus eine zeitlang für eine Erscheinung, die Vertrauen und Zustimmung verdiente. Ich schäme mich jetzt dieses Irrtums, es ist nicht der einzige, leider, dessen ich mich zu schämen habe. Aber halte es mir zugute, wenn ich immer noch versuche, zu begreifen, statt zu verdammen. [..] Ich wäre sogar eines Gefühls der Reue fähig und würde das öffentlich eingestehen, wenn jene, die alles immer schon besser gewusst haben, mir zeigen wollten, dass sie wirklich weisere und menschlichere Menschen sind." (SLitA, Waggerl, 2.4.1947)* *„Abgrundtief traurig"* sei die Angelegenheit, hieß es plötzlich, die er selber aufs Tapet gebracht hatte und die sich offenbar als unhaltbar herausstellte. Zugleich aber nahm Waggerl diesen Ton wieder zurück, indem er das alles als *„albern"* abtat, was tatsächlich ins Grundsätzliche ging, seine Rechtfertigungsformel von der alleinigen Verantwortlichkeit in seiner Kunst wiederholte und es ablehnte, *„auch noch für meinen Verleger [Otto Müller] haftbar"* zu sein.

Die Auseinandersetzung endete aufgrund des durch den Konflikt enorm angetriebenen Spannungspotentials mit Waggerls Appell an Ruhe und Arbeitsfrieden, wie immer in derartigen Situationen, bei Rendl mit dem Friedenswunsch, weil er der Öffentlichkeit nicht das „Schauspiel einer Freundschaft" oder einer „bedauerlichen Unfreundschaft" bieten wolle. Die Briefe stammen vom selben Tag: *„Leb also wohl und lass uns in Gottesnamen wenigstens Frieden halten"* (SLitA, Waggerl 2.4.1947) – „Auch ich brauche ein vollgültiges Ostern – in jeder Hinsicht! Ich wünsche Dir d e n Frieden!" (SLitA, Rendl, 2.4.1947)

8. 3. Der Konflikt mit Karl Springenschmid

Die Heftigkeit und zugleich Aussagekraft dieser Auseinandersetzung war nur mit jener zu vergleichen, die Waggerl drei Jahre später mit dem ehemals in führenden NS-Funktionen (Gauschulungsleiter, Gauamtsleiter) tätigen SS-Unterstürmführer Karl Springenschmid ausfocht. Jetzt kam die Kritik von NS-Seite, die sich offenbar nicht damit abfand, daß Waggerl jetzt von z. T. anderen als ihren Kreisen gefördert wurde. Der Konflikt, der von Springenschmid begonnen wurde, zeigt andere, zusätzliche Facetten. Sie sind nicht minder aufschlußreich für die divergierenden Verständnisse und Beurteilungen von Waggerls (literatur)politischer Rolle vor und nach 1945. Sie fand zu einer Zeit statt, nachdem sich Waggerl in den Jahren 1947 und 1948 nach Publikationen im Otto Müller Verlag mit mehr oder weniger heftigen Kritiken der Zeitschriften „Plan" (Otto Basil) und „Österreichisches Tagebuch" (Viktor Matejka) konfrontiert gesehen hatte.

Springenschmid wollte einmal die „Wahrheit" sagen (LASERER, 167ff; BRIEFE I, Springenschmid, 22.10.1950), denn er schrieb im Unmut über Waggerl, den er zwar offenbar zu den „Damaligen" zählte, der ihm aber dann doch wieder zu wenig eindeutig dazugehörte: „denn politisch haben Dich weder die Damaligen [...] noch die Heutigen ernst genommen." Im Hintergrund stand überdies ein von Springenschmid als unakzeptabel beurteiltes Verhalten Waggerls, nämlich in bezug auf eine offenbar erbetene, aber nicht gewährte Hilfeleistung für den 1945 für einige Zeit im Untergrund verschwundenen Springenschmid.

Dann aber thematisierte Springenschmid die damals tatsächlich intensiv beginnende Integration Waggerls in den Kulturbetrieb der Zweiten Republik, was „billiger Rummel", „Jahrmarktsgeschrei", „ungute Betriebsamkeit" und „journalistische Geschwätzigkeit" sei. Er sprach sogar von Waggerls „Sekte", die nicht wisse, wer dieser sei. In Anspielung auf die von einer Salzburger Tageszeitung veranstalteten Autobusfahrten zu Dichterbesuchen in Wagrain ätzte Springenschmid gegen die (weiblichen) Waggerl-Fans und gegen die „ganze Journalistenmeute". Waggerl selbst wollte mit solchen touristischen Aktionen, bei denen er im Mittelpunkt stand, nichts zu tun haben. (ARCHIV, H 15.814)

Unmittelbarer Auslöser für Springenschmids Brief war aber Waggerls Weinheber-Artikel „Begegnung mit dem Genius" im „Salzburger Volksblatt" vom 17. Juni 1950.[420] Über ihn hatte er sich in den 30er Jahren angesichts von dessen zwielichtiger Rolle im Zusammenhang mit der Verleihung des Österreichischen Staatspreises an Waggerl (1934) heftig beklagt. Jetzt schrieb er über ihn u. a. folgendes: *„Aus rätselhaften Gründen hatte er häufig das Bedürfnis, Probleme des Ausdrucks mit mir zu erörtern, und so wenig er sonst Widerspruch ertragen konnte, in solchen Gesprächen bewies er eine unerschöpfliche Geduld. Ich liebte und haßte ihn denn auch, wie man eben einen väterlichen Lehrer liebt und haßt. [...] Manchmal zog er mich freundschaftlich ins Vertrauen, und es war wirkliche Freundschaft, denn dieser Mann war ohne Falsch wie kein anderer. Ein anderesmal übersah er mich völlig, und ich bin nicht sicher, ob er überhaupt jemals dahinter kam, daß ich auch zur Zunft gehörte. [...] und weil er wirklich Mut besaß, war er ein heimlicher Schrecken für gewisse Machthaber, die seine Größe gern als Dekoration benutzten. [...] Das Gift des Ruhmes berauschte Weinheber, er genoß es, mitunter so maßlos wie den Wein, aber es verdarb ihn nicht. Das Mißverhältnis zwischen seinen menschlichen Schwächen und seiner hohen Berufung empfand er selber mit schmerzlicher Einsicht. [...] Ich glaube nicht, was viele behaupten: daß sein Werk im Rausch entstanden sei. Es ist zuviel Sorgfalt daran merkbar, zuviel Zucht und Maß. Aber gleichwohl wirkte das Göttliche immer in ihm. [...] Er wollte nicht allein sein Werk gepriesen hören, sondern auch sich selbst, und das im Grunde aus Angst vor sich selbst. [...] Vielleicht wird man es übel aufnehmen, wenn ich das Andenken Weinhebers nicht besser zu würdigen weiß, als mit der Erzählung anekdotischer Kleinigkeiten. Aber mir ist seine liebenswerte Erscheinung noch so lebendig und zugleich die Unvergänglichkeit seines dichterischen Werkes so gewiß, daß ich meine, auch einige nebensächliche Züge*

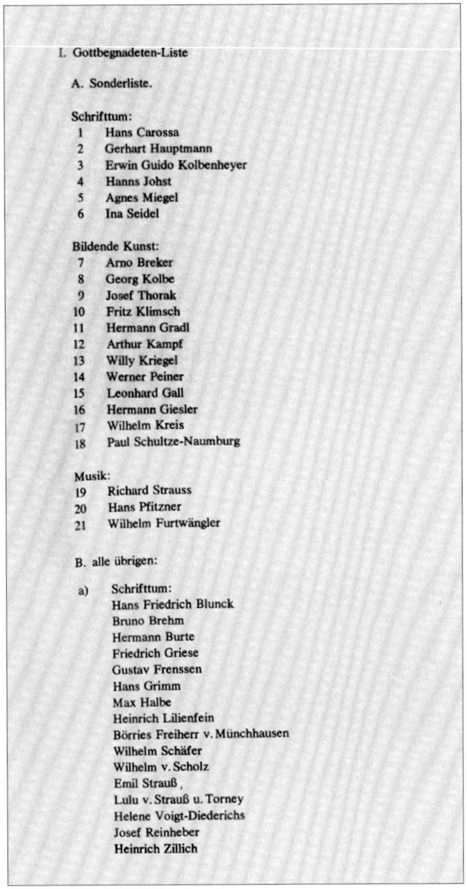

I. Gottbegnadeten-Liste

A. Sonderliste.

Schrifttum:
1 Hans Carossa
2 Gerhart Hauptmann
3 Erwin Guido Kolbenheyer
4 Hanns Johst
5 Agnes Miegel
6 Ina Seidel

Bildende Kunst:
7 Arno Breker
8 Georg Kolbe
9 Josef Thorak
10 Fritz Klimsch
11 Hermann Gradl
12 Arthur Kampf
13 Willy Kriegel
14 Werner Peiner
15 Leonhard Gall
16 Hermann Giesler
17 Wilhelm Kreis
18 Paul Schultze-Naumburg

Musik:
19 Richard Strauss
20 Hans Pfitzner
21 Wilhelm Furtwängler

B. alle übrigen:

a) Schrifttum:
Hans Friedrich Blunck
Bruno Brehm
Hermann Burte
Friedrich Griese
Gustav Frenssen
Hans Grimm
Max Halbe
Heinrich Lilienfein
Börries Freiherr v. Münchhausen
Wilhelm Schäfer
Wilhelm v. Scholz
Emil Strauß,
Lulu v. Strauß u. Torney
Helene Voigt-Diederichs
Josef Reinheber
Heinrich Zillich

Auszug aus der „Gottbegnadeten-Liste" (Akte Nr. 252, Bl. 1–3/10–15 des Zentralen Staatsarchivs Potsdam, RfVuP, September 1944, nach WARDETZKY 1983)

seines Wesens aufzeichnen zu dürfen, ehe sein Bild, nach dem Brauch der Nation, zur Statue erstarrt." (BmG, 553ff)

Solche Äußerungen mußten Springenschmid aus manchen Gründen „empören". Josef Weinheber war, so wie die beiden Freunde und Bekannten Waggerls, Bruno Brehm und Heinrich Zillich, auf der sogenannten „Gottbegnadeten"-Liste des NS-Regimes gestanden. (WARDETZKY, 273) Springenschmid mußte Waggerls Erinnerungen an Weinheber als Sakrileg an einem NS-Literaturheros empfinden. Er entdeckte historische Ungereimtheiten und unbewußte Projektionen bei Waggerl: „Keine Sorge! Du kriegst schon auch Dein Denkmal [...]! Aber wozu dieses offizielle Huldigungspathos?" Die psychologisierende Analyse Waggerlscher Prosa durch Springenschmid fiel hart aus. Dann traf Springenschmid einen sehr wunden Punkt, den dieser selbst wiederholt thematisierte und worunter er sehr litt, nämlich das Mißverhältnis zwischen Betriebsamkeit und schöpferischer Arbeitsruhe. Gerade dieses Thema kam z. B. in Waggerls Briefen an Grete Lanz in diesen Jahren seit 1946/47 sehr oft zur Sprache, genauso wie bis 1947 viele Details angesprochen wurden, die die Entnazifizierungsmaßnahmen, auch gegen einige seiner Kollegen, u. a. die Auftrittsverbote, betrafen. (LANZ) Schließlich versuchte Springenschmid den Abstand zu Waggerl so zu formulieren: Sein Abtauchen in den Untergrund seit 1945 – er war als Kriegsverbrecher gesucht worden – setzte er in Vergleich mit Waggerls Verhalten: „Ich habe mich nicht mit Hilfe von Fragebogen, Registrierungen und Verhören zu einer neuen Existenz hindurchgemogelt. Ich habe mich niemals vor Leuten gedemütigt, denen man besser die Wahrheit gesagt hätte. Ich bin ganz aus eigenem, auf einem etwas unbequemen aber durchaus anständigen Weg ein Anderer geworden [...]." Härter hätte die Kritik aus Springenschmids Perspektive nicht ausfallen können.

Diesmal war Waggerl nicht *„bestürzt"* wie in der Auseinandersetzung mit Georg Rendl, sondern *„traurig"* wegen der angeblichen Unduldsamkeit und Einsichtslosigkeit Springenschmids. Er fragte jetzt zurück und meinte, vor 1945 hätten die Nationalsozialisten das *„Jahrmarktsgeschrei"* angestimmt, jetzt eben andere. Er habe mit alledem nie etwas zu tun gehabt. Er wolle nur mit seinem *„arme[n] und entrechtete[n] Wort"* helfen und trösten. Ebenso schnell wie im Falle Rendl wurde der Konflikt „bereinigt". *„Wollen wir uns beide schämen?"(BRIEFE I, Waggerl)* Springenschmids Protest kam in einer Phase, in der sich Waggerl schon wieder leichter tat, solche Vorwürfe zurückzuweisen. Denn seine Integration im Literaturbetrieb war schon wieder vollzogen.

Die Auseinandersetzung mit Springenschmid ist in mehrfacher Hinsicht bemerkenswert. Sie zeigt exemplarisch die Perspektive und den Umgang eines ehemaligen NS-Funktionärs mit einem aus dessen Sicht immer schon unsicheren „Volksgenossen", der erneut und wieder erfolgreich ist und die Vergangenheit scheinbar abzuschütteln versteht. Es fällt zugleich auf, wie sich durch alle Äußerungen zu dem hochpolitischen Thema „NS-Vergangenheit“, unabhängig davon, ob es sich um Stellungnahmen für die Behörden oder um Briefe an Bekannte handelt, insistent ein scheinbar „unpolitischer“ Diskurs zieht, nämlich der der „Anständigkeit“ und „Menschlichkeit“. Es ging offenbar um die Definitionsmacht darüber, was und wer „anständig“ oder „menschlich“ war und ist. Die Politik gab die Bedeutungs-Vorgaben, wie man an den Gnadenverfahren ablesen kann. In Äußerungen österreichischer Politiker ist diese Linie greifbar, sogar z. B. bei staatstragenden KP-Funktionären wie beim kurzzeitigen Staatssekretär im Unterrichtsressort, Ernst Fischer, der gegenüber Waggerl erklärte: „Ich bin bereit, mich für jeden ehemaligen Nationalsozialisten einzusetzen, wenn er sich menschlich nichts zuschulden kommen liess.“ (ARCHIV, H 3027, 30.6.1952) Rendl,[421] Waggerl und Springenschmid beriefen sich jeweils auf ihre „Anständigkeit“ und meinten jeweils anderes damit. Wie Dokumente aus dem Jahr 1944 belegen, bekam Waggerl mit sich selbst und seiner „Anständigkeit“ Probleme, insbesondere nach seiner Rede anläßlich des 55. Geburtstags Hitlers im Salzburger Festspielhaus. Von der „Anständigkeit“ z. B. des bewaffneten Widerstandes gegen das Hitler-Regime oder jener der Emigration und des Exils war im Kontext Waggerls klarerweise nicht die Rede. Die Grenzen des Diskurses waren eng gezogen.

Festgehalten muß auch werden, daß in der bürokratischen Entnazifizierung und den Auseinandersetzungen mit Rendl und Springenschmid im großen und ganzen die politische Person Waggerls zur Diskussion stand, nicht aber dessen dichterisches Werk. Waggerl selbst aber kam immer wieder darauf zu sprechen, hier dürfte er sich auf sicherem Terrain gefühlt haben: *„Meine Feinde haben es leicht. Sie können mich tötlich [sic] treffen und für immer zum Schweigen bringen, wenn sie mir nachweisen, dass ich jemals die Mittel meiner Kunst missbraucht habe, in einer Art, die nicht mit der Unzulänglichkeit meiner Begabung zusammenhängt.“ (SLitA, Waggerl, 2.4.1947)* Tatsächlich aber war Waggerl seit den 30er Jahren mit seiner Auffassung vom „reinen“, „unpolitischen“ Bezirk der Kunst ein Gefangener seiner selbst und zugleich aller zeitgenössischen Verwertungsinteressen seiner Werke. Widerstand war seine Dichtung eben nicht. Es sei daran erinnert: Reine deutsche Dichtung, „Anschauung der Welt“, war für Waggerl das Gegenteil „jüdischen“ „Journalismus“, nämlich sogenannte „Oberflächenkunst“. Er konnte angesichts seiner intensiven Integration in den NS-Kulturbetrieb nicht wirklich gemeint haben, seine Verantwortung als Schriftsteller sei damit eingelöst, daß seine Dichtung keine Fiktionalisierung von irgendwelchen Parteiprogrammen sei. Das glaubte er selber nicht: Er sprach denn auch in den Entnazifizierungs-Debatten immer wieder von den Wirkkräften seiner Dichtungen. *„Der Neid behauptet, ich sei den gestürzten Machthabern gar zu gern gefällig gewesen. Nun, ich sehe nicht ein, warum es einem Dichter verwehrt sein sollte, sein Volk anzusprechen, nur weil dieses Volk von fragwürdigen Politikern beherrscht wird, im Gegenteil, ich hielt es für eine nachhaltige Form* *des ‚Widerstandes' [...], wenn ich den Abdruck meiner Arbeiten in Zeitungen gestattete und selbst Vorlesungen hielt, vor allem der Jugend, freilich unter der Bedingung, dass ich nicht gezwungen wurde, eine Parteiveranstaltung damit auszuschmücken oder die Hand zu heben oder das Horstwessellied anzuhören. Immer wieder habe ich aus jenem Teil meines Werkes öffentlich vorgelesen, der verboten war, und mein Vertrauen auf die Macht des gestalteten Wortes hat mich auch dann nicht getrogen, wenn wirklich einmal etliche Würdenträger der Partei in der ersten Reihe sassen. [...] Aber ich konnte [...] in mehr als 100 öffentlichen Lesungen daraus* [aus dem angeblich verbotenen „Das Jahr des Herrn"] *vortragen und es ist mir, mit einer einzigen Ausnahme, immer gelungen, nur durch die Macht des gestalteten Wortes jede persönliche Gefährdung abzuwenden. In unzähligen Briefen dankten mir meine Zuhörer,*[422] *ich vermerke es beschämt, aber nicht ganz ohne Stolz. Denn so sehr ich mich hüte, mein künstlerisches Vermögen zu überschätzen, so hoch darf ich mir in diesen schäbigen Zeiten jedes geringste Verdienst im Bereich der Menschlichkeit anrechnen." (NLB, 161f, ARCHIV, H 16.926)*

Die Kontrolle des Kulturbetriebes, auch des Vortragswesens, durch das Regime war fast lückenlos, die individuellen Möglichkeiten, frei zu entscheiden, wann, wo und was vorgelesen wurde, marginal. Was Waggerl vortrug, gehörte jedenfalls zum Erlaubten und Geförderten. Es gab freilich auch immer wieder Übergriffe z. B. von Zeitungs- und Zeitschriftenredaktionen, die ohne Zustimmung des Autors Texte abdruckten. Der Konflikt mit dem „Hanseatendienst" Kurt Ziesels (BRIEFE I, 1939/40) resultierte daraus. Nach 1945 behauptete Waggerl, er habe nie z. B. für die SS-Zeitschrift „Das Schwarze Korps" geschrieben. (LANZ, 13.8.1946) Dies trifft insofern zu, als sich die Redaktion des „Schwarzen Korps" offenbar ohne Zustimmung Waggerls anmaßte, einen Auszug aus „Brot" unter dem Titel „Susanne und Peter" abzudrucken. (Das Schwarze Korps, 23.2.1939) Dasselbe dürfte auf den Abdruck einer Passage aus dem „Wagrainer Tagebuch" in der Zeitschrift „Hakenkreuzbanner" (Mannheim 1940) zutreffen, denn Waggerl sprach dem Insel-Verlag gegenüber von der *„mystischen Angelegenheit"* und davon, daß er wohl einmal *„gegen irgendjemand saugrob"* werden müsse. (BRIEFE I, 31.3.1940)

Waggerl stellte sich nach 1945 als heimlicher und potentiell gefährdeter Widerständler vor und deklarierte die grundsätzlichen Fragen nach seiner NS-Verstrickung – *„ich* [Waggerl] *hätte in meinen Büchern offen oder versteckt nationalsozialistische Ideen verherrlicht" (NLB, 162)* – als Ausdruck des jetzt angeblich herrschenden „Neids" wegen seines anhaltenden Erfolges.

Waggerl verstieg sich in seiner Rechtfertigung schließlich zu folgender „Analyse": *„Es herrschte [während der NS-Herrschaft] Rechtswillkür, aber hinter der Willkür stand immer noch ein menschliches Wesen, das man mit einer gewissen Wahrscheinlichkeit gewinnen konnte. Jetzt herrscht Rechtsanarchie, und hinter der Anarchie steht nie-*

mand.“ (ARCHIV, H 16.926) Hier ist, neben finanziellen Notwendigkeiten, auch der Grund dafür zu suchen, daß Waggerl Ende 1947 dem Regisseur Wilfried Frass, der sich für einen Filmstoff interessierte, seine Erzählung „Ein Mann namens Adam“ aus den 20er Jahren vorschlug. Denn die Adam-Geschichte, *„eine ziemlich wüste Sache, aber ganz interessant als Problem“ (LANZ, 5.11.1947)*, thematisierte Aktuelles, nämlich Fragen des Rechts und der Gerechtigkeit, noch dazu aus einer konservativ-revolutionären Perspektive.

8. 4. Die Umbruchsjahre 1947/48

In den Jahren 1947/48 gab es noch einmal ein kurzes Aufflammen der öffentlichen Debatte um die Person Waggerl – und jetzt auch verstärkt um sein Werk, bevor seine Integration in die österreichische Kultur der Zweiten Republik auf allen Ebenen stattfand, d. h. Waggerl zum Inbegriff angeblich wahren Österreichertums aufstieg und zum heimatlichen österreichischen Huldigungsobjekt avancierte. Freilich, noch im Jahre 1953 wurde der Antrag, Waggerl in den österreichischen P.E.N.-Club aufzunehmen, von der Abstimmung zurückgezogen. (AMANN VI, 119)

Die Auseinandersetzung hätte schärfer nicht ausfallen können, von beiden Seiten. Daß sie gerade zu diesem Zeitpunkt geschah, war kein Zufall und hatte mehrere Gründe: Zum einen war Waggerls „Die Pfingstreise“ (1946)[423] bei Otto Müller in Salzburg erschienen, außerdem war bekannt geworden, daß der Verlag zum 50. Geburtstag Waggerls eine Gesamtausgabe seiner Werke herausgeben wollte, was schließlich auch geschah.[424] Sogar die staatstragende Zeitung „Neues Österreich“ hatte sich in dem Artikel „Der lustige Kollaborateur“ Anfang April 1947 sehr kritisch mit Waggerl beschäftigt und dabei auf eine Passage angespielt, die eigentlich in „Die Pfingstreise“ (1946) stehen sollte, bevor sie von seinem neuen Verleger Otto Müller beanstandet und von Waggerl daraufhin in seine witzig gemeinte „Erwiderung“ (Berichte und Informationen 1947, H. 47, 711) übernommen wurde: „Wer könnte, fragt Waggerl, den Ausführungen über den Kitsch nachdrücklicher widersprechen *‚als der Verfasser selbst, von dem ja bekannt ist, daß er seine Überzeugungen so häufig wechselt wie sein Hemd, offenbar weil er meint, Überzeugungen würden schmutzig, wenn man sie zu lange trägt.‘“* (Neues Österreich, 1.4.1947, KITSCH I, 711) Das Resümee des „Neuen Österreich“, das die Dimension nannte, um die es ging, lautete: „Nach dem Massenmord an Millionen wehrlosen Menschen hat der ‚übermütige Glaube‘ kein Recht auf den Anspruch, den das ‚Café Größenwahn‘ sich anmaßt und ein Land im Kampf um seine Existenz nicht Humor genug, um zum Schaden auch noch den Spott entgegenzunehmen.“ (Neues Österreich, 1.4.1947) Den Spott, von dem das „Neue Österreich“ sprach, gab es tatsächlich, denn Waggerl hatte in der genannten „Erwiderung“ die Kritiker zu Denunzianten gestempelt und geschrieben: *„Jedenfalls, es muß etwas gegen mich und meinesgleichen geschehen. Man kann heutzutage von niemandem ver-*

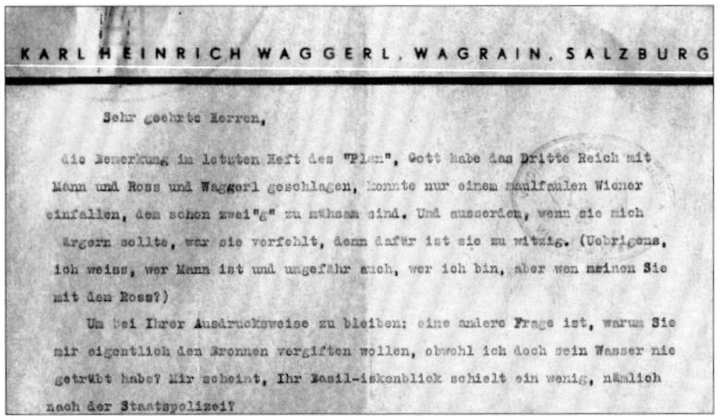

KARL HEINRICH WAGGERL, WAGRAIN, SALZBURG

Sehr geehrte Herren,

die Bemerkung im letzten Heft des "Plan", Gott habe das Dritte Reich mit Mann und Ross und Waggerl geschlagen, konnte nur einem maulfaulen Wiener einfallen, dem schon zwei "g" zu mühsam sind. Und ausserdem, wenn sie mich ärgern sollte, war sie verfehlt, denn dafür ist sie zu witzig. (Uebrigens, ich weiss, wer Mann ist und ungefähr auch, wer ich bin, aber wen meinen Sie mit dem Ross?)

Um bei Ihrer Ausdrucksweise zu bleiben: eine andere Frage ist, warum Sie mir eigentlich den Bronnen vergiften wollen, obwohl ich doch sein Wasser nie getrübt habe? Mir scheint, Ihr Basil-iskenblick schielt ein wenig, nämlich nach der Staatspolizei?

Briefentwurf für die Zeitschrift „Plan“

langen, daß er jemand denunziere, die Jahrtausende wechseln zu schnell. Also muß ich es selber tun.“ (KITSCH I, 712)

Zum anderen: Der politökonomische Hintergrund war durch den Kampf um die Papierzuteilungen vorgegeben: „Denn es kann doch nicht in seiner [des österreichischen Unterrichtsministers] Absicht gelegen sein, daß die Werke des österreichischen Dichters [Ernst] Waldinger auf Schleichhandelspapier und die Werke der illegalen Nationalsozialisten Aurel Wolfram, Josef Weinheber und des Nazikollaborateurs Waggerl auf legalem Papier gedruckt herauskommen. [...] Die vor dreißig Tagen versammelten demokratischen Schriftsteller und Journalisten haben vom Unterrichtsminister und von der Regierung verlangt, daß innerhalb dieser Zeit mit einer vernünftigen Neuordnung in der Papierverteilung wenigstens begonnen wird“. (ÖT 1947, Nr. 22, 6)

Und schließlich: Die Initiative des Verlegers Otto Müller fiel in die Phase eines politischen Paradigmenwechsels, in der im Zuge des Beginns des Kalten Krieges und der fortschreitenden Westintegration Österreichs die „Rückkehr der Gegenaufklärung die kurze Aufbruchs- und Nachholphase zwischen 1945 und 1948“ (HANISCH II, 426) ablöste: „Politisch hörte 1948 mit der Amnestie für Minderbelastete die Entnazifizierung faktisch auf, das traditionell dritte Lager kehrte in die Politik zurück (1949).“ (HANISCH II, 426)

An der Debatte um Waggerl, die in dieser Wendephase von zwei Zeitschriften eröffnet wurde, dem „Plan“ (Otto Basil) und dem „Österreichischen Tagebuch (Viktor Matejka), ist weniger die Polemik von Interesse, die sich durch eine kritische Bemerkung Otto Basils im „Plan“ entwickelte, als die jetzt zum ersten Mal öffentlich geführten Überlegungen zur „Verantwortung des Schriftstellers“, wie sie im „Österreichischen Tagebuch“ angestellt wurden.

Von Otto Basils beißender „Notiz“ (Plan 1947, Nr. 4, 294) ließ sich Waggerl zu einer polemischen Antwort hinreißen (Plan, 1947, Nr. 5, 357f), wobei er auf seine Stellungnahmen aus dem Jahr 1945 zurückgriff, die er jetzt zuspitzte. Basil hatte Waggerl ausgerechnet mit dem ehemaligen SA-Mann, Goebbels-Intimus und späteren kommunistischen Widerständler Arnolt Bronnen[425] verglichen und sein Erstaunen zum Ausdruck gebracht, daß Waggerls Werke jetzt bei Otto Müller „repräsentativ“ erscheinen könnten, obwohl er „in den Jahren der Naziherrschaft Bürgermeister von Wagrain“ gewesen sei. Otto Basil meinte, Waggerl bilde „zusammen mit Herrn Mell [Max Mell] jene undefinierbare Mellange [sic!]“, die „den leitenden Kulturfaktoren der ÖVP so sehr zu munden scheint. Trotzdem der Herr das Dritte Reich mit Mann und Roß und Waggerl geschlagen hat.“ (Plan 1947, Nr. 4, 294) Waggerls Antwort lautete: *„Die Bemerkung im letzten Heft des ‚Plan‘, Gott habe das Dritte Reich mit Mann und Roß und Waggerl geschlagen, konnte nur einem maulfaulen Wiener einfallen, dem schon zwei ‚g‘ zu mühsam sind. [...] Aber von Ihrer Ebene aus gesehen, trennt mich von Herrn Bronnen freilich der Umstand, daß er früher* *beim ‚Nazideutschen Rundfunk‘ und später als Bürgermeister* [in Bad Goisern] *auftrat, während ich vorher Bürgermeister war und jetzt am liebsten ‚Nazi‘ sein möchte, nur um mich von denen zu unterscheiden, die immer schon in die braune Suppe gespuckt haben und nun mit so viel Appetit das Fett abschöpfen. Es muß nicht jeder ein Schwein sein, der einmal genötigt ist, sich durch einen Morast zu wühlen. Am Morast kann es überhaupt nicht liegen; wie wäre es sonst möglich, daß so viele Schweine in Klubsesseln sitzen!“ (PLAN 1947, Folge 5, 357)* Waggerl konnte auch auf solche Weise sprechen, was dem Bild des freundlichen Trostspenders nicht entsprach.

Das „Österreichische Tagebuch“ behandelte das Thema grundsätzlicher. Die Zeitschrift eröffnete im April 1948 unter der Rubrik „Der Schriftsteller und seine Verantwortung“ eine Leserbrief-Diskussion, an der sich Viktor Matejka, Edwin Rollett, Otto Basil, Bertrand Alfred Egger, L. E. Tesar, S. Steinmetz u. a. (ÖT 1948, Nr. 12, Nr. 14, Nr. 16) beteiligten, nachdem Waggerl dagegen protestiert hatte, als er von Matejka als *„Nutznießer des Nationalsozialismus“ (ÖT, April 1948, Nr. 12, 13)* bezeichnet worden war. Waggerls *„Versuch einer Rechtfertigung“* wiederholte einerseits schon Bekanntes: u. a. das Bücherverbot, seine Vorlesungen *„immer aus den verbotenen Büchern“*, die Regierung Hitler sei legal gewesen und deswegen habe er keinen Kampf gegen sie geführt, er sei in die Wehrmacht geflüchtet, *„meine Arbeit* [stammt] *aus ganz anderen Geistesbereichen“* und *„bin ich denn wirklich außer für Adolf Hitler auch noch für Otto Müller verantwortlich?“* Andererseits erwähnte Waggerl aber auch einiges, was er in diesen Zusammenhängen noch nicht als Entlastungs-Argumente verwendet hatte: Nur der Insel-Verlag sei für die Neuauflagen verantwortlich gewesen, Major Jürgen Eggebrecht, *„ein führender Mann der deutschen Widerstandsbewegung“*, habe *„auf eigene Verantwortung große Auflagen für die Wehrmacht gedruckt, allerdings ohne nennenswerten Ertrag für mich“*. Waggerl habe seine Arbeiten der *„angesehenen Wiener Korrespondenz Tandler – Robert Michel“* überlassen gehabt und sich *„nicht weiter darum“* gekümmert, weil er *„insgeheim der Meinung war, es könne dem deutschen Publikum nicht schaden, wenigstens auf diesem Weg mein Wort zu hören.“ (ÖT, April 1948, 13)* Tatsächlich war Waggerl kurz vor dem „Anschluß“, im Jänner 1938, vom Insel-Verlag aufgefordert worden, eine etwaige Verbindung zu einer „in jüdischen Händen befindlichen österreichischen Korrespondenz“ (WK, 15.1. 1938) zu lösen. Ob es sich dabei um die von Waggerl jetzt genannte Korrespondenz handelte, kann nicht mehr festgestellt werden.[426] Nach dem März 1938 wurden die in jüdischem Besitz oder Teilbesitz befindlichen Geschäfte „arisiert“. (HALL)

Außerdem sei er zweimal *„vor der Gestapo“* gestanden, nur die Uniform habe ihn geschützt. *„Aber ich habe mich auch nie verkauft, weder an die faschistische Regierung Schuschnigg […] noch an die Regierung Hitler […]. Ich habe in vieler Hinsicht geirrt, das gebe ich zu, aber ich bin nicht allein mit diesem Bekenntnis. Auch unser*

Titelblatt der Zeitschrift „Österreichisches Tagebuch“ mit einer Zeichnung Oskar Kokoschkas (Diskussion über Verantwortung der geistigen Menschen)

Staatspräsident hat solche Irrtümer einzugestehen oder Kardinal Innitzer und deren Fehler hatten tiefere Wirkungen als meine. Denn ich bin Künstler und nur in Sachen der Kunst bin ich wirklich verantwortlich." (ÖT, April 1948, 13) Nach dem *„Zusammenbruch"* fühle er sich seinen Lesern aus allen Schichten der Bevölkerung gegenüber verantwortlich, die von seiner Dichtung *„Halt und Trost" (ÖT, April 1948, 13)* erwarteten.

Die Antworten auf Waggerls öffentliche Rechtfertigung enthielten viele Argumente, die seitdem über das Verhältnis von Kunst und Macht und über geistig-moralische und künstlerische Verantwortung genannt wurden.

„Ein öffentliches politisches Bekenntnis des Dichters zum ‚Führer' ist nicht bekannt", meinte Otto Basil und machte deswegen seinen Frieden mit Waggerl. Er halte ihn für einen „wertvollen Künstler". Oberstes Kriterium in Politik und Kunst sei „Verantwortung und Wahrhaftigkeit!" (ÖT, April 1948, Nr. 12, 15) Von Waggerls öffentlichem politischen Bekenntnis noch im Jahre 1944 wußte Basil offenbar nichts.

Auch Viktor Matejka, damals Stadtrat von Wien, wollte die Auseinandersetzung friedlich enden lassen, traute aber offensichtlich dem Frieden nicht: „Bloß auf Ihre chronischen Irrtümer, aus denen Sie jederzeit sich befreien können, wenn Sie nur anfangen, wollte Sie hinweisen in aller Freundschaft Ihr Matejka." (ÖT, April 1948, Nr. 12, 13f) Er analysierte die Argumente Waggerls:

„Auch wenn Sie zwischen 1934 und 1945 ‚kein Buch geschrieben' haben, so können Sie kaum in Abrede stellen, daß Ihre literarische Produktion sehr gut der allgemeinen Verwischungstaktik der N.S.-Literaturpolitik gepaßt hat, derzufolge Ihre immer neu aufgelegten alten Werke einer Mischung von mystischen und ‚erdverbundenen' bluboistischen Ingredienzen entsprachen. Einer Mischung, die schließlich der beste Nährboden für eine Politik war, die das deutsche Wesen zur Weltgefahr und den deutschen (inklusive österreichischen) Spießer zum ebenso billigen wie willigen Landsknecht im Dienste des grausamsten Imperialismus aller Zeiten machte". (ÖT, April 1948, Nr. 12, 13f)

Insbesondere Waggerls Verwendung der Begriffe „Verantwortung", „Halt und Trost", „Zusammenbruch"[427] und „Fahrlässigkeit" forderten Matejka heraus. Was Waggerl zugebenermaßen ein „fahrlässiges" Verhalten nannte, war für Viktor Matejka „die übliche Schlamperei vieler ‚Geistiger Menschen'" (ÖT, April 1948, Nr. 12, 13f), die jetzt begriffen haben müßten, daß Hitlers Regierung „die systematische Menschenausrottung und planmäßige Menschenqual für Millionen zum ‚legalen' System machte." (ÖT, April 1948, Nr. 12, 13f) Verantwortung würde jetzt bedeuten, so Matejka, „praktischen Halt und echten Trost" anzubieten, „wenn Sie getrost eine Schweinerei eine Schweinerei nennen und wenigstens im nachhinein alles tun, was zur gründlichen Aufklärung über die schändlichste Greuelzeit dieses Jahrhunderts, über Theorie und Praxis der Sklaverei von 1933 bis 1945, ihre Voraussetzung und deren radikale Beseitigung gehaltvoll beiträgt." (ÖT, April 1948, Nr. 12, 13f)

Die außergewöhnliche Schärfe Matejkas hatte noch einen anderen Grund. Waggerl hatte im Juli 1947 anläßlich einer von der Zeitschrift „Berichte und Informationen" initiierten Umfrage unter österreichischen Schriftstellern zum Thema „Dichter sprechen zu Zeitproblemen" auf die Frage, was denn heute „einen Ausweg aus den vielen Irrungen" weise, u. a. folgendes geantwortet: *„Wer sind die Männer eigentlich, müßte der Bürger fragen, die da überheblich und machtgierig bei Banketten sitzen, zum Hohn für alle Hungrigen der Erde? Sollte man nicht die neue Einrichtung, führende Politiker von Zeit zu Zeit aufzuhängen, dahin erweitern, daß man es schon tut, ehe sie noch ernstlich Schaden angerichtet haben? [...] Aber um mich vollends lächerlich zu machen, will ich noch sagen, was ich selber tue, um mir die Zeit bis zum nächsten Krieg zu vertreiben. Nun, ich vergnüge mich damit, die Leute vor den Kopf zu stoßen, nicht mit Bosheit, daran sind sie gewöhnt, sondern mit kleinen Freundlichkeiten". (BuI 1947, Nr. 62, 962)* Ähnlich formulierte Waggerl im Jahre 1951 in einem Brief an einen Leser: *„Ich weiß wohl, es wird mir nicht gelingen, Ihre Bedenken zu zerstreuen, und, aufrichtig gesagt, es liegt mir auch nicht sehr viel daran, denn das, was Sie und so viele mir vorwerfen, tue ich ja schon wieder. Ich lebe friedlich am Unrecht vorbei." (BRIEFE, 77)*

Matejka meinte: „Ich sage es Ihnen daher ganz offen: ersparen Sie sich so blöde Witze mit dem nächsten Krieg. [...] Bei allem Sinn für Humor hört sich hier die Gemütlichkeit eines Dorfbürgermeisters auf, der ‚nur' Künstler sein und sich allzu früh seinen Platz in der Nachwelt sichern will." (ÖT, April 1948, Nr. 12, 13f) In Anspielung auf Waggerls „Pfingstreise" (1946) und die absehbare und erneute Auseinandersetzung der Literaturwissenschaft mit Waggerls Werk hieß es bei Matejka: „Mögen Literaturhistoriker die Versammlung der Waggerl-Werke nach traditionellen Schulmaßstäben messen, möge Ihr Wagen schwerbeladen durch Salzburgs Gefilde und darüber hinaus fahren, die Weltgeschichte spielt auch künftighin nicht im Salzburger Marionettenwelttheater – was nicht hindert, daß dort aus welchen Gründen immer gut und gern Theater für die Halbwelt aus der halben Welt inszeniert wird." (ÖT, April 1948, Nr. 12, 13f)[428] Schärfer hätten die Worte kaum ausfallen können und härter hätten die divergierenden Literaturauffassungen nicht aufeinander prallen können – eine ehemalige Bibliothekarin einer Arbeiterbibliothek meinte etwa in derselben Debatte: „Und dort, wo bei aller Romantik konkrete politische Töne angeschlagen werden, sind sie eindeutig reaktionär, faschistisch, ob sie nun aus der Dollfuß-Schuschnigg-Ära stammen oder schon im Schatten des Hitlerreiches angestimmt werden. So harmlos also wie vielleicht die Person Waggerls [...] ist jedenfalls das Werk Waggerls nicht [...] Der Leser, der von Anzengrubers ‚Sternsteinhof' etwa oder Roseggers ‚Jakob, der Letzte' zu Waggerls Bauernromanen kommt, stellt mit der Feinfühligkeit des einfachen, unvoreingenommenen, aber eben fortschrittlich gesinnten Mannes die berechtigte leise Frage: Ja, es ist ja net schlecht, aber ist denn der Dichter nicht ein Faschist, ein Nazi?" (ÖT 1948, Nr. 16, 4)

Was damals im „Österreichischen Tagebuch" ausgesprochen wurde, erreichte kein breites Lesepublikum, war doch die Verbreitung der Zeitschrift auf ein intellektuelles und kommunistisches bis linksliberales Publikum beschränkt. Zwei Leserbriefschreiber, die sich an dieser Debatte beteiligten, zogen ein hellsichtiges Resümee. Der eine, der Schriftsteller Bertrand Alfred Egger, schrieb: „Aber Herr Waggerl ist kein Kämpfer. Er ist Künstler und ‚nur in Sachen der Kunst wirklich verantwortlich.' Wenn daher morgen einer kommen sollte, der seinen Nachbarn von Haus und Hof verjagt, wird sich Herr Waggerl in seinen dichterischen Ausgrabungen vermutlich kaum stören lassen. [...] Es war einmal mein Ideal, mich vor der blutbesudelten Wirklichkeit der Nazizeit in die innere Stille zurückzuziehen; die harte Faust des Krieges aber hat mich aus meinen versponnenen Winkeln herausgerissen." (ÖT, Juni 1948, Nr. 14) Der andere sprach über Waggerls Stellungnahme als von einem „Gestammel eines hilfesuchenden Kindes", aber auch von einigen „geschmacklosen" Redewendungen, „daß man sich fragen muß, ob das von Waggerl stammt". Waggerls Texte „sind so unproblematisch, verlangen keine Verantwortung, sie sind eben ‚schön'. Einen Künstler kann nur das Publikum verurteilen, solange das Publikum dazu nicht die Kraft hat, solange wird der Künstler gehört, gelesen und geehrt werden." (ÖT, August 1948, C. F. Peturnig)

Nicht die „Auseinandersetzung mit den fundamentalen Fragen unserer Zeit", wie Otto Basil formulierte (ÖT, April 1948, Nr. 12, 13f), suchte Waggerls Publikum in seinen Werken, also Erscheinungen geschichtlich gewordener Probleme und Befindlichkeiten der Individuen in einer konkreten Gesellschaft, sondern das durch Waggerl vermittelte und „für ein Künstlertum" und „jedes menschliche Dasein" „vorbildlich[e]" „Vertrauen in eine tiefere, sittliche Ordnung" und „den Fleiß an der gerechten, täglichen Arbeit", wie Rudolf Bayr zum Abschluß seiner Waggerl-Biographie (1947) formulierte (BAYR, 92), oder die „tiefe Verbundenheit mit der Natur und dem All, mit dem Begreifbaren und mit dem Unbegreifbaren", wie später Gerhart Schinke seine Verehrung für Waggerls Werk in seiner Waggerl-Biographie (1985) ausdrückte. (SCHINKE, 9)

Im Gegensatz dazu sprechen freilich Waggerls „Die Pfingstreise" (1946) und auch das „Heitere Herbarium" (1950), das schon vor 1945 begonnen und nach dem Krieg weitergeführt wurde, bis es endlich 1950 erscheinen konnte, eine völlig andere Sprache. Insbesondere „Die Pfingstreise" ist nämlich Waggerls Auseinandersetzung mit (seiner) Entnazifizierung und den *„zwielichtigen Zeiten" (DANK, 628)*, als die er die Nachkriegszeit betrachtete. Die *„‚aktuelle[n]' Ausfälle" (OMÜ, Nov./Dez. 1946)*, wie Waggerl sie nannte, gingen dem neuen Verleger Otto Müller zu weit, er wollte sie nicht drucken. Waggerl stimmte nur widerwillig zu und machte z. T. einen Rückzieher. Es war Otto Müller, der auf keinen Fall allzu offensichtliche Anspielungen auf Hitler, die Amerikaner und die Entnazifizierungs-Maßnahmen haben wollte. Er dürfte nämlich seine Käuferschichten genau gekannt haben und wollte sie nicht verschrecken, obwohl Waggerl ohnehin moderat im unverbindlich Sagen- und Legendenhaften verblieben war. Zu einer von Waggerl vorgesehenen Passage in der „Pfingstreise" schrieb Otto Müller: „Da ist zunächst Fahne 34, zweiter Absatz: die Stelle von dem König, der den Bitten seiner Minister nachgegeben hat und nun jeden hängen lässt, der noch auf den alten König geschworen hat, und die Geschichte mit dem Meinungswechsel. Glauben Sie nicht, dass dies, zusammen nämlich mit dem folgenden Bild von der Gerechtigkeit, die ihr Schwert mit einem Schiessgewehr vertauscht hat, als hochpolitische Anspielung wirkt, äusserst aktuell und auf österreichische Verhältnisse gemünzt?" (OMÜ, 25.11.1946) Otto Müller schlug einen „beherzten Strich" (OMÜ, 25.11.1946) vor – die Passage wurde gestrichen. Dennoch blieb der gesamte Text ein sprechendes Dokument.

Seit 1948 gab es nur noch vereinzelte Angriffe gegen die Rolle Waggerls vor 1945, auf die er entweder wie immer spitz reagierte, von denen er vielleicht nichts wußte oder die er ignorierte. Dennoch: Auch in der Schweiz, in der sich Waggerl seit 1949 u. a. in der Vereinigung der Oltener Bücherfreunde um Herrn Matheson etablierte, mußte er sich mit für ihn peinlichen Nachfragen auseinandersetzen. (MATHESON, 11.12.1949, 24.1.1950)[429]

Seit 1948 waren die Lager pro und contra Waggerl festgefahren. Die einen ließen nichts über ihn kommen und forderten sogar den „Dank des Vaterlandes" (GL) ein oder versuchten ihn, wie Kurt Ziesel, mit dem Waggerl seit 1939 im Konflikt gelegen war, in eigene gerichtliche Verfahren als Zeugen einzuspannen. (ARCHIV, H 2812)[430] Als Ernst Scheibelreiter 1949 gegen den Präsidenten des Verbandes demokratischer Schriftsteller und Journalisten, Dr. Edwin Rollett, vor Gericht ging, weil dieser ihn in einem Überblick über „Drei Jahre österreichische Buchproduktion" , in dem Rollett über die erstaunlich schnelle Integration von NS-Autoren Klage führte und u. a. ihn als nationalsozialistischen Schriftsteller bezeichnet hatte, nannte Rollett auch Waggerl. (Die Presse, 21.4.1949) Waggerl klagte nicht.

Andere ätzten, wie ein Graf S., der Waggerl angesichts der Lektüre des neu erschienenen „Heiteren Herbariums" ein satirisches „Heil" zukommen ließ, was Waggerl veranlaßte, seinen ablenkenden Witz auszupacken: *„Was den lieben Gott betrifft, so mußte ich mich [im Heiteren Herbarium] an ihn halten, weil es sonst niemand mehr gibt, der einen Spaß versteht. Gute Wünsche für Ihr Heil!" (Wiener Literarisches Echo 1949, H.3, 53)*

Ein einziges Mal seit 1947/48 legte Waggerl seine polemische Feder weitgehend beiseite, als er nämlich von einem seiner Leser auf seine NS-Vergangenheit angesprochen wurde. Dieser stellte sich als Waggerl-Liebhaber vor. Ihm wollte nicht einleuchten,

Waggerl mit einem amerikanischen Offizier

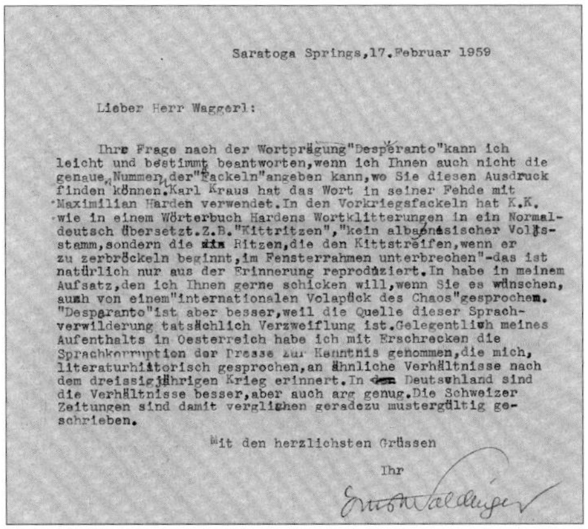

Saratoga Springs,17.Februar 1959

Lieber Herr Waggerl:

Ihre Frage nach der Wortprägung"Desperanto"kann ich leicht und bestimmt beantworten,wenn ich Ihnen auch nicht die genaue Nummern der"Fackeln"angeben kann,wo Sie diesen Ausdruck finden können.Karl Kraus hat das Wort in seiner Fehde mit Maximilian Harden verwendet.In den Vorkriegsfackeln hat K.K. wie in einem Wörterbuch Hardens Wortklitterungen in ein Normaldeutsch übersetzt.Z.B."Kittritzen","kein albanesischer Volksstamm,sondern die Ritzen,die den Kittstreifen,wenn er zu zerbröckeln beginnt,im Fensterrahmen unterbrechen"-das ist natürlich nur aus der Erinnerung reproduziert.In habe in meinem Aufsatz,den ich Ihnen gerne schicken will,wenn Sie es wünschen, auch von einem"internationalen Volapück des Chaos"gesprochen. "Desparanto"ist aber besser,weil die Quelle dieser Sprachverwilderung tatsächlich Verzweiflung ist.Gelegentlich meines Aufenthalts in Oesterreich habe ich mit Erschrecken die Sprachkorruption der Presse zur Kenntnis genommen,die mich, literaturhistorisch gesprochen,an ähnliche Verhältnisse nach dem dreissigjährigen Krieg erinnert.In Deutschland sind die Verhältnisse besser,aber auch arg genug.Die Schweizer Zeitungen sind damit verglichen geradezu mustergültig geschrieben.

Mit den herzlichsten Grüssen

Ihr

Ernst Waldinger

Ernst Waldinger korrespondiert mit Waggerl über Karl Kraus und Österreich nach 1945

„wie ein Mann, der selbst schrieb ‚Gott liebt das Leise', in das überlaute misstönende Geheul der apokalyptischen Brüllaffenherde hat einstimmen können". (ARCHIV, H 15.804, 26.6.1951) Waggerls Antwort ist die einzige bekannte, in der er auf den Holocaust – auf folgende Weise – zu sprechen kam: *„Ihre Frage, ob ich ein ‚Nazi' gewesen bin, kann ich nur mit der weitab – und doch so naheliegenden Gegenfrage beantworten, was ich denn hätte tun sollen. Für die Wahrheit sterben zu wollen, hielt ich von jeher für einen Unfug, – für die Wahrheit hat man zu leben. Und darum halte ich unter allen Opfern jenes Systems nur die Juden für eigentlich beklagenswert, denn sie waren wirkliche, wehrlose Opfer des Wahns." (BRIEFE, 75, 5.7.1951)*[431] Waggerls Brief an Bela Nagy (Wien) ist außerdem deswegen bemerkenswert, weil er der einzige ist, in dem Waggerl die Kontinuität von militärisch-politischer Gewalt und Unterdrückung (in Rußland, in Korea, Spanien) thematisierte und selbst indirekt die Forderung nach Ursachenforschung stellte, wenn auch auf eine Weise, die die behauptete Erschütterung unglaubwürdig erscheinen läßt: *„Nebenbei, mich erschüttert es nicht so sehr, daß dergleichen geschehen ist, als daß es immer noch geschieht und daß man trotzdem mit einer unbegreiflichen Verblendung nur nach Schuldigen sucht, statt nach Ursachen." (BRIEFE, 76)*

Waggerl blieb sein Leben lang sehr empfindlich, wenn an seine NS-Vergangenheit gerührt wurde. Nichts anderes forderte ihn zu so aggressiven Reaktionen heraus. Immer wieder glaubte er das angebliche Totschweigen seines Werkes durch *„namhafte Kritiker"* auf die Macht des *„gesamten deutschen KZ-Adel[s] und die literarische Semigration"* zurückführen zu können. (OMÜ, 29.10.1958) Hermann Kesten[432] gehörte für Waggerl sicher in den von Waggerl mit diesem denunzierenden Begriff bezeichneten Umkreis. Kesten polemisierte: „lederne Kopisten des Hitleranbeters Hamsun, wie Waggerl." (Die Kultur 1960, Nr. 158, 16). Waggerl war getroffen, seine Zurückweisung fiel polemisch aus: *„Die schlimmsten Vorurteile sind die Nachurteile. […] Herr Kesten hat sich damals der Gefahr durch Flucht entzogen, das war sein natürliches Recht. Für ihn, aber auch für die Zurückbleibenden gab es keine Verpflichtung zum Selbstmord. Für die Sache der Humanität stirbt man nicht, man lebt für sie. Ich weiß nicht, wieviele Opfer jener Zeit Herr Kesten durch sein Wirken in der Emigration gerettet hat. […] ich werde dennoch jene Jahre, in denen ich vielen schwer Bedrängten lautlos Hilfe leisten konnte, zu den besten meines Lebens zählen". (BRIEFE, 93f)*

Zugleich korresponierte Waggerl z. B. mit Ernst Waldinger,[433] dem österreichischen Emigranten, der 1959 noch immer in den USA lebte, über Karl Kraus und dessen Pressekritik. Waldinger sprach von der „Sprachkorruption der Presse" insbesondere in Österreich. (ARCHIV, H 7048)

Waggerl war durch Politisches nicht nur persönlich betroffen, sondern mischte sich politisch ein, obwohl er sich immer als Unpolitischer darstellte. Seine Haltung nach 1945 wird z. B. in einem „Offenen Brief" faßbar, den er an den Präsidenten des Internationalen P.E.N.-Clubs, Jules Romains (1885–1972), verfaßte. Es ist nicht sicher, ob dieser Brief abgeschickt wurde. Er ist nicht datiert, gehört aber in den Zusammenhang der Vertreibungen der „Deutschen" aus der Tschechoslowakei seit dem Ende des Krieges. (NLB, 145ff) Das „Nach-Lese-Buch" (1977) druckte nur einen Teil dieses Briefes ab und verschwieg unkommentiert und unmarkiert den Schluß, der Romains und alle P.E.N.-Mitglieder dafür verantwortlich machte, *„wenn die Not unserer Brüder uns wirklich zwingen sollte, der Gewalt mit Gewalt zu begegnen". (ARCHIV, H 16.907)* Waggerl wehrte sich dagegen, daß J. Romains offenbar in bezug auf die Heimatvertriebenen in einem Appell an die deutschen und italienischen Schriftsteller *„unausgesprochen Partei für die Totschläger"* (NLB, 147) ergriffen habe. Waggerl fühlte sich in seiner Identität als Deutscher verletzt und schrieb pauschalierend: *„Aber Sie haben Recht: der Friede ist nun wirklich bedroht. Er ist bedroht durch den Haß gegen uns Deutsche, den die Nutznießer des Krieges und die Politiker und die Schriftsteller der ganzen Welt bewußt geschürt haben. Es gibt ein Land in Europa, in dem dieser Haß brachiale Form angenommen hat, dort schlägt man Deutsche tot. [...] Nein, Herr Präsident, wir Deutschen sind keine Fanatiker der Gewalt. Aber wir sind Fanatiker des Rechts. Die Lösung, die Ihnen vorzuschweben scheint, nämlich zu warten, bis der letzte Deutsche auf deutschem Boden erschlagen wurde, diese Lösung möchte der Welt bequem und willkommen sein. Für uns ist sie unannehmbar." (NLB, 147f)* Möglicherweise war Waggerls Text als Stellungnahme eines Heimatvertriebenen-Verbandes gedacht. Die politische Rhetorik würde es nahelegen.

8. 5. Krisen

Die Jahre um und nach 1945 waren auch Zeiten privater Krisen. Die Briefe an Grete Lanz, seine Bekannte seit 1941, dokumentieren auch diese Seite seines Lebens. Waggerl wollte wiederholt die Enge von Wagrain verlassen, hatte dort aber auch die Möglichkeit, ungestört zu schreiben, was ihn letztlich veranlaßte, nicht wegzugehen. Er wußte, daß er Wagrain auch deswegen Richtung Stadt Salzburg hätte verlassen müssen, um im neu anlaufenden Literaturbetrieb, *„auswärts und bei den Hochgeistigen" (LANZ, 15.3.1949),* präsenter zu sein. Ähnliche Überlegungen hatte es schon in den 20er Jahren gegeben, damals noch mit Edith Waggerl. Waggerl blieb dennoch. In Salzburg konnte er in seinem Umfeld nicht viel Aufgeschlossenheit für die Notwendigkeit, ungestört zu arbeiten, erwarten, wie er andeutet: *„ [...] wenn ich weiß, daß du die Notwendigkeit* [an der geplanten Gesamtausgabe zu arbeiten] *gar nicht einsiehst." (LANZ, 1947)* Er pendelte schließlich zwischen Wagrain und Salzburg, wohnte z. T. in verschiedenen Wohnungen in der Stadt Salzburg, später, ab 1955/56 auch im Brunnwinkel in St. Gilgen, wohin er sich zurückzog. Über Waggerl in St. Gilgen berichtete Karl von Frisch, Nobelpreisträger und Besitzer des St. Gilgener Anwesens, in seinem Buch „Fünf Häuser am See" (1980).

Grete Lanz

Das Waggerl-Haus beim Umbau im Jahre 1955

Waggerl mit seinem Maler-Freund Erwin Exner

Waggerl und seine Frau Edith

(FRISCH, 145f) Gemeinsame Reisen mit Grete Lanz führten ihn später wiederholt auf die Insel Elba, wo er auch zeichnete und malte.[434] Im Jahre 1952 traf Waggerl der Tod seiner Mutter. Er zeichnete sie auf dem Sterbebett.

Nach dem Krieg wurde Waggerls außereheliche Tochter Lacerta geboren, heute die Inhaberin der Urheber- und Werknutzungsrechte der künstlerischen Produkte ihres Vaters. Lacerta Santorricelli ist Waggerls Kind aus seiner Beziehung zu Sielke Scheidt.

Über Grete Lanz hat Waggerl in der Stadt Salzburg neue Bekannte und Freunde gewonnen, u. a. Baron Wittek und Graf Friedrich von Ledebur. (LANZ) Seine Briefe an Grete Lanz zwischen 1941 und 1973 sind auch ein gutes Zeugnis insbesondere für seine literarischen Aktivitäten unmittelbar nach 1945, über Verbotsmaßnahmen und Arbeitsbehinderungen, sie geben Einblicke in das Leben in der Besatzungszeit (z. B. über Einquartierungen), berichten über hilfreiche Kontakte zu amerikanischen Offizieren, über das Entstehen seiner neuen Texte und über diverse Film-, Anthologie- und Zeitschriftengründungs-Pläne. Das Aquarellieren und Zeichnen, auch das Buchbinden hatte er nie ganz aufgegeben. In der Nachkriegszeit war das eine Quelle für zusätzliche Einkünfte. (LANZ, 28.5. 1948) Es ist kein Zufall, daß in Waggerls „Die Pfingstreise" (1946) das Thema „Malerei" einen besonders wichtigen Stellenwert einnimmt. Unmittelbar nach dem Krieg besserte Waggerl seinen Lebensunterhalt durch Bastelarbeiten auf, die dann in Salzburg verkauft wurden. Im Mai 1947 waren dann offenbar alle Rücklagen aufgezehrt – in Deutschland lagen auf Sperrkonten aber noch Honorare, die Waggerl von Paul Alverdes abheben lassen wollte, was aber aus rechtlichen Gründen nicht gestattet war. Er begann, u. a. seine Fotoausrüstung zu verkaufen (BRIEFE, 31)

8. 6. Von Anton Kippenberg zu Otto Müller

Waggerls erfolgreiche Integration in die österreichische Kultur der Zweiten Republik begann literarisch mit der Publikation seiner „Pfingstreise" (1946) im Salzburger Otto Müller Verlag und mit der – gegen die Wünsche seines Verlegers Dr. Anton Kippenberg – Schritt für Schritt durchgeführten Abkoppelung vom Insel-Verlag. Daß sich der katholische Salzburger Verleger Otto Müller, ein Verfolgter des NS-Regimes, ernsthaft für den Autor interessierte, gab Waggerl eine Trumpfkarte gegen die „Insel" in die Hand, was letztlich dazu führte, daß er sich weitgehend aus einem deutschen Verlag in einen österreichischen zurückziehen konnte und durfte. Dieser Rückzug aus Deutschland kam zwar einer Verprovinzialisierung gleich, war aber letztlich die richtige Entscheidung Waggerls im Hinblick darauf, daß er sich in Zeiten, in denen sich Österreich als erstes Opfer Hitler-Deutschlands deklarierte und damit den eigenen Anteil am Nationalsozialismus für lange Zeit in den Schatten rücken konnte, nicht mehr so viele unangenehme Fragen stellen lassen mußte. Otto Müller war zudem ein Schutzschild. Die Entscheidung für einen österreichischen Verlag paßte jedenfalls zur grundsätzlichen Linie der österreichischen (Kultur)-Politik der Nachkriegszeit, die in der Abgrenzung zu Deutschland eine neue österreichische Identität zu entwickeln versuchte. Daß Waggerl und sein Werk im Zuge des genannten Paradigmenwechsels ab 1947/48 eine derartige exponierte Rolle in einigen wichtigen Bausteinen dieses Österreich-Projektes einnehmen sollten, war zu diesem Zeitpunkt noch nicht abzusehen, bahnte sich aber schon an.

Einige Faktoren spielten bei der schrittweisen Abkoppelung von Kippenbergs Insel-Verlag neben der Person Otto Müllers eine entscheidende Rolle: die schwierigen ökonomischen und rechtlichen Verhältnisse zwischen Deutschland und Österreich (Devisentransfer-Probleme, Sperrkonten, Papierkontingentierung), die Waggerl später argumentieren ließen, Kippenberg hätte sich unmittelbar nach dem Krieg nicht ausreichend um sein Werk gekümmert. Dazu kamen einige Mißverständnisse zwischen Kippenberg und Waggerl, die u. a. eindeutig auf die schwierigen Nachrichtenverbindungen zwischen Salzburg/Wagrain und Leipzig (sowjetische Besatzungszone) und Wiesbaden (amerikanische Besatzungszone) zurückzuführen waren (WK, Mai 1950, 6. Juni 1950), wo Kippenberg seinen Verlag neu aufbauen mußte. Eine zusätzliche Schwierigkeit war, daß sich Kippenbergs Familie in Marburg niedergelassen hatte, von wo aus die beiden Dependancen geführt wurden. Der Insel-Verlag war nämlich im Leipziger Hause Kippenbergs im März 1945 ausgebombt worden. Etwas länger als bei Otto Müller in Salzburg brauchten deswegen die notwendigen Lizenzen für den Verlagsneubeginn durch die sowjetischen und die amerikanischen Behörden für deren Besatzungszonen. Schon Ende August 1946 aber meldete Kippenberg, daß Waggerls „Wagrainer Tagebuch“ wieder im Druck sei. Schon sechs Wochen vorher hatte sich Kippenberg brieflich an Waggerl gewendet, aber dieser Brief war offenbar verlorengegangen oder unrichtig adressiert.

Hinzu kam freilich auch, daß Waggerl einer von zwei Verlagsautoren war, den der Insel-Verlag nicht eingeladen hatte, sich an einer Carossa-Festschrift zu dessen 70. Geburtstag zu beteiligen, was Waggerl empörte. Außerdem hatte Kippenberg, der mit schwersten persönlichen Schicksalsschlägen (Tod seiner Frau Katharina 1947, Tod seines Schwiegersohnes und seiner Enkelin) zu kämpfen hatte, einfach darauf vergessen, daß er Waggerl mündlich die Zusage zu einer „Mütter“-Ausgabe durch die Österreichische Buchgemeinschaft schon gegeben hatte, was zu Schwierigkeiten führte, als die Buchgemeinschaft drucken wollte. Waggerl mußte Kippenbergs Versehen als *„unglaublichen Zwischenfall“ (ARCHIV, H 16.2.1950, H 15.932, Brief an O.M. Fontana)* interpretieren. (WK, 20.6.1950)

Solches nahm er später insgesamt zum Anlaß, bitter, vorwurfsvoll, aber unzutreffend pauschal davon zu sprechen, daß ihn der Insel-Verlag in der unmittelbaren Nachkriegszeit im Stich gelassen habe. Er nahm sogar das Wort *„literarische Heimatlosig-*

Waggerl mit seinem neuen Verleger Otto Müller

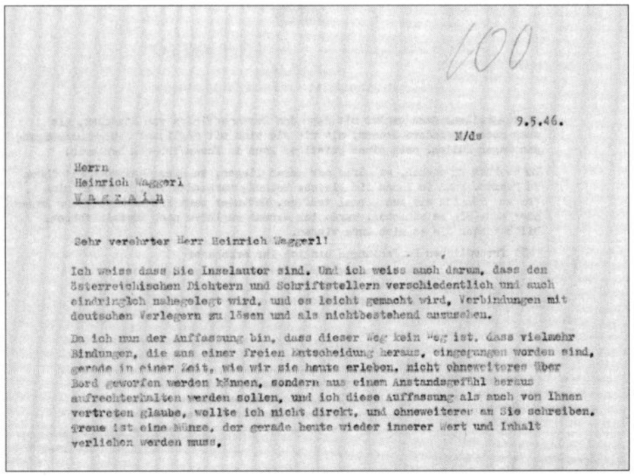

100

9.5.46.
M/ds

Herrn
Heinrich Waggerl
W a g r a i n

Sehr verehrter Herr Heinrich Waggerl!

Ich weiss dass Sie Inselautor sind. Und ich weiss auch darum, dass den österreichischen Dichtern und Schriftstellern verschiedentlich und auch eindringlich nahegelegt wird, und es leicht gemacht wird, Verbindungen mit deutschen Verlegern zu lösen und als nichtbestehend anzusehen.

Da ich nun der Auffassung bin, dass dieser Weg kein Weg ist, dass vielmehr Bindungen, die aus einer freien Entscheidung heraus, eingegangen worden sind, gerade in einer Zeit, wie wir sie heute erleben, nicht ohneweiteres über Bord geworfen werden können, sondern aus einem Anstandsgefühl heraus aufrechterhalten werden sollen, und ich diese Auffassung als auch von Ihnen vertreten glaube, wollte ich nicht direkt, und ohneweiteres an Sie schreiben. Treue ist eine Münze, der gerade heute wieder innerer Wert und Inhalt verliehen werden muss,

Aus dem ersten Brief Otto Müllers an Waggerl

keit" (BRIEFE, 45, Mai 1950) in den Mund, was Kippenberg schwer traf.[435] *„Ich will Ihnen einmal offen sagen, wie sehr mich auch die Gleichgültigkeit kränkt, die der Verlag sich mir gegenüber angewöhnt hat. Schließlich bin ich ja nicht der Nächstbeste, ich meine, die Insel hat sich selbst in ihrer Glanzzeit meiner nie schämen müssen." (BRIEFE, 44, Mai 1950)* Er sei, so behauptete Waggerl in einem weiteren Brief, *„zwei Jahre lang ohne jede Nachricht [geblieben], obwohl der Briefverkehr längst wieder möglich war. Meinerseits habe ich in dieser bittersten Zeit der Entbehrungen jedes Verlagsangebot abgelehnt. [...] Was ist nun eigentlich in den fünf Jahren mit meinen Büchern geschehen?" (BRIEFE, 41, 6. Juni 1950)* Daß solche Briefe auch das taktische Ziel verfolgt haben dürften, vom Insel-Verlag wegzukommen, legen die Initiativen Otto Müllers nahe, der zur selben Zeit mit Unterstützung eines Rechtsanwaltes dem Insel-Verlag eine Frist bis 1. Oktober 1950 gesetzt hatte, innerhalb derer alle Bücher Waggerls der 30er Jahre neu aufgelegt sein müßten. (ARCHIV, H 16.651, 23.2.1950, 21.5.1950) Dies war angesichts der schwierigen wirtschaftlichen Verhältnisse eine überzogene Forderung und ein Ultimatum. Erst nach dem Tod Anton Kippenbergs im September 1950 war der Insel-Verlag schließlich mit der Fristsetzung von Otto Müllers Rechtsanwalt konfrontiert: Er reagierte konsterniert, verärgert und zählte genau die Aktivitäten für Waggerl nach 1945 auf: „Die Frage einer etwaigen Lizenzausgabe des einen oder anderen der [...] Bücher durch den Verlag Otto Müller in Salzburg können wir prüfen [...]. Aber wir können die Werke nicht freigeben." (WK, 11.12.1950)

Wie stand es also um Waggerls Behauptungen? Seit Mai 1946 war Waggerl schon mit Otto Müller in Kontakt: Am 1. August 1946 wurde der erste Vertrag aufgesetzt – über „Die Pfingstreise". Im Mai 1947 hatte sich Waggerl an seinen „alten" Verleger Kippenberg gewendet und ihm mitgeteilt, daß er, *„Ihr freundliches Einverständnis voraussetzend, eine Lizenzausgabe ausgewählter Werke" (BRIEFE, 31)* mit Otto Müller plane. Umgehend hatte sich Kippenberg gemeldet und sich bereit erklärt, unter Einhaltung üblicher und gerechter Bedingungen eine Lizenzvergabe zu gewähren. Das Werk Waggerls wollte Kippenberg aber nicht aus der Hand geben. Am 19. Juni 1947 teilte Kippenberg Waggerl auch mit, daß seine Frau gestorben sei.

„Eisiges Schweigen" habe Waggerl dem Insel-Verlag vorgeworfen, hieß es schon einmal vor der endgültigen Eskalierung zwischen der Insel und Waggerl in einem Antwort-Brief Kippenbergs an seinen Autor vom September 1948. Das Verhältnis Kippenberg – Waggerl verdüsterte sich zusehends, – trotz aller Freundlichkeiten: „Eisiges Schweigen" konstatierte Kippenberg betroffen nach dem Tod seiner Frau: „Ich habe damals kein Wort von Ihnen gehört und muß sagen, daß mich das sehr schmerzlich berührte, da auch Ihnen meine verewigte Frau so nahe gestanden hat." (ARCHIV, H 16.661)

Als der Konflikt durch die unhaltbaren Aussagen Waggerls und das Ultimatum Otto

Müllers im Jahre 1950 eskalierte, antwortete der kranke Kippenberg in noblem Stil: „Hätten Sie eine Ahnung gehabt von dem, was ich durchgemacht habe, so hätten Sie gewiß Ihren Brief vom 21. Mai nicht geschrieben oder ihm doch wenigstens eine andere Form gegeben. Ich nehme aber an, daß Sie über mein persönliches Ergehen [...] kaum unterrichtet sind. [...] Ich glaube, unsere jetzige Korrespondenz wäre überflüssig gewesen, wenn Sie damals entgegen unserer Verabredung von Olten nach Bern zu einer Besprechung gekommen wären und mich statt dessen einen halben Tag warten ließen und es nicht einmal für nötig hielten, mir den Grund Ihres Ausbleibens oder eine Entschuldigung zu schreiben. [...] Ihre Meinung, daß wir Ihre Interessen nicht genügend wahrgenommen haben, ist, wie der umfangreiche Briefwechsel [beweist], den ich heute noch einmal durchgelesen habe, vollkommen falsch. Ich bitte Sie dessen zu erinnern, wie ich Herrn Otto Müller in Salzburg entgegengekommen bin nicht aus eigenem Interesse, sondern um Ihnen zu helfen. [...] Seien Sie aber meiner unveränderten Freundschaft versichert, wie ich es der Ihrigen zu sein und zu bleiben hoffe. Mit herzlichen Grüßen Ihr Anton Kippenberg." (ARCHIV, H 16.650, 20.6.1950) Daß Kippenberg seine vornehme Zurückhaltung nie aufgab, ist bemerkenswert. Es war klar, daß Waggerl mit aller Macht zu Otto Müller wollte.[436] Drei Monate später war Kippenberg tot.[437]

„Heimgekehrt, war ich lang unschlüssig, ob ich das alte Handwerk wieder aufnehmen könnte, in jenen zwielichtigen Zeiten fand ich ja auch niemand, der sich noch meiner erinnern wollte. An Otto Müller dachte ich zuletzt, und er war der einzige, der keinen Augenblick zögerte, mir die Hand zu reichen." (WuJ, 58f)

Der Verleger Otto Müller (1901–1956), der als ehemaliger Verlagsleiter des katholischen Pustet-Verlages 1937 seinen eigenen Verlag gegründet hatte, war ein Opfer des Nazismus. Er war 1940 zweimal in Gestapohaft genommen worden, ein RSK-Ausschlußverfahren gegen ihn wurde angestrengt, das ihm jegliche berufliche Tätigkeit letztlich unmöglich machte. Otto Müller wehrte sich zwar – aus der Gestapo-Haft heraus – vehement gegen die Vernichtung seiner beruflichen Existenz, wobei er mit allen sprachlichen Mitteln versuchte, die NS-Behörden und sogar den Salzburger Gauleiter günstig zu stimmen, indem er z. B. auf seine „gesamtdeutsche" Gesinnung verwies. Aber die Nationalsozialisten wollten sich den Verlag günstig aneignen. Der Oberbürgermeister der Gauhauptstadt Salzburg, aus dessen Hand Waggerl zwei Jahre später den Kulturpreis erhalten sollte, entzog Müller am 6. Jänner 1941 die Verleger-Konzession, so daß Müller gezwungen war zu verkaufen. Die Schätzung wurde mit RM 10.000.– vorgenommen, obwohl allein Bücher im Werte von ca. RM 100.000.– vorhanden waren. Müller fand aber einen deutschen Verleger, Lambert Schneider aus Berlin, der versprach, ihm „gegen diese ‚Strolche'" (OMÜLLER, 21) zu helfen. Er hielt Wort, kaufte den Verlag zu anständigen und reellen Bedingungen und gab Müller im Jahre 1945 den Verlag „zu den gleichen Bedingungen" wieder zurück. (Vgl. MÜLLER III, 37ff) Damit war die Basis für einen schnellen Neubeginn geschaffen. Im Oktober 1945 erhielt Müller das amerikanische Permit. Zu Weihnachten 1945 erschien das erste Verlagswerk, ein 16seitiges Heft mit dem Krippenlied aus dem Salzkammergut „O Wunna über Wunna". (OMÜLLER, 25)

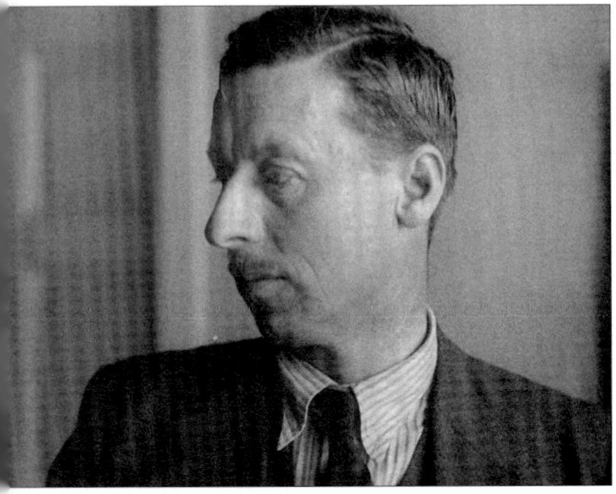

Der Maler und Fotograf Anton Steinhart

Waggerl war für den geschickten Verleger einer der ersten Ansprechpartner, nachdem u. a. der Salzburger Maler und Freund Waggerls, Anton Steinhart, der Kulturjournalist Dr. Wolfang Schneditz und der Schriftsteller Franz Tumler bereit gewesen waren, Kontakte herzustellen.

Am 9. Mai 1946 wandte sich Otto Müller direkt an Waggerl mit der Bitte um ein Gespräch, nachdem ihm zu Ohren gekommen war, daß dieser nicht wußte, wie es mit dem Insel-Verlag weitergehen sollte: „Deshalb liegt es mir daran, mit Menschen in Verbindung zu kommen, die ich wiederum ernst nehme, und dazu gehören Sie. Wenn wir aus der scheinbaren Ausweglosigkeit unserer Zeit herausfinden wollen, dann gehört mit dazu das Zusammenfinden von Menschen, die auch noch für andere Fragen, als wie sie sich mit möglichst wenig Anstrengung den Magen füllen, noch einen geistigen Raum in ihrem Inneren bewahren." (OMÜ, 9.5.1946)

Schnell waren sich Müller und Waggerl einig. Schon im Juli 1946 wurde dieser zur Mitarbeit an dem „Österreichischen Heimatkalender 1947" eingeladen. Er sollte Kalendergeschichten beisteuern. Schließlich erschienen die Erinnerungen „Aus der Heimat", die 1940 zum ersten Mal im Insel-Almanach veröffentlicht worden waren.[438] Am 1. August 1946 wurde der Vertrag über „Die Pfingstreise" abgeschlossen, deren Typoskript im November 1946 auf dem Tisch lag und noch im selben Jahr erschien. Damit war fürs erste ein neuerlicher beruflicher Einstieg geschafft.

8. 7. „Die Pfingstreise"

Der lebensgeschichtliche Schlüsselsatz der „Pfingstreise",[439] der ersten neuen Erzählung, die Waggerl nach 1945 publizieren ließ, steht in einer Gewitterszene und lautete: *„Ich halte an und öffne ein Fenster, wie Noah in der Arche. Würzige Luft strömt herein, säuerlich duftende, kühle. Hinter uns steigt eine unbeschreibliche Helle auf, es sprüht und funkelt überall im tropfenden Geäst der Sträucher. Eine Weile stehen wir beglückt auf der Straße, wortlos, nur um zu schauen, in dieses köstliche Licht, das aus unseren Gesichtern widerleuchtet und sie jugendlich schmückt." (PFINGST I, 260)* Etwas Ähnliches war dem Waggerl-Leser schon bekannt, nämlich aus der ebenfalls lebensgeschichtlich zu verstehenden Gewitterpassage des „Wiesenbuches" des Jahres 1932. Damals hatte das Gewitter zeichenhaft Waggerls „Nihilismus" der 20er Jahre weggefegt und ihn zum „Neuen Leben", zu „Brot", geführt. Jetzt, im Jahre 1946, entließ ihn das Gewitter aus der zur Sintflut und zur *„weglosen Wildnis" (PFINGST I, 224)* stilisierten Kriegszeit, insbesondere aber aus der bedrängenden Erfahrung der

Entnazifizierung. „Die Pfingstreise" ist nämlich Waggerls dichterischer Umgang mit seiner Rolle während der NS-Zeit und mit der Entnazifizierung unter dem expliziten Motto: *„Im Grunde ist es ja lächerlich: Jeder möchte die Welt verbessern und jeder könnte es auch, wenn er nur bei sich selber anfangen wollte." (PFINGST I, 252)* Wie also nahm sich dieser neuerliche Neubeginn bei ihm selber aus?

Die in den „Salzburger Nachrichten" vom 11. Februar 1947 zur „Pfingstreise" abgedruckte Rezension, wahrscheinlich aus der Feder von Dr. Wolfgang Schneditz (Dr.W.S.), und eine anonyme Zeitungsnotiz (undatiert) behaupteten folgendes: Waggerl, so hieß es dort, sei „neun Jahre zum Schweigen verurteilt gewesen. [...] So schwieg der Dichter sehr lange [...]." Tatsächlich aber waren zwei der drei Erzählungen, die in dem Sammelband „Die Pfingstreise" bei Otto Müller zusammengefaßt waren, nämlich „Der Roßheilige" und „Marschmusik", im Jahre 1944 in Waggerls Reihe der „Salzburger Hefte" schon veröffentlicht worden, als er neben seiner Tätigkeit als Nachrichtenoffizier kleine literarische Projekte initiierte. Dazu kam, daß „Marschmusik" sogar in die HJ-Geschenksammlung „Feierabend" (1944) aufgenommen worden war, übrigens gemeinsam mit der Titelerzählung „Feierabend" und dem „Lob der Wiese".

Ausgerechnet die Erzählung „Feierabend", die Waggerl erstmals 1941 im „Inselschiff" und dann zweimal im Jahre 1944 – durch die HJ und in seiner eigenen Reihe – publizieren ließ, verwendete er nun in einer etwas überarbeiteten Form als Abschlußpassage in seiner neuen Erzählung „Die Pfingstreise". Außerdem griff er für seine „Pfingstreise" – als Grundgedanke – auf den Familien-Pfingstausflug des Jahres 1941 mit dem Malerkollegen Ernst Huber zurück, den er in seiner Propagandaschrift „Pfingstidyll an der Reichsautobahn" (1941) verarbeitet hatte. Jetzt blieb davon das Motiv eines Künstlerausfluges zu Pfingsten *„ins offene Land" (PFINGST I, 226)* übrig, das „der Meister" und der Ich-Erzähler freilich nicht mehr mit ihren Frauen, sondern mit einem *„Mädchen"*, einem *„hellhaarige[n]" (PFINGST I, 226)*, unternehmen: *„Gut, auch das. Mir gefielen zwar früher einmal die schwarzhaarigen besser, aber so wählerisch bin ich nicht mehr, weil ich Mühe habe, selber zu gefallen" (PFINGST I, 226)*, läßt der schon etwas alternde und elegisch gestimmte Ich-Erzähler vernehmen. „Die Pfingstreise" ist voll von autobiographischen Anspielungen (Vater, Mutter, das Theaterspielen im Wagrain der 20er Jahre, wahrscheinlich auch Grete Lanz).

Auch auf Waggerl-Texte der 30er und 40er Jahre wird Bezug genommen, so z. B. auf seinen „Stoßseufzer" von 1932. In diesem hatte sich Waggerl dagegen gewehrt, daß ihn die deutsch-völkische Rezeption *„mit dem Boden verwachsen" (SEUFZER, 242; PFINGST I, 251)* sah, was freilich nur eine Formel war, die aber den Bedeutungsraum seiner Werke durchaus adäquat beschrieb. Auch eine Anspielung auf den *„Mond am Himmel, so hoch aufgehängt, daß ihn kein Mensch dem andern zum Trotz*

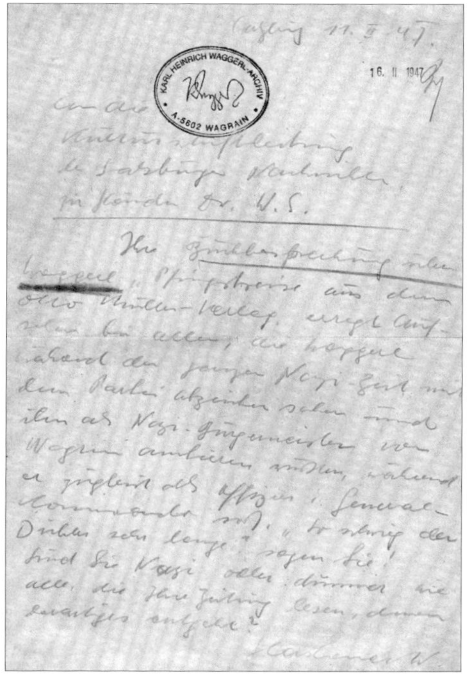
Salzburg 11. II. 47.

KARL HEINRICH WAGGERL-ARCHIV A-5602 WAGRAIN

16. II 1947

An die Kulturschriftleitung der Salzburger Nachrichten zu Händen Dr. W. S.

Ihre Buchbesprechung über Waggerl „Pfingstreise" aus dem Otto Müller-Verlag, erregt Aufsehen bei allen, die Waggerl während der ganzen Nazi-Zeit mit dem Parteiabzeichen sehen und ihn als Nazi-Bürgermeister von Wagrain amtieren mußten, während er zugleich als Offizier i. Generalkommando saß. „So schwieg der Dichter sehr lange", sagen Sie! Sind Sie Nazi oder dümmer wie alle, die Ihre Zeitung lesen, denen derartiges entgeht?

Ein Leserbrief an die „Salzburger Nachrichten" anläßlich einer Rezension von Waggerls „Die Pfingstreise" (1947) *herunterschießen kann" (PFINGST I, 253),* war ein Zitat, diesmal aus seinem „Pfingstidyll" von 1941 (PFINGST, 39). Diese Anspielungen dienten dazu, dem Waggerl-Kenner Fingerzeige für eine angebliche Widerständigkeit zu geben.

Daß Waggerl seine Erzählung „Feierabend" mit kleinen Abänderungen an das Ende seiner „Pfingstreise" setzte, hatte einen ganz besonderen Grund. Jetzt sollte sie nämlich die glückliche Heimkehr in das heimatliche, *„ganz kleine Dorf" (PFINGST I, 262)* nach der Reise darstellen, einer Reise freilich, die nicht nur ins *„offene Land"*, sondern durch *„unser [unwirtliches] Zeitalter" (PFINGST I, 256)* der Verfolgung – insbesondere durch die Entnazifizierung – führte. Neben der immer gleichbleibenden Aufgabe, nämlich ein Bild der Geborgenheit, eines idyllisierenden Ausstieges aus dem Getriebe der Welt vorzustellen und die Treue zu den Dingen der Heimat zu beschwören, bekam „Feierabend" z. B. 1944, als der Text in den „Salzburger Heften" und in der HJ-Sammlung publiziert worden war, die zusätzliche Aufgabe, die „Heimatfront" zu stärken.

Im Sinne der Methode seines altbewährten „romantischen Realismus" schrieb Waggerl, nicht ohne ab und zu einige ironisierende und humorig gemeinte Elemente einzubauen: *„Könne man leugnen, daß die Menschen wunderbar weit gekommen seien mit ihren Kniffen und Pfiffen? Daß sie neuerdings sogar dem lieben Gott selber die Zuchtrute aus der Hand gewunden hätten, um, überdrüssig seiner liebenden Geduld, furchtbarer gegeneinander Gericht zu halten, als der Herr es je im Zorn vermöchte." (PFINGST I, 254)* Der Ich-Erzähler wird sodann in ein *„hinterhältiges Gespräch"* durch eine *„Uniform" (PFINGST I, 258)* verwickelt – es geht um verbotenes Fischefangen! Die Sache wird humorig auf einer Ebene abgehandelt, die der Sache nicht angemessen ist, aber für Waggerl wohl die Funktion hatte, Distanz zu gewinnen: *„Zeitlebens habe ich mich bemüht, nur solche Missetaten zu verüben, die in keinem Gesetzbuch verzeichnet stehen, ich fange eben an, in Ehren grau zu werden, und nun bin ich doch zu Fall gekommen. [...] Er betrachtet das Bild in meinem Paß und betrachtet mich voll Mißtrauen, denn er sieht natürlich sofort, daß dieses Papier gefälscht ist. Meine Augen sind gar nicht blau, wie da geschrieben steht, sondern ich kann sie nach Belieben grün färben, oder rehbraun, wenn das von Vorteil ist, und daß ich kein besonderes Kennzeichen an mir hätte, ist vollends gelogen. Ich bin unter Tausenden durch ein Muttermal herauszufinden, aber das verschwieg ich damals dem Beamten, weil es an einer Stelle sitzt, die ich aus falscher Scham nicht näher beschreiben mochte." (PFINGST I, 258)*

Der Uniformierte wird natürlich auch ironisch behandelt. Ein *„Etwas"* denkt nämlich *„zwischen den vielen blanken Knöpfen" (PFINGST I, 258)* und notiert alles. Um welche Dimension es aber wirklich geht, wird andeutungsweise klar, wenn es schließlich heißt: *„Das währt lange. Indessen stehen wir schweigend am Ufer und es ist totenstill in der Stunde des Gerichts. Nur das*

Schilf zischelt gehässig hinter uns, dann und wann gluckst der See, als habe er sich vor Aufregung verschluckt, und wahrscheinlich sind längst alle Fische herbeigeschwommen, um zuzusehen, wie dem Mörder Mensch endlich das Urteil gesprochen wird. Der Mörder bin ich, aber die Gerechtigkeit schließt auch meine Spießgesellen nicht aus, und manchmal verharrt ihr sinnendes Auge lang auf dem unverwahrten Busen des Mädchens." (PFINGST I, 258) Um Mord ging es freilich nur in der Phantasie des Erzählers – es war ja ein Fischefangen – , aber so konnte man die angebliche Lächerlichkeit des Verhörs betonen und Sympathien beim eigenen Publikum einheimsen. Auch um den Malerfreund (Ernst Huber) *„ist es [...] nicht besser bestellt, ihm ist vom Gesicht zu lesen, daß er überhaupt nichts Geschriebenes besitzt, nur Rechnungen für Bier und etliche Zahnstocher in seinen Taschen. Dafür hat er eine Mappe herbeigeschleppt und fängt an, seine Bilder im Sand auszubreiten, als ob das Gesetz durch Kunst zu bestechen wäre. Hier eine Mühle und hier ein Wirtshaus mit einem Pferd vor der Tür [...]." (PFINGST I, 258)* Tatsächlich hatte sich auch Ernst Huber als ehemaliger Reichsautobahnmaler der Entnazifizierung durch die Amerikaner zu stellen: *„Kannst du dir seine Aufregung vorstellen." (LANZ)*

Seinem Verleger Otto Müller gegenüber meinte Waggerl im Zusammenhang mit der „Pfingstreise", daß er ja *„nur selten einmal irgendwo [...] Probleme der unmittelbaren Gegenwart berührt"* habe, und wenn, dann *„jedenfalls nur, wenn es möglich war, sie in eine allgemein gültige, sozusagen algebraische Form zu bringen". (OMÜ, 1946)* Bei der „Pfingstreise" war die „algebraische" Methode offensichtlich. Besser als mit Waggerls eigenem Begriff könnte man die Ästhetik der „Pfingstreise" nicht beschreiben: Die Entnazifizierung wird mit Hilfe der angewendeten ästhetischen Mittel einerseits als Menschheitsverirrung dargestellt, andererseits ins komische Fach abgeschoben, eine Sichtweise, wie sie wohl von Waggerls Publikum und einem breiten Teil der österreichischen Bevölkerung, nicht nur demjenigen, der den Entnazifizierungsgesetzen unterworfen waren, nicht ungern gesehen wurde.

Die Rezensionen wußten über „Die Pfingstreise" u. a. folgendes zu berichten, indem sie Waggerls „algebraisches" Sprechen fortführten, sicher im Einverständnis und mit warmer Zustimmung der selber betroffenen Leser-Klientel[440]: „Wenn er [...] ein sonnig heiteres, von tiefer Lebensphilosophie getragenes, erfrischendes und ermutigendes Buch [...] vorlegt, dann fühlt man sich wie lange nicht ehrlich beglückt. Die äußeren Vorgänge [...] sind gering, umso ergreifender ist dafür ihr innerer Ductus." (Dr. W. S., Salzburger Nachrichten, 11.2.1947) Für „Aufmunterung und Zuspruch in dem freudlosen Leben unserer Zeit" stehe „Die Pfingstreise", meinten etwa die „Salzburger Nachrichten". (Dr. W. S.) Diese „algebraische" Interpretation hielt sich hartnäckig über die Jahrzehnte. Noch 1991 wußte Eugen Thurnher anläßlich des Erscheinens einer dtv-Großdruckausgabe zu berichten: „In diesem Leben, in dem sie alle [die Figuren der Erzählung] der sorgenvolle Alltag belastet, wird ein zweites Leben lebendig, das

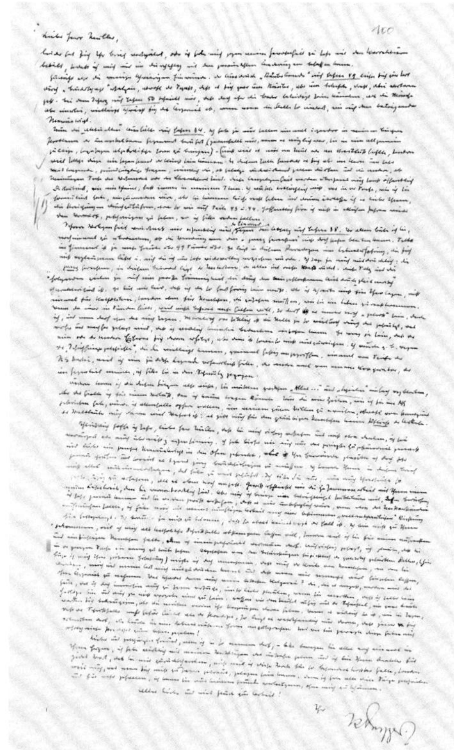

Brief Waggerls an Otto Müller (November 1946): „Gewiß erschließt mir die Zusammenarbeit mit Ihnen einen neuen Leserkreis ... Aber auch ich bringe ein beträchtliches Publikum mit ..."

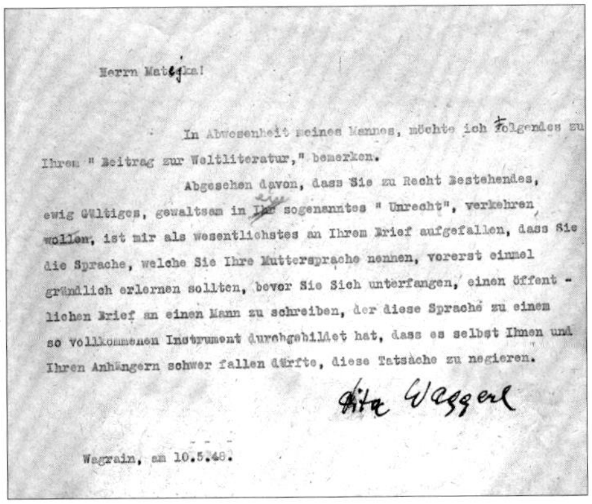
Herrn Matejka!

In Abwesenheit meines Mannes, möchte ich Folgendes zu Ihrem " Beitrag zur Weltliteratur," bemerken.

Abgesehen davon, dass Sie zu Recht Bestehendes, ewig Gültiges, gewaltsam in Ihr sogenanntes " Unrecht", verkehren wollen, ist mir als wesentlichstes an Ihrem Brief aufgefallen, dass Sie die Sprache, welche Sie Ihre Muttersprache nennen, vorerst einmal gründlich erlernen sollten, bevor Sie Sich unterfangen, einen öffentlichen Brief an einen Mann zu schreiben, der diese Sprache zu einem so vollkommenen Instrument durchgebildet hat, dass es selbst Ihnen und Ihren Anhängern schwer fallen dürfte, diese Tatsache zu negieren.

Rita Waggerl

Wagrain, am 10.5.48.

Aus der Auseinandersetzung mit dem „Österreichischen Tagebuch“ und Viktor Matejka

sich zu einem Stück Paradies verklärt. [...] Die große Tragödie soll uns erschüttern, damit wir die Mächte des Schicksals erkennen, auf daß wir ihnen mutiger begegnen.“ (Salzburger Nachrichten, 26./27.1.1991) Nichts wurde also beim Namen genannt: Was Waggerls dichterische Freiheit war, wird im Munde der Huldiger zur Verschleierung.

Was das „Paradies“, die „große Tragödie“ und „den Mut“ betrifft, so hatte Waggerls „Die Pfingstreise“ im Jahre 1946 dazu etwas beizutragen: An vielen Stellen der „Pfingstreise“ ist die bedrängende Aktualität des Gegenstandes nicht zu übersehen. Die Kriegserfahrung, die Bedrohung des Künstlers durch die Macht, die Erinnerung, der Umgang mit Geschichte, Gewissen und Gewissenserforschung werden in der „Pfingstreise“ thematisiert. Waggerl wählte nicht nur die humorige und ironisierende Feder, sondern flocht auch Märchenhaftes ein und erzählte anspielungsreich. Seine Subjektivität wirft einen Blick auf die Sache, die in vielen Aspekten auf Verharmlosung der eigenen Verantwortung und eigene Entlastung und die der anderen hinauslief. Waggerl stilisierte sich jetzt als „innerer Emigrant“, der jetzt Ruhe und Frieden haben wollte und darum bat.

Über Krieg und Kriegserinnerung kann der Leser im locker ironisierenden Duktus z. B. folgendes erfahren: *„Und wo es wirklich an allem fehlt, läßt sich immer noch dem menschlichen Unverstand ein Denkmal setzen, weil doch allerorten einmal eine Schlacht geschlagen oder sonst ein Unfug verübt worden ist. Freilich sind dergleichen Zeugnisse mitunter schwierig zu deuten. Ich bin, was die Vergangenheit betrifft, auf eigene Einfälle angewiesen, ungefähr wie jener Mann, der von sich sagen konnte, er habe alle Jahrzahlen der Geschichte im Gedächtnis, ohne Ausnahme von der ersten bis zur letzten, nur leider nicht, was sich jeweils zugetragen habe, das sei ihm entfallen. [...] Es gab ja eine Zeit, in der sogar der Krieg kein eiliges Geschäft war. Heutzutage freilich genügen uns Schritt und Elle nicht mehr, um den Erdkreis einzuteilen.“ (PFINGST I, 244, 248)* Über das „Schwert“ heißt es: *„Ich nehme es wägend in die Hand, ein Glück für meine Feinde, daß wir spät geboren sind und einem zahmeren Geschlecht angehören.“ (Pfingst I, 247)* Auf ähnlich locker ironische, aber auch ablenkend-oberflächliche Weise wird über das Gewissen gesprochen, und zwar in wohl nicht zufälliger Anspielung auf eine Erzählung, die Waggerl unter dem Titel „Alte Karten“[441] 1942 zum ersten Mal publiziert hatte. In dieser waren nämlich alte Spielkarten Anlaß, aus einer bedrängenden in eine andere Wirklichkeit zu flüchten. *„[...] und vollends bei alten Karten merke ich oft mit Traumesängsten, wie fadenscheinig mein Gewissen eigentlich ist, obwohl ich es doch zeitlebens sehr geschont habe.“ (PFINGST I, 247)*

Ähnlich verschlüsselt, ablenkend, aber vielleicht auch andeutungsweise selbstkritisch in Erinnerung an die eigenen erworbenen Lorbeerkränze von 1934 und 1943 und an die Funktion der eigenen Dichtung geht es zu, wenn es beim Kauf von Malerpinseln, die dazu dienen sollen, *„etwas zu übertün-*

chen [...] in dieser verlotterten Welt" (PFINGST I, 248), anspielungsreich heißt: *„Hören Sie, sage ich, finster auf mein Schwert gestützt, wenn ich will, kaufe ich so viele Pinsel, daß tausend Maler tausend Jahre lang damit malen können! [...] Tausend Jahre, murmelt er verächtlich, tausend Maler! Und ich bin so betroffen, daß ich mir wirklich auch den einen Pinsel wieder aus der Hand nehmen lasse. [...] Aber wir sind unter die Händler gegangen, niemand glaubt uns mehr, und unser Wort hat die Kraft des Tröstens verloren, seit wir uns wie Narren selber krönen, statt den bescheidenen Kranz von Laub zu tragen." (PFINGST I, 248f)*

Und wie stand es mit der Reflexion über das Verhältnis von Kunst und Macht, ein Thema, das in den Debatten um Waggerl nach 1945 angesichts seiner NS-Vergangenheit zwar immer wieder aufflammte, aber von der Anhängerschar, von dem mit ihr sympathisierenden Rezensionswesen und der „Wissenschaft" vehement in den Bereich des angeblich Irrelevanten abzudrängen versucht wurde. Waggerl selbst hat sich mit diesem auseinandergesetzt.

Eine der zentralen Passagen der „Pfingstreise" ist das vom Ich-Erzähler berichtete Abenteuer des Maler-Meisters. Trotz gewissenhafter und vernünftiger Vorkehrungen gerät dieser nämlich einmal in ein *„fürchterliches Abenteuer". (PFINGST I, 254)* Er geht durch einen Wald und kommt in *„Sumpf und Gestrüpp in der Finsternis".* (PFINGST I, 255) Plötzlich sieht er einen Lichtschein und geht ihm nach. Er erreicht ein Feuer. Da hört er plötzlich einen *„hohen, kreischenden Schrei, der langsam erstarb, wie abgewürgt, wie von einer Hand erstickt"*. Sein *„Schrecken"* ist enorm, aber er kann sich fassen: *„Du hast dich verirrt [...]. Mag da schreien, wer will, laß das seine* [des Schreienden] *Sache sein und menge dich nicht in fremde Händel." (PFINGST I, 255)* Da wird er plötzlich selber bedroht. *„Mit eiseskalter Gewißheit"* merkt er, daß jemand hinter ihm mit einer Axt steht, der auf ihn zielt. Die Reaktion des Malers wird folgendermaßen beschrieben: *„In dieser winzigen Sekunde zeigte es sich, daß ein Mann selbst das leibhaftige Unheil abzuwehren vermag, wenn er nur das Herz hat, es durch völlige Kaltblütigkeit zu verblüffen. Was also tat der Meister? Sprang er auf und zugleich dem Tod in die Arme? Oder warf er sich auf die Knie und flehte um Schonung? Nichts von dem. Sondern wie er da saß, griff er nach dem Malzeug neben sich, stand auf und ging. Rannte nicht etwa kopflos davon, sondern flüchtete sozusagen im Schritt, mit einer unmenschlichen Anstrengung geradeaus fort, ohne sich auch nur umzudrehen, und damit brachte er den Unhold hinter sich derart aus der Fassung, daß ihm sogar ein Fluch der Enttäuschung im Hals steckenblieb. Gut, und was weiter? Nichts weiter. Der Meister mußte nur noch über den Graben springen, gleich dahinter war die Straße. Ja, aber dieser Schrei? Wer schrie denn vorher im Wald? Weiß ich nicht, sagte der Meister angewidert. Ich bin dann heimgegangen." (PFINGST I, 255f)* Märchenhaft-realistisch beschrieb Waggerl sein eigenes Verhalten während der NS-Zeit. Dies ist mit großer

Wahrscheinlichkeit anzunehmen. Waggerl stellt sich als „inneren Emigranten" dar und seine Kunst als Bannungs-Instrument. Es ist keine Rede von der Kraft und Wirkung seiner – von wenigen Ausnahmen abgesehen – durch das Terrorregime geschätzten Kunst und damit auch nicht von den Möglichkeiten und Grenzen der Wirkkraft der Ästhetik seiner Dichtung.

Die politische und moralische Dimension dieser Passage wird erst klar, wenn man sie in jenen zeithistorischen Zusammenhang stellt, in den sie gehört. Es sei daran erinnert, daß viele KZ-Insassen ihre Lage u. a. dadurch zu bewältigen versucht hatten, daß sie sich, soweit dies möglich war, künstlerisch betätigten, als Maler, Geschichtenerzähler, Musiker usw. (REITER) Fred Wanders Erinnerungen an seine KZ-Zeit, „Der siebente Brunnen" (1971), und die dort beschriebenen Formen chassidischer Erzählkunst mögen exemplarisch für diese berührendste Form der versuchten Bannung von Gewalt stehen. Die Spannung zwischen dem, was bei Wander erzählt wird, und dem, was Waggerl vorträgt, ist sehr groß. Das aber spielte in der unmittelbaren Nachkriegszeit für die öffentliche Qualifizierung des Waggerlschen Textes keine Rolle.

Waggerls Perspektive basierte auf der Überzeugung, *„daß die Welt nicht von dem bewegt [wird], was der Mensch erfindet, sondern durch das, was ihm ewig verborgen bleibt" (PFINGST I, 254),* wie er in der „Pfingstreise" formulierte. Ästhetische Folge war die Form des Märchens. Zeitgeschichtliches blieb in mythisierendes Dunkel verhüllt. Das Geheimnisvolle, das Numinose, das Mythische bewegte nach Waggerl die Welt. Schon in den 30er Jahren hatte er mit der Wirklichkeitsauffassung der Sagen seiner Salzburger Heimat sympathisiert, die ihn mit dem wahren *„Heimatland"*, nämlich mit dem *„Land der Kindheit"* verbinden: *„Es könnte wohl sein, daß die Zeiten der Drachenkämpfe und der barhäuptigen Helden noch nicht für immer vorbei wären, daß die gewaltigen Mächte der Urzeit noch ungebrochen in Himmelshöhe und Erdentiefe ruhten, während der friedlose Mensch dazwischen sein Wesen treibt und seinen Witz an der Natur versucht."* (SL, 54) Im *„Bergvolk"* habe sich dieses *„weiträumigere"* Denken glücklicherweise noch erhalten." (SL, 54) Jetzt wendete Waggerl dieses Denken auf sich selbst und seine NS-Vergangenheit und deren Folgen an.

Josef Dapra, der Salzburger Fotograf, der seit dem Ende der 50er Jahre mit bemerkenswerten fotokünstlerischen Arbeiten fünf Bücher gemeinsam mit Waggerl gestaltete,[442] meinte, insbesondere „Die Pfingstreise" belege Waggerls Beschäftigung mit C. G. Jung. „Leider entdeckte ich erst nach dem Tode des Dichters in seinen Werken Stellen, die darauf hinwiesen, daß Waggerl mit der Psychologie des Schweizers C. G. Jung vertraut gewesen sein muß." (DAPRA, 3)[443] Waggerl selbst hat auf C. G. Jung explizit nur einmal in einem unpublizierten satirischen Typoskript mit dem Arbeitstitel „Herzensergießungen eines kunstliebenden Bücherfreundes" en passant hingewiesen. Dapra lernte Waggerl im Jahre 1959 kennen. Der Fotograf verweist auf das heimliche Motto der „Pfingstreise", wonach jeder die Welt verbessern könne, wenn er nur bei sich selber anfangen würde, und sieht Analogien zum Denkansatz C. G. Jungs, wie ihn dieser in seiner „Psychologie des Unbewußten" bereits angesichts des Ersten Weltkriegs formulierte: „Der Anblick der Katastrophe wirft den Menschen im Gefühle seiner gänzlichen Ohnmacht auf ihn selbst zurück; es wendet ihn nach innen, und, da alles wankt, so sucht er nach etwas, das ihm Halt gewährt. [...] Zu wenige noch aber suchen nach innen, im eigenen Selbst, und noch zu wenige legen sich die Frage vor, ob nicht der menschlichen Gesellschaft am Ende dadurch am besten gedient sei, daß jeder bei sich selber anfange und jene Aufhebung der bisherigen Ordnung, jene Gesetze, jene Siege, die er auf allen Gassen predigt, zuerst und einzig allein an seiner eigenen Person und in seinem inneren Selbst erprobte, anstatt sie seinen Mitmenschen zuzumuten. Jedem Einzelnen tut Umsturz, innere Entzweiung, Auflösung des Bestehenden und Erneuerung not [...]." (JUNG, 5)

Wie aber schaute diese Erprobung bei Waggerl aus? Worin bestand der „Umsturz", die „Auflösung des Bestehenden"? Wurde das *„einfache Wort, vor dem alle Mauern fielen und alle Tore aufsprängen" (PFINGST I, 252),* gesagt, wie Waggerl in der „Pfingstreise" formulierte? Wie kam er aus dem Gewitterregen, aus dem *„Unheil" (PFINGST I, 254)* heraus? Es ist sicher kein Zufall, daß sich Waggerls neuer Verleger Otto Müller ausgerechnet an einer politisierenden Passage stieß und sie nicht im Buch haben wollte, in der es heißt: *„Denn [...] die ganz Gerechten mögen wohl für den Himmel gut sein, hier auf der Erde sind sie für nichts zu gebrauchen. Das Triebwerk der Welt bleibt ja nur im Gang, weil es immer Leute gibt, die das verworrene Geschäft des Lebens herzhaft angreifen und die getrost auch einmal in Sünden fallen, wenn nichts Besseres mehr helfen will, statt gleisnerisch die Augen über sich zu drehen, als müßte ihnen, was sie im Diesseitigen zur Linken versäumt haben, im Jenseits zur Rechten gutgeschrieben werden. Die seligen Väter alle, wie sie Gott um seinen Thron versammelt hat, die Büßer und Prediger, stünden sie denn dort, wenn alle Leute in Sack und Asche liefen, wie sie es getan haben, als sie noch auf Erden weilten? Nein, wenn es zutrifft, daß die Welt ein Jammertal sei, so wüßte ich doch nicht, wo ich lieber wäre, und um sie gar zur Hölle zu machen, muß man immer selber den Teufel spielen." (PFINGST I, 263)* Otto Müller meinte, daß eine derartige Entlastungs- und Verharmlosungspassage, die sich zudem mit Weisheitssprüchen schmückte, angesichts des gerade beendeten Krieges untragbar wäre. „Und soll man den Leuten heute tatsächlich raten, getrost in Sünden zu fallen, heute, wo man in dieser Hinsicht ohnedies viel zu grosszügig ist?" (OMÜ, 25.11.1946)

Waggerl wußte genau, was er in die Zusammenarbeit mit dem katholischen Verleger einbrachte. Seine Worte hätten deutlicher nicht ausfallen können: *„Gewiß erschließt mir die Zusammenarbeit mit Ihnen einen neuen Leserkreis, dem Sie verantwortlich sind. Aber auch ich bringe ein beträchtliches Publikum mit, dessen Bedürf-*

„Es ist nun still geworden, zuweilen wird mir bang in dieser Stille"
(Aus: „Die Pfingstreise")

„Aber die Mutter sah mich an und beugte sich zu mir. ... Liebte sie mich denn? Du wirst mir doch keine Schande machen? Sagte sie."

nisse ich sehr genau kenne und Sie werden gewiß verstehen, daß es mir unbehaglich wäre, wenn etwa das Unverständnis auftauchen sollte, ich hätte mich mit meiner künftigen Arbeit nach einer bestimmten ‚weltanschaulichen' Richtung hin festgelegt. [...] Ich bin nicht zu Ihnen gekommen, weil ich mich als katholischer Schriftsteller abstempeln lassen will, sondern weil ich Sie für einen aufrechten und einsichtigen Menschen halte, dem ich uneingeschränkt vertrauen darf. Aufrichtig gesagt, ich glaube, daß Sie in der ganzen Sache ein wenig zu trüb lesen." (OMÜ, 1946) Das Verkaufs-Argument war letztlich ausschlaggebend. Die Passage blieb stehen, denn Waggerl hatte *„wirklich keinerlei Bedenken". (OMÜ, 1946)*

Waggerls „Pfingstreise" endet, wie schon erwähnt, mit einer überarbeiteten und ergänzten Fassung der Erzählung „Feierabend". Aber bezeichnenderweise fehlt jetzt der letzte Satz: *„Einer und der andere steht auf und klopft die Pfeife aus, es wird Zeit, ins Haus zu gehen."(FE II, 11)* „Die Pfingstreise" endet zwar skeptischer, aber auch moralisierend, betulich und auf folgende Weise tröstlich und entlastend. *„Aber wenn einem der scharfe Wind um die Nase weht, soll man nicht meinen, es käme darauf an, selber Wind zu machen."* Es komme auf die *„stillen Werke der Güte von Hand zu Hand"* an. *„Denn wer Großes wagt, muß doch immer im Kleinen unrecht tun. [...] laß die Menschheit, sei ein Mensch!" (PFINGST I, 266)* Weder die katholischen Leserinnen und Leser noch Waggerls Leserschaft brauchten sich vor den Kopf gestoßen fühlen. In der Tat war es so, wie Waggerl seinem Verleger gegenüber augenzwinkernd schrieb, als dieser gegen die Verharmlosung der „Sünden" Bedenken hatte: *„Was schadet denn auch mein bißchen Ketzerei?" (OMÜ, 1946)*

Daß eine solche Haltung – *„Laß die Menschheit, sei ein Mensch!"* – in der Nachkriegszeit, in der bei Waggerls *„beträchtlichem Publikum"* wohl nichts so sehr gefragt war wie Beruhigung und Harmonisierung und in der die politischen Ideologien und Glücksversprechen in keinem hohen Kurs standen, auf ein aufnahmefähiges Inneres fiel, dürfte feststehen. Sonst wäre z. B. nicht zu erklären, warum eine Leserin, die sich als Naziopfer vorstellte, anläßlich der im „Demokratischen Volksblatt" (25.9.1947) vorgetragenen Kritik gegen eine der ersten, im Salzburger Mozarteum geplanten Waggerl-Lesungen, veranstaltet von der Adalbert-Stifter-Gemeinde, folgendermaßen reagierte: Es sei eine „armselige Zeit", die es zustandebringe, auf Waggerl nicht stolz zu sein. Die ganze deutschsprachige Welt und Salzburg insbesondere müsse es allein wegen dieses Waggerl-Diktums sein. (ARCHIV, H 15.911, 27.9.1947)

Das „Demokratische Volksblatt" hatte polemisch von einer geplanten „Nazi-Versammlung [...] unter dem Vorwand einer Dichterlesung" durch einen „lustigen Kollaborateur" geschrieben. Den Berichten der Salzburger Presse über die erste Nachkriegslesung Waggerls im Großen Saal des Mozarteums am 1. Oktober 1947 in der Reihe „Dichter der Gegenwart"[444] ist die vorerst abwartende Haltung des Publikums zu entnehmen, mit der es den Auftritt Waggerls verfolgte und zugleich die Methode, mit der Waggerl die „zahlreiche und kultivierte Zuhörerschaft“ für sich einnahm. Er las Humor-Passagen, aus dem „Jahr des Herrn“, aus der „Pfingstreise“ – „manch liebevoller Hieb“, hieß es jetzt sogar im Demokratischen Volksblatt (Okt. 1947) – und einige Verse aus dem „Heiteren Herbarium“, mit Klavieruntermalung. Dieses sollte erst 1950 erscheinen, obwohl die Vorarbeiten in die NS-Zeit zurückreichen (vgl. „Vergißmeinnicht“). Viktor Reimann schrieb in den „Salzburger Nachrichten“: „Das stille Glück des Bildens durchströmt alles Werk und es liegt ein feierabendlicher Friede darüber, göttlicher Humor und warme Menschlichkeit. Wer das Schaffen Waggerls überblickt, der weiß, daß die Seele des Dichters gut ist. Höheres kann man von einem schöpferischen Menschen nicht verlangen. Mögen an dem Menschen Waggerl vielleicht noch manche Schlacken sein, der Dichter steht weit über diesen Dingen und wird fortleben, wenn kein Hahn mehr nach denen kräht, die heute ihre kleinliche Rache an ihm verspritzen. Der Abend [...] war jedenfalls ein vollendeter Genuß.“ (Salzburger Nachrichten, 10.10.1947)

Waggerl selbst war nicht zufrieden. An Grete Lanz schrieb er: *„Ich habe bei der Vorlesung bemerkt wie nötig es wäre, daß ich endlich wieder etwas Neues fertig bringe und das alte abgestandene Zeug loswerde. Das liegt alles so weit zurück, es belästigt mich geradezu, es gehört zu einem anderen Leben [...].“ (LANZ, 15.10.1947)*

8. 8. Die Integration in die österreichische Kultur

Viktor Reimann sollte die Formel gefunden haben, mit der praktisch alle Lesungen nach 1945 beschrieben wurden: Friede, Humor, Menschlichkeit, vollendeter Genuß. Das Thema „Waggerl und der Nationalsozialismus“ war erledigt, und Waggerls Wieder-Aufstieg konnte beginnen. Jene, die weiterhin Fragen nach dem Wechselspiel von Ästhetik und historischer Bedürfnislage oder ästhetische Vorstellungen hatten, die den Traditionen der Moderne und Avantgarde verpflichtet waren, oder gar Fragen nach dem Verhältnis von Dichtung und politischer Verantwortung des Schriftstellers stellten, bekamen es mit dem Vorwurf der Rachsucht oder des Neids zu tun. Die (selbst)kritische Position, die der junge österreichische Autor Bertrand Alfred Egger ein halbes Jahr später im „Österreichischen Tagebuch“ in der Waggerl-Debatte formulierte, war zur „unösterreichischen“ Minderheitenmeinung degradiert: „Es war einmal mein Ideal, mich vor der blutbesudelten Wirklichkeit der Nazizeit in die innere Stille zurückzuziehen; die harte Faust des Krieges aber hat mich aus meinen versponnenen Winkeln herausgerissen.“ (ÖT, Juni 1948) Waggerl hingegen stecke den Kopf weiterhin in den Sand.

Auf der anderen Seite konnten Waggerl und der Großteil seines Werkes, insbesondere nachdem er 1948 schließlich seine Kindheits- und Jugenderinnerungen „Fröhliche Armut“[445] bei Otto Müller publiziert hatte, endgültig zur Stärkung der heimatlichen, der salzburgischen und österreichischen

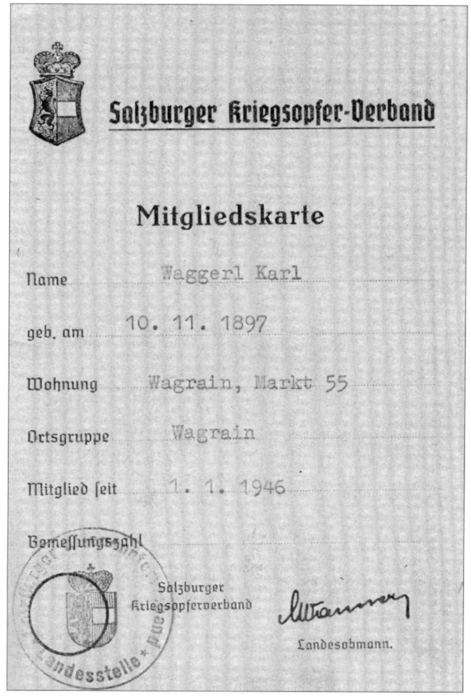
Salzburger Kriegsopfer-Verband
Mitgliedskarte
Name Waggerl Karl
geb. am 10. 11. 1897
Wohnung Wagrain, Markt 55
Ortsgruppe Wagrain
Mitglied seit 1. 1. 1946
Bemessungszahl
Salzburger Kriegsopferverband
Landesobmann.

Waggerl wird Mitglied des Salzburger Kriegsopfer-Verbandes (1946)

Eine der ersten Vortragseinladungen nach 1945

Identität herangezogen werden. Der Salzburger Landeshauptmann Dr. Josef Klaus sagte in einer programmatischen Rede anläßlich der festlichen Eröffnung der „Österreichischen Kulturwoche" am 21. November 1950 im Salzburger Festspielhaus: „Aus der besonderen stammlichen Art der hier lebenden Menschen [...] ergibt sich eine Vorherrschaft des Musischen, die jedoch die intellektuelle Kultur weder ausschließt noch hemmt. [...] Salzburg soll aufgesucht werden als eine Stätte, wo das große, lebendig bewegte Bild der christlich humanistischen Kultur des Abendlandes in seiner landschaftsgebundenen österreichisch-salzburgischen Prägung sich entrollt." (KLAUS 1950) Im Hinblick auf Waggerl müßte man hinzufügen: Dieses Bild sollte in die Welt, zumindest in die deutschsprachige, getragen werden. Ziel der Kulturpolitik, so der Landeshauptmann weiter, müsse es sein, die den Kulturgütern der eigenen Nation entfremdeten Volksschichten wieder für die Teilnahme am Kulturleben zu gewinnen. Schuld an der Entfremdung sei auch die Kunst selbst, „weil sie mitunter snobistisch verstiegen, unverständlich, lebensfremd, volksfern ist". (KLAUS 1950) Daß man Waggerls Texten dies nicht vorwerfen konnte, sie stattdessen in einem solchen Rahmen nichts Fremdes darstellten, war plausibel.

Zum 50. Geburstag Waggerls im Dezember 1947 gab es schon wieder die ersten Gratulationen seitens der Politik, aber erst aus der Provinz: *„Sogar Bäck* [SPÖ-Politiker und späterer Bürgermeister] *hat mir geschrieben." (LANZ, 18.12.1947)* Die Salzburger Kulturvereinigung wird vom Verleger Otto Müller mit Informationen über Waggerl versorgt. Max Kaindl-Hönig berichtet von einem Besuch in Wagrain. Dr. W(olfgang) S(chneditz) ist wieder in den „Salzburger Nachrichten" zur Stelle: „Man las und war entzückt über so viel Seele, Gemüt, Humor, über die Schönheit der arteigenen Sprache [...]" (Salzburger Nachrichten, 10.12.1947), „Die Presse" verwies auf die eine Million Buchexemplare Waggerlscher Texte. Rudolf Bayrs Waggerl-Biographie erschien rechtzeitig im Otto Müller Verlag, geschmückt mit einer Handschriftenprobe und einem Aquarell aus dem geplanten „Heiteren Herbarium". Einer von Bayrs Huldigungssätzen lautete: „Das ländliche Dasein [ist] am wenigsten spröde für die symbolische Darstellung einer inwendigen Menschlichkeit, deren Erfüllung als die des Menschseins überhaupt angesehen werden kann." (BAYR, 23) Waggerl konstatierte: *„Nur die ‚Regierung' schweigt mit stoischer Würde, meinetwegen, sie wird bestimmt nicht so alt wie ich." (LANZ, 18.12.1947)* Aber die Wagrainer Schulkinder – die *„Davids"* (LANZ) – gratulierten. Die Gemeinde Badgastein spendete ihm und seiner Frau Edith einen vierwöchigen Kuraufenthalt, den die beiden im Oktober 1948 in Anspruch nahmen. (KRISCH I, 26)

8. 9. Literarische Terrains

Die dichterischen Felder, auf denen sich Waggerl nach 1945 hauptsächlich bewegte, sind schnell aufgezählt. In vielem führte er die dichterische Methode, die er sich in den 30er Jahren erarbeitet hatte, weiter und verstärkte einige Elemente, insbesondere das Humorige, das Autobiographische und das Legendenhafte. Es war kein Zufall, daß Otto Müller die drei Bände der „Gesammelten Werke“, die zwischen 1948 und 1950 auf den Markt kamen und damit Waggerl nach der skizzierten Durststrecke sofort wieder in das Bewußtsein der Öffentlichkeit rückten, eben gerade nicht mit den Romanen „Brot“ (1930), „Schweres Blut“ (1931) oder „Mütter“ (1935) beginnen ließ, sondern – in Rücksicht auf Müllers Verlagspublikum – mit dem „Jahr des Herrn“ (1933) und mit den kleineren, auf den ersten Blick weniger ideologisierenden Dichtungen: „Das Wiesenbuch“ (1932), „Wagrainer Tagebuch“ (1936) und „Kalendergeschichten“ (1937). Erst 1951 und 1952, als Waggerls Position schon unbestreitbar war, folgten „Mütter“ und „Brot“. Zweifellos ist in Waggerls Nachkriegsproduktion das ästhetisch und stofflich Kontinuierliche dominant gegenüber dem Diskontinuierlichen.

Nachdem sich Waggerl mit seiner „Pfingstreise“ (1946) mit seiner „algebraischen Methode“ aktuell Bedrängendes von der Seele geschrieben hatte, bewegte er sich ausschließlich in Bereichen, die nichts „Anstößiges“ mehr transportierten oder solches verschämt umschifften. Sein dominierender Gestus nach 1945 ist das Zurückschauen, der Rückblick. Die Kindheits- und Jugenderinnerungen „Fröhliche Armut“, schon im „Wendejahr“ 1948 publiziert, sind der wirkliche Eintritt Waggerls in die harmoniesüchtige Nachkriegswelt und die ausführlichste Form seiner Art des autobiographischen Erzählens. Sie sind die Illustration eines Satzes, der in der „Pfingstreise“ steht: *„Im übrigen, weil der Mensch auf seinem Wege durch die Zeiten immer der Sonne entgegenstrebt, erkennt er, gleichsam geblendet, das Künftige nicht. Nur was hinter ihm liegt, sieht er in einem verklärenden Licht. Deshalb meinen wir in der Trübsal des Augenblicks, das Beste, was wir haben, sei das, was wir gehabt haben.“ (PFINGST I, 244)*

Auch die Kurzgeschichten aus „Das ist die stillste Zeit im Jahr“ (1956)[446] waren literarisch überarbeitete Kindheitserinnerungen mit bekannten Weisheitssprüchen. Der Sammelband war angereichert mit alpenländischen Volksliedern, wie sie beim „Salzburger Adventsingen“ unter Tobias Reiser alljährlich seit 1946 gesungen wurden.

In denselben Kontext gehören auch die „Inwendigen Geschichten um das Kind von Bethlehem“, mit elf farbigen Holzstichen von Ernst von Dombrowski unter dem Titel „Und es begab sich ...“ (1953) und das Bändchen „und Friede den Menschen“ (1959), das Ergebnis einer Fernsehfilm-Produktion mit dem Regisseur H. C. Fischer, der alpenländische Krippenfiguren ins Bild brachte. Das Tobi-Reiser-Ensemble untermalte den Film musikalisch. Waggerl erzählte von seinen Krippenbasteleien im Wagrain der 20er Jahre und fügte sentenzenhaft formulierte Lebenserfahrung und Legendenhaftes hinzu. *„Ich wünschte wohl, daß er [der Leser] sogar einmal alle Klugheit vergäße und einfach Freude an diesen Gebilden [den Krippenfiguren] hätte, wie meinesgleichen.“ (FRIEDE, 19)* Von *„zwecklosem*

„Und darum sind es allein die Kräfte des Herzens, die uns vielleicht noch werden retten können.“

Eines der „Schönsten Bücher des Jahres 1953“

Kram“ (FRIEDE, 8) hatte Waggerl nämlich berichtet, wie es seiner „Philosophie“ des Zwecklosen, des Unscheinbaren, des Kitsches zukam, denn: *„Alle echten Dinge sind schlicht und leise, im Kleinen wie im Großen. Laut sind nur die Worte.“ (FRIEDE, 19)*

Anläßlich einer Lesung der ersten Erzählung aus dem Band „Und es begab sich“ mit dem Titel „Worüber das Christkind lächeln mußte“, der sogenannten Flohgeschichte, wurde von der Presse eine Kampagne um die angeblich blasphemische Erzählung veranstaltet. (ARCHIV, H 15.942) Sie gab dem Verlag und Waggerl Gelegenheit, gegen aufgescheuchte Kritiker zu ätzen: *„Es wird wenig nützen, humorlose Leute sind unbelehrbar“* schrieb Waggerl. (OMÜ, 7.1.1954) Besonders heftig schaltete sich die Zeitschrift „Österreichische Nation“ (1954, 54) ein. Waggerl nahm es eher gelassen und ironisierte. Es kann keine Rede davon sein, daß es *„kaum einmal“* eine Sache gegeben habe, die ihm *„so viel Ärger eingebracht“* habe wie die „Flohgeschichte“, wie er einmal – augenzwinkernd – schrieb. (Vgl. PICHLER, 5) Dies gehörte vielmehr zur Selbststilisierung. In einem Lektoratsgutachten kann man lesen: „Waggerls Frömmigkeit ist aus Quellen heimatlicher Überlieferung gespeist, die gottlob noch nicht existentialistisch radioaktiv sind. [...] Und Christus ist wirklich Mensch geworden, kein kitschiges Wachspüppchen im Marzipanstroh, aber auch kein erzgegossener Heros mit Asketengliedern, sondern ein leibhaftes, lebenswarmes Kind, das lachte und weinte und die Windeln nässte.“ (OMÜ, 1953) [447]

Auf autobiographisches Terrain begab sich Waggerl auch mit seinen Miniaturen „Liebe Dinge“ (1956)[448] und diversen kleineren Beiträgen, u.a. „Begegnung mit dem Genius“ (1950), „Immer schauten die Berge auf mich herab“ (1957)[449] oder „Wägen und Wagen“ (1958), was nicht bedeutet, daß nicht auch andere Texte mit lebensgeschichtlichen Details angereichert sind. Andererseits erschöpfen sich „Liebe Dinge“ nicht im Autobiographischen.

Ein zweiter Bereich, auf dem sich Waggerl nach 1945 bewegte, war das „Österreichische“, ein Feld, das zwar durch seine schon seit den 30er Jahren bekannten Texte zum Lob der salzburgischen Heimat, auch der Stadt Salzburg, vorbereitet war, jetzt aber eine „österreichische“ Erweiterung erfuhr. Wie schwer er sich damit tat, dafür ist „Der Österreicher“ (1952) ein Beispiel. Waggerl bediente sich zwar der alten Hofmannsthalschen Formel vom Gegensatz des Österreichischen mit dem Preußisch-Norddeutschen, gewann aber nicht die Differenziertheit und Dimension der Notizen Hofmannsthals aus dem Jahre 1917. (HOF, 459ff) Dieser humorig erscheinende und mit dem bekannten Herz-Räsonnement angereicherte Essay ist eine Sammlung von Österreich-Klischees vom *„Völkchen“*, das es dennoch gebe, obwohl es *„von jeher und bei jeder Auseinandersetzung auf der Seite des Verlierenden“* gestanden sei. *„Aber vielleicht läßt das harte Gesetz vom Überleben des Tüchtigsten eben doch Ausnahmen zu, oder es wiegen auf der Waage Gottes die Güter des Herzens nicht um so viel weniger als die des Verstandes.“ (ÖST, 535f)* Durchaus zutreffend und zugleich augenzwinkernd meinte Waggerl: *„Oft werde ich auf Reisen von atemlosen Leuten gefragt, wie es denn bei mir daheim mit der Arbeit stünde, mit dem Vorankommen, dem Wiederaufbau. Ich sage dann gern, wir seien noch mit den Schäden aus der Türkenzeit beschäftigt, mit den neuen hätten wir uns bisher gar nicht befassen können." (ÖST, 536)* Was Waggerl der *„Natur"*, dem *„Dasein"* und der göttlichen Güterabwägung zuschreibt, um seine Beobachtungen über die Zeiten des „Wiederaufbaues" und das Österreichertum zu erklären, ist im Lichte der Erkenntnisse historischer Forschung nichts weiter als Geplauder, wenn Waggerl auch auf eine bedrängende Dimension österreichischer Geschichte anspielt: „Die innere Gegenreformation, von Staat und Kirche gesteuert, war eine ungeheuer brutale Gehirnwäsche und Diszplinierung der Menschen. Zum ersten Mal versuchten Staat und Kirche auch den intimsten Bereich der Bevölkerung in den Griff zu bekommen. [...] In kaum einem anderen Land war der Erfolg der Gegenreformation so durchschlagend. Hier liegt eine der Wurzeln der österreichischen Untertanenmentalität." (HANISCH VI)

Auch in der Schweiz, wohin Waggerl seit 1949 öfter reiste, um, besonders unterstützt durch William Matheson,[450] vorzulesen, wurden dem Österreicher Fragen gestellt. Die Konflikte blieben nicht aus. (SLitA, Matheson, 11.12.1949, 12.1. 1950, 24.1.1950)[451]

Von den sehr guten und überraschende An- und Einsichten gewährenden Fotobänden Josef Dapras, für die Waggerl den Text beisteuerte, war schon die Rede. In seinem Beitrag zum Dapra-Buch „Geliebtes Land" (1961) ist wieder von einem *„Wunschland"* die Rede, so wie im „Wagrainer Tagebuch" (1936) von einer *„Wunschheimat"*, nämlich einem *„aus der ganzen großen Welt"* herausgenommenen *„Fleck Land" (WT, 146f)* gesprochen wurde. Jetzt ist es die *„Heimat Salzburg" (GL, 602)*, die gemeint ist. Waggerl verarbeitete wieder seine Erde-Metaphorik und skizzierte seine Liebe zur schönen vertrauten Landschaft und zu einer nichttechnisierten, handwerklichen Welt seines Vaters, in der noch *„nicht so leichtfertig [...] [der] Zweck einer Sache mit ihrem Sinn" (GL, 606)* verwechselt worden sei wie heute. Und plötzlich taucht in diesem scheinbar „unpolitischen" Zusammenhang ein Satz auf, den er in einem bedrängend politischen auch verwendete, nämlich in dem der Verantwortung des Schriftstellers: *„Zugegeben: die schlimmsten Vorurteile sind die Nachurteile." (GL, 607)* Waggerls Vorrat an Sprüchen bewährte sich oft und war in vielen Zusammenhängen einsetzbar. Dies hatte auch Otto Müller erkannt und wollte daraus Kapital schlagen, indem er Waggerl Mitte der 50er Jahre vorschlug, ein Bändchen dieser „Kleinen Münze" aus allen Büchern des Dichters zusammenzustellen. Jetzt war Waggerl skeptisch und wollte den textlichen Zusammenhang gewahrt wissen: *„Einige Bedenken kann ich Dir nicht verschweigen. [...] Klingen sie ohne jenes Beiwerk nicht doch zu anspruchsvoll, zu lehrhaft, zu wenig glaubwürdig? Ich habe ja wohl nie etwas neu gesagt, ausgenommen das Alte." (SW II, 639)*[452] Der Band erschien 1957.

Franz Salmhofers Vertonungen des „Heiteren Herbariums“ werden uraufgeführt

Stärker ins Touristische reichen Waggerls Beitrag zum „Badgasteiner Jahr“(1958), aber auch sein Salzburg-Text „Klang einer Stadt“ (1955), „Lob des Schilaufs“ (1958) oder „Das Salzburger Land“ (1969), letzteres erschienen als Einleitung zum Sammelband „Das Buch vom Salzburger Land“ (1969).[453]

Ein drittes Terrain Waggerlscher Prosa nach 1945 war das zwar seit den 30er Jahren nicht unbekannte Pflanzen-Thema (z. B. „Das Wiesenbuch“ 1932, „Lob der Wiese“ 1935, die umfangreiche Korrespondenz mit Maria Lorenz), das aber jetzt im Zuge des „Rückzugs“ ein noch stärkeres Gewicht bekam. Das „Heitere Herbarium“ (1950)[454] verband Waggerls „Blumenverse“ und Blumenaquarelle und sollte in mehrfacher Hinsicht eines der erfolgreichsten Büchlein werden. Höchste Verkaufszahlen konnten erzielt werden. 1965 wurde die 34. Auflage hergestellt, über 400.000 Exemplare des Buches waren verkauft. Die Texte des „Heiteren Herbariums“ sind versifizierte Sentenzen, aber auch z. T. versteckte zeitgeschichtliche und lebensgeschichtliche Anspielungen, *„literarischer Schluckauf“* und *„harmlose Späße“*, wie Waggerl selbst meinte. Schon Karl Springenschmid hatte Waggerl 1944 aus diesem Fundus seinen „Steinbrech“ handschriftlich gewidmet – als widerborstigen Kommentar zum Zeitgeschehen. Jetzt tauchte z. B. der „Rittersporn“ auf, den es in der Sammlung „Vergißmeinnicht“ (1944) noch nicht gegeben hatte. In „algebraischer“ Verschlüsselung ficht hier der heilige Georg mit dem Drachen, der dem Georg im Kampf zwar das *„Sporenrad vom Stiefel“* reißt, woraus aber zu seinem *„Ruhme“,„die blaue Blume“* wächst (HH, 636), wohl eine Anspielung auf Waggerls Erfahrungen während und nach der NS-Zeit und die Rolle der Kunst im Zeichen der „Drachenkämpfe“. Was die Zeitgenossen in den Petitessen sahen, kann nicht besser gefaßt werden als durch den ersten Lektoratsbericht: „Dieses Buch wird [...] ein reiner Freudenquell sein. [...] Die Beseelung des Naturgewachsenen durch unsre Liebe zum Geschaffenen ist hier wirklich gelungen. [...] Die Gedichte haben jene gelöste Heiterkeit, die einen erhebt und tröstet. [...] Ein wahrhaft innerlicher, das heißt durch eine christliche Weltliebe, aber auch Weltüberlegenheit fundierter Humor.“ (OMÜ, 29.11. 1946) Waggerl hatte einen Aspekt des christlichen Geschmacks getroffen. Mehrere Komponisten griffen sofort zu, als erster Franz Salmhofer, dessen Vertonungen im Brahms-Saal der Gesellschaft der Musikfreunde in Wien am 17. April 1951 uraufgeführt wurden. Julius Patzak sang die Lieder. Weitere Vertonungen sollten folgen, u. a. von Theodor Rittmannsberger (Weltpresse, 22.10.1951), Arthur Furer (1957) und Josef Biberauer (1966).[455] Das Interesse für Waggerls „Lob der Wiese“ war sehr groß.[456]

Waggerl war Pflanzen-, Gräser- und Kräuterkenner und -liebhaber. *„Mein letztes, mein Lieblingsbuch also wäre nichts weiter als ein Pflanzenkatalog“ (Bfm, 704)*, bekannte er in „Ein Buch für mich“ (1968).[457] Aber Pflanzen, Gräser und Kräuter hatten für Waggerl natürlich eine symbolische Bedeutung: Sie waren ihm

Lehrmeister, *„einfach da zu sein, mutig und geduldig, und Abschied zu nehmen ohne Klagen". (Bfm, 705)* Wiederholt verband Waggerl Pflanzen mit Legendenhaftem, so z. B. im „Blumenheiligen" (1968) oder in der „Gelben Rose" (1968).[458] *„Und die Zeit wächst ungeheuer über mich hinaus. Ich bin kein Mensch mehr, noch jung, noch voll von allen Täuschungen des Blutes. Hier bin ich tausend Jahre alt und im Wesen nicht mehr verschieden von der Luft, vom Gras, vom Gestein der Berge" (WB, 118),* hatte es schon im idyllisierenden und quietistischen „Wiesenbuch" (1932) geheißen. Nach 1945 beschwor Waggerl zunehmend nicht-menschliches Leben – ein Rückzugsphänomen. In der „Kunst des Müßiggangs" (1955) stand sodann die verdichtete Fassung dieser Haltung. Pflanzen sind Identifikationsobjekte: *„Pflanzen sind Meister des Müßiggangs, sind Helden der Geduld, sie bewältigen ihr gnadenloses Schicksal einfach dadurch, daß sie da sind, nicht mit Bewußtsein freilich, wie der Mensch, aber das ist ja auch nicht das Beste an der Sache. [...] Aber ich liege nur faul auf dem Rücken und bin Stein vom Steine, ich blinzle behaglich durch schmale Augenschlitze, ein Büschel Gras wächst aus meinem Ohr, ich vergeude glückselig meine Zeit, und die Zeit vergeudet mich." (KdM, 573ff)*[459]

An den Details von Pflanzen und Steinen erprobte Waggerl außerdem seine Zeichen- und Malkünste. *„Aber wenn ich sie [eine Taubnessel] male, kann ich [die Blume einen Tag hindurch betrachten und Geduld üben], und dann weiß ich, was das ist: eine Taubnessel." (VmB, 601)* Es war schließlich ein später, aber guter Einfall des Otto Müller Verlages, anläßlich von Waggerls 75. Geburtstag eine Aquarellmappe unter dem Titel „Salzburg – geliebtes Land" herauszubringen. Es wurden 21 Blätter reproduziert, nicht alle datiert, aber wohl nach 1945 gemalt. Motive aus Wagrain, dem Kleinarltal, aus der Umgebung der Stadt Salzburg, vom Brunnwinkel in St. Gilgen und aus dem Salzkammergut hat Waggerl aquarelliert.

8. 10. Einladungen, Projekte

Nach 1945 war Waggerl ununterbrochen mit vielen kleinen Projekten und Einladungen beschäftigt. Dauernd wandten sich Verleger, Zeitungen und Zeitschriften an ihn, baten um Beiträge, um die Erlaubnis um Abdruck und neue Manuskripte oder luden ihn als Betreuer von Anthologien ein. Viele Bekannte aus der Zeit vor 1945 meldeten sich wieder. Das war Otto Müller nicht immer recht, erhöhte aber Waggerls Bekanntheitsgrad und Erfolg erheblich.

1960/61 drehte Hans Conrad Fischer einen Fernsehfilm mit Waggerl in der Hauptrolle als scheinbar witzelnder, aber bei genauerem Hinsehen seine Weininger-Erfahrung sogar im Alter nicht verleugnender Räsoneur über Frau und Mann mit dem Titel „Der Lückenbüßer", ein Produkt, das auch als dünnes Text- und Fotobändchen vorliegt. Die Dimension des Waggerlschen Räsonnements hat man damals nicht gesehen und konnte es deswegen als „humorig"

Waggerl in seinem Wagrainer Garten

1946 Schönleitner Verlag (Aichkirchen): Bitte um Mitarbeit

1947 Verlag der Arche, Zürich: Bitte um Mitarbeit
Verlag Hans Müller, Stuttgart (Mitarbeit von Hanns Arens): Bitte um einen Erzählband Salzburger Wochenschau für Österreich (Max Kaindl-Hönig, Redakteur): Bitte um Zusammenarbeit
„Die Bastei" (Österreichische Kulturzeitschrift): Antwort auf Waggerls Wunsch nach Mitarbeit

1948 Jung-Österreich, Bitte um Signierung der „Pfingstreise"
Kulturpressedienst, Bitte um den Vertrieb der „alten Manuskripte"
Hammer-Verlag, Prosabeitrag für die Zeitschrift „Der Granatapfel" der Barmherzigen Brüder

1949 Rota-Verlag, Anthologie „Geschriebenes Wort" (Fritz Kürbisch)
Styria-Verlag, Steirischer Volkskalender, Prosa
Berliner Hefte, Bitte um Mitarbeit
„Jugendlust" (Monatsschrift des Bayrischen Lehrervereins): Bitte um eine weihnachtliche Erzählung
Allgemeiner Feuilletondienst (Oskar Bischoff), Bitte um Mitarbeit; 1960: Artikel über Pfalz

1950 „Die Richtung" (Monatszeitschrift der Österreichischen Jugendbewegung):
Selbstdarstellung Katholische Arbeiter Bewegung: Plauderei für die „Ketteler Wacht"
Freie Universität Berlin (Wilhelm Joseph Hilger): Bitte um Urteil über „Die Dichterbühne"
„Freude an Büchern" (Monatshefte für Weltliteratur): Bitte um Beitrag zum Thema „Dichtung und Film"; 1951: Ehrung als beliebtester Schriftsteller Österreichs (Hermann Hesse gewann den Preis für das weitere deutschsprachige Gebiet, Guareschi den Preis der fremdsprachigen Autoren.)

1951 Hans Gustl Kernmayr: Buchreihe „Brot und Eisen": Bitte um Abdruckerlaubnis für ein Werk für die Ausgabe Salzburg
Stuttgarter Zeitung (E. Graf Wickenburg): Musterkollektion aus dem „Heiteren Herbarium"
„Hortulus" (Vierteljahresschrift für neue Dichtung): Bitte um Manuskript Landesregierung Salzburg: Bitte um Beitrag für den „Österreichischen Schullesebogen"
Velhagen & Klasings Monatshefte: Bitte um unveröffentlichte Manuskripte

1952 Pfad-Verlag (Eligius Scheibl): Anthologie „Salzburger Lyrik der letzten 50 Jahre", Bitte um Gedichte
Pfad-Verlag: Planung der Anthologie „Land um Salzburg", Bitte um Beitrag
„Übersicht" (Monatsschrift für das deutsche Landvolk): Bitte um Beitrag für die Feierabendreihe
Salzburger Kammer f. Arbeiter und Angestellte in der Land- und Forstwirtschaft: Bitte um ein Stück für die Laienbühne Seekirchen am Ruperti-Tag (Tag der Land- und Forstarbeiter)
„Der Ennstaler" (Heimatzeitung für Obersteiermark): Abdruckerlaubnis für „Eine Wette".

1954 AG Junge Komponisten: Bitte um ein Libretto
Schöningh-Verlag (Dr. Grenzmann): Kleine Ausgabe für Schule; 1968 Verständigung über Abdrucke im Schulbuch „Kompaß"
„Merian": Bitte um Beitrag zu einem Salzburg-Heft; 1958: Beitrag zum Salzkammergut-Heft, 1969: Beitrag zum Heft Salzburger Land
„Rufer" (Monatshefte): Bitte um Mitarbeit
„Schweizer Monatshefte": Bitte um Beitrag

1955 Wiener Zeitung: Bitte um Beiträge in Feuilletons: Essays, Belletristik; 1958: Prosa
„Du" (Schweizerische Monatsschrift): Bitte um Scherenschnitte
Verlag „Heimat Österreich", „Österreich und die Welt": Pongauer Heimatbuch
„Ja" (Monatsschrift für menschliche Begegnung): Bitte um Mitarbeit
„OKA-Hauszeitung" (J.G. Lettenmair, Linz): Bitte um Abdruckerlaubnis für „Und es begab sich"

1956 Hannoversche Allgemeine: Pfingstbeitrag
„Wort in der Zeit" (Rudolf Henz): Erzählungen; 1957: Prosa, Gedicht, Abdruckerlaubnis für „Arbeitsbericht"
Paul List Verlag: Bitte um Mitarbeit an dem Sammelband „Was halten Sie vom Christentum?"
Urania Berlin: Bitte um Mitarbeit bei Urania-Monatszeitschrift „Wunder der Welt"
Altbayerische Heimatpost: Bitte um Weihnachtserzählung, 1958: Weihnachtserzählung

1957 „Unser Schaffen" (Monatsschrift für das österreichische Blindenwesen): Bitte um eine Novelle
Arbeitskreis für deutsche Dichtung: Bitte um Mitarbeit an der Festschrift für Will Vesper; 1960: Bitte um Mitarbeit an Festschrift für Karl Springenschmid

1958 „Heimat und Welt“ und „Unser Weg“ (W. Winternitz): Abdruckerlaubnis für „Die Schöpfung“
Ernst v. Dombrowski: Bitte um Mitarbeit im „Herzhaften Hauskalender“ des Sozialen Friedenswerkes
(vgl. SVOBODA I); 1954 „Die Schöpfung“, 1958 „Mein Engel“, 1965 „Der Stock“
„Die Lesestunde“ (Zeitschrift der Deutschen Buch-Gemeinschaft): Dank für Beitrag
„Allgemeine Bauern-Zeitung“ (Klagenfurt): Abdruckerlaubnis für einen Roman
„Hamburger Jugendbrief“ (Kulturring der Jugend): Bitte um Beitrag
Deutsche Angestellten-Krankenkasse: Bitte um vorweihnachtliche Betrachtung; 1959: Nachdruck von „Weltzeit des Advent“
Österreichischer Almanach für bodenständige Dichtung (Rudolf List)

1959 Allgemeine Zeitung (Mainz): Bitte um Text für die Pfingstausgabe
Verlag Mensch und Arbeit (München): Bitte um Abdruck von „Hans“ in Weihnachtsanthologie, 1969: Anthologie „Das Jahr im Glanz der Feste“; Anthologie „Brüder überm Sternenzelt“; 1973: Nachdruck von „Das Jahr im Glanz der Feste“
„Durch die schöne Welt“ (Eine Zeitschrift für Reise und Touristik): Bitte um Beitrag über die Kunst des Reisens

1960 „die zeit und wir“ (Stadtschulrat Wien): Bitte um Abdruckerlaubnis der „Stillsten Zeit im Jahr“
Österreichische Bürgermeisterzeitung: Bitte um Abdruck der „Stillsten Zeit im Jahr“

1961 Anthologie „Hoffnung und Erfüllung“ (Rezension von Edwin Hartl 16.9.1961)
Kronen-Zeitung: Bitte um Mitarbeit; Geschichten zum Advent

1962 „Stuttgarter Leben“ (Eine Zeitschrift für Gesellschaft und Haus): Bitte um eine Buchbesprechung zu J. H. Fabre: „Das offene Geheimnis“

1964 Junger Literaturkreis (Hannover): Bitte um Mitarbeit an der Lyriksammlung „Deutsche Teilung 64“
„Mühlviertler Heimatblätter“ (Mühlviertler Künstlergilde): Bitte um Beitrag und Abdruckerlaubnis für Prosa oder Gedichte
Österreichische Gesellschaft für Literatur: Bibliographie für Literaturgeschichte des 20. Jahrhunderts

1965 Salzburger Nachrichten (Max Kaindl-Hönig): Bitte um einen Essay für einen Sammelband „Über die Sprache und das Lesen“

1966 Mohn-Verlag: Bitte um Mitarbeit an „ Anthologie österreichischer Erzähler der Gegenwart“ (György Sebestyén)
Verlag Bärmeier und Nikel: Bitte um Mitarbeit an einer Anthologie über Partnerschaft und sexuelle Aufklärung

1967 „Du selbst“/„Neue Schau“: Bitte um Abdruck von Texten

1968 Rudolf Schneider Verlag: Bitte um Mitarbeit, 1969: neuerliche Nachfrage; 1970: „Die Schöpfung“
Österreichischer Bundesverlag für Unterricht, Wissenschaft und Kunst: Verständigung über Abdrucke in Lesebüchern; auch 1970
Nürnberger Zeitung (Dr. Edgar Traugott): „Wie ich der Salzburger Weihnachtsmann wurde“
Athesia: Beitrag im Reimmichlkalender
Das Kleine Blatt: Reportage über Waggerl

1969 Horst Erdmann Verlag: Bitte um Beitrag für den Sammelband „Erstlingspoeme“
Literaturgeschichtliches Bild- und Autographenarchiv Hermann Banniza: Autographen
Gustav Weiland Buchhandlung (Lübeck): Beitrag für Jubiläumsschrift
Sigmund Hauser Verlag (Garmisch-Partenkirchen): Bitte um Mitarbeit an der Anthologie „Die Jahresringe“
„Freundin“ (Die Zeitschrift für die österreichische Frau): Bitte um den Beitrag „Die Salzburgerin“
Österreichischer Buchklub der Jugend: Dank für Mitarbeit
Amon & Co: Bitte um Beitrag für Hauskalender
Robert Holder (Bild-Verlag): Bitte um Mitarbeit am Bildband „Herbst-Sinfonie in Dur und Moll“

1970 Süddeutscher Verlag: Bitte um Mitarbeit an einem Bildband mit Text
„Refugium“ (Hannover): Bitte um Mitarbeit an einem „Musen-Almanach“
Das Beste aus Readers Digest: Bitte um Abdruckerlaubnis für einen Aphorismus
OldenbourgVerlag: Bitte um Abdruckerlaubnis in einem Schulbuch
Wendelstein Druckerei (Rosenheim): Bitte um Mitarbeit an Wendelstein-Kalender
Militärkommando Wien: Bitte um Mitarbeit an der Broschüre „Österreichische Offiziere in Österreichischer Literatur“
Dokumentationsstelle für neuere österreichische Literatur, Wien: Foto, Handschriftenprobe, Manuskript
Aldus Mantius Verlag: Bitte um Mitarbeit an dem Band „Im Zauber des Lichtes“

1972 Verlag Kremayr & Scheriau: Bitte um Mitarbeit an der Anthologie „Dichtung aus Salzburg“ (Erich Landgrebe)
Martin Verlag, Buxheim: Bitte um Mitarbeit am Band „Ich glaube an die Auferstehung der Toten“

(H.C. Conrad) mißverstehen. Waggerl beginnt mit einem ungenauen Zitat von Marie von Ebner-Eschenbach und fährt dann fort: *„Jede gescheite Frau, sagte einmal eine von den Klügsten – jede gescheite Frau hat Millionen Feinde: alle dummen Männer.* [461] *[...] Männer sind manchmal weise, Frauen sind immer klug. Der Weisheit Gipfel ist die Erkenntnis, daß man nichts wissen könne [...]. Die Klugheit hingegen weiß, daß man gar nichts wissen muß. [...] Alles an den Frauen ist ein bißchen hintergründig und doppelbödig, auch ihre Logik." (LÜCKE)* Man erinnere sich: Weiningers „Geschlecht und Charakter" hatte Waggerl penibel durchgearbeitet. In dem VI. Kapitel „Gedächtnis, Logik, Ethik" und dem XII. Kapitel „Das Wesen des Weibes und sein Sinn im Universum" stehen die Vorbildsätze: „Es ist also richtig, daß das Weib keine Logik besitzt. [...] Darum lügt die Frau stets, auch wenn sie objektiv die Wahrheit spricht." (WEININGER, 185, 379)

Obwohl Waggerl immer wieder Kinder in den Mittelpunkt seiner Prosa gerückt hatte, verfaßte er nur ein einziges Büchlein, das in die Kategorie „Kinder- und Jugendbuch" gehört: „Die Traumschachtel" (1961). Das Bändchen erschien im Residenz-Verlag. Waggerl arbeitete seit 1958 daran. (OMÜ, 1958) Agnes Muthspiel (1914–1966) schuf die „naiven" Illustrationen. Sie hatte nach dem Krieg zu malen begonnen und gewann schnell Ansehen. Ihr Haus auf dem Salzburger Mönchsberg wurde ein Treffpunkt vieler Künstler: Gottfried von Einem, Carl Orff, Kurt Moldovan oder Otto Mauer verkehrten dort. (SK, 350) Der Kontakt zu Muthspiel dürfte über die Dapras und Wolfgang Schaffler, den Besitzer des Residenz-Verlages, hergestellt worden sein. Das Büchlein wurde 1968 unter die „schönsten Bücher Österreichs" aufgenommen. (OMÜ, 21.4.1969)

Die Jahre 1947 und 1948 waren, wie schon erwähnt, Schwellenjahre zwischen Diskreditiertheit und erfolgreichem Neubeginnn, nicht zuletzt was das Finanzielle betraf. 1947 scheiterte z. B. noch ein Anthologieprojekt, das großen Ertrag versprach. Ein Wiener Verleger bat Waggerl, eine Ausgabe von Lyrik und Balladen für die Jugend zusammenzustellen. *„Honorar etwa 20.000!" (LANZ, 13.9.1947)*

1948 plante Waggerl außerdem eine eigene Kultur-Zeitschrift. Es sollte eine Monatsschrift werden, die er als Gegengewicht zu den Behinderungen im Zuge der Entnazifizierung seiner Person gemeinsam mit dem Kulturredakteur Max Kaindl-Hönig als „Hauptschriftleiter" bzw. Chefredakteur auf den Markt bringen wollte. Sie sollte den Titel „Der neue Almanach" (ab November 1948) tragen. Waggerl war als Herausgeber vorgesehen, Otto Krasnitzky als verantwortlicher Bildredakteur und Hansen von Maihoff sollte die Finanzierung übernehmen. Was ist daraus geworden? Jedenfalls hatte Waggerl u. a. Alexander Lernet-Holenia, Franz Karl Ginzkey, Karl Oettinger oder Paul Alverdes als Beiträger im Auge. (ALMANACH 1948) Die Zeitschrift ist aber niemals erschienen.[462] Waggerl hatte Notizen, Tagebucheintragungen und Abhandlungen z. B. über Fragen der Kunst aus den 20er Jahren aufbewahrt und für so wichtig gehalten, daß sie höchstwahrscheinlich in die neue Zeitschrift aufgenommen werden sollten. „Der Künstler kann in der Hauptsache sein lebtaglang nur das Gleiche wollen, wachsend das Gleiche: Gleichnis des Lebens, Enträtseln des Ich, Formen des Sinnes, Erlösen des Seins. [...] Es steht jeder in seiner Zeit, kann sie nicht so leicht verlassen. Jeder hat Schuld an ihr und Schulden an sie. [...] Profit von Kranksein. Meine Bilder werden einen Schatten blässer sein, ja um ein wenig hellsichtiger. Das wird der Profit sein. [...] Mit dem Erlebnis der Welt wird alle Not der Menschheit im Künstler lebendig. [...] Es gibt nichts als Entdeckungen aus der Natur. Es geht um nichts als um den Tiefblick, um grössere oder kleinere Sehkraft [...]" (ARCHIV, Typoskript)

Auch im Bereich des Films versuchte Waggerl wieder Fuß zu fassen. Von den verschiedenen Filmprojekten („Brot", „Mütter", „Goldene Hochzeit im Salzburger Land" 1943) war schon die Rede. Den „Bildberichterstatter" Marlo Mieritz hatte Waggerl während des Krieges kennengelernt. Nach 1945 ging die Zusammenarbeit mit ihm weiter, und zwar jetzt auf dem Gebiete des österreichischen Kulturfilms. Gemeinsam mit Mieritz schrieb er 1946 ein Skript für den Film „Mozartstadt Salzburg". Dieser Film sollte, ähnlich wie es etwas später mit dem Joseph-Mohr-Thema geschah, jetzt für die republikanische Salzburg-Propaganda und als Instrument zur Bewältigung des Krieges eingesetzt werden, freilich mit den aus dem „unpolitischen" Kulturfilm der NS-Zeit bekannten Methoden. Entlang der stilisierten Biographie der aus dem Gebirgsdorf Maria Alm stammenden Sängerin Rosl Schwaiger,[463] der ehemaligen Studentin des Mozarteums und der Barbarina in Mozarts „Die Hochzeit des Figaro" der Salzburger Festspiele des Jahres 1946, sollte die fröhliche, mittelalterlich wehrhafte und altehrwürdig barocke Kulturstadt Salzburg vorgezeigt werden – auch zur Ankurbelung des Fremdenverkehrs. Zu Bildern des zerbombten Salzburg zu Kriegsende sollte der Zuschauer folgendes zu sehen und zu hören bekommen: *„Wir sehen sie [Rosl Schwaiger] in einer grossen Gesellschaft unter anderen fröhlichen Menschen im Peterskeller beim Wein sitzen. [...] Die Mädchen im Hof der Festung, Festungstore, Wehrgänge u. a. [...] ‚aber kennen Sie denn eigentlich die lebensfreudige, schöne Stadt Salzburg?' [...] Deutlich wird der Gegensatz zwischen der höfischen und bürgerlichen Architektur Salzburgs. [...] Vom schmiedeeisernen Altargitter, Überblendung zum Stiegenhaus des Raphael Donner im Mirabellschloss, – von den barocken Putten zu den lustigen Zwergln (Zwerglgarten)." (MOZARTSTADT)*[464]

Es ging weiter mit Plänen zu einer Verfilmung der Waggerl-Erzählung „Ein Mann namens Adam" (1948) und zu einem Franz-Schubert-Film mit dem Titel „Die Winterreise" (1948). Ein Salzburg-Projekt mit der Kulturfilm-Produktion Dr. Max Zehenthofer (1948/49) stand zur Diskussion. Waggerl schrieb den Vorspann zu einem Kulturfilm mit dem Titel „Schlaf, Kindchen, schlaf!" (undatiert), darüber hinaus Exposés für geplante Werbefilme (z. B. für die Firma Meinl, 1952) und arbeitete für diverse

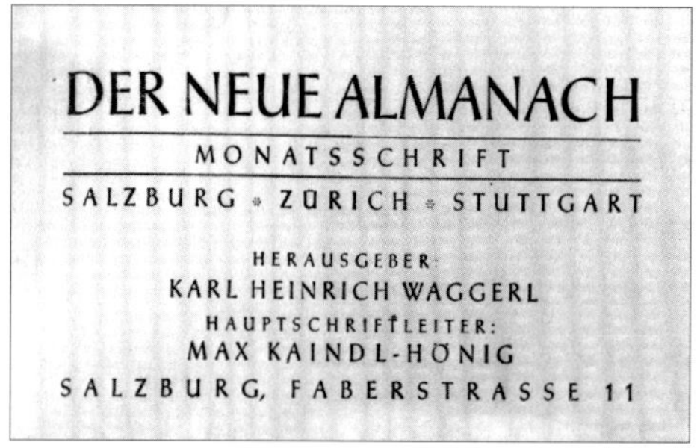
DER NEUE ALMANACH
MONATSSCHRIFT
SALZBURG • ZÜRICH • STUTTGART
HERAUSGEBER:
KARL HEINRICH WAGGERL
HAUPTSCHRIFTLEITER:
MAX KAINDL-HÖNIG
SALZBURG, FABERSTRASSE 11

Eine geplante Zeitschrift (1948)

Fernsehfilmproduktionen mit dem Regisseur Hans Conrad Fischer (seit den 50er Jahren) zusammen.[465]

Am 30. September 1952 wurde im Maxglaner Kino der Kulturfilm „Ewiger Klang der Mozartstadt" mit Worten von Waggerl und der Musik von Domkapellmeister Joseph Messner (1893–1969) in einer Opus-Film-Produktion uraufgeführt. (MARX, 393)

8. 11. Der neuerliche Aufstieg

Da war die Wende schon geschafft. An einigen Beispielen ist Waggerls Integration in den Kulturbetrieb Österreichs gut zu zeigen. 1937 hatte er sich, wie schon erwähnt, auch mit Aspekten der Wagrainer Gemeindegeschichte beschäftigt und war dabei auf den Textdichter, möglicherweise sogar den Komponisten des Stille-Nacht-Liedes, den Pfarrer Joseph Mohr (1792–1848),[466] gestoßen. Hundert Jahre vorher war Mohr als Pfarrer und Lehrer in das Dorf gekommen, in dem er zwischen 1837 und 1848 arbeitete.[467] Waggerls Aufsatz „Joseph Mohr" (1937), im Leipziger „Inselschiff" erstmals publiziert, war nicht nur eine kurze, sachliche biographische Skizze Mohrs. An einigen Details, die Waggerl erwähnte, konnte man Analogien zu ihm selbst entdecken. Folgende Formulierungen mögen nicht ganz zufällig so ausgefallen sein, u. a. solche, die den Pfarrvikar Mohr als einen Neuerer darstellen: *„Die erste Kindheit [...] mag nicht eben glücklich verlaufen sein. [...] Wir hören nicht ungern, daß der Jüngling keineswegs ein trockener Streber war, sondern daß er seinen strengen Erziehern manchmal durch ‚kindlichen Übermut' zu schaffen machte. [...] Er hat es ja auch als einer der ersten gewagt, deutsche Messen und Kirchenlieder auf dem Chor singen zu lassen, was seit den protestantischen Wirren streng verboten war. [...] Überhaupt muß es der Vikar vortrefflich verstanden haben, den harten und eigensinnigen Bauernköpfen etwas abzugewinnen [...]." (MOHR, 517f)*

Nach dem Zweiten Weltkrieg, insbesondere seit 1948, als es im Zuge des Kalten Krieges darum ging, Österreich wieder als ein antinazistisches, zivilisiertes und friedfertiges Land im Bewußtsein der Welt zu verankern, sollten sich natürlich Joseph Mohr und das „Stille Nacht, Heilige Nacht"-Lied bestens eignen, im Rahmen der damals gerade massiv anlaufenden und umfassenden kulturpolitischen Österreich-Offensive als „erschütternder Ruf nach Versöhnung" eingesetzt zu werden, so das sozialistische Demokratische Volksblatt (5.12.1948). „Stille Nacht, heilige Nacht" und Joseph Mohr dienten als kulturelle „Transmissionsriemen" dieser Österreich-Propaganda, sie wurden für solche Zwecke instrumentalisiert. An dieser offiziellen österreich-ideologischen Strategie beteiligten sich der Bund und das Land Salzburg ebenso wie die katholische Kirche und verschiedene repräsentative kulturelle Vereinigungen. So traf es sich bestens, daß sich 1948 der 100. Todestag Joseph Mohrs jährte. An dessen Grab in Wagrain wurde dementsprechend – „schlicht" (Die Kleine Illustrierte, Folge 50, 1948) – in einer Feier gedacht. Waggerl gehörte als bekannter Schriftsteller und Wagrainer zu den Initiatoren und Organisatoren dieses staatstragenden Aktes in Wagrain. Die Politik gab die Richtlinie vor, die „Kultur“ erledigte deren Geschäft: Die Salzburger Kulturvereinigung (Präsident Hofrat Dr. Rudolf Hanifle) veranstaltete am 4.12.1948 eine Gedenkfeier in Wagrain unter dem Ehrenschutz des Salzburger Landeshauptmannes Josef Rehrl, an der sogar der österreichische Bundespräsident teilnehmen sollte.[468] Schließlich war es der Unterrichtsminister Dr. Felix Hurdes, der seitens der Bundesregierung bei der Feier am Grabe Mohrs anwesend war. Gemäß dem kulturpolitischen Ziel waren auch Vertreter der Alliierten und der bayrischen Staatsregierung – „es war dies der erste offizielle Besuch eines Vertreters Bayerns in Österreich“ nach 1945 (Die Kleine Illustrierte, Folge 50, 1948) – zugegen. Die Presse vergaß nicht, darauf besonders hinzuweisen. Der Salzburger Erzbischof Dr. Andreas Rohracher hielt die Festansprache in der Kirche, am Grabe Mohrs wurde ein Prolog Georg Rendls, des Dichterkollegen und Konkurrenten Waggerls, gesprochen.

Die Wagrainer wußten die günstige kulturpolitische Österreich-Konjunktur weiterhin sinnvoll zu nützen. Ein Proponentenkomitee, an seiner Spitze u. a. Waggerl, initiierte zwei Jahre später unter dem Ehrenschutz des österreichischen Bundeskanzlers Leopold Figl und des Salzburger Erzbischofs die Erbauung der Josef-Mohr-Gedächtnisorgel in Wagrain. 1952 wurde schließlich die Josef-Mohr-Gesellschaft in Wagrain gegründet. Bis dahin hatte Waggerl als provisorischer Vereinsobmann fungiert. Noch war er umstritten, denn bei einer *„turbulenten Gründungsversammlung“* sollen *„die Oberndorfer als Abgesandte des Herrn Rendl [...] einen Putsch“* versucht haben: *„Ich hab mich aber einmal angestrengt und 10 Minuten gesprochen, sodaß ihnen der Wind weggeblieben ist und alles in eitel Freundlichkeit endete. Ist dir klar, daß du von nun an Herr Präsident zu mir sagen mußt?“ (LANZ, 6.1.1952)* In das Proponentenkomitee (Ehrenkomitee) waren entsprechend der grundsätzlichen kulturpolitischen Zielrichtung alle relevanten politischen, staatlichen und nicht-staatlichen Instanzen der Republik aus fast allen Bereichen, sogar die Sicherheitsbehörden, eingebunden.[469]

Im Jahre 1937 war der Joseph-Mohr-Artikel ein beschaulich-„unpolitischer“ Beitrag zur „deutschen Weihnacht“ desselben Jahres aus der Feder des von der NS-Propaganda zum einfachen „unpolitischen“ Bergbauerndorf-Dichter stilisierten Waggerl. 1948 mutierte seine Aktivität für Joseph Mohr zu einem Beitrag für die aktuellen kulturpolitischen Zwecke Österreichs, eines Landes, das „nie ein Land für Haß und Zwang“[470] gewesen sei. Dies sah nämlich die österreich-ideologische Propaganda der Republik vor. Das liebliche „Stille Nacht, Heilige Nacht“ und der verdienstvolle und arme Pfarrvikar Josef Mohr eigneten sich dazu bestens. So wurde der Beitrag vieler Österreicher für das NS-Regime vor 1945 in den Schatten der Geschichte gerückt und zugleich an einem makellosen Österreich-Bild gearbeitet.

Waggerl mit BM Felix Hurdes, LH Josef Rehrl und Erzbischof Andreas Rohracher

Aus dem Film „Das Jahr des Herrn" (1950)

Zu Weihnachten 1950 kam es schließlich zur Festaufführung des Alfred-Stöger-Films „Das Jahr des Herrn. Erfüllte Sehnsucht",[471] für den Waggerl gemeinsam mit dem bekannten Burgschauspieler und ehemaligen prominenten NS-Regisseur Ulrich Bettac das Drehbuch geschrieben hatte. Die Uraufführung unter dem Ehrenschutz von Kardinal Dr. Innitzer und in Anwesenheit des Bundeskanzlers Leopold Figl, des Vizekanzlers Adolf Schärf und des Handelsministers Dr. Kolb, mit der Musik von Franz Salmhofer und einer Starbesetzung (Ewald Balser, Josef Meinrad, Hugo Gottschlich, Käthe Gold, Ulrich Bettac, dem David-Darsteller Karl Haberfellner und Waggerl selbst in der Rolle des Lehrers) fand im Wiener Künstlerhaus-Kino statt und war ein kultureller Staatsakt. (Wiener Zeitung 23.12. 1950, Die Presse 23.12.1950) Schon über die Dreharbeiten in Wagrain hatte die Presse ausführlich berichtet und die Hoffnung geäußert, daß mit dem „Jahr des Herrn" der österreichische Film einen Aufschwung erleben werde. Seinem Schweizer Bekannten William Matheson gestand Waggerl allerdings: *„Mir graust so sehr davor, daß ich lieber gar nicht hinfahre." (SLitA, 2.12.1950)*

„Einige Szenen mit Käthe Gold u. Balser kann man gelten lassen, aber im Ganzen gelang die Sache nicht so, wie ich es mir vorgestellt hatte. [...] aus einer Idylle einen spannenden Film zu machen, das ist mißlungen." (ERFAHR 1954). Das war eigentlich ein selbstkritischer Schlag gegen die sich zur „grossen Hymne" (Brief der Mundus-Film, 2.1.1951) aufschwingenden Presse-Reaktionen, zu der sich nur die – dennoch freundlichen – Kritiken der Arbeiter-Zeitung und des kommunistischen „Abend" nicht hinreißen ließen. (ARCHIV) Die republikanische Waggerl-Verwertung feierte ihre ersten Triumphe. An ihn wurden von der Wiener Mundus-Film öS 51.892.– an Honorar ausbezahlt. Eine Zeitung feierte den – filmisch völlig traditionell gemachten – Streifen sogar als „eine österreichische Avantgardeleistung". „Aus der Provinz" sei „zur Weihnachtszeit der Ruf in die Stadt" ertönt. Nichts sei hier „Schablone", nie werde mit „Perversitäten, Greueln" kokettiert. Endlich werde „gläubigen Gemütes das Menschliche" gestaltet, denn nur „die Nächstenliebe und damit das Verzeihen" könne die Welt erlösen. (Montag Morgen, 27.12.1950) Der Appell an die Nächstenliebe, das Verzeihen und Versöhnen wurde damals hauptsächlich von vielen seit 1948 Entlasteten eingefordert. (Vgl. MÜLLER I) Das „Neue Österreich", das sich Anfang April 1947 in seinem Artikel „Der lustige Kollaborateur" noch sehr kritisch mit Waggerl beschäftigt hatte, schrieb einen hymnischen Artikel zur Filmuraufführung und sprach jetzt von dem „so notwendige[n] Werk der inneren Mission". (Neues Österreich, 24.12.1950)

Genau darum ging es der österreichischen Kulturpolitik. Die Kammerlichtspiele Mirabell in Salzburg mußten den Film, „die Geschichte zweier Liebenden und eines zehnjährigen Buben, die ihr gemeinsames Glück [...] finden" (Salzburger Tagblatt, 23.12.1950), wegen der starken Nachfrage verlängern. (Salzburger Nachrichten, 9.1.1951) Die „Salzburger Nachrichten" veranstalteten gemeinsam mit dem Reisebüro Hummer Sonderfahrten nach Wagrain, deren Höhepunkte Ateliersbesuche bei Ernst Huber und Leseabende mit Waggerl waren. (Salzburger Nachrichten, 26.9. 1950, 29.9.1950, 5.10.1950). Das „Salzburger Volksblatt" konnte nicht zurückstehen: „Drei-Königsfahrt" (9.1.1951).

Um ein „Werk der inneren Mission" ging es auch beim „Salzburger Adventsingen" seit 1946. Waggerls brummig-beschaulicher Vortrag im Rahmen dieses Adventsingens seit 1952, das mit ihm zur alljährlichen Massenveranstaltung reüssierte, sollte schließlich das medial ungemein wirkungsvolle Bild des guten, herzlich-warmen Dichtervaters fixieren. Tobias Reiser (1907–1974), seit den 30er Jahren und während der NS-Zeit als rühriger Förderer des Heimatbrauchtums tätig,[472] lud Waggerl dazu 1951 ein. (ARCHIV, H 2673) Das Salzburger Adventsingen entwickelte sich seit 1946, als in einem „Gemeinschafterheim" nur 40 Zuhörer anwesend waren, rasant zu einer Großveranstaltung: 1950 übersiedelte man in die Salzburger Residenz, wo ca. 200 Sitzplätze zur Verfügung standen. Als Waggerl 1952 zum ersten Mal auftrat, spielte, sang und erzählte man in der Salzburger Aula (700 Sitzplätze), in jenem Gebäudekomplex, wo Waggerl in die Lehrerbildungsanstalt gegangen war. „Eine begeistert aufgenommene Novität bilden die verbindenden Texte des Dichters Karl Heinrich Waggerl." (Salzburger Nachrichten, 30.11.1952) Im Jahre 1960 übersiedelte man auf Anraten des Salzburger Landeshauptmannes und unter Bedenken wegen des befürchteten Verlustes von Heimeligkeit in das Große Salzburger Festspielhaus (2000 Sitzplätze). (50 JAHRE)[473] Im Waggerl-Archiv haben sich alle Beiträge, die Waggerl bis 1970 leistete, erhalten. (ARCHIV, Brief Edith Waggerls 11.12.1970)

„Wie läßt sich dieser Erfolg begründen?" räsonierte Waggerl im Nachwort des in altertümelnder „Claudius-Fraktur" gesetzten Bandes „Das ist die stillste Zeit im Jahr" (1956) und gab selber die Antwort: Sie blieb freilich – mit augenzwinkerndem und „liebevolle Hiebe" verteilendem Understatement – an der Oberfläche, aber publikumsgerecht formuliert: *„An solch einem Abend wird doch nichts geboten, was sonst die Menschen dieser Zeit anlockt, nichts Problematisches, nichts Ordinäres. Keine berühmte Hornbrille führt Regie, kein teurer Star macht sich bezahlt." (STILL, 51)* Dies war seine veröffentliche Meinung. Die alljährliche Reproduktion derselben Dramaturgie und Inhalte kommentierte Waggerl im Freundeskreis freilich kritisch. (EXNER, 1968) Er war in diesem Kreis ein „Star" der „Volkskultur". Mit Stars der „Hochkultur", wie z. B. Herbert von Karajan, mochte er nichts zu tun haben. (EXNER, März 1968) Waggerl suggerierte das angeblich Natürliche, das scheinbar Nicht-Gemachte der Advents-Dramaturgie, in der natürlich *„Ordinäres"* oder gar Pornographisches nicht vorkam, wie er es wiederholt als Signum der Nachkriegszeit kritisierte. Er nannte sie die *„Stilepoche der Zotik" (BRIEFE, 99).* Er verstand es sehr geschickt, in seine autobiographischen Kurzgeschichten verallgemeinernde Passagen zu integrieren, die der „Al-

Waggerl mit dem Leiter des Salzburger Adventsingens, Tobias Reiser d.Ä.

Waggerl beim Salzburger Adventsingen im Großen Festspielhaus

gebraik“ seiner „Pfingstreise“ (1946) in nichts nachstanden, ja diese sogar zitierten und zugleich das hauptsächlich christlich-katholische Publikum in der Epoche der *„Zotik“* befriedigten und erwärmten. Dabei schloß er mit seinem Appell an den Frieden sogar an die eigenen lebensgeschichtlichen Bedürfnisse – aus der Entnazifizierung – an. Waggerl zitierte sogar jenes Organ, auf das es – gegen die *„Weisheit der Weisen“* und *„die Macht der Mächtigen“* – ankomme, nämlich das *„Herz“*: *„Und wir Heutigen? Leben wir nicht auch in der Weltzeit des Advent? Scheint uns nicht alles von der aufkommenden Finsternis bedroht zu werden, das karge Glück unseres Daseins? Wir warten bang auf den Engel mit der Botschaft des Friedens und überhören so leicht, daß diese Botschaft nur denen gilt, die guten Willens sind. Es ist keine Hilfe und keine Zuflucht bei der Weisheit der Weisen und bei der Macht der Mächtigen.“ (STILL, 48)* Und schließlich wußte Waggerl zu verkünden, und zwar in der Tradition seiner sich erst seit Ende der 20er Jahre entwickelnden Vernunftskepsis, ja -feindlichkeit: *„Denn der Herr kam nicht zur Welt, damit die Menschen weiser, sondern damit sie gütiger würden. Und darum sind es allein die Kräfte des Herzens, die uns vielleicht noch werden retten können.“ (STILL, 48)*

Diese „Philosophie“ war, wie die Rede des Salzburger Landeshauptmannes Dr. Josef Klaus belegte, kongruent mit einem Selbstverständnis, das den Anspruch erhob, „salzburgisch“ und „österreichisch“ zu sein. An der Oberfläche hatte dies natürlich nichts *„Problematisches“*, wie Waggerl festhielt.

Was sich in bezug auf Waggerls Ansehen seit Ende der 40er Jahre geändert hatte, mag 1959 die Absicht der Salzburger Politik (Bürgermeister Bäck, Landeshauptmann Klaus, Landesrat Josef Kaut) zeigen, Waggerl in das Direktorium der Salzburger Festspiele zu holen. „Ich gebe Ihnen doch ernsthaft zu bedenken, daß wir die Salzburger Festspiele nicht den Wienern und anderen ‚Ausländern‘ überlassen sollen und daß wir wirklich eine Verpflichtung haben“, schrieb Josef Kaut. (ARCHIV, H 6985, 7.7.1959) Waggerl hatte sich u.a. mit einigen „scharfen“ Wortmeldungen zu den Festspielen profiliert, bei denen er das „Festliche“ abhanden gekommen sah: *„Das Geschäft mit der früher so erhabenen Dame Kunst floriert auf eine Art, als wäre es Mode geworden, sich leidenschaftslos deflorieren zu lassen. So spricht auch manches im Festesstaat von Stein, von Farbe, Vers oder Prosa auf uns ein und spricht die Sprache der Schlampen. Einst ging die Zeit mit der Kunst, jetzt geht die Kunst mit der Zeit.“ (FESTSPIEL, 49)*[474] Tatsächlich machte sich Waggerl satirische Notizen zu den Vermarktungsstrategien der Festspiele – „Vertrauliche Proklamation über den selbsterhaltenden Geschmackstrieb (Josef Glöckler, Anton Blümler u. Konsorten)“ (1956) – und wollte das Programm der Festspiele nach der Seite des Volkstümlichen ausbauen, um ein ähnliches Publikum wie beim Salzburger Adventsingen zu gewinnen. Das wäre sein Salzburger Beitrag gewesen. Waggerls Kritik dürfte auch Karajan gegolten haben, dessen „Internationalisierung“ geeignet sei, Mozart aus dem Mittelpunkt der Salzburger Festspiele zu verdrängen.[475]

Waggerl lehnte die Aufnahme in das Direktorium ab, weil er *„nicht viel an wirklich brauchbaren Kenntnissen und Erfahrungen hätte beisteuern können"* und er *„nicht so bescheiden [sei], daß er eine fragwürdige Tätigkeit in dieser Institution immer noch für wertvoller hielte, als meine eigentliche Arbeit: einigermaßen lesbare Bücher zu schreiben." (ARCHIV, H 16.078)*

8. 12. Die Erfolgsgeschichte

Die Geschichte des Waggerlschen Werkes nach 1945 ist eine einzige Erfolgsgeschichte, auch wenn er sich selbst von der anerkannten Kritik im Feuilleton und von der Wissenschaft übergangen fühlte.[476] Waren bis 1945 ca. eine halbe Million Exemplare von Waggerls Büchern auf dem Markt, so kam zwischen 1945 und 1967 ca. die dreifache Zahl hinzu. Waggerls Vorkriegsproduktion kam bis zum Jahr 1967 auf die stattliche Zahl von ca. 2,1 Millionen Exemplaren, seine Bücher der Nachkriegszeit waren mit ca. 1,5 Millionen Exemplaren auf dem Markt. Neben dem Otto Müller Verlag und dem Insel-Verlag kümmerten sich nach 1945 weitere 14 Verlage und Buchgemeinschaften um sein Werk.[477] Zusätzlich gefördert wurde sein Ansehen durch die Entdeckung seiner Stimme für den Hörfunk und die Schallplatte. Bis 1967 wurden ca. 15 Sprechplatten mit K.H. Waggerl, und zwar ca. 200.000 Stück Schallplatten, produziert. Allein im Hörfunk des Studios Salzburg wurden seit den 50er Jahren bis heute ca. 60 Sendungen mit und über ihn hergestellt. Ähnlich beeindruckend groß ist die Zahl der Fernsehbeiträge, die das österreichische Fernsehen mit und über Waggerl drehte, insgesamt über dreißig. Viele deutschsprachige Sender nahmen sich des Werkes und der Person Waggerls an, RIAS Berlin, der Südwestfunk, die deutschsprachige Abteilung der RAI, der Süddeutsche Rundfunk, der Deutschlandfunk, die Deutsche Welle. Die modernen Massenmedien dürften einen entscheidenden Anteil an jenem Bild Waggerls haben, das heute noch bei vielen Menschen vorherrscht.

Allein bei Radio Bremen wurden seit 1951 ca. 30 Waggerl-Sendungen gemacht, darunter „Spaziergang und Heimkehr am Abend" in der Reihe „Rundfunk als Ruhefunk" (1956/57).[478] Zu seinem 60. Geburtstag erschien 1957 das genannte Hörbild als längerer Essay in überarbeiteter Form unter dem sprechenden Titel „Wanderung und Heimkehr".[479] In Bremen setzte sich Lutz Besch, ein Bekannter, Freund und Förderer Waggerls, der seit 1955 als „Leiter der Abteilung Wort" und späterer Programmdirektor tätig war, für ihn ein.[480] Der Titel „Wanderung und Heimkehr" war anspielungsreich gewählt und verfestigte die herrschenden Vorstellungen dieser Begriffe, wie sie auch Waggerl verwendet hatte. Daß es in unserem Jahrhundert eine andere „Wanderung", nämlich Emigration und Exil gegeben hatte, für die Waggerl seit den 30er Jahren meistens nur süffisante Bemerkungen übrig hatte, und daß es für viele keine „Heimkehr" gab, spielte in dem hier gemeinten Vorstellungsbereich keine Rolle. (TABU) Von jener „Schwierigen Heimkehr" z. B. des Exils wußte dieser Diskurs freilich nichts. (HOLZNER)

Eine Reihe von Sammelbänden, die Leben und Werk Waggerls zu dokumentieren versuchten, erschienen seit Beginn der 50er Jahre und wählten ähnlich sprechende Titel. Hanns Arens war trotz aller Konflikte, die es mit Waggerl gegeben hatte, auch nach 1945 für ihn umtriebig tätig. 1951 erschien die erste der derartigen Sammlungen mit dem Titel „Kleines Erdenrund", 1955 folgte ein ähnliches Unternehmen, initiiert von Dino Larese, „Das Lebenshaus", 1961 ließ wieder Hanns Arens einen Band folgen, „Vagabund an der Leine", Lutz Besch setzte zu Lebzeiten Waggerls die Tradition am qualifiziertesten fort mit dem Band „Kraut und Unkraut" (1968).[481]

In Österreich fanden Waggerls Texte schon seit 1946 wieder Eingang in fast alle Schullesebücher.[482] Im Oktober 1946 standen „Das Jahr des Herrn" und „Ein Mensch [sic] namens Adam" auf dem Provisorischen Lehrplan für die österreichischen Mittelschulen. Die Liste der empfohlenen Texte für die österreichische Schuljugend war unter Mitwirkung der vier Besatzungsmächte zustandegekommen. (HOLZNER I, 117f; KUNNE I)

Auf der vom österreichischen Unterrichtsministerium ebenfalls 1946 erstellten „Liste der gesperrten Autoren und Bücher" (Wien 1946), die Texte verzeichnete, die von den Buchhandlungen und Büchereien aus dem Verkehr gezogen werden sollten, weil sie NS-Gedankengut verbreiteten, fand sich Waggerl nicht. Viele Bekannte Waggerls waren betroffen, wie z. B. Erna Blaas, Bruno Brehm, Gertrud Fussenegger, Mirko Jelusich, Luis Trenker, Franz Tumler oder Josef Weinheber. (MÜLLER I, 181ff)

Die ersten Nachkriegsschritte auf dem Lesepodium waren für Waggerl vorerst mühsam. Ein kurzfristiges Auftrittsverbot stand am Anfang. Seine erste Lesung nach dem Ende des Krieges fand in Waggerls Geburtsgemeinde Badgastein statt. Erst im Herbst 1947 las er wieder in der Stadt Salzburg. Bevor er erneut nach Deutschland fahren konnte, mußten einige Schweizer Reisen in den Jahren 1949 bis 1952 aushelfen. Im Oktober 1950 konnte er seine erste Deutschland-Reise nach 1945 antreten. Sie sollte sich alljährlich bis 1967 wiederholen, fast immer zweimal im Jahr, meist im März und Oktober, bis über einen Monat lang. Die Zeitungsberichte stimmten fast immer überein: dankbarer, herzlicher bis stürmischer Applaus. Im Advent 1960 kam es sogar zu einer „Waggerl-Woche" in der Wiener Stadthalle, an deren Lesungen ca. 33.000 Zuhörer teilnahmen. Waggerl stieg zum „Stadthalle-Star" auf, das Programm war „adventlich", also besinnlich: „... und es begab sich", so lautete das Motto. „In der ersten Reihe saß Österreichs Bundespräsident." (Wiesbadener Kurier, 1.12.1960) Schon 1958 kündigte sich der städtische Erfolg an: „Das nächste Mal wird Waggerl im Stadion lesen müssen." (Neuer Kurier", 8.5.1958) Der Erfolg hielt an: „Was da allweihnachtlich in der Wiener Stadthalle passiert, ist in der Tat ein modernes Mirakel. [...] Die Stille des Salzburgerlandes siegt über den Lärm der Großstadt, die ‚Provinz' über ihre Hauptstadt Wien. Mit Spatzen auf Kanonen ... Bravo, Waggerl!" (Neue Illustrierte Wochenschau,

1.12.1963) Schon 1950 bezeichnete sich Waggerl selbst als *„fahrender Bänkelsänger" (SLitA, Matheson, 27.10.1950).*

Die Kritiker waren nicht sehr zahlreich. Als die Stadt Wien Waggerl zu den Stadthalle-Lesungen einlud und insbesondere die Jugend ansprechen wollte, gab es Protest: „Was hat Waggerl der Jugend von heute zu sagen? Die Antwort lautet schlicht und einfach: Wenig! [...] Warum hat man [...] nicht versucht, Erich Kästner einzuladen?" (Heute, 12.11.1960) Eine Testumfrage unter Jugendlichen ergab aber eine Mehrheit für Waggerl.

Den Kern der Sache aber traf eine Kritik, die anläßlich einer Lesung in einem deutschen Volksbildungswerk laut wurde und gegen die natürlich die Waggerl-Gemeinde sofort heftigen Einspruch erhob, weil sie nicht nur gegen Waggerls Ästhetik, sondern auch gegen das selbstzufriedene Wirtschaftswunder-Publikum gerichtet war. Waggerl hatte Passagen aus der „Fröhlichen Armut" (u. a. Kaiserbesuch in Badgastein) und seinen Text über den Kitsch vorgetragen: „Nichts gegen gemütliche Dichter, nichts gegen Heimatdichter, nichts gegen humorvolle Dichter! Aber vieles gegen unwahre Dichter! [...] Traurig macht [...], daß niemand Anstoß nahm [...], viele jedoch in Zukunft glauben werden, daß die bewußt kindisch-einfältige Methode, mit Kitsch statt Kunst, erstrebenswert sei. Daß sie dabei womöglich unterschwellig von Aktien und Brathähnchen träumen, verwundert nicht, denn diese Art von Dichtung, in der der liebe Gott ein gemütvoller, alter Österreicher ist, richtet ihr Gewissen bestimmt nicht auf die Nachteile satter Selbstzufriedenheit und läßt sie ruhig weiterschlafen." (WAZ, 27.3.1963) Der Rezensentin, so die Antwort aus dem Waggerl-Lager, fehle jedes Einfühlungsvermögen, sie diffamiere einen erbaulichen volkstümlichen Dichter, ihr fehle die Erkenntnis, was Waggerl vortrage, sei kein Kitsch, Dichter seien auch die, die nicht über „demokratische Mitverantwortung oder Atomkriege" schreiben, und überdies habe die Kritikerin die Ironie Waggerls übersehen.
(WAZ, 30.3.1963)

Eine der heftigsten brieflichen Reaktionen Waggerls rief ein langer Brief einer deutschen Leserin im Jahre 1959 hervor. Sie klagte bitter über die Verwendung christlicher Trostbotschaften für das Geschäft: „Darf man sich wirklich in dieser verzweifelten Situation des Ringens zwischen Krieg und Frieden einfach über alles hinwegsetzen und sagen, – mich geht das nichts an!? Sicher erwarte ich von Ihnen keinen Einsatz im politischen Kampf. Aber ist es nötig, dass Sie sich mit einer sog. ‚Harmlosigkeit' über diese Frage hinwegsetzen [...]. Warum betreiben Sie in dieser Zeit Spielerein, – gerade Sie mit dem starken Einlebungsvermögen in die Natur [...]. Wie sehnt man sich gerade in dieser vorweihnachtlichen Zeit nach Waldruh [...] und hungern danach, sie zu erleben und Sie bewegen sich mitten drinnen und —- ‚spielen' Weihnachten mit Krippenfiguren, deren Menschlichkeit, – doch nur eine Täuschung ist! – Ist es wirklich nur der schauspielerische Trieb in Ihnen – oder doch der Name, das Geld?!" (ARCHIV, Dezember 1959) Waggerls Antwort

Waggerl in der Wiener Buchhandlung Wilhelm Herzog

Einige Waggerl-Anhänger

SÜDOST-TAGESPOST SAMSTAG, 14. Feber

Politische Willens-erklärungen

Sehr geehrter Herr!
Ich war ein Bewunderer
Ihrer wunderbaren
Werke. Ich war ein Bewunderer der Haltung, die Sie
nach 1945 eingenommen haben.
Das muss wohl revidiert werden.
Hatten Sie diesen
Abverkauf
nötig?

... sind mir zwar zuwider, aber wenn Sie unbedingt meine Meinung wissen wollen, dann habe ich sicher auch gegen ihre Veröffentlichung nichts einzuwenden.
Obwohl ich mich nie berufen gefühlt habe, bei einer Partei politisch tätig zu sein, stehe ich natürlich der ÖVP hinsichtlich ihrer Ziele nahe. Ich bin ja Salzburger und als solcher bei den Landtagswahlen natürlich nur in meiner Heimat wahlberechtigt. Wäre ich Steiermärker, so würde ich Landeshauptmann Krainer meine Stimme geben.

KARL HEINRICH WAGGERL-ARCHIV A-5602 WAGRAIN

Heinrich Waggerl
Dichter

Welche Früchte erwarten
Sie sich von diesem Bekenntnis? Und vor allem:
Warum fehlte es an Mut,
dies in einer Salzburger
Zeitung zu sagen?

Mein Namen tut nichts zur
Sache. Ich spreche wahrscheinlich im Namen vieler
Ihrer Freunde!

15. März
Landeshauptmann
Krainer

Die ÖVP wendet sich an den prominenten Autor/Protest aus der Waggerl-Leserschaft

vom Heiligen Abend des Jahres 1959 zeigte einen Getroffenen, der vehement und sprachlich aggressiv, wie sonst fast nie, reagierte und weit ausholte, weil es auch um seine Ästhetik gegangen war. Waggerl wiederholte seine Sätze über die Sünder aus der „Pfingstreise". Er wolle sich gar nicht entschuldigen für seine „Sünden". Mit „militanten Friedenskämpfern" sei die Leserin im Bunde, damit habe er nichts zu tun, auch nicht mit den „Imbezillokraten der Vernunft" und auch nicht mit dem modern gewordenen Zotigen in der Dichtung, worüber freilich die Leserin nicht geschrieben hatte. (ARCHIV, 24.12.1959) Das Thema „Pornographie" sollte in den 60er Jahren virulent werden.

Natürlich machte sich Waggerl Gedanken über diesen Vorlesebetrieb, „Über das Vorlesen" und „Über das Sagbare". So ironisch er den gesamten Betrieb betrachtete, so ernst nahm er das Vorlesen selbst: *„Zunächst möchte ich meine literarischen Versuche dahin einschränken, daß ich nicht Schriftsteller, sondern ein Sprachsteller sein möchte, das heißt alles, was ich schreibe, soll sagbar sein. Nichts an der Gottheit ist sagbar, sie ist uns nur sagbar durch das Ganze der Schöpfung." (BRIEFE, 128)* Waggerl war sich der Wirkung seiner gesten- und mimikreichen Posen durchaus bewußt, er setzte sie bewußt ein: *„wie eigenwillig das leichtfertige Spiel der Hände und wie schnell kann etwas mißraten, eine Geste, ein Laut, zu heftig geformt oder eine Pause, um eine Winzigkeit zu kurz bemessen. Aber dann geschieht es plötzlich, daß ein Funke zündet […]." (ÜdV, 103)*[483]

Lese-und Vortragsreisen, Lesungen und Auftritte nach 1945

1946 12. August: erste Vorlesung in Badgastein (vgl. Tagebuch)

1947 Oktober: Salzburg, Mozarteum, Großer Saal (Adalbert-Stifter-Gemeinde)

1948 Juli: Salzburg, Stuba academica (Salzburger Volkstumswoche mit Volkstanz-Wettbewerb im Lindenhof der Festung, Lesung vor schwedischem Publikum der „Nordischen Gesellschaft")
1948 August: Salzburg, Mozarteum, Wiener Saal

1949 März: Schweiz-Reise (Olten, Basel, Aarau, St. Gallen)
1949 April: Braunau, Stadttheater
1949 Mai: Gmunden
1949 3. November – 16. November: Schweiz-Reise – 10. November: Zürich, Schriftstellerverein
1949 Rot Weiß Rot: Wiesenbuch

1950 12. April – 25. April: Schweiz-Reise
1950 Mai: Wien, Brahms-Saal des Musikvereins („Kreis des geistigen Lebens")
1950 Juni: Wien, Kreis des geistigen Lebens
1950 Oktober: St. Margarethen (CH), Rathaussaal
1950 6. Oktober – 31. Oktober: Erste Deutschland-Reise nach dem Krieg
1950 1. November – 14. November: Schweiz-Reise
1950 November: Salzburg, Linz, Rathaus-Festsaal
1950 Weihnachten: Wien

1951 1. März – 21. März: Deutschland-Reise
1951 Ende März: Bad Wildungen
1951 Mai: Bruneck (Pustertal)
1951 Mai: Wien, Brahms-Saal des Musikvereins („Kreis des geistigen Lebens")
1951 Mai: Mödling (Großer Festsaal)
1951 1. Oktober – 1. November: Deutschland-Reise
1951 20. November – 29. November: Schweiz-Reise
1951 Hanau, Aula der Hohen Landesschule
1951 RWR 1000 Worte Österreichisch

1952 2. März – 3. April: Deutschland-Reise
1952 Mai: Bruneck (Pustertal)
1952 Juni: Salzburg
1952 1. Oktober – 30. Oktober: Deutschland-Reise
1952 Weihnachten: Salzburg (Aula academica)
1952 RWR: Zweiwöchige tägliche Lesung aus „Fröhliche Armut"
1952 Schweizer Radio Zeitung: Neue österreichische Dichtung und Musik

1953 1. März – 28. März: Deutschland-Reise
1953 3. Oktober – 30. Oktober: Deutschland-Reise
1953 November: Österreichische Buchwoche (gemeinsam mit Tumler und Tratz)

1954 3. März – 29. März: Deutschland-Reise
1954 April: Salzburg (Marmorsaal Mirabell)
1954 August: Salzburg (Kleine Aula des Studiengebäudes)
1954 August: Wörgl (VHS)
1954 30. September – 29. Oktober: Deutschland-Reise
1954 Festspielsendung/Radio Salzburg: Klang einer Stadt
1954 Rundfunk: „Im Kreise der Familie"

1955 28. Februar – 30. März: Deutschland-Reise
1955 2. Oktober – 31. Oktober: Deutschland-Reise
1955 Vorlesung Teuffenbach-Landgrebe

1955	RIAS: Unter dem Adventskranz
1956	1. März – 26. März: Deutschland-Reise
1956	April: Rom (Anfrage)
1956	Mai: Rom (Anfrage österreichisches Kulturinstitut)
1956	Oktober: Ludwigshafen (Werksbücherei BASF)
1956	November: Linz (Rathausfestsaal)
1956	Südwestfunk: Drei Osterlegenden
1956	Radio Salzburg: Kunst des Müßiggangs
1956	Weihnachtssendung: Öhringen Schloß (Dr. Karl Michael Komma)
1956	RIAS: Immer wenn es Weihnacht wird
1956	Sender Freies Berlin: Aufnahmen
1956	Österreichischer Rundfunk: Mozartfeier
1957	Jänner: Wien (Buchhandlung Herzog/Autogrammstunde)
1957	Jänner: Wien (AudiMax)
1957	Februar: Wien (AudiMax) („Der Kreis")
1957	Februar: Weihestunde mit Erich Ponto
1957	7. März – 29. März: Deutschland-Reise
1957	Juli: Salzburg (Ferienkurse)
1957	August: Axelmannstein (Bayer. Zeitschriftenverleger)
1957	September: Gelsenkirchen (Kath. Arbeiterverein)
1957	November: Bregenz (Buchwoche)
1957	November: Radio Salzburg-Vorschau: Drei neue Waggerl-Produktionen
1957	Dezember: Wien (Großer Musikvereinssaal)
1957	Dezember: Salzburg (Langspielplatte)
1957	Advent: Berlin (Ausstrahlung „Stillste Zeit")
1957	Österr. Rundfunk – Das Adventprogramm
1958	März: Salzburg
1958	1. März – 28. März: Deutschland-Reise
1958	Mai: Wien (Stadthalle)
1958	9. November–17. November: Zürich (Österreich-Woche)
1958	Dezember: Wien (Großer Musikvereinssaal) („Wiener Kulturkreis")
1959	21. Februar – 25. März: Deutschland-Reise
1959	November: München?
1959	Dezember: Wien (Stadthalle/Halle B)
1960	3. März – 1. April: Deutschland-Reise
1960	November: Salzburg (Wifi)
1960	22. November – 27.November: Wien (Stadthalle/Halle D: 7 Lesungen) „Waggerl-Woche" (33.000 Zuhörer)
1960	Dezember: Wien (Stadthalle/Halle D)
1960	Sender Freies Berlin: „Und Friede den Menschen"
1961	1. März – 30. März: Deutschland-Reise
1961	Dezember: Wien (Stadthalle)
1961	Advent: Wien (Musikvereinssaal)
1962	28. Februar – 31. März: Deutschland-Reise
1962	Februar: Wien-Stadthalle (Halle B)
1962	Februar: Schulfernsehen
1962	Mai: Köln (Katharinenschule)
1962	August: Salzburg (Große Aula des Studiengebäudes)
1962	November: Amstetten
1962	November: München (Sophiensaal)
1962	Dezember: Wien (Stadthalle/Halle B)
1962	Advent: Wien (Musikvereinssaal)

1963 1. März – 30. März: Deutschland-Reise
1963 Mai: Lienz
1963 November: Brüssel
1963 November: Paris (Anfrage)
1963 Dezember: Wien (Stadthalle)

1964 24. Februar – 20. März: Deutschland-Reise
1964 April: Graz (Stephaniensaal)
1964 Dezember: Wien (Stadthalle)
1964 40 Jahre Rundfunk in Österreich
1964 Süddeutscher Rundfunk: „Hans“
1964 Deutschlandfunk: Plan: Humor der deutschen Landschaften

1965 6. März – 25. März: Deutschland-Reise
1965 Frühjahr: Wien
1965 April, Mai: Wels (Volkshochschule)
1965 November: Tonband-Kundendienst „Heiteres österreichischer Autoren“
1965 November. Wien (Historischer Figarosaal des Österreichhauses)

1966 Jänner: Teilnahme an einer TV-Diskussion zum Thema: „Ist Kunst für das Volk?“ (u. a. mit Ernst Haeussermann, Herbert von Karajan, Günter Grass, Werner Hofmann)[485]
1966 28. Februar – 18. März: Deutschland-Reise
1966 Oktober: Innsbruck (Stadtsaal)

1967 Jänner: Wien: Theater an der Wien (Matinee)
1967 1. März – 18. März: Deutschland-Reise
1967 August: Wien (Kaserne)
1967 Advent: Wien: Theater an der Wien (Matinee)
1967 Dezember: Schwechat (Theodor-Körner-Halle, Anfrage)
1967 Ö1: Porträt von Lutz Besch, auch im Fernsehen

1968 März: Badgastein (Kursaal)
1968 April: Fernsehen
1968 ORF: Der Sonntagsroman und Sendung für den Heiligen Abend
1968 Süddeutscher Rundfunk Stuttgart: Salzburger Adventsingen
1968 Süddeutscher Rundfunk: Damals und heute
1968 Radio Bremen: Stille Nacht

1969 Februar: Wien (Stadthalle)
1969 März: Wertheim (Main)
1969 ORF, Studio Wien: Autofahrer unterwegs
1969 RAI – Lesungsangebot
1969 Österreichischer Rundfunk: XY weiß alles
1969 ORF Studio Niederösterreich: 25. Niederösterreichische Jägerstunde

1970 Oktober: Wagrain: Volksschule (Herbstfahrt LAG)
1970 Oktober/November: Wien (Buchwoche)
1970 Dezember: Straubing
1970 Dezember: Fernsehen

1971 Deutsche Welle

1972 Dezember: Neulengbach (Saal der Sparkasse: Michael Schrenk liest K.H.Waggerl)
1972 Deutsche Welle

1973 ORF – Fronleichnam-Erzählung

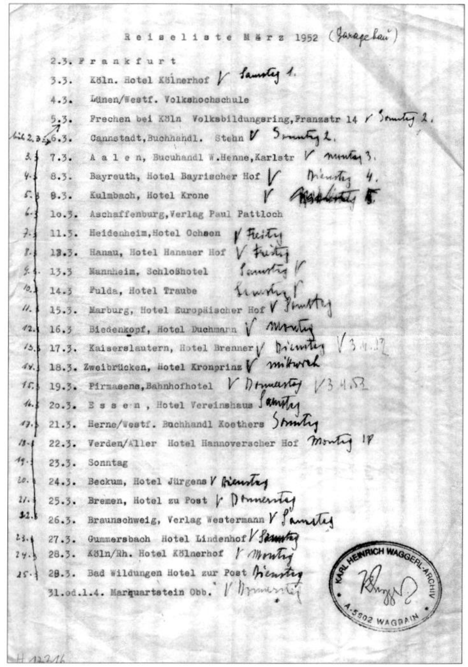
Reiseliste März 1952 (Garagebau)

2.3. Frankfurt
3.3. Köln. Hotel Kölnerhof
4.3. Lünen/Westf. Volkshochschule
5.3. Frechen bei Köln Volksbildungsring,Franzstr 14
6.3. Cannstadt,Buchhandl. Stehn
7.3. Aalen, Bucuhandl W.Henne,Karlstr
8.3. Bayreuth, Hotel Bayrischer Hof
9.3. Kulmbach, Hotel Krone
10.3. Aschaffenburg,Verlag Paul Pattloch
11.3. Heidenheim,Hotel Ochsen
12.3. Hanau, Hotel Hanauer Hof
13.3 Mannheim, Schloßhotel
14.3 Fulda, Hotel Traube
15.3. Marburg, Hotel Europäischer Hof
16.3 Biedenkopf, Hotel Duchmann
17.3. Kaiserslautern, Hotel Brenner
18.3. Zweibrücken, Hotel Kronprinz
19.3. Pirmasens,Bahnhofhotel
20.3. Essen, Hotel Vereinshaus
21.3. Herne/Westf. Buchhandl Koethers
22.3. Verden/Aller Hotel Hannoverscher Hof
23.3. Sonntag
24.3. Beckum, Hotel Jürgens
25.3. Bremen, Hotel zu Post
26.3. Braunschweig, Verlag Westermann
27.3. Gummersbach Hotel Lindenhof
28.3. Köln/Rh. Hotel Kölnerhof
29.3. Bad Wildungen Hotel zur Post
31.od.1.4. Marquartstein Obb.

KARL HEINRICH WAGGERL-ARCHIV
A-5602 WAGRAIN

Die Reiseplanung für März 1952

8. 13. Texte

Die Betriebsamkeit Waggerls stand in offenkundigem Gegensatz zu seinen Beschwörungen: *„Aber allmählich beruhigte sich mein stürmisches Herz dann doch, und woher kam diese Ruhe, die Fähigkeit, das Gegebene gelassen und dankbar hinzunehmen, wie ein Almosen aus Gottes Hand? Vielleicht daher, daß ich nach und nach in allem, was um mich her lebte, das brüderliche Leben erkannte und sein natürliches Maß. [...] Als ich das* [dieses Maß] *begriffen hatte, fand ich gar keine Zeit mehr, betriebsam zu sein, ich hatte alle meine Tage genug damit zu tun, die Früchte zu ernten, die mir der Acker des Müßiggangs in Fülle reifen ließ. Freilich habe ich auf solche Weise keine Reichtümer sammeln können." (KdM, 569)*

Dies war metaphorisch gesprochen: Die Einkünfte, die Waggerl mit seinen Büchern, Schallplatten und sonstigen Einkünften erwirtschaftete, waren letztlich beträchtlich.

Die Honorarabrechnungen durch den Otto Müller Verlag seit 1946 sind eine außergewöhnliche Erfolgsgeschichte. Seit Mitte der 60er Jahre konnte Waggerl jährlich Honorare in der Höhe von ca. 300.000 Schilling für sich verbuchen.

Die „Kunst des Müßiggangs" (1955) steuerte auf ein Lob der nicht-menschlichen Natur zu und auf das Lob des Ausstiegs des Menschen aus der Welt der ökonomischen und wissenschaftlichen Verwertung. Alle menschlichen Konflikte sollten hinter sich gelassen werden: *„Bienen sind da, Wespen, bunte Fliegen, ein blauer Falter setzt sich auf das kahle Stämmchen der Preiselbeere und das kleidet sie gut, diese seltsame Blüte, sie ist ja sonst nicht mit dergleichen gesegnet. [...] Wäre ich jetzt ein Mensch, so stünde ich wohl wieder da und schüttelte den Kopf und hätte die dümmste aller Fragen auf den Lippen, die Frage: Wozu? [...] Aber ich liege nur faul auf dem Rücken und bin Stein vom Steine. Ich blinzle behaglich durch schmale Augenschlitze, ein Büschel Gras wächst aus meinem Ohr, ich vergeude glückselig meine Zeit, und die Zeit vergeudet mich ..." (KdM, 575)*

Waggerls „Liebe Dinge" (1956) sind eine andere Form, Ruhe, Stabilität, Treue und Vertrautheit zu imaginieren: *„Mein Tisch war das erste Stück Hausrat, das ich erwarb, als ich mich in jungen Jahren entschlossen hatte, seßhaft und ein gesitteter Mensch zu werden. Von nun an, dachte ich, muß dein Dasein eine feste Mitte haben, eben diesen Tisch. Du wirst mit Anstand daran sitzen, um dein Brot zu essen, und wenn du nichts zu kauen hast, kannst du wenigstens die Ellbogen darauf stützen und deine Sorgen überdenken. Haus und Hof wirst du ja doch nie gewinnen, aber dieses kleine Geviert ist so gut wie ein Stück Land." (LB, 477)* Am Beispiel von insgesamt zwölf „lieben Dingen" und Tieren (Hund und Fisch) definierte Waggerl sein Verhältnis zur Wirklichkeit. Wiederum angereichert mit Lebenserinnerungen, insbesondere aus Kindheit und Jugend, präsentierte er seine Identität: sein Ruhebedürfnis, seine Kritik an der Bürokratie, sein

Todesbewußtsein, seine zivilisationskritische Haltung gegen Schnelligkeit und Austauschbarkeit, das Bewußtsein der unerfüllten Wünsche, seine sozialen Appelle und Beschwörungen des Friedens und der Güte.

Ein bescheidenes Glück wurde verheißen, diese Art des Trostes versprochen und gespendet. Waggerl wußte mit Eleganz und Rhetorik, seine literarischen Möglichkeiten als Trostdichter ins rechte Licht zu rücken, damit Zustimmung zu gewinnen: *„Wenn beides wahr wäre, einerseits, was mir unzählige Briefe zuflüstern: daß ich wirklich mitunter eine bekümmerte Menschenseele trösten oder erheitern oder sonstwie mit dem dunklen Wirken der Allmacht versöhnen konnte, und anderseits, daß nach dem Urteil der Kunstrichter eben dieser Umstand meine ganze literarische Arbeit völlig entwertet, dann müßte ich mich doch lieber und ohne Bedenken für meinen unauffälligen Platz in der warmen Menschennähe entscheiden als für den anderen, freilich ungleich ehrenvolleren in der Literaturgeschichte." (EM, 701)* In Ernst Blochs „Das Prinzip Hoffnung" konnte man hingegen von einer anderen Art des Trostes lesen: „Wie reich wurde allzeit davon geträumt, vom besseren Leben geträumt, das möglich wäre. Das Leben aller Menschen ist von Tagträumen durchzogen, darin ist ein Teil lediglich schale, auch entnervende Flucht, auch Beute für Betrüger, aber ein anderer Teil reizt auf, läßt mit dem schlecht Vorhandenen sich nicht abfinden, läßt eben nicht entsagen. [...] Die Hoffnungslosigkeit ist selber [...] das Unaushaltbarste, das ganz und gar den menschlichen Bedürfnissen Unerträgliche. Weshalb sogar der Betrug, damit er wirkt, mit schmeichelhaft und verdorben erregter Hoffnung arbeiten muß. Weshalb gerade wieder die Hoffnung, doch mit Einsperrung auf bloße Inwendigkeit oder mit Vertröstung aufs Jenseits, von allen Kanzeln gepredigt wird". (BLOCH, 1,3, 16)

Oskar Maurus Fontana schrieb anläßlich des 70. Geburstages Waggerls: „Verdunkler haben wir in der Literatur genug. [...] Ein Erheller gleich Waggerl wirkt daher wie ein Sonnentag". (Salzburger Nachrichten, 9.12.1967) Zum 75. Geburtstag hieß es bei Max Kaindl-Hönig: „Diese Ordnung samt all ihren harten Plagen und den Verhängnissen, die Schuld oder Schicksal bewirken, ist eine annehmbare Welt; vieles darin muß gelitten, geduldet, hingenommen werden, vieles läßt sich nicht ändern, – wer weiß, ob es besser würde –; da ist ebenso gut darüber zu lächeln, und eine Wohltat für viele, die es im Lesen lernen." (Salzburger Nachrichten, 9.12.1972) Gertrud Fussenegger machte Waggerl zum Inbegriff des Österreichers: „Wenn die Kunst, ein Österreicher zu sein, darin besteht, die Dinge mit Anmut auf sich beruhen zu lassen, dann beherrscht Waggerl diese Kunst mit vollendeter Virtuosität". (Salzburger Nachrichten 26.10.1963) Das war der enge und schöngeistige Rahmen, in dem Waggerl gesehen wurde.

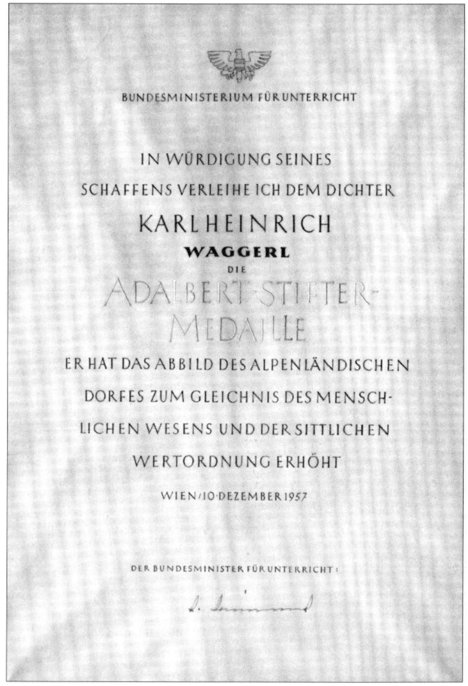
BUNDESMINISTERIUM FÜR UNTERRICHT

IN WÜRDIGUNG SEINES
SCHAFFENS VERLEIHE ICH DEM DICHTER
KARL HEINRICH
WAGGERL
DIE
ADALBERT-STIFTER-
MEDAILLE
ER HAT DAS ABBILD DES ALPENLÄNDISCHEN
DORFES ZUM GLEICHNIS DES MENSCH-
LICHEN WESENS UND DER SITTLICHEN
WERTORDNUNG ERHÖHT
WIEN, 10. DEZEMBER 1957

DER BUNDESMINISTER FÜR UNTERRICHT:

Urkunde der Adalbert-Stifter-Medaille

Karl Heinrich Waggerl — der weithin geliebte Meister der kleinen Form in Lyrik und Prosa, stand aus Anlaß seines 60. Geburtstages im Mittelpunkt vielfältiger Ehrungen. Aus den Händen des Unterrichtsministers Dr. Drimmel empfing der Jubilar die Adalbert Stifter-Medaille.

Ein Zeitungsbericht 1957

Der Ehrenbürgerbrief
der Stadt Salzburg 1967

Ehrung im Geburtsort Badgastein 1968

Ehrensenator der Universität Salzburg

8. 14. Preise, Ehrungen

Waggerls Ansehen wird durch die zahlreichen Ehrungen, Auszeichnungen und Funktionen, die er bekam und innehatte, dokumentiert:

1949 Ehrenmitglied der Musikkapelle Wagrain (Salzburger Nachrichten, 8.12.1949)
1954 Juror für den Österreichischen Staatspreis
1954 Juror für den Charles-Veillon-Preis (u.a. mit Carl Zuckmayer) bis 1965
1954 Juror für den Trakl-Preis
1956 Wappenring der Stadt Salzburg (zugleich mit Franz Karl Ginzkey) für „hervorragende [...] künstlerische [...] Leistungen, die in gegenständlicher Beziehung zur Stadt Salzburg stehen, oder für hervorragende Leistungen im Dienste der Stadt“ (NETSCH)
1956 Juror für den Trakl-Preis
1957 Adalbert-Stifter-Medaille, überreicht vom Bundesminister für Unterricht Dr. Heinrich Drimmel
1957 Ehrenring des Landes Salzburg zum 60. Geburtstag
1957 Ehrenbürger der Gemeinde Badgastein
1957 Einladung als Juror für den Preis der Josef-August-Lux-Gesellschaft
1958 Mitglied des Rotary Clubs Salzburg
1967 Ehrenbürgerbrief der Stadt Salzburg aus Anlaß des 70. Geburtstages
1967 Österr. Ehrenzeichen für Wissenschaft und Kunst
1967 Ehrungen in Wagrain und Bad Gastein – Straßenbenennungen
1967 Juror für den Trakl-Preis
1967 Raimundgesellschaft – Ehrengast bei der Ehrung für Josef Leitgeb
1967 Waggerl-Stiftung der Gemeinde Wagrain für die Förderung begabter Kinder Wagrains (Ehrenvorsitz durch Dr. Kurt Waldheim, UNO-Generalsekretär)
1968 Ehrenschutz für ein Fest für Paula Grogger (Heimatverein „D‘ Dochstoana“, Schladming)
1968 Korrespondierendes Mitglied der Bayrischen Akademie der schönen Künste
1968 Mitglied der Humboldt-Gesellschaft
1970 Ehrenmitglied des Vereines Tiergarten Hellbrunn
1973 Ehrensenator der Universität Salzburg

8. 15. Konservative Kulturkritik

Waggerls essayistische Beiträge „Die Kunst des Müßiggangs“ (1955), „Wanderung und Heimkehr“ (1957), und „Ein Mensch wie ich“ (1963), die Fortführung seiner „Wanderung“, zeigen ihn als konservativen Denker. Lutz Besch meinte über „Wanderung und Heimkehr“: „Es gibt Schriften, die teilen das Schicksal des guten Weins. Mit den Jahren werden sie begehrter, denn sie nehmen an Reife zu [...].“ (WuH 1971) Zwei Bereiche sind es, die diese Schriften bemerkenswert machen: Waggerls Überlegungen zur Kunst und seine Gedanken zum Fortschritt.

„Und außerdem zweifle ich ein wenig, ob sich nicht doch die [...] kontrollierbare Form als dauerhafter erweist als die ganze

Waggerls 70. Geburtstag: Tobias Reiser d. Ä., Familie Dr. Besch, Landa Ruprecht, Frau Reiser

LH Lechner ehrt Waggerl

Der Trauerzug in Wagrain

Grabinschrift

neuzeitliche Wortkünstelei", schrieb er in einem Gutachten für den Otto Müller Verlag. (OMÜ, 25.10.1960) Das war Waggerls Position und eigene literarische Praxis: *„Seit vielen Jahrhunderten spielt man Schach, auf demselben Brett, mit denselben Figuren und genau nach der überlieferten Regel. Aber immer noch kann ein Meister zu einer völlig neuen Lösung gelangen. Wenn nun einer käme, der Pflaumenkerne auf einem karierten Tischtuch hin und her schöbe und behauptete, er spiele Schach, so müßte ich ihm sagen, daß er einfach nicht begriffen habe, worauf es ankommt. Immer begeistern sich eben jene am meisten für neue Ideen, die schon mit den alten nichts anzufangen wußten." (EM, 686f)*

Es ist vielleicht kein Zufall, daß sich Waggerl 1966 ausgerechnet gegen Hans Magnus Enzensberger, einen der Theoretiker der dichterischen Moderne, wandte, als er von einer Wiener Studentengruppe gefragt wurde, was er von Enzensberger und dessen Unterscheidung zwischen „Tradition", „schlechtem Traditionalismus", „moderner Poesie", „Avantgarde" und "schlechter Avantgarde" halte: *„Ich sage nichts zu Hans Magnus Enzensberger, es träte denn (als fungibles Moment) das Unwahrscheinliche ein, daß er mir etwas sagt." (BRIEFE, 99f)* Es scheint so, als ob sich Waggerl als „fungibles Moment" ertappt gefühlt hätte. Enzensberger hatte in seinem „Museum der modernen Poesie" (1960) geschrieben: „Die moderne Poesie [...] hat, was immer ein fauler Traditionalismus gegen sie vorbringen mag, mehr von den Werken der Vergangenheit gewußt als ihre Feinde. Die Weltliteratur war ihr Museum; sie hat es gekannt und genutzt." (ENZENSBERGER, 10) Waggerl hingegen unterstellte in allen seinen Schriften der Moderne die Mißachtung jeglicher Tradition und kritisierte an ihr, was ihm selbst von seinen Kritikern vorgeworfen wurde: merkantiles Ausschlachten, die Herrschaft literarischer Fließbandindustrie.

Im Zentrum der modernen Literatur aber ortete Waggerl das Pornographische: *„lebe ich etwa unter lauter Huren, Gaunern und Päderasten?" (BRIEFE, 87)* Schon 1952 hatte sich Waggerl gegen *„Mailer und Malaparte und die meisten katholischen Pornographen"* gewandt und in der Schmutz- und Schund-Debatte eine eindeutige Position bezogen. (Morgen 1952, H. 12, 9) Ein Kritiker schrieb damals über die Idyllik Waggerls: „Wahrheit ist allein nicht Kunst. Es gibt Zeiten, wo die Idylle als zeitgenössische Form zur Lüge wird. [...] Nur Narren können behaupten, daß die Beschäftigung mit diesem Themenkreis [Sexualität] lüsterne Pornographie bedeutet. Jene ‚katholischen Pornographen' [...] denken nämlich gar nicht pornographisch. [...] Kein Recht [...] hat er dazu, die kühnen Sucher der Gegenwart anzugreifen, die sich und ihrer Mitwelt die Masken heuchlerischer Wohlanständigkeit abnehmen, zitternd vor der Frage, wie der wirkliche Mensch darunter aussieht, der nackte Mensch, über dessen Zustände wir die Wahrheit wissen müssen, bevor wir weiterbauen können." (Morgen 1952, H. 12, 9f) Als Waggerl von Robert Neumann eingeladen wurde, einen Beitrag zu einer Anthologie mit dem Titel „Erste erotische Erlebnisse" zu schreiben, lehnte er ab, weil *„ich* *weder das Vulgäre noch die Errungenschaften der Tiefenpsychologie für erlaubte oder auch nur brauchbare Kunstmittel halte. Bitte glauben Sie mir: das ist kein Getue, sondern wirkliche Besorgnis." (BESCH, 91)* Er wolle Neumann im Literaturbetrieb nicht in ein falsches Licht bringen. Für Neumann blieb Waggerl der „Mann im Mond". (BESCH, 93)

Zentrales Thema von Waggerls Werk war sein Protest gegen den „Fortschritt". Im Vorwort zur Neuausgabe der „Dialektik der Aufklärung" schrieben Max Horkheimer und Theodor W. Adorno: „Kritisches Denken, das auch vor dem Fortschritt nicht innehält, verlangt heute Parteinahme für die Residuen von Freiheit, für Tendenzen zur realen Humanität, selbst wenn sie angesichts des großen historischen Zuges ohnmächtig scheinen." Sie hatten davor gewarnt, „das Destruktive des Fortschritts [...] seinen Feinden" zu überlassen. (HORKHEIMER/ ADORNO, IX) Waggerl sprach vom „neuen" „Lärm" der „Neuen Zeit", vom Menschen als der „ordnenden Vernunft" und kritisierte das abgehobene „Wissen". Er hatte die technikfasziniert, aber blinde Wissenschaft, Politik und Wirtschaft im Visier. Letztlich gründet Waggerls Kritik am „Fortschritt" in einer vernunftkritischen bis -feindlichen Haltung, die den resignativen Ton seiner Texte nach 1945 mitbestimmt und die in seine „Herz-Philosophie" mündet: *„Und darum sind es allein die Kräfte des Herzens, die uns vielleicht noch einmal werden retten können." (STILL, 385)* Damit waren Waggerls denkerische Möglichkeiten ausgeschöpft.

8. 16. Vierter November 1973

Am 4. November 1973 waren Waggerl und seine Frau Edith, wie so oft, mit dem Auto unterwegs. In der Nähe von Altenmarkt kam es in einer vereisten Kurve zu einem Unfall. Waggerl wurde schwer verletzt. Noch am selben Tag verstarb er im 76. Lebensjahr an den Folgen dieses Unfalls im Krankenhaus Schwarzach.

Das Begräbnis fand am 8. November 1973 in Wagrain statt. Unter den 2000 Trauergästen befanden sich auch der Salzburger Landeshauptmann, der Bürgermeister der Stadt Salzburg, der Bürgermeister der Gemeinde Wagrain und der Rektor der Universität Salzburg. Der österreichische Bundespräsident, der Bundeskanzler, der Unterrichtsminister und der UN-Generalsekretär übermittelten Kondolenzschreiben.

Waggerl hatte sich ein Schachtgrab mit einer Platte aus nicht-poliertem Salzburger Marmor gewünscht, eingemeißelt das christliche Zeichen für PAX und in Antiqua das Wort: *„Wo ich nicht liebte, habe ich verstanden."*

Der Tod ereilte Waggerl zwar plötzlich, aber nicht unerwartet. Ein Leben lang war ihm der Tod gegenwärtig. Immer wieder sprach Waggerl auch vom Scheitern: *„Was ich sollte:/oft versäumt./Was ich wollte:/nur geträumt."(KM, 656)* An unzähligen Stellen, in seiner Dichtung ebenso wie in der Malerei und der künstlerischen Fotografie, thematisierte er den Tod. *„Wir sterben viele Tode, solang wir leben, der letzte ist nicht der bitterste." (KM, 644)*

AN DEN TOD

Mein dunkler Freund, rufst du mich aus dem Traum?
Ich seh dein beinern Haupt im Wolkenschaum,
die blanke Sichel trägst du vor dir her,
schwer liegt dein Mantel auf dem Lande, schwer!

Streift mich dein Blick schon? Holst du nach mir aus?
Laß mich nicht sterben in der Nacht, im Haus!
Laß ungewarnt mich stürzen in das Kraut
des Feldes. Ohne Laut
will ich dir liegen, wenn das liebe Licht
nur einmal noch in meine Augen fällt, vor dem Gericht."
(KM, 657)

Anmerkungen

1 In bäuerlichen und Unterschicht-Kreisen war es wegen der angespannten ökonomischen und sozialen Lage der Eltern oft üblich, Kinder und Jugendliche zu Bekannten und Verwandten in Kost und Logis zu geben. Im Roman „Das Jahr des Herrn“ (1934) erzählt die Krämerin in deutlichen Analogien zu den Vorkommnissen in der Familie Waggerl aus ihrem Leben und sagt: *„Du mußt es* [das Kind] *ausstiften, rieten sie, was willst du denn, schleppst dich zu Tode mit dem Balg!“ (JdH, 513)*

2 Waggerl selbst hat darüber in Briefen an Maria Lorenz anläßlich der Fertigstellung des Manuskripts des Romans (Sommer 1933) berichtet (LORENZ).

3 Im Jahre 1941 publizierte Waggerl im „Fränkischen Kurier“ (20.2.1941) die Erzählung „Auf Stör“, die schließlich in die „Fröhliche Armut“ (1948) eingearbeitet wurde. Ähnliches trifft auf Passagen aus dem Essay „Aus der Heimat“ (1941) zu, der seit 1941 mehrfach abgedruckt wurde (z. B. ZILLICH 1941, 16–20; Österreichischer Heimatkalender 1947, Das Lebenshaus 1955).

4 „Um die Jahrhundertwende kam die Gesellschaft [die Gewerkengesellschaft aus Gasteiner und Stadtsalzburger Bürgern, die am Radhausberg arbeitet] in eine schwere Krise, aus der sie sich nicht mehr erholen sollte.“ (GRUBER, 2623) Vgl. auch HAAS I, 941.

5 Zuerst in: Das Inselschiff 11 (Herbst 1930), H. 4, S. 278–280, erneut in: „Das Schönste“ (1956, H. 8).

6 Johann Waggerl hatte einige Halbbrüder. Einer von ihnen soll in Goldegg, möglicherweise auch in Leogang, ansässig gewesen sein (BENEDETTO, 16.3.1997). Es könnte sich um den Kaufmann Jakob Waggerl (* ca. 1874 † 27.12.1960) handeln. Waggerl berichtet in „Wägen und Wagen“ (1968) über einen Onkel und Kramladen-Besitzer namens Vitus, bei dem der Ich-Erzähler einige Zeit lang arbeitet. (WuW, 388ff) Ein anderer Bruder namens Matthias Waggerl war Straßenmeister in Bad Gastein (* ca. 1852 † 7.10.1903 Bad Gastein). Waggerl kommt auf ihn in seinem Essay „Ein Mensch wie ich“ zu sprechen. (EM, 673f)

7 Über „unehelich Geborene“, „Geburtlichkeit“, „Veränderungen im Heiratsverhalten“ und Krankheiten im Land Salzburg im 19. Jahrhundert vgl. KLEIN, 1315f. Der Anteil der unehelich Geborenen lag danach im Jahre 1870 bei 30 Prozent, 1914 bei 25 Prozent. „In Salzburg, wie überall in Zentraleuropa, war die Anzahl der unehelichen Kinder im Laufe des 19. Jh.s stark angestiegen. [...] Den Kern bildet die Gleichung: Hoher Gesindeanteil = hoher Anteil von Ledigen = hohe Illegitimitätsquote. Im Zuge der Agrarrevolution seit dem Vormärz wuchs der Tierbestand, damit wuchs auch der Arbeitskräftebedarf am Hof. Das Heiratsalter stieg an. Die Folge: eine hohe Illegitimitätsquote. [...] Der Druck des Arbeitskräftebedarfs motivierte eine relativ tolerante Einstellung gegenüber der Illegitimität.“ (HANISCH/FLEISCHER, 172)

8 Ob sich dahinter Rosina Salzmann, spätere Röckbäuerin in Remsach/Badgastein, verbirgt, die am 7. Dezember 1908 verstarb, kann nicht mit letzter Sicherheit behauptet werden, ist aber wahrscheinlich, denn das auf dem Partezettel der Rosina Salzmann angegebene Lebensalter, nämlich 73 Jahre, paßt zum Geburtsjahr 1834.

9 Die Recherchen Dr. Schönys ergaben, daß Matthäus Rupert (auch Matthias) Waggerl, einer der Urgroßväter, im Jahre 1825, als er Maria Augustin aus Witschdorf 7 (Pfarre Rangersdorf im Mölltal, Kärnten) heiratete, angehender Besitzer des Moser- oder Maurerbergergütls in Kötschachdorf 22 war, dann „Zuwohner“ am Spitallehen, dann „Kleinhäusler“ und „Inwohner“ in Badgastein. Der Urgroßvater Matthäus war der Sohn des Josef Waggerl, Besitzer des Hochrainergütls, und der Therese Rainer. Die Schreibweisen des Namens „Waggerl“ variieren. Im 18. Jahrhundert tauchen für die Vorfahren die Schreibweisen Wackerl, Wakherl, Wagerl, Wackherl, Wäkherl und Wägerl auf. Selbst Waggerls Vater unterzeichnete in seinen Geschichten- und Notizheften, die er während seiner Militärdienstjahre in den 80er Jahren (Assentjahr 1883) anfertigte und die sein Sohn Karl ein Lebtag lang aufbewahrte, mit „Johann Waggal“. Ausschlaggebend für die Schreibung war damals die Lautung des Namens. Auch die militärischen Vorgesetzten Johanns schrieben „Waggal“ oder sogar „Wagal“. Rosina Waggerl, Karls Großmutter väterlicherseits soll nach 1862 nach Mittersill geheiratet haben und dort auch verstorben sein.

10 Maria Waggerl war die eheliche Tochter des Lorenz Augustin und der Marie, geb. Unterbacherin, „Kleingütlers“ zu Witschdorf (Pfarre St. Peter im Mölltal).

11 Ähnliche Formulierungen stehen in einem Brief an das katholische Dekanat in Mittersill: vgl. Waggerl – Dekanat Mittersill (ARCHIV, 29.2.1938)

12 Dr. Heinz Schöny verweist in einem seiner Briefe an Waggerl (23. August 1957) auch auf einige seiner Quellen: z. B. Kanonikus J. Lahnsteiner: Oberpinzgau. Eigenverlag 1956 und Konrad Nusko: Die Bauernkönige (um 1940).

13 Zur Kunst der Zwischenkriegszeit vgl. WALLY. Anton Faistauer: Wien 1909: Protest gegen den antiquierten Lehrbetrieb der Wiener Akademie, er organisierte die „Neukunstgruppe“, nach 1918: Arbeit am „Großen Salzburger Votivaltar“ (heute im Salzburger Rupertinum), 1922 Pfarrkirche Morzg –

Ausmalung, 1923: „Neue Malerei in Österreich", 1926 Fresken im Salzburger Festspielhaus-Foyer, 1927 nach Wien, Deckenfresko von Weidlingau (heute in der Hochschule Mozarteum). Vgl. SK, 119f. Weitere Informationen vgl. SCHAFFER, 136.

14 Die Vorfahren kamen u. a. aus Mittersill, Piesendorf, Hollersbach. Uttendorf, St. Martin im Gries, Niedernsill, Bramberg, Bruck-Fusch und Krimml.

15 Die „Schweighart-Verwandtschaft" war ansässig und tätig u. a. im bayrischen Ebersberg, in Marquartstein, in Wildenberg bei Siegenberg/Pfarre Pürkwang, Pfarrkirchen, Eggenfelden, Lechhausen bei Friedberg, Rain am Lech, Inchenhofen, Kirchdorf, Aichach, Münster bei Rain, Allershausen, Schongau und Ismaning.

16 Für wertvolle Hinweise über Badgastein und die Familie Waggerl bedanke ich mich bei Laurenz Krisch und Josef Angerer.

17 Im Roman „Das Jahr des Herrn" (1934) wird mit der der Krämerin in den Mund gelegten Lebensgeschichte wahrscheinlich auf die „Wanderung" angespielt: *„Eigentlich war das schon Landstreicherei, was sie* [die Mutter der Krämerin] *trieb." (JdH, 513)*

18 Für Auskünfte über die Familie Waggerl danke ich Waggerls Nichte, Frau Hildegard Benedetto (Schwaz i.T.).

19 Über das Haus am Abgrund, das heutige Jugendgästehaus „Bergfriede" (Badgastein Nr. 89), schreibt Krisch: Es „wurde im Jahre 1887/88 von Angelo Comini, dem wohl bedeutendsten Baumeister in der Geschichte Bad Gasteins, für den Schneidermeister Anton Teuber errichtet, der es im Oktober 1890 an Frau Therese Switalek verkaufte. Ihr Schwiegersohn Josef Wörther erweiterte 1902 das Gebäude durch den Zubau einer Schmiedewerkstätte." (Krisch I, 7). Zu Waggerls Geburtshaus vgl. auch STRUTZ. Zur Baugeschichte Badgasteins vgl. ZIMBURG, 282ff.

20 Karl Springenschmid bietet in seinem Buch „Servus Heiner! Erinnerungen an Karl Heinrich Waggerl" (1979) eine andere Version an. Waggerl sei auf der Suche nach einem „energischen Schluß" eines Vornamens gewesen, so wie ihn die „Meier, Huber, Müller von vornherein in ihrem Schreibnamen" hätten. Waggerl selbst habe den Namen „Heiner" vorgeschlagen, was Springenschmid sofort an die Zundelheiner- und Zundelfrieder-Geschichten des Johann Peter Hebel (1760–1826) „Aus dem Schatzkästlein des Rheinischen Hausfreunds" (1811) erinnert habe. (SPRINGENSCHMID, 9) Als Taufpatin scheint die Cafetiersgattin und Besitzerin des Hotel Bellevue, Louise (Aloisia) Rummel, auf. Waggerls Mutter arbeitete im Hause der Frau Rummel als Stubenmädchen und Kellnerin. Als Hebamme war Maria Knoll aus Badbruck tätig, die zwischen 1884 und 1916 in Badgastein arbeitete. (KRISCH I, 10 und 31)

21 Diese Erinnerungen dürften sich auf die Zeit nach 1902 beziehen, als die Schmiedewerkstätte angebaut wurde.

22 Dies geht aus dem Zeugnis des Lehrherrn Josef Röck für Johann Waggerl vom 30.12.1889 hervor. (KRISCH III) Josef Röck war Zimmerer- und Tischlermeister, zugleich Gastwirt und Gemeindeausschuß-Mitglied in Wildbach-Gastein, was sich aus den im Gebetbuch von Waggerls Mutter erhaltenen Partezetteln ablesen läßt. Aus der Zeit der Zimmerer-Lehre Johann Waggerls sind Aufzeichnungen im Waggerl-Archiv (Wagrain) erhalten. Vgl. auch die Hinweise Waggerls in seinem Essay „Freundschaft mit Büchern" (1937): *„Am zahlreichsten aber waren die Sterbebilder. Ich fand unsere ganze jenseitige Verwandtschaft im Gebetbuch der Mutter versammelt." (FmB, 280)*

23 Im Salzburger Literaturarchiv (SLitA) liegen z. B. die handschriftlichen Fassungen von „Mütter" (verfaßt zwischen 18. Februar und 17. Oktober 1935) und „Fröhliche Armut" (verfaßt zwischen 14. Oktober 1947 und 25. Februar 1948), bemerkenswerte Beispiele von Waggerls Miniatur-Schreibkunst, die Waggerl seit den 30er Jahren pflegte und vervollkommnete.

24 Der Artillerie-Vormeister Johann Waggal notierte seine Eintragungen zwischen Februar 1883 und Juni 1886 und zeichnete sie meist in St. Rocco bei Trient auf. „Seit der Einführung der Allgemeinen Wehrpflicht (1868) betrug die Dienstpflicht ‚in der Linie' drei, ‚in der Reserve' sieben Jahre." (HANISCH/FLEISCHER, 157)

25 „Im ‚Erzeugungsgewerbe' – Bergbau, Industrie und Gewerbe – gab es 1902 lediglich 23 Betriebe mit mehr als 100 Beschäftigten." (HAAS I, 964) Vgl. auch ARBEITSWELT.

26 Möglicherweise handelt es sich beim Bild der *„Tante Therese, lahm und krank"* aus „Wägen und Wagen" (1968) um jene „Kirchenthalwirtin".

27 Aus den noch erhaltenen Partezetteln im Gebetbuch der Mutter Waggerls kann man einige Kontakte – wohl aus dieser Zeit – nachvollziehen. Es sind zum einen Informationen über Bekannte, vielleicht sogar Verwandte u. a. aus Badgastein und Umgebung, aus Stuhlfelden, Saalfelden, Goldegg, Waidring und Mittersill (z. B. Rosina Salzmann 7.12.1908; Anna Salzmann, 25.10.1924; Barbara Röck 5.6.1894; Josef Röck 23.5.1887; Maria Salzmann 20.10.1913; Jakob Bacher 10.10.1926; Katharina Dschulnigg 3.6.1933; Barbara Entfellner 2.1.1914; Josefa Poppeller 8.1.1933; Johann Schock 8.5.1909; Johann Kofler, 3.5.1915 Johann Kofler 13.9.1916). Das Wiederauffinden dieser Dokumente ist Laurenz Krisch, Badgastein, zu verdanken.

28 Der Großvater Waggerls väterlicherseits soll ein Schwerfuhrwerker gewesen sein. (Heinz Schöny: Genealogische Aufzeichnungen. Unpubliziert)

29 Auch an andere naturverbundene Personen aus der Badgasteiner Zeit erinnert sich Waggerl, so z. B. an den Pfarrer Dr. Lindner (FA, 330)

30 Im Roman „Das Jahr des Herrn" (1934) formuliert Waggerl das Wunschbild der Symbiose zwischen Mutter und Sohn. David und seine Mutter Monika schlafen friedlich im gemeinsamen Bett ein. *„Frierst du? fragt David, du zitterst so! Rück doch herein, sagt er und scheut sich gar nicht mehr vor der Mutter. Sie fassen sich an der Hand, und so schlafen sie ein." (JdH, 569)*

31 Lehrer Ludwig Blum war 1904 anstatt des als Schulleiter nach Böckstein versetzten Georg Estermann († 10. April 1906) an die Volksschule gekommen und quittierte Mitte 1911 den Schuldienst.

32 „1850/59 starben 31 Prozent der Neugeborenen im 1. Lebensjahr, 1900/09 noch knapp 22 Prozent. [...] Unter den Todesursachen spielten Epidemien bis nach 1870 eine große Rolle, vor allem Cholera und Blattern. Auch danach gingen die meisten Todesfälle auf Infektionskrankheiten zurück, vor allem auf Tuberkulose, schwere Kinderkrankheiten (Masern, Scharlach, Diphtherie, Keuchhusten)." (KLEIN, 1316)

33 Vgl. Schulnachricht (undatiert) der Volksschule Badgastein (für die 2. Abteilung der III. Klasse: „Sommerfrei" für das erste Vierteljahr (wahrscheinlich) entweder des Schuljahres 1909/10 (Mai – Juni/Juli 1909) oder 1910/11.

34 „Der deutsch-nationale Grundzug, dem die Intelligenz anhing, beherrschte auch den regionalen Literaturbetrieb. Die überschäumende Begeisterung für Friedrich Schiller ist unter diesem Aspekt zu sehen. Die Schillerfeiern im Jahre 1905 etablierten sich als ein lokales Großereignis. Alle Kreise der Bevölkerung nahmen daran teil, nur der Adel fehlte." (HANISCH/FLEISCHER, 130)

35 Die Badgasteiner Schulchronik erwähnt nur die Tochter des Schulleiters Marie Schwarzenauer, die „einen Strauß Alpenblumen [überreicht] worauf der Monarch demselben [Schulmädchen] zum Andenken ein schönes Armband übergeben ließ." (Schulchronik Badgastein 1909/10). Marie Alpach-Schwarzenauer bestätigte die Teilnahme Waggerls in einem Brief an den Otto Müller Verlag (23.4.1976).

36 Karl Kraus, den Waggerl während seiner Studienzeit in der k. k. deutschen Lehrer-Bildungsanstalt in Salzburg als Verfasser der „Fackel" kennenlernen sollte, sprach in seinen „Letzten Tagen der Menschheit" von einer „siebzigjährigen Gehirn- und Charaktererweichung", einem „Dämon der Mittelmäßigkeit". (KRAUS, 498) Im Waggerl-Archiv (Wagrain) haben sich insgesamt 32 Fackel-Hefte zwischen 1908 und 1936 erhalten.

37 Nach Aussagen einer „alten Gasteinerin" soll eine „Johanna Laireiter aus Rauris" kurz an der Volksschule Badgastein unterrichtet haben. (Brief Josef Angerers an Karl Müller, 17.12.1996) Die Schulchronik berichtet aus dieser Zeit ausschließlich vom Tod des Böcksteiner Schulleiters Georg Estermann († 10. April 1906) und vom „Schlaganfall" des Obmannes des Ortsschulrates Karl Straubinger (17.9.1908).

38 In diesem Zusammenhang ist auch von den Liebesbeziehungen eines „Kapellmeisters" die Rede. Dieser soll als *„Zimmerherr"*, wohl zur Aufbesserung der Familieneinkünfte, bei den Waggerls logiert haben. (Vgl. FA, 341f) Nimmt man Waggerls „poetischen Bericht" für bare Münze, wird man den aus dem Sudetenland stammenden Karl Hahn († 1913), zwischen 1899 und 1912 Kapellmeister der Bürgermusik und Dirigent des Kur- und Salonorchesters, als „Kapellmeister" identifizieren können. (Vgl. KRISCH I, 12)

39 z. B. „Autobiographische Notizen" (1930), „Aus der Kindheit" (1934), „Wagrainer Tagebuch" (1936), „Freundschaft mit Büchern" (1937), „Fröhliche Armut" (1948), „Kindheit und Jugend" (1955), „Meine Eltern" (1955), „Wanderung und Heimkehr" (1957) oder „Ein Mensch wie ich" (1963)

40 „Badgastein und Zell am See entwickelten sich zu mondänen Kurorten internationalen Zuschnitts. Die Besucherzahlen Badgasteins stiegen rasant an: 1810: 1221, 1860: 3085, 1881: 4744, 1892: 6800, 1910: 23.209." (vgl. HAAS III, 882; SCHAUP)

41 Waggerl schreibt wiederholt, daß er bei seinem Taufpaten, einem *„vornehme[n] Mann"*, der *„so unermeßlich reich [war], daß es ihn beinahe um den Verstand brachte" (FA, 317)*, gearbeitet habe. Wie Laurenz Krisch recherchierte, handelte es sich dabei wahrscheinlich um Waggerls Firmpaten Rudolf Weismayr, den Besitzer des Hotels Weismayr. (Vgl. Krisch I, 31) Daß Waggerl von seinem „Paten" und nicht von seinem „Goden" oder „Godl" spricht, mag auch ein sprachliches Indiz für den sozialen Aufstieg der Familie Waggerl sein.

42 An anderer Stelle heißt es: *„Die Groschen und Silberstücke waren allzuleicht verdient, ebenso geschwind rollten sie wieder davon, und so gewann ich schon damals keinen festen Stand zwischen Armut und Überfluß." (AdK, 279)*

43 Ähnlich auch in Waggerls „Das ist die stillste Zeit im Jahr" (1956): *„Offenbar wagte es nicht einmal er, auf einem röhrenden Hirsch* [Bild auf einem Sitzkissen] *zu sitzen, mitten im Hochgebirge." (STILL, 380)*

44 K. H. Waggerl: Die Stunde mit der Mutter. In: WTB, Nr. 110, 11.5.1960. Hans Thoma (*1839 Bernau/Schwarzwald † 1924 Karlsruhe): Maler, Werke anekdotischen und allegorischen Charakters, mythische Motive, Wandbilder aus der Nibelungensage. „Der Name Hans Thoma wurde um die Jahrhundertwende nahezu als Inbegriff deutscher Art und Kunst angesehen. [...] Auch in Thoma's Porträts – den Bildnissen seiner Mutter mit der Schwester [...] – ist [...] die liebevolle Verbundenheit mit den Dargestellten und der ihn umgebenden Natur zu fühlen." (E. Marx: Hans Thoma. In: Kindlers Malerei Lexikon im dtv. Band 11. München: Deutscher Taschenbuch Verlag 1976, S. 353ff)

45 „Ansätze zu einer grundlegenden Änderung der Energieversorgung manifestierten sich 1887 mit den Anfängen der Elektrizität." (WYSOCKI. 2729)

46 Vgl. auch Waggerls spätere Flugerfahrungen z. B. nach Königsberg (Mai/Juni 1933) im Rahmen seiner ersten Vorlesetouren in den 30er Jahren. (LORENZ)

47 Heinrich von Zimburg berichtet von einem Vorfall aus dem Jahre 1904, der ein Licht auf das Verhältnis der ländlichen Bevölkerung zur Automobilisierung wirft. Wilhelm von Opel sei, als er in seinem Auto in Badgastein unterwegs war und indirekt in einen Unfall mit einer Pferdepost schuldlos verwickelt wurde, von Tauernbahn-Arbeitern und anderen Personen mit Schaufeln und Krampen bedroht worden. „Dieses Erlebnis war ihm Lehre genug, daß hier Autos unerwünscht seien." (ZIMBURG, 336)

48 Karl Adrian (1861–1949), der Salzburger Volkskundler, der sich seit den 20er Jahren u. a. mit der Geschichte der Salzburger Trachten auseinandersetzte (z. B. Aufsätze über Trachten der Gegenwart in Salzburg als Landtagsberichte seit 1912), war Waggerls Deutschlehrer in der letzten Klasse der Salzburger Bürgerschule. Zu Karl Adrian vgl. PRODINGER 1950; vgl. auch SK, 46.

49 Bemerkenswert ist, daß sich Waggerl um 1933 mit dem Plan einer „Emigrationsnovelle“ befaßte, den er seinem Leipziger Verleger Anton Kippenberg unterbreitete (WK, 19.5.1933). Möglicherweise wurde Waggerl dazu durch die Chronik des ehemaligen Wagrainer Gemeindesekretärs Matthias Schönberger (1868–1953) angeregt, in der dieser u. a. über die Protestanten-Vertreibung aus Wagrain und Umgebung berichtet. (Waggerl-Archiv, Wagrain) Auch im Roman „Das Jahr des Herrn“ (1934) wird in einer winzigen Episode auf das Schicksal eines protestantischen Bauern hingewiesen. (JdH, 524) Zu Schönberger vgl. STEINBACHER; SLA 1935, 1486 6d – Disziplinarkommission für Gemeinde-angestellte. Zur Protestantenvertreibung der Jahre 1731-1733 vgl. ZIMBURG, 166ff.

50 Dr. Anton Wassing (1861–1941) war Jude. Zwischen 1885 und 1937 Gemeindearzt, Operateur, Zahnarzt, im Sommer „Badearzt“ in Badgastein, im Winter „Curarzt“ in Meran. Besitzer des Kurhauses Goldeck auf der Kaiserpromenade. (Vgl. Ärztliches Zeugnis für Karl Waggerl vom 26.8.1913, KRISCH I, 19) Seine Frau Paula Wassing soll eine *„weit bekannte Sängerin“ (FA, 357)* gewesen sein, die *„nur noch selten die Laune“* gehabt haben soll, *„auf dem Chor zur Messe zu singen“. (FA, 357).* Das Ehepaar hatte zwei Söhne: Ernst Wassing (* 1890, bis 1933 Dirigent in Berlin) und Franz Wassing (*1901).

51 Ähnliches formuliert Waggerl auch anläßlich der Vorkommnisse bei einer Einladung beim angeblichen Taufpaten in dessen Hotel in der Erzählungsserie „Das ist die stillste Zeit im Jahr“ (1956). (STILL, 384)

52 Karlheinz Rossbacher hat in einer Studie über Ferdinand von Saars Erzählung „Seligmann Hirsch“ (1889) unter Anwendung von Norbert Elias‘ Zivilisationstheorie („Der Prozeß der Zivilisation“ 1939/1976) gezeigt, welche Probleme noch nicht ausreichend assimilierte Juden mit der bürgerlichen Zivilisiertheit hatten. (ROSSBACHER, 437ff)

53 Aus diesem Roman wurden bisher nur einige Kapitel veröffentlicht: „Aus dem Roman ‚Georg (Der Drachentöter)‘“. (NLB 1977, 38–57) Weiningers Buch wurde von Waggerl selbst als besonders schöne Buchbinderarbeit gestaltet.

54 Dieser Beitrag erschien am 16. Jänner 1934 auf der Titelseite des „Börsenblattes für den Deutschen Buchhandel“ und war Teil einer Serie zum Thema „Die Aufgaben des deutschen Buchhandels im nationalsozialistischen Staat. Hat der Buchhandel versagt? Das Ja und Nein der deutschen Dichter und Schriftsteller.“ (WORT) Ähnliches hatte Waggerl schon in seinem Essay „Dichtung und Journalismus“ (1933) formuliert. (DuJ)

55 In Anlehnung an Adalbert Stifter formulierte Waggerl in seinem Essay „Wägen und Wagen“: *„Sonderbar, daß man sogar im Bereich des eigenen Lebens nur die gewaltsamen Ereignisse für entscheidend hält, als ob Menschenschicksal nach Menschenart gemacht würde. In Wahrheit bereitet sich alles, was unser Erdenlos bestimmt, von lang her vor, es vollzieht sich unmerklich und wirkt weit voraus ins dunkle Künftige.“ (WuW, 588)*

56 Im Roman „Brot“ (1930) wird hinter Reginas geschichtlichen Kenntnissen die „Lügenkunst“ der leiblichen Mutter und die Rolle, die das Erzählte im Alltag spielte, sichtbar, wenn es heißt: *„Sie weiß und erzählt oft, daß Napoleon in einer gewissen Schlacht sein ganzes Königreich für ein Pferd angeboten hat und daß es in der Sahara nur sieben Oasen gibt, sonst lauter Löwen und Kamele. Peter merkt sich das mit der Zeit, es ist vielleicht wohl ohnehin das Äußerste, was ein Mensch an Kenntnissen in sich aufhäufen kann, jedenfalls ist es genug für Eben, der Weizen wächst deswegen nicht besser.“ (BROT, 144)*

57 Die „Legende vom hohen Hut“ erschien zuerst im Wiener Tageblatt 26.7.1942. Sie wurde später in die „Fröhliche Armut“ (1948) aufgenommen.

58 Die „Legende von den drei Pfändern der Liebe“, die „Legende vom Tod“ und „Die Legende vom vergrabenen Herzen“ hatte Waggerl in seinen Roman „Schweres Blut“ (1931) eingebaut und veröffentlichte sie u. a. in den „Kalender-geschichten“ (1937) als eigene Erzählungen.

59 Möglicherweise handelte es sich bei dem Gast um einen jüdischen Kurgast, denn Waggerls Beschreibung bedient sich einiger Stereotypen, wie sie im antijüdischen Diskurs üblich waren: *„In diesem Zimmer wohnte ein Gast, den wir nur den Geier nannten, wegen des zerzausten Pelzes, den er ständig trug, und weil er mit seinem mageren Hals und den hämisch funkelnden Augen über der ungeheuren Hakennase wirklich wie ein riesiger Vogel aussah.“ (FA, 320)*

60 Waggerl erwähnt einen Nachruf auf Prof. Dr. Heinrich Ploy im „Salzburger Volksblatt“. Ploy war Waggerls Lehrer in der Lehrerbildungsanstalt gewesen und an der italienischen Front gefallen. (FAMILIE, 25.11.1917) Waggerl warnt die Eltern vor unwahren Berichten im „Salzburger Volksblatt“. Zur Geschichte dieser Zeitung vgl. HANISCH/ FLEISCHER, 84f.

61 *„Was mir in solcher Art [etwas Schwebendes lag mir im Ohr, ein köstliches Auf und Ab im Fluß der Worte] zuflog, schrieb ich hastig und mit pochen-dem Herzen auf meinen Zettel, aber wenn ich später die Zeilen überflog, dann fand ich in meinen Worten nichts mehr von dem berückenden Glanz, der mich vorher so überwältigt hatte.“ (FA, 352)*

62 Zur Reflexion des grundsätzlichen Medienwandels des 20. Jahrhunderts und zur Selbstreflexion der Schriftkultur in den sich abzeichnenden Endzeiten der „Gutenberg-Galaxis“ vgl. STOCKER 1997.

63 Auch die ersten künstlerischen Aquarelle Waggerls sollen schon während der Bad Gasteiner Volksschulzeit entstanden sein, so z. B. ein gelungenes Bild des Gamskarkogels um 1908/09. (KRISCH I, 12f)

64 Ähnliches formuliert Waggerl auch in einer der Miniaturen aus dem Band „Liebe Dinge“ (1956) mit dem Titel „Mein Werkzeug“, in der in kurzen Strichen die Mutter mit den schon beschriebenen Charakterzügen vorkommt: *„Für das väterliche Handwerk eines Zimmermanns war ich zu schmächtig, die Mutter dachte an ein feineres, ein seßhafteres Gewerbe, das meinen unruhigen Sinn ein wenig dämpfen konnte.“ (LD, 493f)*

65 Im Roman „Das Jahr des Herrn“ (1934) bekommt David zu Weihnachten von seinem Firmpaten eine volle Kiste Werkzeug (Bohrer, Hammer, Hobel, Zange, Schweifsäge, Stemmeisen, Feilen usw.) geschenkt, eine liebevolle literarische Erinnerung an Waggerls ehrfürchtiges, lebenslanges Verhältnis zum

Handwerkszeug und zugleich Assoziation an seinen Vater. Waggerl fügt sogleich seine antimodern getönte Handwerker-Philosophie an. (Vgl. JdH, 552)

66 Waggerl war als Bürgerschüler und Lehramtskandidat zwischen 1911 und 1916 bei folgenden Adressen in der Stadt Salzburg gemeldet: ab 29. September 1911 in der Griesgasse 17, Stockwerk 2 (Wohnungsinhaberin: Anna Neumüller), zwischen 18. Februar 1913 bis 6. Juli 1916 in der Goldgasse 12, IV. Stock bei W. Ziegler. Der 10. Anstaltsbericht der Bundes-Lehrerbildungsanstalt in Salzburg (zugleich Festschrift zur Feier des 150jährigen Bestandes der Lehrerbildung und des 100. Todesjahres Vierthalers) belegt, daß Waggerl im Schuljahr 1913/14 in eine Klasse von 26 Schülern kam, die zu über 80 % aus der Bürgerschule in die Lehrerbildungsanstalt kamen. Der allergrößte Teil der Schulkameraden war aus dem Lande Salzburg, nur zwei kamen aus Oberösterreich, einer aus der Steiermark.

67 Ähnlich findet sich auch in der Erzählung „Mein Talisman" aus der Miniaturensammlung „Liebe Dinge" (1956): *„Ich saß auf meinem Strohsack in meiner fensterlosen Kammer, unmenschlich hungrig, und wagte nicht einmal zu weinen, aus Angst vor der alten Frau, die in der Küche rumorte und keifte, und vor ihrem buckligen Sohn, der mit den Stiefeln nach mir stieß, sooft er mich gewahrte." (LD, 503)* „Wanderung und Heimkehr" (1957) bietet eine leicht abgeänderte Version. (vgl. WuH, 77ff)

68 Das Reifezeugnis wurde von folgenden Lehrern unterzeichnet: als interimistischer Direktor (zwischen 1916 und 1917) unterschrieb Dr. Eduard Stummer, als Vertreter des Landesschulrates Fidelis Perktold, als Mathematiklehrer Josef Rainer, für Somatologie und Hygiene Richard Heller, für die naturwissenschaftlichen Fächer Josef Huttary, für Religion Anton Rieser, für Turnen August Pichler, für Deutsch, Geographie und Geschichte Leonhard Stöllinger, für das Fach Violine Alois Haas. (Zu den einzelnen Lehrern vgl. FESTSCHRIFT, 96ff).

69 Dr. Heinrich Ploy fiel am 16. August 1916 an der Südtirolfront. Ploy war Jahrgang 1881 und der Sohn eines Lehrers aus Dienten und einer Angehörigen der „Familie der Zehentner" aus dem Pinzgau. Er hatte in Wien studiert, war seit 1910 Lehrer für Geschichte und Geographie an der Salzburger Lehrerbildungsanstalt. Er war „Schönerianer", seit 1908 „alter Herr" des „Vereins der Salzburger Studenten in Wien" und beschäftigte sich insbesondere mit Ur- und Kriegsgeschichte, mit der Geschichte der Tracht und mit Rassenfragen: „Im Sommer 1907 nahm er an 750 Pinzgauern [...] Körpermessungen vor. [...] Endlich maß er noch 50 Personen der gebildeten Stände [...]." (PLOY, 260f; FESTSCHRIFT, 77ff, 97) Julius Welser († 12.6.1916) war seit 1911 Professor an der LBA, wegen Krankheit Supplierung durch Felix Gruber, einen Nachfahren des Stille-Nacht-Komponisten Franz Gruber seit 1912 (FESTSCHRIFT, 96f, 106). August Pichler (vgl. FESTSCHRIFT, 96ff). Direktor der Schule war Reg. Rat Karl Vogt (FESTSCHRIFT, 96ff, 106). Für weiterführende Informationen bedanke ich mich bei Robert Hoffmann, Salzburg.

70 Insgesamt gab es zwischen 1914 und 1918 neunzehn derartige „vorzeitige Reifeprüfungen", bei denen ca. 70 Kandidaten antraten. Karl Springenschmid maturierte am 16. Dezember 1915, Kajetan Mühlmann im November 1916. Zu Waggerls Schulkameraden dürften außer den schon genannten u. a. folgende Schüler gezählt haben: Josef David, Rudolf Fraßl, Franz Hochleitner, Johann Kagerer, Franz Kohlbacher, Anton Kraiger, Johann Lienbacher, Rudolf Obermayer, Raimund Zulauf, Franz Grünwald, Karl Spannring, Rudolf Ammerbauer, Heinrich Eder, Matthias Grübl, Josef Neuzil, Theodor Pfitzer, Hermann Rasp, Ludwig Trigler, Friedrich Zeller, Maximilian Huber, Hermann Mallinger, Viktor Bauernfeind, Franz Fötinger, Karl Dallinger, Otto Puschej. Über die Vorkommnisse in den Schuljahren 1913/14 bis 1916/17 vgl. FESTSCHRIFT, 104ff.

71 Heimkehrer-Entlassungsschein der „Heimkehrerzerstreuungsstation" vom 26.8.1919. In anderen Dokumenten, so z. B. im „Entlassungsschein zugleich Kriegsdienstbestätigung" der Landes-Regierung Salzburg vom 2.1.1922 wird der 29. Juni 1919 als Rückkehrtag aus der italienischen Kriegsgefangenschaft angegeben. Waggerl aber schrieb noch am 12. August 1919 eine Feldpostkarte aus Amalfi an seine damalige Freundin Edith Pitter.

72 Das Zeugnis wurde von Josef Huttary und dem seit 1917 amtierenden Direktor der LBA Franz Hörburger unterzeichnet. (FESTSCHRIFT, 74)

73 Erst aus den Feldpostbriefen an seine Eltern, als die Salzburger Zeit vorbei war, bekommt man auch einen schmalen Einblick in das Leben Waggerls als Lehramtskandidat in der Stadt Salzburg (Briefe vom 12.4.1916, 28.9.1916: Finanzielle Situation, Schulden, Namen von Bekannten und Freunden: z. B. Frau Hormayr, Geigenberger, Ziegler, Lehrer Hermann Rasp, Hermine, Kai Mühlmann). Zur sozialen Situation, insbesondere zur Armenbetreuung in der Stadt Salzburg vor dem Ersten Weltkrieg, vgl. HANISCH/FLEISCHER, 186ff.

74 Ludwig Ganghofer: Feuilletonredakteur in Wien, seit 1895 Schriftsteller in München; „Der Herrgottsschnitzer von Ammergau" (1880), „Der Jäger von Fall" (1883), „Schloß Hubertus" (1895), „Das Schweigen im Walde" (1899), „Lebenslauf eines Optimisten" (1909–1911, Autobiographie). Ganghofer verkehrte als angesehener Dichter zeitweilig in deutschnationalen Kreisen in der Stadt Salzburg, u. a. beim Lehrherrn von Georg Trakl, dem Apotheker Mag. Carl Hinterhuber (HANISCH/FLEISCHER, 88).

75 Im Nachlaß Waggerls befinden sich „Fackel"-Hefte aus der Zeit zwischen 1913 und 1919: Nr. 370/ 371 März 1913: enthält u. a. „Der Automat", „Eine schöne Erinnerung ist mir verdorben" und diverse Glossen; Nr. 372/373 April 1914: enthält u. a. „Peter Altenberg", „Die europäische Kultur hält ihren Einzug" und diverse Glossen; Nr. 404, Dezember 1914: „In dieser großen Zeit"; Nr. 431– 436, August 1916: enthält u. a. „Hunde, Menschen, Journalisten", ein Text u. a. über Peter Altenberg, „Solche Kontraste gibt's nur an der Front. Bei der Isonzoarmee. Von Alice Schalek"; Nr. 499/500 November 1918: enthält u. a. „Weltgericht", „Lied des Alldeutschen", „Mir san ja eh die reinen Lamperln", „Sintflut"; Nr. 508–513, April 1919: Die „Rede am Grabe Peter Altenbergs" ist herausgerissen; enthält weiters u. a. Ferdinand Kürnberger: Der Krieg und das lettische Mädchen (1870), „Aphorismen"; Nr. 514-518, August 1919: enthält u. a. „Proteste" von Autoren wie Franz Blei, Albert Ehrenstein, Albert P. Gütersloh,

Hugo Sonnenschein und Franz Werfel, „Gespenster", u. a. über die Rolle Hermann Bahrs und Hugo von Hofmannsthals im Kriege.

76 Otto Amann berichtet von der Karl-Kraus-Bewunderung Waggerls, wie sie ihm von Waggerls Bekannten und Vertrauten Berta Kramer mitgeteilt worden sei. (Vgl. AMANN, 80)

77 Welche Lesebücher in der Volks- und (Knaben) Bürgerschule und später in der Lehrerbildungsanstalt in Waggerls Klasse tatsächlich verwendet wurden, konnte nicht eindeutig geklärt werden. Folgende Lesebücher standen damals für die genannten Schulen zur Verfügung: Franz Frisch/ Franz Rudolf: Deutsches Lesebuch für österreichische Bürgerschulen 1910; Emanuel Reinelt: Deutsches Lesebuch für österreichische Knaben-Bürgerschulen 1891; Josef Heinrich: Lese- und Sprachbuch 1902, 1904, 1905; Josef Heinrich/ Emanuel Reinelt: Lese- und Sprachbuch 1903, 1905, Franz Mair: Deutsches Lesebuch 1895; Karl Ferdinand Kummer/Karl Stejskal: Deutsches Lesebuch für österreichische Gymnasien 1895ff. (Vgl. WINKELBAUER)

78 Zur Lektüre Waggerls gehörten in dieser Zeit wahrscheinlich auch die Skizzenbücher des nicht zuletzt von Karl Kraus so überaus geschätzten Peter Altenberg (1859–1919).

79 Auf einer Postkarte an seine Eltern vom 24. Februar 1916 hielt Waggerl sein Arbeitszimmer in der Goldgasse in Salzburg auf einer Zeichnung fest. (Vgl. KRISCH I, 20)

80 Waggerl dürfte in dieser Zeit auch ein *„Traumbuch"* geführt haben, das aber nicht erhalten ist. (FAMILIE, 12.6.1916)

81 Theater, erste erotische Neigungen und Aneignung klassischer Bildung werden zusammengespannt: *„Es kam dann die Zeit, in der mich die Liebe zu plagen begann. Damals wirkte eine Schauspielerin in der Stadt, ein Ausbund an Schönheit und Talent nach meinem Begriff. Diesem Wesen verdanke ich das meiste meiner Kenntnisse in klassischer Dramatik […]." (GmJ, 367)* Zum Salzburger Landestehater vgl. PROSSNITZ.

82 Otto Amann bezieht sich insbesondere auf den Roman „Georg" (1924/25) und die Erzählungen „Das Abenteuer" (1926), „Die Pelzstiefelchen" (1927) und „Landstreicher" (1930).

83 Zum (anti)jüdischen Diskurs vgl. HORCH I, HORCH II.

84 Als Waggerl in die erste Klasse der LBA ging, wurde am 18.10.1913 eine schulische Gedenkfeier an die „Völkerschlacht bei Leipzig" abgehalten. (FESTSCHRIFT, 105)

85 Im Falle seines Todes bittet Waggerl, folgende Personen zu verständigen: Johann Waggerl (Gemeindeamt Badgastein), Hermann Rasp (Lehrer Oberndorf), Kajetan Mühlmann (Salzburg Studiengebäude bzw. IR 59, 26 MK, Feldpost 224); Elise Ohrlinger (Salzburg, Franz Josefstraße 4. Dort war Waggerl – auf Heimaturlaub – am 24.1.1917 auch gemeldet: Besitzer der Wohnung war P. Girlinger). Aus einem Feldpostbrief an seine Eltern vom 11.10.1917 bittet er um Zusendung eines *„Notizbuch[es], weil ich sonst mein ‚Tagebuch' nicht mehr weiterführen kann"*. Tatsächlich sind Tagebuch-Notizen nur bis zum 19. März 1917 erhalten. Im Kriegstagebuch sind auch Bleistiftzeichnungen enthalten (z. B. Kirchlein von Coreto), Lageskizzen, Eintragungen über die Lektüre, Aufzeichnungen über Schulden, über die erhaltenen und abgeschickten Briefe sowie Texte von Soldatenliedern.

86 An der Südwestfront gab es im Jahre 1916 insgesamt ca. 600.000 Gefallene, Verwundete, Kranke, Kriegsgefangene oder Vermißte. Die Verluste der kriegführenden Heere im Weltkriege (Österreich-Ungarn) betrugen: 1,016.200 Tote, 1,691.000 Gefangene. Hinzu kamen nach dem Zusammenbruch im November 1918 ca. 437.000 Tote und Gefangene. (ÖSTERREICH-UNGARN, Band 5/2. Teil)

87 Eine erste Karte als Wache schiebender Freiwilliger Schütze an seine Eltern ist mit 4.6.1915 datiert: Es ist eine Bitte um frische Wäsche, eine Decke und *„Vaseline"*: *„Totmüde"*, *„habe offene Füße". (FAMILIE)*

88 Über die kriegsbegeisterte Rolle der meisten österreichischen Dichter und Intellektuellen im Jahre 1914 vgl. KRIEG.

89 Wegen der überhasteten Verlegung des Marschbataillons 23 nach Süden wollte Waggerl durch ein Telegramm seine Eltern nach Schwarzach bestellen und seine ältere Halbschwester Marie zum Bahnhof nach Hall oder Innsbruck. Beides mißlang. (FAMILIE, 30.8.1916)

90 Manfried Rauchensteiner beurteilt dieses Vorgehen folgendermaßen: „Und damit begann ein in der Geschichte einmaliger Versuch, mit zwei Armeen, also einer ganzen Heeresgruppe, im Hoch- und Mittelgebirge eine riesige Operation zu beginnen und nach dem Süden in die venezianische Ebene und die Niederungen des Po vorzustoßen. […] Und schließlich konnten die Italiener die letzten Gebirgsstöcke vor dem Austritt in die Ebene bei Bassano und Thiene behaupten. […] Am 27. Mai [1916] wurde Asiago genommen." (RAUCHENSTEINER, 339 und 342)

91 Folgende Orte, Örtlichkeiten und Flüsse an oder nahe der Südtirol-Front werden u. a. erwähnt: Caljano, Vielgereut, Mezzo Monte, Tezzeli, Dürerhöhe, Monte Pasubio, Monte Campomolon, Monte Valbone, Monte Cimone, Tonezzaspitzen, Passo di Veno, Monte Meletta, Monte Cengio, Enego, Campana, Frenzela-Schlucht, Col del Rosso, Col d'Echele, Val Sugana, Borgo, Val di Melago, Val Bella, Monte Priaforá, Fluß Astico, Schio, Belluno. (Vgl. die exakten Kartenskizzen bei HOEN) In den Briefen an die Eltern (5.11.1916, 4.8.1917 und 30.9.1917) nennt Waggerl auch einige Bekannte aus Badgastein: die Brüder Granig (früher Bergleute aus Böckstein), *„einen gewissen Rieser"* (Knecht an der Angerbrücke), *„Heger Franzl ist in meinem Schwarm"*, Oberleutnant Horner, Waggerls Kompaniekommandant, der als Rainer-Offizier Chef der 7. Kompanie des IR 107 war und früher in Gastein gewesen sein soll. Über Oblt. Johann Horner, einen mehrfach dekorierten Reserveoffizier vgl. HOEN, 658, 679.

92 Bei Waggerl heißt es: *„Hoch irgendwo im Ried/- Liegst du begraben —/Der Firnwind singt dein Lied/Der brausend talwärts fährt/Und heis're Raben. ...." (KTB 17.11.1916, 23)* Vgl. Das Motiv der

Raben („Sprechende Erscheinungen“) aus der 55. Szene/ V. Akt der „Letzten Tage der Menschheit“ von Karl Kraus: „Eure Schlachtbank läßt nie darben/ihre angestellten Kunden./Raben haben, seit sie starben,/immer Nahrung noch gefunden.“ (KRAUS, 725) Während bei Karl Kraus die Raben Zeichen der Apokalypse sind, fehlt ihnen diese Qualität bei Waggerl.

93 Bei Matthias Claudius heißt es in der ersten und letzten Strophe seines fünfstrophigen „Kriegslieds“: „'s ist leider Krieg, – und ich begehre/Nicht schuld daran zu sein.“ (CLAUDIUS)

94 Die sogenannte „Fähnrichstaufe“ fand am 11.2. 1918 statt: *„[...] also haltet mir die Daumen damit ich nicht zu früh unterm Tisch liege. Ich bin noch so jung.“ (FAMILIE, 11.2.1918)* Das Fähnrichs-Dekret wurde Waggerl am 26.8.1918 ausgestellt und hält seinen Dienstrang einen Tag nach seiner Gefangennahme fest, nämlich am 1.7.1918.

95 In der Sprache der Militärs hieß das: „eine den Bedürfnissen der Führung besser angepaßte Bataillonszahl, die auch eine gleichmäßige Zusammensetzung der Divisionen gewährleistete.“ (HOEN, 668)

96 Im April 1918 freilich hält sich Waggerl wieder in Innsbruck auf. Eine Karte an seine Eltern lautet: *„Mily und ich senden Euch die herzlichsten Grüße. Wir vertragen uns recht gut miteinander.“ (FAMILIE, 23.4.1918)* Schon in italienischer Gefangenschaft, bittet er seine Eltern, einige Freundinnen und Freunde über seinen Verbleib zu informieren, darunter auch „Mily“ Widmann, Kai Mühlmann in Salzburg, Gusti Lucek in Pilsen und seine spätere Frau Dita Pitter. (FAMILIE, 17.9.1918) Weitere Erwähnungen Milys am 30.10.1918 (*„recht schlechtes Gewissen“*) Laurenz Krisch zitiert weitere Korrespondenz, in der von „Milly Widmann“ (KRISCH I, 21 und 32) die Rede ist.

97 Über diese Pilsener Vorkommnisse berichtet Waggerl nichts, auch nichts über den für Max Ritter von Hoen klarerweise berichtenswerten Besuch des Regimentskommandanten Oberst Lauer bei den 107ern in Pilsen, um „ihre Zustimmung für die Errichtung eines Denkmals und des Rainer-Museums einzuholen“. (HOEN, 671)

98 Karl Springenschmid berichtet über die Beziehung Edith Pitter – Kai Mühlmann. (Vgl. AMANN II)

99 Über Knut Hamsun (1859–1952): vgl. FERG 1992. Waggerl hat es sich nicht nehmen lassen, „Redakteur Lynge“, wie hunderte, besonders geschätzte andere Bücher auch, auseinanderzunehmen und selber neu zu binden.

100 Aus der Kriegsgefangenschaft berichtet Waggerl auf Anfrage einer Frau Binderberger, daß er am 30. Juni 1918 *„zufällig“* die 8. Kompanie des IR 14 befehligt habe. Mit ihm seien 5 Leute, die *„Überreste“* der Kompanie, gefangengenommen worden. (FAMILIE, 2.1.1919) Laut „Verlustliste 6./107. Feldkompagnie wurde Waggerl zwischen 1.6.1918 und 30.6.1918 in den Gefechten am Col del Rosso als vermißt geführt (Kriegsarchiv Wien). Das „Grundbuchblatt“ ausgerechnet für den Einrückungsjahrgang 1897, das im Salzburger Landesarchiv aufbewahrt sein sollte, ist in Verlust geraten und deswegen nicht verfügbar (Auskunft SLA).

101 Vom 26. Juni 1918, also mitten aus den Kämpfen um den Col del Rosso, ist eine Feldpostkarte an seinen Schulfreund, inzwischen Freund der Edith Pitter, nämlich Kajetan Mühlmann, erhalten. Dort meint Waggerl angesichts der schrecklichen Erfahrungen an der Front, den *„genügend großen Teil meiner Sünden einst verbüßt zu haben“. (BENEDETTO)*

102 Ernst Haeckel entwickelte das sogenannte „Biogenetische Grundgesetz“ als Bestätigung der Darwinschen Deszendenztheorie: „Über die Entwicklungstheorie Darwins“ (Vortrag 1863), „Die Welträtsel“ (1899), „Die Lebenswunder. Biologische Philosophie“ (1904), „Die Fundamente des Monismus“ (1911), „Gott-Natur. Studien über monistische Religion.“ (1914).

103 Wilhelm Bölsche (1861–1939): Mitglied des Friedrichshagener Kreises, Mitbegründer der „Freien Volksbühne“, Redakteur der Zeitschrift „Freie Bühne“. Monographien über Heinrich Heine (1888), Charles Darwin (1898) und Ernst Haeckel (1900). Weitere Schriften: „Entwickelungsgeschichte der Natur“ (2 Bände, 1894/1895), „Das Liebesleben in der Natur“ (1900–1903), „Die Abstammung des Menschen“ (1901), „Auf dem Menschenstern. Gedanken zu Natur und Kunst“ (1909).

104 Waggerl spricht nämlich im Sinne Schopenhauers davon, daß das *„tiefe [...] Verständnis für die Leiden und Schwächen des Mitmenschen [...] eine billige, schiefe und heuchlerische Moral durch die weittragende Erkenntnis unserer Stellung in der Natur* [ersetze]. *“ (ÜW, 4)*

105 An anderer Stelle spricht er freilich davon, daß fast *„nur über Menage und Politik“ (Brief an Edith Pitter 4.5.1919)* geredet werde.

106 Fritz Reuter (1810–1874): Jurastudium, Mitglied jener Burschenschaft, die 1833 die Frankfurter Konstablerwache stürmte; Reuter wurde deswegen 1836 zum Tode verurteilt und nach sieben Jahren Festungshaft begnadigt; Schilderung der Haftzeit in dem niederdeutsch geschriebenen Text „Ut mine Festungstid“. Weitere Werke: „Kein Hüsung“ („Keine Bleibe“) 1858, „Ut de Franzosentid“ (1859), „Hanne Nüte und de Lütte Pudel“ (1860), „Ut mine Stromtid“ (1862 – 1864), „Dörchläuchting“ (1866).

107 Joseph Ernest Renan (1823–1892): Schriftsteller und Religionsphilosoph; Studium der Orientalistik und der christlich-jüdischen Religionsgeschichte; 1862 Professur für semitische Sprachen, von der er 1863 enthoben wird; 1871 rehabilitiert; Mitglied der französischen Akademie, Hauptwerk: Biographie „Das Leben Jesu“ (1863), eine romanhafte Darstellung der Gestalt Jesus als schwärmerisches Naturkind.

108 Aus dem Berchtesgadener Sanatorium, wo Edith Pitter 1919 arbeitet, schreibt sie an den kranken Kai Mühlmann in Salzburg, daß sie schon sehr gespannt sei, die „Wassermann“-Ausstellung im August 1919 besuchen zu können, die zu einer „skandalumwitterten“ Ausstellung werden sollte. Kajetan Mühlmanns Bruder Josef, ein Kunsthistoriker, so wie es Kajetan auch werden sollte, hatte sich für die neue Künstlervereinigung sehr engagiert. (SCHAFFER, 124f) „Wassermann“, eine Formulierung, die auf Oskar A. H. Schmitz zurückgeht, sollte ein „Gegenbild zum allzu erdverhafteten, bockigen Salzburger Stier“ sein und

„die Heraufkunft eines lichtvollen, auf das Spirituelle gerichteten Kunstäons symbolisieren". (SCHAFFER, 115) Stefan Zweig sollte die literarische Abteilung leiten, Bernhard Paumgartner die musikalische, Alfred Kubin die graphische. Gegründet wurde „Der Wassermann" 1918 von den Künstlern Felix Albrecht Harta (1884– 969) und Anton Faistauer. (vgl. SK, 526)

109 Feldpostbrief Waggerls an Edith Pitter, 1.3.1919. Worum es sich dabei handelte, konnte nicht eruiert werden. Weitere Angaben zu seiner Lektüre befinden sich in seinen beiden Kriegs-Notizbüchern und in der Feldpost-Korrespondenz mit den Eltern und mit Edith Pitter.

110 Matthias Claudius (1740–1815): Pfarrerssohn, studierte seit 1759 in Jena zuerst Theologie, dann Rechts- und Kameralwissenschaften, schreibt vorerst Anakreontisches, um 1764/65 im Kreis um Klopstock, in Hamburg Bekanntschaft mit Lessing, Reimarus, Basedow und Herder. 1771 Übernahme der Redaktion des „Wandsbecker Boten" (bis 1775), dann Begründer der ersten deutschen Volkszeitung (Mitarbeit der Dichter des Göttinger Bundes und des Sturm und Drangs), 1775 Beginn der Sammlung seiner Gedichte unter dem Titel „Asmus omnia sua secum portans", er widmete diese „Freund Hein" als „Schutzheiligen" des „Wandbecker Boten", 1776 nach Darmstadt, 1777 Rückkehr nach Wandbeck, 1813 im Zuge der Franzosenkriege kurzfristig vertrieben, Rückkehr, bescheidenste soziale Verhältnisse.

111 Das „Abendlied" wurde in der von Johann Heinrich Voß herausgegebenen „Poetischen Blumenlese für das Jahr 1779" zum ersten Mal als Text eines Anonymus gedruckt, Johann Gottfried Herder übernahm es in den 2. Teil seiner „Volkslieder" (1779). Schon bei Paul Gerhardt (1607–1676) ist in seinem Gedicht „Täglicher Abendgesang" die verwandte Verszeile „Die güldnen Sterne prangen/Am blauen Himmelssaal" zu lesen. Matthias Claudius wollte sein „Abendlied" nach der Melodie für Gerhardts Gedicht gesungen wissen. Johann Abraham Peter Schulz (1747 – 1800) komponierte erst später (ab 1782) die bekannte volkstümliche Melodie „Der Mond ist aufgegangen" zu Claudius' „Abendlied". Franz Schuberts Vertonung sollte folgen.

112 Waggerl versuchte sich an Kompositionen folgender Texte: Hermann Löns: Die Nonne, Der Jäger, Das Kränzlein, Wegewarte, Klage, Der Tauber, Geheimnis, Über die Heide; Friederike Kempner: Liedchen; Dita Waggerl: Tanzliedchen, Winter; Christian Morgenstern: Himmel und Erde, Bim-Bam-Bum. Im Herbst 1926 widmete er seine Kompositionen seiner Lehrerkollegin und Freundin Berta Kramer, die im Herbst 1923 an die Wagrainer Volksschule kam. (Chronik der VS Wagrain). Berta Kramer transkribierte später den ersten und teilweise unpublizierten Roman Waggerls „Georg" (auch unter dem Titel „Das Haus in der Sackgasse" oder „Der Drachentöter").

113 Dieser Text erschien in wenig geänderten Fassungen u. a. auch unter den Titeln „Arbeitsbericht" (1949), „Aufrichtiger Arbeitsbericht" (1949), „Ein Arbeitsbericht" (1957) und schließlich „Blick in die Werkstatt" (1970).

114 Matthias Claudius: Werke. Erster Band. Original-Ausgabe. 7. wohlfeile Aufl. Mit vielen Holzschnitten und Kupferstichen nach Chodowiecki. Hamburg, Gotha: Friedrich und Andreas Perthes 1844, S. 106 (Dieses Exemplar war in Waggerls Besitz: Waggerl-Archiv, Wagrain)

115 In einem Brief an Maria Lorenz erwähnt Waggerl sogar dementsprechende Stellen: *„wie etwa die Szene mit Peter und Suse, oder die am Abend in Michaels Stube, oder Sätze, wie am Anfang des Romans Schw(eres) Bl(ut).: ‚Jetzt aber steigt der Mond ...'" (LORENZ, 1933)*

116 Über die einflußreiche Rolle des Salzburger Turnvereins im deutschnationalen Lager Salzburgs in der Ersten Republik vgl. HANISCH I, 1085. Waggerls Satire und Polemik fiel in eine Zeit, in der – um 1929/30 – auch im Lande Salzburg der Prozeß der militaristischen Beeinflussung wuchs, so z. B. durch einen „große[n] Heimwehraufmarsch mit über 6000 Teilnehmern in der Stadt Salzburg" am 6.10.1929. (vgl. HANISCH I, 1088)

117 Für diesen Hinweis danke ich Gert Kerschbaumer, Salzburg. Die Nationalsozialisten hielten Mimra zwar für keinen großen Dichter, feierten ihn aber als „ganzen Kerl" (POCK). Zu den „nationalen" Organisationen der Zwischenkriegszeit vgl. WACHE 1933.

118 Lewis Milestones Film hieß „All Quiet on the Western Front", das Drehbuch stammte u. a. von Maxwell Anderson (1888–1959).

119 Waggerl schreibt nämlich: *„Er* [R. M.] *möge mir und meinen Kreisen den unbekannten Soldaten in Ruhe lassen, denn er ist nicht besser als jener Walter von Molo, der den großen Toten für seine Rezensionen benützt und sich dafür bezahlen läßt." (NLB, 144)* Walter von Molo (1880–1958): Reichsritter von (aus altem Reichsadel schwäbischer Herkunft), in Wien aufgewachsen, Studium an der Technischen Hochschule, seit 1914 freier Schriftsteller, Mitbegründer des deutschen P.E.N.-Clubs, 1928–1930 Präsident der Preußischen Dichterakademie, Präsident des Schutzverbandes deutscher Schriftsteller. Im Frühjahr 1933 Rückzug aus Berlin nach Murnau (Oberbayern). Historisch-biographische Romane, u. a. „Der Schiller-Roman" (1912–1916), „Friedericus" (1921f), „Das Volk wacht auf", „Mensch Luther" (1928), „Ein Deutscher ohne Deutschland" (1931). Walter von Molo war der erste, der als „innerer Emigrant" Thomas Mann im Jahre 1945 einlud, aus dem „äußeren Exil" nach Deutschland zurückzukehren: „Offener Brief an Thomas Mann".

120 In Waggerls Wagrainer Hausbibliothek hat sich ein von Karl Kraus selbst signiertes Exemplar seines Stückes „Die letzten Tage der Menschheit" erhalten. Die Widmung lautet: „für K. D.[?] Waggerl. Wien, im Februar 27. Karl Kraus". Waggerl hat außerdem drei weitere Bücher von Karl Kraus selbst gebunden, nämlich „Weltgericht" (I. und II. Band, Leipzig: Verlag der Schriften von Karl Kraus [Kurt Wolff] 1919) und „Literatur und Lüge" (Wien, Leipzig: Verlag „Die Fackel" 1929).

121 Henri Barbusse mag Waggerl den Weg auch zu Romain Rolland (1866–1944) gewiesen haben, mit dem Barbusse im Jahre 1919 die Antikriegsbewegung „Clarté" gründete. Vielleicht lernte Waggerl Rolland auch über Stefan Zweig kennen, der Waggerl in ein Exemplar seiner „Sternstunden der Menschheit" (1927) ein Autogramm spendete. Rollands autobiographischen Entwicklungsroman „Johann Christof" (Frankfurt a. M.: Rütten & Loening 1918) hat Waggerl ebenso für bindenswert erachtet wie Barbusses Kriegsbericht „Das Feuer" (Zürich: Max Rascher Verlag 1918).

Auf dem Titelblatt findet sich wahrscheinlich das Datum des Buchkaufs: „Badgastein 1921".

122 Ein (nicht datierbarer) Zeitungsartikel in der Zeitschrift „Der Stern" mit dem Titel „Neun Zeilen täglich: Karl Heinrich Waggerl. Von Wagrain in die Welt" liefert eine andere Version zwischen Dichtung und Wahrheit: „Sein Zustand hat sich so verschlimmert, daß man ihn sofort ins Spital bringen muß. Dort fühlt er sich reichlich unbehaglich. Und er setzt sich in den nächsten Zug Richtung Gastein. Aber er kommt nur bis Saalfelden. Hier überfällt ihn, in einem schmutzigen, dunklen Wagen, eine Lungenblutung. Man trägt ihn ins Spital – gehen kann er nicht mehr. Wieder quillt Blut aus der zerstörten Lunge. Die Ärzte zucken die Achseln. Da ist wenig mehr zu hoffen. Sie wundern sich, als ihr Moribundus am nächsten Tag noch lebt."

123 Auskunft der Landesnervenklinik Salzburg, Außenstelle Grafenhof, St. Veit i. Pongau.

124 Das Städtische Meldeamt Salzburg vermerkte: Von 1.6.1920 bis 16.8.1920 in Miete, Neutorstraße 25, I. Stock bei Hitynovsky.

125 Edith Pitter wohnte in Salzburg-Maxglan, Hauptlatz 4. Im August 1919 war sie in Berchtesgaden, Schloßplatz 3, ansässig.

126 Vgl. BENEDETTO, 16.3.1997. Als sie volljährig ist, erbt Edith Pitter einige Sparbücher und Pfandbriefe, die für das Ehepaar Waggerl hilfreich gewesen sein dürften. Die Inflation wird den Wert des Kapitals zunichte gemacht haben. (Vgl. Dokument P IV 41/19 des Bezirksgerichtes Wien Innere Stadt vom 27.9.1919)

127 Der erste Mietvertrag ist erst mit 8. April 1921 datiert. Die Waggerls wohnten bis zum Oktober 1955 als Mieter in diesem Haus, Wagrain Nr. 55, das in Urkunden 1776 als „Aignerhaus" erwähnt wird (vgl. Waggerlhaus – Grundbuch, diverse Mietverträge und Kaufvertrag; KORNHOFER, 94f).

128 Guido Zernatto bekam für seinen Lyrikband „Gelobt sei alle Kreatur" (1930) den Lyrikpreis der Gruppe „Die Kolonne" (Vgl. ROSSBACHER, 554).

129 Vgl. Brief Martin Raschke an Karl Waggerl 16.9. 1931. Der Kontakt lief über Waggerl selbst, dessen Erzählung „Die Entfesselten" (1925) u. a. in der Zeitschrift „Die Kolonne" (2. Jg., 1931, S. 9–10) erschienen war. Zur „Kolonne" und zu ihrem Protest gegen aktivistische und neusachliche Dichtung: vgl. SCHÄFER, 367, 378. Raschkes Lyrik-Anthologie befindet sich in der Waggerl-Bibliothek in Wagrain.

130 Mit allen Sinnen. Lyrik unserer Zeit. Hg. Von Carl Dietrich Carls/Arno Ullmann. Berlin: Rembrandt-Verlag 1936 (Der Band enthält u. a. Gedichte von Georg Britting, Manfred Hausmann, Max Herrmann Neiße, Peter Huchel, Theodor Kramer, Wilhelm Lehmann, Heinz Lipmann, Oskar Loerke, Wilhelm Pleyer, Otto Maria Polley, Georg Rendl, Ina Seidel, Georg von der Vring, Victor Wittner und Paul Zech.); Sprache der Liebenden. Liebesgedichte aus alter und neuer Zeit. Ausgewählt von Hartfrid Voß. Wilhelm Langewiesche-Brandt 1936. Ausgewählte Gedichte Dita Waggerls erschienen ferner in politisch rechten Zeitschriften wie z. B. „Velhagen & Klasings Monatsheften", in der österreichischen Zeitschrift „die pause" und in den von August Friedrich Velmede herausgegebenen „Deutschen Jahrbüchern". (Brief Edith Waggerls 15.9.1955) Weitere Gedichte erschienen nach 1945: Das dunkle Lied. Wien: Borotha-Schoeller 1951 (veränderte Fassung 1967). Hanns Arens, ein ehemaliger Lektor des Leipziger Insel-Verlages, der 1929 seinem Chef Dr. Anton Kippenberg Waggerls Roman „Brot" zur Publikation im Insel-Verlag vorschlug (1929), kümmerte sich auch um Dita Waggerls Dichtungen: vgl. Hanns Arens: Das dunkle Lied. Zu den Gedichten Dita Waggerls. In: Freude an Büchern 4 (1953), H. 4, S. 91. Zuletzt: Dita Waggerl: Das dunkle Lied. Gedichte. Hg. von Lutz Besch. Salzburg: Otto Müller Verlag 1994.

131 Dita Waggerl: Gedichte. o. O., o. J. [1931] (Widmungsexemplar für Paul Alverdes 15.2.1945), S. 18, 19, 21. Vgl. Rudolf Bayr: Gedichte von Dita Waggerl. In: Wiener Literarisches Echo 2 (1949), H. 3, S. 62. Bayr verweist auch auf das Vorbild Matthias Claudius.

132 Vgl. 75 Jahre Insel Verlag. Eine Geschichte in Daten, Programmen und Dokumenten. Insel Almanach auf das Jahr 1975. Frankfurt a.M.: Insel Verlag 1974

133 Über Waggerls Aktivitäten in den verschiedenen Bereichen berichtet – aus eigener Anschauung – Vilma Sturm: Das Zwiegesicht. In: Frankfurter Allgemeine Zeitung 11.8.1950. Möglicherweise handelt es sich dabei um eine Anspielung auf die Erzählung „Das Zwiegesicht" (1937) von Paul Alverdes, der ein Freund Waggerls war. Auch Waggerls langjährige (seit 1941) Vertraute Grete Lanz berichtet über sein handwerkliches Geschick, u. a. auch über die Verfertigung und Ziselierung von „Metallschließen [...] oder Schnallen für Gürtel und Schuhe". (LANZ I)

134 Vgl. Sonderbund österreichischer Künstler Salzburg. Kunstschau August 1925. Mit einem Vorwort von Kai Mühlmann. Salzburg 1925.

135 Auch eine „Bücherschau des Volksverbandes der Bücherfreunde" war in der Sonderbund-Ausstellung zu sehen. (SONDERBUND, 14) Vgl. auch SF, 58. Erst im Juni 1926 berichtet Edith Pitter von näheren Kontakten zu Anton Faistauer, Clemens Holzmeister (1886–1983) und dem Bühnenbildner der Salzburger Festspiele, Dr. Alfred Roller (1864–1935).

136 Für diese Information bedanke ich mich bei Frau Klaffenböck, der Tochter Anton Steinharts. Anton Steinhart (1889–1964): Maler und Fotograf, Kontakte zu Anton Faistauer und Alfred Kubin, zahlreiche Reisen (u. a. Italien, Jugoslawien, Bretagne), Rohrfederzeichnungen, kräftige Farb- und Hell-Dunkel-Wirkungen, Momentaufnahmen, Salzburger Festspielimpressionen, gleichnishafte Landschaftsbilder. (vgl. SK, 464f)

137 Von Edith Waggerls Tagebucheintragungen sind nur jene zwischen 1922 und 1928 erhalten. Sie machte ihre Notizen jeweils in der ersten Jahreshälfte, von den Jahren 1927 und 1928 abgesehen. Ob sie zu den anderen Zeiten kein Tagebuch führte oder dieses abhanden gekommen ist, konnte nicht festgestellt werden. (Waggerl-Archiv, Wagrain) Sie hat in ihre Aufzeichnungen Fotos, Zeichnungen und mehrere der berühmten epigrammatischen Sinngedichte von Angelus Silesius (1624–1677) eingeklebt, sozusagen als Motti für ihre Notizen: z. B. „Du selbst mußt Sonne sein", „Es gilt Gott alles gleich", „Gott wird was Er will", „Gott tut deine Verdammnüs nicht weh".

138 Hanns Arens: Als Gast bei Karl Heinrich Waggerl. In: Freude an Büchern 3 (1952), S. 208–210. Außerdem liegen Dokumente folgender Zeitzeuginnen und Zeitzeugen vor: Alexander Weiß, Herbert Gmeiner und Aloisia Eschbacher über Waggerl und seine Arbeit für den Aufbau des Fremdenverkehrs in Wagrain bzw. als Initiator der Wagrainer Theatergesellschaft (WAGRAIN, 129f, 142, 299ff), Johann Guggenberger zu Waggerls Erzählungen über seine Kindheit und Kriegszeit (Manuskript 1996) und Juliane Hasenauer (Manuskript 1996).

139 z. B. Chronik der Volksschule Wagrain (vgl. auch WBB, 8f), Wagrainer Gemeinderatsprotokolle 1927ff (1929)

140 Friedrich Pock widmete Papesch, „der in den Jahren hoffnungsloser Verwirrung als Gründer und Führer der von seinen ‚Alpenländischen Monatsheften' vertretenen Kampfgemeinschaft im Ringen um die gerechte Wertung und um den endgültigen Durchbruch deutscher Geisteshaltung in der Ostmark an der vordersten Front stand", seine NS-Literaturgeschichte „Spielmann im Harnisch" (1941). Papesch verfaßte u.a. „Heimatspiele" und ein sogenanntes „Grenzerspiel" („Die Radkersburger") sowie „Fesseln um Österreich" (1933).

141 Zu Friedrich Schreyvogls Rolle für die völkische Bewegung und den Nationalsozialismus vgl. MÜLLER I, 200ff. Friedrich Schreyvogl war 1922 Gründungsmitglied des „Kulturbundes" und 1925 Begründer der Zeitschrift „Abendland", seit 1924 Leiter der literarischen Sektion der katholischen Leo-Gesellschaft, seit 1927 Obmann des Katholischen Schriftstellerverbandes, Dozent an der Akademie für Musik und Darstellende Kunst in Wien, 1929/30 als Burgtheaterdirektor im Gespräch, seit 1929 im Vorstand des „Österreichischen Klubs".

142 Karl Heinrich Waggerl: Meine Gestalten (1. Der Held 2. Peter 3. Die Entfesselten 4. Das Abenteuer 5. Gedichte: Gang im Abend, Sinn des Lebens, Abends, Trost 6. Aphorismen 7. Scherenschnitte: Nachtkerze, Storchschnabel, Blühende Nessel, Gräser). In: Die Kultur. Halbmonatsschrift für Bücherfreunde. Hg. von L. Vogel. IV (April 1926), H. 8 [Kultur-Verlag, Wien-Leipzig].

143 Im Jahre 1927 entsprachen 100 Mark 168 öS. Waggerl erhielt eine monatliche Pension von öS 80.– Im Zuge der Währungsreform (1. Jänner 1925) erhielt man für 10.000 Kronen einen Schilling. Im Jahre 1926 lag der wöchentliche Kollektivvertragslohn für einen gelernten Metallarbeiter bei öS 40.–, einen Tischler bei öS 43.– einen Buchdrucker bei öS 60.– und einen Bäckergesellen bei öS 65.–. Im Jahre 1927 kostete 1 kg Brot zwischen 0.72 – 0.75 öS, 1 kg Butter 5.80 öS, 1 kg Rindfleisch 3.40 öS, ein Herrenanzug ca. 135.– öS, ein Herrenhemd ca. 9.60 öS, ein Küchentisch ca. 69.– öS und ein Stuhl ca. 15.50 öS. (Vgl. Statistisches Jahrbuch 1927). Für wertvolle Informationen bedanke ich mich bei Christian Dirninger, Salzburg.

144 Rudolf Pechel, deutschorientiert, aber nie nazistisch, gehörte ab 1933 zur Inneren Emigration im Deutschen Reich. (Vgl. SCHLAWE, 65ff und vgl. MAUER)

145 Der „Jugend" stach neben dem Gedicht „Trost" insbesondere die Erzählung „Die Entfesselten" (1925) ins Auge. Die Redaktion bot Waggerl für beide Texte insgesamt ein Honorar von 120 Mark an. (Brief der „Jugend" an Waggerl, 7.10.1926). Die beiden Texte erschienen in den Nummern 10 und 49 (1926). Bis 1931 wurden weitere vier Erzählungen Waggerls abgedruckt: „Die Falle" (Nr. 10, 1927), „Der Übeltäter" (Nr. 17, 1928), „Zorn" (Nr. 39, 1928) und „Bauerngeschichte" = „Peter" (Nr. 9, 1931; sogar mit sechs exzellenten Zeichnungen Waggerls: „Die Mutter", „Der Mesner", „Die beiden Peter", „Peter setzt Obstbäume", „Bei den Blaufüchsen", „Peter am Feuer".

146 Der „Freidenkerbund" wurde 1903 gegründet, 1904 in „Salzburger Haeckel-Gemeinde" umbenannt, 1908 traten ihm der deutschnationale „Hochschulverein" und 1905 „Die freie Schule" bei. Auch evangelische Organisationen schlossen sich an. (SPATZENEGGER, 1457f)). Die Freidenker waren nach 1918 eng mit der Salzburger Sozialdemokratie verbunden. Am 19. Juni 1933 erfolgte das Verbot des Vereines durch die ständestaatliche Regierung. (Vgl. HANISCH I, 1080 – ARDELT, 2393)

147 Aphorismen. In: Freundschaft 2 (Oktober 1923), Nr. 10, S. 7. Weitere Aphorismen In: Freundschaft 2 (August 1923), Nr. 8; 3 (Februar 1924), Nr. 2; 3 (September 1924), Nr. 9.

148 gr. aphorizein: abgrenzen, definieren. Knappe, geistreiche oder spitzfindige Formulierung eines Gedankens oder einer Lebensweisheit. Meist effektvolle Anwendung rhetorischer Mittel, die darauf abzielen, den Leser zum Nachdenken und/oder zur Kritik herauszufordern. (Vgl. FRICKE)

149 Vgl. Luc de Clapiers Vauvenargues (1715–1747): Betrachtungen und Maximen (1746, dt. 1906) – Alexander von Villers (1812–1880): Briefe eines Unbekannten. Leipzig: Insel-Verlag 1925 (Gedanken, S. 473ff). Bei Villers konnte Waggerls Interessantes z. B. über Botanik, Musik und Dichtung, auch über Schopenhauers Philosophie lesen. Im Waggerl-Nachlaß befindet sich nicht nur eine Buchbindearbeit Waggerls betreffend Villers, sondern auch ein Typoskript mit Sentenzen, Sprüchen u. a. aus Villers und Vauvenargues. Außerdem finden sich wahrscheinlich von Edith Waggerl oder Berta Kramer angefertigte Typoskripte mit Sätzen von Ernst Haeckel, Arthur Schopenhauer, aus den Eckermann-Gesprächen, aus der Korrespondenz Goethe – Charlotte von Stein, aus „Dichtung und Wahrheit", „Wilhelm Meisters Lehrjahre", „Wilhelm Meisters Wanderjahre" und „Die Wahlverwandtschaften", die mit Waggerl-Bezügen versehen sind.

150 Nach 1945 bat Waggerls neuer Verleger Otto Müller den Autor, „kleine Münze" aus seinen Büchern zu schlagen. Waggerl war vorerst unsicher, ob er dies machen sollte: *„Klingen sie ohne jenes Beiwerk* [das jeweils Erzählte] *nicht doch zu anspruchsvoll, zu lehrhaft, zu wenig glaubwürdig?" (Vgl. BRIEFE, 40).* Der Band „Kleine Münze" erschien schließlich doch 1957. (MÜNZE). Vgl. auch die Sammlung: Alles Wahre ist einfach. Ein Brevier. Hg. von Lutz Besch. Salzburg: Otto Müller 1979 (aus: SW I und II, Das ist die stillste Zeit im Jahr, Briefe, Nach-Lese-Buch, Wagrainer Bilderbuch, Aphorismen, Nachlaß). Gerhard Wimberger vertonte in den 80er Jahren u. a. Waggerls „Du sollst nicht weiter wirken wollen, als das Herz reicht". (ARCHIV)

151 Lutz Besch, der Herausgeber des Sentenzen-Breviers „Alles Wahre ist einfach" (1979) hat verschmitzt den Elias-Canetti-Satz gefunden: „Die

großen Aphoristiker lesen sich so, als ob sie alle einander gut gekannt hätten." (WAHRE, 10)

152 In dem Essay „Begegnung mit dem Leser" (1940), publiziert auch unter dem Titel „Eine Lanze für mich", steht im fiktiven Dialog zwischen dem lesenden Mädchen und dem sich auf Lesereise befindlichen Dichter, der sich ihm nicht zu erkennen gibt, ein Satz, der den Beginn der Dichterrolle in der Jugendzeit ansetzt: *„Früher einmal, in der Jugendzeit, da waren wir* [der Ich-Erzähler und der Dichter, von dem gesprochen wird]*, ein Herz und eine Seele. Aber leider, jetzt verstehen wir uns in mancher Hinsicht gar nicht mehr." (BmL, 211)*

153 Die Erzählung erschien auch in: Der Türmer. Monatsschrift für Gemüt und Geist. Hg. von Friedrich Lienhard. Verantwortlicher Hauptschriftleiter Karl August Walther, 31 (Oktober 1928), H. 1, S. 7–9. Über den „Türmer" schreibt Fritz Schlawe: „[...] stritt seit Mitte der 20er Jahre entschieden für ‚Großdeutschland'; aus diesem Geist heraus erkennt man früh [...] Günthers Rassentheorie an, auch Hans Grimm mit ‚Volk ohne Raum' sowie Haushofer, und widmete sich seit 1930 dem Dienst am dt. Wesen." (SCHLAWE, 91f). Auch In: Deutsche Presse-Korrespondenz, Hannover 13.6.1933.

154 Diese Erzählung erschien auch in: Die Kultur. Halbmonatsschrift für Bücherfreunde. 4 (1926), H.3, S. 26–28; Der getreue Eckart 8 (1930), 1. Heft.

155 Seit 1923 gab es zwischen dem Salzburger und Wiener Zweig der Salzburger Festspielhaus-Gemeinde Streit, der 1924 zu einer Statutenänderung der SFG führte. Präsident wurde Ing. Richard Hildmann, Vizepräsident Karl Lackner. Im Zuge des Umbaus der Winterreitschule für die Festspiele und der Errichtung des ersten Salzburger Festspielhauses (1925, 1926) stand der Bankrott ins Haus (Schulden von fast 20 Milliarden Kronen, Umrechnung Krone: Schilling = 10.000: 1) Der Sanierungsplan des Landeshauptmanns Dr. Franz Rehrl (1890–1947) wurde schließlich erfolgreich umgesetzt. Der deutschnationale Landtagsabgeordnete Hofrat Max Ott (1855–1941), zwischen 1912 und 1919 sowie 1927 und 1935 Bürgermeister der Stadt Salzburg, wurde als verdienstvoller Kontrolleur eingesetzt. (Vgl. SF, 47ff) Waggerl hebt die beiden Männer lobend hervor.

156 Karl Heinrich Waggerl: Schach den Schuldigen. In: Die Bürgerwehr. Mitteilungen des Salzburger Wirtschaftsverbandes. Salzburg, Getreidegasse 34 (Sternbräu) 1(September 1926), Folge 2, S. 1f

157 Ing. Richard Hildmann war zwischen 1919 und 1935 Stadtrat und Vizebürgermeister von Salzburg, zwischen 1935 und 1938 Bürgermeister, dann wieder in den Jahren 1945 und 1946. (Vgl. HANISCH VII)

158 Unter dem Titel „Notwendige Erklärung" wurde diese Stellungnahme in „Das Inselschiff" (1937) aufgenommen. Im Typoskript liegt sie unter dem Titel „In eigener Sache" vor und enthält einige Formulierungen, die die veröffentlichten Aussagen noch zuspitzen und den politisch-ideologischen Raum, in den Waggerl hineinsprach, noch klarer machen: *„Ich lebe aber auf dem Lande, weil die Leute hier keine Bonmots von mir erwarten. Sobald sie es tun, werde ich auswandern. [...] Ich bin keine poetische Natur. Das sage ich den Damen, die mir Briefe schreiben, zur Warnung."* An einer Stelle ist vom *„Weltverkehr gemünzter Phrasen"* die Rede. *„Intelligent ist heutzutage jeder Trottel, denn das moderne Gehirn denkt von selbst"*, so heißt es in polemischer Wendung gegen das modern Mechanistische.

159 Hanns Arens, einer der eifrigsten Waggerl-Propagandisten, auch während der NS-Zeit, was Waggerl nicht nur zustimmend beobachtete (ARCHIV, 1931ff), publizierte den Text unter dem Titel „Notwendige Erklärung" in dem Sammelband „Kleines Erdenrund" (1951), die „Österreichische Furche" druckte den Text in ihrer Weihnachtsbeilage 1951 unter dem Titel „Ich bin nicht mit dem Boden verwachsen" nach. In der von Dino Larese herausgegebenen Sammlung „Das Lebenshaus. Eine innere Biographie" (1955) taucht der Text erneut unter dem Titel „Notwendige Erklärung" auf.

160 Jean Paul (Johann Paul Friedrich Richter, 1763 Wunsiedel im Fichtelgebirge – 1825 Bayreuth): Entbehrungsreiche Jugend, Studium der Theologie und Philosophie, Abbruch des Studiums aus finanziellen Gründen, Hauslehrer, Gründer und Leiter der Elementarschule in Schwarzenbach (bis 1794), Bekanntschaft mit Charlotte von Kalb in Leipzig, zwischen 1798 und 1800 in Weimar: Freundschaft mit Herder, Bekanntschaft mit Goethe und Schiller, Legationsrat des Herzogs von Meiningen, später in Coburg und Bayreuth; Thematisierung kleinbürgerlicher Wirklichkeit; Vielfalt der Stillagen; philosophische, religiöse, politische und soziale Schriften. „Vorschule der Ästhetik" (1804).

161 Vgl. EDITH, 31.1.1927, 16.2.1927 (Weitere Hinweise auf Karl Kraus: 5.1.1927). Der Briefwechsel Waggerl – Karl Kraus (ARCHIV) aus dem Jahre 1923, von dem Edith Pitter in ihrem Tagebuch spricht (11.6.1923 und 16.6.1923), konnte nicht aufgefunden werden.

162 Waggerl orientierte sich an Professionisten. Er erwarb antiquarische Sachbücher zum Thema Buchbinderei: z. B. „Buchbinder und Futteralmacher. Christoph Ernst Prediger. Buchbinder in Anspach. Franckfurt und Leipzig 1741". Nach 1945 bezog Waggerl jahrzehntelang das Mitteilungsblatt der Buchbinder-Fachorganisationen: „Allgemeiner Anzeiger für Buchbindereien". Über seine Buchbinder-Arbeit sagte er: *„Viele vergilbte Schwarten habe ich mühsam zerlegt, um den alten Meistern hinter ihre Schliche zu kommen. Ich sah mit Bewunderung, wie sie das Vorsatz falzten oder das Kapital umstachen und noch den Heftfaden kunstvoll über die Bände schlangen, obwohl das nie jemand zu Gesicht bekam. Schließlich lernte ich es doch, und daran habe ich noch immer meine Freude." (FB, 283)*

163 Es ist eine besondere Pikanterie, daß eine ausführliche Besprechung diverser Schriften über den „eigentlichen Vater unserer heutigen Anschauungen von Rasse", nämlich den Grafen Gobineau, wie es in den „Süddeutschen Monatsheften" hieß, ausgerechnet in demselben Heft dieser Zeitschrift erschien, in dem auch Waggerls ausgeprägt autobiographische Erzählung „Peter", hier unter dem Titel „Bauerngeschichte", abgedruckt wurde: vgl. Walter S. Förtner: Rasse und Völkerschicksal. Neuerscheinungen zur Rassenkunde. In: Süddeutsche Monatshefte 33 (1935), S. 60–63

164 Albin Gitschthaler erinnerte sich an Waggerl als Initiator des Wagrainer Fotoclubs vgl. KAINDL, 80

165 Über „Bromöldrucke“ und „Bromölumdrucke“ als „Edeldruckverfahren“ und „silbersalzfreie Verfahren“, die zwischen 1890 und 1930 in der künstlerisch engagierten Amateurfotografie üblich gewesen sind vgl. KAINDL, 83.

166 H. Windisch (Hg.): Das deutsche Lichtbild. Berlin: Verlag Robert & Bruno Schultz 1927 (Vorwort von H. Windisch; „Photographie und Kunst“ von Edwin Redslob). Redslob war auch Insel-Autor: vgl. Edwin Redslob: Des Jahres Lauf. Ein Kalender der Feste, Bräuche und Jahreszeiten. Insel-Verlag 1943.

167 Karl Heinrich Waggerl: Von der Kunst des Weglassens (wahrscheinlich 1929), S. 2

168 Zu den Beiträgern des „Querschnitt“ gehörte ein großer Teil der europäischen Schriftsteller-Prominenz und viele, meist der Moderne verpflichtete junge Autoren, u.a. Robert Musil, Franz Werfel, Aldous Huxley, Klaus Mann, André Maurois, Alfred Döblin, Alfred Polgar, Marieluise Fleißer, Hans Fallada oder Thomas Mann. Das Blatt setzte sich für Erich Maria Remarques „Im Westen nichts Neues“ ein, informierte aber zugleich umfassend über die Weltkriegsliteratur, die Ende der 20er Jahre besonders gefragt war (Emil Ludwig, Ludwig Renn, Karl Federn, Rudolf R. Binding, Paul Alverdes, Edlef Köppen, Sinclair Lewis, Dos Passos, Bruno Brehm), rezensierte Robert Musils „Der Mann ohne Eigenschaften“, Hermann Brochs „Pasenow“, Joseph Roths „Radetzkymarsch“, aber auch Georg Rendls „Vor den Fenstern“ und Bücher aus dem konservativen Lager, u. a. „Die Sieben Jungen aus Oesterreich. Leipzig: Verlag Staackmann 1930“, in dem auch Waggerl mit seinem Text „Landstreicher“ (1930) vertreten war. Waggerls Text aus dieser Sammlung wurde als „ausgezeichnet“ beurteilt (Querschnitt XI, Ende Januar 1931, H. 1, S. 69).

169 Im Jahre 1927 hängen sich die Waggerls Schiele-Zeichnungen im Schlafzimmer auf und verschenken Schiele-Arbeiten (Kopien? Drucke?) an die Vertraute Berta Kramer. (EDITH, 19.12.1927).

170 Edith Waggerl hatte ihrem Mann zum 30. Geburtstag (1927) ein Haushäubchen aus Samt gemacht, mit dem Waggerl auf einem von Edith gemachten Foto abgebildet ist. (vgl. FRAUENMANTEL, 75)

171 Friedrich Gehmacher (1866–1942): Erster Vizepräsident der Salzburger Festspielhaus-Gemeinde 1917.

172 Hans Hofmann-Montanus (1889–1956): zwischen 1921 und 1925 Generalsekretär des Landesverbandes für Fremdenverkehr in Wien und Niederösterreich, 1925 Landesverkehrsdirektor in Salzburg, „Stadt und Land“ (1930), „Mensch an der Sonne. Buch einer österreichischen Liebe zum Balkan“ (1947), „Berge einer Jugend. Bergnovellen“ (1948).

173 Waggerls Polemiken gegen das Salzburger Landesverkehrsamt und Hofmann-Montanus waren bekannt: „Festpiel der Berge. Die Dichtungen des Landes-Verkehrsamtes“ (SV 1932; vgl. auch NLB 80ff), „Fremdenverkehrshindernisse“: *„Ich möchte herausfinden, ob Salzburg wirklich in Mitteleuropa liegt.“* (NLB 127ff), „Mängel unserer Fremdenverkehrswerbung“ (Manuskript, undatiert, 30er Jahre). In den 30er Jahren gab es einen öffentlichen brieflichen Schlagabtausch zwischen Hofmann-Montanus und Waggerl, nachdem Waggerl Kritik an einem Salzburger Festspielprospekt geübt hatte und Hofmann-Montanus dies anscheinend zum Anlaß nahm, die Tourismus-Bemühungen von Wagrain zu behindern. (ARCHIV, H 15802, 16 896, 16 925, vgl. BRIEFE, 80ff).

174 Karl Reisenbichler (1885–1962): Nach 1918 Parteigänger des „Wassermann“-Bundes, Wirtschaftsverband bildender Künstler, Vorbild: Egger-Lienz, „geriet zusehends ins Fahrwasser einer klobigen Blut-und-Boden-Ästhetik“ (SK, 395), 1938 oberster Kunstfunktionär im Gau Salzburg.

175 Der Dichter als Photograph [über Karl Heinrich Waggerl]. In: Velhagen & Klasings Monatshefte 46 (1931/32), 1. Band, S. 116f. Ähnlich bei Hanns Arens: Wo deutsche Dichter wohnen. Ein Blick in den Alltag. In: Herdfeuer. Zeitschrift der Deutschen Hausbücherei 13 (Juli/August 1938), Nr. 4, S. 155f.

176 Auch andere Figuren und Namen des Romans „Georg“ dürften sich auf historische Personen beziehen: So sind z. B. der jüdische Journalist Laugenstein und dessen Zeitschrift „Das Windlicht“ wahrscheinlich Anspielungen auf Karl Kraus und seine „Fackel“. (AMANN, 79f)

177 Im Roman „Das Jahr des Herrn“ (1934) ist es der frierende, als Klaubauf verkleidete David, der sich vor dem Försterhund auf einen Baum retten muß, von wo er durch den heiligen Nikolaus gerettet wird: *„War das etwa doch ein richtiger Teufel, der Leibhaftige, wie man sagt? Stinkt es nicht ein wenig nach Schwefel hinter ihm her?“ (JdH, 541f)*

178 Zur „Malerkolonie Zinkenbach“ gehörten u. a. Ferdinand Kitt, Ernst Huber, Georg Ehrlich, Bettina Bauer, Georg und Luise Merkel, Franz von Zülow, Liesl Salzer, August Freiherr von Mandelsloh, Josef Dobrowsky, Ludwig H. Jungnickel, Sergius Pauser, Alfred Gerstenbrand. Für weiterführende Informationen bedanke ich mich bei Nikolaus Schaffer.

179 Vgl. Ferdinand Kitts Skizze aus dem „Blödelalbum“ der „Zinkenbacher Künstlerkolonie“ mit dem Titel „Das Malschiff“ (1937) mit Insassen aus dem Malerkreis. Über die weiteren konträren Lebenswege der „Zinkenbacher“ schreibt Bernhard Peithner-Lichtenfels: „Man malt, spielt Tennis, musiziert, debattiert bis zum bitteren Ende. Dann flüchten über Nacht: Louise und Georg Merkel, Bettina und Georg Ehrlich, Jungnickel, Leo Delitz und der Mitbegründer der kuriosen bayrischen Räterepublik Ernst Toller, der 1939 in New York Selbstmord begeht. Eine Zeichnung von Kitt aus dem Jahre 1937 zeigt Toller noch mit Baron Mandelsloh im Wolfgangsee [Seeschlacht bei Zinkenbach!] neckisch plätschern. Sein Tennispartner Dr. Mühlmann wird SS-Obergruppenführer und plündert Polen aus. [...] Mandelsloh muß nicht mehr Teller für die Gmundner Keramik bemalen und wird 1941 Professor an der Wiener Akademie. Huber bekommt den Reichsauftrag, die Reichsautobahn zu malen. Hunderte Reichsautobahnbilder aus deutschen Reichsgauen entstehen (Kunst dem Volk, Januar 1941, S. 26–28).“ (PEITHNER, 362; SK, 541) Karl Heinrich Waggerl sollte 1941 Ernst Hubers dichtender Partner für den genannten Reichsauftrag durch den NS-Reichsminister und „Generalinspektor für das

deutsche Straßenwesen“ Dr. Fritz Todt werden: „Pfingstidyll an der Reichsautobahn“ (1941).

180 Ferdinand Kitt: K.H. Waggerl. In: Berge und Menschen der Ostmark. Das Bild wurde in der Künstlerhaus-Ausstellung in Wien zwischen 4.3. und 30.4. 1939 gezeigt (vgl. Katalog, S. 26, Nr. 382, RM 1200.–) Für diese Information bedanke ich mich bei Gert Kerschbaumer.

181 Waggerls „Scherenschnitte“-Aufsatz erschien unter dem Titel „Scherenschnitte eines Dichters“ auch in der Beilage des „Salzburger Volksblattes“ mit dem Titel „Bergland. Illustrierte alpenländische Monatsschrift“. (Vgl. Bergland 19, 1937, H. 9, S. 28–31)

182 Waggerl hat in den 20er Jahren nachweislich folgende Plakatentwürfe erstellt: für ein Modengeschäft in der Stadt Salzburg (Anton Drechsler, 1922), für ein ländliches Preis-Rangeln, für die Elektrizitätswirtschaft (Juni 1924), für diverse Ballveranstaltungen in Wagrain (z. B. Jänner 1926) und ein Andreas-Hofer-Plakat für eine Theateraufführung der Wagrainer Laienbühne (Mai 1926). Edith Pitter berichtet auch von Arbeiten wahrscheinlich für Bälle in Hofgastein. Karl Springenschmid erinnert sich an Plakate für die Florianifeier der Feuerwehr und an eines für einen Salzburger (wahrscheinlich deutschnationalen) Abstinenzler-Club: „Kein Trunkenbold, vielmehr ein durchaus wohlgefälliger Mann, ein ‚Normalbürger‘ war dargestellt, dem man allerdings deutlich einen übermäßigen Biergenuß anmerken konnte. Neben diesem wohlbeleibten Spießer war das Kind zu sehen, das er im Rausch gezeugt hatte, ein armes, bemitleidenswertes Geschöpf. Waggerl war gewiß zu dieser Darstellung berufen; denn er hatte sich sehr viel und eindringlich mit den Fragen der Vererbung befaßt.“ (SPRINGENSCHMID, 32f)

183 Im Roman „Mütter“ (1935) findet sich wohl ein autobiographischer Nachklang, wenn es heißt: *„Es gingen damals abscheuliche Gerüchte um, daß Barbara nackt vor dem Maler sitzen mußte, aber das war doch wohl nicht möglich, so etwas war nicht einmal ihr zuzutrauen, – splitternackt auf einem weißen Tuch!“ (MÜTTER, 600)*

184 Die Erzählung „Die Entfesselten“ wurde in den 20er und 30er Jahren von folgenden Organen abgedruckt: „Die Kultur“ (1926, H. 8), „Jugend“ (1926. Nr. 49), „Deutsche Rundschau“ (1928, Nr. 216), „Weltstimmen“ (1930, H. 12), „Inselschiff“ (1932/2. Heft), unter dem Titel „Totentanz“ in der deutsch-völkischen Zeitschrift „Der getreue Eckart“ (1934/ H. 11).

185 Die Erzählung erschien in folgenden Zeitschriften: Die Kultur. Halbmonatsschrift für Bücherfreunde. 4.Jg. Heft 8, Berlin-Leipzig 1926, S. 16–20; Jugend 31 (1926), Nr. 49, S. 983ff; Deutsche Rundschau 216 (1928), S. 29–32; Weltstimmen IV (1930), H. 12, S. 515–519; Die Kolonne. Zeitschrift für Dichtung. Hg. v. Artur Kuhnert und Martin Raschke. 2 (1931), S. 9–10; Das Inselschiff 13 (1932), 2. H., S. 99–104; Der getreue Eckart 11 (August 1934), H. 11, S. 821–824 (unter dem Titel „Totentanz“). Sie erschien auch unter dem Titel „Tanz im Dorf“ (o.O., o. J.).

186 Die Zeitschrift „Jugend“ (1896–1940), von Georg Hirth gegründet, wollte sich „gegen alles Unechte und Verwelkte, handgreiflich gegen Klerikalismus, Aristokratismus, Militärismus, Kommunismus etc.“ wenden. Die „Jugend“ war nach 1918 ein antibolschewistisches Blatt, das sich aber auch gegen den Nazismus wandte. (SCHLAWE, 36)

187 Rudolf Pechels „Deutsche Rundschau“ publizierte folgende Erzählungen Waggerls“: Martha“ (Nr. 214, 1928), „Die Entfesselten“ (Nr. 216, 1928), „Die Pelzstiefelchen“ (Nr. 217, 1928), „Gespräch in der Nacht“ (Nr. 219, 1929), „Landstreicher“ (März 1930), „Ein Mann namens Adam“ (Nr. 232, 1932). Schlawe charakterisiert die politische Linie der Zeitschrift folgendermaßen: „Trotz entschiedener nationaler Haltung, auf Grund deren man unentwegt auch die negativen Folgen des Versailler Vertrages behandelt, mußte das Jahr 1933 die Zeitschrift schwer treffen, die ihre Ablehnung des Nazismus nie verheimlicht hatte. Bis zu ihrer gewaltsamen Auflösung [1942] hielt sie gleichwohl unter der Leitung Pechel's, der sich aktiv am inneren Widerstand beteiligte, nach Möglichkeit ihre Opposition aufrecht.“ (SCHLAWE, 66)

188 Zur literarischen Verarbeitung und Aufarbeitung des Ersten Weltkriegs vgl. MÖSER, HIRSCHFELD.

189 An anderer Stelle des „Wagrainer Tagebuches“ heißt es: *„Aber im tiefsten Innern bin ich ja doch bewegt, angerührt von der magischen Macht des Gleichnisses, die von jedem Spiel ausgeht, vom erhabenen so gut wie vom lächerlichen.“ (WT,186)*

190 Waggerl verfaßte handschriftlich sogar ein eigenes Lesebuch, an dessen Beginn er seine Überlegungen zur Schulreform stellte. (Waggerl-Archiv, Wagrain)

191 Zwischen 1922 und 1924 waren die Wagrainer Theaterspieler eine lose Gemeinschaft. Nach 1945 beteiligte sich Waggerl zwar selten, aber doch an den Aktivitäten der Wagrainer Laienbühne. Friedrich Loitfellner berichtet von einigen Aufführungen zwischen 1947 und 1948, bei denen Waggerl mitspielte und sogar die Spielleitung hatte. Man spielte bäuerliche Trivialkomödien und ging sogar auf „Gastspielreise“ nach Hüttschlag und Pfarrwerfen: „Wenn der Hahn kräht“, „Maxl, oder Da liegt der Hund begraben“. (Interview Friedrich Loitfellner 1996, vgl. WAGRAIN II, 471ff [Brigitte Rettensteiner: Dorftheater Wagrain])

192 Man machte Hausmusik (EDITH, 24.1.1925 „Kammerlmusik“), spielte aber auch bei Hochzeiten und Ballveranstaltungen (z. B. EDITH, 17.4.1923, 22.2.1927).

193 Das Hüttenbuch der Kogleralm mit vielen Eintragungen, Sprüchen und Notizen der Freunde und Bekannten Waggerls hat sich im Waggerl-Archiv, Wagrain, erhalten. Edith Waggerl berichtet z. B. davon, daß Waggerl gemeinsam mit einem Bauern und dessen Ochsenfuhrwerk den Hüttenofen transportierte. (EDITH, 20.11.1927) Ihr Tagebuch verzeichnet während der Wintermonate fast tägliche Skitouren und Abfahrten. Die Salzburger Freunde, u. a. Kai Mühlmann, kamen oft zu Besuch. Mit Zeitungsartikeln (z. B. „Wer weiß etwas von der Koglalm?“) warb Waggerl für den Wagrainer Skitourismus. Der Erfolg sei immens gewesen, berichtet Edith (EDITH, 12.2.1927). Dr. Kai Mühlmann, der Salzburger Freund der Familie, wurde sogar Ehrenmitglied des Wagrainer Skiverbandes (EDITH, 11.2.1927).

194 Hugo von Hofmannsthals „Das Salzburger Große Welttheater“ wurde 1922 in der Kollegienkirche uraufgeführt und 22 Mal gespielt. 1925 wurde das

Mysterienspiel siebenmal aufgeführt, und zwar als Festaufführung anläßlich der Eröffnung des neuen Festspielhauses. (vgl. SF, 54f, MÜLLER II)

195 Edith Waggerl schrieb: „in großer Aufregung wegen der vielen Herrenbesuche." Aber „wir [sind] in keinem Kloster." (EDITH, 29.5.1924)

196 Edith Waggerl notierte: „Das lebend Bild zum Schluß, geriet etwas in Bewegung, weil das Harmonium so erbärmlich quiekte, daß wir in große Heiterkeit gerieten." (EDITH, 29.5.1926)

197 Auch ein Bühnenensemble aus München war in Wagrain zu Gast (EDITH, 9.4.1924).

198 vgl. auch die Wagrainer Gendarmerieberichte: WAGRAIN II, 92ff

199 Seine Liebe zur Musik Schuberts hat er in Briefen an Maria Lorenz oft ausgesprochen (z.B. LORENZ, 17.11.1933)

200 Im Roman „Das Jahr des Herrn" (1934) werden bäuerliche Hochzeitsbräuche geschildert, nicht ohne auf vorchristliche, dionysische Aspekte hinzuweisen: *„Alsdann tu ich für den Hochzeiter die Spielleut laden und die Herreiter. Tut eure Rösser schön aufbuschen, und laßt es tuschen. [...] Vielleicht hat das alles einen tieferen Sinn, auch der Pflug, den ein Paar gehörnter Böcke zieht. Man sagt von einem alten Gott, der vor der Zeit die Ehen schloß, von einem Ackergott, ihm waren die Böcke heilig." (JdH, 523f)*

201 Berta Kramer fertigte von dem im Wagrainer Waggerl-Archiv erhalten gebliebenen, über 300 Seiten starken Manuskript ein Typoskript an. Der Roman liegt mit unterschiedlichen Anfängen vor. Ein Manuskript ist mit 21. April 1925 unter dem Titel „Das Haus in der Sackgasse" datiert.

202 Springenschmid huldigte schon in den 20er Jahren einer „positiven" Bauernideologie, z. B. mit seinem Buch „Das Bauernkind" (1925). Er nannte das: „Im-Bäuerlichen"-Bleiben. (SPRINGENSCHMID, 53) Konflikte zwischen Waggerl und Springenschmid betrafen auch das Wesen, den Sinn und die Aufgaben der Ehe.

203 Im Roman „Georg" wird im XXIII. Kapitel die Lebensgeschichte von Peter und dessen Frau Marianne erzählt. (GEORG, 185ff). Karl Heinrich Waggerl: Peter. In: Die Kultur. Halbmonatsschrift für Bücherfreunde 4 (1926), Heft 8, S. 4–16 (unter dem Titel „Bauerngeschichte" auch in: Deutscher Almanach für das Jahr 1934, S. 77–103; Neues Wiener Tagblatt 25.2.1934, Nr. 34, S. 10; Süddeutsche Monatshefte, Band 35, S. 44–55; Neues Wiener Tagblatt 15.4.1938, S. 8, Nr. 104)

204 Waggerl dürfte Schopenhauers Formulierungen aus dessen „Nachträgen zur Lehre von der Nichtigkeit des Daseins" (PP II, § 142–§ 147a) kopiert haben: „Also Unruhe ist der Typus des Daseins. In einer solchen Welt, wo keine Stabilität irgendeiner Art, kein dauernder Zustand möglich, sondern alles in rastlosem Wirbel und Wechsel begriffen ist, alles eilt, fliegt, sich auf dem Seile durch stetes Schreiten und Bewegen aufrecht erhält – läßt Glückseligkeit sich nicht einmal denken." (PP II, 335f)

205 Otto Amann spricht von „konservativer Avantgarde." (AMANN II) Zum Begriff der „Konservativen Revolution" vgl. MOHLER: Waggerl wird in diesem Standardwerk als einer der ganz wenigen aus Österreich stammenden Autoren und als Beiträger für Heinz Kindermanns Sammelband „Des deutschen Dichters Sendung in der Gegenwart" (1933) erwähnt. Er hatte sich mit einem seiner wenigen explizit kulturpolitischen und antisemitischen Texte beteiligt: „Dichtung und Journalismus". Vgl. auch KIESEL.

206 Erst 1955 zitiert Waggerl in seinem Aufsatz „Die Kunst des Müßiggangs" diese Erzählung in einer Mischform aus identischer Wiedergabe und Nacherzählung. Dabei bettet sie Waggerl in einen eindeutig autobiographischen Zusammenhang ein und läßt wichtige Formulierungen weg, so z. B. jene Stellen, die die kosmische Dimension des Textes vermitteln. (KdM 562–565) Waggerl erinnert sich auch noch, wie ihm die Hände gezittert hätten, als er seine Publikation kurz vor Weihnachten (Salzburger Volksblatt 11.12.1926) in Händen gehalten habe. (KdM, 562)

207 Martha. In: Deutsche Rundschau 214 (1928), S. 232–241. Weitere Abdrucke: Süddeutsche Monatshefte 27 (1929/30), S. 129–137; In: Du und Angela. Fünf Erzählungen. Leipzig: Insel-Verlag 1933 (= Insel-Bücherei 204); Bergland 16 (1934), H. 7, S. 2–10.

208 Die Erzählung „Ein Mann namens Adam" wurde 1928 unter dem Titel „Der Übeltäter" erstmals publiziert: In: Jugend 33 (1928), S. 261ff. und in: Der Erzähler. Beilage zum Feuilletondienst Welt und Leben 4. Mai 1932; Unter dem Titel „Ein Mann namens Adam" wurde sie u. a. veröffentlicht: Deutsche Rundschau 1932, Band 232, S. 45–51; Neues Wiener Tagblatt 25.12.1932, Nr. 356, S. 29f; Süddeutsche Monatshefte, 1932/33 H. 30, S. 421–426; In: Du und Angela. Leipzig: Insel-Verlag 1933; Der getreue Eckart 10 (1933), 7. H., S. 481– 485; Neue Freie Presse 3.4.1938, S. 25f. – Die Erzählung „Die Pelzstiefelchen" erschien erstmals in: Deutsche Rundschau 217 (1928), S. 248– 251. Weiters: Der Türmer, Dezember 1930, H. 3, S. 262 ff; Volks-Zeitung (Wien) 25.12.1936, Nr. 355, S.2f.

209 Es handelt sich dabei um folgende Texte: „Der Held" (1924), „Peter" (auch unter dem irreführenden Titel „Bauerngeschichte", 1925), „Die Entfesselten" (1925), „Der Hund" (1926), „Die Falle" (1926), „Das Abenteuer" (1926), „Die Decke" (1926), „Martha" (auch unter dem Titel „Der Balg" 1927), „Ein Mann namens Adam" (auch unter dem Titel „Der Übeltäter", 1927), „Die Pelzstiefelchen" (1927), „Zorn" (1927), „Arbeit" (1928), „2000 Dollar" (1929), „Gespräch in der Nacht" (1929), „Schöne Anna" (1929) und „Landstreicher" (1930). Sie erschienen bis 1930 in folgenden elf österreichischen und deutschen Zeitschriften: Jugend (1926/2x, 1927, 1928/2x); Die Kultur (1926, Waggerl-Sonderheft); Deutsche Rundschau (1928/3x, 1929, 1930); Deutsche Pressekorrespondenz (1929); Der getreue Eckart (1929, 1930); Süddeutsche Monatshefte (1929/30 /2x, 1930/31); Der Türmer (1929, 1930/2x); Das Inselschiff (1930/2x); Welt und Leben (1930); Weltstimmen (1930/2x); Dame (1930).

210 Vgl. „Gang im Abend", „Sinn des Lebens", „Abends" und „Trost" (In: Karl Heinrich Waggerl: Meine Gestalten IV, April 1926, Heft Nr. 8, S. 26f). Einige unveröffentlichte Gedichte befinden sich im Waggerl-Archiv, Wagrain („Dem Spiegel bin ich abgeneigt", „Schau: Durch deine Güte", „Ach, so viel Dunkles ist in mir").

211 Nicht allein, *„daß er ungebeten in diese Welt gekommen war" (PETER, 45)*, ist ein solcher Hinweis. Auch in unscheinbaren Details kann man Autobiographisches entdecken. Der obdachlose Intellektuelle Tobias aus „Der Hund" (1926) kann seine bisherige Wohnung in der Stadt nur dadurch erreichen, indem er *„abends im Abort über eine nicht sehr hohe Bretterwand"* klettert.

212 Im Roman „Schweres Blut" (1932) ist es letztlich eine biblisch gestaltete Sinflut, die das von Blas aus modernem Übermut geplante und in Bau befindliche Wehr und schließlich sogar das gesamte Sägewerk zerstört (vgl. SB 383ff). In engem erzählerischen Konnex damit steht die Erinnerung an ein *„Brandunglück vor etlichen Jahren"*, wohl ein lebensgeschichtlicher Hinweis auf den Dorfbrand Wagrains im Jahre 1927. (SB, 388)

213 Auch in den Romanen der 30er Jahre, so z. B. in „Mütter" (1935) tauchen Variationen solcher Motive wieder auf, auch wenn sie jetzt in einen harmonistischen Erzählkosmos eingebettet sind. Der Mord des betrogenen Bräutigams Nikolaus an Stefan, dem Geliebten seiner Braut Barbara, soll erwähnt werden. (MÜTTER, 712ff)

214 Für die Einsichtnahme in das Typoskript der Erzählung „Das Abenteuer" (1926) im Nachlaß Rudolf Greinz (Salzburg) bedanke ich mich bei Frau Dr. Hellmayr, Salzburg.

215 In Schopenhauers „Zur Lehre vom Leiden der Welt" heißt es im § 156: „In der Tat ist die Überzeugung, daß die Welt, also auch der Mensch etwas ist, das eigentlich nicht sein sollte, geeignet, uns mit Nachsicht gegen einander zu erfüllen. [...] Ja, von diesem Gesichtspunkt aus könnte man auf den Gedanken kommen, daß die eigentlich passende Anrede zwischen Mensch und Mensch statt ‚Monsieur', ‚Sir' usw. sein möchte ‚Leidensgefährte' [...]. „ (PP II, §156, 358)

216 Waggerl hatte die Erzählung „Der Hund" an die Redaktion der „Alpenländischen Monatshefte" (Hg. von Joseph Papesch, Verlag: Alpenland-Buchhandlung Südmark) gesandt und von Joseph Papesch eine ziemlich abkanzelnde und, wie Papesch später – 1936 – eingestand, eine „grobe" Antwort erhalten. Papesch meinte er folgende Ratschläge erteilen zu müssen. „Gewöhnen Sie sich den doppelten Vornamen ab." (ARCHIV)

217 Über Waggerls frühe Erzählungen, insbesondere deren Figurengestaltung, Probleme, Konflikte und Lösungen vgl. AMANN, 43ff, 87ff.

218 In Differenz zu Schopenhauer unterscheidet Weininger zwischen „Liebe" und „Begehren". Waggerl kannte alle diese Spekulationen, die sich in einem treffen, in ihrer Frauenfeindlichkeit und Sexualangst. Weininger kommt zu folgendem Ergebnis: „Er [Schopenhauer] war ein extrem unter dem Geschlechtstriebe leidender Mensch, er hat aber nie geliebt; wäre doch sonst auch die Einseitigkeit seiner berühmten ‚Metaphysik der Geschlechtsliebe' unerklärlich, deren wichtigste Lehre es ist, daß der unbewußte Endzweck auch aller Liebe nichts weiter sei als die ‚Zusammensetzung der nächsten Generation'. Diese Ansicht ist [...] falsch. [...] Liebe und Begehren sind zwei so verschiedene, einander so völlig ausschließende, ja entgegengesetzte Zustände, daß in den Momenten, wo ein Mensch wirklich liebt, ihm der Gedanke der körperlichen Vereinigung mit dem geliebten Wesen ein völlig undenkbarer ist." (WEININGER, 310)

219 Paolo Mantegazza (* 1831 Monza) war zugleich der Verfasser von „Physiologie des Vergnügens" (1854), der „Hygiene der Liebe" und von „Geschlechtsverhältnisse des Menschen". Dies waren Aufklärungsbücher des 19. Jahrhunderts.

220 In welchen spekulativen und politisierenden Geistes-Bereichen sich Weininger mit seiner Mann-Frau-Juden-Philosophie bewegte, können folgende Sätze belegen: „Trotzdem die Anlage der Menschheit im Juden, noch mehr im Neger, und noch weit mehr im Weibe, mit einer größeren Anzahl amoralischer Triebe belastet ist; ob sie auch hier mit mehr Hindernissen zu kämpfen hat als im arischen Manne [...], muß der Mensch achten, noch hier die Idee der Menschheit (das heißt nicht: der menschlichen Gesellschaft, sondern das Mensch-Sein, die Seele als Teil einer übersinnlichen Welt) ehren. Auch über den gesunkensten Verbrecher darf niemand sich die Gewalt anmaßen als das Gesetz, kein Mensch hat das Recht, ihn zu lynchen." (WEININGER, 449f)

221 Man erinnere sich an Waggerls Auftrag, als Fotoreporter bedrängende dörfliche Vorkommnisse festzuhalten, so z. B. ein totes Bauernkind (EDITH, 1.3.1928), und Waggerls Interesse für Tieraufnahmen (EDITH, 11.9.1927).

222 G. W. Pabst: 1923 erste Regiearbeit: „Der Schatz". Sozialkritische Filme und Interesse an Psychoanalyse: „Die freudlose Gasse" (1925), „Geheimnisse einer Seele" (1926). Kritik an den dekadenten bürgerlichen Schichten Deutschlands, erotische Szenen: „Die Büchse der Pandora" (1928), „Tagebuch einer Verlorenen" (1929). Er sympathisiert mit der Linken, ist gemeinsam mit Heinrich Mann und Erwin Piscator Mitbegründer des Volksverbundes für Filmkunst. Wütende Angriffe der Nationalsozialisten gegen seinen Film „Westfront 1918" (1930), der dem amerikanischen, nach E. M. Remarques Roman gedrehten Film „All Quiet on the Western Front" (1930) vergleichbar ist; Verfilmung von Brechts/Weills „Die Dreigroschenoper" (1931); Hollywood-Aufenthalt, Arbeit in Frankreich, 1939 Rückkehr nach Wien: „Komödianten" (1941), „Paracelsus" (1943). Film gegen den Antisemitismus: „Der Prozeß" (1948); Thema Nationalsozialismus: „Es geschah am 20. Juli" (1955), „Der letzte Akt" (1955). – Wolfgang Liebeneiner: 1937 erste Regiearbeit, zwischen 1938 und 1945 Leiter der Filmakademie Babelsberg, zwischen 1942 und 1945 Produktionschef der UFA. Nach 1945 war sein Film „Ich klage an" (1941), der für die Euthanasie eintrat, heftig umstritten. Komödien: „Yvette" (1938), „Der Florentiner Hut" (1940). Nach 1945: „1. April 2000" (1952), „Die Trapp-Familie" (1956), „Taiga" (1958).

223 Korrespondenz Wilfried Frass (Thumersbach, Zell am See) – Waggerl (August, Dezember 1948, ARCHIV).

224 Waggerl hat folgende Bücher Knut Hamsuns sicher gelesen. Sie befinden sich in jeweils von Waggerl gebundenen Exemplaren noch in der Nachlaß-Bibliothek in Wagrain: „Mysterien" (1892), „Neue Erde" (1893), „Redakteur Lynge" (1893), „Pan" (1894), „Erzählungen" (Viktoria 1898, Schwärmer 1904, Eine ganz gewöhnliche Fliege mittlerer Größe, Vagabondage 1904), „Im Märchenland" (1903), „Unter dem Halbmond", „Kinder ihrer

Zeit" (1913), „Die Stadt Segelfoß" (1915), „Segen der Erde" (1917; dafür 1920 Nobelpreis), „Die Weiber am Brunnen" (1920), „Das letzte Kapitel" (1923), „Landstreicher" (1927), „August Weltumsegler" (1930). Waggerl kannte auch Walter A. Berendsohns Hamsun-Buch: Knut Hamsun. Das unbändige Ich und die menschliche Gemeinschaft. München: Albert Langen 1929.

225 Landstreicher. In: Die sieben Jungen aus Österreich. Eine Novellen-Sammlung. Hrsg. von Leopold Steiner. Leipzig: Staackmann Verlag 1930. Auch in: Landstreicher. Gespräch in der Nacht. Wagrain, Salzburg: Waggerl (Eigenverlag) 1932; Du und Angela 1933; Neues Wiener Tagblatt, 9.6.1935; Ausgabe mit Holzschnitten von Elisabeth Guyer. München: Akad. für angewandte Kunst. 1937; SW II 1970.

226 Waggerl war ein Beethoven-Liebhaber. In der Korrespondenz mit Maria Lorenz aus den 30er Jahren wettert er gegen Gustav Mahler und nennt Beethovens Andante cantabile aus dem Streichtrio, op. 97, eines seiner Lieblingsstücke. (LORENZ, wahrscheinlich Herbst 1933).

227 Wilhelm von Kügelgen (1802–1867): Kunststudium in Dresden und Rom, längerer Rußlandaufenthalt, Hofmaler, seit 1853 Kammerherr bei Herzog Karl Alexander von Anhalt-Bernburg.

228 Waggerl band auch Charmian Londons Biographie „Jack London. Sein Leben und Werk" (1928), zu der Arthur Holitscher das Vorwort schrieb. Über Jack London (1876–1916), der sich als 40jähriger das Leben nahm, schrieb Holitscher (1869–1941). „London lehrt, dieses Dasein zu lieben. Er ist der hymnische Verkünder und mehr, der inbrünstige Liebhaber und Sänger des Daseins auf Erden. [...] Arme Landstreicher [...] verwandeln sich [...] in stolze, übermütige Besitzer der Welt [...]. Es steckte in Jack London eine gute Tracht Rebellentum." (S. 12)

229 Berta Kramer schenkte Waggerl zu seinem 31. Geburtstag Hamsuns „Landstreicher". Angeregt davon, nannte Waggerl eine seiner Erzählungen ebenfalls so.

230 Waggerl schrieb für die Neuauflage von Ginzkeys Erzählung „Der Weg zu Oswalda" (1924, 1953), die an der österreichisch-italienischen Front des Ersten Weltkrieges (am Campolongo) spielt, wo auch Waggerl eingesetzt war, das Vorwort. Dieses ist aber kein Kommentar zu Ginzkeys Erzählung, sondern besteht aus Erinnerungen an die *„unvergänglichen Tröstungen, die aus jener Zeit erhalten blieben". (OS, 6)* Ähnliches steht in Briefen an F. K. Ginzkey von 1950 und 1951: *„Sie waren ja in meiner frühesten Jugend schon der Inbegriff dessen, was ich selber, noch ungebrannt und unwissend, erstrebte. [...] denn Sie sind eines der unverrückbaren Bilder, besser gesagt, Vorbilder, die mir aus der Jugendzeit erhalten blieben." (BRIEFE I)*

231 Eugen Diederichs (1867–1930). Zum Eugen-Diederichs-Verlag und seiner wichtigen Rolle für die „Heimatkunst"-Bewegung und die Buchgestaltung seit 1900 vgl. ROSSBACHER, 102ff ; Zuletzt: HÜBINGER.

232 In einem Brief an Georg Rendl (2.4.1947) sprach Waggerl über die Niederschrift des Romans in den Jahren 1927/28. (SLitA, Waggerl). Er habe das Typoskript sogar an ein Berliner Preisausschreiben geschickt, aber ohne Erfolg.

233 Im November 1932 wurde Waggerl z. B. mit einem lukrativen Angebot des Duncker-Verlages (Weimar) konfrontiert, einen Band zum Thema „Deutsches Handwerk" (ca. 100 Seiten Fotos, einige Seiten Einleitung) herauszugeben. Kippenberg wollte das nicht haben. (WK, 21.11.1932)

234 Kippenberg bedauerte, daß anläßlich seines Salzburg-Aufenthaltes am 8. April 1932 kein gemeinsames Treffen mit seinem Verlagsautor Stefan Zweig, dessen Frau Friederike und Waggerl zustande gekommen sei. (WK, 18.4.1932)

235 Georg Rendls Arbeitslosenroman „Vor den Fenstern" (1932), der über Vermittlung Stefan Zweigs im Insel-Verlag erscheinen sollte, wurde vom Verlag jedoch nicht angenommen. (WK, 29.1.1932) Rendl übersiedelte daraufhin zur Deutschen Verlags-Anstalt in Stuttgart, wo der Roman, der angeblich „Brot" heißen sollte, erschien. Die Kritik stellte, ähnlich wie bei Waggerls „Brot" (1930), Bezüge zu Knut Hamsun her, allerdings nicht zu „Segen der Erde", sondern zu „Hunger". Herbert Günther besprach Rendls Roman in der Zeitschrift „Der Querschnitt" (Mai 1932) positiv. „Er [der Roman] verfällt bei allen Realismen niemals in platten Naturalismus. Umgekehrt: er poetisiert nicht ein einziges Mal, aber er bewahrt noch in der Darstellung bittersten Elends Melodie." Waggerl kannte Rendls Buch und diese Rezension. Zu Georg Rendl vgl. SK, 396f; HOLL, 743ff.

236 Waggerl soll nach eigenen Angaben Georg Rendl erstmals im Atelier von Poldi Wojtek, der ersten Frau Kai Mühlmanns, getroffen haben. (SLitA, Waggerl, 2.4.1947)

237 Waggerl soll nach Mitteilungen des damaligen Insel-Lektors Hanns Arens in Briefen an diesen z. T. identische Formulierungen verwendet haben. (vgl. VAGABUND, 19)

238 Soweit Angaben überhaupt eruierbar waren, ergibt sich folgende Erfolgskurve für den Roman „Brot": 1933 (13.Tsd), 1935 (23.Tsd), 1937/39 (53.Tsd), 194o (54.–58.Tsd), 1943 (78.–87.Tsd), 1944 (87. Tsd); seit 1945: 97 Tsd./1952, 101. Tsd./1961, 108. Tsd./1963, 143. Tsd. (Lizenzausgaben mitgerechnet), insgesamt: 251 Tsd./1967. Folgende Übersetzungen wurden angefertigt: 1931 englisch, M. Hopkinson, London; 1941 niederländisch, Kosmos, Amsterdam; 1941 ungarisch, Gebr. Revai, Budapest; 1941 englisch W. W. Norton, New York, Schulausgabe; 1941 serbisch, Verlags- und Vertriebs AG., Belgrad; 1942 tschechisch, Sfinx-Verlag, Prag. – Weitere Ausgaben: 1935 Hamburg: Deutsche Hausbücherei (=Jahresreihe 19, Band 5); 1941, 1944 und 1955 Hamburg: Deutsche Hausbücherei; 1955 Wien: Österr. Buchgemeinschaft; 1961 München: Deutscher Taschenbuch Verlag; 1962 Wien: Buchgemeinschaft Donauland – Teile aus „Brot" wurden u. a. in folgenden Organen und Anthologien abgedruckt: Weltstimmen, Oktober 1930; Der getreue Eckart (März 1931); Neues Wiener Tagblatt 12.4.1936, Nr. 102; Neues Wiener Tagblatt 12.6.1936, Nr. 161; Wiener Neueste Nachrichten 30.8.1936, Nr. 4536; Das Schwarze Korps 23.2.1939/Folge 8; Die Ostmark erzählt. Ein Sammelbuch junger deutscher Dichtung. Hg. v. Erwin H. Rainalter. Berlin: Zeitgeschichte Verlag Wilhelm Andermann 1939; Völkischer Beobachter (Süddeutsche Ausgabe)

21.5.1942; Völkischer Beobachter 26.7.1942; Völkischer Beobachter (Süddeutsche Ausgabe) 13.11.1943. Weitere Angaben bei WK, u. a. der Verkauf der Rechte nach Lettland im Jahre 1944.

239 Felix Timmermans (1886–1947): Flämischer Autor, Besuch der Malerakademie, Illustrator seiner eigenen Bücher, von Rudolf A. Schröder und Anton Kippenberg entdeckt, Vertreter der flämischen Heimatkunst: Romane, Erzählungen, Dramen und Lyrik; „Pallieter" (Roman, dt. 1921), „Das Jesuskind in Flandern" (Legende, dt. 1919) u. a. (vgl. INSEL) – Hans Carossa (1878–1956): Arzt und Dichter; seit den 20er Jahren einer der anerkanntesten deutschen Autoren: 1928 Münchener Dichterpreis, 1931 Gottfried-Keller-Preis, 1938 Goethe-Preis; 1933 Ablehnung der Berufung in die Deutsche Akademie der Dichtung, 1941 Annahme des Präsidentenamtes des Europäischen Schriftstellerverbandes unter Druck der Nationalsozialisten; Dichter der Inneren Emigration, „Eine Kindheit" (1922), „Rumänisches Tagebuch" (1924), „Der Arzt Gion" (1931), „Wirkungen Goethes in der Gegenwart" (1938), „Das Jahr der schönen Täuschungen" (1941), „Ungleiche Welten" (1951) u. a. (vgl. INSEL).

240 Nachdem Herbert Scheffler in der Oldenburger Zeitung eine Rezension auch über „Das Wiesenbuch" (1932) verfaßt hatte, äußerte sich Waggerl über ihn folgendermaßen: *„[...] er ist einer von den ganz wenigen, die verstanden haben, worauf es mir eigentlich ankommt. Sieht man die Sache einmal so an, dann verliert der Vorwurf, ich sei von Hamsun abhängig, alle Wichtigkeit." (WK, 21.6.1932)*

241 Waggerl selbst ironisiert freilich die Initiative, die möglicherweise aus einem Kreis um die deutsch-katholische Dichterin, Sprachforscherin und Griechenland-Forscherin Erika Spann-Rheinsch (*1880), der Gattin des Wiener Ordinarius für Volkswirtschaft und Staatsrecht Othmar Spann, gekommen ist. Spann-Rheinsch trat schon am 1. Mai 1933 der NSDAP bei, konnte aber nach 1938 die Weiterführung ihrer Mitgliedschaft nicht erreichen, da das NSDAP-Gaugericht dagegen Einspruch erhob, hauptsächlich weil Spann-Rheinsch „ultramontane" Gedichte verfaßt habe. (MÜLLER I, 324, 331) Aus der Korrespondenz mit Erika Spann-Rheinsch (1932) geht hervor, daß Waggerl im Wiener Salon der Autorin gern gesehen war, in dem viele der konservativ-katholischen und deutsch-völkischen Künstler der 30er Jahre verkehrten und wo „mit Gleichgerichteten über Fragen der Dichtkunst" geredet wurde: z. B. Enrica von Handel-Mazzetti, Paula Grogger, Wladimir von Hartlieb, Erna Blaas, Max Mell, Bruno Brehm, Richard Billinger, Robert Hohlbaum, Franz Spunda, Ernst von Salomon, Paula von Preradovic. Waggerl war in dem genannten Kreis wegen seiner „wunderbaren und selbstständigen [sic!] Formung des Urtümlichen in Menschen und Natur" geschätzt. (BRIEFE I, 1932) Gemeinsam mit Spann-Rheinsch und weiteren ca. 60 Autoren war Waggerl schließlich 1933 in Max Morolds „Dichterbuch. Deutscher Glaube, deutsches Sehnen und deutsches Fühlen in Österreich" vertreten. „Die Geschichte von den drei Pfändern" aus dem zweiten Roman Waggerls „Schweres Blut" (1932) wurde als Exempel gegen „unsere entartete, entseelte und entgötterte Zeit" (MOROLD, 516) abgedruckt. Zum Stellenwert von Erika Spann-Rheinsch vgl. SCHMIDT.

242 Das „Börsenblatt für den Deutschen Buchhandel" hatte im Dezember 1933, also nach der Errichtung der NS-Herrschaft, eine Artikelserie mit Stellungnahmen „deutscher" Schriftsteller begonnen.

243 Gottfried Benn verlas diesen Text am 24. Mai 1933 im Reichsrundfunk und ließ ihn einen Tag später in der „Deutschen Allgemeinen Zeitung" veröffentlichen. Benn sagte verblendeterweise u. a.: „Verstehen Sie doch [...], daß es sich bei den Vorgängen in Deutschland gar nicht um politische Kniffe handelt, die man in der bekannten dialektischen Manier verdrehen und zerreden könnte, sondern es handelt sich um das Hervortreten eines neuen biologischen Typs, die Geschichte mutiert und ein Volk will sich züchten. Allerdings ist die Auffassung vom Wesen des Menschen, die dieser Züchtungsidee zugrunde liegt, dahingehend, daß er zwar vernünftig sei, aber vor allem ist er mythisch und tief." (BENN, 239ff)

244 Die Stelle aus „Brot" lautet: *„‚Wir haben auch ein Mädchen gehabt', sagt Regina, ‚es ist gestorben.' Sie holt das Gebetbuch aus der Kammer und zeigt die blaßgelben Härchen, so blaß und gelb war Helene selbst. Ein armseliges Flämmchen, plötzlich löschte es aus." (BROT, 131)*

245 Die Lese- und Redehalle der deutschen Studenten in Prag erbat sich umgehend ein Widmungsexemplar des Romans. Waggerl signierte. (ARCHIV, H 26)

246 Hanns Arens hat über fast ein halbes Jahrhundert hinweg, zwischen 1930 und 1973, nicht weniger als ca. 20 Broschüren, Artikel, Aufsätze, Interviews und Rezensionen über Waggerl und sein Werk publiziert, bis 1945 nicht weniger als acht, die eruierbar sind. Die umfangreichsten sind: Karl Heinrich Waggerl. Der Mensch und der Dichter. Tumringen/Baden: Verlag Kropf & Herz 1934 (gewidmet dem damaligen Präsidenten der Reichsschrifttumskammer Hans Friedrich Blunck); VAGABUND (1962). Arens war einer der ersten Reporter, die aus Wagrain und dem Kainhaus Waggerls berichteten – unter dem werbeträchtigen Titel „Dichter und Bauer".

247 Es liegen Rezensionen u.a. aus folgenden Organen vor: Vossische Zeitung, Deutsche Allgemeine Zeitung, Nachrichten für Stadt und Land Oldenburg, Generalanzeiger für Dortmund, Bergstadt Breslau, Magdeburgische Zeitung, Stadt-Anzeiger Barmen, Mannheimer Tageblatt, Neue Freie Presse (Wien), Volkszeitung (Wien), Hochland, Die neue Rundschau, Das neue Reich (Wien), Göteborgs Handelstidning, Radio Wien, Blätter für deutsche Philosophie, Herdfeuer, Das kleine Blatt (Wien), Der getreue Eckart, Literarische Monatshefte (Wien), Weltstimmen, Arbeiterzeitung (Wien), Bildungsarbeit (Blätter für sozialistisches Bildungswesen, Wien), The Times (London), Die literarische Welt.

248 Alfred Kantorowicz (1899–1979): Jurist und Schriftsteller, jüdischer Herkunft, 1931 Kommunist, Literaturkritiker u. a. der Vossischen Zeitung, 1933 Exil in Frankreich, 1934 Direktor der deutschen Freiheitsbibliothek, 1936–1938 Offizier der Internationalen Brigaden im Spanischen Bürgerkrieg, dann in den USA (Vermittlung durch Thomas Mann, Unterstützung durch Ernest Hemingway), seit 1946 in Ost-Berlin, Herausgeber der Zeitschrift „Ost und West", „verboten und verbrannt" (1949), Professor für neuere Literatur,

1957 politisches Asyl in der BRD, „In unserem Lager ist Deutschland“ (1936), „Spanisches Tagebuch“ (1948), „Deutsche Schicksale“ (1949), „Deutsches Tagebuch“ (1961).

249 „Die literarische Welt“ (1925–1933) war eine Gründung von E. Rowohlt nach dem Vorbild der „Nouvelles littéraires“. Redakteur: Willy Haas. Fortsetzung ab 1934 unter dem Titel „Das deutsche Wort“. Bis 1933 Überblick über die internationale literarische Szene. Gegen den Nazismus, dezidiert republikanisch. Setzte sich insbesondere für das Werk folgender Autoren ein: Robert Musil, Hugo von Hofmannsthal, E. R. Curtius, Franz Kafka. (vgl. SCHLAWE, 20f)

250 Leo Maasfeld, der verantwortliche Redakteur der „Salzburger Literatur-Blätter“ des Salzburger Schriftsteller-Verbandes, wollte u.a. Texte von Franz Braumann, Franz K. Ginzkey, Hans Deissinger und Stefan Zweig veröffentlichen.

251 Der Piper-Verlag lud Waggerl ein, der verlagseigenen Literarischen Korrespondenz ältere Manuskripte und Zweitdrucke zur Verfügung zu stellen. Der Verlag betreute u. a. folgende Autoren: Rudolf G. Binding, Walter Bloem, Bruno Brehm, Otto Heuschele, Hans Leip, Christian Morgenstern, Josef Ponten, Fritz Reck-Malleszewen, Johannes Schlaf, Werner Bergengruen, Walter von Molo.

252 Über Matthias Schönberger vgl. WAGRAIN I, 366ff. Im Waggerl-Archiv (Wagrain) befindet sich ein Exemplar der sog. Schönberger-Chronik. Zu M. Schönbergers Rolle während des Ständestaates und seine vermuteten NSDAP-Aktivitäten vor 1938 vgl. Salzburger Landesarchiv, Volksbildungsreferat, Karton 7 (Disziplinarverfahren 1935). Zur Salzburger Protestanten-Vertreibung vgl. REFORMATION.

253 Vgl. auch das im Typoskript erhalten gebliebene Interview zwischen Herbert Oertel und Waggerl zum Thema „Dichter und Buchhändler“ (undatiert, wahrscheinlich um 1933/34).

254 Stendhal (Marie Henri Beyle, 1783–1842): im französischen Kriegsministerium tätig, zwischen 1800 und 1802 in der Armee, nahm am Rußland-Feldzug Napoleons teil, Bekanntschaft mit Lord Byron, Madame de Stael, Allessandro Manzoni, Prosper Mérimée, zwischen 1831 und 1836/39 und 1841 Konsul in Italien; Essays, Reiseberichte, Tagebücher, Romane und Novellen: Vorläufer des frz. Realismus, kritisch-pessimistische Haltung, „Schwarz und Rot“ (1830, dt. 1901), „Die Physiologie der Liebe“ (1822), „Die Kartause von Parma“ (1845, dt. 1906), „Bekenntnisse eines Egoisten“ (dt. 1905). Der Insel-Verlag verlegte die Hauptwerke von Stendhal.

255 Armin Renker schrieb später in Anlehnung an Waggerls Spruch aus dem „Wagrainer Tagebuch“ (1936) ein gleichnamiges Buch, das er 1954 dem Titelspender widmete: Armin Renker: Die Heimat ist das Bleibende. München: Verlag Pohl & Co o.J.

256 Richard Billinger war Dramatiker, verfaßte aber auch Lyrik und Erzählendes. Sein „Perchtenspiel“ wurde bei den Salzburger Festspielen 1928 in einer skandalumwitterten Aufführung mit Grete Wiesenthal als Perchtin (mit entblößter Brust auf der Bühne) uraufgeführt. (vgl. SF) Waggerl bezog sich auf Richard Billingers autobiographischen Roman „Die Asche des Fegefeuers“ (1931). Zu Billinger BORTENSCHLAGER, RABENSTEIN. Über Billingers Masken des homosexuellen Begehrens, seine Rolle im „Dritten Reich“ und die Billinger-Rezeption nach 1945 vgl. MÜLLER IV.

257 Leonhard Frank (1904–1910): Studium der Malerei und Graphik in München, lebte 1915–1918 in der Schweiz, Kriegsgegner, 1914 und 1920 Fontane-Preis für „Die Räuberbande“ (1914) und „Der Mensch ist gut“ (1918), Kleist-Preis (vorgeschlagen von Heinrich Mann), 1927 Aufnahme in die Preußische Dichterakademie, 1933 Emigration über die Schweiz, Frankreich, Portugal in die USA, 1955 Rückkehr nach München, 1955 Nationalpreis I. Klasse der DDR, 1957 Großes Verdienstkreuz der BRD; „Karl und Anna“ (1926), „Von drei Millionen Drei“ (1931, Arbeitslosenroman), „Die Jünger Jesu“ (1949), „Deutsche Novelle“ (1944/1950), „Michaels Rückkehr“ (1950), „Links wo das Herz ist“ (Autobiographie 1952).

258 In einem Brief an Will Vespers „Die Neue Literatur“ schreibt Waggerl ironisierend gegen Billinger: *„Sicher bin ich mehr ‚Bauer‘ und weniger ‚Dichter‘ als etwa Billinger, aber diese Konstitution hat vielleicht den Vorzug der Dauerhaftigkeit.“ (MARBACH, 1.5.1932)*

259 Vgl. GRITSCHNEDER. Schon aus dem bischöflichen Linzer Petrinum wurde Billinger 1904 wegen anscheinend homosexueller Neigungen entlassen und mußte ins k. k. Staatsgymnasium Ried i. I. übersiedeln. Auch vom Militärdienst wurde er frühzeitig entlassen. Die offizielle Version: ein körperliches Gebrechen an der rechten Hand. Im Jahre 1935 soll Billinger nach seinem Freispruch noch im Gerichtssaal ein zweites Mal verhaftet worden sein. Interventionen von einem Freund Billingers bei dessen Freund, der auf höchster Ebene arbeitete – bei Himmler – und von Käthe Dorsch bei Göring erreichten die endgültige Freilassung, aber mit Kosten: Das Schweige-Gelübde wurde Billinger auferlegt.

260 Ähnliche Passagen, verkürzt und zugleich erweitert, stehen in dem Band: Begegnung mit Stefan Zweig. Ein Buch der Erinnerung. Mit einem Vorwort von Jules Romains. Im Auftrag der Stefan-Zweig-Gesellschaft hg. Von Arthur Werner. Wien: Verlag der Stefan-Zweig-Gesellschaft 1972, S. 11–22 (Hanns Arens berichtet darin über seine Begegnungen mit Zweig seit 1920).

261 In Privatbesitz befindet sich eine Buchbindearbeit Waggerls, nämlich Stefan Zweigs „Marie Antoinette. Leipzig: Insel 1932“ mit der eigenhändigen Widmung: „Karl Heinrich Waggerl Freundnachbarlichen Gruss! Stefan Zweig 1932“.

262 Vgl. Das Flügelross. Erstes Kunstjahrbuch des Reichsgaues Salzburg. Hg. von Heinrich Zillich. Salzburg: Verlag „Das Bergland-Buch“ 1941, S. 201f

263 Vgl. Im Zeichen von Buch und Schwert. Die Veranstaltungen in Weimar zur Kriegsbuchwoche 1941. Das Dritte Deutsche Dichtertreffen. In: Börsenblatt für den Deutschen Buchhandel, 28.10.1941, S. 365ff.

264 Dr. Jürgen Eggebrecht (*1898) war während des Krieges von Berlin aus zuständig für die Auswahl der Bücher für den Frontbuchhandel; nach 1945 Leiter der Abteilung Kulturelles Wort des NWDR/ NDR, Mitglied des P.E.N.-Clubs; Lyriker, Erzähler, Verfasser von Hörspielen, Übersetzer. (Vgl. BESCH, 79ff).

265 Paul Alverdes (1897–1979): Sohn eines Offiziers, stieß früh zur Jugendbewegung, Kriegsfreiwilliger, Verwundung, Studium des Rechts, der Germanistik und Kunstgeschichte, Promotion. Seit 1922 in München. Zwischen 1934 und 1944 gemeinsam mit Benno von Mechow Herausgeber der Zeitschrift „Das innere Reich". Dramatiker und Erzähler. Zentral für sein Werk ist das Kriegserlebnis: „Die Flucht" (1924, Hörspiel 1936), „Die Pfeiferstube" (1929, Hans Carossa gewidmet), „Reinhold oder die Verwandelten" (1931), Langemarck-Hörspiel „Die Freiwilligen" (1934), „Das Zwiegesicht" (1937), „Grimbarts Haus" (1949, K.H. Waggerl gewidmet). Waggerl und Alverdes kannten sich wahrscheinlich spätestens seit 1940: Salzburger Dichtertage (Juli/August). Die Briefe von Alverdes an Waggerl aus der Zeit vor 1945 beziehen sich auf seine Arbeit als Redakteur des „Inneren Reichs" (über einen geplanten Waggerl-Beitrag) und auf einen Alverdes-Beitrag für die „Salzburger Hefte", die Waggerl herausgab. (Vgl. ARCHIV, H 1263; Für die Einsichtnahme in Alverdes-Briefe ab 1945 bedanke ich mich bei Herrn Wolf Alverdes.) In den Briefen ab Ende 1946 – sie gehen oft an Grete Lanz in Salzburg – werden folgende Themen angesprochen: Publikationsverbot für Alverdes in der US-Zone, Veröffentlichungspläne, Beziehung zu Friedrich Welz, Erinnerungen an Salzburg-Aufenthalte während des Krieges, Beziehung zu Franz Tumler, literarische Verarbeitung einer Italien-Reise von 1943, Hitler als „Oberteufel", Lesetips für Waggerl, über Waggerls geplante Zeitschrift „Der neue Almanach", Widmung von „Grimbarts Haus" an Waggerl, Abdruck durch Frau Ilse Leitenberger als Fortsetzungstext in den „Salzburger Nachrichten", Bitte um Intervention beim Insel-Verlag u. a.

266 Hans Friedrich Blunck (1888–1961): Jurastudium, Regierungsrat, Ordonnanzoffizier, Reisen nach Amerika, Afrika und in die Balkan- und Mittelmeerländer, zwischen 1933 und 1935 Präsident der Reichsschrifttumskammer. Dramatiker, Lyriker, Erzähler; Themen aus der germanischen Vorzeit und hansische Stoffe, „nordische" und „völkisch-nationalistische" Ausrichtung: „König Geiserich" (1936), „Die Sage vom Reich" (1941). Blunck wurde 1931 von Waggerls Propagator Hanns Arens gebeten, Kontakte zum „Hamburger Fremdenblatt" herzustellen, um Waggerls Roman „Brot" oder „Schweres Blut" in Fortsetzungen zu drucken. (ARCHIV, H 15 828; Blunck-Briefe an Waggerl von 1954 sind erhalten. Auf die Einladung der nach dem Tode Bluncks ins Leben gerufenen „Gesellschaft zur Förderung des Werkes von Hans Friedrich Blunck" reagierte Waggerl nicht.)

267 Franz Tumler (*1912): Lehrer; Erzähler und Lyriker, Freundschaft mit Gertrud Fussenegger. „Das Tal von Lausa und Duron" (1935), „Der Soldateneid" (1938/39), „Österreich ist ein Land des Deutschen Reiches" (1940), „Anruf" (1941), „Heimfahrt" (1950), „Ein Schloß in Österreich" (1953), „Der Schritt hinüber" (1956), „Aufschreibung aus Trient" (1965). Ein Briefwechsel zwischen Waggerl und Tumler liegt vor zwischen 1941 und 1956. Waggerl wollte Tumler u. a. als Beiträger für die Zeitschrift „Unser Alpenkorps", die Waggerl mitgestaltete, gewinnen. Zwischen den beiden bestand ein herzliches Verhältnis. Zu Tumlers Rolle für die NS-Bewegung vgl. MÜLLER I, 274ff.

268 Zum äußerst gespannten Verhältnis zwischen Waggerl und Ziesel vgl. folgende Quellen: Korrespondenz mit Ziesel zwischen 1938 und 1955 (vgl. ARCHIV, WK, 31.3.1940). Kurt Ziesel war 1938 u.a. Hauptschriftleiter des Zeitungsdienstes der Hanseatischen Verlagsanstalt und druckte gegen den Willen Waggerls Texte aus dessen Feder. Ziesel übernahm außerdem einen Ausschnitt aus Waggerls „Wagrainer Tagebuch" in den Sammelband: Stimmen der Ostmark. Eine Feierabendsfolge. Zusammengestellt von Kurt Ziesel. Hamburg: Hanseatische Verlagsanstalt, S. 18f (Bekenntnis zur Heimat). Zu Kurt Ziesel vgl. MÜLLER I, 246ff.

269 Heinrich Zillich (1898–1988): aus Siebenbürgen, Teilnahme am 1. Weltkrieg, 1919 rumänischer Offizier, Herausgeber der Zeitschrift „Klingsor" und des Ersten Kunstjahrbuchs des Reichsgaues Salzburg „Das Flügelross" (1941). Dort schrieb er: „Denn in unserer Zeit, da sich das Reich sieghaft erneuert, wissen die schöpferischen Menschen aus der Tiefe der Werkbeauftragung, daß ihr Dichten, den Baumzweigen gleich, einem einzigen Wurzelstamm entsprießt und sich, obschon tausendfach verschieden, urverwandt ergänzt. [...] und daß all dies mitten im Krieg so enge und gute Nachbarschaft hält, daran ermißt sich Rang und Kraft und Sendung unseres ganzen Volkes!" (ZILLICH, 7ff). Der Briefwechsel mit Waggerl umfaßt die Jahre zwischen 1937 und 1950 (vgl. ARCHIV)

270 Vgl. auch den rassistisch eingefärbten Bewunderungs-Bericht einer „kleinen Weimarer Schriftstellerin" über das Treffen 1941 in der Zeitschrift der Reichsschrifttumskammer. „Bist du aus sauberem Blut, dann fürchte nichts. Bist du aber ein Bastard, dann wirst du nicht erkennen, was man von dir will." Waggerl gehört für sie zu den Prominentesten. (Anonym: Zur Kriegsbuchwoche 1941. In: Der deutsche Schriftsteller 1941, S. 128). Von Vilma Sturm stammt ein ähnlicher Bericht (Typoskript) über das „Großdeutsche Dichtertreffen" des Jahres 1940. (WAGGERL-ARCHIV, Wagrain). Vilma Sturm (aus Köln), die ab 1943 bis nach Kriegsende in Wagrain wohnte, arbeitete mit Waggerl vor und nach 1945 zusammen. Sie verfaßte gemeinsam mit ihm das Hörspiel „Fahrende Leute" nach Waggerls Erzählung „Landstreicher" (im Eigentum der Reichs-Rundfunk-Gesellschaft, Berlin, Deutschlandsender). Vgl. auch Vilma Sturm: Besuch bei Karl Heinrich Waggerl. In: Völkischer Beobachter 20.6.1943 (anläßlich der Verleihung des Kulturpreises der Gauhauptstadt Salzburg an Waggerl 1943) Tagebuch-Notizen Waggerls vom August 1946 belegen die Abreise Vilma Sturms aus Wagrain – *„ohne Dank und Abschied weggezogen."*

271 Walter Hofmann (1879–1952): Früher Kontakt zur Kunsterziehungsbewegung und zu den Gewerkschaften, 1905 Einrichtung einer „Freien öffentlichen Bibliothek" in Dresden, 1914 Gründung der 1. städtischen Bücherhalle in Leipzig, Einrichtung einer fahrbaren Bücherei während des Ersten Weltkrieges, seit 1914 Einrichtung der Deutschen Zentralstelle für volkstümliches Büchereiwesen; Plan: als besonders „echt" und „lebensnahe" angesehene Bücher an die Leser heranbringen; 1931 Ehrendoktorat, 1937 Verlust seines Postens.

272 Edzard Schaper (1908–1984): aus dem Baltikum, Schule in Glogau und Hannover, Regieassistent und Schauspieler in Herford und Stuttgart, Gärtner, 1927–1929 auf einer dänischen Ostseeinsel ansässig, Seefahrten ins Eismeer und nach Island, 1930 bis 1940 in Estland, Korrespondent der „United Press", 1940 Flucht vor den Sowjets nach

Finnland, 1944 nach Schweden, Waldarbeiter, seit 1947 in der Schweiz. Autobiographie „Bürger in Zeit und Ewigkeit. Antworten“ (1956); 1951 Eintritt in die katholische Kirche, Thema seiner Dichtungen: der Mensch zwischen den Fronten im Kampf um die Freiheit, in Gefangenschaft und auf der Flucht; viele Preise in den 50er/60er Jahren; „Der letzte Gast“ (1927), „Die sterbende Kirche“ (1935), „Der Henker“ (1940), „Der vierte König“ (1961), „Geschichten aus vielen Leben“ (1977). Vgl. Edzard Schapers Beitrag zum 70. Geburtstag Waggerls (BESCH, 98ff).

273 Zu Hanns Schopper vgl. Materialien aus dem Bundesarchiv Außenstelle Berlin–Zehlendorf (ehemaliges Berlin Document Center). Mitglied der NSDAP seit 1.6.1933, 7 Monate Haft wegen NSDAP-Mitgliedschaft, Mitglied des Reichsverbandes deutscher Schriftsteller (RDS, 22.8.1933), Schopper leitete vor 1938 den „Pressering der illegalen Obergruppe der SA der NSDAP“ in Österreich. Weitere Werke: u.a. „Glück unterm Hammer“ (UA Graz 1933, Reichssender München), „Der Wittiber“ (nach L. Thoma, UA Staatstheater München 1932, RAVAG Wien), „Öl“ (UA Heidelberg 1938), „Niederdonau, deutscher Grenzgau und Bauernland“ (Berlin. Verlag Junker & Dünnhaupt 1940). Schopper war 1940 Sturmführer der SA.

274 Guido Zernatto (1903–1943) war neben Rudolf Henz (1897–1987) einer der wichtigsten austrofaschistischen Kulturfunktionäre. „Im Herbst 1933 unterzeichnete Zernatto eine Unterstützungserklärung für die Politik Adolf Hitlers und den Austritt des Deutschen Reiches aus dem Völkerbund. 1934 wurde er Leiter des Arbeitskreises ‚Buch und Schrifttum‘ des Kulturreferats der Vaterländischen Front (Leiter: Rudolf Henz), [...] Vorstandsmitglied des Kulturbundes [...]. Mit 14. Mai 1936 wurde er als Staatssekretär im Bundeskanzleramt in die Regierungen Schuschnigg II, III berufen. Am 15. Mai 1936 wurde er Generalsekretär der Vaterländischen Front.“ (MANDATARE, 268)

275 Diese in sich abgeschlossenen Legenden eigneten sich natürlich bestens für den Abdruck in diversen Publikationsorganen: u. a. Dichterbuch 1933; Wiener Zeitung 15.8.1933; Neue Freie Presse 24.12.1933; Neue Freie Presse 1.4.1934; National-Zeitung 28.4.1934; Volks-Zeitung (Wien) 9.6.1935; Neues Wiener Tagblatt 2.2.1936; Bergland 20 (1938), H. 3; Tagespost, Graz 16.1.1939; Volksdeutsche Zeitung (Brünn) 20.8.1939; Stuttgarter Neues Tagblatt 8.2.1939; Schlesische Zeitung (Breslau) 24.8.1939; Offenes Wort (Wien) 2.6.1951, Nr. 22; Dauer im Wandel. Festschrift zum 70. Geburtstag von Carl J. Burckhardt 1961.

276 Das bedeutete natürlich nicht, daß Waggerl keine politische Meinung gehabt hätte. Anläßlich der Besetzung des Saarlandes durch deutsche Truppen machte er sich Notizen und betrachtete die Saarlandfrage nicht als eine Frage von *„Besitz oder Verzicht“*, sondern als eine von *„Recht u. Unrecht“*, *„über den Bestand der abendländischen Kultur“. (ARCHIV, Die Saarfrage)*

277 Sollte sich Waggerl bei seinem Vorschlag an die ungemein treffende, aber schmerzliche Rezension von Alfred Kantorowicz zum Roman „Brot“ (1930) in der „Literarischen Welt“ erinnert haben? Das April-Heft 1933 der Zeitschrift war als Grußbotschaft an Adolf Hitler und die „nationale Bewegung“ gestaltet. Die „Literarische Welt“ wurde ab April 1934 unter dem Titel „Das deutsche Wort“ fortgesetzt, nachdem die alte Redaktion nach Prag emigrieren mußte. Im Februar 1934 schrieb Waggerl regimetreu: *„Die L. W. ist ein Blatt schlimmster Korruption.“ (LORENZ, 20.2.1934)*

278 Wie haltlos Waggerls Äußerungen waren, läßt z. B. die Tatsache erahnen, daß im Jahre 1931 der Volksstückautor Ödön von Horváth (1901–1938) und Erik Reger (1893–1954) auf Vorschlag von Carl Zuckmayer den Kleist-Preis bekamen. (Vgl. ZUCK, 210ff) Rainer Schlösser, der spätere NS-Reichsdramaturg, hatte im „Völkischen Beobachter“ geschrieben: „Der Deutsche denkt, und der Jude lenkt. [...] Der diesjährige Vertrauensmann der Kleist-Stiftung war der Halbjude Carl Zuckmayer, sattsam bekannt durch seine üblen Machwerke ‚Der fröhliche Weinberg‘ und ‚Der Hauptmann von Köpenick‘. Was Zuckmayers Stücke schon bewiesen, jetzt bestätigt es auch seine Preisrichtertätigkeit: daß er allen Geschmacks und Urteilsvermögens bar ist. [...] Und wir wissen, daß Horváth deutschen Menschen nichts, aber auch gar nichts zu sagen hat.“ (MAT, 64)

279 Daß zwischen dem, was Waggerl publizierte, und dem, was er im vertrauten Kreis sagte und schrieb, eine Diskrepanz bestand, dafür ist „Ein Wort für den Buchhändler“ ein gutes Anschauungsbeispiel. Es betrifft Waggerls Verhältnis zu Schriftstellern, in diesem Fall sein Denken über Ernst Wiechert. Während er Wiechert (gemeinsam u. a. mit Hans Carossa und Hermann Stehr) in seinem „Wort“ dafür lobt, daß sie sich tapfer *„mit fanatischer Hingabe für Totgeschwiegene und Angefeindete eingesetzt haben“ (WORT)*, heißt es Maria Lorenz gegenüber: *„Und leider, auch Wiechert ist nichts als ein Reklamemann für Langenmüller. Er lobt Mechow, dieser den Griese, der Griese wieder ihn [...]. Ich bin immer öffentlich für Wiechert eingetreten, obwohl ich wußte, daß er mich nicht mag [...].“ (LORENZ, 20.2.1934)*

280 Sogar Matthias Claudius‘ „Abendlied“ wird von Waggerl in diesem antijüdischen Zusammenhang als Inbegriff deutscher Dichtung mißbraucht. (DuJ, 255)

281 Gerhard Schumann (*1911): seit 1930 Studium der Germanistik in Tübingen, NS-Studentenführer und SA-Führer, Standartenführer, Präsidialrat der RSK, Mitglied des Reichskultursenates und des SA-Kulturkreises. Für den Gedichtband „Wir aber sind das Korn“ (1936) erhielt er den Nationalen Buchpreis. „Ein Weg führt ins Ganze“ (Gedichtband 1933), „Die Lieder vom Reich“ (Sonettenzyklus 1935), „Wir dürfen dienen“ (1937), „Heldische Feier“ (chorische Dichtung, UA 1936), „Volk ohne Grenzen“ (Kantate 1938), „Entscheidung“ (Drama 1938).

282 Zwischen 1930 und 1942 erschienen in der Zeitschrift für die Freunde des Inselverlages, „Das Inselschiff“, folgende Beiträge Waggerls, z. T. Vorabdrucke aus Romanen, für die es aber kein Honorar gab, weil der Verlag diese Publikationen als werbeträchtige Investition für den Autor betrachtete: „Die Falle“ (Frühling 1930), „Gespräch in der Nacht“ (Sommer 1930), „Geschichten des alten Christian“ (Weihnachten 1931), „Die Entfesselten“ (Frühling 1932), „Im Bereich des Dorfes“ (Weihnachten 1933), „Aus der Kindheit“ (Herbst 1934), „Heimkehr“ (Sommer 1935), „Lob der Wiese“ (Frühling 1936), „Feierabend“ (Herbst 1942). Dazu kommen noch:

Rezension des Romans „Brot“ von Kurt Münzer (Weihnachten 1930), Ankündigung des Romans „Schweres Blut“ durch den Verlag (Herbst 1931). Im „Insel-Almanach“ wurden zwischen 1931 und 1940 folgende Texte Waggerls publiziert: „Der alte Mesner kommt nach Hause“ (1931), „Ein Mann namens Adam“ (1933), „Mutter Gertraud“ (1936), „Aus dem Wagrainer Tagebuch“ (1937), „Freundschaft mit Büchern“ (1938), „Aus der Heimat“ (1940).

283 In diesem Zusammenhang ist auch die Korrespondenz mit Friedrich Schreyvogl von Interesse, der schon 1929 durch eine Publikation in den „Österreichischen Monatsheften“ auf Waggerl aufmerksam geworden war und versprach, sich für ihn in Wiener Kulturkreisen, z. B. beim „Kulturbund“ und bei der Wiener Presse einzusetzen. (ARCHIV, H 44–46)

284 In der Tat beteiligte sich Waggerl in den 30er Jahren auch an volkstümlichen patriotischen Veranstaltungen, die darauf zielten, das Salzburg-Heimatbewußtsein zu stärken und „durch mustergiltige gesellschaftliche Veranstaltungen geistig zu erfreuen, dadurch einer Gesundung geselligen Lebens vorzuarbeiten“. (z. B. Teilnahme an einem Salzburger Heimattag in Wagrain 1932: Vortrag über „unser Heimatland mit Lichtbildern“, Waggerl-Lesung, „hübsche Geschlechtertänze“ und Schuhplatteln: vgl. SLA/Volksbildungsreferat/Karton 7). Waggerl beteiligte sich 1937 auch an Preismähen-Wettkämpfen in seinem Heimatort Wagrain, und zwar als Zeitnehmer mit der Stoppuhr in der Hand (vgl. Erna Blaas: Preismähen in Wagrain. In: Salzburger Volksblatt 18./19. 9. 1937. Für diesen Hinweis bedanke ich mich bei Gert Kerschbaumer.)

285 Im Jahre 1938 entsprachen 1,5 Schilling einer Reichsmark, wobei der Umwechslungskurs den Schilling hoch bewertete. RM 10.000 entsprachen im Jahre 1938 ca. dem Jahresgehalt eines Ordentlichen Universitätsprofessors, das zwischen RM 7500.– und RM 11.000.– lag. (AMANN III, 221)

286 Ein paar Monate später benachrichtigte Waggerl seinen Verlag, daß ihm die Ausreise für die geplanten Lesereisen durch Deutschland im Herbst 1935 schon zugesichert sei. Zwischen Ausreiseverbot und Ausreiseerlaubnis lagen Waggerls Auszeichnung mit dem Großen Österreichischen Staatspreis (Dezember 1934) und Guido Zernattos Interventionen. (Vgl. WK, 30.4.1935)

287 Von „Infamie“ sprach Waggerl 1945 wieder, jetzt zur Verteidigung der Vorwürfe gegen ihn als Nationalsozialisten. Der Negativ-Begriff „Konjunktur“ hat einen wichtigen Stellenwert in Waggerls Dichtungstheorie und dichterischem Selbstverständnis.

288 Eugen Hadamovsky: u. a. Vizepräsident der Reichsrundfunkkammer. „Propaganda und nationale Macht“ (Oldenburg 1933), „Dein Rundfunk – Das Rundfunkbuch für alle Volksgenossen“ (München 1934); vgl. WULF, Presse und Funk.

289 Zum Mozart-Preis der Johann-Wolfgang-Goethe Stiftung in Frankfurt a. M. vgl. STRALL, 41ff: Preisträger: Heinrich Ritter von Srbik 1935, Josef Weinheber 1936, 1937 Max Mell, 1938 Franz Nabl und Josef Pröll [Festakt in Salzburg], 1939 Hans Kloepfer und Switbert Lobisser, 1940 Josef Wenter und Rudolf Stolz, 1941 Josef Nadler, 1943 Hans Pirchegger und Martin Wutte, 1944 Eduard Lucerna und Hubert Lanzinger.

290 Ob Waggerl in dieser Angelegenheit auch ein Schreiben an Joseph Goebbels richtete, ist unklar. Eine handschriftliche Fassung eines derartigen Schreibens an den *„hochverehrten Herrn Kultusminister“* liegt jedenfalls vor. (ARCHIV, H 16.909)

291 Möglicherweise gehört auch seine Liebe z. B. zu Franz Schuberts „Der Tod und das Mädchen“, das er selber sogar sang, in den Zusammenhang von Waggerls Neigung zu Todesphantasien. (LORENZ, 1933/1934). Über sein Verhältnis zur Musik, insbesondere zu Mozart, Beethoven und Schubert, nicht aber zu Gustav Mahler und die Moderne, schreibt Waggerl: *„Ich scheine überhaupt, was die Musik betrifft, ein Hundegemüt zu haben, ich heule immer gleich.“ (LORENZ, 1933/1934)*

292 Das Exposé und eine „Tonfilmskizze“ aus der Feder von Hanns Arens haben sich im Waggerl-Archiv (Wagrain) erhalten.

293 Arnold Raether (* 1896): seit 1930 NSDAP-Mitglied, seit November 1932 Amtsleiter der NSDAP-Reichsleitung, seit Mai 1933 im Propagandaministerium, Ministeriums-Beauftragter bei der Gründung der Reichsfilmkammer, bis 1935 Vizepräsident der RFK, auf Wunsch Hitlers Oberaufsicht über den Leni-Riefenstahl-Film „Der Sieg des Glaubens“; diverse Beiträge zum NS-Film: „Film unterm Hakenkreuz“ (1933), „Nationalsozialismus und Film“ (1935). (WULF, Theater und Film)

294 Notwendige Erklärung. In: Die Neue Literatur 33 (Mai 1932), H. 5, S. 242f. Erneut in: Das Inselschiff (1937), Kleines Erdenrund (1951), Die Österreichische Furche. Weihnachtsbeilage 22.12.1951 („Ich bin nicht mit dem Boden verwachsen“), Das Lebenhaus (1955). In einem Brief an eine Autorin, die Waggerls „Stoßseufzer“ gelesen hatte und ihn um einen gegenseitigen Austausch von Büchern gebeten hatte, schrieb er in Anspielung auf seine „Notwendige Erklärung“: *„Was ich schreibe, gehört mir eigentlich gar nicht. Das liegt bloß so in mir und muß eben heraus wie ein Fremdkörper.“ (ARCHIV, 18.1.1933, H 17.021)*

295 Wilfried Bade: 1933 in der Presseabteilung der Reichsregierung, Leiter des Auslandsreferates im Propagandaministerium, Oberregierungsrat, Mitarbeiter des Reichspressechefs im Führerhauptquartier. Seine Publikationen sprechen für sich: „Die SA erobert Berlin“ (1933), „Geschichte des Dritten Reiches“ (1933ff), „Goebbels“ (1933), „Erlebnisse mit dem Führer in Polen“ (1940), Film „Das Lied vom Stahl“ (1940).

296 vgl. Hanns Arens: Begegnungen mit Luis Trenker. In: Der Bergsteiger 3 (1971), S. 166–171. Rudolf Nottebohm/Hans-Jürgen Panitz: Fast ein Jahrhundert – Luis Trenker. München, Berlin 1987. Florian Leimgruber (Hg.): Luis Trenker. Regisseur und Schriftsteller: Die Personalakte Trenker im Bundesarchiv Außenstelle Berlin–Zehlendorf (ehemaliges Berlin Document Center). Bozen 1994.

297 Poldi Wojtek (1903–1978): Mitarbeiterin von Anton Faistauer, Kolig und Andersen bei der Ausstattung des Salzburger Festspielhauses, 1926/28: Pfeilerfresken im Salzburger Hauptpostamt, 1928 Entwurf des Salzburger Festspielemblems. Nach 1945: hauptsächlich Keramikerin. (Vgl. SK, 535)

298 Welche Funktion Mühlmann wirklich ausübte, ist umstritten. Er selbst gibt in seinem handschriftlichen Lebenslauf (um 1938) an: „Nach der Machtergreifung Staatssekretär als Beauftragter des Reichsstatthalters". In seiner Zeugenaussage im Prozeß gegen Guido Schmidt (1947) sagte er: „Seyß-Inquart ernannte mich zum Staatssekretär für Kunstangelegenheiten; ich wurde aber nicht vereidigt." Mühlmann berichtet sodann von seinen Konflikten mit Gauleiter Bürckel. (HOCHV, 251)

299 Zur Organisation der NSDAP und zu den Diensträngen der Organisationen vgl. ORGANISATIONS-BUCH. Ein „Oberführer" der SS war hinter dem „Reichsführer SS" der vierthöchste Dienstgrad. Insgesamt gab es in der SS 18 Dienstränge.

300 Mühlmann wurde 1945 für zwei Jahre interniert. Im Jahre 1950 gab der österreichische Außenminister Dr. Gruber im Rahmen eines Ehrenbeleidigungsprozesses zu Protokoll, daß er als Landeshauptmann von Tirol im Auftrag der Amerikaner dem Göring-Sonderbeauftragten lediglich eine Bestätigung ausgestellt habe: Der Vorwurf hatte gelautet, ehemalige NSDAP-Angehörige würden von Amts wegen mit Ausweisen versehen, um sie als Widerstandskämpfer zu tarnen. (Salzburger Nachrichten, 21.3.1950) Im Jahre 1952 befaßte sich ein Volksgerichtssenat mit den „hochverräterischen Untrieben" [sic!] Mühlmanns: Der Staatsanwalt beantragte den Verfall des gesamten Vermögens. (Wiener Kurier, 28.7.1952) Für Informationen zu Kajetan Mühlmann bedanke ich mich bei Gert Kerschbaumer, Salzburg.

301 Neues Wiener Tagblatt, 21.12.1934. Herbert Boeckl (1894–1966): Autodidakt, Malerei seit 1921, arbeitete in Berlin, Paris, Palermo und Wien, seit 1928 in Kärnten, auch Bildhauer, seit 1935 Professor an der Wiener Akademie; Vorbilder: Kokoschka, Lovis Corinth, Frühwerk von Cézanne. 1928 Fresko „Christus auf dem See Genezareth" (Maria Saal bei Klagenfurt), 1931 „Anatomie", 1945 Marienaltar (Wien), „Heiliger Joseph von Copertino" (Wien), 1952f Fresken „Apokalypse" (Kapelle der Benediktiner-Abtei Seckau).

302 Die Zeitungen druckten unisono die vom Unterrichtsministerium vorbereiteten Texte ab. (Neue Freie Presse, Neues Wiener Tagblatt)

303 Ernst Scheibelreiter (1897–1973): Erzähler, Dramatiker, Lyriker; autobiographischer Roman „Rudi Hofers grünes Jahrzehnt" (1934), soziale Tragödie „Aufruhr im Dorf" (1931, UA Exl-Bühne), „Hirten um einen Wolf" (1933), „Die Nonne von Lissabon" (dramatische Ballade 1935), „Das Krumauer Jahr" (Gedichte 1939), „Sommer in Hörbis" (Roman 1944); weitere Romane nach 1945. (Vgl. SCHMIDT, 179ff)

304 Das Wiesenbuch. Erzählung. Leipzig: Insel-Verlag 1932 (=Insel-Bücherei 426). Dieser Text erreichte höchste Auflagen: 75 Tsd./1932–1938; keine Daten für die Zeit zwischen 1938 und 1945; 265 Tsd./1954, 275 Tsd./1955, 285 Tsd./1956, 300 Tsd./1957, 320 Tsd./ 1962, insgesamt 328 Tsd./ 1967. Übersetzung: 1941 tschechisch, Ed. Dobré dilo, Prag. Weitere Auflagen: 1949, 1952, 1954, 1955, 1956, 1957, 1959 Wiesbaden: Insel-Verlag, 1962 Frankfurt a.M.: Insel-Verlag. Ausschnitte aus dem „Wiesenbuch" finden sich u.a. In: Schülerhefte zum österreichischen Schulfunk 21, 1935/36; Neues Wiener Tagblatt 26.1.1936, Nr. 25; Fränkischer Kurier 18.8.1939, Nr. 228; Völkischer Beobachter (Münchner Ausgabe) 6.6.1942; Völkischer Beobachter (Münchner Ausgabe), 15./16.7.1944.

305 Sogar die katholische „Reichspost" bediente sich des literaturideologischen Kampfbegriffes „Asphaltliteratur", den die Nationalsozialisten oft und gerne verwendeten.

306 Bis zur Verleihung des „Kulturpreises der Gauhauptstadt Salzburg" im Jahre 1943 sollte es die letzte Auszeichnung Waggerls bleiben.

307 Zu Jakob Haringer (1898–1948): vgl. HARINGER; SK 232.

308 Im Dezember 1936 wollte Waggerl sein *„Unrecht"* bei der „Pause" wiedergutmachen. Er bat Kippenberg, doch einen Teilabdruck des Romans „Das Jahr des Herrn" zu gestatten. (WK, 1.12.1936) Zur Zeitschrift „Die Pause" vgl. SCHEICHL, 184, 204.

309 Es gibt trotz einer Reihe von anderen Briefwechseln (z. B. mit Hannelore Kettler seit Ende 1936) keine vergleichbare Korrespondenz aus den 30er Jahren. Die zahlreichen Briefe an Edith Waggerl sind Benachrichtigungen über seinen jeweiligen Aufenthalt und beschränken sich auf Alltägliches.

310 Die Berichte über die „wunderbar schönen" Augen des „Führers" waren Legion und kamen auch zu literarischen Ehren: z. B. SACHSLEHNER über Mirko Jelusich.

311 Es gab Proteste gegen den Auftritt Waggerls bei der katholischen Leo-Gesellschaft. (Brief an Franz Löser, 18.3.1934) Zu Franz Löser vgl. SK, 302 (u. a. war Franz Löser ab 1933 für die Sammlung der „nationalen" Autoren aus Österreich im „Reichsverband deutscher Schriftsteller", RDS, tätig. Vgl. RENNER)

312 vgl. NS-Kulturgemeinde an Waggerl (WK, 25.2.1937).

313 „Im Tappenkar" erschien z. T. unter anderen Namen und in unterschiedlichen Fassungen, u.a. in: Die Literarische Welt, Band 9, 1933, Nr. 16; Salzburger Literatur-Blätter, 1933/34, Nr. 11; Deutsche Ostmark. Zehn Dichter und hundert Bilder lobpreisen Österreich. Hg. von Josef Friedrich Perkonig. Graz, Wien, Leipzig: Leykam Verlag, S. 54ff (unter dem Titel „Salzburgerland – Jugendland"); Sonderdruck aus: Reichsstraße 31. Jahrbuch der Stadt Freiburg im Breisgau. Stuttgart: J. Engelborns Nachf. Adolf Spemann (z. T. auch Passagen aus „Am Tappenkarsee", unter dem Titel „Sonnwendrede auf das Salzburger Land."); Kasseler Post 15.3.1939; Völkischer Beobachter 15.9.1939; Deutsches Allgemeines Sonntagsblatt 1.6.1975; Nr. 22, NLB.

314 „Kameraden der Berge" (auch als DPK-Skizzenwettbewerb/Typoskript, ARCHIV) erschien u.a. in: Frankfurter General-Anzeiger 20./21.5.1933; Würzburger General-Anzeiger 27.1.1938; Neues Wiener Abendblatt 29.3.1938, Nr. 87.

315 „Hans" erschien u. a. in: Volks-Zeitung (Wien), 7.7.1935, Nr. 185; Hannoverscher Kurier 2.2.1936; Reichspost 10.1.1937, Nr. 10; Das Schwarze Korps 8.12.1938, Folge 49; Feierabend. Graz: Leykam-Verlag (=Salzburger Hefte, H. 7) 1944; SW II 1970.

316 „Lob der Wiese" erschien u. a. in: Reichspost 17.7.1938, Nr. 18; Schülerhefte zum öster-

reichischen Schulfunk Nr. 21, 1935/36; Der getreue Eckart 14 (1937), 11. H.; Kleines Erdenrund 1951. Im Jahre 1967 erreichte der Text eine Auflagenhöhe von 40 Tsd.

317 „Der Bauer spricht“ erschien zum ersten Mal in: Feierabend. Wochenbeilage zum Vorarlberger Tagblatt. 17 (30. Nebelung 1935), 48. Folge. Der Text wurde u. a. abgedruckt in: Der getreue Eckart 12 (Februar 1935), H. 5; Österreichische Rundschau 2 (1935/36); Bergland 19 (1937), H. 11; Das Lebenshaus 1955/56 (in veränderter Fassung) und 1963; SW II 1970.

318 „Am Rande“ erschien in: Roth: Leben für Leben. Berlin 1936.

319 Die Auflagenentwicklung des Romans „Schweres Blut“: 1931/32 (1.–10.Tsd.), 1938 (11.–15.Tsd.), 1943 (21.–25.Tsd.) , insgesamt 25 Tsd./1967. „Schweres Blut“ gehört zu jenen Texten, aus denen Teile unter verschiedenen Titeln am häufigsten abgedruckt wurden: u.a. Insel-Almanach 1931; Weltstimmen, August 1931, H. 8; Die Hilfe 1932, Band 38; Dichterbuch 1933; Wiener Zeitung 22.10.1933, Nr. 264; Wiener Zeitung 15.8.1933, Nr. 195; Neue Freie Presse 24.12.1933; Neue Freie Presse 1.4.1934; National-Zeitung 28.4.1934, Nr. 115; Volks-Zeitung (Wien), 9.6.1935, Nr. 159; Neues Wiener Tagblatt 2.2.1936, Nr. 32; Neues Wiener Tagblatt 25.2.1936, Nr. 55; Völkischer Beobachter 12.6.1938; Gießener Anzeiger 19./20.8.1939; Völkischer Beobachter (Münchner Ausgabe) 12.10.1941; Völkischer Beobachter 9.8.1942; Feierabend. Wochenbeilage zum Vorarlberger Tagblatt. 17 (30. Nebelung 1935); Der getreue Eckart 12 (Februar 1935), H. 5; Österreichische Rundschau 2 (1935/36); Bergland 19 (1937), H. 11; Düsseldorfer Nachrichten 13.1.1939; Tagespost, Graz 16.1.1939; Volksdeutsche Zeitung, Brünn 20.8.1939; Stuttgarter Neues Tagblatt 8.2.1939, Nr. 66; Bergland 20 (1938), H. 3; Schlesische Zeitung, Breslau 24.8.1939; Berliner Börsen Zeitung 10.11.1940, Nr. 532; Die Neue Literatur 42 (1941); Dresdner Morgenzeitung 1941; Berliner Börsen Zeitung 9.4.1944, Nr. 98; Kalendergeschichten 1937; Völkischer Beobachter 7.3.1944; Kleines Erdenrund 1951; Offenes Wort, Wien 2.6.1951, Nr. 22; Dauer im Wandel 1961; Wagrainer Geschichtenbuch. Salzburg 1950; Buchgemeinschaft Donauland 1963; Das Lebenshaus 1955, 1963; SW I 1970; Das Waggerl-Lesebuch 1984.

320 Josef/Paul, der politische Revolutionär, ist natürlich *„innerlich wund. Seine Seele ist mit Geschwüren bedeckt, so könnte man sagen, krank, ein erbärmliches Ding von einer Seele. Er schreit auf, wenn man daran rührt, und vor allem verzeiht er nichts.“ (SB, 360)*

321 „Die Begegnung mit dem Leser“ (1940) geht wahrscheinlich zurück auf eine heitere Begebenheit in Weimar, als Waggerl bei einer Buchausstellung einige junge Frauen traf, die nicht glauben wollten, daß er der Autor der von ihnen betrachteten Bücher sei. (ARCHIV, Brief an Edith Waggerl) Karl Springenschmid erhebt in „Servus Heiner!“ Anspruch darauf, Ideenlieferant für Waggerls Essay zu sein. (SPRINGENSCHMID, 93f)

322 Waggerls Essay „Über Scherenschnitte“ erschien in: Das Inselschiff 13 (Sommer 1932), H. 3, S. 156–158; Bergland 19 (1937), H. 9, S. 28–31.

323 Das Auflagenprofil des Romans „Das Jahr des Herrn“ (geschrieben zwischen 29. Juni 1933 bis 17. September 1933) sieht folgendermaßen aus: 1935 (1.–15.Tsd.), 1937 (16.–2o.Tsd.), 1938 (21.–30.Tsd.), 1942 (56.–59.Tsd.); 70 Tsd./1948, 75 Tsd./1950, 85 Tsd./1952, 99 Tsd./1954, 144 Tsd./1965, 142 Tsd. (L), insgesamt 284 Tsd./1967. Bis 1945 gab es folgende Übersetzungen: 1937 ungarisch, Franklin-Verein, Budapest; 1938 niederländisch, N.V. Het Kompas, Amsterdam; 1940 tschechisch, Vysehrad, Prag; 1941 slowenisch, Jugoslovanskka Knijigarna, Ljubljana; 1943 slowakisch, Cas Presov, Preßburg; 1945 finnisch, Otava, Helsinki; 1945 englisch, F.S. Crofts, New York, Schulausgabe; 1945 japanisch, Yotokusha, Nara-ken; 1945 E.P.E.S.A., Madrid. Deutschsprachige Ausgabe 1941 (von Jane F.S. Crofts & Co New York).
Bis 1965 wurden u. a. folgende Lizenzausgaben hergestellt: 1958 Berlin, Darmstadt, Wien: Deutsche Buchgemeinschaft, 1960, 1964 Freiburg i. Br., Basel, Wien: Herder (2.–4. Aufl.: 1961–1962), 1962 Wien: Buchgemeinschaft Donauland, 1965 Gütersloh: Bertelsmann-Lesering. Texte aus dem Roman wurden u.a. abgedruckt In: Neues Wiener Tagblatt 31.5.1934; Neues Wiener Tagblatt 17.9.1935; Österreichische Rundschau 1 (1934/35); Schülerhefte zum österreichischen Schulfunk 21 (1935/36); Volks-Zeitung (Wien), 12.4.1936; Neues Wiener Tagblatt 17.4.1938; Gießener Familienblatt, 18.9.1939; Hannoverscher Anzeiger 11./12.2.1939; Völkischer Beobachter 24.3.1940; Das Ringelspiel. Kleine Wiener Prosa. Berlin: Frundsberg Verlag 1940/41; Völkischer Beobachter 7. 12.1941; Salzburger Zeitung, 25.5.194; Salzburger Zeitung 22.5.1943 und 25.5.1943 (anläßlich der Kulturpreisverleihung); Salzburger Zeitung 26.9.1943; Kleines Erdenrund 1951; Linzer Volksblatt 7.12.1957; Das kleine Volksblatt 15.12.1957; Burgenländisches Volksblatt 2.11.1957; Österr. Neue Tageszeitung 1.12.1957; Kirchenzeitung 10.12.1967; SW I 1970; Das Waggerl Lesebuch 1984.

324 Waggerl beschwerte sich bei Hanns Arens über dessen für ihn unverständliche Kritik, die es besser nicht gegeben hätte: *„Geschwiegen ist nicht gelogen.“* Die Davidgeschichte sei keine *„hübsche heitere Kindheitsgeschichte“*, sondern *„David ist die Verkörperung (eines) naiven religiösen Erlebnisses“. (ARCHIV, H 15.820)*

325 In einem Konzept von Waggerls „Offenem Brief an einen anonymen Kritiker“ (BRIEFE I, 63f) wehrte er sich ausdrücklich dagegen, seinen Roman als *„Bauernroman“* zu titulieren.

326 Entgegen den Behauptungen Waggerls nach 1945, „Das Jahr des Herrn“ sei in der NS-Zeit verboten gewesen, wurde das Buch erfolgreich weiterhin aufgelegt.

327 Ähnlich, aber ins Kritische gewendet in der National-Zeitung Essen (3.12.1933).

328 Vgl. dazu: Walter Weiss: Jahr des Herrn – Jahr des Bauern (BESCH, 30–35).

329 Ähnliches hatte Waggerl in den 20er Jahren in seinem Spiel „Kasperl beim lieben Gott. Ein Spiel in Reimen“ geschrieben.

330 Du und Angela. Fünf Erzählungen. Leipzig: Insel-Verlag 1933 (= Insel-Bücherei 204). Weitere

Auflagen 1950, 1951, 1952, 1954, 1957, 1960. Texte aus dem Sammelbändchen u.a.: in: Insel-Almanach 1934; Neues Wiener Tagblatt 1.9.1935; Die neue Rundschau 44 (1933); Der getreue Eckart 14 (1937). Zu den Auflagenziffern des Bandes: 20 Tsd. bis 1938, keine Angaben für die Zeit zwischen 1938 und 1945, 70 Tsd./1950, 80 Tsd./1951, 89 Tsd./1952, 99 Tsd./1954, 119 Tsd./1960, insgesamt 126 Tsd./1967

331 Das Auflagenprofil des Romans „Mütter" (1935): 1935, 1936 (11.–16.Tsd.), 1938 (17.–22.Tsd.), 1940 (23.–27.Tsd.), 1941, 1943 (33.–37.Tsd.), 1944 (60.–64.Tsd.), 1945 (65.–69.Tsd.), Angaben enthalten Auflagenzahlen der Deutschen Hausbücherei und solche der Wehrmachtsausgaben, 41 Tsd./1951, 43 Tsd./1953, 46 Tsd./1959, 54 Tsd./1965, 129 Tsd. (L), insgesamt 183 Tsd./1967. Folgende Übersetzungen konnten eruiert werden: 1943 tschechisch, Vysehrad, Prag; 1944 lettisch, Janics Kadilis, Riga. Folgende Lizenzausgaben wurden u a. hergestellt: Deutsche Hausbücherei 1941; Österreichische Buchgemeinschaft 1949, 1955; Büchergilde Gutenberg 1960; Buchgemeinschaft Donauland 1963; Droemer/Knaur 1964. Textausschnitte wurden publiziert u. a. in: Insel-Almanach 1936; Buch und Volk 1936, H. 1; Deutsche Allgemeine Zeitung 17.3.1939; Völkische Beobachtung 22.4.1939; Das Ringelspiel. Kleine Wiener Prosa 1940/41; Salzburger Soldatenzeitung Juni 1941; Kleines Erdenrund 1951; Das Waggerl-Lesebuch 1984.

332 „Gang zum Geliebten" ist die Geschichte eines Mädchens namens Veronika, ein Appell an das „carpe diem" im Wissen um die Möglichkeit des Versäumens der Liebe und um ihre Gefährlichkeit: *„Aber das Mädchen fragte zuletzt auch sein eigenes Herz [...] und sogar der Tod, sagt das Herz, der Tod ist nur ein Trug." (GzG, 413)*

333 Keine genauen Angaben zu den Auflagen(höhen) bis 1938, 130 Tsd. bis 1945. 190 Tsd./1951, 210 Tsd./1952, 220 Tsd./1955, 258 Tsd./1962, insgesamt 258 Tsd./1967. Übersetzungen u. a. in folgende Sprachen: 1944 serbisch, Verlags- und Vertriebs AG., Belgrad; 1944 niederländisch, Schulausgabe; 1939 Dresden: Reuter (= Reuter-Bücherei 7). In deutscher Kurzschrift, 1942 Brüssel: Steenlandt-Verlag (=Steenlandt-Bücherei 3). 1942 wurde die erste Feldpostausgabe hergestellt. Weitere Ausgaben: 1947 Basel: Gute Schriften; 1950: In: Wagrainer Geschichtenbuch. Salzburg: Otto Müller Verlag. „Die Schöpfung" wurde 1944 in den Band „Feierabend" (= Salzburger Hefte H.7) aufgenommen. Die „Legende vom Tod" wurde in der „Reichspost 7.1.1936, Nr. 6" publiziert.

334 In der „Sonnwendrede auf das Salzburger Land" (In: Reichsstraße 31. Jahrbuch der Stadt Freiburg im Breisgau. Band 3. Stuttgart: J. Engelhorns Nachf. Adolf Spemann o. J.) stehen Textteile, die aus umfangreicheren Arbeiten stammen oder die als eigenständige Texte publiziert wurden: z. B. „Im Tappenkar" (1933), „Wagrainer Tagebuch" (1936), „Autobiographische Notizen" (1930). Ähnlich auch: „Rede auf das Salzburger Land" (NLB, 174ff). Unter dem Titel „Salzburgerland– Jugendland" in: Deutsche Ostmark. Zehn Dichter und hundert Bilder lobpreisen Österreich. Hg. von Josef Friedrich Perkonig. Graz, Wien, Leipzig: Leykam Verlag, 1936, S. 54ff.

335 Für das „Wagrainer Tagebuch" ist folgendes Auflagenprofil eruierbar: 26 Tsd., 64 Tsd., 94 Tsd./1946, 99 Tsd./1950, 141 Tsd./1960, insgesamt 141 Tsd./1967. 1938 und 1943 gab es Wehrmachtsausgaben. Teile daraus sind u. a. publiziert In: Buch und Volk 1936, H. 6; Insel-Almanach 1937; Dresdner Nachrichten 5.11.1937; Neues Wiener Tagblatt 18.7.1937; Stimmen der Ostmark. Eine Feierabendfolge. Zusammengestellt von Kurt Ziesel. Hamburg: Hanseatische Verlagsanstalt 1938; Neues Wiener Tagblatt 13.5.1938; Heimkehr ins Reich. Großdeutsche Dichtung aus Ostmark und Sudetenland 1866–1938. Hg. v. Heinz Kindermann. Volksausgabe. Leipzig: Philipp Reclam jun. 1939; Dem Führer. Worte deutscher Dichter. Tornisterschrift des Oberkommandos der Wehrmacht (Abteilung Inland). Zum Geburtstag des Führers 1941, Heft 37 (Nur für den Gebrauch innerhalb der Wehrmacht); Völkischer Beobachter (Süddeutsche Ausgabe) 25.7.1941; Tagblatt 25.10.1941; Salzburger Zeitung 16.11.1942; Neues Wiener Tagblatt 22.11.1942; Salzburger Zeitung 10.12.1942; Völkischer Beobachter (Süddeutsche Ausgabe) 8.8.1943; Kleines Erdenrund 1951; Das Lebenshaus 1955.

336 Waggerl berichtete indigniert über eine Lesung in Göttingen, wo die Zuhörer unangemessen geklatscht und mitten in seine Lesung der Theaterepisode aus dem „Wagrainer Tagebuch" hineingelacht hätten, so daß sich Waggerl entschloß, diese Passage nicht mehr vorzulesen: *„nur noch Spaßmacherei." (LORENZ 1936)*

337 Franz Löser (1889–1953): Mysterienspiel „Der Nazarener", Romane: u.a. „Der Bergherr von Gastein" (1930), „Erben der Erde" (1932), „Ein Mann geht seinen Weg" (1937), Erzählung „Der Weitmoser" (1938). (Vgl. SCHMIDT) Verfahren wegen Plagiats bei der RSK, Berlin – Ausschluß aus der RSK. (RENNER, 85)

338 AVA: BKA-Inneres/Reichsstatthalter III, Karton 7702. Rst III – 79.892 – 40 (Ehrenhonorar RM 200.– für K. H. Waggerl wegen Werbesprüchen für Wahlpropaganda). An der Aktion beteiligten sich u.a. Altbundespräsident Dr. Michael Hainisch, Richard von Schoeller, Richard Billinger, Josef Friedrich Perkonig, Josef Weinheber, Dr. Karl Böhm, Ewald Balser, Paula Wessely, Paul und Attila Hörbiger. Der Text Waggerls wurde auch im „Salzburger Volksblatt" abgedruckt (SV, 9.4.1938, 16) vgl. KERSCH I, 68. Michael Guttenbrunner erinnerte 1974 mit einem seiner Gedichte an diesen Text Waggerls (Pestsäule, März 1974, H. 10, 873)

339 Bei dem „Vortragsamt" handelte es sich um eine Unterabteilung der „Reichsschrifttumsstelle" beim Propagandaministerium Goebbels. Sie war zugleich die „Vortragsabteilung" der „Reichsarbeitsgemeinschaft für Deutsche Buchwerbung". (vgl. WULF, Literatur und Dichtung, 521; STROTH, 434)

340 Der Brief bzw. der Briefentwurf war wahrscheinlich für den Leiter der „Abteilung Schrifttum" (Abt VIII) im Propagandaministerium, Ministerialdirigent Wilhelm Haegert, bestimmt. Wilhelm Haegert (* 1907): SA-Sturmbannführer, seit Dezember 1932 Stabsleiter der Reichspropagandaleitung der NSDAP in München, seit April 1933 im Propagandaministerium. (WULF, Literatur und Dichtung, 231f, 272f)

341 Über die „Umbruchstage" in Wagrain vgl. KERSCH I, 65f und die Wagrainer Zeitzeugenberichte: vgl. WAGRAIN II, 260. Über das freundschaftliche

Verhältnis zwischen Linus Hochleitner und Waggerl vgl. WAGRAIN II, 131.

342 Wilhelm Keppler: Hitlers persönlicher Berater in Wirtschaftsfragen, Hauptverbindungsmann zwischen NSDAP und Wirtschaft, seit 1933 im Reichstag, Kommissar für Wirtschaftsfragen in der Reichskanzlei, 1936 persönlicher Berater Görings für die Durchführung des Vierjahresplanes, Sekretär an der deutschen Botschaft in Wien zur Vorbereitung des „Anschlusses“, seit 1935 SS-Mitglied, Verwalter von durch die SS konfiszierten Betrieben im besetzten Polen und in der Sowjetunion, seit 1938 Staatssekretär zur besonderen Verwendung im Auswärtigen Amt, 1942 SS-Obergruppenführer, 1949 zu 10 Jahren Gefängnis verurteilt, 1951 auf freiem Fuß durch einen Gnadenakt des US-Hochkommissars. (WISTRICH, 199f)

343 *„Ich habe nun […] der Gemeinde einen Betrag zur Verfügung gestellt, den ich mir für den Bau eines Eigenheimes ersparte und der es möglich machte, ein sehr schönes und brauchbares Gelände zu erwerben.“ (AVA, Bürckel-Akten, 18.5.1938)*

344 Das „Salzburger Volksblatt“ (30.7.1938) berichtete: „Und wie gearbeitet wurde! […] alles war da an der Arbeit, alles zog am gleichen Strick: der Kaufmann und der Lehrer, der Bauernbursch und der Friseur, der Schilehrer und der Bäcker, der Schmied und der Zuckerbäcker, der Schriftsteller und der Gastwirt, der Professor und der Student aus der Sommerfrische, selbst die holde Weiblichkeit griff tapfer zu […]. So etwas nennt sich wirkliche Volksgemeinschaft und man kann ruhig sagen, daß solch eine einzige Tagschicht in diesem Sinne mehr zeitigt, als zehn Bücher und tausend Worte es vermögen.“ (WAGRAIN II, 639)

345 Über die Tappenkaralm und Sagen und Legenden um das Tappenkar vgl. WAGRAIN I, 320ff.

346 Über das Wagrainer Heimatmuseum vgl. WAGRAIN II, 387ff.

347 Die DAF war neben SA, SS, NSKK, NSFK, HJ und BDM eine Gliederung der NSDAP. (Vgl. ORGANISATION) Das ehrenamtliche Engagement Waggerls für das Deutsche Volksbildungswerk war anscheinend nicht gegeben, denn das DVW beschwerte sich im Jänner 1940 über die fehlende Mitarbeit. (ARCHIV H 773).

348 Zur RSK-Mitgliedschaft Waggerls vgl. SCHV, 226. Zum gleichen Zeitpunkt wurden Adolf Stierle, Mitinhaber der Fa. Höllrigl, zum Landesobmann für den Buchhandel und Walter Stummer als Fachschaftsleiter für Schrifttumspflege bestellt.

349 Im Aktenbestand des Bundesarchivs Außenstelle Berlin–Zehlendorf (ehemaliges Berlin Document Center) befindet sich auch ein Schriftstück der Gestapo Osnabrück vom 25.2.1938. Waggerl muß überprüft worden sein.

350 Agnes Miegel (1879–1964): In Königsberg geboren. Ihre Mutter stammte von Salzburger Protestanten ab, die sich nach der Vertreibung in Ostpreußen angesiedelt hatten. 1913 Kleistpreis, zwischen 1920 und 1926 Redakteurin der „Ostpreußischen Zeitung“, 1924 Ehrendoktortitel der Universität Königsberg, 1936 Herderpreis, 1940 Goethepreis der Stadt Frankfurt; gehörte seit 1933 zur literarischen Prominenz des NS-Staates; Balladen und Lieder. Auszeichnungen auch nach 1945.

351 Zur NS-Karriere von Karl Springenschmid (1897–1981): seit 1932 in der NSDAP (Ortsgruppe Aigen/Salzburg), vom März bis Jänner 1938 SA, seit 1.1.1938 in der SS (Nr. 295.474), SS-Untersturmführer, seit April 1938 ehrenamtlicher Gauschulungsleiter, 1938 Gauamtsleiter, Leiter der Abt II (Erziehung und Volksbildung) Landesrat, seit 1932 beim NS-Lehrerbund, 1941 Ernennung zum Regierungsdirektor. (BDC und Sippenakte)

352 Freundschaft mit Büchern. Leipzig: Drugulin-Presse (300 Exemplare). Auch in: Insel-Almanach auf das Jahr 1938. Leipzig: Insel-Verlag, S. 135–139; Neues Wiener Tagblatt 20.3.1938; Aus der Kindheit. Freundschaft mit Büchern. Hameln: Bücherstube Seifert 1941; Das Flügelroß. Erstes Kunstjahrbuch des Reichsgaues Salzburg. Hg. von Heinrich Zillich. Salzburg: Verlag „Das Bergland-Buch“ 1941; Kleines Erdenrund 1951; Das Lebenshaus 1955; Mindener Tagblatt 7.12.1957; SW II 1970.

353 Einige Angaben zum Datum des Erstdrucks einzelner Texte in den noch von Waggerl kontrollierten „Sämtlichen Werken“ (1970)/1997 sind unrichtig.

354 Goethes Großvater Textor als Blumenzüchter. In: Goethe-Kalender auf das Jahr 1938, S. 155–162. Weitere Publikationen in: Goethe-Almanach 1948, Das Lebenshaus 1955, SW II 1970, Das Waggerl-Lesebuch 1984. Waggerl hat seine Informationen über Goethes Großvater aus Goethes „Dichtung und Wahrheit“. Auch in diesem Text beweist er seine pflanzen-, garten- und obstkundlichen Kenntnisse. Zudem wird ihm Goethes Großvater zum Vorbild seiner eigenen Aktivitäten – über die Jahrhunderte hinweg.

355 Kunst ist, was man nicht kann. In: Völkischer Beobachter 13.1.1939. Unter dem Titel „Unsachliches über die Malerei“ in: Die Kunst für alle 54 (1938/39), S. 26–30; Glanz von innen. Dichter über Bildwerke, die sie lieben. Hg. v. Henri Nannen. München: Bruckmann-Verlag 1943; Kleines Erdenrund 1951; Das Lebenshaus 1955; SW II 1970.

356 Ein Wort des Herausgebers. In: Altdeutsche Bildschnitzer der Ostmark. Mit 104 Bildtafeln. Wien: Verlag Anton Schroll & Co (= Die Ostmark. Landschaft, Volk und Kunst der südostdeutschen Gaue. Hg. von Karl Heinrich Waggerl und K. Oettinger) 2 Bände.

357 Das Wort. In: Münchener Zeitung, 8.3.1939. Unter dem Titel „Die Legende von den Worten“ In: Wagrainer Geschichtenbuch. Salzburg: Otto Müller Verlag 1950; SW II 1970.

358 Der Engel. In: Insel-Almanach auf das Jahr 1939. Als Teil der „Fröhlichen Armut“ (1948).

359 Der Mann im Holz. Eine Erzählung. In: Münchner Neueste Nachrichten 2.2.1939. Auch in: Unterhaltungsblatt des Fränkischen Kuriers 17.3.1939; Völkischer Beobachter 20.3.1939.

360 Aus der Heimat. In: Insel-Almanach 1940. Auch in: Bertelsmann-Feldposthefte 1941 (2. Aufl. 1943); Fränkischer Kurier 2.3.1941; Das Flügelroß. Erstes Kunstjahrbuch des Reichsgaues Salzburg 1941; Österreichischer Heimatkalender 1947; Das Lebenshaus 1955; SW II 1970.

361 Unter dem Titel: Eine Lanze für mich. Berlin: Warneck 1940; Pegasus auf Reisen. Hg. v. Heinz Grothe. Königsberg: Kanter Verlag 1942; Hanns

Arens (Hg.): Das fröhliche Buch der Dichter. 4. Aufl., 1942 (Zum Geleit: Hans Hinkel); Feierabend 1944 (= Salzburger Hefte H. 7); Wagrainer Geschichtenbuch 1951; Kleines Erdenrund 1951; SW II 1970; Dichtung aus Salzburg. Hg. v. Erich Landgrebe. Wien: Verlag Kremayr & Scheriau 1972.

362 Pfingstidyll an der Reichsautobahn. Mit handkolorierten Zeichnungen und Bildern von Ernst Huber. In 100 numerierten Stücken bei Eduard Stichnote. Potsdam (= Schriftenreihe der Presseabteilung des Reichsministers Dr. Todt). 1946 erschien der Text in stark veränderter Fassung unter dem Titel „Die Pfingstreise" Salzburg: Otto Müller Verlag.

363 Auf Stör. Erzählung. In: Fränkischer Kurier 20.2.1941. 1948 als Teil der „Fröhlichen Armut" Salzburg: Otto Müller Verlag.

364 Alte Karten. In: Salzburger Volksblatt 11.4.1942. Auch in: Berge, Burgen und Basteien. Ausstellung im Carabinierisaal der Residenz, Salzburg. April 1942. Hg.: Das Gaupropagandaamt Salzburg und Stellv.Gen.Kdo XVIII (Wpr.); Völkischer Beobachter (Wiener Ausgabe) 17.5.1942; Völkischer Beobachter 23.11.1944; Linzer Volksblatt 9.11.1957; Liebhabereien. Sonderdruck aus „Das Lebenshaus". Zürich: Sanssouci Verlag 1966.

365 Legende vom hohen Hut. In: (Wiener) Tageblatt 26.7.1942, 1948 als Teil der „Fröhlichen Armut", 1947 Vorabdruck in der Presse in mehreren Fortsetzungen.

366 Für diesen Hinweis danke ich Gert Kerschbaumer. Es wird das Glück eines Paares – Jon und Regine – thematisiert. Regine erwartet ihr erstes Kind. Die Mutter Jons gab ihrem Sohn Ratschläge mit auf den Weg: *„‚Jung gefreit, hat noch niemand gereut', es kommt darauf an, was der Mann wert ist, denn die Frau wird erst durch ihn etwas, sie kann ganz sein Geschöpf werden, wenn sie demütig ist. Und sieh auch zu, sagte sie, daß deine Frau früh genug in die Hoffnung kommt, denn die Hoffnung ist die halbe Seligkeit.' Und nach einer Weile sagte er: ‚Hab' ich mich nicht getreulich an ihre Worte gehalten, Regine?' ‚Und ob du dich daran gehalten hast, Jon!' scherzte sie [Regine] leichthin. Er erhob sich. Legte die Pfeife weg und umarmte die Sitzende."*

367 Feierabend. Graz: Leykam-Verlag (=Salzburger Hefte, H. 7) 1944 [20.000]. Die Ausgabe für die Salzburger HJ und den BDM enthielt nicht die Erzählungen „Die Schöpfung" und „Der Roßheilige", stattdessen das „Lob der Wiese": Salzburg: Salzburger Druckerei o.J. 1944. Die Titelerzählung „Feierabend" wurde zum ersten Mal in der Soldatenzeitschrift „Unser Alpenkorps" abgedruckt (Oktober 1941, S. 118f) – Auch in: Das Inselschiff 23 (1942), S. 84–89. Unter dem Titel „Am Abend" In: Neues Wiener Tagblatt 17.8.1944. Veränderte Fassung in: Die Pfingstreise 1946 (262ff). Die Erzählung „Marschmusik" erschien auch in: Das Innere Reich, 10. Jg. (April 1943–März 1944), S. 285–288. Die Erzählung „Der Roßheilige" erschien auch in: Die Erzählung. Zeitschrift für Freunde guter Literatur 2 (Dezember 1948), 12. H., S. 10–13.

368 Vergißmeinnicht. Für Ditalein zum Geburtstag 1944. Ausgabe in 100 Exemplaren, davon 6 auf altem Schöpfpapier. Nr. 1: Vergißmeinnicht (später im Heiteren Herbarium), Der Löwenzahn (Herbarium), Das Hungerblümchen (Herbarium), Die Taubnessel (Herbarium), Das Fingerkraut, Die Winde, Tausendguldenkraut (Herbarium), Der Turmhahn, Die Schleiche, Der Dichter, Elfenbein, Kleine Fliegen.

369 Lob des Kitsches in der Literatur. In: Kulturempfinden und Entartung. Salzburger Kulturtage der Hitlerjugend 1944. In einer veränderten Fassung unter dem Titel „Über den Kitsch" in: Berichte und Informationen 21.3.1947; Kleines Erdenrund 1951; Bildnis und Selbstbildnis. Ein Buch mit dem Dichter von Hanns Arens. 2. erw. Aufl., Wien: Donau-Verlag 1953; Vagabund an der Leine. Ein Streifzug durch Werk und Leben des Dichters unternommen von H. Arens. Berlin: Ullstein (= Ullstein-Buch 412) 1961; Zürichsee-Zeitung 17.7.1970; SW II 1970.

370 Waggerl diente damals als Leutnant bei der Deutschen Wehrmacht und sollte deswegen für zehn Tage Urlaub bekommen. (Aktenbestände des Bundesarchivs Außenstelle Berlin–Zehlendorf, ehemaliges Berlin Document Center)

371 Der Löwe. In: Buch des Dankes. Bruno Brehm zum 50. Geburtstag. Karlsbad 1942, S. 152f. Auch in: Berliner Börsenzeitung 21.2.1943.

372 Schon im Jahre 1935 berichtete das „Institut für Leser- und Schrifttumskunde" in Leipzig von einer empirischen Erhebung, die ergab, daß Waggerl in der Kategorie „Volkhafte Dichtung der Zeit" hinter Hans Grimm die höchsten Entlehnzahlen aufweise.

373 Karl Heinrich Waggerl. In: Was soll ich lesen? Stuttgart 1938, S. 109–116

374 „Aus der Heimat" konnte 1941 in der Reihe der Bertelsmann-Feldposthefte erscheinen (Gütersloh). Auch die „Kalendergeschichten" (1937) erschienen 1942 als Feldpostausgabe: Insel-Bücherei Nr. 522.

375 Ein Wort des Herausgebers. In: Altdeutsche Bildschnitzer der Ostmark. Mit 104 Bildtafeln. Wien: Verlag Anton Schroll & Co 1939/40 (= Die Ostmark. Landschaft, Volk und Kunst der südostdeutschen Gaue. Hg. von Karl Heinrich Waggerl und K. Oettinger)

376 vgl. Brief Max Mells an Waggerl vom 3.1.1943: „Ich wünsche Ihnen, daß Ordnung und Entwicklung dieser Soldatenhefte Ihnen manche Freude bringen!" (ARCHIV H 15.900)

377 Diese HJ- und BDM-Ausgabe war bisher unbekannt. Für Informationen bedanke ich mich bei Gert Kerschbaumer.

378 Im Band „Dem Führer. Worte deutscher Dichter" (1941) wurde aus *„Denn die Heimat [...] ist die Erbgnade für unser unseliges Geschlecht": „Denn die Heimat [...] ist die Erbgnade für unser* unruhiges *Geschlecht."*

379 Im Waggerl-Archiv ist eine dünne Korrespondenz mit dem Herausgeber des Sammelbandes „Dem Führer" (1939), mit August Friedrich Velmede, erhalten geblieben. Waggerl und Velmede kannten sich schon aus der Zeit vor 1938. Velmede war auch der Herausgeber des Sammelbandes „Kriegsdichter erzählen" (München: Albert Langen/Georg Müller 1937), den er im März 1938 Waggerl mit den Worten widmete: „in den grossen Tagen des befreiten und heimgekehrten Oesterreich". 1943 versuchte Karl Springenschmid, für den in Berlin ausgebombten Velmede im Gau Salzburg eine Wohnung aufzutreiben. (ARCHIV H 1150)

380 Vgl. GILMAN. Hubert Orlowski hat die sogenannte Anschluß-Literaturhistorie untersucht. Er unterscheidet zwischen einer „aktualisierend politisch-instrumentalen“, „vulgär-biologistischen“, „stammesgenealogischen“ und „ideengeschichtlichen“ Richtung: vgl. ORLOWSKI

381 Die Literaturwissenschaft bekam von den Nationalsozialisten die Aufgabe zugewiesen, „Deutschkunde“ zu betreiben.

382 Springenschmid nennt die damalige Grafenwirtin, die Damenschneiderin Katharina Pliseis, den Zeugschmied Fritzenwallner und Kajetan Riegler. (SPRINGENSCHMID, 70ff)

383 Diese fanden zu folgenden Terminen statt: 25.8.1940, 22.9.1940, 23.10.1940, 29.12.1940, 29.3.1941 und 27.9.1942. Nachfolger Waggerls als Bürgermeister wurde Martin Höller. Seine erste Sitzung leitete er am 15. November 1942 (WAGRAIN II, 50); vgl. auch Protokolle Markt Wagrain 25. August 1940 bis 29. Mai 1943.

384 Die Gendarmerie-Chronik Wagrain berichtet 1942 von der Festnahme einer Frau wegen sog. „Rassenschande“ und von einer Reihe von Festnahmen von Kriegsgefangenen in den Jahren 1943 und 1944. (WAGRAIN II, 98f)

385 vgl. Carl Freiherr von Bardolff: Soldat im alten Österreich. Jena: Eugen Diederichs Verlag 1938

386 Es handelt sich dabei um ein Porträt von Bruno Brehm zu dessen 50. Geburtstag. (Unser Alpenkorps, November 1942)

387 Das ist die Titelerzählung des erst 1944 in der Reihe der „Salzburger Hefte“ erschienenen Sammelbandes „Feierabend“.

388 Zu Franz Tumlers NS-Vergangenheit: In den 30er Jahren deutsch-völkische Orientierung, seit 1939 im NS-Lehrerbund, am 1. April 1940 Aufnahme in die NSDAP beantragt; 1940 Literaturpreis der Reichshauptstadt Berlin; 1938 „Der Soldateneid“, Mitarbeiter der Zs. „Das Innere Reich“, 1940 „Österreich ist ein Land des Deutschen Reiches“. Tumler war „im Rahmen der Aktion für die hervorragendsten Kulturschaffenden durch die Führerliste vom 4.1.1940 uk [unabkömmlich] gestellt worden.“ (Aktenbestände des Bundesarchivs Außenstelle Berlin–Zehlendorf, ehemaliges Berlin Document Center). Zu Tumlers NS-Vergangenheit vgl. AMANN V, MÜLLER I, 274ff).

389 Für weiterführende Hinweise danke ich Gert Kerschbaumer.

390 Max Weiler erinnerte sich 1997 an den freundlichen Offizier Waggerl (Telefonauskunft). – In einem Brief an Georg Rendl vom 2.4.1947 sprach Waggerl von den Danksagungen, die er u.a. durch Hans Fronius erfahren habe. (SLitA, Waggerl) Auch die Namen Dr. Robert Wagner und Hans Breidbach-Bernau werden hier genannt, von denen Stellungnahmen im Zuge des Entnazifizierungsverfahrens gegen Waggerl vorliegen. (CIC, 1946)

391 Über Ernst Huber: Regine Schmidt: Ernst Huber 1895 – 1960. Ausstellung und Katalog. 99. Wechselausstellung der Österreichischen Galerie. Wien 1984. Auch: Kornhofer. Elisabeth: Der Maler Ernst Huber. In: Wakhrein. Die alte Hofmark. Ortschronik Wagrain, Band I, Salzburg 1993, S. 372–375

392 Karl Springenschmid informierte den „Pg. Heinrich Waggerl“ am 22.11.1940 über den großen Anklang, den das Wagrainer Schulbauprojekt gefunden habe. Besonders „Reichslandschaftsanwalt, Professor Seiffert, München“ habe sich dafür eingesetzt. (ARCHIV, H 782)

393 Im Waggerl-Museum befindet sich das Exemplar Nr. 59 mit den eigenhändigen Signaturen von Waggerl und Huber.

394 Beim Burgherrn dürfte es sich um den „Reichsschulungsleiter“ Emil Maier-Dorn handeln. (Vgl. SCHERN) Waggerls „Intermezzo. Aus einem Reisetagebuch“ (1955) ist die Überarbeitung der letzten Szene des „Pfingstidylls“ (1941), erschienen im Sammelband „Das Lebenshaus“ (1955). Es endet ohne diesen letzten, offenbar zu zeitbezogenen und belastenden Satz. Reichsautobahn-Beiträge gibt es u. a. auch von Josef Weinheber und Georg Rendl.

395 Ein „SS-Hauptsturmführer“ war der 10. Rang in der 18teiligen Rangskala der SS. (ORGANISATION, 436)

396 Franz Salmhofer (1900–1975): Sängerknabe im Stift Admont, Studium an der Wiener Musikakademie (Klavier, Klarinette, Komposition) bei Schreker und Franz Schmidt, Organist, Dirigent, einige Semester Studium der Philosophie, Kunst- und Musikgeschichte, seit 1922 Publikation von Kompositionen: Symphonische Ouvertüre „Der Ackermann und der Tod“, Konzert für Trompete, symphonisches Melodrama „Der geheimnisvolle Trompeter“ (1924), 1923–1926 Lehrer für Klavier und Komposition an den Horak-Musikschulen in Wien, seit 1924 Kapellmeister am Wiener Burgtheater (300 Bühnenmusiken), Aufführungen seiner Ballette in der Wiener Staatsoper; 1937 Großer Österreichischer Staatspreis für die Oper „Iwan Tarassenko“, 1945 Direktor der Wiener Staatsoper, 1955 Direktor der Wiener Volksoper; viele Auszeichnungen. Opern, Ballette, Orchesterwerke, Lieder, Filmmusiken.

397 Ein „SS-Oberführer“ war der fünfthöchste Rang in der SS. (ORGANISATION, 436)

398 Über die Gründung des „Salzburger Heimatwerkes“ im Rahmen von „Volkskunde und Brauchtumspflege im Nationalsozialismus in Salzburg“ vgl. KERSCH IV, 325ff.

399 In: Berichte und Informationen 21.3.1947, Kleines Erdenrund 1951, Bildnis und Selbstbildnis 1953, Vagabund an der Leine 1961, Zürichsee-Zeitung 17.7.1970, SW II 1970.

400 Für diesen Hinweis bedanke ich mich bei Gert Kerschbaumer.

401 Waggerl hatte auf Schöpfpapier 100 Exemplare des Heftchens „Vergißmeinnicht“ (1944) hergestellt und an seine Frau, Freunde und Bekannte verschenkt (u. a. Dr. Albert Reitter, Grete Lanz, Kai Mühlmann, Friedrich Welz, Pert Peternell, Anton Kippenberg, Karl Springenschmid, Anton Steinhart, Bruno Grimschitz und Ernst Huber).

402 Rudolf Bayr (1919–1990): zwischen 1937 und 1940 Studium der Philosophie, Psychologie, Ästhetik, Germanistik, Musikwissenschaft, seit Sommer 1940 Schriftleiter in Ausbildung beim „Völkischen Beobachter“, seit 1942 Schriftleiter für Kulturpolitik, 1943 Doktorat: „Zur Problematik künstleri-

schen Übersetzens"; Gedichte (u.a. „Heimkehr" als Luxusdruck), ab Sommer 1945 Prosa und Lyrik in den „Salzburger Nachrichten", 1947 Waggerl-Biographie, seit 1955 Leiter der Literatur- und Hörspielabteilung von Radio Salzburg, 1971–1975 Leiter der Hauptabteilung Kultur des ORF in Wien, 1975–1984 Intendant des ORF-Studios Salzburg, seit 1967 PEN-Club-Mitglied; Gedichte, Erzählungen, Hörspiele, Essays. Mitarbeit im Residenz-Verlag und bei den Rauriser Literaturtagen, Gourmet. (Vgl. HAUSJELL, SK, 66) Der erste Kontakt Waggerl – Bayr stammte aus dem Jahr 1944. Im Waggerl-Archiv haben sich Notizen zu Bayrs Übersetzungsprojekten erhalten.

403 Loni Seitz-Ransmayer schrieb: „Als jedoch im Frühling 1938 jene Nacht des Umbruchs kam, da begann, wie wohl bei manchen Andern, auch in mir der zurückgehemmte Quell hervorzusprudeln – als ich es immer mehr erlebte und entdeckte, wie in der nationalsozialistischen Weltanschauung der immer schon nach einem Ziele drängenden Gefühle und das Suchen nach einer artgemäßen Religion Heimat fanden, da mußte ich schreiben und dichten und singen." (Aktenbestände des Bundesarchivs Außenstelle Berlin–Zehlendorf, ehemaliges Berlin Document Center)

404 Friederike Kempner (1836–1904): aus Posen, Tochter eines Pächters jüdischer Herkunft. „Gedichte" (1873), auch Novellen und Dramen.

405 Die Briefausgabe Waggerls verschweigt – unkommentiert und unmarkiert – diesen Zusatz in Waggerls Brief: *„Sie ist eine wirkliche Begabung."* Erna Blaas (*1895): seit 1938 in Salzburg ansässig, Lehrerin, Waggerl empfahl Blaas als Landesobmann der RSK für die Aufnahme in die RSK, Parteianwärterin; 1945 Verbot ihrer Werke; 1930 „Das Leben und der Tod" (Gedichte), „Die Liebenden" (o.J.), 1944 „Rühmung und Klage" (1944, Neuauflage nach 1945 unter unmarkierter Weglassung der politischen Gedichte), „Durch Bilder und Zeichen" (1961). (Aktenbestände des Bundesarchivs Außenstelle Berlin–Zehlendorf, ehemaliges Berlin Document Center); SK 78, BLAAS I Im Jahre 1942 hatte sich Erna Blaas, so wie 1937 auch schon (Salzburger Volksblatt, 19.9.1937), als Berichterstatterin von volkstümlichen Wagrainer Veranstaltungen bewährt, an denen sich auch Waggerl beteiligt hatte: Erna Blaas: Preismähen in Wagrain. In: Salzburger Soldatenzeitung (August 1942), 10f.

406 In ihren Erinnerungen behauptete Grete Lanz, die mit Waggerl seit 1941 befreundet war, daß Kai Mühlmann Drohungen gegen Waggerl ausgesprochen habe: „Wenn Du nocheinmal eine solche Bemerkung [eine regimekritische] machst dann lebst du nicht mehr lange." Es dürfte sich dabei nicht um eine Drohung, sondern um eine Warnung gehandelt haben. Es gibt keine Belege für eine etwaige Feindschaft der beiden Schulfreunde Waggerl und Mühlmann.

407 Heinrich (Emmerich) Riedlsperger (* 1880) war seit September 1944 vom Kreisleiter mit dem Amt des Wagrainer Bürgermeisters betraut.

408 Die Aufzeichnungen des Einwohneramtes der Stadt Salzburg nennen eine andere Adresse: „Schwarzstraße 32". Schon vor 1945 wohnte Waggerl dort. Seit April 1952 war er dann in der Ernest-Thun-Str. 11 (Adresse seines neuen Verlegers Otto Müller) gemeldet. Seit Juni 1952 war Waggerl in der Griesgasse 31/III polizeilich gemeldet, von wo er im Oktober 1953 verzogen sei. Die gedruckten Adreßbücher der Stadt Salzburg verzeichnen als Wohnung Waggerls zwischen 1953 und 1973 die Anschrift Griesgasse 31. (AstA, Brief vom 12.11.1996)

409 In ihren Erinnerungen an Waggerl kommt Grete Lanz, mit der Waggerl seit 1941 befreundet war, auf diese Unterstützungserklärungen zu sprechen. Sie nennt außerdem Dr. Wittek, dessen Erklärung dem CIC-Akt nicht beiliegt.

410 Kurt K. Tanzer behauptete auch, daß Waggerls Roman „Das Jahr des Herrn" verboten gewesen sei und daß sich Waggerl durch öffentliche Vorlesungen daraus in „persönliche Gefahr" begeben habe. (CIC)

411 Im Waggerl-Archiv haben sich außerdem „Erläuternde Zusätze" zum „Curriculum vitae" erhalten.

412 Viktor Reimann (1915–1996): 1934–1936 Studium der Theologie im Stift Klosterneuburg, Studium der Geschichte in Wien (Schüler von Heinrich von Srbik), bis 1934 Mitglied der Vaterländischen Front, dann großdeutsch gesinnter Anschlußanhänger, seit 1936 Mitglied einer illegalen NS-Zelle in Klosterneuburg, Mai 1940 Aufnahmeansuchen in die NSDAP, Kontakte zur Widerstandsbewegung Gruppe Roman Scholz, Verhaftung wegen „Vorbereitung zum Hochverrat", 1943 10 Jahre Zuchthaus und 10 Jahre Ehrverlust (Volksgerichtshofurteil), bis 1945 im Zuchthaus Straubing. Seit Juli 1945 Redakteur der „Salzburger Nachrichten", trat gegen die Nationalsozialistengesetze auf, 1949–1950 Herausgeber der „Österreichischen Allgemeinen Zeitung", Mitbegründer des VdU, 1949–1956 Chefredakteur „Die Neue Front", Mitglied des Nationalrates, 1956–1961 Pressechef der Bundestheaterverwaltung, freier Schriftsteller, Mitarbeiter der „Furche", seit 1969 Kolumnist der „Kronen-Zeitung", seit 1972 Chefredakteur der oberösterreichischen Ausgabe. (Vgl. HAUSJELL und MEDIEN)

413 Für den Literaturbereich konnten bisher aufgrund der Aktenlage (Wiener Stadt- und Landesarchiv, Österreichisches Staatsarchiv) detaillierte Studien erst zu folgenden Verfahren nach § 27 Verbotsgesetz (1945) vorgelegt werden: Maria Grengg, Mirko Jelusich, Anton Paul Keller, Franz Resl, Franz Spunda, Max Mell, Erwin Rainalter, Friedrich Schreyvogl und Franz Tumler. (Vgl. HALL I, MÜLLER I)

414 Damit war mit hoher Wahrscheinlichkeit ein Leserbriefschreiber gemeint, der am 11. Februar 1947 an die „Kulturschriftleitung der Salzburger Nachrichten" Kritik an einer Rezension äußerte, die am 11. Februar 1947 anläßlich des Erscheinens von Waggerls „Die Pfingstreise" im Otto Müller Verlag veröffentlicht wurde und mit Dr. W.S. (wahrscheinlich Dr. Wolfgang Schneditz) gezeichnet war.

415 vgl. Carl Freiherr von Bardolff: Soldat im alten Österreich. Jena: Eugen Diederichs Verlag 1938

416 Heinz Wittmann kolportierte eine andere Version: Waggerl sei aufgrund einer Intervention einer mit einem US-General befreundeten Leserin wieder schnell entlassen worden. „Er bewarb sich dann nachher auch um eine Lizenz bei der Besatzungsmacht und erhielt sie auch sofort, obwohl ihm nun statt 30 Bürgen nur vier bestätigen wollten, daß er kein Kriegsverbrecher sei, darunter auch der Dichter Alexander Lernet-Holenia" (WITTMANN, 112) Es

ging freilich nie um „Kriegsverbrechertum", wie die Akten beweisen. Wittmanns Äußerungen sind Teil des üblichen Entlastungsdiskurses im Zusammenhang mit Fragen der NS-Belastungen.

417 Waggerl vermutete, daß hinter den Auftrittsverboten Josef August Lux – *„scheele Luxaugen" (LANZ, Wagrain 1945)* – gestanden sei. Der Briefwechsel mit Paul Alverdes (16 Briefe an Waggerl und Grete Lanz zwischen 1943 und 1955) ist für die Zeit zwischen 1946 und 1948 u. a. ein aufschlußreiches Dokument über die unterschiedliche Handhabung der Auftritts- und Publikationsverbote durch Amerikaner und Franzosen. (Für die Einsicht in diesen Briefwechsel bedanke ich mich bei Wolf Alverdes.)

418 Karl Heinrich Waggerl: Das Jahr des Herrn. Edited with Introduction, Notes, and Vocabulary by Jane F. Goodloe, Goucher College. With a Foreword by P. G. Gleis, The Catholic University of America. New York: F. S. Crofts & Co 1941 (vgl. WK, 9.7.1938)

419 Josef Schulz: Volksschullehrer, 1927 wegen Kriegsinvalidität pensioniert, 1927–1930 Studium in Wien, in Paris und Berlin, vorerst ausschließlich zeichnerische Tätigkeit, dann Ölmalerei, Anton Faistauer war sein Mentor, Kontakt zu Karl Kraus, Ludwig von Ficker, Jakob Haringer, Georg Rendl, Albin Egger-Lienz, Alfred Kubin u. a., er führte ein zurückgezogenes Leben. Biblische Themen, Drang nach farblicher Ekstase. (SK, 446f) Über Josef Schulz schreibt Gert Kerschbaumer: „Er gehörte zu den wenigen aufrechten Künstlern, die sich von den Machthabern nicht vereinnahmen ließen und an die in der Stadt Salzburg keine Straße erinnert." (KERSCH II, 216)

420 Begegnung mit dem Genius. In: Salzburger Volksblatt 17.6.1950, S. 12. Wieder publiziert in: Das Lebenshaus 1955/56; SW II 1970; Ensemble 3 (1972)

421 Georg Rendl wurde am 8. Juli 1947 die Ehren-Urkunde des Bundes demokratischer Freiheitskämpfer Österreichs „in Anerkennung Ihrer Verdienste um die Befreiung und Unabhängigkeit Österreichs" verliehen. Über die Auffassungsunterschiede zur Rolle Georg Rendls im Dritten Reich vgl. KERSCH II, 100f, RITSCHEL. Georg Rendl (1903–1972): Schriftsteller und Maler, frühe Gedichte: Vorbild Georg Trakl, Lehre in der Imkerei seines Vaters, Bahnarbeiter, Glasbläser; Lebensfreundschaft mit dem Malert Josef Schulz, Freundschaft mit Jakob Haringer, „Der Bienenroman" (1931), „Vor den Fenstern" (1932), „Die Glasbläser von Bürmoos" (1936).

422 In seinem „Curriculum vitae" (September 1945) spricht Waggerl von *„mehr als 2000 Briefen"*, die ihn von seinen Leserinnen und Lesern erreicht hätten. (NLB, 161)

423 „Die Pfingstreise" (1946) greift vom „Pfingstidyll an der Reichsautobahn" (1941) nur den Grundgedanken eines Künstlerausfluges auf, ist aber ein eigenständiger Text, der in den Kontext der Entnazifizierung gehört.

424 Gesammelte Werke. 3 Bände. Salzburg: Otto Müller Verlag 1948–1950 (Das Jahr des Herrn 1948, Fröhliche Armut 1948, Wagrainer Geschichtenbuch [Wagrainer Tagebuch, Kalendergeschichten, Das Wiesenbuch] 1950)
Gesammelte Werke. 5 Bände. 1951–1952 (Das Jahr des Herrn 1951, Mütter 1951, Fröhliche Armut 1951, Wagrainer Geschichtenbuch 1952, Brot 1952)
Gesammelte Werke. 4 Bände 1958–1960 (Wagrainer Geschichtenbuch 1958, Mütter 1959, Das Jahr des Herrn 1960, Fröhliche Armut 1960)
Gesammelte Werke, Band 1 und 5, 1961–1963 (Brot 1961, Das Jahr des Herrn 1963)
Gesammelte Werke, Band 1– 4, 1963–1965 (Fröhliche Armut 1963, Wagrainer Geschichtenbuch 1964, Das Jahr des Herrn 1965, Mütter 1965)

425 Arnolt Bronnen (1895–1959): Studium in Wien, in den 20er Jahren gemeinsam mit Bert Brecht und Ferdinand Bruckner einer der Theateravantgardisten, wechselte 1929 von der Linken zur Rechten, Nahverhältnis zu Goebbels, gegen Ende des Zweiten Weltkrieges Anschluß an den kommunistischen Widerstand. KP-Redakteur in Linz, Übersiedlung nach Ost-Berlin. „Vatermord" (Drama 1920), „Roßbach" (Roman 1930), „Gloriana" (Drama 1941), „A.B. gibt zu Protokoll" (Autobiographie 1954). Vgl. ASPETSBERGER I.

426 Murray G. Halls „Österreichische Verlagsgeschichte" verzeichnet keine Korrespondenz unter diesem Namen. (Vgl. HALL)

427 Zum Begriff „Zusammenbruch" 1945 vgl. HANISCH V, 30. Ernst Hanisch machte darauf aufmerksam, daß das Kriegsende und die Niederlage des Großdeutschen Reiches von denjenigen, die die Regierung stellten und die aus dem Widerstand oder aus der „inneren Emigration" gekommen waren, als „Befreiung vom Faschismus" empfunden wurde. Für den Großteil der Bevölkerung aber sei es eben ein verlorener Krieg und eine Niederlage gewesen.

428 Matejka mußte sich aus dem Waggerl-Kreis klarerweise heftige Anwürfe gefallen lassen. Man titulierte seine Denkweise z. B. als „sureallistisch" [sic!]. (ARCHIV, Edith Waggerl, 10.5.1948)

429 Vgl. Kurt Ziesel: Denunzianten auf Reisen. Literarische Brunnenvergiftung österreichischer Schriftsteller. In: Die Neue Front Nr. 27 (o.J.), 10. (Vgl. MÜLLER 246f) Herrn Matheson gegenüber erwähnte Waggerl am 24.1.1950 *„eine ganze Sammlung von Dankesbriefen"* von Juden und Kommunisten, die in seinem Besitz seien. *„Vielleicht schicke ich Ihnen diese wunderlichen Dokumente einmal zu gelegentlichem Gebrauch." (SLitA, Waggerl)*

430 Kurt Ziesel hatte Waggerl vor Gericht als Zeugen genannt, als er von Hans Weigel u. a. wegen seiner Schrift „Denunzianten auf Reisen" auf Ehrenbeleidigung geklagt worden war. Auch Franz Tumler, Max Mell und Bruno Brehm wurden von Ziesel eingespannt. (ARCHIV, H 2812) Zu Kurt Ziesel vgl. MÜLLER I, 246ff.

431 Das Thema „Judentum" kommt in den Quellen nach 1945 ansonsten nur noch einmal zur Sprache. Waggerl berichtete von einem Zusammenstoß mit einem jüdischen Fahrgast während der Zugreise unmittelbar nach der ersten Nachkriegslesung in seinem Geburtsort Badgastein im August 1946. (ARCHIV 1946) Was den Konflikt auslöste und worum es dabei ging, darüber hielt er nichts fest.

432 Hermann Kesten (1900–1996): Studium der Volkswirtschaft, des Rechts, der Geschichte, Philosophie und Germanistik; seit 1933 im Exil in Amsterdam, dann New York; nach 1945 Rückkehr nach Europa (Rom), Satiriker, Essayist, Übersetzer, Kritiker, Herausgeber der Werke Heinrich Manns; „Die Kinder von Guernika“ (Roman 1939), „König Philipp II“ (Roman 1938), „Die fremden Götter“ (Roman 1949), „Die Abenteuer eines Moralisten“ (Roman 1961).

433 Ernst Waldinger (1896 Wien – 1970 in New York): Lyriker und Übersetzer; Träger des Julius-Reich-Preises 1933; Emigration 1938; „Die Kuppel“ (1934), „Musik für diese Zeit“, „Die kühlen Bauernstuben“ (1946), „Zwischen Hudson und Donau“ (1958). Auswahlbände: „Gesang vor dem Abgrund“ (1961), „Noch vor dem jüngsten Tag“ (1990)

434 William Matheson gegenüber erwähnt Waggerl eine Reise nach Amalfi (SLITA, Matheson 6.4.1951), wo er als Kriegsgefangener nach dem Ersten Weltkrieg war.

435 In einem Brief an Grete Lanz steht in bezug auf Kippenberg noch Schärferes.

436 Ein Schriftstellerkollege mit NS-Vergangenheit, Hans Sterneder (1889–1981), ließ sogar anfragen, wie es denn Waggerl angestellt habe, vom Insel-Verlag wegzukommen. (ARCHIV, H 1473) vgl. MÜLLER I, 324.

437 Die Korrespondenz mit dem Insel-Verlag ist bis 1956 zugänglich oder bricht in diesem Jahre ab. Bis zuletzt wollte der Verlag Texte von Waggerl veröffentlichen, so z. B. „Die Kunst des Müßiggangs“. (WK, 1.6.1956) Vom April 1956 stammt eine letzte Erklärung der Tochter von Katharina und Anton Kippenberg, Bettina von Bomhard, die die schwierige Situation des Insel-Verlages in der Nachkriegszeit darlegt und Waggerls Behauptungen, der Insel läge nicht mehr so viel an ihm, zurückweist, indem sie darauf verweist, daß dem Verlag kein Waggerl-Text angeboten worden sei. (WK, 17.4.1956)

438 Im „Österreichischen Heimatkalender auf das Jahr 1949“ erschienen Waggerls „Lob der Wiese“ (1935) und „Hans, der Rehbock“ (1935).

439 Als 1961 der Otto Müller Verlag plante, einen Waggerl-Band als Buchgemeinschaftsausgabe anzubieten, schlug Waggerl dafür die „Fröhliche Armut“ und „Die Pfingstreise“ unter dem Titel „Ich über mich“ vor. (OMÜ, August/September 1961)

440 Die Pfingstreise. Erzählungen. Salzburg: Otto Müller Verlag; 1951 (3. Aufl.), 1957 (5. Aufl.), 1963 (6. Aufl.), bis 1967 50. Tsd.

441 Alte Karten. In: Salzburger Volksblatt 11.4.1942. Ebenso u. a. in: Berge, Burgen und Basteien. Ausstellung im Karabinierisaal der Residenz, Salzburg. April 1942. Hg.: Das Gaupropagandaamt Salzburg und Stellv.Gen.Kdo XVIII (Wpr.); Völkischer Beobachter (Wiener Ausgabe) 17.5.1942; Völkischer Beobachter 23.11.1944; Linzer Volksblatt 9.11.1957; Liebhabereien. Sonderdruck aus „Das Lebenshaus“. Zürich: Sanssouci Verlag 1966.

442 Alle Bände erschienen im Residenz-Verlag, Salzburg: Jedermanns Stadt 1959; Geliebtes Land Salzburg. 1961; Schöne Sachen. Bäuerliches Brauchgut 1967; Der ländliche Lebenskreis 1968. Ebenso der Band: Das Badgasteiner Jahr 1958

443 In seinen „Erinnerungen an K. H. Waggerl“ berichtet Josef Dapra über die gute Zusammenarbeit mit Waggerl, u. a. über dessen Verständnis für „Dinge des alltäglichen Gebrauchs“. Für die beiden Bände „Schöne Sachen“ und „Der ländliche Lebenskreis“ wurden von Dapra verschiedene Gegenstände aus dem Irrseer Heimatmuseum, das der Bildhauer Franz Maierhofer betreute, fotografiert. Dapra und seine Frau, die Malerin Regine Dapra, gehörten zum Kreis um Waggerl und Grete Lanz.

444 Franz Gmachl spielte Klavierwerke von Franz Schubert und Wolfgang Amadeus Mozart.

445 1947 gab es in der Presse Vorabdrucke in mehreren Fortsetzungen. Textbespiele u. a. auch in: Salzburger Volkszeitung 31.12.1948; Kleines Erdenrund (Als der Kaiser kam) 1951; Kleines Einmaleins des Lebens. Gütersloh: Rufer-Verlag (= Dein Leseheft 41) 1954; Wiener Kurier 24.3.1951; Das kleine Volksblatt 1.1.1955; Das Lebenshaus (Das erfüllte Leben) 1955; Das musische Österreich. Beilageheft E für Jungbürgerfeiern. Rotweißrotheft Nr. 80, Reihe Nr. 190; Deutsche Buchgemeinschaft (Lizenz) 1955 (Textillustrationen von Ernst von Dombrowski); Hirschgraben-Lesereihe, Band 9, 1957; Kleine Zeitung 8.12.1957; Buchgemeinschaft Donauland 1964; SW II 1970; Das Waggerl-Lesebuch 1984. Einige Ausschnitte wurden schon vor 1945 publiziert: Insel-Almanach auf das Jahr 1939 (1939 Der Engel); Fränkischer Kurier 20.2.1941 (1941 Auf Stör); Wiener Tageblatt 26.7.1942 (Legende vom hohen Hut). 1967: 183.000 Tsd.

446 Ausschnitte auch in: Salzburger Volkszeitung 9.12.1967; Evangelisch-Lutherisches Sonntagsblatt. Lübeck 10.12.1967; Demokratisches Volksblatt 9.9.1967: Spar Weihnachtsmagazin 1971; SW II 1970.

447 Übersetzungen u. a. ins Französische 1958, Portugiesische 1960, Spanische 1962, Englische 1963. Im Jahre 1965 gab es die 30. Auflage. Der Leipziger St. Benno-Verlag übernahm den Vertrieb in der Sowjetischen Besatzungszone.

448 1965 lag die 22. Auflage vor. 310.000 Exemplare waren verkauft. Die beiden bekanntesten Stücke daraus sind „Mein Tisch“ und „Mein Stock“ (Min Stock. In: Klaus-Grothe-Gesellschaft: Jahresgabe 1973/74). 1956 wurde das Bändchen mit dem Preis „Die schönsten Bücher Österreichs“ ausgezeichnet.

449 In: Die Landschaft als Erlebnis: Der Berg. Hg. v. Karl Heinrich Waggerl. München: Kindler Verlag 1957. Auch in: Das Lebenshaus 1956, SW II 1970 (Der Berg).

450 William Matheson war sehr u. a. an einer Sonderausgabe von Waggerls „Heiterem Herbarium“ nur für die Mitglieder der „Vereinigung Oltener Bücherfreunde“ interessiert. Nicht das „Herbarium“ sollte so erscheinen, sondern Waggerls „Über das Entstehen des Jahr des Herrn.“ (1949).

451 Witzelnde und humorige Erinnerung an seine Schweizer Erfahrungen ist das „Lob der Schweiz“ (1955).

452 Die „Kleine Münze“ erschien 1957, mit Fotos von Stefan Moses und einer Schallplatte. Lutz Besch griff nach dem Tode Waggerls die Idee wieder auf

und gestaltete den Band „Alles Wahre ist einfach. Ein Brevier“ (1979).

453 Das Buch vom Salzburger Land. Hg. von Inge Lindt. Wien: Forum-Verlag 1969.

454 Heiteres Herbarium. Blumen und Verse. Mit 24 Aquarellen des Dichters. Salzburg: Otto Müller Verlag 1950. 1950 (2. und 3. Aufl.) – 1951 (4. und 5. Aufl.) – 1958,1959 (19./20. – 23./24. Aufl.) – 1960 (25./26. Aufl.) – 1961–1964 (27./28.–33. Aufl.) – 1965 (34. Aufl.); Leipzig: St. Benno Verlag 1962.

455 Rudolf Kremser hatte sich schon 1948 für die Vertonung des „Zittergrases“ interessiert. (ARCHIV) Auch Cesar Bresgen schuf einige Lieder nach Texten von Waggerl (z. B. „Kakadu“, „Wetterhahn“, „Gemeine Brunelle“, „Blindschleiche“. ARCHIV) Kuriose Zuschriften bekam Waggerl wegen seines „Herbariums“. Marzelline Kudlic schwang sich zur Verteidigerin des Scharbockskrautes auf, das Waggerl nach ihrer Meinung ungerecht behandelt hatte (BRIEFE I, Kudlic, 9.5.1952).

456 Waggerls Erzählung „Lob der Wiese“ (1935) kam 1960 mit farbigen Zeichnungen von Fritz Lometsch und im Großdruck in dessen Verlag heraus und erreichte bis 1964 die 7. Auflage.

457 Dazu vgl. auch „Begegnung mit dem Löwenzahn“ (1965): *„Nun, ich war wirklich ein halbes Leben lang um die Rätsel pflanzlichen Lebens bemüht, weniger mit dem kühlen und genauen Verstand eines Forschers freilich, als mit der verspielten Neugier des Liebhabers.“ (BmLö, 612f)*

458 Weitere Thematisierungen von Pflanzen finden sich in: „Von meiner Blumenwiese“ (1960), „Ich werde Orchideenzüchter“ (1964), „Begegnung mit dem Löwenzahn“ (1965).

459 Ähnlich auch in: Über die Bergblumen. Geleitwort zu „Die schönsten Alpenblumen.“ Innsbruck: Pinguin-Verlag/Frankfurt a.M.: Umschau-Verlag 1955. Auch unter dem Titel: Die grünen Freunde, Kassel: Friedrich Lometsch-Verlag (= Druck der Arche), Insel-Almanach 1956, S. 104–107.

460 Der Kontakt zu Schriftstellerkollegen, die, so wie Waggerl auch, im NS-Literaturbetrieb integriert waren, blieb über das Jahr 1945 hinweg oft bestehen.

461 Diese „eine von den Klügsten“ war Marie von Ebner-Eschenbach, an deren Aphorismen sich Waggerl nicht nur einmal orientierte. (Marie von Ebner-Eschenbach: Aphorismen. In: dies.: Das Gemeindekind. Novellen. Aphorismen. Nach dem Text der ersten Gesamtausgabe, Berlin 1893. Hg. und mit einem Nachwort versehen von Johannes Klein. München: Winkler Verlag 1978, S. 875)

462 Planungsunterlagen, zur Publikation vorgesehene Texte, diesbezügliche Korrespondenz u. a. befinden sich im Waggerl-Archiv, Wagrain.

463 Rosl Schwaiger (1918–1970): Erster Musikunterricht bei ihrem Vater (Organist), Studium am Mozarteum, 1940 Engagement am Salzburger Landestheater, an der Volksoper und Staatsoper Wien; 1952 am Nationaltheater München; seit 1945 bei den Salzburger Festspielen. (SK, 448)

464 Die während der NS-Zeit an die Reichshochschule für Musik Mozarteum berufenen Professoren Dr. Willem van Hoogstraten (Kammermusik, Schulorchester und Schulchor) und Elly Ney (Klavier) sollten in diesem Film ebenfalls mitwirken. (KERSCHBAUMER II, 171ff)

465 Die „Salzburger Fernsehproduktion“ des Dr. Hans Conrad Fischer erwarb 1958 die Filmrechte für „Und es begab sich“. Dr. Lutz Besch war im Einvernehmen mit Waggerl der Verfasser des Filmdrehbuchs.

466 Schon 1873 und 1897 hat es eine Debatte über die Frage gegeben, wer denn der Komponist des Weihnachtsliedes sei, Franz Xaver Gruber oder der Textdichter Joseph Mohr.

467 WAGRAIN I, 357–366 (Elisabeth Kornhofer/Lutz Besch: Joseph Mohr)

468 Aus Gesundheitsgründen mußte der Bundespräsident absagen. (Salzburger Nachrichten 5.12.1948)

469 Das waren: Bundesminister Felix Hurdes, Finanzminister Eugen Margaretha, der Landeshauptmann von Oberösterreich Heinrich Gleissner, der LH von Salzburg Josef Klaus, Landesrat Florian Groll, Landesamtsdirektor Rudolf Hanifle, Sicherheitsdirektor Bruno Hantsch, Polizei-Direktor Richard Böhm, der Präsident der Salzburger Wirtschaftskammer Josef Ausweger, Prof. Bernhard Paumgartner (Salzburger Festspiele), Domkapellmeister Joseph Messner, Prof. Eberhard Preussner (Mozarteum), und Prof. Franz Sauer (Organist, Mozarteum). Das „Aktionskomitee“ bestand aus: Karl Heinrich Waggerl, Prof. Ernst Huber (Maler, Wagrain), Isidor Lindner (Pfarrer, Wagrain), Johann Silbergasser (Bürgermeister, Wagrain), Rudolf Ortner (Hotelier, Wagrain), Gustav Pröll (Architekt, Salzburg) und Wilhelm Schaup (Redakteur der Salzburger Nachrichten). Bei der Gründung des Vereines kam es zu diversen Unstimmmigkeiten, die im Persönlichen lagen.

470 Hans Nüchtern: Österreich (1946). Vgl. KERSCHBAUMER/MÜLLER, 19f.

471 Der Film wurde auch unter dem Titel „Kraft der Liebe“ und mit dem Untertitel „Erfüllte Sehnsucht“ angekündigt. (Wiener Zeitung, 23.12.1950)

472 Tobias Reiser gehörte 1945 zu den Belasteten nach § 17 Abs. 2 des Verbotsgesetzes, so daß er erst 1948 zum Vorstandsmitglied und Vertreter des Obmanns der Genossenschaft Salzburger Heimatwerk gewählt werden konnte. Im Dezember 1942 war Reiser nach der Gründung des „Salzburger Heimatwerkes“ durch Gauleiter Dr. Scheel zum „Gaubeauftragten“ für die Volksmusik ernannt worden. (Gaubeauftragte für andere Bereiche waren: Kuno Brandauer, Cesar Bresgen, Resl Fais, Hermann Haindl, Anton Hueber, Walter Leitner, Franz Lorenz, Franz Mayr, Lothar Pretzell, Richard Schlegel, Friederike Wesseli, Georg Windhofer d. Ä., Landa Clauß). 1950 wurde Reiser zum Salzburger Vertreter in der Arbeitsgemeinschaft der Heimatwerke Österreichs berufen. Er gründete zahlreiche Sing- und Musikgruppen, förderte die bäuerliche Handwerkskunst, entwickelte das diatonische Hackbrett weiter, gründete 1946 das Salzburger Adventsingen. (Vgl. KERSCH IV, 130, 329; SK, 395f)

473 Waggerl und Reiser dürften sich aus der Zeit vor 1945 gekannt haben. Gemeinsam waren sie z. B. bei der „Salzburger Heimatwoche“ 1943 aktiv. (KERSCH IV, 336) Die Broschüre der HJ „Kulturempfinden und Entartung“ (1944) verzeichnet den Waggerl-Essay „Lob des Kitsches in der Literatur“ und die Spielgruppe um Tobias Reiser, die „deutsche Tanzmusik“, „sauber“ und „echt“, vortragen könne. Aus dem Jahre 1949 datiere der erste schriftliche Kontakt zwischen Waggerl und Reiser, so Ernst Pichler. Waggerl nahm entgegen den Behauptungen Pichlers schon 1952 am Adventsingen teil, nicht erst 1953. (PICHLER, 5)

474 Ähnlich in: „Über die Idealität des Festlichen in Salzburg.“ (NLB, 84ff)

475 vgl. „Karl Heinrich Waggerl und die Salzburger Festspiele“ (Zeitungsartikel, ARCHIV, undatiert)

476 Wiederholt haben sich freilich die Germanistik und eine ernstzunehmende Literaturkritik mit Waggerl beschäftigt: vgl. SCHÜLER 1951 (Dissertation Innsbruck), HARTL 1957, MULLIGAN 1961, VOGELSANG 1964, TREIBER 1973 (Dissertation Wien), Da ROS 1974/75, SCHWEIZER 1976, AMANN 1983, KUNNE 1991.

477 Nach einer empirischen Untersuchung aus dem Jahr 1977 mit dem Titel „Lesen auf dem Lande. Literarische Rezeption und Mediennutzung im ländlichen Siedlungsgebiet Salzburgs“ rangierte Waggerl in der 779 Befragten angebotenen Liste von 29 Schriftstellern unter der Rubrik „Kenne den Schriftsteller“ an erster Stelle und unter der Rubrik „Habe gelesen“ nach Peter Rosegger an zweiter Stelle (= 62,1 % der Befragten). (HÖMBERG/ROSSBACHER, 43)

478 Für Radio Bremen schrieb Waggerl weitere Hörfolgen: „Klang der Stadt“. „Kunst des Müßiggangs“, „Osterlegenden“, „Liebe Dinge“. (WuH 1957) Lutz Besch hat darüber berichtet. (WuH 1957, 1971)

479 Wanderung und Heimkehr. Heidelberg: Marion von Schröder 1957 (= Rundfunk und Buch 6). Die Sendung und das Buch waren die Grundlage für den Essay „Ein Mensch wie ich“ (1963), der mit Aquarellen und Zeichnungen Waggerls im Residenz-Verlag (Salzburg) erschien.

480 Lutz Besch (*1918): in Kattowitz geboren, 1931 Übersiedlung nach Nauen bei Berlin, Geigenunterricht, seit 1940 Studium an der Universität Jena (Theaterwissenschaft, Germanistik, Musikwissenschaft), Musikhochschule in Weimar (Sprecherziehung), 1944 Promotion über Hjalmar Bergman, Universitätsassistent, 1946 Dramaturg und Spielleiter in Erfurt, 1948 Dramaturg in Bremen, seit 1949 freier Schriftsteller, 1951 Mitarbeiter von Radio Bremen, 1955 Leiter der Abteilung Wort, 1965 stv. Programmdirektor. 1975 Eichendorff-Preis; 1990 Kulturpreis Schlesien des Landes Niedersachsen; „Immer nach Hause“ (1955), „Wartesaal“ (1956), „Ausgesät sind sie alle“ (1959), „Abschied vom Paradies“ (1974), „Hauptpersonen“ (1988).

481 Kleines Erdenrund. Bildnis und Selbstbildnis. Ein Buch mit dem Dichter und über ihn von Hanns Arens. In memoriam Anton Kippenberg. 1. Aufl., Ebenhausen bei München: Langewiesche-Brandt-Verlag (= Die Bücher der Rose) 1951; Bildnis und Selbstbildnis. Ein Buch mit dem Dichter von Hanns Arens. 2. erw. Aufl., Wien: Donau-Verlag 1953; Vagabund an der Leine. Ein Streifzug durch Werk und Leben des Dichters unternommen von Hanns Arens. Berlin: Ullstein 1961 (= Ullstein-Buch 412); Das Lebenshaus. Eine innere Biographie. Hg. v. Dino Larese. Zürich: Im Verlag der Arche 1955/1956; Kraut und Unkraut. Mit Zeichnungen des Dichters. Mit Zeichnungen, Photos und Faksimile. Herausgegeben und mit einem Nachwort von Lutz Besch. Zürich: Arche 1968.

482 z. B. Demel/Lindner: Lesebuch für Handelsakademien (1947/48); Harmer/Rauch: Was bleibet aber, stiften die Dichter (1953); Unser Lesebuch (1954); Sanz: Aus dem Reichtum der Dichtung (1957); Das gute Wort (1963); Biebl/Sint: Dichterlese (1964); Rauch: In deine Hand gelegt (1965); Demel: Natur-Mensch-Technik (1965); Bialonczyk: Begegnungen (1966); Kefer: Welt im Wort (1968): Benedikt: Ueberreuter-Lesebuch (1969).

483 Gert Westphal hat sich Gedanken über Waggerls Wirkung als Vortragender gemacht: „Karl Heinrich Waggerl ist ein Dichter und ein Schauspieler in einem. [...] Wer von uns, unentschieden in Laune und Neigung, an seinem Radioapparat dreht und auf diese Stimme trifft, der bleibt gefangen. [...] ein Maß an mitmenschlicher Güte, das so herzwärmend unmodern ist, daß wir eingangs nicht zufällig von einem Patriarchen sprachen, den es zu feiern gelte. An Taubheit müßte es grenzen, wollten sich unsere Ohren beim Klange dieser Stimme nicht erinnern, daß aus ähnlichem Idiom, aus verwandter Kehle die Stimme des Rattenfängers tönte, der wir zu Schuld und Unglück erlagen. Welche Liebesgabe der Schöpfung, in Karl Heinrich Waggerl Heimat und Sprache versöhnt zu haben, mit der Abart, deren sie fähig gewesen.“ (BESCH, 68f)

484 Otto Müller schrieb an Waggerl in Erinnerung an die Auseinandersetzungen in den Jahren 1947/48: „Wien ist anscheinend in Hochspannung über Ihre Vorlesung. Vielleicht holt man Sie mit einer grossen Musikkapelle vom Bahnhof ab und wird Individuen wie Rollett, Matejka etc. vorsorglich in den Kotter sperren, damit die freudige Erwartung von keiner Seite getrübt werden kann.“ (OMÜ, 10.5.1950)

485 Anläßlich dieser TV-Debatte gab es in der Presse eine Auseinandersetzung, in der kulturkämpferische Töne zu hören waren. Z. B. „Gesteuerter Kunstverfall soll Urteilsvermögen des Volkes töten." (Oberösterreichische Nachrichten, 12.3.1966) Waggerls Beitrag hatte gelautet: *„Ich schreibe ausschließlich für die Leute, ich mache keine Literatur."* Paul Kruntorad deutete in der Zeitschrift „Literatur und Kritik" (April 1966) an, warum die Wogen hochgingen – er macht nämlich darauf aufmerksam, daß die Debatte an überwunden geglaubte Zensurdiskurse erinnerte: „Kunst ins Volk und gesundes Volksempfinden."

486 Der Charles-Veillon-Preis wurde seit 1947 alljährlich „für den besten deutschsprachigen Roman" vergeben. In der Jury waren u. a. Werner Bergengruen, Albrecht Goes, Rudolf Alexander Schröder. 1956 erhielt diesen Preis Waggerls Freund Franz Tumler für seinen Roman „Der Schritt hinüber". (Die Presse 10.7.1956)

Abkürzungs- und Literaturverzeichnis

I) K. H. Waggerls Werk

Wenn nicht anders angegeben, sind alle Texte zitiert nach: Karl Heinrich Waggerl: Sämtliche Werke. Band I, II. 4. Aufl., Salzburg: Otto Müller Verlag 1997

A: Aphorismen. Den Freunden gewidmet (1924)

AB: Das Abenteuer (1926)

ADAM: Ein Mann namens Adam (1927/28)

AdH: Aus der Heimat (1940)

AdK: Aus der Kindheit (1934)

ALMANACH 1948: Der neue Almanach. Monatsschrift. Salzburg-Zürich-Stuttgart. Hg. von Karl Heinrich Waggerl 1948ff (geplant)

AN: Autobiographische Notizen (1930)

ARBEIT: Arbeit (1928/29)

BLICK: Blick in die Werkstatt (1949)

Bfm: Ein Buch für mich (1968)

BmL: Begegnung mit dem Leser (1940) = Eine Lanze für mich

BmLö: Begegnung mit dem Löwenzahn (1965)

BmG: Begegnung mit dem Genius (1950)

BuI: [Dichter sprechen zu Zeitproblemen]. In: Berichte und Informationen 1947, Nr. 62, S. 962

BROT: Brot (1930)

DANK: Otto Müller zum Dank. In: Werke und Jahre 1937– 1962. Salzburg 1962, S. 58f

DB: Der Berg (1957)

DECKE: Die Decke (1926). Salzburger Volksblatt 11.12.1926 (Unterhaltungsbeilage, S. 1)

DuA: Du und Angela (1933)

DuJ: Dichtung und Journalismus. In: Des deutschen Dichters Sendung in der Gegenwart. Hg. von Heinz Kindermann. Leipzig 1933, S. 254–56. Auch in: Österreichische Rundschau 1(1934/35)

E: Die Entfesselten (1925). In: Salzburger Volksblatt 14.3.1925 (Unterhaltungsbeilage, S. 1–2)

EHE: Vorwort. In: U. A. Georg: „Drum prüfe, wer sich ewig bindet ...“ Durch richtige Wahl zum Eheglück. Salzburg: Pilgram-Verlag 1951

EiM: Eiermalen (1953)

EM: Ein Mensch wie ich (1963)

ENTST: Über das Entstehen des Jahr des Herrn. Olten: Sonderdruck der Vereinigung Oltener Bücherfreunde 1949

ERFAHR: Erfahrungen eines Autors beim Film. Typoskript Süddeutscher Rundfunk/Filmgespräch Salzburg 27.7.1954, Rundfunk

ET: Einundzwanzig Tage (1933)

FA: Fröhliche Armut (1948)

FE I: Feierabend. Salzburg: Salzburger Druckerei und Verlag o. J. (1944) [HJ- und BDM-Ausgabe]

FE II: Feierabend. Graz: Leykam Verlag 1944 (= Salzburger Hefte. Hg. von K.H. Waggerl, Heft 7)

FESTSPIEL: Ein Festspiel will gefeiert sein. Brief an den Herausgeber. In: Salzburg 1959/60. Stimmen, Zeichen, Kräfte. Salzburg 1960, S. 49–51

FmB: Freundschaft mit Büchern (1937)

FRIEDE: Karl Heinrich Waggerl/Hans Conrad Fischer: ...und Friede den Menschen. Ein Krippenbuch. München: Prestel-Verlag 1959

G: Gespräch in der Nacht (1929)

GESTALTEN: Meine Gestalten. In: Die Kultur. Halbmonatsschrift für Bücherfreunde, Hg. von L. Vogel. IV (April 1926), H. 8, S. 1–28

GG: Goethes Großvater Textor als Blumenzüchter. In: Goethe-Kalender auf das Jahr 1938, S. 155– 162

GL: Geliebtes Land (1961)

GmJ: Garten meiner Jugend (1955)

GzG: Gang zum Geliebten (1937)

HH: Heiteres Herbarium (1950) [Vertonung von Franz Salmhofer. Wien: Österreichischer Bundesverlag 1951. Karl Heinrich Waggerl: Zum Geleit! 1951]

HL: Humor im Lichtbild (wahrscheinlich 1929)

HUND: Der Hund (1926) In: Salzburger Volksblatt 9.1.1926 (Unterhaltungsbeilage, S. 2)

JdH: Das Jahr des Herrn (1934)

KdM: Die Kunst des Müßiggangs (1955)

KM: Kleine Münze (1957)

KdW: Von der Kunst des Weglassens (wahrscheinlich 1929)

KeS: Klang einer Stadt (1955)

KITSCH: Lob des Kitsches in der Literatur. In: Kulturempfinden und Entartung. Salzburger Kulturtage der Hitlerjugend 1944, S. 24–25

KITSCH I: Über den Kitsch. Erwiderung. In: Berichte und Informationen 21.3.1947, S. 711f

KuJ: Kindheit und Jugend. In: Das Lebenshaus. Eine innere Biographie. Hg. von Dino Larese. Zürich: Im Verlag der Arche 1955

KUNST. Kunst ist, was man nicht kann. In: Völkischer Beobachter, 13.1.1939 (unter dem Titel: „Unsachliches über einen Maler" In: Glanz von innen. Dichter über Bildwerke, die sie lieben. Hg. v. Henri Nannen. München: Bruckmann-Verlag 1943, S. 156–158)

LB: Liebhabereien. In: Die neue Linie. Leipzig, Berlin: Verlag Beyer 1935 (auch In: Kleines Erdenrund. Bildnis und Selbstbildnis. Ein Buch mit dem Dichter und über ihn. Von Hanns Arens. In memoriam Anton Kippenberg. 1. Aufl., Ebenhausen bei München: Langewiesche-Brandt-Verlag 1951, S. 82–83; weiters In: Das Lebenshaus. Eine innere Biographie. Hg. v. Dino Larese. Zürich: Im Verlag der Arche 1955/56, S. 69–70)

LD: Liebe Dinge Miniaturen. Mit 12 Aquarellen des Dichters. Salzburg: Otto Müller Verlag 1956

LÜCKE: Über die Frauen. In: ... der lückenbüßer ... Karl Heinrich Waggerl erzählt vor der Kamera. Eine Bildfolge mit einem handschriftlichen Text des Dichters. Hg. von Hans Conrad Fischer. Salzburg: Otto Müller Verlag 1961

KRAUT: Karl Heinrich Waggerl: Sechs Antworten, auch Matthias Claudius betreffend. In: Kraut und Unkraut. Mit Zeichnungen, Photos und Faksimiles. Zürich: Im Verlag der Arche 1968, S. 99–103

KTB: Kriegstagebuch. In: Karl Heinrich Waggerl: Nach-Lese-Buch. Eine Auswahl, herausgegeben von Lutz Besch. Salzburg: Otto Müller Verlag 1977, S. 17–28

M: Martha. In: Deutsche Rundschau. Hg. von Rudolf Pechel. 54 (März 1928), S. 232–241

ME: Meine Eltern. In: Das Lebenshaus. Eine innere Biographie. Hg. von Dino Larese. Zürich: Im Verlag der Arche 1955

MM: Meine Mutter. In: ders.: Wagrainer Bilderbuch. Zürich: Arche Verlag 1973, S. 29

MOHR: Joseph Mohr (1937)

MVL: Meines Vaters Leben. In: ders.: Wagrainer Bilderbuch. Zürich: Arche Verlag 1973, S. 27–28

MÜNZE: Kleine Münze. Aquarell von K. H. Waggerl. Photos von Stefan Moses. Salzburg: Otto Müller 1957

MÜ: Mütter (1935)

NLB: Nach-Lese-Buch. Eine Auswahl, herausgegeben von Lutz Besch. Salzburg: Otto Müller Verlag 1977

ÖST: Der Österreicher (1952)

ÖT 1948: Karl Heinrich Waggerl an Viktor Matejka. In: Österreichisches Tagebuch 3 (April 1948), Nr. 12, S. 13f

OS: [Vorwort]. In: Franz Karl Ginzkey: Der Weg zu Oswalda. Gmunden: Buchhandlung und Verlag Heinrich Javorsky 1953

OSTMARK: Ein Wort des Herausgebers. In: Altdeutsche Bildschnitzer der Ostmark. Mit 104 Bildtafeln. Wien: Verlag Anton Schroll & Co 1939/40 (= Die Ostmark. Landschaft, Volk und Kunst der südostdeutschen Gaue. Hg. von Karl Heinrich Waggerl und Karl Oettinger)

PETER: Peter (auch: Bauerngeschichte) (1926)

PFINGST: Pfingstidyll an der Reichsautobahn. Mit handkolorierten Zeichnungen und Bildern von Ernst Huber (1941) (= Schriftenreihe der Presseabteilung des Reichsministers Dr. Todt, Nr. 14)

PFINGST I: Die Pfingstreise (1946)

SB: Schweres Blut (1932)

SCH: Über Scherenschnitte. In: Das Inselschiff. Zeitschrift für die Freunde des Insel-Verlages. Sommer 1932, S. 156–58

SL: Salzburgerland – Jugendland. In: Deutsche Ostmark. Zehn Dichter und hundert Bilder lobpreisen Österreich. Hrsg. von Josef Friedrich Perkonig. Graz, Wien, Leipzig: Leykam-Verlag, 1936, S. 54–59

STILL: Karl Heinrich Waggerl (Hg.): Das ist die stillste Zeit im Jahr. Salzburg: Otto Müller Verlag 1956

STOSSEUFZER: Stoßseufzer. In: Die Neue Literatur 33 (Mai 1932), H. 5, S. 242f

TuK: Tee und Kaffee. Ein Brevier für Genießer. In: Salzburger Volksblatt 15.12.1923, Unterhaltungsbeilage, S. 2. Auch in: Nach-Lese-Buch. Eine Auswahl. Hg. von Lutz Besch. Salzburg: Otto Müller Verlag 1977

ÜdS: Über das Sagbare. In: ders.: Kraut und Unkraut. Mit Zeichnungen des Dichters. Herausgegeben und mit einem Nachwort von Lutz Besch. Zürich: Arche 1968, S. 107–109

ÜdV: Über das Vorlesen (1955)

ÜW: Ueber Willensfreiheit. In: Freundschaft. Monatsschrift zur Förderung der proletarischen Kulturbewegung. 1. Jg., H. 5, November 1922, S. 3–4

VAGABUND: Karl Heinrich Waggerl: Vagabund an der Leine. Ein Streifzug durch Leben und Werk des Dichters Karl Heinrich Waggerl, unternommen von Hanns Arens. Frankfurt a.M.: Ullstein 1962 (= Ullstein Buch Nr. 412)

VmA: Von meiner Arbeit (1934/35, Typoskript). In: ders.: Wagrainer Bilderbuch. Zürich: Arche Verlag 1973, S. 58–60

VmB: Von meiner Blumenwiese (1960)

WAHRE: Alles Wahre ist einfach. Ein Brevier. Hg. von Lutz Besch. Salzburg: Otto Müller Verlag 1979

WB: Das Wiesenbuch (1932)

WBB: Wagrainer Bilderbuch. Zürich: Arche Verlag 1973

WORT: Ein Wort für den Buchhändler. In: Börsenblatt für den Deutschen Buchhandel. 101. Jg., Nr. 13, 16.1.1934, S. 1f

WT: Wagrainer Tagebuch (1936)

WuH: Wanderung und Heimkehr. Mit neun Bildtafeln. Zürich: Arche Verlag 1971 (unter demselben Titel schon 1957 in der Reihe „Rundfunk und Buch" im Marion von Schröder Verlag)

WuW: Wägen und Wagen (1968)

WÜNSCHE: Drei Wünsche. Zwei Spiele (Kasperl beim lieben Gott, Drei Wünsche). Zürich: Im Verlag der Arche 1973

Z: Zorn (1927/28). In: ders.: Nach-Lese-Buch. Eine Auswahl. Hg. von Lutz Besch. Salzburg: Otto Müller Verlag 1977, S. 65–73

Die Stunde mit der Mutter. In: WTB, Nr. 110, 11.5.1960

Als ich dreizehn Jahre alt war. In: Wagrainer Bilderbuch. Zürich: Arche Verlag 1973, S. 30–31

Schach den Schuldigen. In: Die Bürgerwehr. Mitteilungen des Salzburger Wirtschaftsverbandes. Salzburg, Getreidegasse 34 (Sternbräu) 1(September 1926), Folge 2, S. 1f

Kleines Erdenrund. Ein Buch mit dem Dichter und über ihn. Von Hanns Arens. In memoriam Anton Kippenberg. Ebenhausen bei München: Wilhelm Langewiesche-Brandt 1951 (2. erw. Aufl., Wien: Donau-Verlag 1953)

Eine Lanze für mich. In: Hanns Arens: Das fröhliche Buch der Dichter. 4. Aufl., 1942 (Zum Geleit: Hans Hinkel), S. 9–17

II) Briefwechsel und Dokumente

ARENS: Briefwechsel Waggerl–Hanns Arens

ARCHIV: Korrespondenzen (A–Z)

AStS: Archiv der Stadt Salzburg

Badgasteiner Schulchronik

BENEDETTO: Briefwechsel Hildegard Benedetto–Karl Müller (1997)

BRIEFE: K. H. Waggerl: Briefe. Eine Auswahl, hg. v. Lutz Besch. Salzburg: Otto Müller Verlag, 1976

BRIEFE I: K. H. Waggerl: Briefe. Eine Auswahl. Hg. v. Lutz Besch. Salzburg: Otto Müller Verlag, 1976 (unpubliziertes Material aus der Sammeltätigkeit des Verlages und Edith Waggerls)

Briefwechsel Laurenz Krisch – Karl Müller (1996/97)

Briefwechsel Josef Angerer – Karl Müller (1996)

Briefwechsel Paul Alverdes – Grete Lanz, K. H. Waggerl

EDITH: Edith-Waggerl-Tagebuch (1922–1928)

EXNER: Tonbandaufnahmen Erwin Exner (1968–1972)

FAMILIE: Briefwechsel Waggerl – Eltern und Geschwister (1915–1919: Militärdienst, Kriegseinsatz, Gefangenschaft)

GP Protokolle der Sitzungen der Gemeindevorstehungs-Sitzungen Wagrain (1927ff)

LEBENSLAUF: Lebenslauf Edith Waggerl vom 14.1.1940

LANZ: Briefwechsel Waggerl–Grete Lanz (1943ff)

LANZ I: Grete Lanz: Erinnerungen 1995

LORENZ: Briefwechsel Waggerl–Maria Lorenz

MARBACH: Diverse Briefwechsel (Deutsches Literaturarchiv/Schiller-Nationalmuseum Marbach am Neckar)

OMÜ: Briefwechsel Waggerl–Otto Müller (1945ff)

Matthias-Schönberger-Chronik: „Kleiner Heimatweiser für Wagrain" (Waggerl-Archiv, Wagrain)

SCHÖNY: Briefwechsel Waggerl–Schöny (Waggerl-Archiv, Wagrain)

SCHÖNY I: Briefwechsel Heinz Schöny–Karl Müller (1997)

Schöny, Heinz: Genealogische Untersuchungen

SLA: Salzburger Landesarchiv

SLitA: Briefwechsel Waggerl–Georg Rendl (1947): Salzburger Literaturarchiv

TYPOSKRIPT: Waggerl-Typoskripte im Wagrainer Waggerl-Archiv

Wagrainer Schulchronik

WK: Briefwechsel Waggerl–Kippenberg (1925ff), Goethe- und Schiller-Archiv Weimar

III) Sekundärliteratur

50 JAHRE: 50 Jahre Adventsingen. Salzburger Nachrichten Spezial 30.11.1996 (mit Beiträgen u.a. von Karl Heinz Ritschel, Claudia Karner, Ernst Pichler, Bernhard Strobl, Bertl Göttl)

75 Jahre Insel Verlag. Eine Geschichte in Daten, Programmen und Dokumenten. Insel Almanach auf das Jahr 1975. Frankfurt a. M.: Insel Verlag 1974

150 Jahre Salzburger Kunstverein. Kunst und Öffentlichkeit. 1844–1994. Salzburg: Salzburger Kunstverein 1994

200 Jahre Landestheater Salzburg (1775–1975). Festschrift. Salzburg 1975

ADORNO: Horkheimer, Max/Adorno, Theodor W.: Dialektik der Aufklärung. Philosophische Fragmente. Frankfurt a. M.: S. Fischer Verlag 1969 (New York: Social Studies Association 1944)

Altenberg, Peter: Prodromos. Berlin: S. Fischer 1906 (6. Aufl., 1919) [ders.: Gesammelte Werke in fünf Bänden. Band I, II. Hrsg. von Werner J. Schweiger. Wien, Frankfurt a.M.: Löcker/S. Fischer 1987]

AMANN: Amann, Otto: Das andere Gesicht. Studien zur frühen Erzählprosa von Karl Heinrich Waggerl. Innsbruck 1986 (= Innsbrucker Beiträge zur Kulturwissenschaft. Germ. Reihe Band 29)

AMANN I: Amann, Otto: Neue Gedanken wie Brände. In: Das Waggerl Lesebuch. Hg. von Gertrud Fussenegger, Otto Amann, Rudolf Bayr, Lutz Besch. Salzburg: Otto Müller Verlag 1984, S. 9–15

AMANN II: Amann, Otto: Gesprächsprotokoll eines Besuches bei Karl Springenschmid in Glasenbach am 17.1.1980 (Typoskript)

AMANN III: Amann, Klaus: Der ‚Anschluß' der österreichischen Schriftsteller an das Dritte Reich. Institutionelle und bewußtseinsgeschichtliche Aspekte. Habilitationsschrift, Klagenfurt 1986

AMANN IV: Amann, Klaus: Literaturbetrieb 1938–1945. Vermessungen eines unerforschten Gebietes. In: Emmerich Talos, Ernst Hanisch, Wolfgang Neugebauer (Hg.): NS-Herrschaft in Österreich 1938–1945. Wien: Verlag für Gesellschaftskritik 1988, S. 283–299

AMANN V: Amann, Klaus: Franz Tumlers schriftstellerische Anfänge. In: Franz Tumler. Beiträge zum 75. Geburtstag. Wien 1987, S. 9– 29 (= Zirkular. Sondernummer 14)

AMANN VI: Amann, Klaus: P.E.N. Politik. Emigration. Nationalsozialismus. Ein österreichischer Schriftstellerclub. Wien, Köln, Graz: Hermann Böhlaus Nachf. 1984

AMM: Ammerer, Gerhard: Vom Feudalverband zum Reichsnährstand. In: Vom Feudalverband zur Landwirtschaftskammer. Agrarische Korporations- und Organisationsformen in Salzburg vom Beginn der Neuzeit bis heute. Salzburg 1992 (= Schriftenreihe des Landespressebüros. Salzburg Dokumentationen Nr. 106), S. 15–242

ARBEITSWELT: Arbeitswelt im Pongau. Der Mensch in Bergbau und Hüttenwesen von der Bronzezeit bis ins 20. Jahrhundert. Redaktion F. Hörmann und M. Martischnig. St. Johann im Pongau/Wien 1987

Ardelt, Rudolf: Die Ära des „Christlichen Ständestaates" (1934–1938). In: Geschichte Salzburgs II/4, S. 2391–2426

Arens, Hanns: Wo deutsche Dichter wohnen. Ein Blick in den Alltag. In: Herdfeuer. Zeitschrift der Deutschen Hausbücherei 13 (Juli/August 1938), Nr. 4, S. 153–156

Arens, Hanns: Das dunkle Lied. Zu den Gedichten Dita Waggerls. In: Freude an Büchern 4 (1953), H. 4, S. 91.

Arens, Hanns: Als Gast bei Karl Heinrich Waggerl. In: Freude an Büchern 3 (1952), S. 208–210

ARENS: Arens, Hanns: Karl Heinrich Waggerl. Der Mensch und Dichter. Tumringen/Baden: Verlag Kropf & Herz 1934

ASPETSBERGER: Aspetsberger, Friedbert: Literarisches Leben im Austrofaschismus. Der Staatspreis. Königstein/Ts.: Hain 1980

ASPETSBERGER I: Aspetsberger, Friedbert: „Arnolt Bronnen": Biographie. Wien: Böhlau-Verlag 1995

Austriacus, Junius (Pseud.): Oesterreichische Kulturpolitik. Wie sie gemacht und wie sie nicht gemacht wird. In: Der christliche Ständestaat, 4.10.1936

Das Badgasteiner Jahr. Fotos u. a. von Josef Dapra. Begleittext von Karl Heinrich Waggerl. Salzburg: Residenzverlag 1958

BARBUSSE: Barbusse, Henri: Das Feuer. Tagebuch einer Korporalschaft. Zürich: Max Rascher Verlag 1918

BAYR: Bayr, Rudolf: Karl Heinrich Waggerl. Der Dichter und sein Werk. Salzburg: Otto Müller Verlag 1947

Bayr, Rudolf: Gedichte von Dita Waggerl. In: Wiener Literarisches Echo 2 (1949), H. 3, S. 62

BB: Bund deutscher Schriftsteller Österreichs (Hg.): Bekenntnisbuch österreichischer Dichter. Wien 1938

BEHACKER: Behacker, Anton: Geschichte des Volks- und Bürgerschulwesens im Lande Salzburg. Salzburg 1923

BENKARD: Benkard, Ernst: Das ewige Antlitz. Eine Sammlung von Totenmasken mit einem Geleitwort von Georg Kolbe. Berlin: Frankfurter Verlags-Anstalt 1927

BENN: Benn, Gottfried: Antwort an die literarischen Emigranten (1933). In: ders.: Gesammelte Werke, Band 4, Wiesbaden 1961, S. 239ff

BESCH: Besch, Lutz (Hg.): K. H. Waggerl genauer betrachtet. Salzburg: Residenz Verlag 1967

Besch, Lutz: Karl Heinrich Waggerl (1897–1973). In: Wakhrein. Die alte Hofmark. Ortschronik Wagrain, Band I, Salzburg 1993, S. 375–389

Kleine Bibliographie der Werke Karl Heinrich Waggerls. Zum 70. Geburstag des Dichters. Salzburg: Otto Müller Verlag 1967

BIERMER: Biermer, Lily: Der Dichter Karl Heinrich Waggerl. In: Völkischer Beobachter. München. Reichsausgabe 29.8.1932 (Zweitfassung/ Typoskript, Waggerl-Archiv)

Biermer, Lily: Karl Heinrich Waggerl. In: Die Neue Literatur, Juni 1935, H. 6, S. 322

BLAAS: Blaas, Erna: Rühmung und Klage. Neue Gedichte. Berlin, Wien, Leipzig: Karl H. Bischoff 1944

BLAAS I: Gert Kerschbaumer/Karl Müller: Zur gefälschten Biographie der Erna Blaas. In: Salzburger Fenster 5/1990, S. 13

BLOCH: Bloch, Ernst: Das Prinzip Hoffnung. Frankfurt a. M. 1967

BÖLSCHE: Bölsche, Wilhelm: Die naturwissenschaftlichen Grundlagen der Poesie. Prolegomena einer realistischen Ästhetik. Leipzig 1887 (nach: Theorie des Naturalismus. Hg. von Theo Meyer Stuttgart: Philipp Reclam 1973, S. 128–137

BÖRNE: Börne, Ludwig: [Motto]. In: Heinrich Heine: Die Harzreise. In: ders.: Sämtliche Schriften in zwölf Bänden. Hg. von Klaus Briegleb. Band 3: Schriften 1822–1831. München: Carl Hanser 1976, S. 102

BORN: Born, Wolfgang: Oesterreichische Malerkolonie Zinkenbach. In: Neues Wiener Journal 19.8.1932

Born, Wolfgang: Österreichische Maler im Salzkammergut. In: Die Kunst 34 (Juni 1933), S. 282–286

BORTENSCHLAGER: Bortenschlager, Wilhelm: Richard Billinger. Leben und Werk. Wels: Verlag Kellner & Plieseis 1981

BRETTENTHALER: Brettenthaler, Josef: Die Wiederbesiedlung. In: Reformation. Emigration. Protestanten in Salzburg. Ausstellung 21. Mai – 26. Oktober 1981. Salzburg 1981, S. 172–179

Carls, Carl Dietrich/Ullmann, Arno (Hg.): Mit allen Sinnen. Lyrik unserer Zeit. Berlin: Rembrandt-Verlag 1936

CIC: Aktenbestände Departments of the Army (United States Army Intelligence and Security Command, Freedom of Information/Privacy Office, Fort George G. Meade, Maryland)

CLAUDIUS: Matthias Claudius: Werke. Erster und Zweiter Band. Original-Ausgabe. 7. wohlfeile Aufl. Mit vielen Holzschnitten und Kupferstichen nach Chodowiecki. Hamburg, Gotha: Friedrich und Andreas Perthes 1844

CST: Austriacus, Junius (Pseud.): Oesterreichische Kulturpolitik. Wie sie gemacht und wie sie nicht gemacht wird. In: Der christliche Ständestaat, 4.10.1936 (Typoskript Waggerl-Archiv, H 16.894)

DAMOLIN: Damolin, Rudolf: Die Reaktion der im Lande gebliebenen österreichischen Schriftsteller auf den sogenannten „Anschluß“ im Frühjahr 1938 im Spiegel einiger Tageszeitungen, Kulturzeitschriften und Anthologien. Band 1/2. Hausarbeit, Universität Salzburg 1982

DAPRA: Dapra, Josef: Erinnerungen an K. H. Waggerl (Typoskript, undatiert)

DAVID: Ein Dichter und sein Dorf. O. David besuchte Karl Heinrich Waggerl. In: Volksblatt. Ostern, 13. 4. 1968

Dichterehrung in Wagrain. In: Salzburger Kunstchronik. Illustrierte Zeitschrift für bildende Kunst, Literatur, Theater und Film 2 (1937), S. 11

DIETRICH: Dietrich, Max: Karl Heinrich Waggerl. In: Hochland 30 (1932/33), H. 11, S. 471–473

DIETRICH II: Dietrich, Max: Karl Heinrich Waggerl. In: Universitas 12 (13.12.1934), S. 1–2

Dopsch, Heinz/Spatzenegger, Hans: Geschichte Salzburgs. Stadt und Land. Band II/1–5: Neuzeit und Zeitgeschichte. Salzburg: Universitätsverlag Anton Pustet 1991

Elschenbroich, Adalbert (Hg.): Deutsche Dichtung im 18. Jahrhundert. München: Carl Hanser Verlag 1960, S. 325f

EMPFANG: Empfang des Gauleiters und Reichsstatthalters in Thüringen zum Deutschen Dichtertreffen und zur Eröffnung der Kriegsbuchwoche 1941. Sonntag, 26. Oktober 1941 im Schloß zu Weimar. Anwesenheitsliste und Plan zur Tischordnung.

Engelbrecht, Helmut: Geschichte des österreichischen Bildungswesens. Band 4: Von 1848 bis zum Ende der Monarchie. Wien. Österreichischer Bundesverlag 1986

FERG: Ferguson, Robert: Knut Hamsun. Leben gegen den Strom. Biographie. Deutsch von Götz Burghardt. München: Deutscher Taschenbuch Verlag 1992 (1987)

FESTSCHRIFT: Festschrift der Bundes-Lehrerbildungsanstalt in Salzburg zur Feier des 150jährigen Bestandes der Lehrerbildung und des 100. Todesjahres Vierthalers. Zugleich 10. Anstaltsbericht. Salzburg 1927

Festschrift 75 Jahre Tauernbahn 1909–1984. Für den Inhalt verantwortlich: Dr. Günter Katzmann. St. Johann im Pongau 1984

FLOIMAIR. Floimair, Roland (Hg.): Nationalsozialismus und Krieg. Ein Lesebuch zur Geschichte Salzburgs. Salzburg: Verlag Anton Pustet 1993

Das Flügelross. Erstes Kunstjahrbuch des Reichsgaues Salzburg. Hg. von Heinrich Zillich. Salzburg: Verlag „Das Bergland-Buch“ 1941

F. M. (Dr. Franz Martin): Nachruf auf Dr. Heinrich Ploy. In: Mitteilungen der Gesellschaft für Salzburger Landeskunde. Jg. LVII (1917), S. 260f

Förtner, Walter S.: Rasse und Völkerschicksal. Neuerscheinungen zur Rassenkunde. In: Süddeutsche Monatshefte 33 (1935), S. 60–63

FREUNDSCHAFT: Freundschaft. Monatsschrift zur Förderung der proletarischen Kulturbewegung. Besitz und Selbstverlag des Salzburger Freidenker-Vereines. Arbeiterheim. Paris Lodronstraße 21, 1 (1922ff)

FREYLER: Freyler-Wilkullil, Eva Maria: Bad Gastein Karl Heinrich Waggerl zum 60. Geburtstag. Bad Gastein: Verlag der Kurverwaltung 1957

FRICKE: Fricke, Harald: Aphorismus. Stuttgart: Metzler 1984 (= Sammlung Metzler 208)

FRISCH: Frisch, Karl von: Fünf Häuser am See. Berlin, Heidelberg, New York: Springer 1980

Fuhrich, Edda/Prossnitz, Gisela: Die Salzburger Festspiele. Band I 1920–1945: Ihre Geschichte in Daten, Zeitzeugnissen und Bildern. Salzburg: Residenz Verlag 1990

GILMAN: Gilman, Sander L. (Hg.): NS-Literaturtheorie. Mit einem Vorwort von Cornelius Schnauber. Eine Dokumentation. Frankfurt a. M. 1971

GINZKEY: Ginzkey, Franz Karl: [Vorwort]. In: Robert Mimra: Batterie 4. Graz: Im Verlag „Das Bergland-Buch“ 1930, S. 5–11

GL: Anonymus: Geistige Leere (Zeitungsausschnitt, Waggerl-Archiv, o.O., o.J.)

GOTTWALD: Gottwald, Herwig: Methoden und NS-Stil der NS-Propaganda am Beispiel des „Österreichischen Beobachters". Salzburg, masch. 1981

GRAU: Grau, Günter: Homosexualität in der NS-Zeit. 1993

GRILLPARZER: Grillparzer, Franz: [Beethoven. Rede am Grabe]. In: ders.: Sämtliche Werke. Dritter Band. Hg. von Peter Frank und Karl Pörnbacher. München: Carl Hanser 1964, S. 881– 883

GRITSCHNEDER: Gritschneder, Otto: „Der Führer hat Sie zum Tode verurteilt ...". Hitlers „Röhm-Putsch"-Morde vor Gericht. München: Verlag C. H. Beck 1993

GRUBER: Gruber, Fritz/Ludwig, Karl-Heinz: Der Metallbergbau. In: Geschichte Salzburgs Band II/4, 1991, Salzburg: Universitätsverlag Anton Pustet, S. 2595–2629

Haas, Hanns/Hoffmann, Robert/ Luger, Kurt (Hg.): Weltbühne und Naturkulisse. Zwei Jahrhunderte Salzburg-Tourismus. Salzburg: Verlag Anton Pustet 1994

HAAS I: Hanns Haas: Arbeiterschaft und Arbeiterbewegung. In: Geschichte Salzburgs II/2, S. 934–990

HAAS II: Hanns Haas: Bäuerliche Lebenswelt um 1900. Katholisch-Konservative, Christlichsoziale und Deutschkonservative. In: Geschichte Salzburgs II/2, S. 901– 933

HAAS III: Hanns Haas: Vom Liberalismus zum Deutschnationalismus. In: Geschichte Salzburgs. Band II/2, S. 833–899

HAAS IV: Haas, Hanns: Nationalbewußtsein, Patriotismus und Krieg. In: Geschichte Salzburgs II/ 2, S. 991–1022

HAAS V: Haas, Hanns: Das liberale Zeitalter. In: Geschichte Salzburgs II/2, S. 718–832

HAECKEL: Ernst Haeckel: Die Weltanschauung der monistischen Wissenschaft. In: Freie Bühne 3 (1892), H. 11, S. 1155ff (Nach: Theorie des Naturalismus. Hg. von Theo Meyer. Stuttgart. Philipp Reclam jun. 1973, S. 94)

HALL: Hall, Murray G.: Österreichische Verlagsgeschichte 1918–1938. Band I/II. Wien, Köln, Graz: Hermann Böhlaus Nachf. 1985

HALL I: Hall, Murray G.: „Ich bitte um Nachsicht ...". Innere Emigration privat. In: Johann Holzner/Karl Müller: Die Literatur der Inneren Emigration aus Österreich. Wien: Döcker 1997 (im Druck)

HANISCH/FLEISCHER: Hanisch, Ernst/ Fleischer, Ulrike: Im Schatten berühmter Zeiten. Salzburg in den Jahren Georg Trakls. 1887–1914. Salzburg: Otto Müller Verlag 1986 (= Trakl-Studien. Band XIII)

HANISCH I: Hanisch, Ernst: Die Erste Republik. In: Geschichte Salzburgs II/2, S. 1057–1120

HANISCH II: Hanisch, Ernst: Der lange Schatten des Staates. Österreichische Gesellschaftsgeschichte im 20. Jahrhundert. Wien: Carl Ueberreuter 1994 (Österreichische Geschichte 1890–1990. Hg. von Herwig Wolfram)

HANISCH III: Hanisch, Ernst: Die Erste Republik. In: Salzburger Quellenbuch. Von der Monarchie bis zum Anschluß. Salzburg 1985 (= Schriftenreihe des Landespressebüros. Salzburg Dokumentationen Nr. 86), S. 145–147

HANISCH IV: Hanisch, Ernst: Nationalsozialistische Herrschaft in der Provinz. Salzburg im Dritten Reich. Salzburg: Landespressebüro 1983 (= Salzburg Dokumentationen Nr. 71)

HANISCH V: Hanisch, Ernst: Zeitgeschichtliche Dimensionen der Politischen Kultur in Salzburg. In: Herbert Dachs: Das politische, soziale und wirtschaftliche System im Bundesland Salzburg. Festschrift zum Jubiläum „40 Jahre Salzburger Landtag in der Zweiten Republik". Salzburg: Amt der Salzburger Landesregierung, 1985, S. 15–52 (= Salzburg Dokumentationen Nr. 87)

HANISCH VI: Hanisch, Ernst: Historische Überhänge in der österreichischen politischen Kultur. In: Österreichische Zeitschrift für Politikwissenschaft 13 (1984), H. 1, S. 15–20

HANISCH VII: Hanisch, Ernst: Im Zeichen des allgemeinen Wahlrechts. In: Geschichte Salzburgs II/4, S. 2377–2390.

HARINGER: Haringer, Jakob: Aber des Herzens verbrannte Mühle tröstet ein Vers. Ausgewählte Lyrik, Prosa und Briefe. Hg. von Hildemar Holl. Mit einem Nachwort von Wulf Kirsten. Salzburg: Residenz Verlag 1988

HARTL: Hartl, Edwin: Der Erzähler Karl Heinrich Waggerl. In: Wort in der Zeit 3 (1957), H. 12, S. 705–711

HAUSJELL: Hausjell, Fritz: Österreichische Tageszeitungsjournalisten am Beginn der Zweiten Republik (1945–1947). Eine kollektivbiographische Analyse ihrer beruflichen und politischen Herkunft. Diss.phil. Salzburg 1985

HERMAND: Hermand, Jost /Trommler, Frank: Die Kultur der Weimarer Republik. München: Nymphenburger Verlagsbuchhandlung 1978

HIEBL: Hiebl, Ewald: Badestube und Wandelbahn. Salzburger Bädertourismus vom Beginn des 19. Jahrhunderts bis zum Zweiten Weltkrieg. In: Hanns Haas, Robert Hoffmann, Kurt Luger (Hg.): Weltbühne und Naturkulisse. Zwei Jahrhunderte Salzburg-Tourismus. Salzburg: Verlag Anton Pustet, S. 82–90

HIRSCHFELD: Keiner fühlt sich hier mehr als Mensch ... Erlebnis und Wirkung des Ersten Weltkrieges. Hg. von Gerhard Hirschfeld und Gerd Krumeich in Verbindung mit Irina Renz. Essen 1993

HOCHV: Der Hochverratsprozeß gegen Dr. Guido Schmidt vor dem Wiener Volksgericht. Wien 1947

HOEN: Hoen, Max Ritter von: Geschichte des salzburgisch-oberösterreichischen K.u.k. Infanterie-Regiments Erzherzog Rainer Nr. 59 für den Zeitraum des Weltkrieges 1914–1918. Salzburg: Selbstverlag des Rainerbundes Salzburg 1931

HÖMBERG: Hömberg, Walter/Roßbacher Karlheinz: Lesen auf dem Lande. Literarische Rezeption und Mediennutzung im ländlichen Siedlungsgebiet Salzburgs. Bericht über ein empirisches Forschungsprojekt. Salzburg 1977

HÖRFOLGE: Lutz Besch: Wagrain – in alten Ansichten. Eine Hörfolge. In: Patrizia Da Ros: L'opera letteraria di Karl Heinrich Waggerl. Diplomarbeit Mailand 1974/75

HOF: Hofmannsthal, Hugo von: Preuße und Österreicher. Ein Schema. (1917) In: ders.: Gesammelte Werke in zehn Einzelbänden. Reden und Aufsätze II (1914–1924). Hg. von Bernd Schoeller in Beratung mit Rudolf Hirsch. Frankfurt a. M.: Fischer Taschenbuch Verlag, S. 459–461

HOFFMANN I: Hoffmann, Robert: Die Stadt im bürgerlichen Zeitalter (1860–1918). In: Geschichte Salzburgs II/4, S. 2281–2375

HOFFMANN II: Hoffmann, Robert: Reisen unter Dampf. Die touristische Erschließung Salzburgs durch die Eisenbahn. In: Hanns Haas, Robert Hoffmann, Kurt Luger (Hg.): Weltbühne und Naturkulisse. Zwei Jahrhunderte Salzburg-Tourismus. Salzburg, Verlag Anton Pustet, S.38–44

HOLL: Holl, Hildemar: Georg Rendls Roman „Die Glasbläser von Bürmoos." In: Georg Rendl: Die Glasbläser von Bürmoos. Romantrilogie. Hg. von Hildemar Holl und mit einem Nachwort von Hanns Haas. Salzburg: Otto Müller Verlag 1995 (= Salzburger Bibliothek, Band 3)

HOLZNER: Holzner, Johann/Scheichl,Sigurd Paul/Wiesmüller, Wolfgang (Hg.): Eine schwierige Heimkehr. Österreichische Literatur im Exil 1938–1945. Innsbruck 1991 (= Innsbrucker Beiträge zur Kulturwissenschaft, Band 40)

HOLZNER I: Holzner, Johann: Kanon-Diskussion und Kanon-Destruktion in Österreich. In: Detlef C. Kochan (Hg.): Literaturdidaktik – Lektürekanon – Literaturunterricht. Amsterdam-Atlanta: Rodopi 1990 (= Amsterdamer Beiträge zur neueren Germanistik, Band 30), S. 113ff

HORCH I: Horch, Hans Otto/Denkler, Horst (Hg.): Conditio Judaica. Antisemitismus und deutschsprachige Literatur vom 18. Jahrhundert bis zum Ersten Weltkrieg. 1. und 2. Teil. Tübingen 1988, 1989

HORCH II: Horch, Hans Otto (Hg.): Judentum, Antisemitismus und europäische Kultur. Tübingen: Francke Verlag 1988

HOYER: Hoyer, Walter: Von der Forderung der Zeit an die Dichtung und von der Wirkung der Dichtung in der Zeit. In: Blätter für Philosophie. Zeitschrift der deutschen philosophischen Gesellschaft 7 (1933), H. 5, S. 415–421

HÜBINGER: Versammlungsort moderner Geister: der Eugen Diederichs-Verlag. Aufbruch ins Jahrhundert der Extreme. Hg. von Gangolf Hübinger. München: Diederichs 1996

Hutter, Josef: Die Entwicklung des Schulwesens in Wagrain. In: Wakhrein. Die alte Hofmark. Ortschronik Wagrain, Band I, Salzburg 1993, S. 343–353

JAKOB: Jakob, Waltraud: Salzburger Zeitungsgeschichte. Salzburg 1979 (= Salzburg Dokumentationen Nr. 39)

INSEL: 75 Jahre Insel Verlag. Eine Geschichte in Daten, Programmen und Dokumenten. Insel Almanach auf das Jahr 1975. Frankfurt a. M.: Insel Verlag 1974

JENS: Jens, Inge: Dichter zwischen rechts und links. Die Geschichte der Sektion für Dichtkunst an der Preußischen Akademie der Künste. Dargestellt nach den Dokumenten. München: Deutscher Taschenbuch Verlag 1971

JUNG: Jung, C. G.: Vorwort zur zweiten Auflage. In: Über die Psychologie des Unbewußten. (Gesammelte Werke, Band 7) Hg. von M. Niehus-Jung 1958–1983

KAINDL: Kaindl, Kurt: Der Fotograf Karl Waggerl. Anmerkungen zum fotografischen Nachlaß. In: Frauenmantel. Karl Heinrich Waggerl: Fotografien. Bodo Hell: Text. Salzburg: Edition Fotohof im Otto Müller Verlag 1993, S. 78–83

KAINDL I: Kaindl-Hönig, Max: Dauer des Trostes – Trost der Dauer. Über den Werktag hinaus. In: Salzburger Nachrichten 9.12.1972, S. 5

KANTOR: Kantorowicz, Alfred: Karl Heinrich Waggerl: Brot. In: Die literarische Welt 6 (1930), H. 40, S. 5

KCH: Dichterehrung in Wagrain. In: Salzburger Kunstchronik. Illustrierte Zeitschrift für bildende Kunst, Literatur, Theater und Film 2 (1937), S. 11

KERSCH I: Kerschbaumer, Gert: Über den schwierigen Anfang des modernen Wagrain. In: Ortschronik Wagrain. Band II: Vom Bergbauerndorf zur Salzburger Sportwelt Amadé. Hg. von Michael Ellmer. Salzburg 1993/94, S. 61–71

KERSCH II: Kerschbaumer, Gert: Faszination Drittes Reich. Kunst und Alltag der Kulturmetropole Salzburg. Mit einem Vorwort von Gerhard Amanshauser. Salzburg: Otto Müller Verlag o. J. (1989)

KERSCH III: Kerschbaumer, Gert: Karl Heinrich Waggerls Kriegskunststücke – „Goldene Hochzeit im Salzburger Land". In: Macht Literatur Krieg. Wien 1997 (im Erscheinen)

KERSCH IV: Kerschbaumer, Gert: Rekonstruktion und Dokumentation „Volkskunde und Brauchtumspflege im Nationalsozialismus in Salzburg". In: Volkskunde und Brauchtumspflege im Nationalsozialismus in Salzburg. Referate, Diskussionen, Archivmaterial. Bericht der Tagung am 18. und 19. November 1994 in der Salzburger Residenz. Salzburg 1995/96, S. 255–357 (= Salzburger Beiträge zur Volkskunde, Band 8)

KERSCH V: Kerschbaumer, Gert: Kunst im Getriebe der Politik 1933–1938–1945. In: 150 Jahre Salzburger Kunstverein. Kunst und Öffentlichkeit 1994, S. 144–169

KERSCHBAUMER/MÜLLER: Gert Kerschbaumer/Karl Müller: Begnadet für das Schöne. Der rot-weiß-rote Kulturkampf gegen die Moderne. Wien: Verlag für Gesellschaftskritik 1992

Kerschbaumer, Gert/Müller, Karl: Literatur unter dem Nationalsozialismus. Vorgeschichte. Ausprägungen. Nachgeschichte. Vierteilige Sendereihe des ORF/ Landesstudio Salzburg 1986 (= Salzburg wörtlich)

KIESEL: Kiesel, Helmuth: Aufklärung und neuer Irrationalismus in der Weimarer Republik. In: Aufklärung und Gegenaufklärung. Hg. v. Jochen Schmidt. Darmstadt: Wissenschaftliche Buchgesellschaft 1989, S. 497–521

KINDERMANN: Heinz Kindermann: Kampf um die deutsche Lebensform. Wien 1941

KINDERMANN I: Kindermann, Heinz: Sechs auslandsdeutsche Dichter kommen nach Berlin. Eine Willkommensbetrachtung. In: Berliner Börsenzeitung, 25.2.1937

Kindlers Malerei Lexikon im dtv in 15 Bänden. München: Deutscher Taschenbuch Verlag 1976

KLASSIKER: Klassiker in finsteren Zeiten 1933–1945. Eine Ausstellung des Deutschen Literaturarchivs im Schiller-Nationalmuseum Marbach am Neckar. 14. Mai–31. Oktober 1983. Band 1/2. Ausstellung und Katalog: Bernhard Zeller u.a.

KLAUS: Klaus, Josef: Salzburgs Kulturaufgabe. Rede des Landeshauptmannes von Salzburg vor der Festversammlung der Österreichischen Kulturwoche am 21. November 1950 im Salzburger Festspielhaus

KLEIN: Kurt Klein: Bevölkerung und Siedlung. In: Geschichte Salzburgs. Band II/2, 1988, S. 1289–1358

KM: Gert Kerschbaumer/Karl Müller: Literatur unter dem Nationalsozialismus. Vorgeschichte. Ausprägungen. Nachgeschichte. Vierteilige Sendereihe des ORF/ Landesstudio Salzburg 1986 (= Salzburg wörtlich)

KORNHOFER: Kornhofer, Elisabeth: Zur Entdeckung der Fotos K. H. Waggerls in Wagrain. In: Frauenmantel. Salzburg: Edition Fotohof im Otto Müller Verlag 1993, S. 94–95

KRAUS: Kraus, Karl: Die letzten Tage der Menschheit. Tragödie in fünf Akten mit Vorspiel und Epilog. (= Karl Kraus: Schriften. Hg. von Christian Wagenknecht, Band 10). Frankfurt a.M.: Suhrkamp 1986 (st 1320)

KRAUS I: Kraus, Karl: Aphorismen. Sprüche und Widersprüche. Pro domo et mundo. Nachts. (= Karl Kraus: Schriften. Hg. von Christian Wagenknecht, Band 8). Frankfurt a.M.: Suhrkamp 1986 (st 1318)

KRAUS II: In dieser großen Zeit. In: Die Fackel, Nr. 404, 5.12.1914

KRAUS III: Notizen. In: Die Fackel Nr. 445–453, 18. Januar 1917, XVIII. Jahr, S. 97

KRIEG: Österreich und der Große Krieg 1914–1918. Die andere Seite der Geschichte. Hg. von Klaus Amann und Hubert Lengauer. Wien: Verlag Christian Brandstätter 1989

KRISCH I: Krisch, Laurenz: Der Bad Gasteiner Karl Heinrich Waggerl. Festschrift anläßlich seines 100. Geburtstages 1997. Bad Gastein: Selbstverlag des Gasteiner Museums 1996

KRISCH II: Krisch, Laurenz: Der Bad Gasteiner Karl Heinrich Waggerl. In: Salzburg-Archiv 23 (1997)

KRISCH III: Laurenz Krisch an Karl Müller, 11.3.1997

KUHNERT: Kuhnert, Artur A.: Karl Heinrich Waggerl: Das Wiesenbuch [Rezension]. In: Die Kolonne 3 (1932), S. 50b

KUMMER: Kummer, Karl Ferdinand/Karl Stejskal (Hg.): Deutsches Lesebuch für österreichische Gymnasien. V. Band. Wien 1893

KUNNE: Kunne, Andrea: Heimat im Roman: Last oder Lust? Transformationen eines Genres in der österreichischen Nachkriegsliteratur. Amsterdam 1991

KUNNE I: Kunne, Andrea: Ein Kampfplatz der Ideologien? Literaturgeschichten und Anthologien für die gymnasiale Oberstufe in Österreich. In: Informationen zur Deutschdidaktik 1997, H. 2, S. 124–144

KURZ: Kurz, Jakob: Kunstraub in Europa 1938–1945. Hamburg: Facta Oblita Verlag 1989

LACKENBAUER: Lackenbauer, Ilse: Das Kriegsende in der Stadt Salzburg. In: Salzburg 1945–1955. Zerstörung und Wiederaufbau. Salzburg 995 (= Jahresschrift des Salzburger Museums Carolino Augusteum), S. 25–39

LANGENBUCHER: Langenbucher, Hellmuth: Volkhafte Dichtung der Zeit. 6. unv. Aufl., Berlin: Junker und Dünnhaupt Verlag 1941 – Langenbucher, Hellmuth: Karl Heinrich Waggerl. In: Völkischer Beobachter 26.6.1938

LANZ: Lanz, Grete: Grete Lanz über K.H. Waggerl (Typoskript 1995)

LEITNER: Leitner, Walter: Jugend und Volkskultur im Dritten Reich in Salzburg. In: Volkskunde und Brauchtumspflege im Nationalsozialismus in Salzburg. Referate, Diskussionen, Archivmaterial. Bericht der Tagung am 18. und 19. November 1994 in der Salzburger Residenz. Salzburg 1995/96, S. 143–160 (= Salzburger Beiträge zur Volkskunde, Band 8)

MANDATARE: Enderle-Burcel, Gertrude/Johannes Kraus: Mandatare im Ständestaat 1934–1938. Hg. Vom Dokumentationsarchiv des österreichischen Widerstandes, Österreichische Gesellschaft für historische Quellenstudien. Wien 1991

MANDEL: Mandel, Kurt: Zu Waggerls Geburtstag. In: Salzburger Zeitung 9.12.1942

MANZ: Letzter Einsatz für Salzburg (ein kurzer Erlebnisbericht), Typoskript 4.6.1945

MARX: Marx, Erich (Hg.): Befreit und besetzt. Stadt Salzburg 1945–1955. Salzburg-München: Verlag Anton Pustet 1996

MARX I: Marx, Erich/Harald Waitzbauer: Die Auswirkungen des Luftkrieges auf die Stadt Salzburg. In: Salzburg 1945–1955. Zerstörung und Wiederaufbau. Salzburg 1995 (= Jahresschrift des Salzburger Museums Carolino Augusteum)

Matejka, Viktor: Unangenehme Notizen über Bücher und Mörder. In: Österreichisches Tagebuch 1947, Nr. 22, S. 6

MATT: Peter von Matt: Der bittere Verdacht. In: 1000 Deutsche Gedichte und ihre Interpretationen. Hg. Von Marcel Reich-Ranicki. Erster Band. Frankfurt a.M., Leipzig: Insel Verlag 1994 (3. Aufl. 1996), S. 287f

MAUER: Mauersberger, Volker: Rudolf Pechel und die ‚Deutsche Rundschau‘. Eine Studie zur konservativ-revolutionären Publizistik in der Weimarer Republik (1918–1933). Bremen 1971

MEDIEN: Medien & Zeit. Forum für historische Kommunikationsforschung. 4 (1989), H. 1: Zum René-Marcic-Preis 1988/89, Alfons Dalma, Ilse Leitenberger, Viktor Reimann.

MIMRA: Robert Mimra: Das ganze Deutschland soll es sein! In: Festführer 2. Jugendtreffen des Deutschen Turnerbundes Salzburg, 17. bis 19. Juli 1931

MÖSER: Möser, Kurt: Kriegsgeschichte und Kriegsliteratur. Formen der Verarbeitung des Ersten Weltkrieges. In: Militärgeschichtliche Mitteilungen 40 (1986), S. 39–52

MOHLER: Mohler, Armin: Die Konservative Revolution in Deutschland 1918–1932. Ein Handbuch. 2., völlig neu bearb. und erw. Aufl., Darmstadt: Wissenschaftliche Buchgesellschaft 1972

MOHOLY-NAGY: Windisch, H. (Hg.): Das deutsche Lichtbild. Berlin: Verlag Robert & Bruno Schultz 1927

MOROLD: Morold, Max (Hg.): Dichterbuch. Deutscher Glaube, deutsches Sehnen und deutsches Fühlen in Österreich. Mit Beiträgen hervorragender österreichischer Dichter. Wien, Berlin, Leipzig: Adolf Luser Verlag 1933

MÜHLMANN I: Sonderbund österr. Künstler Salzburg. Kunstschau August 1925. Mit einem Vorwort von Kai Mühlmann. Salzburg 1925

MÜHLMANN II: Mühlmann, Kai: Bericht über Vorsprache bei Hermann Göring (Typoskript, Waggerl-Archiv)

MÜLLER I: Müller, Karl: Zäsuren ohne Folgen. Das lange Leben der literarischen Antimoderne Österreichs seit den 30er Jahren. Salzburg: Otto Müller Verlag 1990

MÜLLER II: Müller, Karl: „Das Salzburger Große Welttheater“. Hugo von Hofmannsthal und die „Konservative Revolution“. In: Welttheater, Mysterienspiel, rituelles Theater. „Vom Himmel durch die Welt zur Hölle“. Gesammelte Vorträge des Salzburger Symposions 1991. Hg. v. Peter Csobádi u.a. Anif/Salzburg: Verlag Ursula Müller-Speiser 1992, S. 461–479 (= Wort und Musik. Salzburger Akademische Beiträge)

MÜLLER III: Müller, Karl: Der Kampf des Verlegers Otto Müller gegen seine berufliche Vernichtung durch die Nationalsozialisten 1940/41. In: Mit der Ziehharmonika 12 (September 1995), Nr. 2, S. 37–41

MÜLLER IV: Müller, Karl: Probleme männlicher Identität bei Richard Billinger. Homosexualität und Literatur während der NS-Zeit. In: Uwe Baur u. a. (Hg.): Macht Literatur Krieg Wien: Böhlau 1997

MULLIGAN: Mulligan, John J.: The foundations of humor in Karl Heinrich Waggerl. In: The German Quarterly 1961, H. 34. S. 449–454

NETSCH: Netsch, L: Salzburger Stadtchronologie. Publikation des Magistrates der Stadt Salzburg

MUSIK: Die Musik in Geschichte und Gegenwart. Allgemeine Enzyklopädie der Musik. Hg. von Friedrich Blume. Band 9. München/Kassel, Basel, London: Deutscher Taschenbuch Verlag/Bärenreiter Verlag 1989

MUSIL: Musil, Robert: Das hilflose Europa oder Reise vom Hundertsten ins Tausendste. In: ders.: Gesammelte Werke. Band 8: Essays und Reden. Reinbek bei Hamburg: Rowohlt 1978, 1075–1094

ÖSTERREICH-UNGARN: Österreich-Ungarns letzter Krieg 1914–1918. Hg. vom österreichischen Bundesministerium für Landesverteidigung und vom Kriegsarchiv. 7 Text- und 7 Kartenbände, Register. Wien 1930–1938 (5. Band/Zweiter Teil –7. Band: Das Kriegsjahr 1916–1917/Beilagen V–VII)

Österreich und der Große Krieg 1914–1918. Die andere Seite der Geschichte. Hg. von Klaus Amann und Hubert Lengauer. Wien: Verlag Christian Brandstätter 1989

Österreichisches Biographisches Lexikon 1815–1950. Hg. von der Österreichischen Akademie der Wissenschaften. Red. v. Eva Obermayr-Marnach. Wien 1983ff

ÖT: Österreichisches Tagebuch. Monatshefte für Kultur, Politik, Wirtschaft 1948

OMÜLLER: Müller, Otto: Werke und Jahre 1937–1962. Salzburg 1962

ORGANISATION: Organisationsbuch der NSDAP. Hg. von der Reichsorganisationsleitung der NSDAP. München: Zentralverlag der NSDAP,. Franz Eher Nachf., 1936

ORLOWSKI: Orlowski, Hubert: „Literaturanschluß“ 1938. In: Für und wider eine österreichische Literatur. Hg. von Kurt Bartsch u.a.. Königstein/Ts.: Athenäum Verlag 1982, S. 53–69

PAUL: Jean Paul: Erstes Blumenstück. Rede des toten Christus vom Weltgebäude herab, dass kein Gott sei. In: ders.: Blumen., Frucht- und Dornenstücke oder Ehestand, Tod und Hochzeit des Armenadvokaten F. St. Siebenkäs. (= Werke in zwölf Bänden, Band 3). München, Wien: Hanser Verlag 1975, S. 270–275

PEITHNER: Peithner-Lichtenfels, Bernhard: „Das Malschiff“. „Arier“ und „Entartete“. In: Das größere Österreich. Hg. von Kristian Sotriffer. Wien: Edition Tusch 1982, S. 362

PETRO: Petropoulos, Jonathan: Kajetan Mühlmann. From Historian to Art Plunderer. (Typoskript)

PICHLER: Pichler, Ernst: Ein Kauf und die Folgen. In: 50 Jahre Adventsingen. Salzburger Nachrichten Spezial 30.11.1996, S. 5

PLAN: Plan. Kunst. Literatur. Kultur 1945ff

PLOY: F. M. (Dr. Franz Martin): Nachruf auf Dr. Heinrich Ploy. In: Mitteilungen der Gesellschaft für Salzburger Landeskunde. Jg. LVII (1917), S. 260f

POCK: Pock, Friedrich: Spielmann im Harnisch. Dichter und Kämpfer der Ostmark. 1941

PP II: Schopenhauer, Arthur: Sämtliche Werke. Textkritisch bearbeitet und herausgegeben von Wolfgang Frhr. von Löhneysen. Band I–V. Frankfurt a. M.: Suhrkamp 1986 (2.–3. Aufl., 1994)

(= suhrkamp taschenbuch wissenschaft Nr. 661–665): Band V: Parerga und Paralipomena II.

PRODINGER: Prodinger, Friederike: Karl Adrian †. In: Mitteilungen der Gesellschaft für Salzburger Landeskunde 90 (1950), S. 174–182

PROSSNITZ: Prossnitz, Gisela: Vom Hof- übers Stadt- zum Landestheater. In: 200 Jahre Landestheater Salzburg (1775–1975). Festschrift. Salzburg 1975, S. 22–54

Putz, Hans Friedrich: Festvortrag zum 300-Jahr-Jubiläum des ehemaligen k.u.k. Infanterie-Regiments „Erzherzog Rainer" Nr. 59 am 16. Mai 1982 (Typoskript)

RABENSTEIN: Rabenstein, Edith: Dichtung zwischen Tradition und Moderne. Untersuchungen zur Rezeptionsgeschichte und zum Werk. Frankfurt a. M.: Verlag Peter Lang 1988

Rathkolb, Oliver: Gesellschaft und Politik am Beginn der Zweiten Republik. Vertrauliche Berichte der US-Militäradministration aus Österreich 1945 in englischer Originalfassung. Wien, Köln, Graz: Hermann Böhlaus Nachf. 1985

RAUCHENSTEINER: Rauchensteiner, Manfried: Der Tod des Doppeladlers. Österreich-Ungarn und der Erste Weltkrieg. Graz, Wien, Köln: Verlag Styria 1993 (2. Aufl., 1994)

REFORMATION: Reformation. Emigration. Protestanten in Salzburg. Ausstellung 21. Mai–26. Oktober 1981. Salzburg 1981

REICHSSTRASSE: Reichsstraße 31. Von der Ostmark zum Oberrhein. Natur. Volk. Kunst. Hg. von Dr. Franz Kerber (Oberbürgermeister der Stadt Freiburg im Breisgau). Stuttgart: J. Engelhorns Nachf. Adolf Spemann 1939 (= Jahrbuch der Stadt Freiburg im Breisgau, Band 3)

Reinelt-Beer, Elisabeth: Die Gestalt des Vagabunden bei Hesse, Hausmann und Waggerl (gezeigt an den Romanen „Knulp" von Hesse, „Lampioon küßt Mädchen und kleine Birken" von Hausmann und „Schweres Blut" von Waggerl). Hausarbeit, Innsbruck 1965

REITER: Reiter, Andrea: „Auf dass sie entsteigen der Dunkelheit". Die literarische Bewältigung von KZ-Erfahrung. Wien: Löcker Verlag 1995

RENNER: Renner, Gerhard: Österreichische Schriftsteller und der Nationalsozialismus (1933–1940). Der „Bund der deutschen Schriftsteller Österreichs" und der Aufbau der Reichsschrifttumskammer in der „Ostmark". Frankfurt a. M.: Buchhändler-Vereinigung 1986

RITSCHEL: Ritschel, Karl Heinz: Georg Rendl. Ein Salzburger Dichter ist wiedererstanden. In: Salzburger Nachrichten, 30.9.1995

ROS: Ros, Patrizia de: L'opera letteraria di Karl Heinrich Waggerl. Milano 1974/75

ROSSBACHER: Rossbacher, Karlheinz: Dichtung und Politik bei Guido Zernatto. Ideologischer Kontext und Traditionsbezug der im Ständestaat geförderten Literatur. In: Franz Kadrnoska (Hg.): Aufbruch und Untergang. Österreichische Kultur zwischen 1918 und 1938. Wien: Europa Verlag 1981, S. 539–559

Rossbacher, Karlheinz: Heimatkunstbewegung und Heimatroman. Zu einer Literatursoziologie der Jahrhundertwende. Stuttgart 1975

Rossbacher, Karlheinz: Literatur und Liberalismus. Zur Kultur der Ringstraßenzeit in Wien. Wien: Jugend und Volk 1992

RPA: Reichspropagandahauptamt (Wien): Sammlung von Aussprüchen prominenter Persönlichkeiten (1938) [Typoskript, Dokumentationsarchiv des österreichischen Widerstandes]

RUBLACK: Rublack, Reinhard: Schule und Erwachsenenbildung. In: Geschichte Salzburgs II/3, S. 1931–1961

RUPPEL: Ruppel, K.H.: Deutsche Romane Dezember 1931. In: Die neue Rundschau 42 (1931), Band 2, S. 833–845

SACHSLEHNER: Sachslehner, Johannes: Führerwort und Führerblick. Mirko Jelusich. Zur Strategie eines Bestsellerautors in den Dreißiger Jahren. Königstein/Ts.. Anton Hain 1985 (= Literatur in der Geschichte. Geschichte in der Literatur. Band 11)

Salzburger Adventsingen 1992. Das ist die stillste Zeit im Jahr. Eine Erinnerung. Salzburg: Salzburger Heimatwerk 1992

Salzburger Soldatenzeitung. Hg. von Gauleiter und Reichsstatthalter Dr. Gustav Adolf Scheel 1942ff

SF: Fuhrich, Edda/Prossnitz, Gisela: Die Salzburger Festspiele. Band I 1920–1945: Ihre Geschichte in Daten, Zeitzeugnissen und Bildern. Salzburg: Residenz Verlag 1990

SCHÄFER: Schäfer, Hans Dieter: Das gespaltene Bewußtsein. Über deutsche Kultur und Lebenswirklichkeit 1933–1945. Frankfurt a.M., Berlin, Wien: Verlag Ullstein 1984 (= Ullstein Sachbuch Nr. 34 178)

SCHÄFER I: Hans Dieter Schäfer: Naturdichtung und Neue Sachlichkeit. In: Die deutsche Literatur in der Weimarer Republik. Hg. von Wolfgang Rothe. Stuttgart: Philipp Reclam jun. 1974

SCHAEFER: Schaefer, Camillo: Peter Altenberg. Ein biographischer Essay. Wien 1980 (= freibord sonderreihe Nr. 10)

SCHAFFER: Schaffer, Nikolaus: Kurzer Höhenflug und langsames Stranden. Oppositionen innerhalb des Kunstvereins: „Wassermann" und „Sonderbund". In: 150 Jahre Salzburger Kunstverein 1994, S. 114–143

SCHAUP: Schaup-Weinberger, W.: Badgastein. Die Geographie eines Weltkurortes. Diss. Phil. Salzburg 1968

SCHEEL: Scheel, Gustav Adolf: Kulturrede zur Eröffnung der Salzburger Kulturtage der Hitler-Jugend am 13. Mai 1942. Salzburg: NS-Gaudruck 1942

SCHEFFLER: Scheffler, Herbert: „Brot". Ein Roman von Karl Heinrich Waggerl. In: Nachrichten für Stadt und Land, Oldenburg, 8.9.1930

SCHEICHL: Scheichl, Sigurd Paul: Literatur in österreichischen Zeitschriften der dreißiger Jahre. Mit einem bibliographischen Anhang. In: Österreichische Literatur der dreißiger Jahre. Ideologische Verhältnisse. Institutionelle Voraussetzungen. Fallstudien. Hg. von Klaus Amann und Albert Berger. Wien, Köln, Graz: Hermann Böhlaus Nachf., 1985, S. 178–211

SCHERN: Schernthaner, Peter: Karl Heinrich Waggerls „Pfingstidyll an der Reichsautobahn". Die „Straßen des Führers" und ein Schulneubau in Wagrain (Typoskript 1997)

SCHINKE: Schinke, Gerhart: Karl Heinrich Waggerl. Mensch und Werk. München: Rudolf Schneider Verlag 1985

SCHLAWE: Schlawe, Fritz: Literarische Zeitschriften 1910–1933. Stuttgart: J. B. Metzlersche Verlagsbuchhandlung 1973

SCHD: Schmidt-Dengler, Wendelin: Heimito von Doderer. Rückzug auf die Sprache. In: Österreichische Literatur der dreißiger Jahre. Ideologische Verhältnisse. Institutionelle Voraussetzungen. Fallstudien. Hg. von Klaus Amann und Albert Berger. Wien, Köln, Graz: Hermann Böhlaus Nachf., 1985, S. 291–302

SCHMIDT: Schmidt, Adalbert: Deutsche Dichtung in Österreich. Wien. Leipzig: Adolf Luser Verlag 1935

SCHMOLKE: Schmolke, Michael: Das Salzburger Medienwesen. In: Geschichte Salzburgs II/3, S. 1963–2004

SCHNEDITZ: Schneditz, Wolfgang: Im Dichterhaus von Wagrain. Besuch bei Karl Heinrich Waggerl. In: Salzburger Landeszeitung 8.10.1938, S. 17

SCHNELL: Schnell, Ralf: Was ist nationalsozialistische Dichtung? In: Jörg Thunecke (Hg.): Leid der Worte. Panorama des literarischen Nationalsozialismus. Bonn 1987, S. 28–45

SCHOPENHAUER I–IV: Schopenhauer, Arthur: Sämtliche Werke. Textkritisch bearbeitet und herausgegeben von Wolfgang Frhr. von Löhneysen. Band I–V. Frankfurt a. M.: Suhrkamp 1986 (2.–3. Aufl., 1994) (= suhrkamp taschenbuch wissenschaft Nr. 661–,665): Band I: Die Welt als Wille und Vorstellung I, Band II: Die Welt als Wille und Vorstellung II

Schopper, Hans: Presse im Kampf. Geschichte der Presse während der Kampfjahre der NSDAP (1933–1938) in Österreich. Brünn, München, Wien: Rudolf M. Rohrer 1942

SCHÜLER: Schüler, Ilse: Der Einfluß Knut Hamsuns auf Karl Heinrich Waggerl. Diss. Innsbruck 1951

SCHÜTZ: Schütz, Erhard/Gruber, Eckhard: Mythos Reichsautobahn. Bau und Inszenierung der ‚Straßen des Führers' 1933–1941. Berlin: Ch. Links Verlag 1996

SCHV: Schriftstellerverzeichnis. Hg. von der Reichsschrifttumskammer. Leipzig: Verlag des Börsenvereins der Deutschen Buchhändler 1942

SCHWEIZER: Schweizer, Gerhard: Bauernroman und Faschismus. Zur Ideologiekritik einer literarischen Gattung. Tübingen 1976 (= Untersuchungen des Ludwig-Uhland-Instituts der Universität Tübingen 42)

SIEF: Sieferle, Rolf Peter: Fortschrittsfeinde? Opposition gegen Technik und Industrie von der Romantik bis zur Gegenwart. München: Verlag H.C. Beck 1984

SK: Haslinger, Adolf/Mittermayer, Peter (Hg.): Salzburger Kulturlexikon. Salzburg: Residenz Verlag 1987

SONDERBUND: Sonderbund österr. Künstler Salzburg. Kunstschau August 1925. Mit einem Vorwort von Kai Mühlmann. Salzburg 1925

SPATZENEGGER: Spatzenegger, Hans: Die katholische Kirche von der Säkularisation (1803) bis zur Gegenwart. In: Geschichte Salzburgs II/3, S. 1457f

Spechtler, Franz Viktor: Karl Heinrich Waggerl (Typoskript 1992)

Sprache der Liebenden. Liebesgedichte aus alter und neuer Zeit. Ausgewählt von Hartfrid Voß. Wilhelm Langewiesche-Brandt 1936

SPRINGENSCHMID: Springenschmid, Karl: Servus Heiner! Erinnerungen an Karl Heinrich Waggerl. München: Rudolf Schneider Verlag 1979

STEINBACHER: Steinbacher, Gottfried: Matthias Schönberger. In: Wakhrein. Die alte Hofmark. Ortschronik Wagrain, Band I, Salzburg 1993, S. 366–371

STIEFEL: Stiefel, Dieter: Entnazifizierung in Österreich. Wien, München, Zürich: Europaverlag 1981

STOCKER: Stocker, Günther: Schrift, Wissen und Gedächtnis. Das Motiv der Bibliothek als Spiegel des Medienwandels im 20. Jahrhundert. Würzburg: Königshausen & Neumann 1997

STOLL: Stollmann, Rainer: Ästhetisierung der Politik. Literaturstudien zum subjektiven Faschismus. Stuttgart 1978

Stollewerk, Mauritius: Die Ergebnisse der Registrierung der Nationalsozialisten in Wien. In: Amtsblatt der Stadt Wien 51 (14. Dezember 1946), Nr. 47, S. 1–8

STRALL: Strallhofer-Mitterbauer, Helga: NS-Literaturpreise für österreichische Autoren. Eine Dokumentation. Wien, Köln, Weimar: Böhlau Verlag 1994 (= Literatur in der Geschichte. Geschichte in der Literatur. Band 27)

STROTH: Strothmann, Dietrich: Nationalsozialistische Literaturpolitik. Ein Beitrag zur Publizistik im Dritten Reich. 2.Verb. Aufl., Bonn: H. Bouvier & Co Verlag 1963

STRUTZ: Strutz, Herbert: K. H. Waggerls Geburtshaus in Gastein. In: Kärntner Volksblatt, 14.2.1970

SVOBODA: Svoboda, Wilhelm: Das Salzburger Internierungslager Camp Marcus W. Orr. In: Salzburg 1945–1955. Zerstörung und Wiederaufbau. Salzburg 995 (= Jahresschrift des Salzburger Museums Carolino Augusteum), S. 121–131

SVOBODA I: Svoboda, Wilhelm: Die Stiftung „Soziales Friedenswerk" in den Jahren 1945 bis 1955. In: Salzburg 1945–1955. Zerstörung und Wiederaufbau. Salzburg 995 (= Jahresschrift des Salzburger Museums Carolino Augusteum), S. 133–137

TABU: Pelinka, Anton/Weinzierl, Erika (Hg.): Das große Tabu: Österreichs Umgang mit seiner Vergangenheit. Wien: Verlag der Österreichischen Staatsdruckerei 1987 (1997)

TÁLOS: Tálos, Emmerich, Neugebauer, Wolfgang (Hrsg.): „Austrofaschismus“. Beiträge über Politik, Ökonomie und Kultur 1934–1938. 4., erg. Aufl., Wien 1988

TAUERNBAHN: Festschrift 75 Jahre Tauernbahn 1909–1984. Für den Inhalt verantwortlich: Dr. Günter Katzmann. St. Johann im Pongau 1984

TREIBER: Treiber, Hans-Peter: Die Romankunst Karl Heinrich Waggerls. Diss. Wien 1973

TUCH: Tucholsky, Kurt: Schnipsel. In: Die Weltbühne 26.4.1932

TUIDER: Tuider, Othmar: Die Wehrkreise XVII und XVIII 1938–1945. (= Militärhistorische Schriftenreihe. Hg. vom Heeresgeschichtlichen Museum. Heft 30)

VERBOT: Nationalsozialistengesetz und Verbotsgesetz 1947. Textausgabe mit einleitenden und grundsätzlichen Bemerkungen. Hg. von Leopold Werner. Wien 1947

Die Vertreibung des Geistigen aus Österreich. Zur Kulturpolitik des Nationalsozialismus. Jänner/Februar 1985. Zentralsparkasse und Kommerzialbank Wien in Zusammenarbeit mit der Hochschule für Angewandte Kunst in Wien

Vietta, Silvio (Hg.): Lyrik des Expressionismus. München: Deutscher Taschenbuch Verlag/Tübingen: Max Niemeyer Verlag 1976

VOGELSANG: Vogelsang, Hans: Karl Heinrich Waggerl – Aphoristiker der idyllischen Welt. In: ÖGL 8 (1964), S. 443–445

VONDUNG: Vondung, Klaus: Der literarische Nationalsozialismus. Ideologische, politische und sozialhistorische Wirkungszusammenhänge. In: Die deutsche Literatur im Dritten Reich. Themen – Traditionen – Wirkungen. Hg. von Horst Denkler und Karl Prümm. Stuttgart: Philipp Reclam jun. 1976, S. 44–65

WACHE: Karl Wache (Hg.): Deutscher Geist in Oesterreich. Ein Handbuch des völkischen Lebens in der Ostmark. Dornbirn 1933

Waggerl, Dita: Das dunkle Lied. Wien: Borotha-Schoeller 1951

Waggerl, Dita: Das dunkle Lied. Gedichte. Hg. von Lutz Besch. Salzburg: Otto Müller Verlag 1994

WAGNLEITNER: Wagnleitner, Reinhold: Coca-Colonisation und Kalter Krieg. Die Kulturmission der USA in Österreich nach dem Zweiten Weltkrieg. Wien: Verlag für Gesellschaftskritik 1991

WAGRAIN I/II: Ortschronik Wagrain. Band I: Wakhrein. Die alte Hofmark. Band II: Vom Bergbauerndorf zur Salzburger Sportwelt Amadé. Hg. von Michael Ellmer. Salzburg 1993/94 –Ortschronik Wagrain. Band II: Vom Bergbauerndorf zur Salzburger Sportwelt Amadé. Hg. von Michael Ellmer. Salzburg 1993/94

WALLY: Wally, Barbara: Kunst und Künstler in Salzburg 1918–1938. In: Die Kunst der Zwischenkriegszeit. Arbeitsgemeinschaft Alpen-Adria 1985, S. 109–121

WANDER: Wander, Fred: Der siebente Brunnen. Frankfurt a. M.: Fischer Taschenbuch Verlag 1994 (1971)

WARDETZKY: Wardetzky, Jutta: Theaterpolitik im faschistischen Deutschland. Studien und Dokumente. Berlin: Henschelverlag Kunst und Gesellschaft 1983

WEININGER: Weininger, Otto: Geschlecht und Charakter. Eine prinzipielle Untersuchung (Wien 1903). München: Matthes & Seitz Verlag 1980

WISTRICH: Wistrich, Robert: Wer war wer im Dritten Reich? Ein biographisches Lexikon. Frankfurt a. M.: Fischer Taschenbuch Verlag 1982

Windisch, H. (Hg.): Das deutsche Lichtbild. Berlin: Verlag Robert & Bruno Schultz 1927 (Vorwort von H. Windisch; Edwin Redslob: Photographie und Kunst; L. Moholy-Nagy: Die beispiellose Fotografie; weitere Aufsätze von P.V. Neugebauer, M.v. Grundherr, Franz Grainer, Karl v. Schintling, Dr. Kröhnke und Albert Renger-Patzsch)

WINKELBAUER: Winkelbauer, Thomas: Krieg in Deutsch-Lesebüchern der Habsburgermonarchie (1880–1918). In: Österreich und der Große Krieg 1914–1918. Die andere Seite der Geschichte. Hg. von Klaus Amann und Hubert Lengauer. Wien: Verlag Christian Brandstätter 1989, S. 37–47

WITTMANN: Wittmann, Heinz: Begegnungen mit Dichtern. Wien: Österreichische Verlagsanstalt 1971

Wolff, Lieselotte: Die Rolle des Erzählers im Werk Karl Heinrich Waggerls. Diss. Salzburg 1973

WULF: Wulf, Joseph: Literatur und Dichtung im Dritten Reich. Eine Dokumentation. Ullstein 1989

WYSOCKI: Wysocki, Josef: Die Wirtschaft Salzburgs im 19. Jahrhundert. In: Geschichte Salzburgs II/4, S. 2713–2742:

Zauner, Anne/Köstler, Erwin (Hg.) Die andere Seite. Bild. Klang. Text. Grenzgänge in der österreichischen Kunst des 20. Jahrhunderts. Mit einer Einleitung von Kurt Bucher. Katalog einer Ausstellung im Auftrag des österreichischen Bundesministeriums für auswärtige Angelegenheiten. Wien: Dokumentationsstelle für neuere österreichische Literatur 1996 (= Zirkular, Sondernummer 49) [Karl Heinrich Waggerl]

Im Zeichen von Buch und Schwert. Die Veranstaltungen in Weimar zur Kriegsbuchwoche 1941. Das Dritte Deutsche Dichtertreffen. In: Börsenblatt für den Deutschen Buchhandel, 28.10.1941

ZILLICH: Das Flügelross. Erstes Kunstjahrbuch des Reichsgaues Salzburg. Hg. von Heinrich Zillich. Salzburg: Verlag „Das Bergland-Buch“ 1941

ZIMBURG: Heinrich von Zimburg: Die Geschichte Gasteins und des Gasteiner Tales. Wien: Wilhelm Braumüller 1948

ZIMM: Zimmermann, Peter: Kampf um den Lebensraum. Ein Mythos der Kolonial- und der Blut-und-Boden-Literatur. In: Die deutsche Literatur im Dritten Reich. Themen – Traditionen – Wirkungen. Hg. von Horst Denkler und Karl Prümm. Stuttgart: Philipp Reclam jun. 1976, S. 164–182

ZUCK: Zuckmayer, Carl 1896–1977. „Ich wollte nur Theater machen“. Eine Ausstellung des Deutschen Literaturarchivs. Ausstellung und Katalog: Gunther Nickel und Ulrike Weiß. Marbach a. Neckar: Deutsche Schillergesellschaft 1996

ZWEIG: Zweig, Stefan: Joseph Fouché. Bildnis eines politischen Menschen. Leipzig: Insel-Verlag 1929

Bildnachweis

Wir danken für die Erlaubnis,
Fotos und Dokumente abzudrucken:

Herrn Florian Kitt: S. 108

Herrn Johann Müller: S. 247

Herrn Laurenz Krisch: S. 52/53 u. S. 62/63

Herrn Dr. Josef Dapra: S. 93 u. S. 281

Herrn Mag. Harald Friedl: S. 118 oben u. S. 223

Suhrkamp Verlag: S. 139 u. S. 175

Schiller Nationalmuseum und Deutsches Literaturarchiv:
S. 176 unten u. S. 179

Goethe- und Schiller Archiv: S. 141 u. 142

Museum Badgastein: S. 47, oben

Bildarchiv der Österreichischen Nationalbibliothek:
S. 147 u. S.189 unten

Das restliche Material stammt aus dem Wagrainer Waggerl-Archiv, dem wir hiermit herzlich danken möchten, sowie aus den Beständen des Otto Müller Verlags.
Da trotz intensiver Recherchen nicht sämtliche Rechteinhaber der Fotos und Dokumente ausfindig gemacht werden konnten, bitten wir diese Personen, sich gegebenenfalls an den Otto Müller Verlag zu wenden.

Personenregister

Adorno, Theodor W. 42, 323
Adrian, Karl 253, *327*
Altenberg, Peter 50, 95, 102, *329, 330*
Alverdes, Paul 165, 228, 229, 245, 282, 304, *333, 342, 353*
Anzengruber, Ludwig 119, 277
Arens, Hanns 92, 144, 145, 154, 159, 163, 180–183, 197, 202, 208, 244, 302, 312, *333, 335, 340, 341, 343, 345, 347*
Bade, Wilfried 183, *345*
Balser, Ewald 308
Barbusse, Henri 82, 83, 102, *332*
Bardolff, Carl Freiherr v. 236, 264
Basil, Otto 268, 274–276, 278
Bayr, Rudolf 251, 278, 296, *333, 351*
Beethoven, Ludwig van 137, 192, 224, *340*
Besch, Lutz 311, 312, 317, 321, *334, 354, 356*
Bettac, Ulrich 308
Biermer, Lily 154
Billinger, Richard 162, 163, 190, 246, *341, 342, 348*
Björnson, Björnstjerne 77
Blaas, Erna 213, 228, 255, 312, *341, 352*
Blunck, Hans Friedrich *343*
Bölsche, Wilhelm *331*
Börne, Ludwig 102, 137
Bossi-Fedrigotti, Anton 165, 193, 217
Brehm, Bruno 165, 193, 213, 217, 226–230, 241, 270, 312, *342, 351, 353*
Breidbach-Bernau, Alfred 259, 262
Breidbach-Bernau, Hans 259, *351*
Bresgen, Cesar 245, 248, *355*
Bronnen, Arnolt 274, *353*
Büchner, Georg 102
Carossa, Hans 89, 146, 165, 170, 193, 232, 260, 283, *341, 344*
Claudius, Matthias 69, 77–80, 83, 93, 102, *331–333, 344*
Dapra, Josef 231, 292, 299, 304, *354*
Darré, Walther 184
Defoe, Daniel 49, 102
Dickens, Charles 102, 137
Dietrich, Max 190
Doderer, Heimito von 65, 155
Dollfuß, Engelbert 186, 277
Dombrowski, Ernst von 297, 303
Dostojewski, Fjodor M. 102, 137
Drimmel, Heinrich 321
Ebner-Eschenbach, Marie 95, 304, *355*
Eggebrecht, Jürgen 164, 275, *342*
Egger, Bertrand Alfred 275, 278, 295
Emberger, Bertl 254
Enzensberger, Hans M. 322
Enzingers, die 18
Faistauer, Anton 18, 91, 107, *325, 333, 345*
Figl, Leopold 307, 308
Fischer, Ernst 271
Fischer, Hans Conrad 297, 301, 306, *355*
Fontana, Oskar Maurus 154, 319
Ford, Henry 123
Frank, Leonhard *342*
Frass, Wilfried 132, 273, *339*
Frisch, Karl von 281
Fronius, Hans 238, *351*
Ginzkey, Franz Karl 81, 82, 90, 92, 101, 139, 189, 190, 213, 304, 321, *340, 342*
Goebbels, Joseph 82, 164, 181, 184, 193, 213, 226, 246, 274, *345, 348*
Gold, Käthe 308
Goodloe, Jane F. 265
Göring, Hermann 187, 188, 218, *342, 349*
Gottschlich, Hugo 308
Grillparzer, Franz 137, 231
Hadamovsky, Eugen 178, *345*
Haeckel, Ernst 73, 74, *331, 334*
Haegert, Wilhelm 164, *348*
Hagemeyer, Hans 165
Hamsun, Knut 70, 77, 102, 132, 137, 144–147, 152, 154–156, 190, 196–198, 200, 280, *331, 339, 340*
Hanifle, Rudolf 307
Haringer, Jakob 191, 192, *346, 353*
Hartl, Edwin 303
Hebel, Johann Peter 204, *326*
Heine, Heinrich 77, 137, 223
Hesse, Hermann 207, 208, 302
Hieß, Josef 165
Hildmann, Richard 98, *334*
Hinkel, Hans 136, 171, 182, 183
Hitler, Adolf 101, 136, 178, 182, 184, 187, 193, 214, 216, 217, 220, 231–233, 240, 242, 249, 260, 261, 271, 275–277, 279, 280, 282
Hochleitner, Linus 116, 216, *349*
Hofer, Andreas 119
Hofmann, Walter 165, *343*
Hofmann-Montanus, Hans 106, *336*
Hofmannsthal, Hugo von *337, 342*
Hörbiger, Attila 132
Hoyer, Walter 154, 174
Huber, Ernst 108, 239, 240, 287, 289, 309, *336, 351, 355*
Hudez, Leopold 217, 218, 221, 222, 234, 235, 258, 263, 264
Hurdes, Felix 307, *355*
Kaindl-Hönig, Max 211, 296, 302–304, 319
Kantorowicz, Alfred 156, *341, 344*
Karajan, Herbert von 309, 317
Kaut, Josef 310
Keller, Sepp 165
Kempner, Friederike 78, 102, 255, *332, 352*
Keppler, Wilhelm 218, *349*
Kesten, Hermann *354*
Kindermann, Heinz 136, 154, 157, 171, 216, 217, *338*
Kippenberg, Anton 48, 87, 90, 92, 93, 101, 102, 120, 139, 141–144, 146–148, 156, 158, 160–163, 165, 166, 170, 174–176, 179–181, 183–185, 188, 192–194, 196, 197, 202, 203, 205, 206, 208, 209, 224, 255, 281–285, *328, 333, 341, 346, 354*
Kippenberg, Katharina 92, 142, 175, 179, 224, 283
Kitt, Ferdinand 108, *336, 337*
Klaus, Josef 296, 310
Klitsch, Walter 190

Kramer, Berta 107, 117, 120, 158, *330, 332, 334, 336, 338, 340*
Kraus, Karl 58, 60, 66, 69, 78, 82, 83, 94, 95, 101, 102, 137, 280, *327,329, 331, 332, 335, 336, 353*
Kubin, Alfred *332, 333, 353*
Lagerlöf, Selma 77
Langenbucher, Hellmuth 154, 178, 231
Lanz, Grete 237, 250, 265, 270, 281, 282, 287, 295, *333, 342, 351–354*
Larese, Dino 312, *335*
Lernet-Holenia, Alexander 259, 262, 304, *352*
Löns, Hermann 78, *332*
London, Jack *340*
Lorenz, Maria 9, 63, 65, 77, 78, 80, 93, 129, 156, 158, 165, 169, 170, 176, 177, 183, 186, 190, 192, 193, 201, 202, 204, 206, 300, *325,332, 338, 344*
Mahler, Gustav *340, 345*
Mann, Thomas 17, 89, 102, 165, 170, *332*
Mantegazza, Paolo 129, *339*
Manz, Hugo 236, 238, 254
Matejka, Viktor 268, 274–277, *353, 355*
Matheson, William 279, 299, 308, *354*
Mell, Max 190, 191, 213, 214, 223, 228, 230, 231, 274, *341, 345, 350, 352,353*
Miegel, Agnes 170, 222, 224, 245, *349*
Mieritz, Marlo 244, 305
Milestone, Lewis 82
Mimra, Robert 81, 82, *332*
Moholy-Nagy, L. 105
Mohr, Joseph 208, 305–307, *355*
Moisisowitsch, Moritz R. 188
Molo, Walter von *332, 342*
Morgenstern, Christian 78, 102, *332, 342*
Mühlmann, Kajetan (Kai) 55, 56, 58, 65, 70, 85, 86, 91, 107, 110, 118, 159, 185–188, 218, 221, 229, 230, 240, 242, 250, 257, *329–331, 333, 336–337, 346, 351–352*
Müller, Otto 142, 229, 247, 268, 273–275, 278, 279, 282–289, 293–297, 299, 301, *334, 356*
Muthspiel, Agnes 304
Neumann, Robert 323
Oettinger, Karl 230, 304
Papesch, Joseph *334, 339*
Patzak, Julius 300
Paul, Jean 94, 95, 101, 102, 107, 112, 161, *335*
Paumgartner, Bernhard *332, 355*
Pawek, Karl 211
Pechel, Rudolf 93, 112, 113, 153, *334, 337*
Perkonig, Josef Friedrich 157, 190, 213, 233, *348*
Ploy, Heinrich 55, 64, 82, *328–329*
Praehauser, Ludwig 259, 262, 263
Raether, Arnold 181, 183, *345*
Raschke, Martin 87, 165, *333*
Reimann, Viktor 238, 263, 295, *352*
Reinhardt, Max 117, 118, 159
Reiser, Tobias 248, 297, 309, *355*
Reitter, Albert 228, 246, *351,*
Remarque, Erich Maria 82, 83, 110, *336, 339*
Renan, Joseph Ernst *331*
Rendl, Georg 144, 238, 265–268, 270, 271, 307, *336, 340, 353*
Reuter, Fritz 76
Rilke, Rainer Maria 78, 89, 102, 142, 162, 197, 208
Rilla, Paul 203
Romains, Jules 281, *342*
Salmhofer, Franz 246, 300, 308, *351*
Schaper, Edzard *343*
Schiele, Egon 18, 91, 103, 106, 110
Schneditz, Wolfgang 154, 228, 286, 287, 296, *352*
Schönberger, Matthias 159, 235, *328, 342*
Schöny, Heinz 15, 16, 19, *325–326*
Schopenhauer, Arthur 48, 72–74, 77, 90, 94–96, 103, 109, 111, 121, 122, 124–126, 128–131, 133, 202, *331, 334, 338–339*
Schopper, Hanns 166, 184, *344*
Schreyvogl, Friedrich 92, 191, 213, *334–335, 352*
Schubert, Franz 120, 192, 305, *338, 345*
Schulz, Josef *353*
Schwaiger, Rosl 305, *355*
Seitz-Ransmayer, Loni 252, *352*
Silesius, Angelus *333*
Spann-Rheinsch, Erika *341*
Springenschmid, Karl 48, 55, 56, 58, 60, 77, 86, 92, 107, 113–115, 117, 121, 129, 159, 160, 165, 169, 213, 223, 227–229, 231, 234, 235, 241, 246, 250, 268–271, 300, 302, *326, 329, 331, 338, 347, 349–351*
Stebich, Max 214, 223, 232,
Steinhart, Anton 91, 107, 286, *333, 351*
Stifter, Adalbert *328*
Sturm, Vilma 205, 224, 247, *333, 343*
Suchenwirth, Richard 177, 179
Tanzer, Kurt Konrad 259, 260, 262
Thoma, Hans *327*
Timmermans, Felix 146, 162, 165, *341*
Todt, Fritz 187, 188, 219, 220, 239–242, *337*
Trakl, Georg 161, 321, *353*
Tratz, Eduard Paul 245, 246, 321
Traven, B. 102
Trenker, Luis 183, 184, 227, 312, *345*
Tumler, Franz 165, 179, 213, 227, 231, 286, 312, *343, 351–353, 356*
Veillon, Charles 321
Velmede, August F. 233
Vesper, Will 100, 165, 170, 182, 183, 203, 229, 303, *342*
Villers, Alexander von 95, 103
Waggerl (Pitter), Edith 65, 70, 76–78, 85–88, 90, 92, 99, 103, 106, 110, 111, 117–120, 124, 137, 149, 216, 234, 240, 242, 296, 309, 323, *329, 331–334, 336–337, 346, 350*
Waldheim, Kurt 321
Waldinger, Ernst 274, 280, *354*
Wander, Fred 292
Wassing, Anton Dr. 34, 46–48, *328*
Weiler, Max 238, *351*
Weinheber, Josef 178, 179, 191, 213, 227–229, 269, 270, 274, 312, *345, 348*
Weininger, Otto 48, 58–60, 90, 94, 97, 128–131, 133, 147, 304, *328, 339*
Wimberger, Gerhard *334*
Wojtek, Poldi 185, *340, 345*
Zernatto, Guido 87, 165, 166, 178, 186, 188, 190, 194, 195
Ziesel, Kurt 157, 165, 233, 272, 279, *343, 353*
Zillich, Heinrich 165, 179, 193, 217, 228, 229, 233, 270, *342–343*
Zweig, Stefan 89, 92, 103, 153, 155, 162–165, 182, 223, *332, 340, 342*

Dank

Dieses Buch hätte ohne den Rat und die tatkräftige Hilfe von vielen nicht geschrieben werden können. Mein herzlicher Dank gilt deswegen Wolf Alverdes, Otto Amann, Josef Angerer, Hildegard Benedetto, Lutz Besch, Josef Dapra, Evelyn Deutsch-Schreiner, Bertl Emberger, Josef Feldner, Harald Friedl, Herwig Gottwald, Eugen Grader, Christa Gürtler, Robert Hoffmann, Hildemar Holl, Barbara Holzer, Dieter Huber, Kurt Kaindl, Wilhelm Kaufmann, Margareta Holzer-Kühhas, Gert Kerschbaumer, Else Klaffenböck, Beatrix Koll, Elisabeth Kornhofer, Laurenz Krisch, Willi Lanz, Gerhard Müller, Maria Müller-Willroider †, Monika Obrist, Nikolaus Schaffer, Sigrid Schmid-Bortenschlager, Heinz Schöny, Christine Traninger, Michaela Zehetner, O. P. Zier und meiner Frau Silvia sowie allen anderen, die zur Entstehung dieses Buches beigetragen haben.

Gedankt sei auch allen Mitarbeiterinnen und Mitarbeitern folgender Institutionen, die mich bei meinen Recherchen unterstützt haben: Karl Heinrich Waggerl-Archiv, Stiftung Salzburger Literaturarchiv, Salzburger Landesarchiv, Archiv der Stadt Salzburg, Archiv Otto Müller Verlag, Department of the Army (United States Army Intelligence and Security Command), Goethe- und Schiller-Archiv/Stiftung Weimarer Klassik, Deutsches Literaturarchiv Marbach am Neckar, Berlin Document Center (Bundesarchiv, Außenstelle Berlin-Zehlendorf), Wiener Stadt- und Landesbibliothek, Archiv der Republik Österreich, Tagblatt-Archiv in der Arbeiterkammer Wien, Bibliotheken der Stadt Dortmund, Innsbrucker Zeitungsarchiv IZA (Institut für Germanistik, Universität Innsbruck), Forschungsprojekt Österreichische Literatur im Nationalsozialismus (Universität Graz).